譯註 禮記集說大全

曾子問

編　陳澔(元)

附　正義·訓纂·集解

譯註 禮記集說大全

曾子問

編　陳澔（元）

附　正義·訓纂·集解

鄭秉燮 譯

學古房

역자서문

『예기(禮記)』「왕제(王制)」편과 「월령(月令)」편을 출판한 이후, 세 번째 번역서를 출판하게 되었다. 이번 「증자문(曾子問)」편은 상례(喪禮) 중에서도 각종 돌발 상황이 발생했을 때의 대처 방법을 기술한 문헌이다. 상례에 관한 내용은 『예기』 전편에 걸쳐 두루 기술되어 있으며, 특히 「단궁상(檀弓上)」편과 「단궁하(檀弓下)」편에 집중적으로 다뤄지고 있다. 또한 『의례(儀禮)』에는 「사상례(士喪禮)」편과 「사우례(士虞禮)」편 등에서 사(士) 계급의 상례에 대해서 각 절차들을 세부적으로 다루고 있다. 이러한 문헌 기록들은 상례에 대한 고대의 정식 규범을 설명한 내용들이라고 할 수 있다. 반면 「증자문」편은 상례의 정식 규범으로 설명할 수 없거나, 규범을 적용하기 애매한 경우에 대해서 논의한 내용이다. 따라서 「증자문」편의 내용을 이해하기 위해서는 고대의 상례에 대해서 전반적으로 이해하고 있어야만 한다. 이것은 역자에게도 마찬가지였다. 역자 세대는 전통 상례 문화를 접할 기회가 거의 없었기 때문에, 문헌 속에 나타나는 행동묘사나 각종 기물(器物)들이 생소하게만 느껴졌다. 다른 부분도 마찬가지지만, 특히나 상례 부분은 이해하는데 어려움이 많았다. 『예기』를 공부할수록 자신감보다는 두려움과 막연함만 커져간다는 것이 역자의 솔직한 심정이다. 뿐만 아니라 번역 자체에 대한 어려움 또한 시간과 비례하여 커져만 간다. 초고를 번역하고 재차 수정을 하면서 내 번역문들을 다시 읽어보니, 이것은 번역이 아니라,

단순히 한문을 한글로 옮기는데 지나지 않는다는 생각도 든다.

그런 심정임에도 다시 책을 출판하게 되었다. 부족한 실력으로 인해, 미흡하고 오역된 부분이 있을 수도 있겠지만, 다른 분들께 작은 도움이 되었으면 하는 바람이다. 학문의 길에 이제 막 발걸음을 떼기 시작한 입장에서 조금 주제넘은 소리이지만, 이 책을 발판으로 더 좋은 번역서와 연구서가 나왔으면 하는 게 역자의 심정이다.

이번 「증자문」편에서는 이전에 출판한 책들과 다르게, 정현(鄭玄)의 주(注) 뿐만 아니라, 공영달(孔穎達)의 소(疏), 육덕명(陸德明)의 『경전석문(經典釋文)』 중 일부 내용, 『예기훈찬(禮記訓纂)』과 『예기집해(禮記集解)』의 주석까지도 첨부하였다. 「왕제」편에서는 한글 병음을 전혀 하지 않았고, 직역보다는 의역 위주로 번역을 하였는데, 한자가 많아서 읽기가 어렵다는 의견들이 있었다. 「월령」편에서는 일부 어려운 한자들에 대해서만 한글 병음을 하고, 직역 위주의 번역과 본래의 문장에 없던 내용들은 '[ ]' 부호 안에 삽입을 하며 번역을 하였는데, 보기에 불편하다는 의견들이 있었다. 그래서 이번 「증자문」편에서는 모든 한자에 대해서 한글 병음을 하였고, '[ ]' 부호를 생략하고, 다시 의역을 위주로 번역하였다.

지난 번 역서의 서문에서도 밝혔듯이, 역자는 성균관 대학교에서 유교철학(儒敎哲學)을 전공하고 있다. 역자가 속한 학회는 경서연구회(經書硏究會)이며, 올해로 19년째 지속되고 있는 모임이다. 본 모임에서 매주 수요일마다 『예기』를 읽기 시작한 지도 벌써 8년째로 접어들고 있다. 현재까지 읽어온 속도로 봤을 때, 앞으로 10년은 더 걸릴 대장정이 될 것 같다.

본래 이번 「증자문」편은 올해 초에 출간할 예정이었지만, 이런저런 사정이 겹치게 되어, 출간이 늦어졌다. 현재는 「증자문」 다음편인 「문왕세자(文王世子)」편에 대한 탈고를 끝낸 상태이며, 그 다음 편인 「예운(禮運)」편 또한 1차 번역이 끝난 상태이고, 그 다음 편인 「예기(禮器)」편은 번역 작업이 진행 중이다. 「왕제」편 이전의 편들인 「곡례상(曲禮上)」편과 「곡례하

(曲禮下)」편 또한 탈고가 끝난 상태이며, 「단궁상(檀弓上)」편에 대한 번역 작업도 진행되고 있다. 탈고가 끝난 편들은 출간을 기다리고 있지만, 학문 외적인 복잡한 상황으로 인하여, 예정을 할 수 없는 상태이다. 개인적으로 아쉬운 마음이 크지만, 아쉬움을 뒤로 하고 앞으로도 『예기』 완역에 목표를 두고 매진할 예정이다.

다시 한번 부족한 실력임에도 이렇게 경전(經典)에 대한 번역서를 낸다는 것이 내 자신에게 부끄럽고, 다른 분들께 누가 되지 않을까 걱정스럽다는 심정을 밝힌다. 다만 앞서 언급했던 역자의 바람처럼, 이 책을 발판으로 더 좋은 번역서와 연구서들이 출간되었으면 한다.

대학원에 진학하여 경학사상(經學思想)을 전공할 수 있도록 지도해주신 서경요 선생님, 경서연구회를 만들어 후배들에게 경전에 대한 이해를 넓혀주신 임옥균 선생님과 김동민, 원용준 선배님께도 감사드린다. 또한 번역에 있어서 많은 부분을 도와주신 길훈섭 회장님과 안상현, 김선창, 홍희주 회원님들께도 깊은 감사를 드린다.

끝으로 「왕제」, 「월령」편에 이어 「증자문」편을 출판할 수 있도록 허락해주신 학고방의 하운근 사장님께도 감사를 전한다.

일러두기 ⋙

1. 본 책은 역주서(譯註書)로써, 『예기집설대전(禮記集說大全)』의 「증자문」편을 완역하고, 자세한 주석을 첨부했다. 송대(宋代) 이전의 주석을 포함하고자 하여, 『예기정의(禮記正義)』를 함께 수록하였다. 그리고 송대 이후의 주석인 청대(淸代)의 주석을 포함하고자 하여, 『예기훈찬(禮記訓纂)』과 『예기집해(禮記集解)』를 함께 수록하였다.

2. 『예기』 경문(經文)의 경우, 의역으로만 번역하면 문장 번역방식을 확인하기 어렵고, 보충 설명 없이 직역으로만 번역하면 내용을 이해하기 힘들다. 따라서 경문에 한하여 직역과 의역을 함께 수록하였다. 나머지 주석들에 대해서는 의역을 위주로 번역하였다.

3. 『예기』 경문에 대한 해석은 진호(陳澔)의 『예기집설』 주석에 근거하였다. 경문 해석에 있어서, 『예기정의』, 『예기훈찬』, 『예기집해』마다 이견(異見)이 많다. 『예기집설대전』의 소주(小註) 또한 진호의 주장과 이견을 보이는 곳이 있고, 소주 사이에도 이견이 많다. 따라서 『예기』 경문 해석의 표준은 진호의 『예기집설』 주석에 근거했으며, 진호가 설명하지 않은 부분들은 『대전』의 소주를 참고하였다. 또한 경문 해석에 있어서 『예기정의』, 『예기훈찬』, 『예기집해』에 나타나는 이견들은 특별한 경우를 제외하고는 각각의 문장을 읽어보면, 경문에 대한 이견을 알 수 있기 때문에, 별도의 주석처리를 하지 않았다.

4. 본 역서가 저본으로 삼은 책은 다음과 같다.
   - 『禮記』, 서울 : 保景文化社, 초판 1984 (5판 1995)
   - 『禮記正義』 1~4(전4권, 『十三經注疏 整理本』 12~15), 北京 : 北京大學出版社, 초판 2000
   - 朱彬 撰, 『禮記訓纂』 上・下(전2권), 北京 : 中華書局, 초판 1996 (2쇄 1998)
   - 孫希旦 撰, 『禮記集解』 上・中・下(전3권), 北京 : 中華書局, 초판 1989 (4쇄 2007)

5. 본 책은 『예기』의 경문, 진호의 『집설』, 호광 등이 찬정한 『대전』의 세주, 정현의 주, 육덕명의 『경전석문』, 공영달의 소, 주빈(朱彬)의 『훈찬』, 손희단(孫希旦)의 『집해』 순으로 번역하였다.

6. 본 책의 뒷부분에는 《禮記 曾子問篇 人名 및 用語 辭典》을 수록하였다. 본문에 처음으로 등장하는 용어 및 인명에 대해서는 주석처리를 하였다. 이후에 같은 용어가 등장할 때마다 동일한 주석처리를 할 수 없어서, 뒷부분에 사전으로 수록한 것이다. 가나다순으로 기록하여, 번역문을 읽는 도중 앞부분에서 설명했던 고유명사나 인명 등에 대해서 쉽게 찾아볼 수 있도록 하였다.

【226a】

曾子問曰: 君薨而世子生, 如之何.

“【226b】” 등과 같이 【 】 안에 숫자가 기입되어 있는 것은 『예기』의 ‘경문’을 뜻한다. “226”은 보경문화사(保景文化社)판본의 페이지를 말한다. “b”는 b단에 위치한다는 표시이다. 밑의 그림은 보경문화사판본의 한 페이지 단락을 구분한 표시이다.

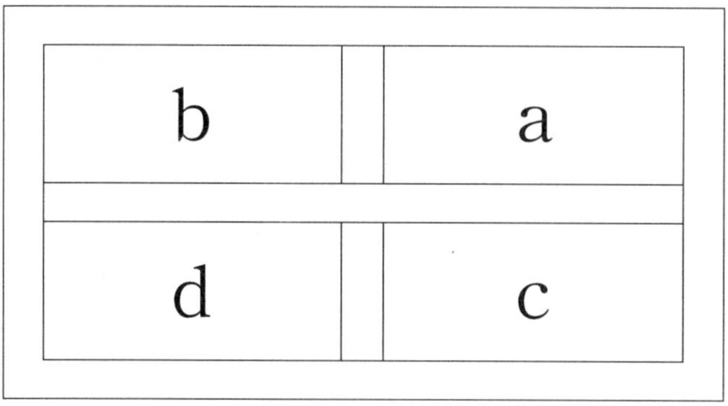

◆ **集說** 攝主, 上卿之代主國事者也.

“**集說**”로 표시된 것은 진호(陳澔)의 『예기집설(禮記集說)』 주석을 뜻한다.

◆ **大全** 嚴陵方氏曰: 君薨, 凶事也, 凶事, 人之所哀.

“**大全**”으로 표시된 것은 호광(胡廣) 등이 찬정(撰定)한 『예기집설대전』의 세주(細註)를 뜻한다.

◆ **鄭注** 三日, 負子日也.

"**鄭注**"로 표시된 것은 『예기정의(禮記正義)』에 수록된 정현(鄭玄)의 주(注)를 뜻한다.

◆ **釋文** 少, 升召反, 下"少喪"幷注同.

"**釋文**"으로 표시된 것은 『예기정의』에 수록된 육덕명(陸德明)의 『경전석문(經典釋文)』을 뜻한다. 『경전석문』의 내용은 글자들의 음을 설명하고, 간략한 풀이를 한 것인데, 육덕명 당시의 음가로 기록이 되었기 때문에, 현재의 음과는 맞지 않는 부분이 많다. 단순히 참고만 하기 바란다.

◆ **孔疏** ●"三日"至"山川". ○正義曰: 此一節論世子生已三日,

"**孔疏**"로 표시된 것은 『예기정의』에 수록된 공영달(孔穎達)의 소(疏)를 뜻한다. 공영달의 주석은 경문과 정현의 주에 대해서 세분화하여 기록하고 있다. 따라서 "●"으로 표시된 부분은 공영달이 경문에 대해 주석을 한 부분을 뜻하고, "◎"으로 표시된 부분은 정현의 주에 대해 주석을 한 부분을 뜻한다.

◆ **訓纂** 江氏永曰: 按襲・衰・杖, 每字爲句.

"**訓纂**"으로 표시된 것은 『예기훈찬(禮記訓纂)』에 수록된 주석이다. 『예기훈찬』 또한 기존 주석들을 종합한 책이므로, 『예기집설대전』 및 『예기정의』와 중복되는 부분은 생략하였다.

◆ **集解** 此言見殯之禮也. 如初位者, 如告殯時西階南之位也.

"**集解**"로 표시된 것은 『예기집해(禮記集解)』에 수록된 주석이다. 『예기집해』 또한 기존 주석들을 종합한 책이므로, 『예기집설대전』 및 『예기정의』와 중복되는 부분은 생략하였다.

목 차

그림목차

경문목차

그림 0-1 공자(孔子)

▸ **출처:** 『삼재도회(三才圖會)』「인물(人物)」 4권

그림 0-2 증자(曾子)

▸ **출처:** 『삼재도회(三才圖會)』「인물(人物)」 4권

그림 0-3 노담(老聃: =老子)

▸ **출처:** 『삼재도회(三才圖會)』「인물(人物)」 10권

그림 0-4 종묘 건물의 각부 명칭

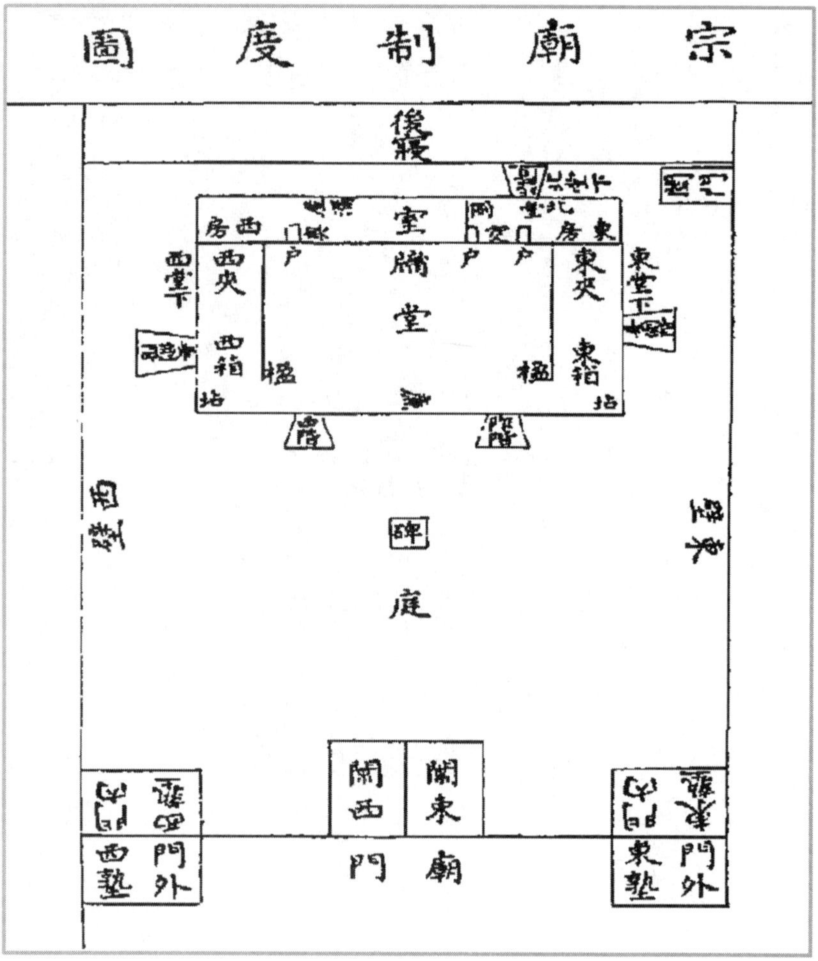

▸출처: 『향당도고(鄕黨圖考)』 1권

【226a】

禮記集說大全卷之七 / 曾子問 第七

大全 金華應氏曰: 曾子以篤愨醇至之資, 而爲潛心守約之學. 其於身也, 反觀內省, 而益加以傳習講貫之功, 其於禮也, 躬行實踐, 而又不廢乎旁搜博考之力, 訂之以耳目之所見聞, 隱之於心思之所防慮. 知天下之義理無盡, 而事物者, 亦日新而無窮, 有非夫人意料之所可及者. 其或講明之不素, 而猝然遇之, 則其處之未究其精微, 而應之必無以中其肯綮, 故歷擧喪祭吉凶雜出不齊之事, 而問於聖人. 其變故似異而可駭, 其節目似同而不必辨, 其纖悉委折又似細而不足憂. 夫子隨事剖析, 而決其疑, 遂使千百載之下遇變事, 而知其權者, 亦如處約事而不失其經焉, 此皆其問答講明之功也. 其後眞積力久, 夫子語以一貫, 隨聲響答, 略無留難, 其見益高矣.

번역 금화응씨[1]가 말하길, 증자(曾子)는 독실하고 성실하며, 순일하고 지극한 자질로써, 마음에 침잠하여 요약됨을 지키는 학문을 시행했다. 그래서 자신에 대해서는 돌이켜 고찰하고, 내적으로 성찰해서, 전해 받은 것을 익히고, 강학하는 노력을 더해 갔으며, 예(禮)에 대해서는 몸소 실천하고, 또한 널리 찾고 두루 고찰하는 노력도 그만두지 않았으니, 직접 자신의 눈과 귀로 보고 들은 것들로 바로잡고, 마음으로 미리 생각하고 대비한 것들에서 따져보았다. 그러나 증자는 이렇게 실천하고 노력을 하더라도, 천하의 의리(義理)는 끝이 없고, 사물(事物)이란 것도 또한 날마다 새로워져서, 무궁무진하니, 무릇 사람의 예상으로 헤아려볼 수 없는 것들도 있다는 사실을 알았다. 혹여 강학하여 분명히 한다고 했던 것이 정밀하지 못하여, 돌연히 어떤 일들을 접하게 된다면, 그 대처함이 대상에 대해 정밀하고 은미함을 다 궁구해보지 못한 것이 되고, 응대함이 반드시 그 중요한 관건에 합당

---

1) 금화응씨(金華應氏, ? ~ ?) : =응용(應鏞)·응씨(應氏). 이름은 용(鏞)이다. 자(字)는 자화(子和)이다. 『예기찬의(禮記纂義)』를 지었다.

하지 못하게 된다. 그렇기 때문에 상례(喪禮), 제례(祭禮), 길례(吉禮), 흉례(凶禮) 중에서, 뒤섞여 나오는 석연치 못한 일들을 두루 열거하여, 공자(孔子)에게 물어본 것이다. 공자에게 물어본 내용은 그 예상 밖의 변화 및 사안들 중에서 다른 듯 보여서 의아해할 만한 것들과 그 절목 상에서 동일한 듯 보여서, 다른 사람들은 반드시 변별할 필요는 없다고 생각하는 것들과 세밀하게 살피고 자세히 풀이한 것들 중에서 매우 상세한 듯 보여서, 다른 사람들은 더 이상 분석할 필요가 없다고 생각하여, 근심할 필요가 없다고 하는 것들이다. 이러한 질문에 대해서, 공자는 구체적인 일에 따라 변별하고 해석하여, 그 의문점들을 해결해 주었으니, 마침내 오랜 세월이 흘러, 변화된 일들을 접한다고 하더라도, 그 권도(權道)를 알 수 있는 자라면, 또한 일들에 대해 요약적으로 대처하는 듯하면서도, 그 경도(經道)를 잃지 않게 될 것이니, 이것이 모두 증자와 공자가 문답을 통해 자세하게 설명하고 분명히 한 공적이다. 증자는 젊은 시절 이러한 문답을 통해 공부했으며, 그 이후에는 진실됨을 쌓고, 노력을 오랫동안 해서, 공자가 일관(一貫)으로 말을 하니, 그 말에 따라서 곧바로 응답을 함에, 머뭇거리거나 곤란해 함이 조금도 없었으니, 그 견해가 더욱 높아진 것이다.[2]

孔疏 陸曰: 曾子, 孔子弟子曾參也. 以其所問多明於禮, 故著姓名以顯之.

번역 육덕명[3]이 말하길, 증자는 공자의 제자인 증삼(曾參)이다. 그가 질문한 내용들은 대부분 예(禮)에 대해 해명한 것들이기 때문에, 그의 성명을 기록하여, 편명으로 드러낸 것이다.

---

2) 이것은 『논어』「이인(里仁)」편에서 "子曰, '參乎! 吾道一以貫之.' 曾子曰, '唯.' 子出, 門人問曰, '何謂也?' 曾子曰, '夫子之道, 忠恕而已矣.'"라는 기록에 근거한 말이다. 증자가 지속적으로 노력을 했으므로, 이후에 공자가 일관(一貫)을 물어봤을 때, 그 뜻을 충분히 헤아릴 수 있었으므로, 잠시의 주저도 없이 곧바로 대답을 했다는 뜻이다.

3) 육덕명(陸德明, A.D.550 ~ A.D.630) : =육원랑(陸元朗). 당대(唐代)의 경학자이다. 자(字)는 덕명(德明)이다. 훈고학에 뛰어났으며, 『경전석문(經典釋文)』 등을 남겼다.

孔疏 按鄭目錄云, "名爲曾子問者, 以其所問多明於禮, 故著姓名以顯之. 曾子, 孔子弟子曾參. 此於別錄屬喪服."

번역 정현[4]의 『목록』[5]을 살펴보면, "편명을 「증자문」으로 지은 이유는 그가 질문한 내용들이 대부분 예(禮)에 대해 해명한 것들이기 때문에, 그의 성명을 기록하여 편명으로 드러낸 것이다. 증자는 공자의 제자인 증삼이다. 「증자문」편은 『별록』[6]에서는 '상복(喪服)' 항목에 속해 있다."라고 했다.

集解 別錄屬喪服. 此篇多記吉凶冠昏所遭之變. 內子游問者一條, 子夏問者一條, 餘則皆曾子問而夫子答之者也. 亦有不言"曾子問", 直曰"孔子曰"者, 或記者文略, 或孔子自爲曾子言之, 不待其問也. 蓋先王所著之爲禮者, 其常也, 然事變不一, 多有出於意度之外, 而爲禮制所未及備者, 曾子預揣以爲問, 夫子隨事而爲之處, 蓋本義以起夫禮, 由經以達之權, 皆精義窮理之實也.

번역 이 「증자문」편은 『별록』 중 '상복' 항목에 속해 있다. 「증자문」편에서는 대부분 길례(吉禮), 흉례(凶禮), 관례(冠禮), 혼례(婚禮)를 시행하는 도중, 맞닥뜨리게 되는 돌발 상황에 대해서 기록하고 있다. 그리고 「증자문」편 안에는 자유(子游)가 질문한 내용이 한 항목 있고, 자하(子夏)가 질문한 내용이 한 항목 있지만, 나머지는 모두 증자가 질문하고 공자가 대답한 내용들이다. 또한 "증자가 질문하였다."라고 말하지 않고, 곧바로 '공자가 말하

---

4) 정현(鄭玄, A.D.127 ~ A.D.200) : 한대(漢代)의 유학자이다. 자(字)는 강성(康成)이다. 『주역(周易)』, 『상서(尙書)』, 『모시(毛詩)』, 『주례(周禮)』, 『의례(儀禮)』, 『예기(禮記)』, 『논어(論語)』, 『효경(孝經)』 등에 주석을 하였다.

5) 『목록(目錄)』은 정현(鄭玄)이 찬(撰)했다고 전해지는 『삼례목록(三禮目錄)』을 가리킨다. 『십삼경주소(十三經注疏)』에서 인용되고 있지만, 이 책은 『수서(隋書)』가 편찬될 당시에 이미 일실되어 존재하지 않았다. 『수서』「경적지(經籍志)」에는 "三禮目錄一卷, 鄭玄撰, 梁有陶弘景注一卷, 亡."이라는 기록이 있다.

6) 『별록(別錄)』은 후한(後漢) 때 유향(劉向)이 찬(撰)했다고 전해지는 책이다. 현재는 일실되어 존재하지 않으며, 『한서(漢書)』「예문지(藝文志)」를 통해서 대략적인 내용만을 추측해볼 수 있다.

길'이라고 말한 부분도 있으니, 아마도 기록한 자가 글을 생략한 것이거나, 아니면 공자 스스로 증자를 위해 설명을 해준 것으로, 증자가 질문할 때까지 기다렸다가 대답해준 내용이 아니기 때문일 것이다. 무릇 선왕(先王)이 작성하여 만든『예(禮)』라는 책은 불변의 법도를 기록하고 있지만, 구체적인 일들의 변화추세는 일정하지 않으며, 대부분 의도하지 못했던 곳에서 나타나서, 고정된 예제(禮制)로는 대처하지 못하는 것들이 있으므로, 증자가 이러한 돌발 상황들을 미리 예상하여 질문을 하고, 공자는 구체적인 사안에 따라서, 그것들에 대한 대처법을 설명하였으니, 무릇 의(義)에 근본해서 예(禮)를 일으킨 것이며, 경도(經道)를 통해 권도(權道)에 까지 나아간 것이니, 모두 의(義)를 정밀히 하고 리(理)를 궁구했던 결과이다.

• 제 1 절 •

군주가 죽었는데, 세자(世子)가 태어났을 때의 대처법

【226b】

曾子問曰: 君薨而世子生, 如之何. 孔子曰: 卿大夫士從攝主, 北面於西階南, 大祝裨冕, 執束帛, 升自西階, 盡等, 不升堂, 命毋哭.

직역 曾子가 問曰, "君이 薨하자, 世子가 生커든, 어찌합니까?" 孔子가 曰, "卿 · 大夫 · 士는 攝主를 從하여, 西階의 南에서 北面하고, 大祝은 裨冕하고, 束帛을 執하여, 西階로부터 升하니, 盡等이나, 堂에 不升하고, 毋哭하길 命한다."

의역 증자가 묻기를, "군주가 죽자마자 세자(世子)가 태어난다면, 어떻게 해야 합니까?" 그러자 공자가 대답해주기를, "경(卿), 대부(大夫) 및 사(士)는 섭주(攝主)를 따라서, 서쪽 계단의 남쪽에서 북쪽을 바라보며 서 있게 되고[北面], 대축(大祝)[1]은 비면(裨冕) 복장을 하고, 한 묶음의 비단 폐백을 들고서, 서쪽 계단을 통해

---

1) 대축(大祝)은 제사와 관련 있는 관직이다. 『예기(禮記)』「곡례하(曲禮下)」에는 "天子建天官, 先六大, 曰大宰, 大宗, 大史, 大祝, 大士, 大卜, 典司六典."이라고 하여, 대재(大宰)와 함께 천관(天官)에 소속된 관리로 기술되어 있다. 한편 『주례(周禮)』「춘관종백(春官宗伯)」에는 "大祝, 下大夫二人, 上士四人, 小祝, 中士八人, 下士十有六人, 府二人, 史四人, 胥四人, 徒四十人."이라고 하여, 대축은 하대부(下大夫) 2명이 담당하고, 그 직속 휘하에는 상사(上士) 4명이 배속되어 있으며, 대축을 돕는 소축(小祝) 관직에는 중사(中士) 4명이 담당하고, 그 휘하에는 하사(下士) 16명, 부(府) 2명, 사(史) 4명, 서(胥) 4명, 도(徒) 40명이 배속되어 있다고 기록되어 있다. 또 『주례』「춘관(春官) · 대축(大祝)」에는 "掌六祝之辭, 以事鬼神示, 祈福祥求永貞."이라고 하여, 대축은 여섯 가지 축문에 관한 일을 담당하여, 이것으로써 귀신을 섬겨 복을 기원

올라가니, 계단은 다 오르지만, 당(堂)에는 올라가지 않으며, 그 곳에서 사람들에게 곡(哭)을 하지 말라고 명령을 내린다."

集說 攝主, 上卿之代主國事者也. 裨冕者, 天子諸侯六服, 大裘爲上, 其餘爲裨服, 裨衣而著冕, 故云裨冕也. 等, 卽階也.

번역 섭주(攝主)는 상경(上卿)[2] 중에서 국사(國事)를 대신하여 주관하는 자이다. 비면(裨冕)이라는 것은 천자(天子) 및 제후(諸侯)의 육복(六服)[3] 중에서, 대구(大裘)[4]가 가장 좋은 것이 되며, 그 나머지 다섯 가지는 비복(裨服)이 되니, 비복을 입고 면류관을 착용하기 때문에, 비면(裨冕)이라고 부르는 것이다. 등(等)은 곧 계단을 뜻한다.

하는 일을 했다고 기록되어 있다.

2) 상경(上卿)은 주(周)나라 제도에서, 경(卿) 중에서 가장 높은 자들을 뜻한다. 주나라 제도에서 천자 및 제후들은 모두 경을 두었으며, 상·중·하 세 등급으로 구분하였다.

3) 육복(六服)은 천자나 제후의 여섯 종류 복장을 가리키니, 대구(大裘), 곤의(袞衣), 별의(驚衣), 취의(毳衣), 희의(希衣), 현의(玄衣)이다. 『주례(周禮)』「춘관(春官)·사복(司服)」에는 "祀昊天上帝, 則服大裘而冕, 祀五帝亦如之. 享先王則袞冕. 享先公, 饗射則驚冕. 祀四望山川則毳冕. 祭社稷五祀則希冕. 祭群小祀則玄冕."이라는 기록이 있다. 즉 호천상제(昊天上帝) 및 오제(五帝)에게 제사지낼 때에는 대구를 입고 면(冕)을 쓰며, 선왕(先王)에게 제사지낼 때에는 곤면(袞冕)을 착용하고, 선공(先公)에 대한 제사 및 향사례(饗射禮)를 시행할 때에는 별면(驚冕)을 착용하며, 산천(山川) 등에 제사지낼 때에는 취면(毳冕)을 착용하고, 사직(社稷) 등에 제사지낼 때에는 희면(希冕)을 착용하며, 기타 여러 제사에는 현면(玄冕)을 착용한다.

4) 대구(大裘)는 천자가 제천(祭天)의식을 시행할 때 입었던 복장이다. 『주례(周禮)』「천관(天官)·사구(司裘)」에는 "司裘掌爲大裘, 以共王祀天之服."이라는 기록이 있다. 즉 사구는 대구 만드는 일을 담당하여, 천자가 하늘에 제사를 지낼 때 입는 의복으로 제공한다. 또한 이 기록에 대해 정현(鄭玄)의 주에서는 정사농(鄭司農)의 주장을 인용하여, "大裘, 黑羔裘, 服以祀天, 示質."이라고 풀이했다. 즉 대구라는 의복은 검은 양의 가죽으로 만든 옷이며, 이것을 입고 천(天)에 제사를 지내는 것은 질박함을 보이기 위함이다.

鄭注 變於朝夕哭位也. 攝主, 上卿代君聽國政. 將有事, 宜淸靜也. 裨冕者, 接神則祭服也. 諸侯之卿大夫所服裨冕, 絺冕也·玄冕也. 士服爵弁服. 大祝裨冕, 則大夫.

번역 아침저녁[朝夕]으로 곡(哭)하는 자리가 바뀌는 것이다. 섭주(攝主)는 상경(上卿) 중에서 군주를 대신하여, 국정(國政)을 담당하는 자이다. 곡을 못하게 하는 이유는 장차 시행해야 할 일이 있으므로, 마땅히 정숙해야 하기 때문이다. 비면(裨冕)은 접신(接神)을 하게 되면, 착용하는 제사 복장이다. 제후(諸侯)의 경(卿)과 대부(大夫)들이 착용하는 비면(裨冕)은 치면(絺冕)이나 현면(玄冕) 등이다. 사(士)는 작변복(爵弁服)을 입는다. 대축(大祝)이 비면을 착용한다고 했으니, 대축의 작위는 대부가 된다.

釋文 大祝音泰, 下文注"大祝"·"大宰"·"大宗"·"大廟"·"大史"皆同此音. 祝, 之六反, 說文云, "祝, 祭主贊詞者." 裨, 婢支反. 毋音無, 本亦作無. 絺, 知里反, 本又作希, 徐張履反.

번역 '大祝'에서의 '大'자는 그 음이 '泰(태)'이며, 아래의 문장들과 정현의 주에 나오는 '大祝'·'大宰'·'大宗'·'大廟'·'大史'라고 할 때의 '大'자도 모두 그 음이 이와 같다. '祝'자는 '之(지)'자와 '六(륙)'자의 반절음으로, 『설문해자(說文解字)』에서는 "축(祝)은 제주(祭主)가 신(神)을 경배하는 말이다."라고 했다. '裨'자는 '婢(비)'자와 '支(지)'자의 반절음이다. '毋'자의 음은 '無(무)'이며, 판본에 따라서는 또한 '無'자로도 기록한다. '絺'자는 '知(지)'자와 '里(리)'자의 반절음이며, 판본에 따라서는 또한 '希(희)'자로도 기록하고, 서음(徐音)은 '張(장)'자와 '履(리)'자의 반절음이 된다.

孔疏 ●"曾子"至"擧幣". ○正義曰: 此一節論君薨而世子生告殯之事, 各隨文解之.

번역 ●經文: "曾子"~"擧幣". ○이 단락은 군주가 죽었는데, 세자(世子)가 태어난 경우, 빈소에 고(告)하는 일을 논의한 것이니, 각각 문장에 따라 해석하겠다.

孔疏 ●"君薨而世子生"者, 按聘禮云, "子卽位不哭." 公羊云, "君存稱世子, 君薨稱子某." 此旣君薨仍稱世子者, 以其別於庶子, 又用世子之禮告殯, 故雖君薨, 猶稱世子, 異於春秋之例. 按左傳桓六年 "子同生", 賈·杜注云 "不稱大子者, 書始生." 此亦始生而稱世子者, 彼爲父在始生未命, 故直云子, 此是君薨初生, 則擧以世子之禮, 故云世子也. 熊氏云 "下稱奠幣于殯東, 則此告世子生, 謂旣殯以後, 若未殯之前, 則世子生亦不告." 凡天子諸侯稱世子, 春秋經稱王世子·曹世子是也. 卿大夫以下謂之適子, 喪服云 "大夫之適子" 是也. 若在喪, 諸侯之子亦稱適子, 檀弓云 "君之適長殤." 是也. 天子諸侯亦謂之大子, 則王制云 "王大子", 及檀弓云 "大子申生" 是也. 冢子則上下通名, 故內則云 "其非冢子, 則皆降一等", 注則言天子以下至庶人, 是其通名也. 其春秋三傳世子之例, 煩而不要, 今所不用也.

번역 ●經文: "君薨而世子生". ○『의례』「빙례(聘禮)」편을 살펴보면, "자식은 자리에 나아가 서되, 곡(哭)하지 않는다."[5]라고 했고, 『공양전(公羊傳)』에서는 "군주가 살아 있으면 세자(世子)라고 부르고, 군주가 죽었을 때에는 자식 아무개라고 부른다."[6]라고 했는데, 이곳 경문(經文)에서 이미 군주가 죽었는데도, 곧 세자라고 부르는 이유는 서자(庶子)들과 차별을 두기 위해서이며, 또한 세자에 해당하는 예법(禮法)을 적용하여, 빈소에 고(告)하기 때문에, 비록 군주가 죽은 상황이지만, 오히려 세자라고 부르는 것이니, 『춘추(春秋)』에 기록된 용례와는 다른 것이다. 『좌전(左傳)』 환공(桓公) 6년의 기록을 살펴보면, "환공의 아들인 동(同)이 태어났다."[7]라고

---

5) 『의례(儀禮)』「빙례(聘禮)」: 歸, 執圭復命于殯, 升自西階, 不升堂. <u>子卽位不哭</u>.
6) 『춘추공양전(春秋公羊傳)』「장공(莊公) 32년」: 君存稱世子. 君薨稱子某.
7) 『춘추좌씨전(春秋左氏傳)』「환공(桓公) 6년」: 九月丁卯, <u>子同生</u>.

했는데, 가규(賈逵)[8]와 두예(杜預)[9]의 주에서는 “대자(大子)라고 부르지 않은 이유는 처음 태어났을 때를 기록했기 때문이다.”[10]라고 했다. 이곳 경문의 상황은 또한 처음 태어난 경우인데도, 세자라고 부르고 있는데, 『좌전』의 경우는 부친이 아직 생존해 있고, 세자가 이제 막 태어나서, 아직 이름을 지어주지 않았기 때문에, 단지 ‘자(子)’라고만 부른 것이며, 이곳 경문의 상황은 군주가 죽자마자, 세자가 태어나게 되었으므로, 세자의 예법을 적용하기 때문에, 세자라고 부른 것이다. 웅안생(熊安生)[11]이 말하길, “아래 문장에서 빈소의 동쪽에 폐백을 진설한다고 했으니, 이곳 기록에서 세자가 태어났음을 고(告)하는 것은 곧 이미 빈소를 차린 이후에 해당하니, 만약 아직 빈소를 설치하기 이전이라면, 세자가 태어났다고 하더라도 또한 고하지 않는 것이다.”라고 했다. 무릇 천자와 제후의 적장자에 대해서는 세자라고 부르는데, 『춘추경(春秋經)』에서 ‘왕세자(王世子)’ 및 ‘조세자(曹世子)’라고 부른 것[12]이 바로 그 용례가 된다. 경(卿) 및 대부(大夫) 이하의 자들에 대해서는 그들의 적장자를 적자(適子)라고 부르니, 『의례』「상복(喪

---

8) 가규(賈逵, A.D.30 ~ A.D.101) : 후한(後漢) 때의 경학자이다. 자(字)는 경백(景伯)이다. 『춘추좌씨전해고(春秋左氏傳解詁)』를 지었지만, 현재 일실되어 존재하지 않는다. 청대(淸代) 마국한(馬國翰)의 『옥함산방집일서(玉函山房輯佚書)』와 황석(黃奭)의 『한학당총서(漢學堂叢書)』에 일집본(佚輯本)이 남아 있다.

9) 두예(杜預, A.D.222 ~ A.D.284) : 서진(西晉) 때의 유학자이다. 자(字)는 원개(元凱)이다. 『춘추경전집해(春秋經典集解)』를 저술하였는데, 이 책은 현존하는 『춘추』의 주석서 중 가장 오래된 것이며, 『십삼경주소(十三經注疏)』의 『춘추좌씨전정의(春秋左氏傳正義)』에도 채택되어 수록되었다.

10) 『춘추(春秋)』「환공(桓公) 6년」의 경문(經文) “九月丁卯子同生”에 대한, 두예(杜預)의 주 “不稱大子者, 書始生也.”

11) 웅안생(熊安生, ? ~ A.D.578) : =웅씨(熊氏). 북조(北朝) 때의 경학자이다. 자(字)는 식지(植之)이다. 『주례(周禮)』, 『예기(禮記)』, 『효경(孝經)』 등 많은 전적에 의소(義疏)를 남겼지만, 모두 산일되어 남아 있지 않다. 현재 마국한(馬國翰)의 『옥함산방집일서(玉函山房輯佚書)』에 『예기웅씨의소(禮記熊氏義疏)』 4권이 남아 있다.

12) 『춘추공양전』「희공(僖公) 5년」 : 公及齊侯·宋公·陳侯·衛侯·鄭伯·許男·曹伯·會王世子于首戴. / 『춘추공양전』「환공 9년」 : 冬, 曹伯使其世子射姑來朝.

服)」편에서 '대부의 적자'[13]라고 기록한 것이 바로 그 용례가 된다. 만약 상(喪) 중에 있다면, 제후의 아들 또한 적자라고 부르는데, 『예기』「단궁(檀弓)」편에서 '군주의 적자인 장상(長殤)'[14]이라고 기록한 것이 바로 그 용례가 된다. 천자 및 제후의 경우에는 또한 그들의 적장자를 대자라고도 부르니, 『예기』「왕제(王制)」편에서 '왕대자(王大子)'[15]라고 기록하고, 「단궁」편에서 '대자인 신생(申生)'[16]이라고 기록한 것이 바로 그 용례가 된다. 맏아들을 뜻하는 총자(冢子)라는 말은 신분이 높은 자나 낮은 자 모두가 사용하는 명칭이다. 그렇기 때문에 『예기』「내칙(內則)」편에서 "그의 맏아들이 아니라면, 모두 한 등급씩 낮춘다."[17]라고 말한 것이며, 정현의 주에서는 천자로부터 그 아래로 서인(庶人)에 이르기까지, 통용되는 명칭이라고 했던 것이다.[18] 『춘추』의 삼전(三傳)[19]에서 말하는 세자에 대한 용례는 번잡하고 요약적이지 못하여, 지금 이 문장에서는 그 설명에 따르지 않는다.

孔疏 ●"孔子"至"北面". ○此論卿大夫士等皆衣衰服也. "攝主, 上卿代國政"者, 卿大夫士等, 皆衣衰服北面. 文不言者, 以下文云, "大祝裨冕" 明卿大夫等, 不裨冕也.

---

13) 『의례(儀禮)』「상복(喪服)」: 大夫之適子爲妻.

14) 『예기(禮記)』「단궁하(檀弓下)」【108a】: 君之適長殤, 車三乘.

15) 『예기』「왕제(王制)」【168c】: 王大子, 王子, 群后之大子.

16) 『예기』「단궁상(檀弓上)」【73c】: 晉獻公將殺其世子申生. / 이곳에서는 大子가 아닌 世子로 기록되어 있다.

17) 『예기』「내칙(內則)」【364c】: 凡接子擇日. 冢子則大牢, 庶人特豚, 士特豕, 大夫少牢, 國君世子大牢. 其非冢子則皆降一等.

18) 『예기』「내칙(內則)」편에 대한 정현의 주 "天子世子也. 冢, 大也, 冢子, 猶言長子, 通於下也." / 경문에서 말하는 '총자(冢子)'는 천자의 세자를 뜻한다. 총자라고 할 때의 '총(冢)'자는 크다는 뜻이니, '장자(長子)'라고 말하는 것과 같고, 이 말은 서인(庶人)들에게까지 통용된다.

19) 춘추삼전(春秋三傳)은 『춘추』 경문(經文)에 대한 세 가지 주석서를 가리킨다. 『춘추좌씨전(春秋左氏傳)』, 『춘추공양전(春秋公羊傳)』, 『춘추곡량전(春秋穀梁傳)』을 뜻한다.

번역 ●經文: "孔子"~"北面". ○이 문장은 경(卿), 대부(大夫), 사(士) 등이 모두 최복(衰服)을 입는다는 사실을 논의하고 있다. 정현의 주에서 "섭주(攝主)는 상경(上卿) 중에서 국정(國政)을 대신하는 자이다."라고 했는데, 경문에서 "경대부사종섭주(卿大夫士從攝主)"라고 하여, 경, 대부, 사 등이 모두 섭주를 따른다고 했으니, 경, 대부, 사 등이 모두 최복을 입고서, 북면(北面)을 한다는 뜻이다. 경문에서 이러한 사실을 언급하지 않은 이유는 아래 문장에서 "대축(大祝)은 비면(裨冕)을 착용한다."라고 말하여, 경과 대부 등이 비면을 착용하지 않는다는 사실을 밝히고 있기 때문이다.

孔疏 ●"於西階南". ◎注"變於朝夕哭位也." ○正義曰: 按喪大記云, "君之喪旣正尸, 卿大夫父兄子姓立于東方." 又士喪禮, "朝夕哭, 丈夫卽位於門外, 西面北上. 外兄弟在其南, 南上. 賓繼之, 北上." 若其門內位, "主人堂下直東序西面. 兄弟皆卽位, 如外位, 卿大夫在主人之南." 是朝夕內外哭位, 皆在東方也. 今乃從攝主北面於西階南, 故云, "變於朝夕哭位也." 必於西階南者, 以將告殯, 近殯位故也. 若君喪大斂, 喪大記云, "卿大夫卽位於堂廉楹西, 北面"者, 彼斂故升堂, 非朝夕哭位. 此爲告世子生, 故在堂下.

번역 ●經文: "於西階南". ◎鄭注: "變於朝夕哭位也". ○『예기』「상대기(喪大記)」편을 살펴보면, "군주의 상례(喪禮)에서, 시신을 안치하고 나면, 경(卿), 대부(大夫) 및 부형(父兄)의 자손들은 동쪽에 선다."[20]라고 했고, 또한 『의례』「사상례(士喪禮)」에서는 "아침저녁[朝夕]으로 곡(哭)을 할 때에, 남자들은 문 밖으로 나가서 서는데, 북쪽에서 서면(西面)을 하고, 외가의 형제들은 그들의 남쪽에 위치하니, 남쪽에 있는 것이다. 빈객(賓客)들은 그 뒤를 이으니, 북쪽에 있는 것이다."고 했고, 문 안에서의 위치에 대해서는 "주인(主人)이 당(堂) 아래의 동쪽 계단에서 서면을 한다. 형제들은 모두 자리로 나아가 서게 되는데, 문 밖에서의 위치와 같으며, 경과 대부들은

---

20) 『예기』「상대기(喪大記)」【528b】: 旣正尸, 子坐于東方. 卿大夫父兄子姓立于東方.

주인의 남쪽에 있게 된다."[21]라고 했다. 이러한 기록들에서 설명하는 상황은 조석(朝夕)으로 문 안과 밖에서 곡하는 위치가 모두 동쪽에 있게 된다. 「증자문」편에서는 곧 섭주(攝主)를 따라서, 서쪽 계단의 남쪽에서 북면(北面)을 한다고 했기 때문에, 정현의 주에서 "조석으로 곡하는 자리가 바뀌는 것이다."라고 말한 것이다. 그런데 반드시 서쪽 계단의 남쪽에서 북면(北面)한다고 명시한 이유는 장차 빈소에 고(告)하려는데, 이 장소가 빈소의 위치와 가깝기 때문이다. 군주의 상례에서 대렴(大斂[22])을 하는 경우에 대해서, 「상대기」편에서 "경과 대부는 당 위에 있는 굵은 기둥의 서쪽에 나아가 서서, 북면(北面)을 한다."[23]라고 하였는데, 「상대기」편에서는 염(斂)을 하기 때문에 당에 오르는 것이니, 조석으로 곡하는 위치를 말한 것이 아니다. 이곳 「증자문」편에서는 세자가 태어났음을 고하는 것이기 때문에, 당 아래에 있게 된다.

孔疏 ●"大祝"至"毋哭". ○大祝, 以大夫爲之, 祝主接神, 故服裨冕. 裨冕, 祭服也. 以其將告神, 故執束帛. 執, 持也. 束帛, 十端也. 端則二丈, 鬼神質, 故用偶數也. 鬼神以丈八尺爲端, 鬼神之道, 陰陽不測, 故用陰陽之數求之, 一丈象陽, 八尺法陰. 十端, 六玄·四纁. 五兩, 三玄·二纁. 纁是地色, 玄是天色也. 欲往告殯, 故升自西階. 若於堂下告, 則大遠, 堂上告, 則大近殯, 故升階, 盡等級, 卽不升堂. 將有告事宜靜, 故命毋哭.

번역 ●經文: "大祝"~"毋哭". ○대축(大祝)은 대부(大夫)가 그 직책을 담당하고, 대축은 접신(接神)하는 일을 담당하기 때문에, 비면(裨冕)을 착

21) 『의례』「사상례(士喪禮)」: 朝夕哭, …… 丈夫卽位于門外, 西面, 北上. 外兄弟在其南, 南上. 賓繼之, 北上. …… 主人堂下直東序, 西面. 兄弟皆卽位, 如外位. 卿大夫在主人之南.

22) 대렴(大斂)은 상례(喪禮) 절차 중 하나이다. 소렴(小斂)을 끝낸 뒤에, 시신을 관에 안치하는 절차이다.

23) 『예기』「상대기(喪大記)」【537a】: 君將大斂, 子弁絰卽位于序端. 卿大夫卽位于堂廉楹西, 北面.

용한다. 비면은 제사 복장이다. 장차 신(神)에게 고(告)하려고 하기 때문에, 속백(束帛)을 가지고 가는 것이다. 속백은 10단이다. 1단은 2장(丈)이니, 귀신은 그 성향이 질박한 것들을 좋아하기 때문에, 짝수를 사용하는 것이다. 귀신에게 폐물을 바칠 때, 그 단위는 1장 8척(尺)을 1단으로 삼는데, 귀신의 도(道)는 그 음양(陰陽)의 작용을 헤아릴 수 없기 때문에, 음양의 수치를 사용하여 찾는 것이니, 1장은 양(陽)을 상징하고, 8척은 음(陰)을 상징하는 것이다. 10단으로 할 경우, 6단의 검은 비단과 4단의 옅은 홍색 비단으로 한다. 5필로 할 경우 3필의 검은 비단과 2필의 옅은 홍색 비단으로 한다. 옅은 홍색은 땅의 색깔이며, 검은색은 하늘의 색깔이다. 빈소에 나아가서 고(告)하고자 하기 때문에, 서쪽 계단을 통해 올라가는 것이다. 만약 당(堂) 아래에서 고한다면, 빈소와의 거리가 너무 멀게 되고, 당 위에서 고한다면, 빈소와 너무 가깝게 된다. 그렇기 때문에 계단까지만 오르는 것이며, 계단은 다 올라가되, 당에는 올라서지 않는 것이다. 장차 고할 일이 있을 경우에는 마땅히 정숙해야 하기 때문에, 곡(哭)을 하지 말라고 명령하는 것이다.

孔疏 ◎注"裨冕"至"大夫". ○正義曰: 卿大夫所服裨冕, 絺冕也. 按覲禮"侯氏裨冕", 鄭注云, "裨冕者, 衣裨衣而冠冕也. 裨之爲言埤也. 天子六服, 大裘爲上, 其餘爲裨, 以事尊卑服之, 而諸侯亦服焉." 又注云, "衮衣者, 裨之上也." 則裨唯據衣也. 言服裨衣而著冕, 故云'裨冕'. 言裨者, 取其繢繡. 云"諸侯之卿大夫所服裨冕, 絺冕也·玄冕也"者, 此言五等諸侯孤卿大夫, 唯絺冕而下. 以上諸侯薨, 兼五等, 故揚解其臣服. 此卿, 兼公孤卿也. 若孤卿則絺冕, 若三命再命卿大夫服玄冕. 故周禮司服云, "孤自絺冕而下, 卿大夫自玄冕而下." 又大宗伯云, "再命受服." 鄭注云 "受玄冕之服, 列國之大夫, 於子男爲卿. 卿大夫自玄冕而下, 如孤之服也." 是孤則絺冕, 卿與大夫皆玄冕. 周禮謂三孤六卿爲九卿, 總云謂卿四命, 是卿名通於孤也. 云"士服爵弁服"者, 以天子大祝是大夫, 諸侯則無文, 若是士則爵弁. 今經云, "大祝裨冕", 故云, "則大夫".

번역 ◎鄭注: "裨冕"~"大夫". ○경(卿)과 대부(大夫)들이 입는 비면(裨

冕)은 치면(絺冕)이다. 『의례』「근례(覲禮)」편을 살펴보면, "제후들은 비면을 착용한다."[24]라고 했는데, 정현의 주에서는 "비면이라는 것은 비의(裨衣)를 입고, 면류관을 쓰는 것이다. 비면이라고 할 때의 비(裨)자는 비(埤: 낮다)자의 뜻이다. 천자의 육복(六服) 중에서, 대구(大裘)가 가장 좋은 것이고, 그 나머지는 비복(裨服)이니, 그 사안이 중요한 것이냐 아니면 덜 중요한 것인지에 따라서 입게 되며, 제후 또한 이 복장들을 착용한다."라고 했다. 또 정현의 주에서 "곤의(袞衣)라는 것은 비의 중에서도 높은 것이다."라고 했으니, 비(裨)라는 것은 오직 옷만을 가리키는 것이다. 비의를 입고 면류관을 착용한다는 뜻을 나타내고자 하여, '비면(裨冕)'이라고 말한 것이다. 비(裨)라고 말한 것은 옷감 중에서도 수 놓은 옷감으로 제작했음을 뜻한다. 정현이 "제후의 경과 대부들이 착용하는 비면은 치면이나 현면(玄冕) 등이다."라고 하였는데, 이 문장은 공(公)·후(侯)·백(伯)·자(子)·남(男)인 다섯 등급[25]의 제후에게 소속된 고경(孤卿)[26]과 대부들에 대한 사항을 말하는 것으로, 그들은 오직 치면 이하의 복장만을 입을 수 있다. 위 내용은 제후가 죽었을 때의 상황에 해당하며, 여기에서 말하는 제후는 다섯 등급의 제후들을 포괄하고 있기 때문에, 그 신하들의 복장을 총괄적으로 해석한 것이다. 정현의 주에서 말하는 경(卿)은 삼공(三公)과 고경들을 포괄적으로 지칭하는 말이다. 고경과 같은 자들은 치면을 착용하고, 3명(命)과 2명 등급에 해당하는 경과 대부들은 현면을 착용한다. 그렇기 때문에 『주례

24) 『의례』「근례(覲禮)」: 侯氏裨冕, 釋幣于禰, 乘墨車, 載龍旂弧韣, 乃朝, 以瑞玉有繅.

25) 『예기』「왕제(王制)」【143b】: 王者之制祿爵, 公侯伯子男, 凡五等.

26) 고경(孤卿)은 소사(少師), 소부(少傅), 소보(少保)를 가리킨다. 『주례』「천관(天官)·장차(掌次)」에는 "孤卿有邦事, 則張幕設按."이라는 기록이 있는데, 이에 대한 정현의 주에서는 "王之孤三人, 副三公論道者."라고 풀이했다. 즉 천자의 고경은 세 사람으로, 삼공(三公)을 도와서 국가정책을 논의하는 자들이다. 또한 『한서(漢書)』「백관공경표상(百官公卿表上)」에는 "太師·太傅·太保, 是爲三公, 蓋參天子, 坐而議政, 無不總統, 故不以一職爲官名. 又立三少爲之副, 少師·少傅·少保, 是爲孤卿. 與六卿爲九焉."이라는 기록이 있다. 즉 삼공(三公)은 태사(太師), 태부(太傅), 태보(太保)를 말하며, 이들을 돕는 부관은 소사, 소부, 소보로, 이들을 고경이라고 한다.

(周禮)』「사복(司服)」에서 "고경은 치면 이하의 복장을 착용하고, 경과 대부들은 현면 이하의 복장을 착용한다."[27]라고 한 것이다. 또한 『주례』「대종백(大宗伯)」에서는 "2명(命)에 복(服)을 받는다."[28]라고 했는데, 정현의 주에서는 "현면의 복장을 받는 것으로, 열국(列國)의 대부들에 해당하고, 자(子)와 남(男) 등급의 제후국인 경우에는 경(卿)에 해당한다. 경과 대부들은 현면 이하의 복장을 착용하니, 고경의 복식 제도와 같은 것이다."라고 했다. 이 말은 곧 고경은 치면을 착용하고, 경과 대부들은 모두 현면을 착용한다는 뜻이다. 『주례』의 체제에서는 삼고(三孤)와 육경(六卿)을 합쳐서 구경(九卿)이 된다고 말하며, 총괄적으로는 경(卿)은 4명(命)이라고 했으니, 이것은 경이라는 명칭이 고경과 통용된다는 뜻이다. 정현이 "사(士)는 작변복(爵弁服)을 입는다."라고 하였는데, 천자의 대축(大祝)은 대부가 담당하고, 제후에게 소속된 대축에 대해서, 『주례』에는 기록된 사항이 없지만, 만약 천자보다 한 등급 낮춰서, 제후의 대축이 사(士)라고 한다면, 작변(爵弁)을 착용하는 것이다. 이곳 경문에서는 "대축이 비면을 착용한다."라고 했으니, 대축의 작위는 대부인 것이다.

27) 『주례』「춘관(春官)·사복(司服)」: 孤之服, 自希冕而下, 如子男之服. 卿大夫之服, 自玄冕而下, 如孤之服.

28) 『주례』「춘관(春官)·대종백(大宗伯)」: 壹命受職. 再命受服. 三命受位. 四命受器. 五命賜則. 六命賜官. 七命賜國. 八命作牧. 九命作伯.

그림 1-1 대구(大裘)

▸ **출처:**『삼례도집주(三禮圖集注)』 1권

그림 1-2 치면(絺冕)

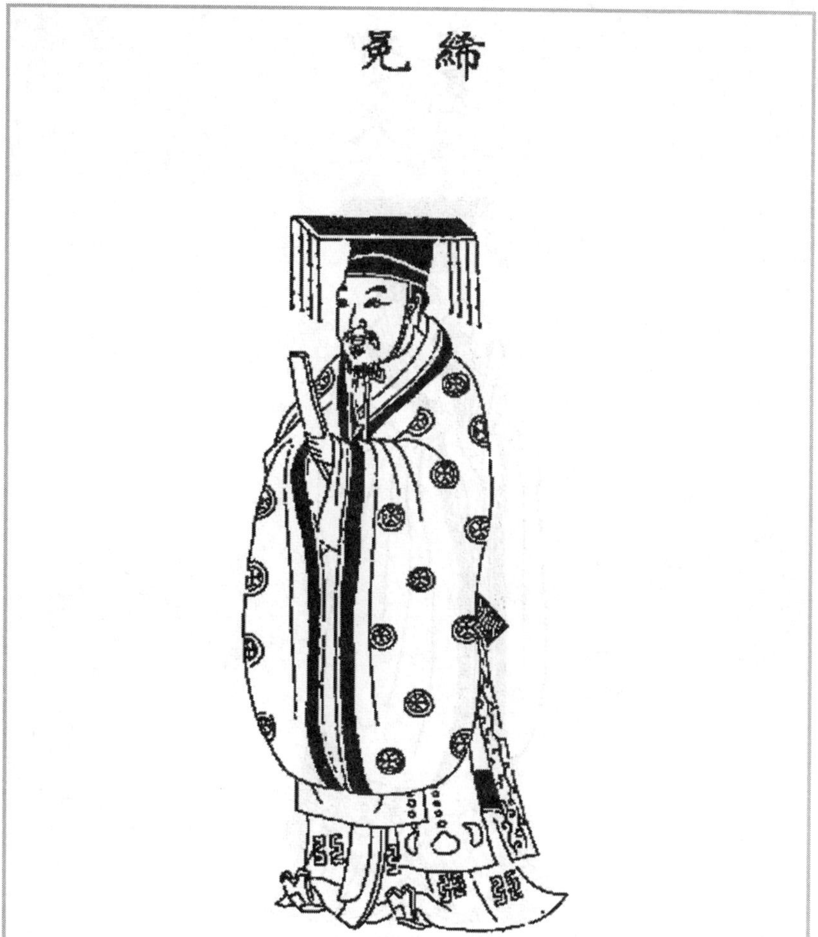

▸ **출처:** 『삼례도집주(三禮圖集注)』 1권

그림 1-3 현면(玄冕)-경대부(卿大夫)

▸ **출처:** 『삼례도집주(三禮圖集注)』 1권

그림 1-4 작변복(爵弁服)

▸ **출처:** 『삼례도집주(三禮圖集注)』 1권

訓纂 江氏永曰: 攝主, 卽下文大宰, 喪則攝拜賓, 朝則攝政."

번역 강영[29]이 말하길, 섭주(攝主)는 곧 아래 문장에 나오는 대재(大宰)이니,[30] 상례(喪禮)에서는 빈객(賓客)들에게 절하는 일을 돕고, 조회 때에는 국정(國政)을 돕는다.

【226b】

祝聲三, 告曰: "某之子生, 敢告." 升奠幣于殯東几上, 哭降. 衆主人·卿·大夫·士·房中, 皆哭, 不踊, 盡一哀, 反位. 遂朝奠, 小宰升擧幣.

직역 祝이 聲三하며, 告曰, "某의 子가 生하여, 敢告합니다." 升하여 殯東의 几上에 幣를 奠하고, 哭降한다. 衆主人·卿·大夫·士·房中은 모두 哭하되, 不踊하며, 一哀를 盡하고, 反位한다. 마침내 朝奠하면, 小宰가 升하여 擧幣한다.

의역 공자가 계속하여 말하길, "대축(大祝)은 신(神)이 강림하여 폐백을 흠향하도록 애원하는 탄식을 3번 하며, 신에게 아뢰길, '부인 아무개씨의 자식이 태어나게 되어, 감히 아뢰니다.'라고 한다. 그리고서 당(堂)에 올라가, 빈소의 동쪽에 설치된 안석 위에 폐백을 진설하고, 곡(哭)을 하고서 내려간다. 그런 뒤에 군주의 여러 친족들과 경(卿), 대부(大夫), 사(士) 및 부인들은 모두 곡을 하되, 발 구르기를 하지 않으며, 한 번에 애도의 뜻을 모두 표하고, 자신의 자리로 되돌아온다. 마침내 아침에 올리는 폐백을 진설하게 되면, 소재(小宰)가 올라가서 폐백을 거둬다가,

---

29) 강영(江永, A.D.1681 ~ A.D.1762) : 청대(清代)의 경학자이다. 자(字)는 신수(愼修)이다. 『십삼경주소(十三經注疏)』에 대한 연구를 했으며, 특히 삼례(三禮)에 대해 해박했다.

30) 『예기』「증자문」【226c】: 三日, 衆主人·卿·大夫·士如初位, 北面, 大宰·大宗·大祝, 皆裨冕.

양쪽 계단 사이에 매장한다."

集說 祝爲噫歆之聲者三, 以警動神聽, 乃告之也. 噫, 是歎恨之聲. 歆者, 欲其歆饗之義也. 某, 夫人之氏也. 房中, 婦人也. 升擧幣, 擧而埋之兩階之間也.

번역 대축(大祝)은 탄식을 하며, 신(神)이 강림하여 폐백을 흠향하도록 애원하는 소리를 3번 지르는데, 이로써 신이 간청하는 것을 들어 줄 수 있도록 하여, 신의 마음을 조심스럽게 움직이고 난 뒤에, 곧 아뢰는 것이다. 희(噫)는 탄식하는 소리이다. 흠(歆)은 신이 폐백들을 흠향하길 바란다는 뜻이다. 모(某)는 세자(世子)를 낳은 부인(夫人)[31]의 씨(氏)를 대입하는 곳이다. 방중(房中)은 신하의 부인(婦人)들이다. 올라가서 폐백을 거둔다는 뜻은 폐백을 거둬다가 양쪽 계단 사이에 매장하는 행위이다.

鄭注 聲, 噫歆警神也. 某, 夫人之氏也. 几筵於殯東, 明繼體也. 衆主人, 君之親也. 房中, 婦人. 反朝夕哭位. 所主也, 擧而下, 埋之階間.

번역 성(聲)은 탄식을 하며, 신(神)이 흠향하도록 조심스럽게 부르는 것이다. 모(某)는 세자(世子)를 낳은 부인의 씨(氏)를 대입하는 곳이다. 빈소의 동쪽에 안석과 대자리를 깔아두는 이유는 적자(嫡子)가 지위를 계승한다는 사실을 밝히기 위해서이다. 중주인(衆主人)은 군주의 친족들이다. 방중(房中)은 부인(婦人)들이다. 자리로 되돌아온다는 뜻은 조석(朝夕)으로 각자 곡(哭)하는 본래의 자리로 되돌아온다는 말이다. 폐백을 담당하는 소재(小宰)가 그것들을 거둬가지고 내려와서, 계단 사이에 매장한다.

---

31) 부인(夫人)은 제후의 부인을 뜻한다. 『예기』「곡례하(曲禮下)」에는 "公侯有夫人, 有世婦, 有妻, 有妾."이라는 기록이 있다. 즉 공작과 후작은 정부인인 부인(夫人)을 두고, 그 외에 세부(世婦), 처(妻), 첩(妾)을 둔다. 또한 『논어』「계씨(季氏)」에는 "邦君之妻, 君稱之曰夫人. 夫人自稱曰小童."이라는 기록이 있다. 즉 군주의 처를 군주가 직접 부를 때에는 부인(夫人)이라고 부르며, 부인(夫人)이 자신을 지칭할 때에는 소동(小童)이라고 부른다.

釋文 祝, 之六反, 下同, 徐之又反. 三, 息暫反, 又如字, 下"聲三"·"及三"·"者三"皆放此. 噫, 於其反. 歆, 許金反. 警, 居領反.

번역 '祝'자는 '之(지)'자와 '六(륙)'자의 반절음이며, 아래 문장에 나오는 글자도 그 음이 이와 같고, 서음(徐音)은 '之(지)'자와 '又(우)'자의 반절음이 된다. '三'자는 '息(식)'자와 '暫(잠)'자의 반절음이고, 또는 글자대로 읽으며, 아래 문장에 나오는 '聲三', '及三', '者三'에서의 '三'자도 모두 그 음이 이와 같다. '噫'자는 '於(어)'자와 '其(기)'자의 반절음이다. '歆'자는 '許(허)'자와 '金(금)'자의 반절음이다. '警'자는 '居(거)'자와 '領(령)'자의 반절음이다.

孔疏 ●"祝聲"至"敢告". ○聲謂噫歆之聲三, 所出警神也, 言若夫人某氏之子生, 以告殯之辭也.

번역 ●經文: "祝聲"~"敢告". ○성(聲)은 탄식하는 소리를 세 번 질러서, 신(神)을 조심스럽게 부르며 표출하는 것을 뜻하니, 이 문장은 곧 부인인 아무개씨의 자식이 태어났다면, 이 사실을 빈소에 고(告)할 때의 말에 해당한다.

孔疏 ◎注"聲, 噫歆警神也". ○正義曰: 直云"祝聲", 不知作何聲. 按論語云, "顏淵死, 子曰, '噫, 天喪予.'" 檀弓云, "公肩假曰, 噫." 是古人發聲多云噫, 故知此聲亦謂噫也. 凡祭祀神之所享謂之歆, 今作聲欲令神歆享, 故云, "歆警神也."

번역 ◎鄭注: "聲, 噫歆警神也". ○경문에서는 곧바로 '축성(祝聲)'이라고만 하여, 구체적으로 어떠한 소리를 냈는지 알 수 없다. 『논어』를 살펴보면, "안연이 죽자, 공자는 '아[噫]! 하늘이 나를 버리는구나!'"[32]라고 했고, 『예기』「단궁(檀弓)」편에서는 "공견가(公肩假)가 '아[噫]!'"[33]라고 했으니,

---

32) 『논어』「선진(先進)」 : 顏淵死. 子曰, "噫! 天喪予! 天喪予!"

이것은 고대인들이 탄식하는 소리를 낼 때 대부분 희(噫)라고 했음을 뜻한다. 그렇기 때문에, 여기에서의 성(聲) 또한 희(噫)를 뜻한다는 사실을 알 수 있다. 무릇 제사에서는 신(神)이 흠향하는 것을 가리켜서 흠(歆)이라고 부르니, 이곳 경문에서 말하는 상황은 소리를 질러서, 신으로 하여금 흠향하도록 하는 상황이 되기 때문에, 정현의 주에서 "신이 흠향하도록 조심스럽게 부른다."라고 한 것이다.

孔疏 ●"升奠幣于殯東几上, 哭降"者, 謂告殯竟, 執束帛者, 升堂奠置所執之幣于殯東几筵上, 畢, 遂哭, 哭竟而降階也.

번역 ●經文: "升奠幣于殯東几上, 哭降". ○이 문장은 빈소에 고(告)하는 것이 끝나면, 한 묶음의 폐백을 들고 있는 자가 당(堂)에 올라가서, 빈소의 동쪽에 있는 안석과 대자리 위에, 가지고 간 폐백을 진설하며, 진설하는 일이 끝나면, 마침내 곡(哭)을 하고, 곡이 끝나게 되면, 계단으로 내려간다는 것을 뜻한다.

孔疏 ◎注"几筵"至"體也". ○按阮諶禮圖云, "几長五尺, 高尺二寸[34], 廣二尺." 皇氏云, "周禮天子下室喪奠有素几, 不云殯宮有几, 而諸侯雖無文, 當與天子同. 而大夫士, 葬前下室並無几, 降於人君也. 並葬後殯宮皆有几. 人君未葬前, 而於下室有素几, 其殯宮無几. 今世子生旣告, 權移下室之几於殯東, 告於繼體, 異常日." 庾氏云, "未虞, 施几筵常於下室, 然殯宮几筵, 爲朝夕之奠, 常在不去. 今更特設几筵於殯宮東者, 特異其事, 以爲世子之生, 故鄭云,

---

33) 『예기』「단궁하(檀弓下)」【127a~b】: 公肩假曰, "不可, 夫魯有初, 公室視豊碑, 三家視桓楹. 般! 爾以人之母嘗巧, 則豈不得以? 其母以嘗巧者乎? 則病者乎? 噫!" 弗果從.

34) '척이촌(尺二寸)'에 대하여. 손이양(孫詒讓)의 『교기(校記)』에서는 "'척이촌(尺二寸)'으로 한다면 아마도 높이가 너무 낮은 것 같으니, 『주례』「사궤연(司几筵)」의 소(疏)에서 완심(阮諶)의 『삼례도(三禮圖)』를 인용하며, '고삼척(高三尺)'이라고 기록한 것이 더 맞는 것 같다."라고 했다.

'几筵於殯東, 明繼體也'" 今按旣夕禮, 燕養饋羞如他日, 則下室所供之物如平常, 皆用吉物. 卽今之告靈, 不得有素几. 又司几筵云, "凡喪事, 右素几." 注云, "喪事, 謂凡奠也." 又云, "凶事仍几." 注云, "凶事, 謂凡奠, 几朝夕相因, 喪禮略." 以此推之, 卽素几. 是殯宮朝夕設奠之几, 不在下室, 而庾·皇等以爲素几設於下室, 未審何以知之, 其義非也. 熊氏以爲天子諸侯在殯宮則有几筵, 大夫士大斂有席, 虞始有几. 然殯宮几筵爲朝夕之奠, 常在不去. 今更特設几於殯東, 當明世子是繼體之貴, 故於常几筵之外, 別特設之. 考三家之說, 熊以爲是, 皇·庾以爲非.

번역 ◎鄭注: "几筵"~"體也". ○완심(阮諶)이 지은 『삼례도(三禮圖)』를 살펴보면, "안석은 길이가 5척(尺)이고, 높이가 1척 2촌(寸)이며, 너비가 2척이다."라 했고, 황간(皇侃)[35]은 "『주례(周禮)』에는 천자가 내실(內室)에서 상전(喪奠)[36]을 할 때에는 소궤(素几)[37]가 있다고 했지만, 빈궁(殯宮: 빈소)에 안석이 있다고는 말하지 않았으며, 제후에 대해서는 비록 기록하고 있지 않지만, 마땅히 천자와 마찬가지로 빈소에 안석이 없었을 것이다. 그리고 대부(大夫)와 사(士)는 장례(葬禮)를 치르기 이전에, 내실에도 모두 안석이 없게 되는데, 그 이유는 내실에 안석을 두는 군주의 예법(禮法)보다 낮추기 때문이다. 아울러 장례를 치른 이후에는 빈궁에 모두 안석이 있게 된다. 군주에 대해 아직 장례를 치르기 이전이라면, 내실에는 소궤가 있지만, 그의 빈소에는 안석이 없게 된다. 그런데 이곳 「증자문」에서는 세자(世

35) 황간(皇侃, A.D.488 ~ A.D.545) : =황씨(皇氏). 남조(南朝) 때 양(梁)나라의 경학자이다. 『주례(周禮)』, 『의례(儀禮)』, 『예기(禮記)』 등에 해박하여, 『상복문구의소(喪服文句義疏)』, 『예기의소(禮記義疏)』, 『예기강소(禮記講疏)』 등을 지었지만, 현재는 전해지지 않는다. 그 일부가 마국한(馬國翰)의 『옥함산방집일서(玉函山房輯佚書)』에 수록되어 있다.

36) 상전(喪奠)은 상례(喪禮)를 시행하는 도중 아직 장례(葬禮)를 치르지 않은 상태에서, 음식물들을 진설하는 것을 뜻한다.

37) 소궤(素几)는 상례(喪禮) 때 사용하는 것으로, 흰 흙을 발라서 만든 작은 안석이다. 『주례』「춘관(春官)·사궤연(司几筵)」에는 "凡喪事, 設葦席, 右素几."라는 기록이 있다. 즉 무릇 상사(喪事)에는 갈대로 엮은 자리를 설치하고, 오른쪽에는 '소궤'를 둔다.

子)가 태어나서, 그 사실을 고(告)한 뒤에, 형편에 따라 내실에 있는 안석을 빈소의 동쪽으로 옮기고서, 세자가 군주의 지위를 계승한다는 사실에 대해서 고한 것이니, 이것은 평소의 예법과는 다른 것이다."라고 했다. 유울지(庾蔚之)[38]는 "아직 우제(虞祭)를 치르지 않았으면, 항상 내실에 안석과 대자리를 설치해두지만, 빈소에도 안석과 대자리가 있으니, 조석(朝夕)으로 올리는 폐백 때문에, 항상 제거하지 않은 상태로 있게 된다. 이곳 「증자문」에서 다시금 빈소의 동쪽에 특별히 안석과 대자리를 설치한다고 언급한 이유는 그 사안을 평소와는 다르게 여겨서, 안석과 대자리를 특별히 설치한 것이니, 세자가 태어났기 때문이다. 그렇기 때문에 정현은 '빈소의 동쪽에 안석과 대자리를 설치하여, 지위가 계승됨을 밝힌 것이다.'라고 했다." 『의례』「기석례(既夕禮)」를 살펴보면, 평상시에 먹던 반찬들을 차림에, 예전처럼 한다고 했으니,[39] 내실에 올리는 물건들은 평상시에 먹고 쓰던 것들로 차려내게 되므로, 모두 길례(吉禮)에 따른 물건들을 사용한다. 이것은 곧 오늘날 신령(神靈)에게 고할 때처럼, 소궤가 있을 수 없다는 사실을 뜻한다. 또한 『주례』「사궤연(司几筵)」에서는 "무릇 상사(喪事)에서는 오른쪽에 소궤를 둔다."[40]라고 했고, 정현의 주에서는 "상사(喪事)는 모든 전제사[奠祭]를 뜻한다."라고 했으며, 또한 "흉사(凶事)에는 곧 안석을 꾸미지 않고, 그 모습 그대로 안석을 설치한다."[41]라고 했고, 정현의 주에서는 "흉사(凶事)는 모든 전제사[奠祭]를 뜻하니, 이때의 전제사에서는 안석을 두어, 아침과 저녁에 이것을 통해서 폐백을 차리는 것으로, 상례(喪禮)에 비해 약소하게 하는 것이다."라고 했으니, 이것을 통해 추측해보면, 여기에서 말하는 궤(几)는 곧 소궤(素几)에 해당한다. 그리고 이것은 빈소에서 조석(朝夕)으로 폐백을 차릴 때 사용하는 안석으로, 내실에 설치하지 않는 것인데,

---

38) 유울지(庾蔚之, ? ~ ?) : =유씨(庾氏). 남조(南朝) 때 송(宋)나라 학자이다. 저서로는 『예기약해(禮記略解)』, 『예론초(禮論鈔)』, 『상복(喪服)』, 『상복세요(喪服世要)』, 『상복요기주(喪服要記注)』 등을 남겼다.

39) 『의례』「기석례(既夕禮)」 : 燕養, 饋羞湯沐之饌如他日.

40) 『주례』「춘관(春官)·사궤연(司几筵)」 : 凡喪事, 設葦席, 右素几.

41) 『주례』「춘관(春官)·사궤연(司几筵)」 : 凡吉事, 變几. 凶事仍几.

유울지와 황간 등은 소궤를 내실에 설치한다고 했으나, 자세히 따져보지도 않고, 그러한 사실을 어떻게 알겠는가? 그러므로 그 주장은 잘못된 것이다. 웅안생은 천자와 제후의 시신이 빈소에 있게 되면, 안석과 대자리가 놓이게 되고, 대부와 사는 대렴(大斂)을 할 때, 깔개가 놓이게 되며, 우제를 지내고 나서야 비로소 안석이 놓이게 된다고 여겼다. 그러므로 빈소에 있는 안석과 대자리는 아침저녁으로 전제사를 지내며 폐물을 올리기 위한 것이니, 항상 제거하지 않은 상태로 두는 것이다. 이곳 「증자문」편에서 다시금 빈소의 동쪽에 안석을 특별히 설치한다고 한 말은 마땅히 세자가 지위를 계승하는 존귀한 자임을 드러낸 것이다. 그렇기 때문에 항상 설치해두는 안석과 대자리 외에, 별도로 특별히 설치한 것이다. 3명의 주석가들의 주장을 살펴보면, 웅안생의 주장이 옳은 것 같고, 황간과 유울지의 주장은 잘못된 것 같다.

孔疏 ◎注"衆主"至"婦人". ○正義曰: 知者, 按喪大記云, "君將大斂, 父兄堂下北面." 父兄卽君之親. 又云, "外宗房中南面." 故云, "房中, 婦人."

번역 ◎鄭注: "衆主"~"婦人". ○이러한 사실을 알 수 있는 이유는 『예기』「상대기(喪大記)」편을 살펴보면, "군주에 대해 장차 대렴(大斂)을 하려고 할 때에, 부형(父兄)들은 당(堂) 아래에서 북쪽을 바라보며 서 있는다[北面]."[42]고 했으니, 「증자문」편의 중주인(衆主人)에 대해, 정현이 말한 기록과 비교해보면, 「상대기」편에서 말하는 부형은 곧 군주의 친족에 해당한다. 또한 "외종(外宗)과 방중(房中)은 남쪽을 바라보며 있는다[外宗房中南面]."[43]라고 했기 때문에, 정현이 "방중은 부인(婦人)이다."라고 말한 것이다.

---

42) 『예기』「상대기(喪大記)」【537a】: 君將大斂, 子弁絰卽位于序端. 卿大夫卽位于堂廉, 楹西, 北面, 東上. 父兄堂下北面.

43) 『예기』「상대기(喪大記)」【537a】: 外宗房中南面.

孔疏 ◎注"反朝夕哭位". ○正義曰: 按士喪禮, 每日之旦, 於朝夕哭位先哭, 而後行朝奠, 朝奠了又哭. 今因西階前哭畢, 反此朝夕哭位, 於位不更哭, 卽行朝奠禮, 謂一時兼哭兩事, 故云, "遂朝奠". 按士喪禮, 尋常朝奠, 皆先哭後奠. 皇氏云, "尋常先奠後哭, 此謂告世子生, 故先哭後奠." 其義非也.

번역 ◎鄭注: "反朝夕哭位". ○『의례』「사상례(士喪禮)」편을 살펴보면, 매일 아침에, 조석(朝夕)으로 곡(哭)하는 자리에서 먼저 곡을 하고, 그 이후에는 아침에 폐백을 올리는 전제사[奠祭]를 시행하며, 아침에 폐백 올리는 일이 끝나면, 다시 곡을 한다. 이곳 「증자문」편에서는 서쪽 계단 앞에서 곡을 끝내고, 조석으로 곡하는 자리로 되돌아간다고 하니, 되돌아간 자리에서 다시 곡을 하는 것이 아니라, 곧바로 아침에 폐백 올리는 예(禮)까지도 시행하는 것으로, 일시에 곡하는 일까지 포함하여, 두 가지 일을 함께 하는 것이기 때문에, "마침내 조전(朝奠)을 한다."라고 말한 것이다. 「사상례」편을 살펴보면, 평상시에 조전하는 절차는 모든 경우에 있어서, 먼저 곡을 한 이후에 폐백을 올린다. 황간은 "평상시에는 먼저 전제사[奠]를 지내고, 이후에 곡을 하는 것인데, 이곳 「증자문」편에서 말하는 상황은 세자(世子)가 태어났음을 고하는 것이기 때문에, 먼저 곡을 하고, 전제사를 이후에 지내는 것이다."라고 했으니, 그 주장은 잘못된 것이다.

孔疏 ◎注"所主"至"階間". ○正義曰: 所以小宰擧幣, 幣是小宰所主, 故云"所主也". 故周禮小宰職云, "凡祭祀贊王[44]幣爵之事, 喪荒[45]受其含襚幣玉之事." 是也. 必知埋之階間者, 下文云, "師行主命, 反必告, 設奠卒, 斂幣玉, 藏諸兩階之間", 故知此幣亦埋之階間也.

---

44) '왕(王)'자에 대하여. 이 글자를 다른 파본에는 '옥(玉)'자로 기록하고 있다. 완원(阮元)의 『교감기(校勘記)』에서는 "'왕(王)'자로 기록하는 것이 옳다." 라고 했다.

45) '황(荒)'자에 대하여. 이 글자를 다른 판본에는 '경(竟)'자로 기록하고 있다. 손이양(孫詒讓)의 『교기(校記)』에서는 "『주례』의 기록에 근거해보면, '황(荒)'자로 기록하는 것이 맞다."라고 했다.

번역 ◎鄭注: "所主"~"階間". ○소재(小宰)가 폐물을 바치기 때문에, 폐물은 소재가 담당하는 대상이다. 그렇기 때문에 "담당하는 것[所主]이다."라고 말한 것이다. 그러므로 『주례』「소재(小宰)」의 직무에서 "무릇 제사 때 천자가 예물(禮物) 바치는 일을 도우며, 상례(喪禮)나 흉년 때에는 시신의 수의에 장식하는 폐옥 등과 관련된 일을 담당한다."[46]라고 한 말이 바로 그 증거가 된다. 그런데 계단 사이에 매장한다는 사실을 확실히 알 수 있는 이유는 아래 문장에서 "군대를 출정할 때에 천주(薦主)가 없으면, 주명(主命)을 모시고 가는데, 돌아와서는 반드시 고(告)하며, 폐백 올리는 일이 끝나면, 폐옥들을 거둬다가, 양쪽 계단 사이에 매장한다."[47]라고 했기 때문에, 여기에서의 폐백 또한 계단 사이에 매장한다는 사실을 알 수 있다.

訓纂 江氏永曰: 按司几筵, "柏席用萑", "每敦一几", 鄭讀柏爲椁, 謂殯之椁燾. 是人君之禮殯東常有几筵. 此注似言爲明繼體, 特設几筵者, 蓋此不與彼參照, 又或喪事仍几, 此告子生特改新之也. 既夕禮之"下室", 卽殯宮之室, 朝夕奠常設於此, 燕養饋羞亦於此. 孔氏乃謂素几是殯宮朝夕奠之几, 不在下室, 豈下室又在殯宮之外乎?

번역 강영이 말하길, 『주례』「사궤연(司几筵)」편을 살펴보면, "백석(柏席)에는 익모초[萑]를 사용해서 만든다."라고 하며, "하나의 궤(几)마다 덮는다."라고 했는데,[48] 정현은 배(柏)자를 곽(椁: 덧널)자로 해석하였으니, 곧 빈소에서 덧널을 덮는 것을 뜻한다. 따라서 이 말은 곧 군주의 상례(喪禮)에서는 빈소 동쪽에 항상 안석과 대자리가 있었다는 사실을 나타낸다.

---

46) 『주례』「천관(天官)·소재(小宰)」: 凡祭祀贊玉幣爵之事·祼將之事. 凡賓客贊祼凡受爵之事凡受幣之事. 喪荒受其含襚幣玉之事.

47) 『예기』「증자문」【234c~d】: 曾子問曰 古者, 師行, 無遷主, 則何主. 孔子曰 主命. 問曰 何謂也. 孔子曰 天子諸侯將出, 必以幣帛·皮圭, 告于祖禰, 遂奉以出, 載于齊車以行, 每舍, 奠焉, 而后, 就舍, 反必告, 設奠卒, 斂幣玉, 藏諸兩階之間, 乃出, 蓋貴命也.

48) 『주례』「춘관(春官)·사궤연(司几筵)」: 其柏席用萑黼純, 諸侯則紛純, 每敦一几.

이곳 정현의 주에서도 이와 유사하게, "지위 계승함을 밝히기 위해서, 특별히 안석과 궤석을 설치하는 것이다."라고 말했는데, 무릇 이곳「증자문」편의 기록을 해석할 때에는「사궤연」편의 기록을 참조할 수 없는 것이며, 또한「사궤연」편의 다른 기록에서는 "상사(喪事)에서는 곧 꾸미지 않은 그대로의 안석을 설치한다."라고 했는데, 이곳「증자문」편의 내용은 세자(世子)가 태어남을 고(告)하는 것이므로, 특별히 안석을 새롭게 고쳐서 두는 것이다.「기석례(旣夕禮)」편에서 말하는 '하실(下室)'이라는 것은 곧 빈소 안에 있는 방으로, 조석(朝夕)으로 전제사[奠]를 지낼 때에, 항상 이곳에 진설하는 것이며, 평소 먹던 음식을 차림에도 또한 여기에서 진설하는 것이다. 공영달(孔穎達)은 곧 소궤(素几)가 빈소에서 조석으로 전제사를 지낼 때 사용하는 안석에 해당한다고 하며, 하실에 있지 않다고 했는데, 어찌 하실이 또한 빈소 밖에 있는 것이겠는가?

集解 此言世子生, 告殯之禮也. 攝主, 謂攝爲喪主者. 蓋世子雖未生, 而喪不可以無主, 故以庶子或兄弟之子暫主喪事. 左傳, "季桓子疾, 命其臣正常曰'南孺子之子, 男也, 則立之, 女也, 則肥也可.' 桓子卒, 康子卽位. 南氏生男, 康子請退." 所謂"攝主"者, 謂若康子者也. 朝夕哭之位, 攝主在阼階東, 西面, 卿大夫在其南. 今以告殯故, 在西階南, 北面, 以殯在西階上也. 裨猶副也益也. 服冕者, 各以其上服之次爲裨冕. 此兼明天子諸侯之禮. 天子之大祝下大夫, 服希冕, 其裨冕則玄冕也. 大祝接神, 故吉服, 又以在喪, 故不用其上服而服其次也. 顧命, "王麻冕·黼裳", "大保麻冕·彤裳". 黼裳者, 三章之絺冕裳繡黼黻者也. 彤裳者, 一章之玄冕·玄衣·纁裳者也. 以此知在喪而假冕服者, 皆視其常服有所降明矣. 帛, 制幣也. 十端爲束. 告於堂下則大遠, 升堂又迫近殯所, 故升階盡等而不升堂, 遠近之節也. 命毋哭者, 告神宜靜也. 聲三, 謂發聲告神者三, 欲其聽之也. 某, 夫人之氏也. 殯無几筵, 此特設几以奠幣, 蓋横設於殯東, 與尋常設几之法異也. 哭降者, 大祝旣告, 則哭而且降, 而北面於大夫之列也. 衆主人, 君大功以上之親也, 亦從攝主北面於西階下. 前不言者, 文略也. 房中, 婦人也. 朝夕哭之位, 男子在阼階下西面, 婦人在阼階上西面. 今告殯, 男子在西階下北面, 故婦人在西房中南面, 皆爲欲嚮殯故也. 不踊者, 此告殯耳, 異於朝夕哭及受弔也. 反位, 反朝夕哭之位也. 告殯在朝哭之後, 旣告, 反位而後朝奠.

번역 이 문장들은 세자(世子)가 태어났을 때, 빈소에 고(告)하는 예법(禮法)을 말하고 있다. 섭주(攝主)는 본래의 상주(喪主)를 대신하여, 임시로 상주가 된 자를 가리킨다. 무릇 세자가 비록 태어나지는 않았더라도, 상(喪)에서는 상주가 없을 수가 없다. 그렇기 때문에 서자(庶子) 혹은 형제의 자식들을 시켜서, 임시로 상사(喪事)의 일을 주관하게 하는 것이다. 『좌전』에서 "계환자(季桓子)가 질병이 들자, 그의 신하인 정상(正常)에게 명령하길, '남유자(南孺子)의 자식이 남자로 태어나면, 그에게 가문을 물려주고, 여자라면 비(肥)에게 가문을 물려주어도 좋다.'라고 했다. 마침내 계환자가 죽자, 계강자(季康子: 肥)가 계씨(季氏) 가문의 수장이 되었다. 그런데 남씨(南氏: 南孺子)가 아들을 낳아서, 계강자는 물러나길 청원했다."[49]라고 했으니, 이른바 '섭주'라는 것은 계강자와 같은 자들을 말한다. 조석(朝夕)으로 곡하는 자리는 섭주가 동쪽 계단[50]의 동편에서 서면(西面)을 하게 되고, 경(卿)과 대부(大夫)들은 섭주의 남쪽에 있게 된다. 이곳 「증자문」편에서는 빈소에 고하는 것이기 때문에, 서쪽 계단의 남쪽에 서서, 북면(北面)을 하는 것이니, 빈소가 서쪽 계단 위에 있기 때문이다. 비면(裨冕)이라고 할 때의 비(裨)자는 부(副: 버금간다)자와 익(益: 더한다)자의 뜻과 같다. 복면(服冕)하는 자들은 각각 그들이 착용할 수 있는 복장 중에서, 가장 높은 것보다 한 단계 낮은 것을 비면으로 삼는다. 이 문장의 내용은 천자 및 제후의 예법을 함께 언급하는 것이다. 천자의 대축(大祝)은 하대부(下大夫)들이 담당하는 직책으로, 본래의 예법에 따르면, 하대부들은 희면(希冕)을 착용

---

49) 『춘추좌씨전』「애공(哀公) 3년」 : 秋, 季孫有疾, 命正常曰, "無死! 南孺子之子, 男也, 則以告而立之; 女也, 則肥也可." 季孫卒, 康子卽位. 旣葬, 康子在朝. 南氏生男, 正常載以如朝, 告曰, "夫子有遺言, 命其圉臣曰, '南氏生男, 則以告於君與大夫而立之.' 今生矣, 男也, 敢告." 遂奔衛. 康子請退. 公使共劉視之, 則或殺之矣. 乃討之. 召正常, 正常不反.

50) 조계(阼階)는 동쪽 계단을 뜻한다. 주인이 사용하는 계단이다.

하지만, 그들의 비면은 희면보다 한 단계 낮은 현면(玄冕)이 된다. 대축은 접신(接神)을 하기 때문에, 길복(吉服)을 착용하는데, 또한 그가 군주의 상중(喪中)에 있기 때문에, 그가 착용할 수 있는 가장 높은 등급의 복장을 사용하지 못하고, 그보다 한 단계 낮은 복장을 착용한다. 『서』「고명(顧命)」편에서는 "천자는 마면(麻冕)과 보상(黼裳)을 착용한다."라 하고, "대보(大保)는 마면과 동상(彤裳)을 착용한다."라고 했다.[51] 보상이라는 것은 9장(章)[52] 중에서 3장(章)의 복식으로, 치면(絺冕)을 하고, 아랫도리에는 보불(黼黻)을 수 놓은 것이다. 동상이라는 것은 1장의 복식으로, 현면(玄冕), 현의(玄衣), 훈상(纁裳)을 착용하는 것이다. 이것을 통해서, 상중(喪中)에 면복(冕服)을 잠시 착용하는 경우에는 모두 일상적인 복식 방법에 비해, 등급을 낮추는 점이 있다는 것이 명백하다는 사실을 알 수 있다. 백(帛)은 비단을 정갈하게 제단한 폐물이다. 10단이 한 묶음이 된다. 당(堂) 아래에서 고하게 되면, 빈소와의 거리가 너무 멀게 되고, 당에 올라가게 되면, 또한 빈소와 너무 가깝기 때문에, 계단에 올라감에, 계단은 다 올라가지만, 당에는 오르지 않는 이유는 빈소와의 적당한 거리를 맞추기 위해서이다. 곡(哭)을 하지 말라고 명령하는 이유는 신에게 고할 때에는 마땅히 정숙해야 하기 때문이다. '성삼(聲三)'이라는 것은 소리를 질러 신에게 아뢰는 것을 3번 한다는 뜻으로, 신이 듣게 하고자 함이다. 모(某)라는 것은 부인의 씨(氏)를 대입하는 곳이다. 빈소에는 안석과 대자리가 없는데, 여기에서 특별히 안석을 설치하여, 폐백을 올리니, 아마도 빈소의 동쪽에 횡으로 설치하는 것으

---

51) 『서(書)』「주서(周書)·고명(顧命)」: 王麻冕黼裳, 由賓階隮. 卿士邦君, 麻冕蟻裳入卽位. 太保太史太宗皆麻冕彤裳.

52) 9장(章)은 천자의 의복에 수 놓았던 9가지의 문양을 말한다. 『주례』「춘관(春官)·사복(司服)」에는 "享先王則袞冕"이란 기록이 있는데, 이에 대한 정현의 주에서는 "冕服九章, 登龍於山, 登火於宗彝, 尊其神明也. 九章, 初一曰龍, 次二曰山, 次三曰華蟲, 次四曰火, 次五曰宗彝, 皆畫以爲繢, 次六曰藻, 次七曰粉米, 次八曰黼, 次九曰黻, 皆希以爲繡, 則袞之衣五章, 裳四章, 凡九也."이라고 풀이했다. 즉 9장은 용(龍), 산(山), 화충(華蟲), 화(火), 종이(宗彝)라는 상의에 수 놓는 5가지 문양과 조(藻), 분미(粉米), 보(黼), 불(黻)이라는 하의에 수 놓는 4가지 문양이다.

로, 보통 때에 안석을 설치했던 방법과는 달랐을 것이다. '곡강(哭降)'이라는 것은 대축이 고하는 일을 끝내면, 곡을 하고 다시 내려와서, 대부들의 행렬에 함께 서서 북면(北面)을 하는 것이다. 중주인(衆主人)은 군주의 상(喪)에서, 대공복(大功服) 이상을 착용하는 친족들이니, 또한 섭주를 따라서 서쪽 계단 아래에서 북면을 하는 것이다. 앞 문장에서 "경대부사종섭주(卿大夫士從攝主)"라고 하여, 경·대부·사만 말하고, 중주인에 대해서 말하지 않은 이유는 특별한 뜻이 있어서가 아니라, 단순히 문장을 생략한 것일 뿐이다. 방중(房中)은 부인(婦人)들이다. 조석(朝夕)으로 곡하는 위치를 설명하자면, 남자는 계단 아래에서 서면(西面)을 하고, 부인들은 계단 위에서 서면을 하는 것이다. 이곳 「증자문」편 기록에서 빈소에 고함에, 남자가 서쪽 계단 아래에서 북면을 하기 때문에, 부인들은 서쪽에 있는 방안에서 남면(南面)을 하는 것이니, 이렇게 위치하는 것은 모두 빈소 방향으로 바라보게 만들고자 하기 때문이다. 발 구르기를 하지 않는 이유는 이곳에서 말하는 상황은 단지 빈소에 고하는 것일 뿐이니, 조석으로 곡하며, 조문을 받는 것과는 다른 상황이기 때문이다. '반위(反位)'는 조석으로 곡하는 본래의 자리로 되돌아오는 것이다. 빈소에 고하는 시기는 아침에 곡하는 일을 끝낸 후에 해당하니, 고하는 일이 끝나게 되면, 본래의 자리로 되돌아가고, 그 이후에 조전(朝奠)을 올리는 것이다.

그림 1-5 구장(九章)

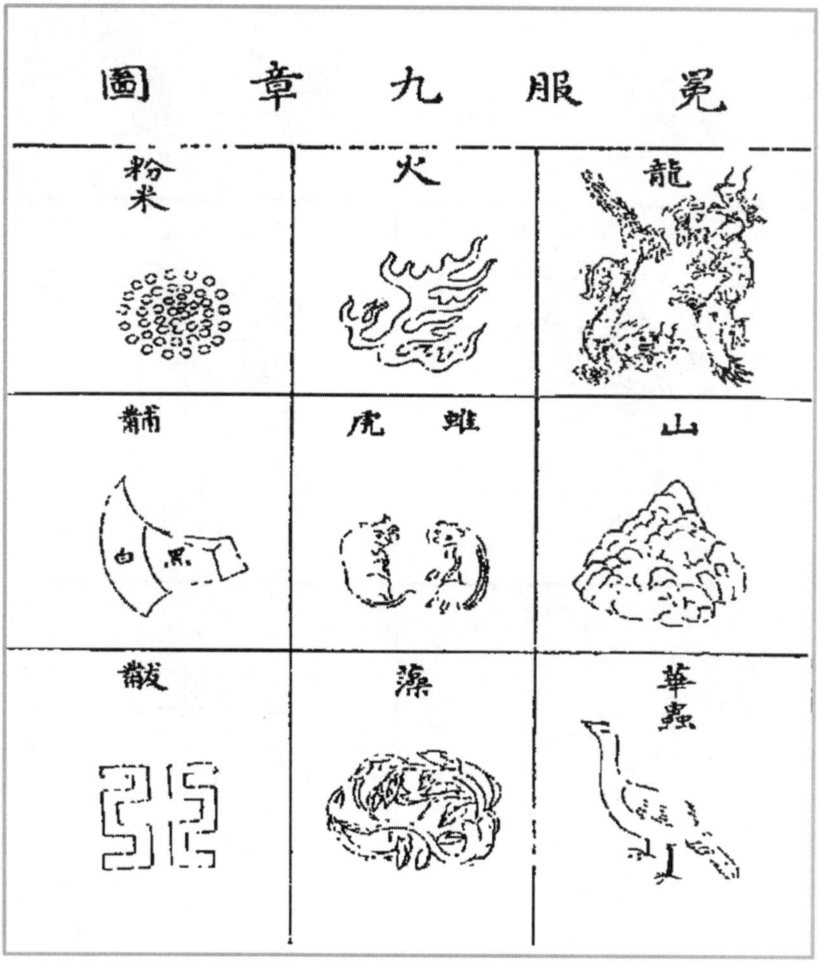

◎ 종이(宗彝)=호유(虎蜼)

▸ **출처:** 『향당도고(鄕黨圖考)』 1권

그림 1-6 면관과 피관[冕弁]

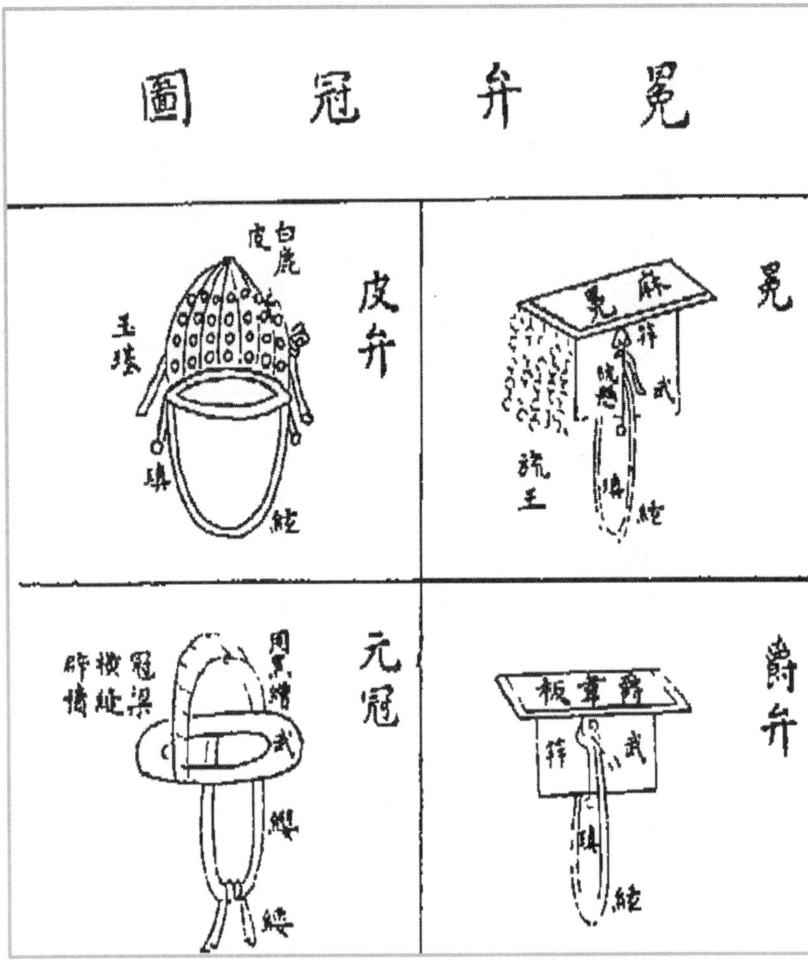

▸ **출처:** 『향당도고(鄕黨圖考)』 1권

集解 鄭氏以攝主爲上卿代君聽國政者, 果爾, 則百官總己以聽, 終於三年者也, 何以下見殯不言攝主乎? 又鄭氏謂, "筵·几以明繼體", 不知明繼體何所取於几·筵. 且記但言几, 不言筵也. 雜記諸侯致含·襚, "有葦席, 既葬蒲席", 有筵而無几, 此奠於殯東几上, 有几而無筵. 蓋皆特設之以受幣物, 故不備几筵, 與設坐位之法異, 無他義也.

번역 정현은 섭주(攝主)가 상경(上卿) 중에서 군주를 대신하여 국정(國政)을 돌보는 자라고 여겼는데, 과연 정현의 말과 같다면, 백관(百官)들이 자신들의 직무를 총괄하여, 섭주에게서 명령을 듣게 되는 일[53]이, 상(喪)을 치르는 기간인 3년이 지나서야 끝나게 되는데, 어찌하여 아래 문장에서, 빈소를 찾아뵙는 일에 섭주를 언급하지 않았는가? 또 정현은 "대자리와 안석으로써, 지위 계승함을 드러낸다."라고 했는데, 지위 계승함을 드러내는데, 어찌하여 안석과 대자리라는 대상에, 그 의미를 연관시키는지 알 수가 없다. 또 『예기』「증자문」의 이곳 기록에서는 단지 안석만 말하고, 대자리에 대해서는 말하지 않았다. 『예기』「잡기(雜記)」편에서 제후에게 함옥(含玉)과 수옥(襚玉)을 보냄에, "천자의 명령을 수행하여 옥(玉)을 가지고 온 사신이 절을 하고, 빈소의 동남쪽에 옥을 올려놓을 때에, 그 자리에는 갈대로 엮은 자리가 설치되어 있고, 이미 장례(葬禮)를 끝낸 뒤라면, 부들로 엮은 자리가 놓여 있게 된다."[54]라고 했으니, 이 문장에서는 대자리만 언급되어 있고, 안석은 없으며, 이곳 「증자문」 기록에서도 빈소의 동쪽에 설치한 안석 위에 폐백을 진설한다고 하니, 안석만 있고, 대자리는 없는 것이다. 아마도 「잡기」편의 기록과 「증자문」편에 나온 기물들은 모두 특별히 설치한 것으로, 폐물을 바치기 위한 도구들이다. 그렇기 때문에 안석과 대자리를 모두 갖추지 않는 것이니, 생전에 앉는 자리를 설치할 때, 안석과 대자리를 함께 두는 법식과는 다른 것이며, 별다른 뜻이 없는 것이다.

---

53) 『서』「상서(商書)·이훈(伊訓)」: 百官總己以聽冢宰.

54) 『예기』「잡기상(雜記上)」【504b】: 含者坐委于殯東南, <u>有葦席, 既葬蒲席</u>.

그림 1-7 궤(几)

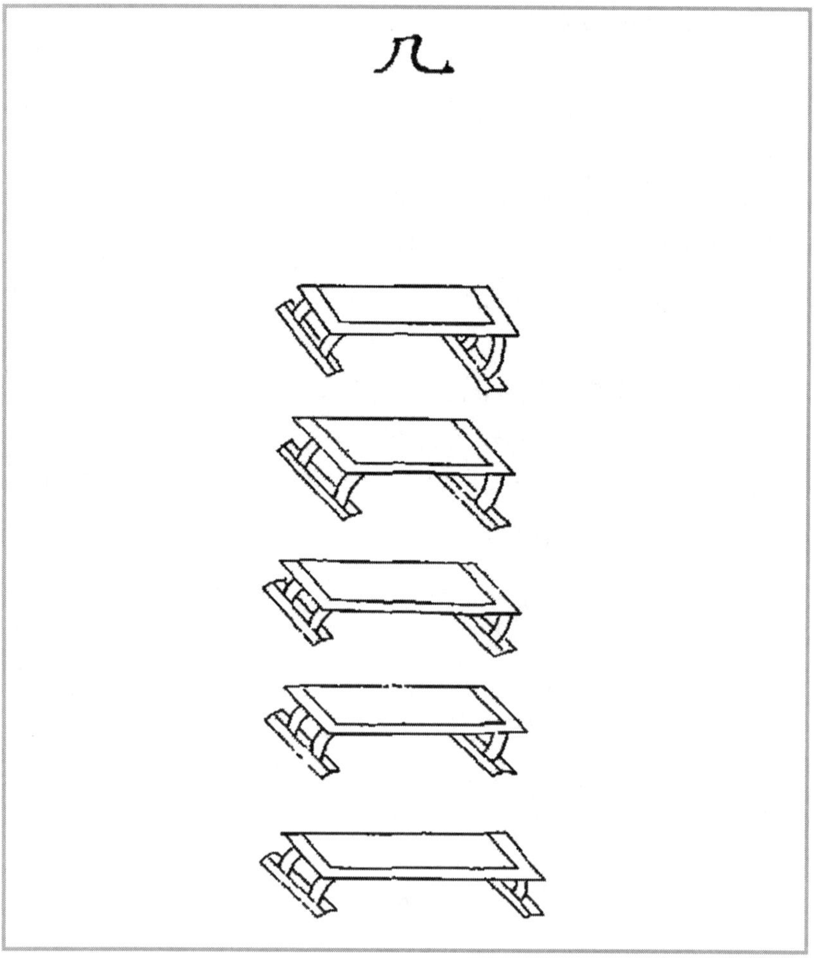

▸ **출처:** 『삼례도집주(三禮圖集注)』 8권

그림 1-8 연(筵)

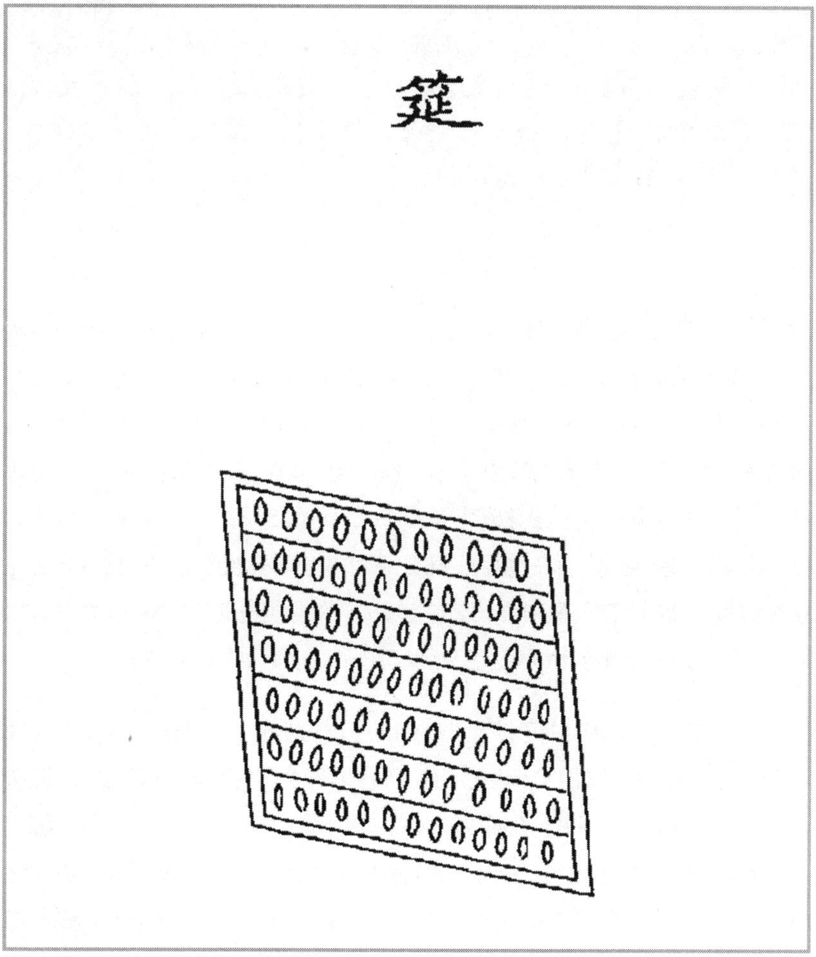

▸ **출처:** 『삼례도집주(三禮圖集注)』 8권

【226c~d】

三日, 衆主人·卿·大夫·士, 如初位, 北面, 大宰·大宗·大祝, 皆裨冕, 少師奉子以衰. 祝先, 子從, 宰·宗人從, 入門, 哭者止. 子升自西階, 殯前, 北面, 祝立于殯東南隅. 祝聲三, 曰: "某之子某, 從執事, 敢見." 子拜稽顙, 哭, 祝·宰·宗人·衆主人·卿·大夫·士, 哭踊三者三, 降東反位, 皆袒. 子踊, 房中亦踊, 三者三. 襲衰杖, 奠出, 大宰命祝·史, 以名徧告于五祀·山川.

직역 三日에 衆主人·卿·大夫·士는 初位에 如하고, 北面하며, 大宰·大宗·大祝은 모두 裨冕하고, 少師는 奉子하길 衰로써 한다. 祝이 先하면, 子는 從하고, 宰·宗人이 從하여, 入門하면, 哭者는 止한다. 子가 西階로부터 升하여, 殯前에서 北面하면, 祝은 殯의 東南隅에 立한다. 祝이 聲三하며, 曰, "某의 자식 某가 執事를 從하여, 敢見합니다." 子拜하길 稽顙하며, 哭하고, 祝·宰·宗人·衆主人·卿·大夫·士는 哭踊하길, 三者를 三하고, 降하여 東해서 反位하고는 모두 袒한다. 子가 踊하면, 房中 또한 踊하니, 三者를 三한다. 衰를 襲하고, 杖하여, 奠하고 出하면, 大宰는 祝·史에게 命하여, 名으로 五祀·山川에 徧告하게 한다.

의역 공자가 계속하여 말하길, "세자(世子)가 태어난 지 3일이 지나고 나서, 군주의 친족들과 경(卿), 대부(大夫), 사(士)는 처음에 세자가 태어났음을 고(告)했을 때의 위치에 서고, 북면(北面)을 하며, 대재(大宰), 대종(大宗), 대축(大祝)은 모두 비면(裨冕)을 착용하고, 소사(少師)는 최복(衰服)을 입고서 세자를 감싸 안는다. 대축이 앞장서면, 세자를 감싸 안고 있는 소사가 뒤따르고, 대재와 대종이 그 뒤를 따라 가며, 문에 들어서게 되면, 곡(哭)을 하던 자들은 모두 곡을 그친다. 세자를 감싸 안고 있는 소사가 서쪽 계단으로부터 올라가서, 빈소 앞에 서서 북면을 하면, 대축은 빈소의 동남쪽 모퉁이에 선다. 대축이 신(神)이 강림하여, 폐백 흠향하길 애원하는 탄식을 3번 하며, 신에게 아뢰길, '부인 아무개씨의 자식 아무개가 집사(執事)하는 자들인 대재와 대종 등을 좇아서, 감히 찾아뵙니다.'라고 한다. 그런 뒤에 세자를 감싸 안고 있는 소사가 절하길, 무릎을 굽히고 이마가 땅에 닿도록 조아리고, 그 상태에서 곡을 하며, 대축, 대재, 종인(宗人)과 군주의 친족들 및 경, 대부, 사는 곡과 발 구르길 3번씩 3번 반복하고, 그런 뒤에는 내려와 동쪽으로 가서, 본래의 위치로 돌아가서는 모두 웃옷을 벗는다. 세자를 감싸 안고 있는 소사가 일어나서 발 구르기를 하면, 부인(婦人)들 또한 발 구르기를 하니, 3번씩 3번 반복한다. 그런 뒤에 세자에게 최복을 입히고, 곡할 때 잡는 지팡이를 잡고 하여, 아침에 올리는 폐백을 다 진설하고 밖으로 나오면, 대재는 대축과 대사(大史)에게 명령하여, 세자의 이름을 오사(五祀)와 산천(山川)의 신들에게 두루 아뢰게 한다."

集說 如初位者, 如初告子生之位次也. 少師, 主養子之官. 奉子以衰, 以衰服承藉而捧之也. 告曰, "夫人某氏之子某, 從執事宰宗人等, 敢見." 子名則大宰所立也. 告訖, 捧子之人, 拜而稽顙且哭. 凡踊三度爲一節, 如此者三, 故云三者三. 降東反位者, 堂上人, 皆從西階降而反東, 在下者, 亦皆東而反其朝夕之哭位也. 踊而襲衰杖, 成其爲子之禮也. 奠出, 朝奠畢而出也.

번역 "초위(初位)와 같게 한다[如初位]."는 말은 처음 세자(世子)가 태어났을 때 고(告)했던 위치와 똑같이 선다는 뜻이다. 소사(少師)는 세자 돌보는 일을 담당하는 관리이다. "봉자(奉子)하길 최(衰)로써 한다[奉子以衰]."는 말은 소사가 최복(衰服)을 입고서, 세자를 들어 올린다는 뜻이다. 아뢰길, "부인 아무개씨의 자식 아무개가 집사(執事)하는 자들인 대재(大宰)와 대종(大宗) 등을 쫓아서, 감히 찾아뵙니다."라고 한다. 세자의 이름은 대재가 짓는 것이다. 대축(大祝)이 신(神)에게 고하는 일이 끝나면, 세자를 안고 있는 자가 절을 하며, 무릎을 굽혀 이마가 땅에 닿도록 조아리고서 곡(哭)을 한다. 무릇 발 구르는 절차에서는 3번씩 하는 것을 1절로 삼으니, 이와 같이 하는 것을 3번 반복하기 때문에, '삼자삼(三者三)'이라고 말한 것이다. "내려와 동쪽으로 가서, 자신의 위치로 돌아간다[降東反位]."는 말은 당(堂) 위에 있던 자들은 모두 서쪽 계단을 통해 내려와서, 동쪽으로 되돌아가는 것이며, 당 아래에 있던 자들은 또한 모두 동쪽으로 가서, 그들이 아침과 저녁 때 각자 곡하던 본래의 위치로 되돌아간다는 뜻이다. 세자를 안고 있는 자가 발 구르기를 하고, 세자에게 최복(衰服)을 입히며, 지팡이를 잡고 하는 것은 세자가 군주의 정식 자식이 되는 예법(禮法)을 완성하는 절차이다. '전출(奠出)'은 아침에 폐백을 진설하는 일을 끝내고서, 밖으로 나온다는 뜻이다.

그림 1-9 참최(斬衰)

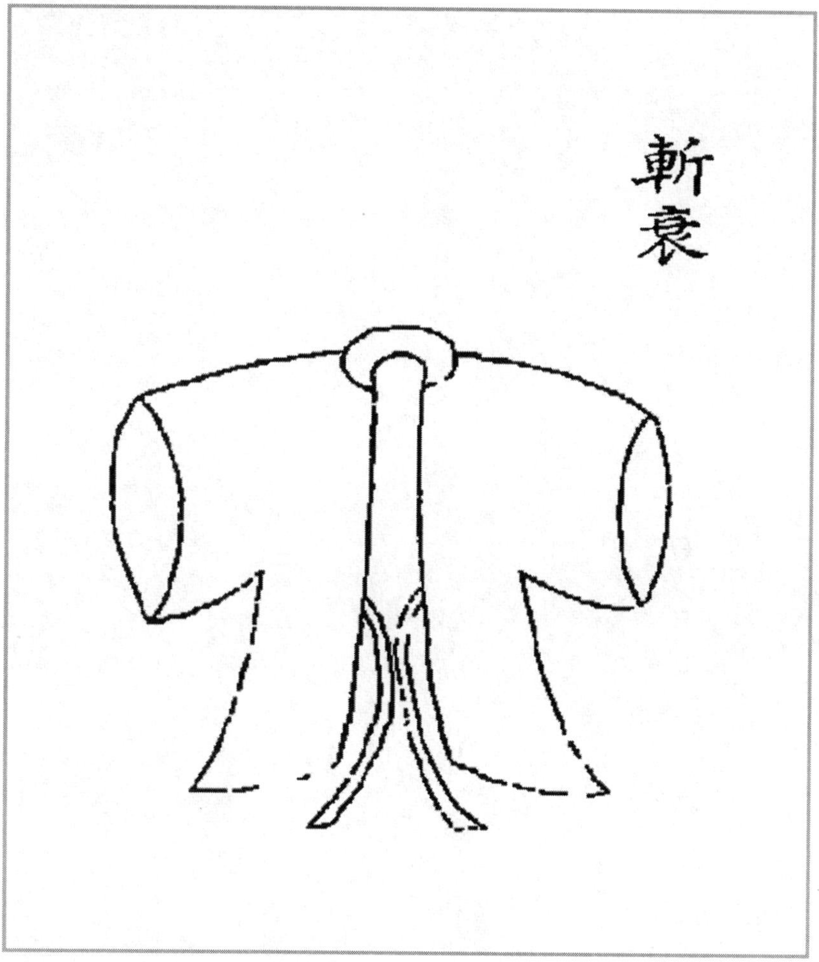

▸ **출처:** 『삼례도집주(三禮圖集注)』 15권

그림 1-10 참최복 착용 모습

▸ **출처:** 『삼재도회(三才圖會)』「의복(衣服)」 3권

그림 1-11 참최복 각부 명칭

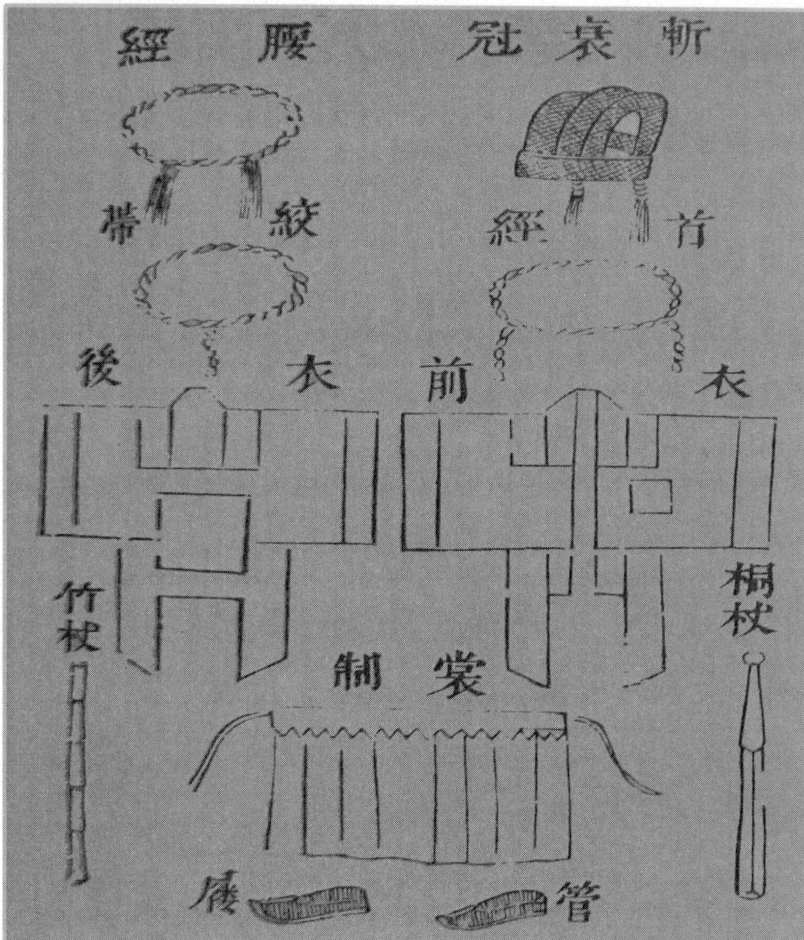

▸ **출처:** 『삼재도회(三才圖會)』「의복(衣服)」 3권

大全 嚴陵方氏曰: 君薨, 凶事也, 凶事, 人之所哀. 世子生, 吉事也, 吉事, 人之所樂. 君子行禮, 於此可不愼哉? 是以裨冕, 吉服也, 衰杖, 則凶服也. 毋哭, 吉禮也, 稽顙, 則凶禮也. 於是則或裨冕, 或衰杖, 或命毋哭, 或拜稽顙, 豈非處之以吉凶之間也.

번역 엄릉방씨[55]가 말하길, 군주가 죽은 것은 '흉례(凶禮)에 해당하는 일[凶事]'이며, 흉례에 해당하는 일은 사람들이 애석하게 생각하는 대상이다. 세자(世子)가 태어난 일은 '길례(吉禮)에 해당하는 일[吉事]'이며, 길례에 해당하는 일은 사람들이 즐겁게 생각하는 대상이다. 그러므로 군자가 예(禮)를 시행함에, 이처럼 흉사와 길사가 뒤섞인 상황 속에서 신중하지 않을 수가 있겠는가? 그래서 비면(裨冕)을 착용한다는 행위는 길복(吉服)을 착용하는 행위에 해당하지만, 최복(衰服)을 입고 지팡이를 잡게 한다면, 흉복(凶服)을 착용하는 행위에 해당한다. 또한 곡(哭)을 못하게 하는 행위는 길례를 시행하는 행위에 해당하지만, 이마가 땅에 닿도록 조아린다면, 흉례를 시행하는 행위에 해당한다. 이러한 상황에서 어떤 이들은 비면을 착용하고, 또 어떤 이들은 최복과 지팡이를 잡으며, 어떤 이들은 곡을 하지 말라고 명령을 하고, 또 어떤 이들은 절하며 이마가 땅에 닿도록 조아리니, 어찌 이것이 각각의 경우에 맞게끔 길흉(吉凶)의 적절한 조절로 대처하는 행동이 아니겠는가?

大全 山陰陸氏曰: 如初位, 則北面可知. 又言北面, 著子雖幼, 莫不臣也. 少師奉子, 言師著一日不敢無師傅也. 不言大師奉子以衰嫌褻.

번역 산음육씨[56]가 말하길, 경문에서 '여초위(如初位)'라고 하여, 처음

55) 엄릉방씨(嚴陵方氏, ? ~ ?) : =방각(方慤)·방씨(方氏). 송대(宋代) 유학자이다. 이름은 각(慤)이다. 자(字)는 성부(性夫)이다. 『예기집해(禮記集解)』를 지었고, 『예기집설대전(禮記集說大全)』에는 그의 주장이 많이 인용되고 있다.

56) 산음육씨(山陰陸氏, A.D.1042 ~ A.D.1102) : =육전(陸佃). 북송(北宋) 때의 유학자이다. 자(字)는 농사(農師)이며, 호(號)는 도산(陶山)이다. 어려서 집

위치했던 자리와 동일하게 한다고 했다면, 북면(北面)해야 한다는 사실을 알 수 있다. 그런데도 또한 세자(世子)를 안고 있는 소사(少師)가 빈소 앞에서 북면(北面)한다고 말한 이유는 세자가 비록 나이가 어리다고 하지만, 군주의 신하가 아닐 수 없다는 사실을 나타내기 위해서이다. 소사가 세자를 감싸 안는다고 하여, 사(師)에 대해 말한 이유는 세자의 부양과 교육을 위해서는 하루라도 세자의 스승이 없을 수 없다는 사실을 나타내기 위해서이다. 그런데 소사라고 명시하여, 대사(大師)가 세자를 안을 때 최복(衰服)을 입고서 한다는 말을 언급하지 않은 이유는 예법(禮法)을 더럽히게 될 것을 꺼려했기 때문이다.[57)]

鄭注 三日, 負子日也. 初告生時. 宰·宗人, 詔贊君事者. 奉子者拜哭. 踊·襲衰·杖, 成子禮也. 亦謂朝奠. 因負子名之, 喪於禮略也.

번역 3일이라고 명시한 이유는 태어난 후 3일이 지난 시기는 세자(世子)를 업을 수 있게 되는 날이 되기 때문이다. '여초위(如初位)'라고 할 때의 초(初)는 처음 세자가 태어났음을 고(告)했던 때이다. 대재(大宰)와 종인(宗人)은 군주의 일에 대해서, 알리고 돕는 자들이다. '자배계상(子拜稽顙)'이라는 말은 세자가 직접 이처럼 행동한다는 뜻이 아니라, 세자를 안고 있는 자가 절하고 곡(哭)을 한다는 뜻이다. 발 구르기를 하고, 최복(衰服)을

안이 매우 가난했다고 전해지며, 왕안석(王安石)에게 수학하였으나 왕안석의 신법에 대해서는 반대하였다. 저서로는 『비아(埤雅)』, 『춘추후전(春秋後傳)』, 『도산집(陶山集)』 등이 있다.

57) 이 문장의 의미는 불분명하다. 다른 주석에서도 대사(大師)에 대한 언급이 없기 때문에, 확실한 의미를 판단할 수 없다. 다만 추측해보면, '대사'는 곧 태사(太師)로, 삼공(三公) 중 가장 높은 직위의 인물이다. 따라서 이 시기에 세자(世子)가 태어났지만, 아직 군주를 대신하여 정사를 돌볼 수 없기 때문에, 태사가 섭정(攝政)을 하게 될 것이다. 현재 상황은 세자가 죽은 군주의 빈소에 알현을 하는 것으로, 이 상황을 끝내게 되면, 정식 후계자로 인정을 받게 된다. 따라서 군주 역할을 대신하고 있는 태사가 세자를 안고 알현하게 되는 것은 예법(禮法)에 맞지 않게 된다는 설명으로 판단된다.

입히며, 지팡이를 잡는 것은 자식으로 인정받는 예법(禮法)을 완성시키는 절차이다. '역(亦)'자는 아침에 폐물 진설하는 일을 뜻한다.[58] 본래 세자의 이름은 세자가 태어난 후 3개월이 지나서야 짓게 되지만, 군주가 죽은 뒤 세자가 태어났기 때문에, 세자를 업게 된 시점에서, 이름을 짓는 것이니, 상(喪)을 지낼 때에는 세자와 관련된 정식 예법에 대해서, 소략하게 시행하기 때문이다.

釋文 少, 升召反, 下"少喪"幷注同. 奉, 方勇反, 下注"奉者"同. 衰, 七雷反, 下同. 從, 才用反, 下同. 見, 賢遍反, 下"而見"·"伯父廟見"·"旅見"同. 徧音遍, 下同.

번역 '少'자는 '升(승)'자와 '召(소)'자의 반절음이며, 아래 문장에 나오는 '少喪'에서의 '少'자와 정현의 주에 나오는 글자도 그 음이 이와 같다. '奉'자는 '方(방)'자와 '勇(용)'자의 반절음이며, 아래 문장에 나오는 '奉者'에서의 '奉'자도 그 음이 이와 같다. '衰'자는 '七(칠)'자와 '雷(뢰)'자의 반절음이며, 아래 문장에 나오는 글자도 그 음이 이와 같다. '從'자는 '才(재)'자와 '用(용)'자의 반절음이며, 아래 문장에 나오는 글자도 그 음이 이와 같다. '見'자는 '賢(현)'자와 '遍(편)'자의 반절음이며, 아래 문장의 '而見', '伯父廟見', '旅見'에서의 '見'자도 그 음이 이와 같다. '徧'자의 음은 '遍(편)'이며, 아래 문장에 나오는 글자도 그 음이 이와 같다.

孔疏 ●"三日"至"山川". ○正義曰: 此[59]一節論世子生已三日, 名之以名

58) 위 경문의 '전출(奠出)'을 『십삼경주소(十三經注疏)』 판본에서는 '역출(亦出)'로 기록하고 있다.

59) '차(此)'자에 대하여. 본래는 '차'자 앞에 '운(云)'자가 기록되어 있었는데, 완원(阮元)의 『교감기(校勘記)』에서는 "이곳 기록의 '운'자는 연문에 해당한다. 『민본(閩本)』·『감본(監本)』·『모본(毛本)』에서도 '운'자가 연문으로 잘못 기록되어 있다."라고 했다.

見於殯之禮, 各依文解之.

번역 ●經文: "三日"~"山川". ○이 문장은 세자(世子)가 태어난 후 3일이 지난 뒤에, 세자의 이름을 짓고서, 지은 이름을 가지고 빈소에 찾아뵙는 예법(禮法)을 논의한 것이니, 각각 그 문장에 따라서 해석하겠다.

孔疏 ○三日之朝, 自衆主人以下, 悉到西階下, 列位如初日子生之義也. 以子自爲主, 故不云從攝主也.

번역 ○이 문장의 전체적인 의미는 세자(世子)가 태어난 후, 3일째 되는 날 아침에, 중주인(衆主人)으로부터 그 이하의 사람들이, 모두 서쪽 계단으로 와서, 도열하여 서기를 첫째 날 세자가 태어났을 때 고(告)했던 의식처럼 선다는 뜻이다. 세자 스스로가 상주(喪主)가 되기 때문에, 섭주(攝主)를 따른다고 말하지 않는 것이다.

孔疏 ◎注"三日"至"生時". ○正義曰 按內則云"國君世子生, 告於君, 三日, 卜士負之." 此亦生則告君, 三日負之, 但告時直負之而已. 子未見君, 至三月爲名之時, 則始見之也. 今旣在喪, 禮略, 於負子之時卽見也. 此不用束帛者, 初告生已用, 今旣禮殺, 故不用也. 云"初告生時"者, 以經云"如初", 恐初是朝夕哭位, 故以初爲告生時也. 必知告生時者, 以告生時北面於西階南, 此亦云'北面', 故知是告生時也.

번역 ◎鄭注: "三日"~"生時". ○『예기』「내칙(內則)」편을 살펴보면, "제후의 세자(世子)가 태어나면, 군주에게 고(告)하고, 3일이 지나면 점을 쳐서, 길(吉)하다는 점괘가 나온 사(士)를 뽑고, 이렇게 뽑힌 사에게, 세자를 안도록 시킨다."[60]라고 했으니, 「내칙」편에서도 또한 세자가 태어나게 되

60) 『예기』「내칙(內則)」【364a】: 國君世子生, 告于君, 接以大牢, 宰掌具. 三日卜士負之.

면, 군주에게 고하고, 3일이 지나고 나서야, 세자를 안게 하는데, 단지 고하는 때에만 길하다는 점괘가 나온 사가 직접 세자를 안을 따름이다. 그러나 세자는 아직 군주를 뵙는 것이 아니며, 3개월이 지나서, 이름을 짓는 시기가 되어야만, 비로소 군주를 뵙게 된다. 이곳 「증자문」편에서 말하는 상황은 이미 군주의 상중(喪中)에 있어서, 예법(禮法)을 생략하여, 세자를 안게 되는 때에, 곧바로 죽은 군주를 뵙게 되는 것이다. 그런데 이러한 절차를 시행하면서 속백(束帛)을 사용하지 않는 이유는 처음 세자가 태어났음을 고할 때에, 이미 속백을 사용했고, 이곳 「증자문」편에서 말하는 상황 속에서는 이미 예법을 낮춰서, 정상적인 예법보다 간략하게 시행한다고 하였기 때문에, 속백을 사용하지 않는 것이다. 정현이 "초(初)는 태어났음을 고했던 때이다."라고 하였는데, 정현이 이처럼 설명한 이유는 경문에서 '여초(如初)'라고 말했기 때문이니, 아마도 이때의 '초'자는 조석(朝夕)으로 곡(哭)하는 위치를 뜻하는 것 같다. 그리고 여기에서 말하는 상황 속에서는 조석으로 곡하는 위치를 바꾸는 것이니, 그렇기 때문에 정현이 '초'를 태어났음을 고했던 시기로 여긴 것이다. 여기에서 말하는 '초'가 정현의 말대로 태어났음을 고했던 때임을 확신할 수 있는 이유는 세자가 태어났음을 고하는 시기에는 서쪽 계단의 남쪽에서 북면(北面)을 하게 되는데, 이곳 문장에서도 또한 '북면'을 한다고 말했으니, 그렇기 때문에 여기에서의 '초'자가 태어났음을 고했던 때를 가리킨다는 사실을 확인할 수 있는 것이다.

孔疏 ●"大宰大宗大祝皆裨冕者". ○大宰是主敎令之官, 大宗是主宗廟之官, 初不裨冕, 今得裨冕者, 以爲奉子接神, 故服祭服. 此大宰·大宗等亦從子升堂, 故下文云"祝宰宗人降東反位". 旣言降, 明其時當在堂. 此節不云升堂者, 文不具耳.

번역 ●經文: "大宰大宗大祝皆裨冕者". ○대재(大宰)는 교령(敎令)을 담당하는 관리이고, 대종(大宗)은 종묘(宗廟)를 담당하는 관리인데, 이들이 처음 세자(世子)가 태어났음을 고(告)하던 때에는 비면(裨冕)을 착용하지 않다가, 지금에서야 비면을 착용할 수 있는 이유는 세자를 안고서 접신(接神)을 하기 때문에, 제복(祭服)인 비면을 입게 되는 것이다. 이때에도 대재와 대종 등은 또한 세자를 따라서 당(堂)에 오른다. 그렇기 때문에 아래 문장에서 "대축(大祝), 대재, 대종[宗人]이 내려와 동쪽으로 가서, 본래의 자리로 되돌아간다."라고 말한 것이다. 이러한 자들이 내려간다고 언급하였으니, 이것은 다시 말해 세자를 죽은 군주에게 알현시킬 때에는 이러한 자들이 마땅히 당 위에 있게 됨을 나타낸다. 이 문장에서 당에 오른다고 말하지 않은 이유는 실제로는 당에 오르지만, 문장을 생략한 것일 뿐이다.

孔疏 ●"少師奉子以衰"者, 少師主養子之官, 又奉子, 故與子皆著衰也. 皇氏及王肅云, "謂以衰衣而奉之." 崔氏云, "諸侯五日而殯, 殯而成服. 此三日而衰者, 喪已在殯, 異於未殯也."

번역 ●經文: "少師奉子以衰". ○소사(少師)는 세자(世子) 양육하는 일을 담당하는 관리이며, 또한 세자를 감싸 안기 때문에, 세자와 함께 모두 최복(衰服)을 착용하는 것이다. 황간과 왕숙[61]은 "최의(衰衣)를 입고서 세자를 감싸 안는 것을 뜻한다."라고 했다. 최영은[62]은 "제후가 죽었을 때에는 5일이 지나고 난 후 빈소를 차리니, 빈소를 차린 이후에 성복(成服)[63]을 한다. 이곳 문장에서는 세자가 태어난 후 3일이 지나고서 최복을 착용한다고 하였는데, 이곳에서 말하는 상황은 상례(喪禮)를 치르는 과정이, 이미 빈소가 있는 상태에 해당하는 것으로, 아직 빈소를 설치하지 않았을 경우와는 다른 것이다."라고 했다.

---

61) 왕숙(王肅, A.D.195 ~ A.D.256) : 위진남북조(魏晉南北朝) 때의 위(魏)나라 경학자이다. 자(字)는 자옹(子雍)이다. 『상서(尙書)』, 『시경(詩經)』, 『좌전(左傳)』, 『논어(論語)』 및 삼례(三禮)에 대한 주석을 남겼다.

62) 최영은(崔靈恩, ? ~ ?) : =최씨(崔氏). 위진남북조(魏晉南北朝) 때의 학자이다. 『모시(毛詩)』, 『주례(周禮)』 등에 주석을 달았고, 『삼례의종(三禮義宗)』, 『좌씨경전의(左氏經傳義)』 등을 지었다.

63) 성복(成服)은 상례(喪禮)에서 대렴(大斂) 이후, 죽은 자와의 관계에 따라, 각각 규정에 맞는 상복(喪服)을 갖춰 입는다는 뜻이다.

孔疏 ●"祝先子從"者, 祝主接神, 故先進也. 少師奉子, 次從祝也.

번역 ●經文: "祝先子從". ○대축(大祝)은 접신(接神)을 담당하기 때문에, 앞서서 걸어가는 것이다. 소사(少師)가 세자(世子)를 감싸 안고 있기 때문에, 그 다음 순번으로 대축을 뒤따라가는 것이다.

孔疏 ●"宰宗人從"者, 大宰大宗, 爲詔告贊君事, 故次從在後也.

번역 ●經文: "宰宗人從". ○대재(大宰)와 대종(大宗)은 알리고 고(告)하여, 군주의 일을 돕는 자들이다. 그렇기 때문에 세자(世子)를 안고 있는 소사(少師)의 다음 순번으로 뒤따라가서, 후미에 있게 되는 것이다.

孔疏 ●"入門哭者止"者, 入門, 是入殯宮門也. 衆主人及諸臣並已先列位而哭, 今祝·宰·宗三人將子入門見, 故命門內在位者止哭也. 前告是初生日, 哀甚, 故祝升階, 乃命止哭. 今三日哀已微殺, 故子入門而哭則止也.

번역 ●經文: "入門哭者止". ○"문에 들어간다[入門]."는 말은 빈궁(殯宮)의 문으로 들어간다는 뜻이다. 중주인(衆主人) 및 뭇 신하들은 모두 세자(世子)를 안고 행차하는 자들보다 앞서서, 이미 도열하여 자리를 잡고서 곡(哭)을 하고 있는데, 이제 대축(大祝), 대재(大宰), 대종(大宗) 세 사람이 세자를 안고 있는 소사(少師)를 도우며, 문으로 들어와서 죽은 군주에게 알현을 하려고 하기 때문에, 문 안쪽에서 미리 자리를 잡고 있던 자들에게 명령을 하여, 곡을 그치게 하는 것이다. 앞서 고할 때에는 세자가 처음 태어난 날에 해당하니, 애통함이 극심하기 때문에, 대축이 계단에 올라간 뒤에, 곧 곡을 그치라고 명령한 것이다. 이제는 3일이 지나서 애통함이 조금 사그라졌기 때문에, 세자를 안고 있는 자들의 행렬이 문으로 들어서고 나서야, 곡하는 행동을 그치게 하는 것이다.

孔疏 ◎注"宰宗"至"事者". ○正義曰 上云"大宰大宗", 此直云"宰宗人"者, 皇氏云, "宰則大宰, 宗人則大宗也." 此祝先子從者, 同吉祭之禮, 故特牲·少牢, 皆祝前主人後, 若凶祭, 則主人前, 祝在主人後, 士虞禮是也. 今此亦凶祭而祝在先者, 以其告神故也.

번역 ◎鄭注: "宰宗"~"事者". ○앞 문장에서는 '대재(大宰)와 대종(大宗)'이라고 말하고, 이곳에서는 다만 '재종인(宰宗人)'이라고 말한 이유에 대해, 황간은 "재(宰)는 곧 대재이고, 종인(宗人)은 곧 대종이다."라고 말했다. 이곳에서 대축(大祝)이 앞장서고, 세자(世子)를 안고 있는 소사(少師)가 뒤따른다고 말한 것은 길제(吉祭)에서의 예법(禮法)과 같다. 그렇기 때문에 『의례』「특생궤식례(特牲饋食禮)」편과 「소뢰궤식례(少牢饋食禮)」편의 기록들은 길제에 대한 내용이므로, 모두 대축이 앞에 서고, 주인(主人)이 뒤에 있는 것이며, 흉제(凶祭)와 같은 경우에는 주인이 앞에 있고, 대축이 주인의 뒤에 있게 되니, 『의례』「사우례(士虞禮)」에서 설명하고 있는 것들이 바로 그 용례에 해당한다. 지금 여기에서 말하고 있는 상황은 또한 흉제에 해당하는데도, 대축이 앞에 있는 이유는 그가 신(神)에게 고(告)하기 때문이다.

孔疏 ●"子升"至"頯哭". ○"子升自西階"者, 謂世子不忍從先君之階升, 故由西階升. 於時大宰·大宗及祝亦升, 不言從者, 以子爲主, 故略而不言也. "殯前北面"者, 殯以東爲前, 謂當殯之東, 稍南北面也.

번역 ●經文: "子升"~"頯哭". ○경문에서 "세자(世子)를 안고 있는 소사(少師)가 서쪽 계단을 통해서 오른다."라고 한 이유는 세자는 선대 군주가 오르던 동쪽 계단을 통해 차마 오를 수가 없기 때문에, 서쪽 계단을 통해서 오른다는 것을 뜻한다. 이 시기에 대재(大宰), 대종(大宗) 및 대축(大祝) 또한 함께 올라가는데, 세자를 뒤따른다고 말하지 않은 이유는 세자를 위주로 말했기 때문에, 생략하여 언급하지 않은 것이다. 경문에서 "빈소의 앞에서 북면(北面)을 한다."라고 하였는데, 빈소를 중심으로 봤을 때에는 빈소의 동쪽은 앞쪽에 해당하니, 빈소의 동쪽에 해당하는 위치에서, 빈소로부터 조금 남쪽으로 떨어져서, 북면하는 것을 뜻한다.

孔疏 ●"祝立於殯東南隅"者, 祝在子之西而北面, 當殯之東南, 故云"殯東南隅"也. 其宰及宗人, 皇氏云, "以次立於子之東皆北面, 若其須詔相之時, 或就子前而西面也."

번역 ●經文: "祝立於殯東南隅". ○대축(大祝)은 세자(世子)의 서쪽에서서 북면(北面)을 하니, 빈소의 동남쪽에 해당한다. 그렇기 때문에 '빈소의 동남쪽 모퉁이'라고 말한 것이다. 대재(大宰) 및 종인(宗人)의 위치에 대해서, 황간은 "그들은 세자의 동쪽에서 차례대로 서 있으며, 모두 북면을 하게 되는데, 만약 아뢰고 도와야 할 때가 된다면, 간혹 세자의 앞쪽으로 나가서, 서면(西面)을 하기도 한다."라고 했다.

孔疏 ●"祝聲三"者, 亦謂警神也. 前告生[64]哀甚, 故盡階不升堂, 此見子須近殯, 故進立於殯東南隅. 旣警神之後, 祝乃告曰, "夫人某氏之子某, 從執事宰·宗人等, 敢見." 告訖, 奉子之人拜而稽顙, 乃哭. 不踊者, 未卽位故也. 皇氏云, "於時未立子名, 不得云某氏之子某從執事. 下有'某'字者, 誤也." 今按定本及諸本皆有'某'字, 子升堂之時, 大宰卽位立名, 告殯云"某之子某".

번역 ●經文: "祝聲三". ○이 말 또한 신(神)을 조심스럽게 부르는 것을 뜻한다. 앞서 세자(世子)가 태어났음을 고(告)할 때에는 애통함이 깊었기 때문에, 계단에 다 올라가되, 당(堂)에는 오르지 않은 것이며, 이곳에서는 세자를 알현시키고자 하여, 빈소에 가까이 가게 된 것이다. 그렇기 때문에

64) '생(生)'자에 대하여. 이 글자는 본래 '주(主)'자로 기록되어 있었는데, 완원(阮元)의 『교감기(校勘記)』에서는 "『고문(考文)』에서는 『송판본(宋板本)』을 인용하며, '주'자를 '생'자로 기록하고 있다. 앞의 기록을 살펴보면, '생'자로 기록하는 것이 옳다."라고 했다.

빈소의 동남쪽 모퉁이까지 다가가서 서는 것이다. 신에게 알리는 일이 끝난 이후에, 대축(大祝)은 곧 고하길, "부인 아무개씨의 아들 아무개가 집사(執事)자들인 대재(大宰), 대종(大宗) 등을 따라서, 감히 뵙고자 합니다."라고 한다. 고하는 일이 끝나면, 세자를 안고 있는 사람은 절을 하고, 무릎을 굽혀 이마가 땅에 닿도록 하고서, 곡(哭)을 한다. 발 구르기를 하지 않는 이유는 세자가 아직 군왕의 자리에 오르지 않았기 때문이다. 황간은 "이 시기에는 세자의 이름을 아직 짓지 않았으므로, 부인 아무개씨의 자식 아무개가 집사자들을 따라왔다고 말할 수 없으니, '부인 아무개씨의 자식' 아래에 '모(某)'자가 있는 것은 잘못된 기록이다."라고 했다. 지금 정본(定本) 및 여러 판본들을 살펴보니, 모두 '모'자가 기록되어 있으므로, 세자가 당에 오를 때에, 대재가 그 자리로 나아가 세자의 이름을 곧바로 지어서, 빈소에 고하며, '부인 아무개씨의 자식 아무개'라고 하는 것이다.

孔疏 ●"祝宰"至"衰杖". ○"祝宰宗人卿大夫士哭踊, 三者三", 此等以子稽顙哭, 故亦祝·宰·宗人在堂上北面[65]哭, 衆主人·卿·大夫·士俱在西階下北面哭, 爲踊. 每踊三度爲一節, 如此者三, 故云"三者三".

번역 ● 經文: "祝宰"~"衰杖". ○경문에서 "대축(大祝), 대재(大宰), 종인(宗人), 경(卿), 대부(大夫), 사(士)가 곡(哭)하며, 발 구르길, 3번씩 3번한다."라고 하였는데, 이러한 자들이 곡을 하고 발 구르기를 하는 이유는 세자(世子)를 안고 있는 소사(少師)마저도 무릎을 굽혀 이마가 땅에 닿도록 하여, 곡을 하기 때문이니, 또한 대축, 대재, 종인은 당(堂) 위에서 북면(北面)을 하고 곡을 하며, 중주인(衆主人), 경, 대부, 사는 모두 서쪽 계단 아래에서 북면을 하고 곡을 하며, 발 구르기를 한다. 매번 발 구르기를 할 때에는 3번 하는 것을 1절로 삼으니, 이와 같이 하는 것을 3번 반복하기 때문에,

---

65) '북면(北面)'에 대하여. 이 글자는 본래 '개왈(皆曰)'로 기록되어 있었는데, 완원(阮元)의 『교감기(校勘記)』에서는 "『민본(閩本)』·『감본(監本)』·『모본(毛本)』에서 '개왈'을 '북면'으로 기록하고 있으니, 이곳 판본의 기록이 잘못된 것이다."라고 했다.

"3번씩 3번한다[三者三]."라고 한 것이다.

孔疏 ●"降東反位"者, 堂上皆降反東, 在下者皆東, 反朝夕哭位. 降者, 謂降自西階也. 皆袒者, 以初堂上堂下之哭非正位, 故不袒. 今反朝夕哭位, 故皆袒.

번역 ●經文: "降東反位". ○당(堂) 위에 있는 자들은 모두 내려와서 동쪽으로 되돌아가는 것이며, 당 아래에 있는 자들은 모두 동쪽으로 가서, 조석(朝夕)간에 곡(哭)하는 자리로 되돌아가는 것이다. 내려간다는 말은 서쪽 계단을 통해서 내려간다는 뜻이다. 모두 웃옷을 벗는다는 말은 처음 당의 위아래에서 곡을 할 때에는 본래의 위치가 아니기 때문에, 웃옷을 벗지 않는다. 그런데 이제 조석간에 곡하는 본래의 위치로 되돌아갔기 때문에, 모두 웃옷을 벗는 것이다.

孔疏 ●"子踊, 房中亦踊"者, 以上文子不踊, 房中亦不踊, 至此乃踊, 故云"子踊, 房中亦踊". 明祝·宰·宗人·衆主人及卿·大夫·士反位, 亦皆踊也. 當子踊之時亦袒也, 故下注云"踊襲衰杖, 成子禮也". 旣云襲, 明初時袒也. 皇氏云, "子踊不袒." 若然, 子初不袒, 何得後有襲乎? 皇氏說非也.

번역 ●經文: "子踊, 房中亦踊". ○앞 문장에서 세자(世子)를 안고 있는 소사(少師)가 발 구르기를 하지 않았기 때문에, 방중(房中) 또한 발 구르기를 하지 않았던 것인데, 이 시기에 이르러서야 곧 발 구르기를 하게 된다. 그렇기 때문에 "세자를 안고 있는 소사가 발 구르기를 하면, 방중 또한 발 구르기를 한다."고 말한 것이다. 세자를 안고 있는 소사가 발 구르기를 한다는 말은 대축(大祝), 대재(大宰), 종인(宗人), 중주인(衆主人), 경(卿), 대부(大夫), 사(士)들도 본래의 자리로 되돌아가서, 또한 모두 발 구르기를 한다는 사실을 나타낸다. 세자를 안고 있는 소사가 발 구르기를 할 때가 되면, 또한 웃옷을 벗는다. 그렇기 때문에 아래 문장에 대한 정현의 주에서 "발 구르기를 하고, 상복(喪服)을 입고, 지팡이를 잡는 것은 자식으로 인정받는 예법(禮法)을 완성하는 것이다."라고 말한 것이다. 이미 상복을 입는다고 말했으니, 이것은 다시 말해 애초부터 웃옷을 벗고 있었음을 나타낸다. 황간은 "세자를 안고 있는 소사가 발 구르기는 하지만, 웃옷을 벗지는 않는다."라고 말했는데, 만약 그의 말대로라면, 세자가 애초에 웃옷을 벗지 않았다는 뜻이 되는데, 어떻게 그 후에 상복을 입을 수가 있겠는가? 그러므로 황간의 주장은 잘못된 말이다.

孔疏 ◎注"亦謂朝奠"者. ○正義曰: 恐是見子, 故爲奠祭, 故云"亦謂朝奠". 以告生之時, 遂朝奠, 故云"亦謂朝奠". 知非特奠者, 在殯無特告奠之法故也.

번역 ◎鄭注: "亦謂朝奠". ○아마도 이 상황은 세자(世子)를 알현시키는 일에 해당하기 때문에, 전제사[奠祭]를 지내는 것이다. 그래서 정현이 "역(亦)은 조전(朝奠)을 뜻한다."라고 말한 것이다. 또한 세자가 처음 태어났다는 사실을 고(告)하는 시기에도 끝내 조전을 지냈기 때문에, 정현이 이러한 기록에 착안하여, "역(亦)은 조전을 뜻한다."라고 말한 것이다. 그런데 여기에서 말하는 전제사는 일반적인 전제사를 뜻하는 것이지, 특별히 지내는 전제사가 아니라는 사실을 알 수 있는데, 그 이유는 빈소와 관련된 예법(禮法)을 살펴보더라도, 고하면서 특별하게 지내게 되는 전제사 자체가 없기 때문이다.

孔疏 ◎注"因負"至"略也". ○正義曰 按內則及左傳桓六年, 皆三月乃名之. 今此因負子三日卽名之, 以喪事促遽, 於禮簡略, 不暇待三月也. 上見殯之時, 旣以名告, 故云"某之子某". 鄭於此乃解名者, 以經有名文, 而遂解之, 非謂告山川之時始作名也, 若依皇氏以見殯後乃作名, 故鄭於此解之.

번역 ◎鄭注: "因負"~"略也". ○『예기』「내칙(內則)」편과 『좌전』의 환공(桓公) 6년 기록들을 살펴보면, 모두 세자(世子)가 태어난 후 3개월이 지나서야, 곧 세자의 이름을 짓게 된다. 그런데 이곳 기록에서는 세자를 안을 수 있는 시기인, 3일이 지난 이후에 곧 세자의 이름을 지었는데, 그 이유는 상사(喪事)의 일이 급박하기 때문에, 다른 예법(禮法)에 대해서는 간략하게 한 것으로, 3개월을 기다릴 여유가 없기 때문이다. 앞서 빈소에 알현할 때에, 이미 세자의 이름을 고(告)하였다. 그렇기 때문에 '부인 아무개씨의 아들 아무개'라고 말한 것이다. 그런데 정현이 이곳 문장에서 곧 세자의 이름 짓는 것에 대해서 풀이한 이유는 경문에 세자의 이름과 관련된 문장이 있기 때문에, 그것에 맞춰서 풀이를 한 것이지, 산천(山川)의 신(神)들에게 고하는 시기가 도래한 이후에야, 비로소 세자의 이름을 짓게 된다는 뜻이 아니다. 만약 황간의 주장에 따라서, 빈소에 알현한 이후에, 세자의 이름을 짓는다고 여긴다면, 정현은 이러한 뜻에 따라서 이곳 문장에서 세자의 이름에 대해 풀이한 것이 된다.

訓纂 江氏永曰: 按襲・衰・杖, 每字爲句. 襲者, 諸臣襲. 衰者, 爲子著衰. 杖者, 少師代子執杖也. 前少師奉子以衰, 實未服, 至此始服之, 象成服以漸也. 袒・襲, 諸臣之事, 注幷襲爲成子禮, 是連襲衰爲句.

번역 강영이 말하길, 고찰해보면, 습(襲), 최(衰), 장(杖)은 매 글자마다 하나의 구문이 된다. '습'이라는 말은 뭇 신하들이 상복(喪服)을 입는다는 뜻이다. '최'라는 말은 세자(世子)에게 최복(衰服)을 입힌다는 뜻이다. '장'이라는 말은 소사(少師)가 세자를 대신하여 지팡이를 잡는다는 뜻이다. 앞서 소사가 세자를 안을 때 최복을 입고서 한다고 언급했지만, 실제로는 아직 입지 않은 상태이며, 이때에 이르러서야 비로소 입게 되는 것이니, 성복(成服)은 점차적으로 시행한다는 뜻을 나타낸 것이다. 웃옷을 벗고, 상복을 입는 것은 뭇 신하들에게 해당하는 일들인데, 정현의 주에서 '습'하는 행위 또한 세자가 자식으로 인정받는 예(禮)를 완성하는 행위라고 여긴 것은 습최(襲衰)를 연결하여 하나의 구문으로 보았기 때문이다.

集解 此言見殯之禮也. 如初位者, 如告殯時西階南之位也. 不言攝主者, 見子則子爲喪主, 而攝主退矣. 大宰主贊王, 大宗伯詔相王之大禮, 故子見皆從. 天子之卿六命, 服毳冕, 其裨冕則希冕也. 二卿裨冕, 猶大祝裨冕之義也. 少師主養子者, 蓋以師氏之上士爲之, 左傳所謂"卜士負之"者也. 初生未能服衰, 故用衰奉之. 特牲·少牢吉祭, "祝先, 主人從". 士虞禮凶祭, "主人先, 祝從". 此在喪中, 乃祝先子從者, 以告神, 故依吉祭之禮也. 入門, 哭者止者, 子乃喪主, 初入門未哭, 故衆主人止哭以待之也. 升自西階者, 居喪之禮, 升降不由阼階也. 殯前北面者, 殯南首, 子不可正立於其南而當死者之首, 當在殯之東稍南而北面也. 祝立於殯東南隅者, 詔辭自右, 祝在子之右而稍後, 直殯之東南也. 祝亦北面. 子某者, 稱其名也. 禮, 子生三月, 見於父, 父名之. 此見殯稱名, 則名子在見殯之先矣. 疏謂"大宰卽位立名, 然後告殯", 是也. 子拜稽顙哭者, 奉子者代爲之也. 初告子生不踊, 此皆踊者, 子初見殯, 故踊, 子踊則衆主人以下皆從而踊矣. 三者三者, 踊以三度爲一節, 如是者凡三也. 降東反位者, 降自西階, 而反阼階東之位也. 此言"東反位"於"衆主人·卿·大夫·士"之下, 則人君朝夕哭之位, 卿·大夫·士皆同面, 與士喪禮異矣. 皆袒者, 子及衆主人·卿·大夫皆袒也. 子又踊者, 象小斂後主人初卽阼階下之位而踊也. 子踊則衆主人·卿·大夫及婦人皆踊, 不言"衆主人·卿·大夫踊"者, 文略也. 見子時, 婦人在西房, 反位時, 在阼階上西面, 皆與男子拾踊, 故言"房中亦踊", 欲見婦人在房中及反位皆踊也. 襲而衰杖者, 成子禮也. 奠, 謂朝奠. 出者, 出反於喪次也. 以名徧告于五祀·山川, 不言宗廟·社稷者, 亦文略也.

번역 이 문장은 빈소에 알현하는 예법(禮法)을 말하고 있다. 처음의 위치대로 한다는 말은 세자(世子)가 태어났음을 빈소에 고(告)했던 때처럼, 서쪽 계단 남쪽의 자리에 선다는 뜻이다. 섭주(攝主)를 언급하지 않은 이유는 세자를 알현시키게 되면, 세자가 상주(喪主)가 되어서, 섭주가 물러나기 때문이다. 대재(大宰)는 군주를 돕는 일을 담당하고, 대종백(大宗伯)은 군주의 대례(大禮)를 가르쳐주고 돕는 자이다. 그렇기 때문에 세자가 빈소에 알현할 때에 이들이 모두 따라가는 것이다. 천자에게 속한 경(卿)들은 6명(命)의 등급으로, 취면(毳冕)을 착용하니, 그들의 비면(裨冕)은 희면(希冕)

이 된다. 대재와 대종백이라는 2명의 경(卿)이 비면을 착용하는 이유는 대축(大祝)이 비면을 착용하는 의도와 같다. 소사(少師)는 세자의 양육을 담당하는 자이니, 무릇 사씨(師氏) 관부에 속한 관리 중 상사(上士)가 그 직책을 담당하니,[66] 『좌전』에서 "길(吉)한 사(士)를 점쳐서, 그에게 안게 한다."[67]라고 하였는데, 여기에서 말한 사가 바로 소사이다. 세자가 처음 태어났을 때에는 아직 최복(衰服)을 입을 수가 없다. 그렇기 때문에 최복을 이용해서, 세자를 감싸는 것이다. 『의례』「특생궤식례(特牲饋食禮)」편과 「소뢰궤식례(少牢饋食禮)」편에 기록된 길제(吉祭)에서는 "대축이 앞에 서고, 주인(主人)은 뒤따른다."[68]라고 했다. 『의례』「사우례(士虞禮)」편에 기록된 흉제(凶祭)에서는 "주인이 앞장서고, 대축이 뒤따른다."[69]라고 했다. 그런데 이곳에서 말하는 과정은 상중(喪中)에 해당하여 흉제인데도, 곧 대축이 앞장서고, 세자를 안고 있는 소사가 뒤따른다고 말하였는데, 그 이유는 신(神)에게 고하기 때문에, 길제의 예법에 따르는 것이다. 세자를 포함한 대열이 빈궁(殯宮)의 문으로 들어서면, 곡(哭)하던 자들이 곡을 그치게 된다. 그 이유는 세자가 알현을 통해 곧 상주의 신분이 되는데, 세자가 처음 빈궁의 문으로 들어서면서, 아직 곡을 하지 않았기 때문에, 중주인(衆主人)들이 곡을 그치고, 상주인 세자가 곡을 할 때까지 기다리기 때문이다. 서쪽 계단을 통해서 올라가는 이유는 상례(喪禮)를 치를 때의 예법에 따르면, 당(堂)에 오르고 내릴 때에는 주인의 계단인 동쪽 계단을 이용하지 않기 때문이다. 빈소 앞에서 북면(北面)하는 이유는 빈소에 안치된 시신은 남쪽 방향으로

---

66) 『주례』「지관사도(地官司徒)」에는 "師氏, 中大夫一人, 上士二人, 府二人, 史二人, 胥十有二人, 徒百有二十人."이라는 기록이 있다. 즉 사씨(師氏)라는 관부는 중대부(中大夫) 1명이 담당을 하고, 그 휘하에는 상사(上士) 2명이 배속되어 보좌를 한다. 위에서 말하는 소사(少師)는 상사(上士) 2명 중 1명이 담당한다는 뜻이다.

67) 『춘추좌씨전』「환공(桓公) 6년」 : 接以大牢, 卜士負之, 士妻食之, 公與文姜、宗婦命之.

68) 『의례』「특생궤식례(特牲饋食禮)」 : 祝先. 主人從. / 『의례』「소뢰궤식례(少牢饋食禮)」 : 祝先入, 南面. 主人從, 戶內西面.

69) 『의례』「사우례(士虞禮)」 : 主人入. 祝從, 啓牖, 鄕如初.

머리를 두고 있어서, 세자는 그 남쪽 방향으로 정위치하여, 군주의 시신 머리 방향에 해당하는 위치에 서 있을 수가 없기 때문이니, 그래서 마땅히 빈소의 동쪽에서 조금 남쪽으로 떨어진 위치에 서서, 북면을 해야 하는 것이다. 대축이 빈소의 동남쪽 모퉁이에 위치하는 이유는 말을 전달할 때에는 오른쪽으로 전달하는 것이니, 대축은 세자의 오른쪽에서, 조금 뒤에 물러서서 위치하는 것으로, 이 위치가 바로 빈소의 동남쪽에 해당하게 된다. 그리고 대축 또한 세자와 마찬가지로 북면을 한다. '자모(子某)'라는 말은 세자의 이름을 일컫는 것이다. 예법에 따르면, 세자가 태어난 후 3개월이 지나면, 부친을 알현하게 해서, 부친이 세자의 이름을 짓게 된다. 이곳 경문에서 말하고 있는 상황은 빈소에 알현을 하면서, 세자의 이름을 일컫고 있으니, 세자의 이름을 짓는 일이 빈소에 알현하는 일보다 앞에 놓이게 된다. 공영달(孔穎達)의 소(疏)에서 "대재(大宰)는 곧 자리로 나아가 세자의 이름을 짓고, 그런 연후에 빈소에 고한다."라고 풀이한 말이 바로 이것을 가리킨다. 세자가 절하며, 무릎을 굽혀, 이마가 땅에 닿도록 하고, 곡을 한다고 하였는데, 실제로는 세자를 안고 있는 소사가 세자를 대신하여 이처럼 시행하는 것이다. 처음 세자가 태어났음을 고할 때에는 발 구르기를 하지 않았는데, 여기에서 모두가 발 구르기를 하는 이유는 세자가 처음으로 빈소를 찾아뵙기 때문에, 발 구르기를 하는 것이며, 세자가 발 구르기를 하면, 중주인(衆主人) 이하의 사람들이 모두 뒤따라서 발 구르기를 하는 것이다. 3번씩 3번한다는 말은 발 구르기는 3번하는 것을 1절로 삼으니, 이와 같이 하는 것을 모두 3번 반복하는 것이다. 내려와서 동쪽으로 가서, 본래의 자리로 되돌아간다는 말은 당(堂)에서 내려갈 때에, 서쪽 계단을 통해 내려가서, 계단 밑의 동쪽에 있는 본래의 자리로 되돌아간다는 뜻이다. 이곳 경문 기록에서 "동쪽으로 가서 본래의 자리로 간다."라는 말을 '중주인, 경, 대부, 사'라는 말 뒤에 언급하고 있으니, 이것은 곧 군주가 조석(朝夕)으로 곡하는 위치는 경, 대부, 사와 마찬가지로 모두 같은 방향이 된다는 뜻으로, 『의례』「사상례(士喪禮)」편에서 말하는 예법과는 다른 것이다. 모두 웃옷을 벗는다는 말은 세자 및 중주인, 경, 대부 등이 모두 웃옷을 벗는다는 뜻이다.

세자가 또한 발 구르기를 한다는 말은 소렴(小斂) 이후에 상주가 처음 계단 아래의 위치로 나아가서, 발 구르기를 하는 절차를 상징한다. 세자가 발 구르기를 하면, 중주인, 경, 대부 및 부인(婦人)들이 모두 발 구르기를 하는데, 경문에서 "중주인, 경, 대부가 발 구르기를 한다."라고 언급하지 않은 이유는 단지 문장을 생략했기 때문이다. 세자를 알현시킬 때에, 부인(婦人)들은 서쪽 방에 위치하고, 세자를 포함한 대열이 본래의 위치로 되돌아갈 때에는 계단 위에서 서면(西面)을 하고, 부인들 모두가 남자들과 함께 교대로 발 구르기를 한다. 그렇기 때문에 경문에서 "방중(房中)들 또한 발 구르기를 한다."라고 한 이유는 곧 부인들이 방중(房中)에 있다가, 본래의 자리로 되돌아가는 때에 맞춰서, 모두 발 구르기를 한다는 사실을 나타내기 위해서이다. 습(襲)을 하여, 최복(衰服)을 입고 지팡이를 잡는 이유는 자식으로 인정받는 예법을 완성하는 것이다. 전(奠)은 조전(朝奠)을 뜻한다. 출(出)한다는 말은 이러한 특별한 경우에서 벗어나서, 본래의 상례(喪禮) 절차로 되돌아간다는 뜻이다. 세자의 이름을 오사(五祀)와 산천(山川)에 두루 고한다고 하여, 경문에서 종묘(宗廟)와 사직(社稷)을 언급하지 않은 이유는 또한 문장을 생략했기 때문이다.

【227a】

曾子問曰: 如已葬而世子生, 則如之何. 孔子曰: 大宰·大宗, 從大祝而告于禰, 三月, 乃名于禰, 以名徧告, 及社稷·宗廟·山川.

직역 曾子가 問曰, "만약 已葬하고서, 世子가 生커든, 어찌합니까?" 孔子가 曰, "大宰·大宗은 大祝을 從하여, 禰에 告하고, 三月에 곧 禰에서 名하며, 名으로써 徧告하되, 社稷·宗廟·山川에 及하게 한다."

의역 증자가 묻기를, "만약 이미 군주에 대한 장례(葬禮)를 치른 상태인데, 이 시기에 세자(世子)가 태어난다면, 어찌해야 합니까?"라고 하자, 공자가 대답해주기를 "대재(大宰)와 대종(大宗)이 대축(大祝)을 따라가서, 선군(先君)의 신주(神主)에 세자가 태어난 사실을 아뢰고, 3개월이 지나면, 곧 선군의 신주 앞에서 세자의 이름을 짓고, 그 이름을 두루 아뢰되, 사직(社稷), 종묘(宗廟), 산천(山川)의 신(神)들에게까지도 아뢴다."

集說 告于禰, 告其主也. 此時神主在殯宮, 因見禰而立其名, 故云, "乃名于禰"也.

번역 "녜(禰: 선친의 사당 및 신주)에 고(告)한다[告于禰]."는 말은 선친의 신주(神主)에게 고한다는 뜻이다. 이 시기에 신주는 빈소에 있게 되니, 선친의 신주를 알현하는 절차에 연유하여, 세자(世子)의 이름을 짓게 된다. 그렇기 때문에 "곧 선친의 신주 앞에서 이름을 짓는다."라고 말한 것이다.

그림 1-12 사직단(社稷壇)

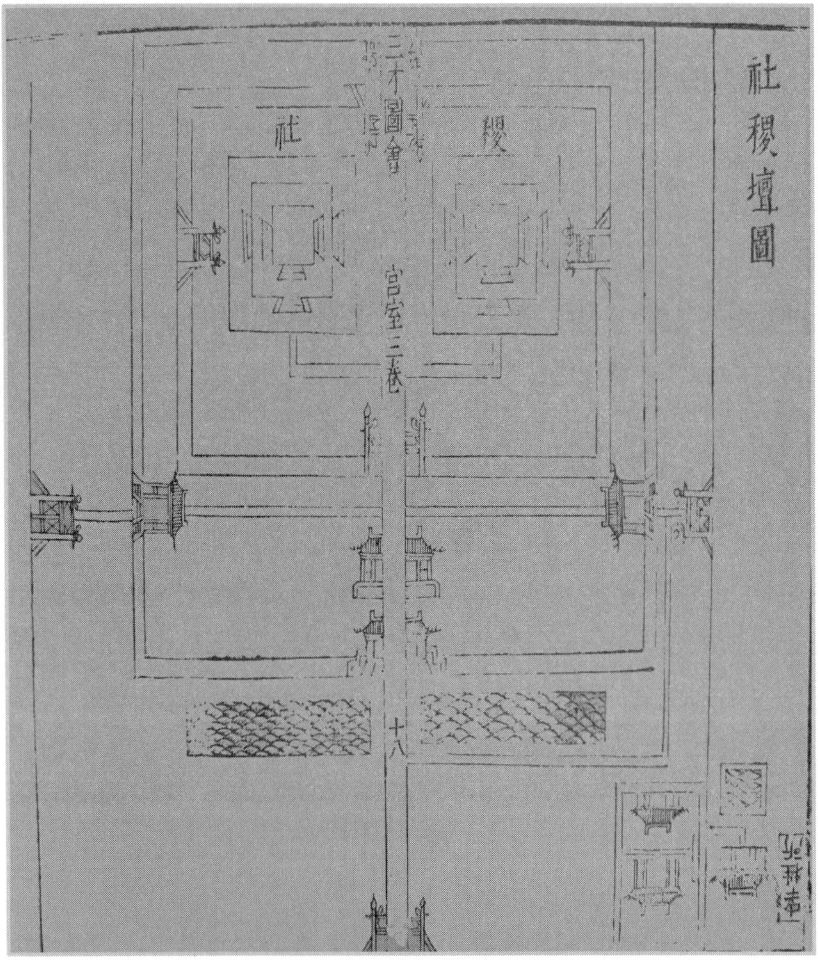

▸ **출처:** 『삼재도회(三才圖會)』「궁실(宮室)」 3권

大全 山陰陸氏曰: 徧告, 同盟諸侯, 知然者, 以言及社稷·宗廟·山川, 知之也. 上於諸侯, 非不告也, 下於諸侯, 非不告也, 其主言者, 同盟諸侯爾.

번역 산음육씨가 말하길, "두루 고(告)한다[徧告]."는 말은 동맹인 제후들에게 두루 알린다는 뜻이니, 이러한 사실을 알 수 있는 이유는 경문에서 '편고(徧告)'라는 말 뒤에 "사직(社稷), 종묘(宗廟), 산천(山川)에게까지도 아뢴다."라고 기록하였기 때문이니, 바로 이 문장을 통해서 알 수 있는 것이다.[70] 동맹인 제후보다 높은 자에게 고하지 않는 것이 아니고, 제후보다 낮은 자에게 고하지 않는 것도 아니지만, 주로 알리는 대상이 동맹의 제후들일 따름이다.

鄭注 告生[71]也.

번역 세자(世子)가 태어났다는 사실을 알린다는 뜻이다.

釋文 禰, 本又作祢, 乃禮反.

번역 '禰'자는 판본에 따라서 또한 '祢'자로도 기록하며, 그 음은 '乃(내)'자와 '禮(례)'자의 반절음이다.

---

70) '편고(徧告)'라는 말 뒤에 신들에게 알린다는 말이 나오므로, 그 앞의 내용은 신이 아닌 인간에 대한 내용에 해당한다. 따라서 이 사실을 통해서 두루 알리게 되는 대상이 동맹인 제후들임을 알 수 있다는 뜻이다.

71) '생(生)'자에 대하여. 완원(阮元)의 『교감기(校勘記)』에서는 "『고문(考文)』에는 『고본(古本)』을 인용하며, '생'자를 '주(主)'자로 기록하고 있다. 『정의(正義)』의 기록에 따른다면, 마땅히 '주'자로 기록해야 한다."라고 했다. 『십삼경주소(十三經注疏)』 북경대 출판본에는 이 문제에 대해, "『민본(閩本)』·『감본(監本)』·『모본(毛本)』·『악본(岳本)』·『가정본(嘉靖本)』과 위씨(衛氏)의 『집설(集說)』에서도 '생'자로 기록하고 있다."라고 했다.

孔疏 ●"曾子"至"山川". ○正義曰: 此一節因前論君未葬而世子生, 今更問已葬後世子生之禮.

번역 ●經文: "曾子"~"山川". ○이 문장은 앞 문장에서 군주의 상례(喪禮)에 대해, 아직 장례(葬禮)를 치르지 않았는데, 세자(世子)가 태어난 경우를 논의한 것에서 연유하여, 이곳에서는 다른 경우를 설정해서, 이미 장례를 치른 이후에, 세자가 태어났을 경우의 예법(禮法)을 물어본 것이다.

孔疏 ●"大宰·大宗從大祝而告于禰"者, 禰, 父殯宮之主也. 既葬訖, 殯無尸柩, 唯有主在, 故告於主, 漸神事之故也. 同廟主之名, 故曰禰也. 然直云三人告禰, 不云'攝主'者, 葬時攝主已弁絰葛以交神明, 葬竟又服受服, 喪之大節更畢, 攝主亦無復有[72]事, 故子生, 則攝主不復與群臣列位西階下, 故自還依大宰之禮, 與大宰大宗從大祝裨冕, 而告殯宮中主也. 不云'裨冕'者, 未葬尚裨冕, 葬後不言自顯也. 不云'束帛'者, 凡告必制幣, 從之可知也. 不言"盡階不升"者, 三人例是升者, 非不升也. 不言"某之子生, 敢告"者, 亦自可知也. "三月乃名于禰"者, 葬後神事之, 故依平常之禮, 三日不見也. 三月乃見, 因見乃名, 故云"乃名於禰"也. 從見之人, 與告生不異, 故不重言也. 雖三日不見, 其成服衰絰, 自依常禮也.

번역 ●經文: "大宰·大宗從大祝而告于禰". ○네(禰)는 부친의 빈소에 있는 신주(神主)이다. 이미 장례(葬禮)를 끝냈으므로, 빈소에는 시신이 없고, 오직 신주만이 있게 된다. 그렇기 때문에 신주에 고(告)하는 것이니, 점차적으로 신(神)으로써 섬기게 되기 때문이다. 묘(廟)에 설치하는 신주와 명칭이 같기 때문에, '녜'라고 부른다. 그런데 경문에서 단지 대재(大宰), 대종(大宗), 대축(大祝) 세 사람만이 녜에 고한다고 말하고, 섭주(攝主)에 대해서 언급하지 않은 이유는 장례를 치를 때, 섭주는 이미 변(弁)을 쓰고

72) '유(有)'자에 대하여. 본래 '유'자 뒤에는 '차(此)'자가 기록되어 있었는데, 완원(阮元)의 『교감기(校勘記)』에서는 "살펴보니, '차'자는 연문이다."라고 했다.

갈포[葛]로 엮은 질(絰)을 두르고서, 신명(神明)과 소통을 하고, 장례가 끝나게 되면, 또한 상복(喪服)을 입게 되며, 상례(喪禮) 중의 큰 절차들이 곧 끝나게 되어, 섭주 또한 다시금 이러한 일들을 하지 않게 된다. 그렇기 때문에 세자(世子)가 태어나게 되면, 섭주는 다시금 군신(群臣)들과 함께 서쪽 계단 아래에서 도열하지 않는 것이다. 그렇기 때문에 섭주를 맡고 있던 상경(上卿)은 본래의 신분으로 돌아와서, 다시 대재의 예법(禮法)에 따라서, 대재, 대종과 함께 대축을 쫓아 비면(裨冕)을 착용하고, 빈소에 있는 신주에 고하게 된다. 경문에서 '비면'을 착용한다고 언급하지 않은 이유는 장례를 치르기 이전에도 오히려 비면을 착용했으니, 장례를 치른 이후의 상황에 대해서 굳이 비면을 착용한다고 언급하지 않더라도, 비면을 착용해야 한다는 사실이 분명하게 드러나기 때문이다. '속백(束帛)'을 언급하지 않은 이유는 모든 고하는 의식에서, 반드시 제폐(制幣)를 사용하게 되므로, 굳이 언급을 하지 않더라도, 이러한 상식을 통해서, 제폐를 사용했다는 사실을 알 수 있기 때문이다. 경문에서 "계단에는 다 오르지만, 당(堂)에는 오르지 않는다."라고 언급하지 않은 이유는 대재, 대종, 대축 세 사람이 빈소에 들어서게 되면, 이들은 당 위로 올라가는 자들이니, 앞서 설명했던 경우처럼, 당에 오르지 않는 것이 아니기 때문이다. 경문에서 "부인 아무개씨의 아들 아무개가 태어나서, 감히 고합니다."라고 언급하지 않는 이유는 실제로 이러한 말들을 고했지만, 또한 앞에서 이미 설명하였으니, 그 문장을 생략하더라도, 고했다는 사실을 알 수 있기 때문이다. 경문에서 "3개월이 지나면, 곧 녜에서 세자의 이름을 짓는다."라고 하였는데, 장례 치른 이후에는 신(神)으로 섬기기 때문에, 장상적인 예법에 따르는 것이니, 앞의 경우처럼 세자가 태어난 후 3일 만에 알현하는 것이 아니다. 그러므로 정상적인 예법에 따르면, 세자는 태어난 후 3개월이 지나서, 곧 알현을 하게 되니, 알현하는 절차에 연유해서, 곧 세자의 이름을 짓게 된다. 그렇기 때문에 "곧 녜에서 이름을 짓는다."라고 말한 것이다. 세자를 알현시킬 때, 따라왔던 사람들은 세자가 태어났음을 고했던 때의 구성인원과 다르지 않기 때문에, 중복되게 언급하지 않은 것이다. 이러한 상황 속에서는 비록 세자가 태어난 후

3일 만에 알현을 하지 않지만, 세자는 성복(成服)을 하여, 최질(衰絰)을 하니, 정상적인 예법에 따르기 때문이다.

孔疏 ●"以名徧告及社稷宗廟山川"者, 名於禰旣畢, 宰亦命祝史徧告也. 不言宰命祝史, 從可知也. 又前不云'社稷·宗廟', 此不云'五祀', 相互明也. 王肅云, "前三日名之. 君未葬當稱子某, 故三日因名之. 此經旣葬稱子, 不稱名, 故三月乃名也." 鄭云, "稱世子生, 喪在殯, 告五祀山川耳. 五祀, 殯宮之五祀, 山川, 國鎭之重, 不可不告, 故越社稷告之. 旣葬而世子生, 三月而名, 葬後三月, 於禮已祔廟, 故告可及廟. 廟與社稷相連, 不得不告社稷."

번역 ●經文: "以名徧告及社稷宗廟山川". ○이 문장의 내용은 녜(禰)에서 세자(世子)의 이름을 짓는 절차가 다 끝나게 되면, 대재(大宰)는 또한 대축(大祝), 대사(大史)에게 명령하여, 두루 고하게 한다는 뜻이다. 경문에서 대재가 대축과 대사에게 명령한다고 직접적으로 언급하지 않았지만, 앞의 문장 기록과 이 문장의 문맥을 통해서 그러한 사실을 알 수 있다. 또 앞 문장에서는 '사직(社稷)'과 '종묘(宗廟)'를 언급하지 않았고, 이곳 문장에서는 '오사(五祀)'를 언급하지 않았는데, 그 이유는 실제로 언급되지 않은 대상들에게 고하지 않는다는 말이 아니라, 두 문장에서 각각 나눠서 기록함으로써, 서로 보완되도록 기록했기 때문이다. 왕숙은 "앞 문장에서는 세자가 태어난 후, 3일이 지나서 이름을 지었다. 그 이유는 군주에 대해, 아직 장례(葬禮)를 치르지 않아서, 마땅히 '자식 아무개'라고 불러야 하기 때문이다. 그래서 3일이 지난 후에 알현하는 일에 연유하여, 세자의 이름을 지은 것이다. 그런데 이곳 경문에서는 이미 장례를 치른 상황이므로, '자식[子]'이라고만 부르고, 세자의 이름을 부르지 않는다. 그렇기 때문에 3개월이 지난 뒤에야, 곧 세자의 이름을 짓는 것이다."라고 했다. 정현은 "녜에 고한다는 말은 세자가 태어났음을 일컫는 것으로, 시신이 아직 빈소에 있으므로, 오사와 산천에 고했을 따름이다. 오사는 빈궁(殯宮)에 있는 오사이며, 산천은 국가를 방비하기 위한 진지 중에서도 요충지에 해당하는 장소이니,

고하지 않을 수가 없는 것이다. 그렇기 때문에 사직보다 앞서서 그들에게 고하는 것이다. 장례를 치른 뒤에, 세자가 태어난다면, 3개월이 지나서 세자의 이름을 지으니, 장례 후 3개월이 지나게 되면, 예법(禮法)에 따라서 죽은 자의 신주를 이미 묘(廟)에 모시게 된다. 그렇기 때문에 고하는 절차를 묘에서 할 수 있는 것이다. 묘와 사직은 서로 연결되어 있으니, 사직에도 고하지 않을 수가 없는 것이다."라고 했다.

集解 愚謂: 前告殯, 卿・大夫・士皆在者, 以朝哭故也. 既葬不復朝夕哭, 故唯大宰・大宗從大祝而告, 蓋大宰攝政, 宗伯主宗廟之禮故也. 不言攝主者, 子生則退矣. 三月乃名於禰者, 三月乃見於禰而名之也. 喪必有主, 主幼則使人抱之. 未葬, 殯宮有朝夕哭奠拜賓之事, 故三日卽見, 既見而後攝主可退. 既葬, 則朝夕哭皆在廬, 而殯宮無所事焉, 故子生則攝主可以告退, 而見子亦可以待三月也.

번역 내가 생각하기에, 앞 문장에서 빈소에 고(告)한다고 할 때에는 경(卿), 대부(大夫), 사(士)가 모두 참석하였는데, 그 이유는 조곡(朝哭)을 하기 때문이다. 장례(葬禮)를 치르고 나면, 다시금 조석(朝夕)으로 곡(哭)을 하지 않기 때문에, 오직 대재(大宰)와 대종(大宗)이 대축(大祝)을 따라가서 고하는 것이니, 아마도 대재는 섭정(攝政)을 하고, 종백(宗伯: =大宗)은 종묘(宗廟)와 관련된 예법(禮法)을 주관하기 때문일 것이다. 섭주(攝主)를 언급하지 않은 이유는 세자(世子)가 태어나게 되면, 임시로 맡고 있던 섭주의 자리에서 물러나기 때문이다. 세자가 태어난 후 3개월이 지난 뒤에, 곧 녜(禰)에서 이름을 짓는다는 말은 3개월이 지나게 되면, 곧 세자를 녜에 알현시키고서, 세자의 이름을 짓는다는 뜻이다. 상중(喪中)에는 반드시 상주(喪主)가 있어야 하는데, 상주가 너무 어리기 때문에, 다른 사람을 시켜서 세자를 안게 하고, 세자를 대신해서 상주의 임무를 수행하게 한다. 장례를 아직 치르지 않았으면, 빈소에서 아침저녁으로 곡을 하며, 전제사[奠祭]를 지내고, 조문(弔問)을 온 빈객(賓客)들에게 절을 하는 등등의 절차가 있게 된다.

그렇기 때문에 세자가 태어난 후 3일이 지나면, 곧바로 알현을 하는 것이며, 알현을 한 이후에는 정식 상주가 생기게 되어, 섭주가 그 자리에서 물러날 수 있는 것이다. 장례를 치르게 되면, 아침저녁으로 곡하는 절차를 모두 무덤 옆의 임시거처에서 시행하니, 빈소에서 시행할 일이 없게 된다. 그렇기 때문에 장례를 치른 이후에, 세자가 태어나게 되면, 정식 상주가 생긴 것이므로 섭주는 물러나길 아뢸 수 있으며, 세자는 3개월이 지난 뒤에, 죽은 부친을 알현하기 때문에, 또한 섭주는 곧바로 물러나지 않고 3개월을 더 할 수 있는 것이다.

• 제2절 •

제후(諸侯)의 조빙(朝聘) 및 회동(會同)에 대한 예법

【227b】

孔子曰: 諸侯適天子, 必告于祖, 奠于禰, 冕而出, 視朝, 命祝·史, 告于社稷·宗廟·山川, 乃命國家五官, 而后行, 道而出. 告者, 五日而徧, 過是, 非禮也. 凡告, 用牲幣, 反亦如之.

직역 孔子가 曰, "諸侯가 天子에게 適함에, 必히 祖에 告하고, 禰에 奠하며, 冕하고 出하여, 視朝하고, 祝·史에게 命하여, 社稷·宗廟·山川에 告하게 하며, 곧 國家의 五官에게 命하고, 이후에 行하되, 道하고 出한다. 告는 五日로 徧하니, 過是하면, 非禮이다. 凡告에는 牲幣(制幣)를 用하며, 反하여서도 또한 이와 같이 한다."

의역 공자가 증자에게 가르쳐주기를, "제후가 천자가 있는 수도로 찾아갈 때에는 반드시 조묘(祖廟)와 녜묘(禰廟)에 자신이 천자의 수도에 가게 된 사실을 아뢰며, 동시에 폐백을 차려서 올린다. 그리고 면류관을 쓰고서 침소에서 나와, 조정에서 정사를 듣고, 대축(大祝)과 대사(大史)에게 명령하여, 사직(社稷), 종묘(宗廟), 산천(山川)의 신(神)들에게 이러한 사실을 아뢰게 하며, 그리고는 곧 국가의 다섯 관부 수장들에게 명령을 내려서, 자신이 없는 동안 국정(國政)을 잘 돌보라고 하고, 그런 이후에야 출발 행차를 시행하되, 먼저 도로의 신에게 제사를 지내고 나서야, 국경 밖으로 나간다. 처음 조묘 및 녜묘에 고(告)하는 것부터 뭇 신들에게 두루 고하는 일은 5일 동안 두루 실천하니, 이 기간을 넘기게 되면, 예(禮)에 맞지 않게 된다. 모든 고하는 의식에서는 제폐(制幣)를 사용하고, 천자의 수도에서 자신의 국가로 되돌아와서도, 또한 이와 같은 절차에 따라서, 잘 다녀왔다는 사실을 두루 아뢴다.

集說 告于祖, 亦告于禰, 奠于禰, 亦奠于祖也. 奠者, 奠幣爲禮而告之也. 視朝聽事之後, 卽徧告群祀, 戒命五大夫之職事, 使無廢弛也. 諸侯有三卿五大夫. 道而出者, 祖祭道神而后出行也. 五祀之行神則在宮內, 月令冬祀行是也. 喪禮, 毁宗躐行, 則行神之位在廟門外西方. 若祭道路之行神謂之軷, 於城外委土爲山之形, 伏牲其上. 祭告禮畢, 乘車轢之而遂行也. 其神曰纍. 其牲, 天子犬, 諸侯羊, 卿大夫酒脯而已. 長一丈八尺爲制幣.

번역 조묘(祖廟)에 고(告)한다는 말은 또한 녜묘(禰廟: 부친의 신주가 모셔진 사당)에도 고한다는 뜻이며, 녜묘에서 폐백을 차려서 올린다는 말은 또한 조묘에도 폐백을 차려서 올린다는 뜻이다. 전(奠)이라는 것은 폐백을 진설하여 예(禮)를 갖춰서, 고한다는 뜻이다. 조회에 참관하여 정사를 들은 이후에는 곧바로 뭇 신(神)들에게 두루 고하며 여러 제사들을 지내고, 주요 관부를 맡고 있는 다섯 명의 대부(大夫)들에게, 그들의 직무(職務)에 대해서 경각시키며 명령을 내려서, 그들로 하여금 일이 중단되거나 느슨하게 시행됨이 없도록 하는 것이다. 제후에게는 3명의 경(卿)과 다섯 명의 대부가 있다.[1] "도(道)하고서 출(出)한다[道而出]."는 말은 도로의 신에게 조제(祖祭)[2]를 지낸 이후에, 국경 밖으로 나가서 먼 길을 떠난다는 뜻이다. 오사(五祀) 중의 행신(行神)은 궁성(宮城) 내에 있으니, 『예기』「월령(月令)」편에서 "겨울에 행(行)에 제사지낸다."라고 할 때[3]의 '행'이 바로 궁성 내에

1) 『주례』「천관(天官)·대재(大宰)」: "乃施典于邦國, 而建其牧, 立其監, 設其參, 傅其伍, 陳其殷, 置其輔." / 이 문장에서 삼(參)은 삼경(三卿)을 뜻하고, 오(伍)는 다섯 명의 대부[五大夫]를 뜻한다.

2) 조제(祖祭)는 도로의 신(神)에게 지내는 제사의 명칭이자, 그 제사를 지낸다는 뜻이기도 하다.

3) 맹동(孟冬)과 관련된 기록 중 『예기』「월령(月令)」【216d】: 其日壬癸, 其帝顓頊, 其神玄冥, 其蟲介, 其音羽, 律中應鍾, 其數六, 其味鹹, 其臭朽, 其祀行, 祭先腎. / 중동(仲冬)과 관련된 기록 중 『예기』「월령」【220a】: 其日壬癸, 其

있는 '행신'을 가리킨다. 상례(喪禮)에서는 종묘(宗廟)의 담을 헐어서, 그곳을 밟고 지나간다고 했으니,[4] '행신'의 위치는 묘문(廟門) 밖 서쪽에 해당한다. 만약 도로의 행신에게 제사지내면서, 그것을 발(軷: 도로의 신에게 지내는 제사이름)이라고 한다면, 성문(城門) 밖에 흙을 쌓아 산의 형태를 만들어서, 그 위에 희생물을 얹어놓는 제사에 해당한다. 제사를 지내며 고하는 의식이 끝나게 되면, 수레에 올라타고, 그곳을 밟고 길을 떠나서, 마침내 출행(出行)하는 것이다. 그 도로의 신을 루(纍)라고도 부른다. 이 신에게 제사지낼 때 사용하는 희생물의 경우, 천자는 개를 사용하고, 제후는 양을 사용하며, 경과 대부는 술과 포를 사용할 뿐이다. 길이가 1장(丈) 8척(尺)으로, 정갈하게 제단한 비단을 제폐(制幣)라고 부른다.

大全 臨川吳氏曰: 反亦如之, 謂親告祖禰, 又命祝史, 徧告, 視朝而入也.

번역 임천오씨[5]가 말하길, "되돌아와서도 또한 이와 같이 한다[反亦如之]."는 말은 제후가 직접 조묘(祖廟)와 녜묘(禰廟)에 고(告)하고, 또한 대축(大祝)과 대사(大史)에게 명령하여, 두루 고하게 하며, 조회에 나가서 국정을 살핀 뒤에, 침소로 들어간다는 뜻이다.

大全 山陰陸氏曰: 祖言告, 禰言奠, 尊祖而親禰也.

번역 산음육씨가 말하길, 조묘(祖廟)에 대해서는 고(告)한다고 말하고,

帝顓頊, 其神玄冥, 其蟲介, 其音羽, 律中黃鍾, 其數六, 其味鹹, 其臭朽, 其祀行, 祭先腎. / 계동(季冬)과 관련된 기록 중 『예기』「월령」【222c】 : 其日壬癸, 其帝顓頊, 其神玄冥, 其蟲介, 其音羽, 律中大呂, 其數六, 其味鹹, 其臭朽, 其祀行, 祭先腎.

4) 『예기』「단궁상(檀弓上)」【91a】 : 及葬, 毁宗躐行, 出于大門, 殷道也. 學者行之.

5) 임천오씨(臨川吳氏, A.D.1249 ~ A.D.1333) : =오징(吳澄)·오유청(吳幼淸). 송원대(宋元代)의 유학자이다. 이름은 징(澄)이다. 자(字)는 유청(幼淸)이다. 저서로 『예기해(禮記解)』가 있다.

녜묘(禰廟)에 대해서는 전(奠)한다고 말한 이유는 조(祖)를 높이고, 녜(禰)를 친근하게 대하기 때문이다.

鄭注 皆奠幣以告之, 互文也. 聽國事也. 諸侯朝天子, 必裨冕, 爲將廟受也. 裨冕者, 公衮, 侯伯鷩, 子男毳. 臨行, 又徧告宗廟, 孝敬之心也. 五官, 五大夫典事者. 命者, 勅之以其職. 祖道也. 聘禮曰[6], "出祖釋軷祭酒脯也." 旣告, 不敢久留. 牲當爲'制'字之誤也. 制幣一丈八尺.

번역 조묘(祖廟)와 녜묘(禰廟)에는 모두 폐백을 올리며 고(告)하는 것이니, 경문에서 "조묘에 고하고, 녜묘에 전(奠)한다."라고 한 말은 서로 보완되는 문장이다. 시조(視朝)는 국사(國事)를 듣는다는 뜻이다. 제후가 천자에게 조빙(朝聘)을 할 때에는 반드시 비면(裨冕)을 착용하니, 그 이유는 장차 천자의 묘(廟)에서 천자에게 하사품을 받기 때문이다. 비면에 대해 설명하자면, 제후의 다섯 등급 중 공작[公]은 곤면(衮冕)에 해당하고, 후작[侯]과 백작[伯]은 별면(鷩冕)에 해당하며, 자작[子]과 남작[男]은 취면(毳冕)에 해당한다. 행차에 임해서, 또다시 종묘(宗廟)에 두루 고하는 이유는 조상에 대한 효성과 공경스러운 마음 때문이다. '오관(五官)'은 5명의 대부(大夫)들로, 국사(國事)를 담당하는 자들이다. 명령한다는 말은 그들에게 직무를 열심히 수행하라고 칙서를 내린다는 뜻이다. "도이출(道而出)"이라고 할 때의 '도(道)'자는 조도(祖道)[7]이다. 『의례』「빙례(聘禮)」편에서는 "출조(出祖)[8]를 하니, 발제(軷祭)[9]의 의례(儀禮)를 시행하여, 술과 포로 제

6) '왈(曰)'자에 대하여. '왈'자는 본래 없던 글자인데, 완원(阮元)의 『교감기(校勘記)』에서는 "『민본(閩本)』·『감본(監本)』·『모본(毛本)』에는 '왈'자가 기록되어 있으며, 『악본(岳本)』·『가정본(嘉靖本)』과 위씨(衛氏)의 『집설(集說)』에도 동일하게 '왈'자가 기록되어 있다. 그러므로 이곳 판본의 기록에는 '왈'자가 누락된 것이다."라고 했다.

7) 조도(祖道)는 조제(祖祭)와 같은 의미이다. 외부로 출타하게 되었을 때, 도로의 신(神)에게 지내는 제사이다. 잔치가 병행되기도 했다. 『사기(史記)』「골계열전(滑稽列傳)」에 "故所以同官待詔者, 等比祖道於都門外."라는 용례가 있다.

8) 출조(出祖)는 외부로 출타하게 되었을 때, 도로의 신(神)에게 제사를 지낸다

사를 지낸다."[10]라고 했다. 고하는 일을 다 하고 나면, 감히 오랜 기간 동안 출타하지 않고, 그대로 머물러 있을 수가 없게 된다. "용생폐(用牲幣)"라고 할 때의 '생(牲)'자는 마땅히 '제(制)'자의 오자가 된다. 제폐(制幣)는 1장(丈) 8척(尺) 길이의 비단이다.

는 뜻이다. 『시(詩)』「대아(大雅)·한혁(韓奕)」에는 "韓侯出祖, 出宿于屠."라는 기록이 있는데, 이에 대한 공영달(孔穎達)의 소(疏)에서는 "言韓侯出京師之門, 爲祖道之祭."라고 풀이했다. 즉 한후(韓侯)가 수도의 문을 빠져나감에, 도로의 신에게 제사를 지냈음을 뜻한다.

9) 발제(軷祭)는 조도(祖道), 조제(祖祭)와 같은 의미이다. 외부로 출타하게 되었을 때, 도로의 신(神)에게 지내는 제사이다.

10) 『의례』「빙례(聘禮)」: 出祖釋軷, 祭酒脯, 乃飲酒于其側.

그림 2-1 상공의 곤면[上公袞冕]

▸ **출처:** 『삼례도집주(三禮圖集注)』 1권

그림 2-2 후작과 백작의 별면[侯伯鷩冕]

▸ **출처:** 『삼례도집주(三禮圖集注)』 1권

그림 2-3 자작과 남작의 취면[子男毳冕]

▸ **출처:** 『삼례도집주(三禮圖集注)』 1권

釋文 朝, 直遙反, 注及下同. 爲, 于僞反, 下"爲事"同. 袞, 古本反. 驚, 必列反. 毳, 昌銳反. 載, 步末反. 牲幣, 依注牲音制.

번역 '朝'자는 '直(직)'자와 '遙(요)'자의 반절음으로, 정현의 주 및 아래 문장에 나오는 '朝'자도 그 음이 이와 같다. '爲'자는 '于(우)'자와 '僞(위)'자의 반절음이며, 아래 문장에 나오는 '爲事'라고 할 때의 '爲'자도 그 음이 이와 같다. '袞'자는 '古(고)'자와 '本(본)'자의 반절음이다. '驚'자는 '必(필)'자와 '列(렬)'자의 반절음이다. '毳'자는 '昌(창)'자와 '銳(예)'자의 반절음이다. '載'자는 '步(보)'자와 '末(말)'자의 반절음이다. '牲幣'에서 '牲'자는 정현의 주에 따르면, 그 음이 '制(제)'이다.

孔疏 ●"孔子"至"如之". ○正義曰: 此一節論諸侯朝覲[11]天子將出之禮. 不云'曾子問', 直云'孔子曰'者, 以此與上事連文. 上旣云"以名徧告社稷宗廟", 因論出朝告祖禰之事, 此乃因上起文也. 此篇之內, 時有如此, 故下"曾子問云, '除喪則不復昏禮乎?' 孔子曰, '祭過時, 不祭禮也. 又何反於初?'" 又云, "孔子曰, '嫁女之家, 三夜不息燭.'" 與此相類. 云"告于祖", 亦告於禰也. 言"奠于禰", 亦奠於祖也.

번역 ●經文: "孔子"~"如之". ○이 문장은 제후가 천자에게 조근(朝覲)을 하게 되어, 장차 출타하게 될 때의 예법(禮法)을 논의한 내용이다. 그런데 경문 첫 구절에서 다른 용례와 다르게, "증자가 물어보았다[曾子問]."라는 말을 기록하지 않고, 곧바로 "공자가 말했다[孔子曰]."라고 말한 이유는 이 문장에서 언급하는 내용들이 앞 문장에서 논의한 내용과 상호 연관이 되기 때문이다. 앞 문장에서 이미 "세자(世子)의 이름을 사직(社稷)과 종묘(宗廟)에 두루 고(告)한다."라고 말했으므로, 그것에 연유하여, 조정을 나와

---

11) '근(覲)'자에 대하여. '근'자는 본래 없던 글자인데, 완원(阮元)의 『교감기(校勘記)』에서는 "『민본(閩本)』·『감본(監本)』·『모본(毛本)』에는 '근'자가 기록되어 있고, 위씨(衛氏)의 『집설(集說)』에도 동일하게 '근'자가 기록되어 있다. 그러므로 이곳 기록은 '근'자가 누락된 것이다."라고 했다.

서 조묘(祖廟)와 녜묘(禰廟)에 고하는 일을 논의한 것이니, 이곳 문장은 곧 앞 문장의 내용에 기인하여, 공자가 증자에게 가르쳐준 내용이다. 이곳 「증자문」편의 기록들 중에서는 간혹 이와 같은 용례들이 있다. 그렇기 때문에 아래 문장에서도 "증자가 묻기를 '제상(除喪)을 하게 되면, 다시 혼례(婚禮)를 하지 않는 것입니까?'라고 하니, 공자가 대답해주기를, '제사도 시기가 넘어서게 되면, 지내지 않는 것이 예(禮)이다. 그러므로 또한 어찌 처음으로 되돌아가겠는가?'"[12]라고 했는데, 이 기록 중에서도 또한 이 문장에 뒤이어서, 증자가 물어보았다는 말을 생략하고, 곧바로 "공자가 말해주기를, '딸을 시집보낸 집에서는 3일 밤 동안 촛불을 끄지 않는다.'"[13]라고 기록하고 있으니, 위의 용례와 같은 부류이다. 경문에서 "조묘에 고한다."라고 한 말은 또한 녜묘에도 고한다는 내용까지 포함한다. "녜묘에 전(奠)을 한다."라고 한 말 또한 조묘에도 전제사를 지낸다는 내용까지 포함한다.

孔疏 ●"冕而出視朝". ○裨冕, 謂裨衣而冕. 裨衣者, 公袞, 侯伯鷩, 子男毳, 視朝詔聽事也.

번역 ●經文: "冕而出視朝". ○'비면(裨冕)'이라는 말은 비의(裨衣)를 입고, 면류관을 착용한다는 뜻이다. '비의'라는 복장을 다섯 등급으로 나뉘는 제후의 제도에 따라 설명하자면 다음과 같다. 공작[公]의 비의는 곤의(袞衣)이며, 후작[侯]과 백작[伯]의 비의는 별의(鷩衣)이고, 자작[子]과 남작[男]의 비의는 취의(毳衣)이다. 따라서 제후들은 이 복장을 착용하고서, 조정에 나가서 정사(政事)를 듣는 것이다.

孔疏 ◎注"聽國"至"受也". ○正義曰: 聽國事, 解經視朝之事, 云"諸侯朝天子必裨冕, 爲將廟受也", 諸侯視朝, 當用玄冠緇衣素裳, 今視朝而服裨冕之

12) 『예기』「증자문」【232b】: 曾子問曰 除喪則不復昏禮乎. 孔子曰 祭過時, 不祭禮也, 又何反於初.

13) 『예기』「증자문」【232c】: 孔子曰 嫁女之家, 三夜不息燭.

服者, 按覲禮侯氏裨冕, 天子受之於廟, 故鄭云"諸侯朝天子必裨冕, 爲將廟受也". 言天子于廟受已之禮. 今諸侯往朝天子, 爲天子將欲於廟中受已之禮, 故諸侯豫敬之, 以冕服視朝也.

번역 ◎鄭注: "聽國"~"受也". ○"국사(國事)를 듣는다[聽國事]."는 말은 경문의 '시조(視朝)'하는 일에 대한 풀이이며, 정현이 "제후가 천자에게 조회를 갈 때에, 반드시 비면(裨冕)을 착용하니, 장차 묘(廟)에서 수(受)하기 위함이다."라고 한 말은 제후가 '시조'를 할 때에는 마땅히 '검은색의 관[玄冠]'과 '검은색의 상의[緇衣]', '흰색의 치마[素裳]'를 착용하게 되는데, 이곳 문장에서 '시조'를 할 때에, 비면의 복장을 착용한다고 하였고, 『의례』「근례(覲禮)」편을 살펴보면, 제후[侯氏]가 '비면'을 착용하고서 천자를 찾아갔으며, 천자는 묘(廟)에서 그에게 하사를 해주었다고 기록하고 있다.[14] 그렇기 때문에 정현은 "제후가 천자에게 조회를 갈 때에는 반드시 '비면'을 착용하니, 장차 천자의 묘에서 천자가 하사해주는 것을 받기 위해서이다." 라고 말한 것이다. 따라서 이 문장은 천자가 묘에서 빙문(聘問)한 자에게 하사해주는 예법(禮法)을 언급하고 있는 것이다. 이곳 문장에서 말하는 상황처럼, 제후가 천자에게 찾아가 조회를 하게 되면, 천자는 묘에서 빙문한 자에게 하사품을 내려주는 예법을 시행하고자 하기 때문에, 제후는 그 일을 공경스럽게 여겨서, 미리 면복(冕服)을 착용하고서, 시조를 하는 것이다.

孔疏 ●"命祝史, 告于社稷宗廟山川". ◎注"臨行又徧告宗廟, 孝敬之心也". ○正義曰: 按上文云"諸侯適天子, 必告於祖, 奠於禰". 此又命祝史告于宗廟山川, 是臨行一告宗廟, 則知後再告, 故云"臨行又徧告宗廟, 孝敬之心也". 言徧告宗廟, 則五廟皆告也. 前云"告於祖"者, 亦祖禰皆告也.

---

14) 『의례』「근례(覲禮)」: 侯氏裨冕, …… 告于天子. 天子曰, "非他, 伯父實來, 予一人嘉之. 伯父其入, 予一人將受之." 侯氏入門右, 坐, 奠圭, 再拜稽首. 擯者謁. 侯氏坐取圭, 升致命. 王受之玉.

번역 ●經文: "命祝史, 告于社稷宗廟山川". ◎鄭注: "臨行又偏告宗廟, 孝敬之心也". ○앞의 기록들을 살펴보니, "제후가 천자를 찾아갈 때에는 반드시 조묘(祖廟)에 고(告)하고, 녜묘(禰廟)에 전(奠)한다."라고 말했다. 이 문장에서는 또한 대축(大祝)과 대사(大史)에게 명령하여, 종묘(宗廟)와 산천(山川)에 고하게 했으니, 이 말은 곧 행차에 임해서, 종묘에 한 번 고했다면, 이후에도 재차 고하는 것임을 알 수 있다. 그렇기 때문에 "행차에 임해서, 또한 종묘에 두루 고하는 것은 효경(孝敬)하는 마음 때문이다."라고 말한 것이다. 종묘에 두루 고한다고 말했으니, 제후의 오묘(五廟)에 모두 고하는 것이다. 앞에서 "조묘에 고한다."라고 말하였으니, 또한 조묘와 녜묘에도 모두 고하는 것이다.

그림 2-4 제후의 오묘[諸侯五廟圖]

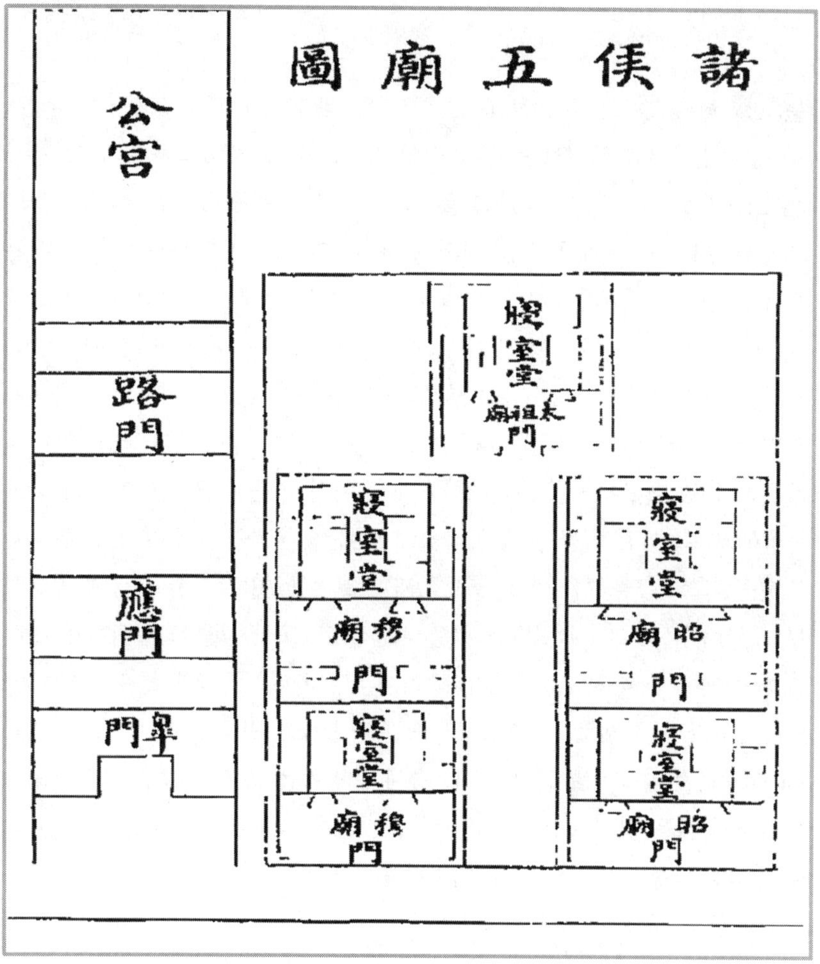

▸ **출처:** 『의례도(儀禮圖)』「의례방통도(儀禮旁通圖)」

孔疏 ●"乃命國家五官, 而后行". ◎注"五官"至"其職". ○正義曰: 按大宰云, "建其牧, 立其監, 設其參, 傅其伍." 是諸侯有三卿五大夫. 經云'五官', 故云五大夫, 以屬官大夫其數衆多, 直云五者, 據典國事者言之. 不云"命卿"者, 或從君出行, 或雖在國留守, 總主群吏, 如三公然, 不專主一事, 且尊之. 既命五大夫, 則卿亦命之可知, 故不顯言命卿也. 命者, 謂戒勅以所掌之事也.

번역 ●經文: "乃命國家五官, 而后行". ◎鄭注: "五官"~"其職". ○『주례』「대재(大宰)」편을 살펴보면, "주(州)의 장(長)인 목(牧) 1명을 세우고, 감찰관[監] 1명을 세우며, 경(卿) 3명을 세우고, 대부(大夫) 5명을 세운다."[15]라고 했다. 이 기록은 제후에게 3명의 경과 5명의 대부가 있음을 뜻한다. 경문에서 '오관(五官)'이라고 말했기 때문에, 정현의 주에서 5명의 대부라고 말한 것이며, 이 관부에 소속된 대부 관원들은 그 수가 매우 많은데도, 단지 5명이라고만 말한 이유는 국사(國事)를 담당하는 주요 직위자만을 가리켜서 말했기 때문이다. 그런데 경문에서 "경(卿)에게 명령한다."라고 말하지 않은 이유는 제후에게 소속된 경 중에서, 어떤 이들은 군주를 따라서 함께 출행하고, 또 어떤 이들은 비록 국가에 남아서, 국가를 수호하며 뭇 관리들을 총괄적으로 담당하니, 삼공(三公)과 같은 이들이 그러한 사람에 해당하는데, '삼공'은 한 가지 일만을 주관하지 않고, 또한 그들을 존귀하게 대하기 때문에, 기록하지 않은 것이다. 이미 5명의 대부들에게 명령을 한다고 언급하였다면, 실제로는 경에게도 또한 명령을 내렸음을 알 수 있다. 그렇기 때문에 이러한 이유들로 인해, 경에게 명령을 했다는 말을 직접적으로 드러내지 않은 것이다. 명령을 내린다는 말은 그들이 담당하는 일들을 조심스럽게 시행하라고 칙명을 내린다는 뜻이다.

15) 『주례』「천관(天官)·대재(大宰)」: 乃施典于邦國, 而建其牧, 立其監, 設其參, 傅其伍, 陳其殷, 置其輔.

孔疏 ◎注"祖道"至"脯也". ○正義曰: 經言"道而出", 明諸侯將行, 爲祖祭道神而後出行. 引聘禮者, 證祖道之義. 按聘禮記云, "出祖釋軷, 祭酒脯." 彼注云, "祖, 始也. 行出國門, 止陳車騎, 釋酒脯之奠於軷, 爲行始也." 春秋傳曰, "軷涉山川." 然則軷, 山[16]行之名也. 道路以險阻爲難, 是以委土爲山, 或伏牲其上, 使者爲軷, 祭酒脯. 祈, 告也. 禮畢然後乘車, 轢之而遂行, 其有牲犬羊可也, 此城外之軷祭也. 其五祀行神, 則在宮內, 故鄭注聘禮云, "行, 謂行者之先, 其古人之名未聞. 天子諸侯有常祀在冬也." 喪禮有毁宗躐行, 出於大門, 則行神之位, 在廟門外西方. 又鄭注月令, "軷, 壇厚二寸, 廣五尺, 輪四尺." 周禮注云, "以菩芻棘柏爲神主." 此鄭釋爲軷祭之義. 此軷亦有尸, 故詩生民云, "取羝以軷." 注"燔[17]烈其肉爲尸羞", 是也. 其牲, 天子軷用犬, 故犬人云, "伏瘞亦如之." 注云, "伏謂伏犬於軷上." 諸侯用羊, 詩云, "取羝以軷", 謂諸侯也. 卿大夫以酒脯. 旣行祭軷竟, 御者以酒祭車軾前及車左右轂末, 故周禮大馭云, "及犯軷, 王自左馭, 馭下祝, 登受轡, 犯軷, 遂驅之." 又云, "及祭[18], 酌僕. 僕左執轡, 右祭兩軹[19], 祭軌, 乃飮." 軹卽轂末, 軌謂車軾前是也. 其祭宮內行神之軷, 及城外祖祭之軷, 其制不殊. 崔氏云, "宮內之軷, 祭古之行神. 城外之軷, 祭山川與道路之神." 義或然也. 壇名山[20], 其神曰纍.

---

16) '산(山)'자에 대하여. '산'자는 본래 '지(止)'자로 기록되어 있었는데, 손이양(孫詒讓)의 『교기(校記)』에서는 "'산'자를 '지'자로 잘못 기록한 것이니, 『민본(閩本)』에 '산'자로 기록된 문장은 잘못된 기록이 아니다."라고 했다.

17) '번(燔)'자에 대하여. '번'자는 본래 '반(膰)'자로 기록되어 있었는데, 완원(阮元)의 『교감기(校勘記)』에서는 "『감본(監本)』·『모본(毛本)』에는 '번'자로 기록되어 있고, 이곳 판본과 『민본(閩本)』에는 '번'자를 '반'자로 잘못 기록하고 있다."라고 했다.

18) '제(祭)'자에 대하여. '제'자는 본래 '등(登)'자로 기록되어 있었는데, 완원(阮元)의 『교감기(校勘記)』에서는 "『모본(毛本)』에는 '등'자를 '제'자로 기록하고 있는데, 『주례(周禮)』의 기록에 따른다면, '제'자로 기록해야 한다."라고 했다.

19) '지(軹)'자에 대하여. '지'자는 본래 '발(軷)'자로 기록되어 있었는데, 손이양(孫詒讓)의 『교기(校記)』에서는 "'지'자를 '발'자로 잘못 기록한 것이니, 『민본(閩本)』에 '지'자로 기록된 문장은 잘못된 기록이 아니다."라고 했다.

20) '단명산(壇名山)'에 대하여. 손이양(孫詒讓)의 『교기(校記)』에서는 "아마도 '단명산'이라는 기록은 '단상산(壇象山)'으로 고쳐야 할 것 같다. 『주례(周

번역 ◎鄭注: "祖道"~"脯也". ○경문에서 "도(道)하고서 출(出)한다[道而出]."라고 하였는데, 이 말은 곧 제후가 장차 출행(出行)을 할 경우에, 도로의 신(神)에게 조제(祖祭)를 지내고, 그 이후에야 출행한다는 사실을 나타낸 것이다. 정현이 『의례』「빙례(聘禮)」편을 인용한 이유는 조도(祖道)의 뜻을 증명하기 위해서이다. 「빙례」편의 기(記)부분을 살펴보면, "'출조(出祖)'를 하니, 발제(軷祭)의 의례(儀禮)를 시행하여, 술과 포로 제사를 지낸다."라고 했다. 이 문장에 대한 정현의 주에서는 "'조(祖)'자는 시작한다는 뜻이다. 행차를 하여 국문(國門)을 빠져나감에, 수레와 말을 멈춰 세우고, 술과 포들을 차려내서, 도로의 신에게 바치고, 행차를 시작하게 된다."라고 했다. 『춘추전(春秋傳)』에서 말하길, "발(軷)을 통해 산천(山川)을 넘는다."라고 했다. 그러므로 '발'은 산길의 이름이다. 행차를 할 때에는 산처럼 길이 험준한 지역을 이동하기 힘든 장소로 여긴다. 그렇기 때문에 흙을 쌓아서 '산(山)'의 형태를 만들고, 혹은 그 위에 희생물을 얹어놓고, 수하들로 '발제'를 지내게 하니, 술과 포로 제사를 지내는 것이다. 기도를 한다는 말은 곧 고한다는 뜻이다. 이러한 의례가 끝난 연후에야, 수레에 올라타서 길을 떠나게 되어, 마침내 출행을 하는 것이니, 이러한 의식에서는 희생물로 개와 양을 사용함이 옳고, 또한 이러한 의식은 성(城) 밖에서 지내는 발제에 해당한다. 오사(五祀) 중의 행신(行神)은 곧 궁내(宮內)에 위치한다. 그렇기 때문에 정현이 「빙례」편에 대해 주를 달면서, "'행(行)'은 '행' 중에서도 가장 높은 것을 뜻하니, 고대인들이 붙였던 명칭에 대해서는 모르겠다. 천자와 제후는 겨울에 '행'에게 정기적인 제사를 지낸다."라고 풀이한 것이다. 상례(喪禮)에서는 종묘(宗廟)의 담을 헐고, 그곳을 밟고 지나가서, 대문(大門)으로 나온다고 했으니,[21] '행신'의 위치는 묘문(廟門) 밖의 서쪽에 해당한다. 또한 정현이 「월령(月令)」편에 주를 달면서, "'발(軷)'에 대한

禮)』「하관(夏官)·대어(大馭)」에는 '범발(犯軷)'이라는 기록이 있는데, 이 문장에 대한 정현의 주에서는 '범지자(犯之者), 봉토위산상(封土爲山象)'이라고 풀이한 것이 그 증거가 된다. 해당하는 신(神)의 이름은 류(纍)인데, 자세한 내용은 남아 있지 않다."라고 했다.

21) 『예기』「단궁상(檀弓上)」【91a】: 及葬, 毁宗躐行, 出于大門, 殷道也. 學者行之.

제단은 두께를 2촌(寸)으로 하며, 너비를 5척(尺)으로 하고, 폭은 4척으로 한다."라고 했다. 그리고 『주례』에 대한 주에서는 "모사풀과 극백나무로 신주(神主)를 만든다."라고 했다. 이 기록들은 정현이 발제의 뜻을 풀이한 내용이다. 여기에서 말하는 발제에는 또한 시동이 있게 된다. 그렇기 때문에 『시』「생민(生民)」편에서는 "숫양을 취하여, 발제를 지낸다."[22)]라고 하였고, 이 기록에 대한 정현의 주에서 "그 희생물의 고기를 익혀서 시동을 위해 성찬을 차린다."라고 하였으니, 이 기록들이 바로 시동이 포함된다는 사실을 나타낸다. 이 제사에 사용되는 희생물은 천자의 경우 개를 사용한다. 그렇기 때문에 『주례』「견인(犬人)」편에서 "제단에 엎어놓기를 또한 이처럼 한다."[23)]라고 하였고, 이 기록에 대한 정현의 주에서는 "'복(伏)'자는 발제를 지내는 제단 위에 개를 엎어놓는다는 뜻이다."라고 한 것이다. 제후는 양을 사용하니, 『시』에서 "숫양을 취하여, 발제를 지낸다."는 기록은 제후에 대한 경우를 가리킨다. 경(卿)과 대부(大夫)들은 술과 포를 사용한다. 발제에 대한 의식이 모두 끝나게 되면, 수레를 모는 자는 술을 사용하여, 수레의 앞턱 가로나무 앞과 수레의 좌우측 바퀴 끝단에서, 별도로 제사를 지낸다. 그렇기 때문에 『주례』「대어(大馭)」편에서, "제단을 쌓아서 발제를 지낼 때에, 천자는 스스로 좌측에서 말을 제어하고, 마부가 내리면, 축(祝)이 올라타서 고삐를 잡고, 제단을 쌓아서 발제를 지내고 나면, 마침내 말을 몰아간다."[24)]라고 했고, 또 "제사를 지낼 때에, 복(僕)에게 술을 따라준다. 복이 좌측 손으로 고삐를 잡고, 우측 손으로 술잔을 잡고서 지(軹)에 간단한 제사를 지내고, 범(軓)에도 이와 같이 간단한 제사를 지내며, 이 의식이 끝나면, 그 술을 마신다."[25)]라고 했다. '지(軹)'는 곧 좌우측 바퀴 끝단이고,

---

22) 『시』「대아(大雅)·생민(生民)」: 載謀載惟, 取蕭祭脂, 取羝以軷.

23) 『주례』「추관(秋官)·견인(犬人)」: 犬人, 掌犬牲, 凡祭祀, 共犬牲, 用牷物, 伏瘞亦如之.

24) 『주례』「하관(夏官)·대어(大馭)」: 大馭掌馭王路, 以祀及犯軷, 王自左馭, 馭下祝登受轡, 犯軷, 遂驅之.

25) 『주례』「하관(夏官)·대어(大馭)」: 及祭, 酌僕, 僕左執轡, 右祭兩軹, 祭軓, 乃飮.

‘범(軓)’은 수레의 앞턱 가로나무 앞부분을 뜻한다. 궁내에 있는 행신에게 지내는 발제와 성(城) 밖에 있는 조제에서의 발제는 관련 제도가 다르지 않다. 최영은은 “궁내에서 지내는 발제는 고대의 행신에게 제사를 지내는 것이다. 성 밖에서 지내는 발제는 산천 및 도로의 신에게 제사를 지내는 것이다.”라고 했는데, 그 뜻이 혹여 그러하기도 할 것 같다. 제단은 산의 형태로 만들고, 그 신을 류(纍)라고 부른다.

그림 2-5 수레의 바퀴 부분[車輪圖]

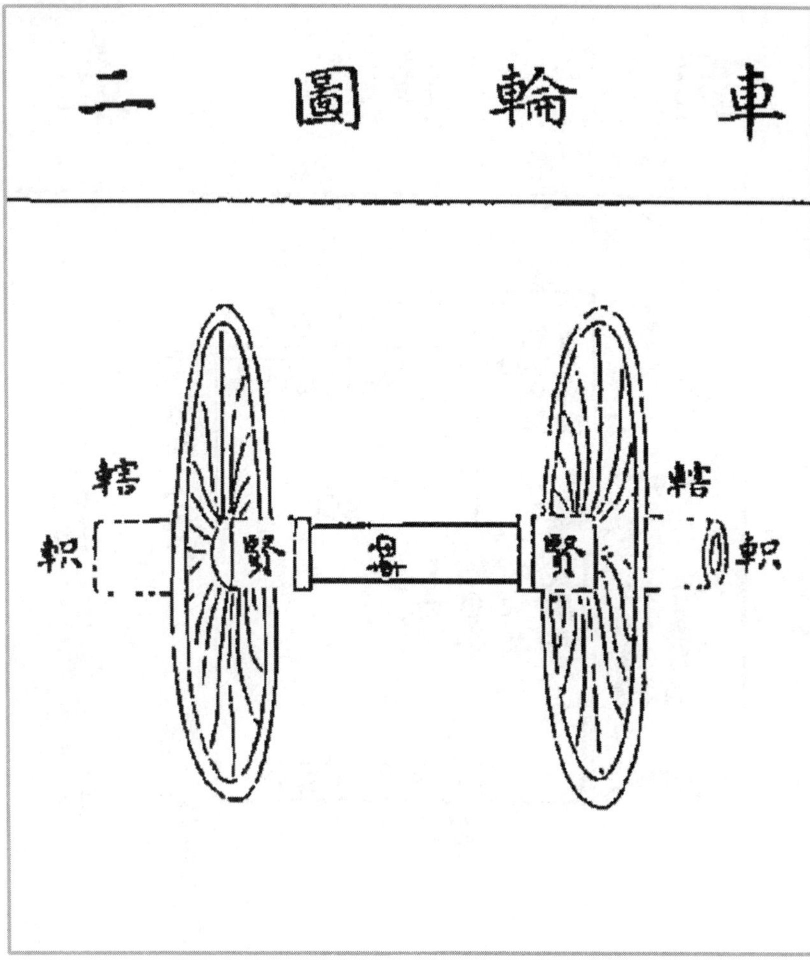

▸ **출처:** 『향당도고(鄕黨圖考)』 1권

그림 2-6 수레의 윗부분[車輿圖]

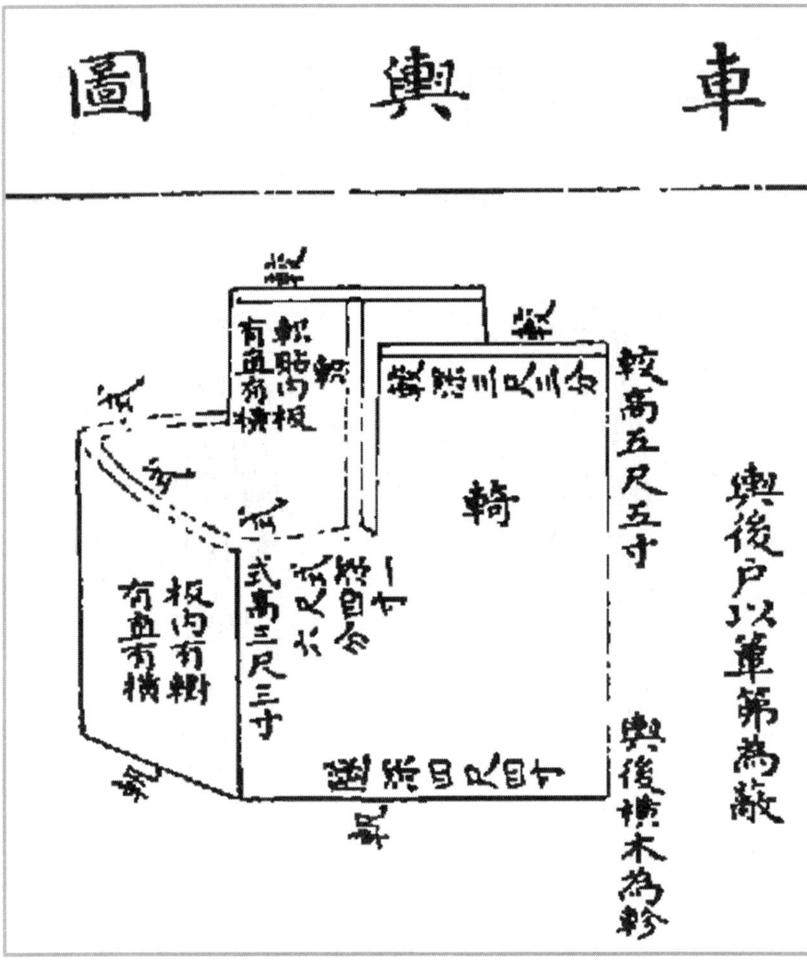

▸ 출처: 『향당도고(鄉黨圖考)』 1권

孔疏 ●"告者五日而徧, 過是非禮也". ○前命祝史告山川, 而諸侯猶待告徧乃行也. 以五日爲期, 若近者乃可就彼告, 若遠者則當望告, 故以五日爲限也. 所以爾者, 爲先以告廟載遷主. 若久留不去, 則爲非禮, 故云"過是非禮也". 曲禮云 "凡爲君使者, 已受命, 君言不宿於家", 是也.

번역 ●經文: "告者五日而徧, 過是非禮也". ○앞 문장에서도 대축(大祝)과 대사(大史)에게 명령하여, 산천(山川)에 고(告)한다고 했으니, 제후라고 할지라도 오히려 두루 고하는 절차가 끝날 때까지 기다린 이후에, 출행(出行)하는 것이다. 5일을 기간으로 삼았는데, 제사를 지내게 되는 대상이 가까운 경우라면, 곧 그곳에 직접 가서, 그 대상에게 고할 수도 있지만, 만약 먼 경우라면, 마땅히 망제(望祭)[26]를 지내며 고하게 된다. 그렇기 때문에 아무리 먼 곳에 있는 대상일지라도 충분히 망제를 통해 거리상의 문제를 해결할 수 있으므로, 5일을 기한으로 삼은 것이다. 이처럼 비교적 짧은 시간을 기한으로 삼게 되는 이유는 가장 먼저 묘(廟)에 고하고서, 천묘(遷廟)한 신주(神主)를 수레에 보관하기 때문이다. 만약 5일을 경과하고도 오랜 기간 머무르며 떠나지 않는다면, 천묘한 신주에게 비례(非禮)를 범하게 된다. 그렇기 때문에 "이 기간이 지나면 비례이다."라고 말한 것이다. 『예기』「곡례(曲禮)」편에서 "무릇 군주의 사신이 된 자가 이미 명령을 받았는데도, 집에 머물며 지체를 해서, 군주가 사신에게 내려준 명령이, 집에 머물게 해서는 안 된다."[27]라고 말한 것이 바로 이러한 뜻을 가리킨다.

孔疏 ◎注"牲當爲制字之誤也". ○正義曰: 皇氏·熊氏以此爲諸侯禮, 不應用牲, 故牲當爲制, 其天子則當用牲, 故熊氏云, "鄭注周禮大祝職引此文云, '告用牲幣', 不破牲字, 是天子用牲幣也. 必知天子用牲者, 校人云, '王所過山

---

26) 망제(望祭)는 제사지내는 대상에 직접 찾아가서 지내는 제사가 아니라, 산처럼 높은 장소에 올라서, 멀리 바라보며 지내는 제사이다. 『서』「우서(虞書)·순전(舜典)」에는 "望于山川, 徧于群神."이라는 용례가 있다.
27) 『예기』「곡례상(曲禮上)」【33d】: 凡爲君使者, 已受命, 君言不宿於家.

川, 則飾黃駒', 是用牲也. 必知諸侯不用牲者, 約下文云, '幣帛皮圭以告', 故知不用牲也. 或天子諸侯出入有告有祭, 故告用制幣一丈八尺. 其卿大夫唯入祭而已, 故聘禮旣使而反祭用牲也."

번역 ◎鄭注: "牲當爲制字之誤也". ○황간과 웅안생은 이 문장의 내용을 제후에 대한 예법(禮法)으로 여겼는데, 제후의 예법에 따르면, 이러한 경우에는 마땅히 희생물을 사용하지 않는다. 그렇기 때문에 정현의 주장처럼 '생(牲)'자는 마땅히 '제(制)'자가 되어야 하는 것이다. 그리고 만약 이 내용이 천자에 대한 경우라면, 마땅히 희생물을 사용하게 된다. 그렇기 때문에 웅안생은 "정현이 『주례』「대축(大祝)」의 직무에 대해 주를 달면서, 이 문장에서 말한, '고함에 생폐(牲幣)를 사용한다.'라는 기록을 인용하였는데, 『주례』에 대한 주에서는 '생(牲)'자를 이곳 「증자문」의 주에서처럼 별도로 분석하지 않았으니, 이것은 천자가 희생물을 사용한다는 뜻을 가리킨다. 천자가 희생물을 사용한다는 사실을 확실히 알 수 있는 이유는 『주례』「교인(校人)」편에서 '천자는 행차를 할 때에, 지나가게 되는 산천(山川)에 대해서, 황색의 어린 말을 죽여서 희생물로 사용한다.'[28]라고 했으니, 이것이 바로 희생물을 사용한다는 예시가 된다. 제후가 희생물을 사용하지 않는다는 사실을 확실히 알 수 있는 이유는 아래 문장에서 '폐백(幣帛)과 피규(皮圭)로써 고한다.'[29]라고 간략히 언급했기 때문에, 희생물을 사용하지 않는다는 사실을 알 수 있다. 혹은 천자와 제후가 출입(出入)을 할 때에, 고(告)하는 의식도 치르고, 제사도 지내기 때문에, '고'를 하면서 1장(丈) 8척(尺)이 되는 제폐(制幣)를 사용하게 된다. 경(卿)과 대부(大夫)들은 '국경 밖으로 나갈 때[出]'에는 제사를 지내지 않고, 오직 '본국으로 되돌아올 때[入]'에만, 제사를 지낼 뿐이다. 그렇기 때문에 『의례』「빙례(聘禮)」편에서는 사신 행차를 떠났다가, 국가로 되돌아올 때에는 희생물을 사용하여 제사를 지낸다고 했던 것이다."라고 했다.

---

28) 『주례』「하관(夏官)·교인(校人)」: 凡將事于四海·山川, 則飾黃駒.
29) 『예기』「증자문」【234c】: 孔子曰, 天子諸侯將出, 必以幣帛·皮圭, 告于祖禰.

訓纂 說文: 禰, 親廟也.

번역 『설문해자(說文解字)』에서 말하길, 녜(禰)는 부친의 묘(廟)이다.

訓纂 王氏引之曰: 謹按"社稷"二字, 疑因上文"以名徧告, 及社稷·宗廟·山川"而衍, 下文"諸侯相見", "命祝史告于五廟, 所過山川", 注但云"山川所不過則不告", 貶於適天子時所告, 亦無社稷可知. 正義釋注"臨行, 又徧告宗廟"二句, 擧經文無"社稷"二字, 是其明證.

번역 왕인지[30]가 말하길, 내가 자세히 살펴보니, 경문에 나온 '사직(社稷)'이라는 두 글자는 아마도 앞의 문장에서 "세자(世子)의 이름을 두루 고(告)하여, 사직(社稷), 종묘(宗廟), 산천(山川)에 미치게 한다."라는 기록에 연유하여 발생된 연문(衍文)인 것 같다. 아래 문장에서 "제후가 서로 회동을 할 때에", "대축(大祝)과 대사(大史)에게 명령하여 오묘(五廟)에 고하고, 도중에 지나치게 되는 산천에 고한다."라고 했고, 정현의 주에서도 단지 "산천 중에서 지나치지 않게 되는 대상에는 고하지 않는다."라고 하였다. 이처럼 설명한 이유는 정현이 천자에게 찾아갈 때에 고하던 대상보다 낮춰서 이처럼 풀이했던 것인데, 이 기록에서도 '사직'에 대한 내용이 없으니, 이러한 증거들을 통해서 또한 이 문장에는 본래부터 '사직'이라는 두 글자가 기록되어 있지 않았다는 사실을 유추할 수 있다. 『정의(正義)』에서는 정현의 주에서 "행차에 임해서는 또한 종묘에 두루 고한다."라는 두 구문을 풀이하며, 경문에 '사직'이라는 두 글자가 없는 것을 근거로 제시하고 있으니, 이것이 명백한 증거이다.

---

30) 왕인지(王引之, A.D.1766~A.D.1834) : 청대(淸代)의 훈고학자이다. 자(字)는 백신(伯申)이고, 호(號)는 만경(曼卿)이며, 시호(謚號)는 문간(文簡)이다. 왕념손(王念孫)의 아들이다. 대진(戴震), 단옥재(段玉裁), 부친과 함께 대단이왕(戴段二王)이라고 일컬어졌다. 『경전석사(經傳釋詞)』 『경의술문(經義述聞)』 등의 저술이 있다.

訓纂 王氏引之曰: 五官, 謂司徒・司馬之屬, 卿大夫皆得爲之. 春秋時魯季孫爲司徒, 孟孫爲司空, 叔孫爲司馬, 皆卿也. 言命五官, 則卿大夫咸受命矣. 曲禮, "天子之五官, 曰司徒・司馬・司空・司士・司寇, 典司五衆", 大戴禮千乘篇, "千乘之國", "列其五官", 四代篇, "率禮朝廷, 昭有五官, 無廢", 事類並相近.

번역 왕인지가 말하길, 오관(五官)은 사도(司徒)와 사마(司馬) 등의 부류를 뜻하니, 경(卿)과 대부(大夫) 모두 그 직책을 맡을 수 있었다. 춘추시대에는 노(魯)나라 계손(季孫)이 사도(司徒)가 되었고, 맹손(孟孫)이 사공(司空)이 되었으며, 숙손(叔孫)이 사마(司馬)가 되었으니, 이들은 모두 경(卿)들이었다. 경문에서 오관에게 명령했다고 말했으니, 경과 대부들이 모두 명령을 받았던 것이다. 『예기』「곡례(曲禮)」편에서 "천자의 오관(五官)은 사도, 사마, 사공, 사사(司士), 사구(司寇)를 뜻하니, 다섯 관부의 관원들을 다스린다."[31]라고 했으며, 『대대례기(大戴禮記)』「천승(千乘)」편에서는 "천승(千乘)의 제후국들은 …… 오관(五官)을 세우며"[32]라고 했고, 「사대(四代)」편에서는 "조정(朝廷)의 예법(禮法)을 세우고, 오관(五官)을 확립하여, 폐해가 없도록 한다."[33]라고 했으니, 이 기록들에 나타난 사안들이 또한 위에서 언급하는 행위와 유사한 것이다.

集解 祖, 大祖也. 祖與禰, 皆設奠以告之. 或言告, 或言奠, 互見之也. 冕而出視朝者, 諸侯朝天子, 服裨冕, 今於將出時先服之以視朝, 所以預敬其事也. 命祝・史告宗廟, 謂君所不親告者也. 告山川, 就國外之兆而告之也. 五官, 五大夫主國事者. 道, 祭行道之神於國城之外也. 其禮以菩芻棘柏爲神主, 封土爲軷壇, 厚二寸, 廣五尺, 輪四尺, 旣祭, 以車轢之而去, 喩行道時無險難也. 周禮

---

31) 『예기』「곡례하(曲禮下)」【55c~d】: 天子之五官, 曰司徒, 司馬, 司空, 司士, 司寇, 典司五衆.

32) 『대대례기』「천승(千乘)」: 公曰, "千乘之國, 受命於天子, 通其四疆, 教其書社, 循其灌廟, 建其宗主, 設其四佐, 列其五官, 處其朝市, 爲仁如何."

33) 『대대례기』「사대(四代)」: 率禮朝廷, 昭有五官, 無廢甲胄之戒, 昭果毅以聽.

犬人, “伏瘞亦如之”, 鄭謂“伏爲軷祭”, 則天子軷祭用犬, 諸侯降於天子, 軷祭蓋以狗與? 告者五日而徧者, 容日告一廟也. 前行五日, 君親告禰廟, 其祖及曾祖·高祖, 使祝·史以次告之, 至五日, 君親告大廟, 遂奉遷主以行. 上以尊卑之次, 故先言“告于祖”, 其實告祖最在後也. 若告山川, 則分四方, 以四日告之, 至五日告社稷, 而遂奉社主以行也. 過是非禮者, 蓋過五日則其所告者不相繼續, 於先告者嫌於留其命, 於後告者嫌於怠其禮, 故爲非禮. 告出告反, 並用牲幣, 但告反所用之牲重於告出, 以聘禮出釋幣·反釋奠推之可知也. 天子巡守歸, 假于祖·禰, 用特牛, 則其出當用特羊, 諸侯或歸用特羊, 出用特豕與?

번역 ‘조(祖)’는 조부(祖父)를 뜻하는 것이 아니라, 태조(太祖: =大祖)를 뜻한다. 즉 조묘(祖廟)와 녜묘(禰廟)에 모두 전제사[奠祭]를 지내며 고(告)한다는 뜻이다. 조묘에 대해서는 고한다고 기록하고, 녜묘에 대해서는 전제사를 지낸다고 기록한 이유는 서로 언급하지 않은 부분들을 상호 보완해서 나타냈기 때문이다. 면복(冕服)을 착용하고 나와서, 조정에서 국정(國政)을 듣는다고 하였는데, 제후가 천자를 조빙(朝聘)할 때에는 본래 비면(裨冕)을 착용한다. 그런데 장차 출행(出行)할 시기가 되어서, 미리 면복을 입고서 조정에서 국정을 듣는 이유는 천자를 찾아뵙는 일을 이전부터 공경스럽게 대하기 때문에, 미리 착용하는 것이다. 대축(大祝)과 대사(大史)에게 명령하여, 종묘(宗廟)에 고하게 한다는 말은 군주가 직접 고하지 않는다는 사실을 뜻한다. 산천(山川)의 신(神)들에 고한다는 말은 국성(國城) 밖에 있는 제단으로 가서, 고한다는 뜻이다. 오관(五官)은 5명의 대부(大夫)들로, 국정을 담당하는 자들이다. ‘도(道)’라는 말은 국성 밖에서, 도로의 신에게 제사를 지낸다는 뜻이다. 도로의 신에게 제사를 지내는 예법(禮法)은 모사풀과 극백나무로 신주(神主)를 만들고, 흙을 쌓아서 발제(軷祭)를 지낼 제단을 만드는데, 두께는 2촌(寸)으로 하고, 너비는 5척(尺)으로 하며, 폭은 4척으로 한다. 그리고 제사가 끝나게 되면, 수레를 몰고서 떠나가는 것이니, 행차하는 도중에 험난함이 없게 해달라고 기원하는 제사이다. 『주례』「견인(犬人)」편에서는 “희생물인 개[犬]를 제단 위에 엎어놓기를 이처럼 한다.”[34] 라고 했는데, 정현의 주에서는 “개[犬]를 엎어놓아서 발제를 시행한다.”고

했으니, 천자의 발제에서는 '견(犬)'을 사용함을 뜻하고, 제후는 천자에 대한 예법보다 낮추게 되므로, 제후의 발제에서는 아마도 '구(狗)'를 사용하는 것이 아니겠는가? '고'하는 일을 5일 동안 두루 한다는 말은 하루에 1개의 묘(廟)마다 고한다는 뜻이다. 5일이라는 기간 중 가장 먼저 시행하는 절차는 군주가 직접 녜묘에 고하는 절차이며, 조묘(祖廟) 및 증조묘(曾祖廟), 고조묘(高祖廟)에는 대축과 대사를 시켜서 차례대로 고하고, 5일째가 되면, 군주가 직접 태묘에 고하고, 끝내 대수(代數)가 다해 천묘(遷廟)하게 된 신주를 모시고서 출행하게 된다. 앞 문장에서는 존비(尊卑)의 서열대로 기록하였기 때문에, 이곳 기록에서도 먼저 "태조묘(太祖廟)에 고한다."라고 말했지만, 실제로는 태조묘에 고하는 절차가 가장 마지막이 된다. 산천에 고하는 경우에는 '네 방위[四方]'을 각각 분담하여, 4일 동안 하루에 한 방위씩 고하는 것이며, 5일째가 되면, 사직(社稷)에 고하고서, 사직의 신주를 모시고서 출행한다. 이 기간을 넘기면 비례(非禮)가 된다고 말한 이유는 아마도 5일을 넘기게 되면, 고하는 일들이 연속되지 않기 때문이니, 앞서 고했던 대상들에 대해서는 그 신들이 내려준 명령(命令)을 머물게 만들었다는 데 혐의가 생기고, 뒤에 고해야 할 대상들에 대해서는 그 예법을 태만하게 시행했다는 데 혐의가 생기게 된다. 그렇기 때문에 비례가 되는 것이다. 출행할 때 고하고, 되돌아와서 고를 할 때에는 모두 생폐(牲幣)를 사용하는데, 다만 되돌아와서 고하는 경우에 사용되는 희생물은 출행하며 고할 때 사용했던 희생물보다 귀중한 것을 사용하니, 『의례』「빙례(聘禮)」편에서 출행할 때에는 석폐(釋幣)를 시행하고, 되돌아왔을 때에는 석전(釋奠)을 시행했다는 기록을 통해 유추해보면, 그 사실을 확인할 수 있다. 천자가 순수(巡守)에서 되돌아온 경우에는 조묘와 녜묘에 가서, '한 마리의 소[特牛]'를 사용하니, 천자가 순수를 출발할 때에는 마땅히 '한 마리의 양[特羊]'을 사용하는 것이며, 제후가 혹여 되돌아와서 특양(特羊)을 사용했다면, 출행할 때에는 '한 마리의 돼지[特豕]'를 사용하는 것이 아니겠는가?

---

34) 『주례』「추관(秋官)·견인(犬人)」: 犬人, 掌犬牲, 凡祭祀, 共犬牲, 用牷物, 伏瘞亦如之.

【227c】

諸侯相見, 必告于禰, 朝服而出, 視朝, 命祝·史, 告于五廟·所過山川, 亦命國家五官, 道而出. 反必親告于祖禰, 乃命祝·史, 告至于前所告者, 而後聽朝, 而入.

직역 諸侯가 相見함에, 必히 禰에 告하고, 朝服하고 出하여, 視朝하고, 祝·史에게 命하여, 五廟와 所過하는 山川에 告하게 하며, 또한 國家의 五官에게 命하고, 道하고 出한다. 反하여서도 必히 祖禰에 告하고, 곧 祝·史에게 命하여, 告하길 前에 所告한 者들에게 至하게 하고, 이후에 聽朝하고서, 入한다.

의역 공자가 증자에게 계속하여 가르쳐주기를, "제후들끼리 서로 회동을 함에는 반드시 조묘(祖廟)와 녜묘(禰廟)에 자신이 회동을 위해 국가를 잠시 떠나게 된 사실을 아뢰며, 조복(朝服)을 착용하고 침소에서 나와서, 조정에서 정사를 듣고, 대축(大祝)과 대사(大史)에게 명령하여, 오묘(五廟: =宗廟)[35]와 회동 행차 동안 지나치게 되는 산천(山川)의 신(神)들에게 이러한 사실을 아뢰게 하며, 또한 국가의 다섯 관부 수장들에게 명령을 내려서, 자신이 없는 동안 국정(國政)을 잘 돌보라고 지시를 내리고, 그런 이후에 도로의 신에게 제사를 지내고 나서야, 국경 밖으로 나간다. 처음 조묘 및 녜묘에 고(告)하는 절차로부터 뭇 신들에게 두루 고하는 일까지는 5일 동안 두루 실천하니, 회동 장소에서 국가로 되돌아와서도, 반드시 조묘와 녜묘에 잘 다녀왔음을 아뢰고, 그리고는 곧 대축과 대사에게 명령하여, 앞서 고했던 대상들에게 두루 아뢰도록 하고, 그런 이후에 조회에서 국정을 살피고서야 침소로 들어간다.

集說 上章言冕而出, 視朝, 此言朝服而出, 視朝者, 按覲禮, 侯氏裨冕, 今敬君欲豫習其禮, 故冕服以視朝. 諸侯相朝, 非君臣也, 故但朝服而已. 諸侯朝

---

35) 제후의 종묘(宗廟)는 다섯 개의 묘(廟)가 설치되어 있기 때문에, 제후의 종묘를 '오묘(五廟)'라고도 부른다.

服玄冠緇衣素裳, 而聘禮云 "諸侯相聘, 皮弁服." 則相朝亦皮弁服矣. 天子以皮弁服視朝, 故謂之朝服也.

번역 앞의 문장에서는 면복(冕服)을 착용하고 침소를 나와서, 조회에 참가한다고 언급했고, 이곳에서는 조복(朝服)을 착용하고 침소를 나와서, 조회에 참가한다고 언급했는데, 『의례』「근례(覲禮)」편을 살펴보면, 제후들은 비면(裨冕)을 착용한다고 하였으니,[36] 이곳 경문에서 언급하는 상황은 상대방 군주를 공경하여, 미리 그 예법(禮法)들을 익히게 하고자 했기 때문에, 행차하기 이전부터 면복을 착용하고 조회에 참가하는 것이다. 그런데 제후들끼리 서로 회동을 할 경우에는 제후와 제후의 관계에서 발생하는 일이므로, 군신(君臣)의 관계가 아니다. 그렇기 때문에 상대방 군주를 존중한다는 뜻에서 해당 복장을 미리 착용한다고 하더라도, 단지 조복만 착용할 따름이다. 제후의 조복은 현관(玄冠)을 쓰고, '검은색의 상의[緇衣]'와 '흰색의 하의[素裳]'를 착용하는 것인데, 『의례』「빙례(聘禮)」편에서 "제후들끼리 서로 빙문(聘問)할 때에는 피변(皮弁)을 착용한다."라고 했으니, 제후들끼리 서로 회동을 할 때에는 또한 피변도 착용한다는 뜻이다. 천자는 피변을 착용하고 조회를 보기 때문에, '피변'을 '조복'이라고도 부르는 것이다.[37]

---

36) 『의례』「근례(覲禮)」 : 侯氏裨冕, 釋幣于禰, 乘墨車, 載龍旂弧韣, 乃朝, 以瑞玉有繅.

37) 『주례』「춘관(春官) · 사복(司服)」에는 "眡朝, 則皮弁服."이라는 기록이 있다. 이에 대한 손이양(孫詒讓)의 『정의(正義)』에서는 "皮弁爲天子之朝服, 論語鄕黨篇 '吉月必朝服而朝.' 集解孔安國云 '吉月, 月朔也. 朝服, 皮弁服.'"이라고 풀이했다. 즉 피변(皮弁)은 천자의 조복(朝服)으로, 『논어』「향당(鄕黨)」편에서는 "길월(吉月)에는 반드시 '조복'을 입고서 조회를 한다."라고 했는데, 이에 대한 『집해(集解)』에서, "공안국(孔安國)은 '길월은 매월 삭일(朔日)이다. 조복이라는 것은 피변복(皮弁服)이다.'"라고 풀이했다.

그림 2-7 제후조복(諸侯朝服)

▸ **출처:** 『삼례도집주(三禮圖集注)』 1권

그림 2-8 피변(皮弁)

▸ **출처:** 『삼례도집주(三禮圖集注)』 1권

大全 嚴陵方氏曰: 曲禮曰, "夫爲人子者, 出必告, 反必面." 諸侯之出, 必告于祖, 奠于禰, 反亦如之. 蓋事死如事生也, 而又及于社稷山川者, 推事親之道, 以事神也. 然於適天子, 則其禮詳, 與諸侯相見, 則其禮略, 豈非所見之人有輕重, 故其禮不能無隆殺與. 五官, 卽王制, "下大夫五人", 是也. 五廟, 卽王制, "二昭二穆與太祖之廟而五", 是也.

번역 엄릉방씨가 말하길, 『예기』「곡례(曲禮)」편에서 "무릇 사람의 자식 된 자들은 집 밖으로 나갈 때에는 반드시 부모에게 아뢰고, 되돌아와서는 반드시 부모에게 이상 없이 다녀왔음을 확인시켜 드리기 위해, 얼굴을 보인다."[38]라고 했으니, 제후가 국경 밖으로 나갈 때에도, 반드시 조묘(祖廟)에 고(告)하고, 녜묘(禰廟)에 전제사[奠祭]를 지내는 것이며, 되돌아와서도 또한 이와 같이 하는 것이다. 무릇 죽은 자를 섬길 때에는 마치 살아있는 자를 섬기듯 하는 것인데, 또한 이러한 방식으로 섬기는 도리를 사직(社稷)과 산천(山川)의 신(神)들에게까지 미치게 한다고 하였으니, 즉 부모 섬기는 도리를 미루어서, 신을 섬긴다는 뜻이다. 그러나 제후가 천자에게 찾아갈 때에는 그 예법(禮法)이 자세하지만, 제후들끼리 서로 회동을 할 때에는 그 예법이 간략하니, 만나보는 사람에 따라 경중(輕重)의 차이가 있기 때문에, 해당하는 예법들에도 높이고 낮추는 차이가 없을 수가 없는 것이 아니겠는가! 오관(五官)은 곧 『예기』「왕제(王制)」편에서 "하대부(下大夫)는 5명이다."[39]라고 한 말이 바로 이들을 가리킨다. 오묘(五廟)는 곧 「왕제」편에서 "2개의 소(昭) 및 2개의 목(穆)과 태조(太祖)의 묘(廟)로 총 5개이다."[40]라고 한 말이 바로 이것을 가리킨다.

---

38) 『예기』「곡례상(曲禮上)」【14d】: 夫爲人子者, 出必告, 反必面, 所遊必有常, 所習必有業.

39) 『예기』「왕제(王制)」【148d】: 大國, 三卿, 皆命於天子. 下大夫, 五人, 上士, 二十七人. 次國, 三卿, 二卿, 命於天子, 一卿命於其君. 下大夫, 五人, 上士, 二十七人. 小國, 二卿, 皆命於其君. 下大夫, 五人, 上士, 二十七人. / 이 기록에 따르면, 제후국 중에서 대국(大國), 차국(次國), 소국(小國)에 관계없이, 하대부(下大夫)를 5명씩 두고 있다.

40) 『예기』「왕제(王制)」【159a】: 天子七廟, 三昭三穆, 與大祖之廟而七, 諸侯五

鄭注 道近, 或可以不親告祖. 朝服爲事故也. 山川所不過則不告, 貶於適天子也. 反必親告祖禰同出入禮.

번역 경문에서 녜묘(禰廟)에만 고(告)한다고 기록한 이유는 찾아가는 제후국의 거리가 가까우면, 간혹 직접 조묘(祖廟)에 고하지 않을 수도 있기 때문이다. 조복(朝服)을 입는 이유는 제후들간의 회동이나 조문(弔問) 등의 일을 수행하기 위해서이다. 산천(山川) 중에서, 지나치지 않는 대상에게는 고하지 않는데, 그 이유는 천자에게 찾아가는 예법(禮法)보다 낮추기 때문이다. 되돌아와서, 반드시 직접 조묘와 녜묘에 고하는 이유는 출입(出入)할 때의 예법이 같기 때문이다.

孔疏 ◎注"道近"至"告祖". ○正義曰: 以直云告於禰, 是據其道近, 故云"或可以不親告祖". 知諸侯不直告禰者, 下文云"反必親告于祖禰", 明出時亦告祖禰, 爲道近, 唯告禰耳.

번역 ◎鄭注: "道近"~"告祖". ○경문에서는 단지 녜묘(禰廟)에만 고(告)한다고 기록하였는데, 그 이유는 제후들끼리 회동하는 경우에 있어서, 상대방 제후국의 거리가 가까운 경우에 근거해서 기록했기 때문이다. 그래서 정현이 "간혹 조묘(祖廟)에 직접 고하지 않을 수가 있다."라고 말한 것이다. 그러나 대부분의 경우에는 제후가 단지 녜묘에만 고하는 것은 아니다. 이러한 사실을 알 수 있는 이유는 다음 문장에서 "되돌아와서는 반드시 직접 조묘와 녜묘에 고한다."라고 말했기 때문이다. 이 말은 곧 출행(出行)할 때에도 또한 조묘와 녜묘에 모두 고했다는 사실을 나타내고 있으니, 다만 거리가 가까운 때에는 오직 녜묘에만 고할 따름이다.

廟, 二昭二穆, 與大祖之廟而五, 大夫三廟, 一昭一穆, 與大祖之廟而三, 士一廟, 庶人祭於寢.

孔疏 ◎注"朝服爲事故也". ○正義曰: "朝服爲事故"者, 或會或弔之事, 諸侯朝服玄冠緇衣素裳, 以上文諸侯朝天子, 冕而出視朝, 爲將廟受, 尊敬天子, 習其禮, 故著冕服. 諸侯相朝, 雖亦在廟受, 降下天子, 不敢冕服, 唯著臨朝聽事之服, 故云"朝服爲事故也". 熊氏又云, "此朝服, 謂皮弁服, 以天子用以視朝, 故謂之朝服." 論語云, "吉月必朝服而朝." 注云, "朝服, 皮弁服", 是也. 必知朝服皮弁服者, 聘禮諸侯相聘皮弁服, 明相朝亦皮弁服, 此義爲勝也.

번역 ◎鄭注: "朝服爲事故也". ○정현이 "조복(朝服)을 입는 이유는 일을 수행하기 때문이다."라고 하였는데, 여기에서 말하는 '사(事)'는 회동하는 일이거나, 혹은 조문(弔問)하는 일들에 해당하니, 제후의 '조복'은 현관(玄冠)과 치의(緇衣)와 소상(素裳)에 해당한다. 그런데 앞 문장에서 제후가 천자에게 조빙(朝聘)을 할 때에는 면복(冕服)을 착용하고 조정에 나와서 국사(國事)를 듣는다고 기록하였다. 그 이유는 장차 천자의 묘(廟)에서 하사품을 받게 되기 때문에, 천자를 존경하여 그 예법을 미리 익히는 것이다. 그래서 면복을 미리 착용하는 것이다. 제후들끼리 서로 회동을 할 경우에도, 비록 천자에 대한 경우와 마찬가지로 묘에서 선물을 받는 절차가 포함되어 있지만, 천자를 대하는 예법(禮法)보다 낮추어야 하므로, 감히 면복을 착용하지 않는 것이며, 다만 조정에서 국사를 들을 때 입는 복장인 조복만을 착용하는 것이다. 그렇기 때문에 "조복을 입는 것은 일을 수행하기 때문이다."라고 말한 것이다. 웅안생은 또한 "여기에서 말하는 조복은 피변복(皮弁服)을 뜻하니, 천자는 이것을 착용하여 조정에서 국사를 듣는다. 그렇기 때문에 이 복장을 조복이라고도 부르는 것이다."라고 했다. 『논어(論語)』에서는 "길월(吉月)에는 반드시 조복을 입고서 조회에 참가했다."[41]라고 했고, 주에서는 "조복은 피변복이다."라고 하였으니, 이 기록이 바로 피변복이 조복에 해당함을 나타낸다. 조복이 피변복이라는 사실을 확실히 알 수 있는 이유는 『의례』「빙례(聘禮)」편에서 제후들이 서로 빙문(聘問)을 할 때에는 피변복을 착용한다고 했으니, 이 기록은 곧 서로 회동할 때에도 또한 피변복

41) 『논어』「향당(鄕黨)」: 吉月, 必朝服而朝.

을 입는다는 사실을 나타낸다. 그러므로 웅안생의 주장은 옳은 것이다.

孔疏 ◎注"反必親告祖禰, 同出入禮". ○正義曰: 庾蔚云, "鄭當謂出入所告, 理不容殊. 而諸侯相見, 出不云告祖者, 或道近, 變其常禮耳. 故反必親告祖禰, 以明出入之告, 其禮不殊也."

번역 ◎鄭注: "反必親告祖禰, 同出入禮". ○유울지는 "정현은 마땅히 출입(出入)할 때에 고(告)하는 절차가 이치상 다를 수 없다고 여긴 것이다. 그러므로 경문에서 제후가 서로 회동을 할 때에, 출행(出行)하며 조묘(祖廟)에 고한다고 기록하지 않은 이유에 대해서, 정현은 간혹 거리가 가까운 경우에는 정상적인 예법(禮法)을 변형시켜서, 녜묘(禰廟)에만 고한 것일 뿐이라고 하였다. 그러므로 경문에서 되돌아와서 반드시 직접 조묘와 녜묘에 고한다고 한 말은 출입하며 고할 때의 정상적인 예법은 서로 다르지 않다는 사실을 밝힌 기록이다."라고 했다.

集解 告于禰, 謂親告之. 不言祖者, 使祝·史告之也. 朝服, 諸侯之朝服玄冠·緇衣·素裳, 冕弁, 皆以冠名服, 而朝服與玄端同冠, 故因以其所用以爲服名. 凡經典言'朝服', 皆謂此服也. 諸侯相朝亦冕服, 此將出覲朝, 不冕服. 祖廟不親告, 山川僅告於所過, 皆所以貶於朝天子之禮也. 反則祖·禰皆親告者, 告反之禮重於告出也.

번역 "녜묘(禰廟)에 고(告)한다[告于禰]."는 말은 군주가 직접 고한다는 뜻이다. 그런데 경문에서 조묘(祖廟)에 대해 언급하지 않은 이유는 군주가 직접 고하지 않고, 대축(大祝)과 대사(大史)를 시켜서 조묘에 고하기 때문이다. 조복(朝服)은 제후의 조복으로, 현관(玄冠)과 치의(緇衣), 소상(素裳)에 해당하고, 면(冕)이나 변(弁) 등의 명칭은 모두 관(冠)의 명칭으로써 복장의 명칭으로 삼은 말들이니, 조복은 현단복(玄端服)을 착용할 때와 동일한 관을 쓴다. 그렇기 때문에 이러한 이유에 연유해서, 사용되는 목적을 가지고서 그 복장의 명칭을 정한 것이다. 무릇 경전(經典)에서 '조복'이라고 말하는 것들은 모두 이 복장들을 뜻한다. 제후들끼리 서로 회동할 때에도 또한 면복(冕服)을 착용하는데, 이곳에서는 장차 출행(出行)을 하게 되어, 그 이전에 조정에 나가서 국정(國政)을 듣게 되므로, 면복을 착용하지 않은 것이다. 조묘에 직접 고하지 않고, 산천(山川) 중에서도 겨우 지나가게 되는 대상에만 고하는 이유는 모두 천자에게 조빙(朝聘)하는 예법(禮法)보다 낮추기 때문이다. 자신의 나라로 되돌아온 경우에는 조묘와 녜묘에 모두 직접 가서 고(告)를 하는데, 그 이유는 되돌아왔을 때 고하는 예법이 출행할 때 고하는 예법보다 중요하기 때문이다.

그림 2-9 현단복(玄端服)

▸ **출처:** 『삼례도집주(三禮圖集注)』 1권

集解 朝·聘之服不同, 朝以冕, 聘以弁. 諸侯朝天子裨冕, 其自相朝亦然. 熊氏謂, "諸侯相聘皮弁服, 相朝亦皮弁服", 非也.

번역 조빙(朝聘)에서, 조(朝)하고, 빙(聘)할 때의 복장은 서로 다르니, 조현(朝見)할 때에는 면복(冕服)을 착용하고, 빙문(聘問)할 때에는 변복(弁服)을 착용한다. 제후가 천자에게 조현할 때에는 비면(裨冕)을 착용하고, 제후가 서로 회동할 때에도 또한 비면을 착용한다. 웅안생은 "제후가 서로 빙문할 때에는 피변복(皮弁服)을 착용하고, 서로 회동할 때에도 또한 피변복을 착용한다."라고 말했는데, 그 주장은 잘못된 말이다.

• 제 3 절 •

상(喪)이 겹쳤을 때의 대처법

【228a】

曾子問曰: 並有喪, 如之何. 何先何後. 孔子曰: 葬, 先輕而後重, 其奠也, 先重而後輕, 禮也. 自啓及葬, 不奠, 行葬, 不哀次, 反葬, 奠而後, 辭於殯, 遂修葬事. 其虞也, 先重而後輕, 禮也.

직역 曾子가 問曰, "喪이 並有하면, 어찌합니까? 누구를 먼저하고, 누구를 뒤에 합니까?" 孔子가 曰, "葬에는 輕을 先하고, 重을 後하며, 奠함에는 重을 先하고, 輕을 後함이 禮이다. 自啓로 及葬에, 不奠하며, 行葬에도 不哀次하고, 反葬하여, 奠한 이후에, 殯에 辭하여, 마침내 葬事를 修한다. 그 虞함에도 重을 先하고, 輕을 後함이 禮이다."

의역 증자가 묻기를, "부모의 상(喪)이나 조부모(祖父母)의 상 등이 동시에 생기면, 어찌해야 합니까? 누구를 먼저 지내고, 누구를 뒤에 지내야 합니까?" 그러자 공자가 대답해주기를, "장례(葬禮)에서는 어머니나 할머니 쪽을 먼저 지내고, 아버지나 할아버지 쪽을 뒤에 지내며, 전제사[奠祭]를 지낼 때에는 아버지나 할아버지 쪽을 먼저 지내고, 어머니나 할머니 쪽을 뒤에 지내는 것이 예법(禮法)이다. 어머니나 할머니의 빈소에서 가매장했던 영구를 꺼낼 때부터, 어머니나 할머니의 장례를 치를 때 까지는 아버지나 할아버지의 빈소에 전제사를 올리지 않고, 장례를 치를 때에도, 영구가 지나가는 대문 밖 오른쪽 위치에서 애도를 표하지 않으며, 장례를 치르고 되돌아와서는 아버지나 할아버지의 빈소에 전제사를 올리고, 그 이후에 빈객(賓客)들에게 내일 아버지나 할아버지의 빈소에서 가매장했던 영구를 꺼낼 것임을 알려서, 마침내 장례와 관련된 일들을 준비하게 된다. 우제(虞祭)[1]를 지낼 때에도 아버지나 할아버지 쪽을 먼저 지내고, 어머니나 할머니 쪽을 뒤에 지내는 것이 예법이다."

集說 曾子問同時有父母或祖父母之喪, 先後之次如何. 孔子言葬則先母而後父, 奠則先父而後母. 自, 從也. 從啓母殯之後, 及至葬柩欲出之前, 惟設母啓殯之奠, 朝廟之奠及祖奠遣奠而已. 不於殯宮爲父設奠, 故云"自啓及葬不奠", 謂不奠父也. 次者, 大門外之右, 平生待賓客之處. 柩至此, 則孝子悲哀, 柩車暫停. 今爲父喪在殯, 故行葬母之時, 孝子不得爲母伸哀於所次之處, 故柩車不暫停也. 及葬母而反, 卽於父殯設奠, 告語於賓以明日啓父殯之期. 賓出之後, 孝子遂修營葬父之事也. 葬是奪情之事, 故先輕. 奠是奉養之事, 故先重也. 虞祭, 亦奠之類, 故亦先重.

번역 증자는 부모 혹은 조부모의 상(喪)이 동시에 발생했을 경우, 선후(先後)의 차례가 어떻게 되는지 질문한 것이다. 공자는 장례(葬禮) 때에는 모친 쪽을 먼저하고, 부친 쪽을 뒤에 하며, 전제사[奠祭] 때에는 부친 쪽을 먼저하고, 모친 쪽을 뒤에 한다고 대답하였다. '자(自)'자는 '~부터'라는 뜻이다. 모친의 빈소에서 가매장했던 영구를 꺼낸 이후로부터, 관을 안장하기 위해 밖으로 내보내는 시기까지는 오직 모친 쪽 빈소에서, 가매장했던 영구를 꺼낼 때 올리는 전제사만 시행하고, 조묘(朝廟)[2]할 때 올리는 전제사 및 조전(祖奠)[3], 견전(遣奠)[4]만을 시행할 뿐이다. 이 기간 동안에는 부친의 빈소에서, 부친을 위해 전제사를 올리지 않는다. 그렇기 때문에 "계빈(啓

---

1) 우제(虞祭)는 장례(葬禮)를 치르고 난 뒤에 지내는 제사를 뜻한다.

2) 조묘(朝廟)는 종묘(宗廟)에 전제(奠祭)를 지낸다는 뜻이다. 『춘추』「문공(文公) 6년」 경문(經文)에는 "閏月不告月, 猶朝于廟."라는 기록이 있고, 이에 대한 두예(杜預)의 주에서는 "諸侯每月必告朔聽政, 因朝宗廟."라고 풀이했다. 즉 제후들은 매월 반드시 고삭(告朔)을 하며 정사(政事)를 돌보게 되는데, 이것에 연유하여 종묘에서 전제사를 지낸다.

3) 조전(祖奠)은 발인 하루 전에 올리는 전제(奠祭)를 가리킨다.

4) 견전(遣奠)은 장차 장례(葬禮)를 지내고자 할 때, 올리는 전제(奠祭)를 뜻한다.

殯)으로부터 장(葬)할 때까지는 전제(奠祭)를 지내지 않는다."라고 한 말은 부친에게 전제사를 올리지 않는다는 뜻이다. 경문의 '차(次)'자는 대문 밖 오른쪽 위치로, 부친이 생전에 빈객(賓客)들에게 응대했던 장소이다. 관이 이곳을 지나게 되면, 자식은 비통하고 애통한 마음이 들게 되어, 관을 싣고 있는 수레를 잠시 정차시키게 된다. 지금 여기에서 말하는 상황은 부친의 영구가 아직 빈소에 있는 것이기 때문에, 모친을 장례지내기 위해 행차할 때에는 자식이 모친을 위해, 정상적인 예법에 따라 '차'에서 애통함을 표시할 수 없게 된다. 그렇기 때문에 모친의 관을 싣고 있는 수레도 정차하지 않고 곧바로 떠나는 것이다. 모친의 장례를 치르고 나서 되돌아오게 되면, 곧 부친의 빈소에 전제사를 올리고, 빈객들에게 내일 부친의 빈소에서 가매장했던 영구를 파내는 시기를 알려준다. 빈객들이 나간 이후에, 자식은 마침내 부친에 대해, 장례 치를 일들을 열심히 준비하게 된다. 장례는 죽은 자에 대한 정(情)을 털어내는 일이다. 그렇기 때문에 모친 쪽을 먼저 지내는 것이다. 전제사는 죽은 자에 대해, 생전과 같이 봉양하는 일이다. 그렇기 때문에 부친 쪽을 먼저 지내는 것이다. 우제(虞祭) 또한 죽은 자에 대해, 전제사와 마찬가지로 생전과 같이 봉양하는 부류이다. 그렇기 때문에 또한 부친 쪽을 먼저 지내는 것이다.

大全 張子曰: 古者, 掘壙而葬, 旣並有喪, 則先葬者, 必不復土以待後葬者之入, 相去日近故也.

번역 장횡거[5]가 말하길, 고대에는 구덩이를 파서, 장례(葬禮)를 지냈는데, 가령 상(喪)이 동시에 일어나게 된다면, 먼저 장례를 지내더라도, 반드시 흙을 덮지 않고, 뒤이어 장례를 치르게 되는 대상의 영구가 그 구덩이에 들어올 때까지 대기시키니, 장례를 치르는 서로간의 날짜가 가깝기 때문이

5) 장재(張載, A.D.1020 ~ A.D.1077) : =장횡거(張橫渠)·장자(張子). 북송(北宋) 때의 유학자이다. 북송오자(北宋五子) 중 한 사람으로 칭해진다. 자(字)는 자후(子厚)이다. 횡거진(橫渠鎭) 출신으로, 이곳에서 장기간 강학을 했기 때문에, 횡거선생(橫渠先生)으로 일컬어지기도 한다.

었다.

大全 馬氏曰: 葬者, 送終之道也, 人子之心, 所弗忍也. 君子於其弗忍也, 所以先輕而後重.

번역 마희맹[6]이 말하길, 장례(葬禮)는 죽은 자를 떠나보내는 도리이니, 사람의 자식된 마음으로는 참아낼 수 없는 점이 있다. 그래서 군자(君子)는 그 참아낼 수 없는 점에 대해서, 모친 쪽을 먼저 시행하게 하고, 부친 쪽을 뒤에 시행하게 했던 것이다.

鄭注 竝, 謂父母, 若親同者, 同月死. 不奠, 務于當葬者. 不哀次, 輕於在殯者. 殯當爲賓, 聲之誤也. 辭於賓, 謂告將葬啓期也.

번역 '병(竝)'자는 부모가 같은 달에 죽은 경우를 뜻하며, 조부모(祖父母) 및 세숙형제(世叔兄弟) 등과 같은 자들이 같은 달에 죽은 경우도 포함한다. 부친의 빈소에 전제사[奠祭]를 지내지 않는 이유는 장례(葬禮)를 치러야 하는 모친에 대해서 매진하기 위해서이다. '차(次)'에서 애도하지 않는 이유는 모친의 장례를 치르는 도중이라고 하지만, 빈소에 있는 부친보다 낮춰서 장례를 치르기 때문이다. "사어빈(辭於殯)"이라고 할 때의 '빈(殯)'자는 마땅히 '빈(賓)'자가 되어야 하니, 소리가 비슷한 데에서 연유한 오류이다. "빈객(賓客)들에게 알린다[辭於賓]."는 말은 장차 장례를 치르기 위해, 빈객들에게 계빈(啓殯)하는 시기를 알린다는 뜻이다.

釋文 殯音賓, 出注.

번역 '殯'자의 음은 '賓(빈)'으로, 정현의 주에 따른 것이다.

---

6) 마희맹(馬晞孟, ? ~ ?) : =마씨(馬氏). 자(字)는 언순(彦醇)이다. 『예기해(禮記解)』를 찬(撰)했다.

孔疏 ●"曾子"至"禮也". ○正義曰: 此一節論並有喪葬之事, 各隨文解之.

번역 ●經文: "曾子"~"禮也". ○이 문장은 동시에 상(喪)이 발생했을 때, 장례(葬禮)를 치르는 일에 대해서 논의한 것이니, 각각의 문장에 따라서 풀이하겠다.

孔疏 ◎注"竝謂"至"月死". ○正義曰: 竝, 謂父母也. 親同者, 祖父母及世叔兄弟. 云"同月死", 不云"同日"者, 略可知也.

번역 ◎鄭注: "竝謂"~"月死". ○'병(竝)'자는 부모를 뜻한다. '친동(親同)'은 조부모(祖父母) 및 세숙형제(世叔兄弟)들이다. '같은 달에 죽는 경우[同月死]'라고만 기록하고, '같은 날[同日]'이라고 말하지 않은 이유는 그러한 일이 발생하는 경우는 흔하지 않은 경우이니, 그것보다 발생빈도가 높은 같은 달에 죽은 경우를 언급하여, 간략하게 기록한 것임을 알 수 있다.

孔疏 ●"自啓"至"葬事". ○旣父喪在殯, 先葬母之時, 自, 從也. 從啓母殯之後, 及至葬柩欲出之前, 唯設母之啓殯之奠, 朝廟之奠, 及祖奠·遣奠而已, 不於殯宮爲父設奠, 故云"自啓及葬不奠", 謂不奠父也. 不奠者, 不朝夕更改新奠, 仍有舊奠存也. 行葬不哀次者, 次謂大門外之右, 平生待賓之處, 葬柩車出門, 至此, 孝子悲哀, 柩車暫停. 今爲父喪在殯, 故行葬母之時, 出門外, 孝子不得爲母伸哀於所次之處, 遂行而去. 所以不敢若此悲哀, 恐輕於在殯也. 反葬奠者, 謂葬母還, 反于父殯宮而設奠也.

번역 ●經文: "自啓"~"葬事". ○이 문장에서 말하는 상황은 부친의 시신이 빈소에 있는데, 먼저 모친의 장례(葬禮)를 치르는 경우이며, '자(自)'자는 '~부터'라는 뜻이다. 모친의 빈소에서 계빈(啓殯)한 이후로부터 장례를 치르기 위해 관을 장지로 내보내고자 하는 시기 이전까지는 오직 모친의 빈소에서만 계빈할 때 지내는 전제사[奠祭]를 올리고, 조묘(朝廟)에 지내는 전제사 및 조전(祖奠), 견전(遣奠)만을 지낼 따름이니, 부친의 빈소에서 부친을 위해 전제사를 올리지 않는 것이다. 그렇기 때문에 "계빈(啓殯)할 때부터 장(葬)할 때까지 전제(奠祭)를 올리지 않는다."라고 말한 것은 부친에게 전제사를 지내지 않는다는 뜻한다. 전제사를 올리지 않는다는 말은 조석(朝夕)으로 새로운 음식들을 올려서, 음식물들을 바꾸지 않는다는 뜻이니, 곧 이전에 올린 음식물들이 그대로 남아 있게 된다. 장례를 지내기 위해 행차를 시작할 때, 차(次)에 잠시 머물러 애도하지 않는다고 하였는데, '차'라는 곳은 대문 밖의 오른쪽 위치로, 부친이 생전에 빈객(賓客)들을 응대하던 장소에 해당하여, 일상적인 예법(禮法)에 따르면, 장례를 치르기 위해 관을 실은 수레가 문을 빠져나와 이곳에 당도하게 되면, 자식들은 비통하고 애통한 마음이 들어서, 관을 싣고 있는 수레를 잠시 정차시킨다. 지금 여기에서 말하는 상황은 부친의 시신이 아직 빈소에 있기 때문에, 모친의 장례를 치르기 위해 행차하는 때에는 그 수레가 문밖으로 나와도, 자식은 모친을 위해 '차'에서 애통함을 표현할 수 없으며, 끝내 그대로 길을 가서 장지로 떠나가는 것이다. 감히 본래의 예법처럼 자식이 모친을 위해 비통하고 애통함을 표현할 수 없는 이유는 아마도 빈소에 있는 부친에 대해서, 소홀하게 대할까를 염려하기 때문일 것이다. 장례를 치르고 되돌아와서, 전제사를 지낸다는 말은 모친에 대한 장례를 치르고 되돌아와서, 부친의 빈소에 가서 전제사를 올린다는 뜻이다.

孔疏 ●"而后辭於殯, 遂修葬事"者, 辭猶告也. 謂奠父之後, 孝子告語於賓以明日啓父殯期節, 旣告賓, 賓出之後, 遂脩營葬父之事. 所以葬則先輕, 奠則先重者, 皇氏云, "葬是奪情, 故從輕者爲首. 奠是奉養, 故令重者居先也."

번역 ●經文: "而后辭於殯, 遂修葬事". ○'사(辭)'자는 알린다는 뜻이다. 그러므로 이 문장은 부친에게 전제사[奠祭]를 올린 이후에, 자식은 빈객(賓客)들에게 내일 부친의 빈소에서 계빈(啓殯)할 시기를 알려주고, 빈객들에게 알리는 일이 끝나서, 빈객들이 나간 이후에는 마침내 부친의 장례(葬禮)

치를 일들에 대해서 열심히 준비한다는 뜻이다. 장례에서는 모친 쪽을 먼저 지내고, 전제사에서는 부친 쪽을 먼저 지내는 이유에 대해서, 황간은 "장례는 죽은 부모에 대해서, 정(情)을 떨치는 것이다. 그렇기 때문에 모친 쪽을 우선으로 지낸다. 전제사는 봉양(奉養)하는 행위이기 때문에, 부친이 먼저 받도록 하는 것이다."라고 했다.

孔疏 ◎注"不奠, 務于當葬"者. ○正義曰: 不奠, 謂不奠父及餘喪也. 重喪所以不奠者, 若營奠父事, 恐葬事遲晚, 務欲輕喪在先當葬者, 使其速畢故也. 知此不奠不據先葬者, 葬是喪之大事, 永離宮室, 不可以不奠也.

번역 ◎鄭注: "不奠, 務于當葬". ○"전제사를 올리지 않는다[不奠]."는 말은 부친 및 나머지 상사(喪事)에서 전제사[奠祭]를 지내지 않는다는 뜻이다. 부친의 빈소에서 전제사를 올리지 않는 이유는 만약 부친에게 올리는 전제사에 힘쓰게 된다면, 아마도 모친의 장례(葬禮)를 지내는 일이 더뎌지고 늦어지게 됨을 걱정하였기 때문이며, 모친의 시신을 먼저 장례 치러야 하는 대상에 두려고 한 것도 그 일들을 신속하게 끝내기 위해서이다. 이곳에서 "전제사를 올리지 않는다[不奠]."라고 한 말은 먼저 장례를 치르게 되는 모친에는 해당하지 않는다. 이러한 사실을 알 수 있는 이유는 장례는 상례(喪禮) 중에서도 중대한 일에 해당하니, 영원히 궁실(宮室)을 떠나게 되는 절차가 되므로, 모친에 대해서 전제사를 지내지 않을 수가 없기 때문이다.

孔疏 ◎注"不哀次, 輕於在殯"者. ○正義曰: 解經"不哀次"之義, 以父喪在殯爲重, 今爲母至次處而哀, 爲輕於在殯者. 今爲在殯者所壓, 不敢爲母伸哀, 故云"不哀次, 輕於在殯者". 上注云"若親同者", 則除父母之外餘喪, 其重喪在殯, 皆爲輕喪不哀次.

번역 ◎鄭注: "不哀次, 輕於在殯". ○이 문장은 경문 중 '불애차(不哀次)'

라는 기록의 뜻을 풀이한 말이니, 부친의 시신이 빈소에 있으므로, 더욱 중요한 사안이 되는데, 지금 모친을 위해 '차(次)'하던 곳에 이르러서, 애통함을 표현하게 된다면, 빈소에 있는 부친에 대해서 경시하는 일이 된다. 따라서 이러한 경우에는 빈소에 있는 부친을 위해, 감정을 억눌러서 감히 모친을 위해 애통함을 표현할 수 없게 된다. 그렇기 때문에 "차(次)에서 애도하지 않는 이유는 빈소에 있는 부친보다 낮추기 때문이다."라고 말한 것이다. 앞의 정현 주에서 '조부모(祖父母) 및 세숙형제(世叔兄弟)와 같은 경우'라고 말했으니, 부모의 상(喪)을 제외한 나머지 상에서도, 상이 겹치게 된 대상들 중에서, 더 중요한 대상의 시신이 아직 빈소에 머물러 있게 되면, 모든 경우에 있어서 보다 덜 중요한 대상의 장례(葬禮)를 치르면서, '차'에서 애도하지 않게 된다.

孔疏 ◎注"嬪當"至"期也". ○正義曰: 此經"辭於殯", 知非告殯以將葬, 而云"殯當爲賓", 爲告賓者, 按既夕禮云主人"請啓期, 告於賓"之後, 卽陳葬事, 設盥陳鼎饌夷牀之屬. 下乃云"祝聲三", 是告殯之事. 今先云"辭于殯", 乃云"遂修葬事", 故云"殯當爲賓", 謂詔告賓也, 與既夕禮同.

번역 ◎鄭注: "嬪當"~"期也". ○이곳 경문에서는 '사어빈(辭於殯)'이라고 기록하였는데, 이 문장의 뜻이 "빈소에 장차 장례(葬禮)를 치르겠다고 아뢴다[告殯以將葬]."는 내용이 아니라는 사실을 알 수 있으니, 정현의 주에서 "'빈(嬪)'자는 마땅히 '빈(賓)'자가 되어야 한다."라고 말한 것이다. 따라서 이 문장은 "빈객(賓客)에게 알린다[告賓]."는 뜻이 되는데, 『의례』「기석례(既夕禮)」편을 살펴보면, 주인(主人)은 "계빈(啓殯)할 시기를 여쭙고, 빈객들에게 알린다."라고 한 이후에, 곧 장사(葬事)의 일들을 시행하니, 대야를 설치하고, 정(鼎)과 성찬[饌], 이상(夷牀) 등의 부류들을 진설한다고 했다.[7] 그리고 아래 문장에서 곧 "축(祝)이 소리내길 3번한다[祝聲三]."라

---

7) 『의례』「기석례(既夕禮)」: 既夕哭, 請啓期, 告于賓. 夙興, 設盥于祖廟門外, 陳鼎, 皆如殯. 東方之饌亦如之. 夷牀饌于階間.

고 한 말이 바로 '빈소에 고(告)하는 일[告殯之事]'에 해당한다. 지금 이 문장에서 그보다 앞서서 "빈(嬪)에 사(辭)한다.[辭于殯]"라고 말하고, 곧 뒤이어서 "마침내 장사(葬事)를 준비한다."라고 했다. 그렇기 때문에 정현의 주에서 "'빈(嬪)'자는 마땅히 '빈(賓)'자가 되어야 한다."라고 말한 것이니, 이 내용은 빈객에게 알리고 고(告)한다는 뜻으로, 「기석례」편의 내용과 동일하다.

그림 3-1 이상(夷牀)

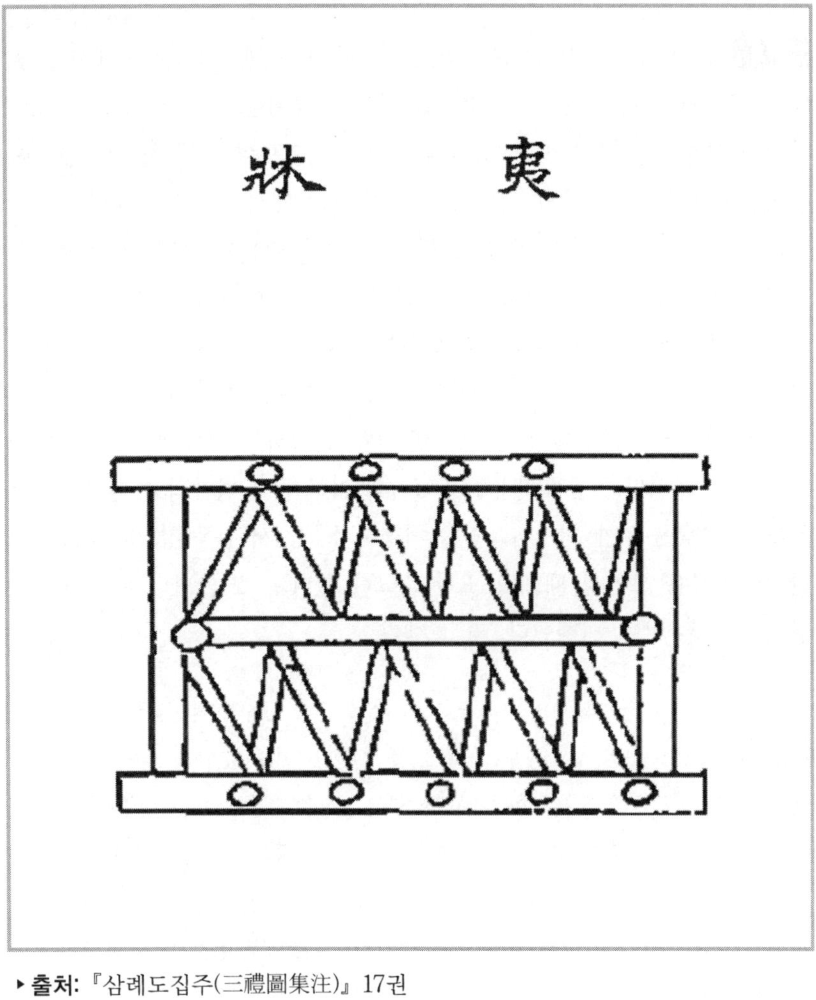

▸ **출처:** 『삼례도집주(三禮圖集注)』 17권

孔疏 ●"其虞也, 先重而後輕, 禮也". ○以虞是奠之類, 故亦先重後輕, 以禮結之, 故云禮也. 按崇精問曰, "葬母亦朝廟否? 其虞父與母同日異日乎?" 焦氏答曰, "婦未廟見, 不朝廟耳. 內豎職云, 王后之喪朝廟, 則爲之蹕也, 是母喪亦朝廟明也. 虞當異日也."

번역 ●經文: "其虞也, 先重而後輕, 禮也". ○우제(虞祭)는 전제사[奠祭]와 마찬가지로 죽은 자를 봉양(奉養)하는 종류이다. 그렇기 때문에 또한 부친에 대해서 먼저 지내고, 모친에 대해서는 그보다 뒤에 지내는 것이며, 예법(禮法)으로써 결론을 맺었기 때문에, 경문에서 "이것이 예법이다[禮也]."라고 기록한 것이다. 숭정(崇精)이 질문한 내용을 살펴보면, "모친의 장례(葬禮)를 치르는 경우에도 또한 조묘(朝廟)를 합니까? 안합니까? 그리고 우제를 지낼 경우에는 부친과 모친에 대해서, 같은 날에 지내는 것입니까? 다른 날에 지내는 것입니까?"라고 하자, 초씨(焦氏)가 대답하길, "죽은 부인이 생전에 묘(廟)에서 선조(先祖)들을 알현하지 못해서, 조묘를 하지 않는 것일 뿐이다. 『주례』「내수(內豎)」의 기록에서, 천자의 부인 상(喪)을 치를 때 조묘를 하게 되면, 그 일을 시행하기 위해서 길을 청소한다고 했으니, 이 기록은 모친상 때에도 또한 조묘를 했다는 것을 나타낸다. 우제는 당연히 다른 날에 시행한다."라고 했다.

集解 愚謂: 不奠, 謂不爲未葬者設朝夕奠也. 凡朝奠至夕則徹之, 夕奠至朝則徹之. 今於輕喪旣啓之朝, 不復徹重喪之夕奠而設朝奠也. 蓋旣啓則哀有所偏隆, 葬近則事有所偏急, 故於重喪之奠有所不暇及也. 次, 謂居喪次舍之處, 廬·堊室之所在也. 葬時, 柩至此則哭踊以致其哀, 今行葬不哀次者, 喪次乃爲父母之所同, 而父喪尙在殯, 故不敢爲母喪致哀於此也. 奠, 謂設重喪之夕奠也. 虞以安神, 故亦先重而後輕.

번역 내가 생각해보니, "전제사를 지내지 않는다[不奠]."는 말은 아직 장례(葬禮)를 치르지 않은 부친을 위해서, 조석(朝夕)으로 시행하는 전제사[奠祭]를 지내지 않는다는 뜻이다. 무릇 아침에 전제사를 올리게 되면, 저녁에 이르러서, 아침에 차렸던 음식들을 물리고, 저녁에 전제사를 지내게 되면, 아침에 이르러서, 다시 전날 저녁 때 차렸던 음식들을 물리는 것이다. 지금 이곳 상황에 해당하는 시간은 모친의 시신에 대해, 이미 계빈(啓殯)을 한 날의 아침에 해당하니, 부친의 빈소에 전날 저녁에 전제사를 지내며 올렸던 음식을 물리고, 다시금 아침에 시행하는 전제사를 올리지 않는 것이다. 무릇 이미 계빈을 했다면, 애통함이 지나치게 커지게 되며, 장례에서의 행차가 가까워지면, 그 사안은 부친의 빈소에 전제사를 올리는 일보다 급박한 점이 있는 것이다. 그렇기 때문에 부친의 빈소에 올리는 전제사를 차려낼 겨를이 없게 된다. '차(次)'는 상(喪)을 치르는 동안 임시로 거처했던 장소로, 임시거처[廬]나 악실(堊室)[8] 등이 있던 곳이다. 장례를 치를 경우에, 관이 이곳을 지나가게 되면, 곡(哭)을 하고 발 구르기를 하며, 그 애통함을 지극하게 나타내는데, 이곳 경문에서 장례를 치르며, '차'에서 애도하지 않는다고 한 이유는 상중(喪中)에 임시로 거처하던 장소는 어느 한쪽을 위한 장소가 아니다. 이곳은 부모 모두를 위해 동일한 목적으로 설치한 장소이고, 부친의 시신이 여전히 빈소에 머물러 있기 때문에, 감히 모친을 위해서 이곳에서 애통함을 다할 수 없는 것이다. "장지(葬地)에서 되돌아와서 전제사를 지낸다[奠]."는 말은 부친의 빈소에서 '저녁에 올리는 전제사[夕奠]'를 지낸다는 뜻이다. 우제(虞祭)는 신(神)을 안도시키는 의식이기 때문에, 또한 부친 쪽을 먼저 지내고, 모친 쪽을 뒤에 지내는 것이다.

8) 악실(堊室)은 상중(喪中)에 임시로 거처하던 가옥으로, 네 벽면에 흰색의 회칠을 하였다.

그림 3-2 의려(倚廬)

▸ **출처:** 『삼례도집주(三禮圖集注)』 17권

集解 孔疏以次爲大門外接賓客之處, 非也. 此云"行葬, 不哀次", 則非並有喪者, 其葬母固當哀次矣. 婦人迎送不出門, 可謂次爲大門外接賓客之處乎?

번역 공영달(孔穎達)의 소(疏)에서는 '차(次)'를 대문 밖의 장소로, 부모가 생전에 빈객(賓客)들을 응대하던 곳이라 했는데, 이 설명은 잘못된 말이다. 이곳 문장에서 "장례(葬禮)를 시행함에, '차'에서 애도하지 않는다."라고 하였으니, 부모의 상(喪)이 동시에 발생한 경우가 아니라면, 그 모친에 대한 장례에서도 마땅히 '차'에서 애도를 표하는 것이다. 생전에 부인들이 빈객들을 영접하거나 전송할 때에는 문밖으로 나가지 않기 때문에, 당연히 '차'라는 곳은 모친과는 상관없는 장소가 되는데, '차'를 대문 밖에 해당하는 곳으로 여겨서, 빈객들을 접대했던 장소라고 할 수 있겠는가?

• 제4절 •

종자(宗子)와 관련된 예법(禮法)

【228b~c】

孔子曰: 宗子, 雖七十, 無無主婦, 非宗子, 雖無主婦, 可也.

직역 孔子가 曰, "宗子는 비록 七十이라도, 主婦가 無해서는 안 되며, 宗子가 아니라면, 비록 主婦가 無하더라도 可하다."

의역 공자가 증자에게 가르쳐주기를, "대종(大宗)의 장자(長子)인 종자(宗子)는 비록 나이가 70세라 하더라도, 부인이 없어서는 안 되니, 다시 재취(再娶)를 해야 하며, 종자가 아니라면, 70세에 부인이 없더라도 괜찮다."

集說 宗子領宗男於外, 宗婦領宗女於內, 禮不可缺, 故雖七十之年, 猶必再娶. 然此謂大宗之無子或子幼者, 若有子有婦可傳繼者, 則七十可不娶矣.

번역 종자(宗子)는 사회에서 종가(宗家)의 남자들을 통솔하며, 종부(宗婦)는 집안에서 종가의 여자들을 통솔하니, 예법(禮法)상 이들이 없어서는 안 된다. 그렇기 때문에 종자가 비록 70세의 나이라고 하더라도, 오히려 반드시 재취(再娶)를 해야만 한다. 그러나 이것은 대종에게 장성한 아들이 없거나 또는 가계를 전수받아야 할 아들이 너무 어린 경우에만 해당하니, 만약 아들이 있고, 그 아들에게 부인이 있어서, 가계(家繼)를 전수할 수 있는 경우라면, 종자가 70세의 나이에 부인이 없더라도 재취를 하지 않을 수 있다.

大全 嚴陵方氏曰: 爲庶子之宗者, 謂之宗子, 爲庶婦之主者, 謂之主婦. 宗子承家, 主祭於外, 而主婦, 則助之於內者也. 故宗子雖七十, 不可以無主婦.

번역 엄릉방씨가 말하길, 한 집안의 여러 자식들 중에서 대표가 되는 자를 종자(宗子)라고 부르며, 여러 부인들 중에서 대표가 되는 자를 주부(主婦)라고 부른다. 종자는 가계를 계승하여, 외적으로 제사를 주관하고, 주부는 내적으로 그 일을 돕는 자이다. 그렇기 때문에 종자가 비록 70세라고 하더라도, 주부가 없어서는 안 되는 것이다.

鄭注 族人之婦, 不可無統.

번역 종자(宗子)에게 주부(主婦)가 있어야 하는 이유는 족인(族人)의 부인들을 통솔할 수 없어서는 안 되기 때문이다.

孔疏 ●"孔子"至"可也". ○正義曰: 此一節論宗子立後之事, 凡無問而稱"孔子曰"者, 皆記者失問也, 亦此卷之通例矣. 宗子, 大宗子也. 凡人年六十無妻者不復娶, 以陽道絶故也. 而宗子領宗男於外, 宗婦領宗女於內, 昭穆事重, 不可廢闕, 故雖年七十亦猶娶也, 故云"無無主婦", 言必須有也. 然此謂無子孫, 及有子而年幼少者. 若有子孫, 則傳家事於子孫, 故曲禮"七十老而傳", 是也.

번역 ●經文: "孔子"~"可也". ○이 문장은 종자(宗子)가 후손을 세우는 일에 대해서 논의한 것인데, 무릇 경문의 기록에서 증자가 질문한다는 내용이 없고, 곧바로 '공자왈(孔子曰)'이라고 기록한 것들은 모두 『예기』를 기록한 자가 질문한 내용을 빠트린 것이니, 또한 「증자문」편의 통상적은 용례이다. 종자는 대종(大宗)의 아들이다. 일반적인 경우에는 남자의 나이가 60세가 되었는데, 부인이 없는 경우에는 다시 재취(再娶)를 하지 않으니, 그 이유는 남자의 생식기능이 막혔기 때문이다. 그러나 종자는 사회에서 종가(宗家)의 남자들을 통솔하고, 종부(宗婦)는 집안에서 종가의 여자들을 통솔하며, 종법질서의 차례는 그 사안이 막중한 것이므로, 폐지되거나 빠져서는 안 된다. 그렇기 때문에 비록 종자의 나이가 70세라고 하더라도, 또한 오히려 재취를 하게 되는 것이다. 그러므로 경문에서 "주부(主婦)가 없어서는 안 된다."고 말한 것이니, 이 말은 반드시 주부가 있어야 한다는 뜻이다. 그러나 이러한 경우는 자손이 없는 종자이거나, 아들은 있지만, 아들의 나이가 너무 어린 경우에만 해당한다. 만약 자손이 있다면, 자손에게 가계의 일들을 전수하게 된다. 그렇기 때문에 『예기』「곡례(曲禮)」편에서 "70세가 되면 노인[老]이라고 부르며, 가사(家事)를 전수한다."[1]라고 한 말이 바로 이것을 가리킨다.

集解 愚謂: 宗子主宗廟之祭, 祭必夫婦親之, 故不可以無主婦. 大宗·小宗皆然.

번역 내가 생각해보니, 종자(宗子)는 종묘(宗廟)의 제사를 주관하고, 제사를 지낼 때에는 반드시 남편과 아내가 직접 해야만 한다. 그렇기 때문에 주부(主婦)가 없어서는 안 되는 것이다. 대종(大宗)과 소종(小宗)이 모두 그러하다.

---

1) 『예기』「곡례상(曲禮上)」【12b】: 五十曰艾, 服官政. 六十曰耆, 指使. 七十曰老, 而傳. 八十九十曰耄.

그림 4-1 대종자(大宗子)

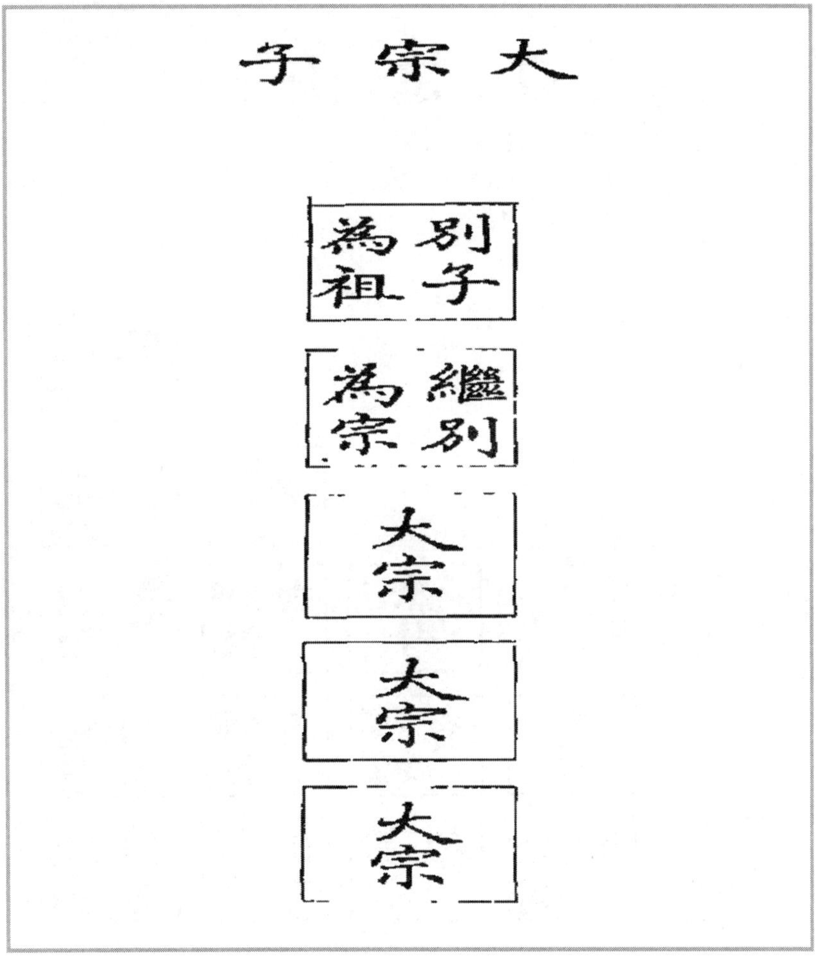

▸ **출처:** 『삼례도집주(三禮圖集注)』 4권

그림 4-2 소종자(小宗子)

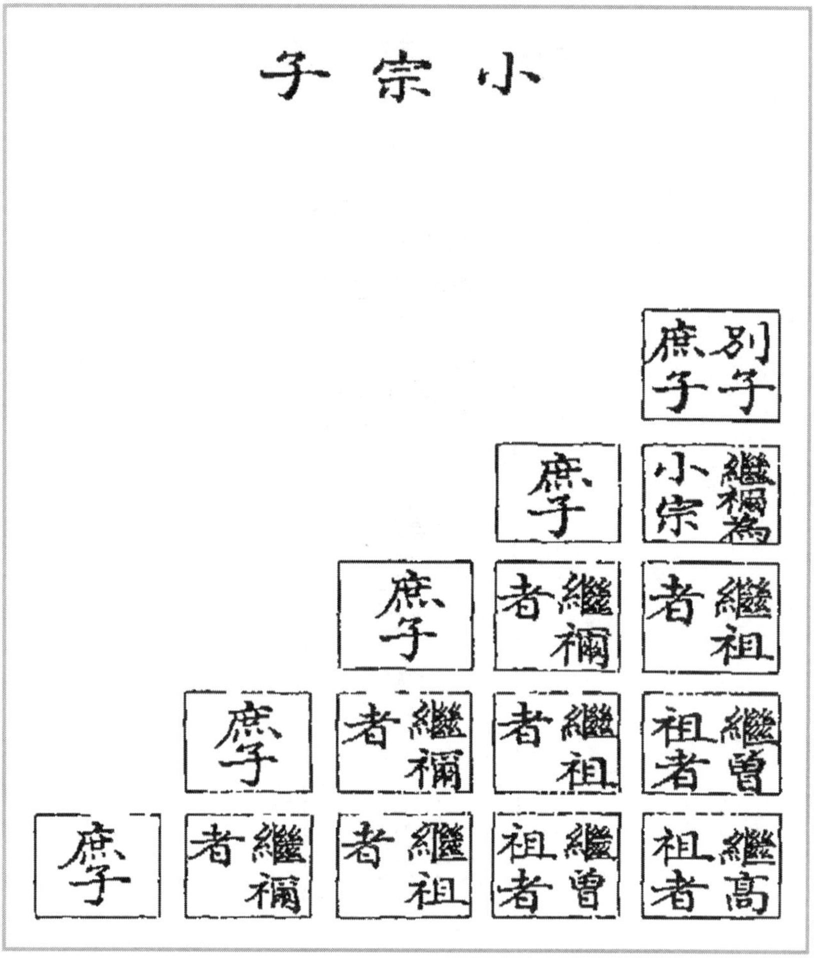

▸ **출처:** 『삼례도집주(三禮圖集注)』 4권

• 제 5 절 •

관례(冠禮)와 돌발 상황이 발생했을 때의 대처법

【228c】

曾子問曰: 將冠子, 冠者至, 揖讓而入, 聞齊衰·大功之喪, 如之何. 孔子曰: 內喪則廢, 外喪則冠而不醴, 徹饌而埽, 卽位而哭. 如冠者未至, 則廢.

직역 曾子가 問曰, "장차 子에게 冠을 하여, 冠者가 至하여, 揖讓하고 入한데, 齊衰·大功의 喪을 聞하면, 어찌합니까?" 孔子가 曰, "內喪이면 廢하고, 外喪이면 冠하되, 不醴하며, 饌을 徹하고 埽하면, 位에 卽하여 哭한다. 만일 冠者가 未至하면, 廢한다."

의역 증자가 묻기를, "장차 아들에게 관례(冠禮)를 치러주려고 하여, 빈객(賓客)들과 관례를 도와줄 자들이 도착해서, 서로 인사를 나누고서 집안으로 들어왔는데, 자최(齊衰)복과 대공(大功)복을 입어야 하는 상(喪)의 소식을 듣게 된다면, 어찌해야 합니까?" 공자가 대답해주기를, "묘(廟)에서 지내야 하는 상이라면, 관례를 그만두고, 다른 곳에서 지내야 할 상이라면, 관례를 시행하되, 성인(成人)이 된 아들에게 본래 따라주어야 하는 술은 주지 않으며, 차려낸 음식들을 거두고, 깨끗하게 정리하고 나면, 곡(哭)하는 자리로 나아가 곡을 한다. 만일 빈객들과 관례를 도와줄 자들이 아직 도착하지 않은 상태라면, 관례를 그만둔다."

集說 冠者, 賓與贊禮之人也. 此人已及門, 而與主人揖讓以入矣, 主人忽聞齊衰大功之喪, 何以處之. 夫子言若是大門內之喪, 則廢而不行, 以冠禮行之於廟, 廟在大門之內, 吉凶不可同處也. 若是大門外之喪, 喪在他處, 可以加冠. 但冠禮三加之後, 設醴以禮新冠之人, 今値凶事, 止三加而止, 不醴之也. 初欲迎賓之時, 醴及饌具皆陳設, 今悉徹去, 又埽除冠之舊位, 使淨潔更新, 乃卽位而哭. 如賓與贊者未至, 則廢也.

번역 '관자(冠者)'는 빈객(賓客)들과 관례(冠禮)를 도와줄 사람들이다. 이러한 사람들이 이미 문에 이르러서, 주인과 함께 인사를 나누고서, 집으로 들어오게 되었는데, 주인이 갑작스럽게 자최(齊衰)복과 대공(大功)복을 입어야 하는 상(喪)의 소식을 듣게 되면 어떻게 대처하는가? 공자가 말하길, 만약 상이 집안[大門內]에서 지내야 할 상이라면, 관례를 그만두고 시행하지 않는다. 그 이유는 관례는 본래 묘(廟)에서 시행하는데, 묘는 대문(大門) 안쪽에 위치하여, 길(吉)한 일에 해당하는 관례와 흉(凶)한 일에 해당하는 상례(喪禮)를 같은 곳에서 시행할 수 없기 때문이다. 만약 상이 집밖[大門外]에서 발생한 상이라면, 상을 치르는 장소는 다른 곳에 해당하므로, 관례를 시행해도 괜찮다. 다만 정상적인 예법(禮法)에 따르면, 관례의 삼가(三加)[1]를 시행한 이후에, 단술을 차려서, 새롭게 관례를 받은 사람에게 예(禮)를 표하여 대접해주는데, 이곳에서 말하고 있는 상황은 흉사(凶事)를 접하게 되어서, 단지 '삼가'만 시행하고 그치니, 단술을 아들에게 따라주지 않는다. 애초에 빈객들을 대접하기 위해서 단술 및 음식물들을 갖추고, 그것들을 모두 진설해둔 상태였는데, 이러한 경우라면 그것들을 모두 치워버리고, 또한 관례를 시행한 장소를 청소하여 청결하게 만들고, 다시금 그 장소를 새롭게 하며, 그런 뒤에는 곡(哭)하는 자리로 나가서 곡을 한다. 만일 빈객과 관례를 도와줄 자들이 아직 당도하지 않은 상태라면, 관례를 그만둔다.

---

1) 삼가(三加)는 관례(冠禮)를 시행할 때, 처음에 치포관(緇布冠)을 주고, 그 다음에 피변(皮弁)을 주며, 마지막으로 작변(爵弁)을 주기 때문에, '삼가'라고 부른다.

그림 5-1 자최복 상의와 하의

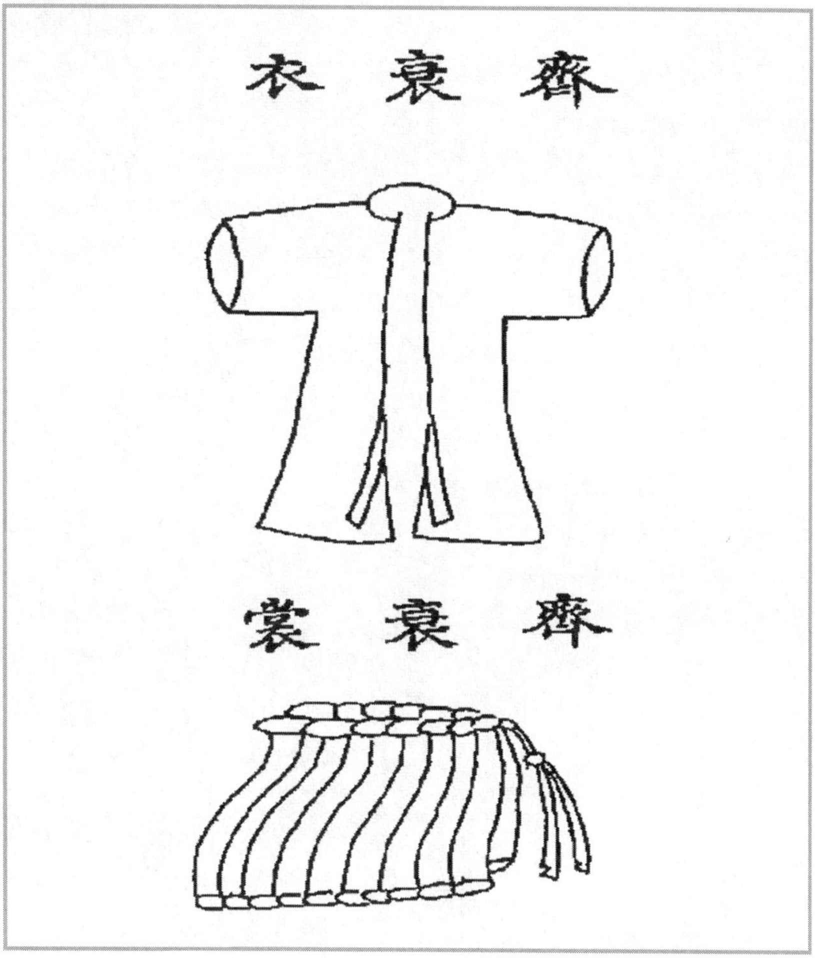

▸ **출처:** 『삼례도집주(三禮圖集注)』 16권

그림 5-2 자최복 착용 모습

▸ **출처:**『삼재도회(三才圖會)』「의복(衣服)」 3권

그림 5-3 자최복 각부 명칭

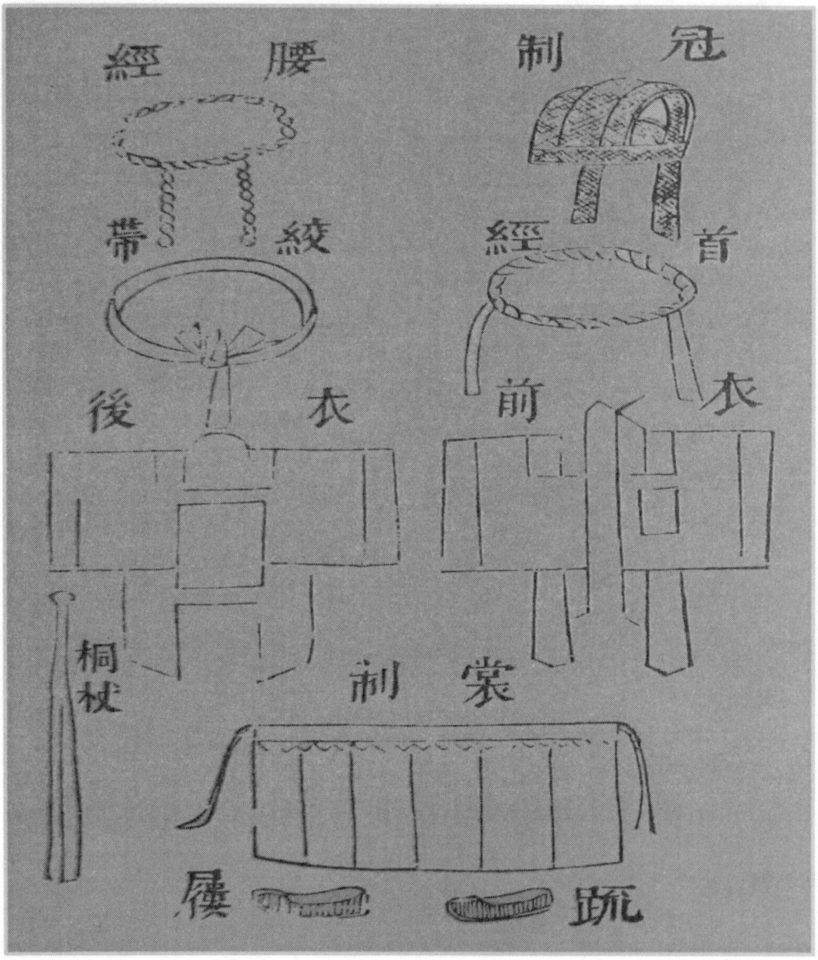

▸ **출처:** 『삼재도회(三才圖會)』「의복(衣服)」 3권

그림 5-4 대공복 상의와 하의

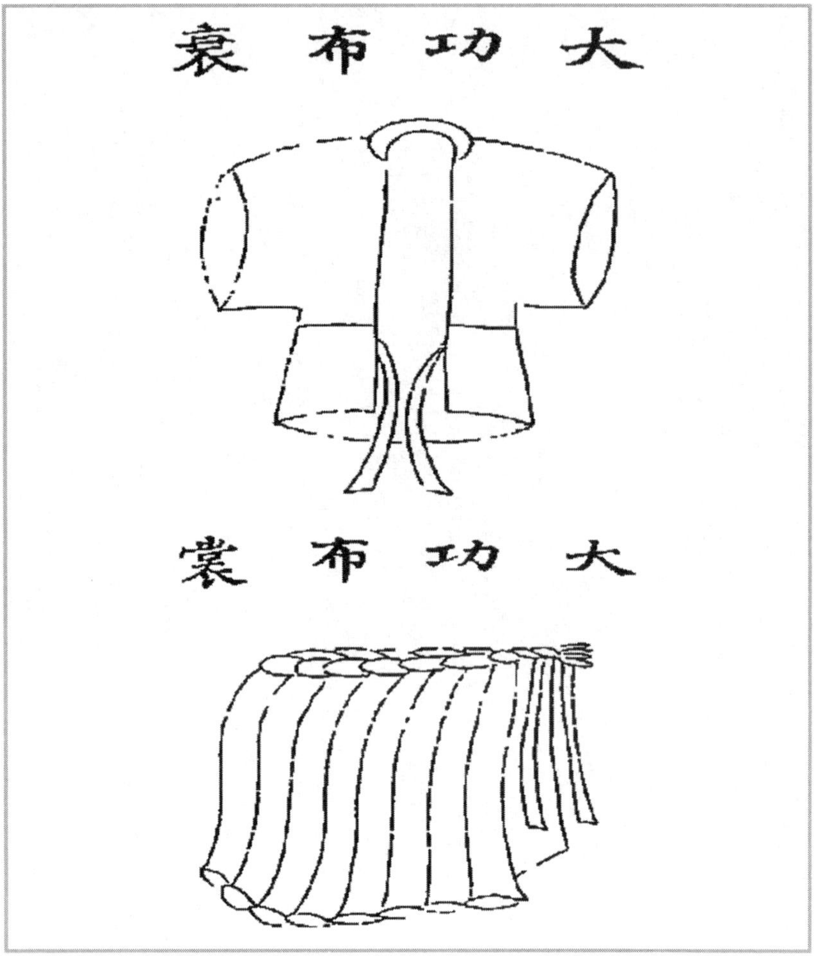

▸출처: 『삼례도집주(三禮圖集注)』 16권

그림 5-5 대공복 착용 모습

▸ **출처:** 『삼재도회(三才圖會)』「의복(衣服)」 3권

그림 5-6 대공복 각부 명칭

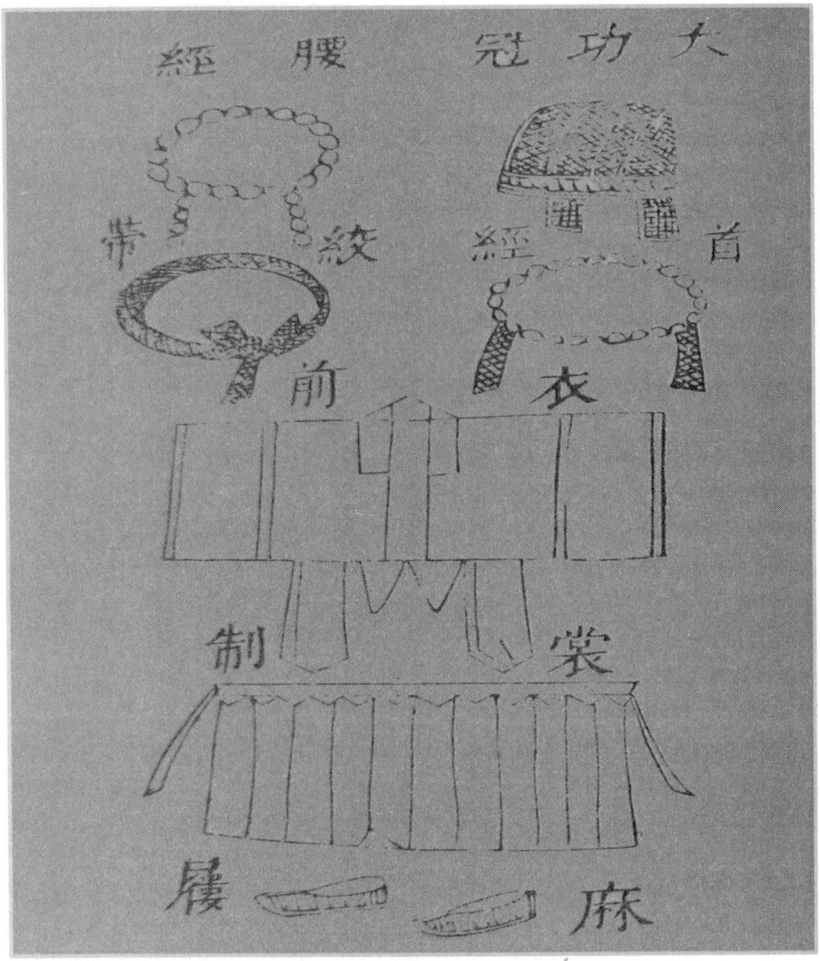

▸ 출처: 『삼재도회(三才圖會)』「의복(衣服)」 3권

그림 5-7 치포관(緇布冠)

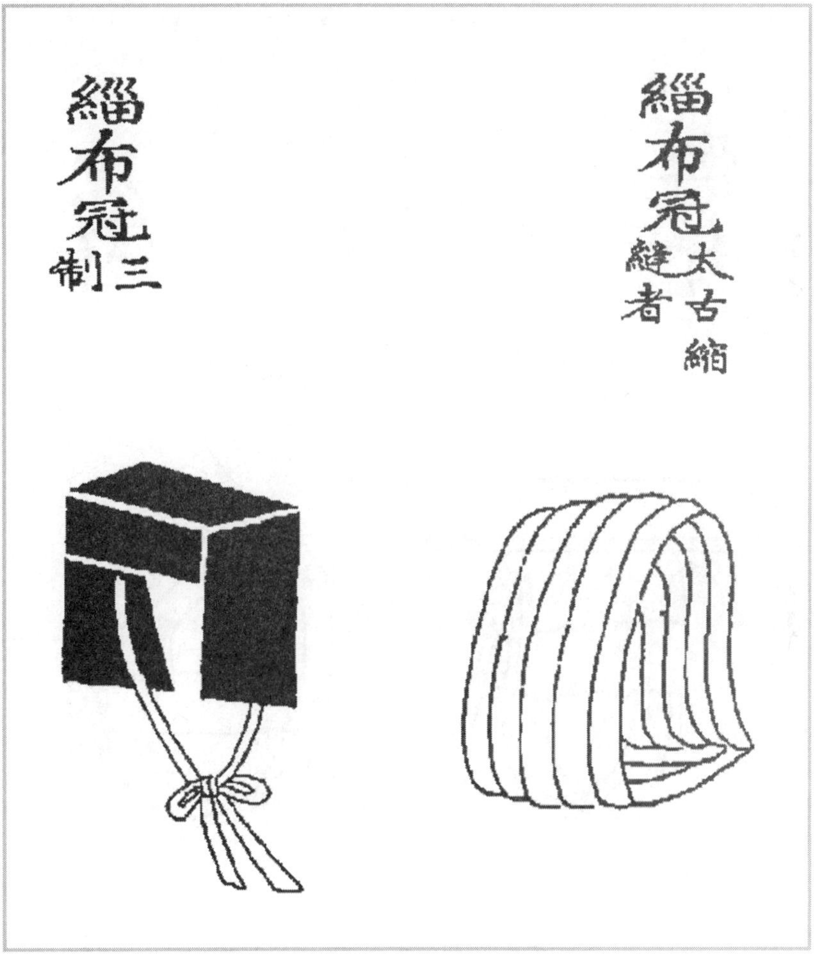

▸ 출처: 『삼례도집주(三禮圖集注)』 3권

그림 5-8 피변(皮弁)과 작변(爵弁)

▸ **출처:** 『삼례도집주(三禮圖集注)』 3권

大全 嚴陵方氏曰: 門內之治, 恩掩義, 門外之治, 義斷恩. 禮所以行義而已, 故冠禮, 內喪則廢, 以其義有所屈故也. 外喪則冠, 以其義有所伸故也. 然而雖冠而不醴, 以其變常而爲之殺也.

번역 엄릉방씨가 말하길, 집안에서의 다스림은 인정이 의로움을 덮으며, 집밖에서의 다스림은 의로움으로 인정을 절제한다.[2] 예(禮)라는 것은 의(義)를 시행하는 방법일 뿐이다. 그렇기 때문에 관례(冠禮)를 시행할 때에, 집안에서 시행하는 상(喪)이 발생하였다면, 관례를 그만두니, 그 이유는 인정에 따라 의로움을 축소시키는 요소가 있기 때문이다. 집밖에서 시행하는 상이 발생하였다면, 관례를 그대로 시행하니, 그 이유는 의로움에 따르는 요소가 있기 때문이다. 그러나 비록 관례를 치르더라도 단술을 따라주지 않는 이유는 정상적인 예법(禮法)을 변화시켜서, 상례(喪禮)로 인해 관례의 절차를 낮추기 때문이다.

鄭注 冠者, 賓及贊者. 內喪, 同門也. 不醴, 不醴子也. 其廢者喪成服, 因喪而冠.

번역 '관자(冠者)'는 빈객(賓客)들과 관례(冠禮)를 도와주는 자들이다. '내상(內喪)'은 같은 대문(大門) 안에 살고 있는 가족들의 상(喪)이다. '불례(不醴)'는 자식에게 단술을 주지 않는다는 뜻이다. 관례를 그만두는 경우에는 상중(喪中)에 성복(成服)을 하게 되므로, 상을 치르는 일에 연유하여, 정상적인 관례 대신 상복(喪服)에 착용하는 관(冠)을 쓴다.

釋文 冠, 古亂反, 下及注皆同. 饌, 仕戀反. 埽, 悉報反.

번역 '冠'자는 '古(고)'자와 '亂(란)'자의 반절음이며, 아래 문장과 정현의 주에 나오는 '冠'자들은 모두 그 음이 이와 같다. '饌'자는 '仕(사)'자와

---

2) 『예기』「상복사제(喪服四制)」【721a】: 門內之治恩揜義, 門外之治義斷恩.

'戀(련)'자의 반절음이다. '埽'자는 '悉(실)'자와 '報(보)'자의 반절음이다.

孔疏 ●"曾子"至"冠者". ○正義曰: 此一節論冠子逢喪之事. "將冠子, 冠者至, 揖讓而入"者, 曾子問將欲冠子, 冠者謂賓及贊者, 至主人之門, 而與主人揖讓而入, 主人忽聞齊衰大功之喪, 如之何? 孔子答之云, 若是大門內之喪則廢, 以加冠在廟, 廟則在大門之內, 吉凶不可同處, 故云"內喪則廢".

번역 ●經文: "曾子"~"冠者". ○이 문장은 자식에게 관례(冠禮)를 치르는데, 갑작스럽게 상(喪)을 접했을 때의 일에 대해서 논의한 것이다. 경문의 "將冠子, 冠者至, 揖讓而入"에 대하여. 이 문장은 증자가 질문한 내용으로, 장차 자식에게 관례를 시행하려고 하는 상황에 대해서 물어본 것인데, 여기에서 말하는 '관자(冠者)'는 빈객(賓客)과 관례를 돕는 자들을 뜻하고, 이러한 '관자'들이 주인(主人)이 응대하려고 기다리고 있는 대문에 도착하여, 주인과 더불어 인사를 나누고, 문안으로 들어왔을 때, 주인에게 갑작스럽게 자최(齊衰)나 대공(大功)의 상복(喪服)을 입어야 하는 상이 발생하게 되면, 어떻게 해야 하는가를 질문한 것이다. 공자가 증자의 질문에 대답하길, 만약 집안에서 발생한 상이라고 한다면, 관례를 그만두니, 본래 관례는 묘(廟)에서 시행하는데, 묘는 곧 대문(大門) 안쪽에 있어서, 집안에 상이 발생하면, 길례(吉禮)인 관례와 흉례(凶禮)인 상례(喪禮)를 같은 장소에서 시행할 수 없기 때문이다. 그래서 "내상(內喪)이면 그만둔다."라고 말한 것이다.

孔疏 ●"外喪則冠而不醴"者, 外喪謂大門外之喪, 喪在他處, 猶可以加冠也. 但平常吉時, 三加之後, 設醴以禮冠者之身. 今既有喪, 故直三加而已, 不醴之.

번역 ●經文: "外喪則冠而不醴". ○외상(外喪)은 집밖에서 발생한 상(喪)을 뜻하는데, 상사(喪事)가 다른 곳에서 발생하였으므로, 이러한 경우에도 여전히 자식에게 관례(冠禮)를 시행할 수 있는 것이다. 다만 평상시의 길(吉)한 때에 시행하는 관례에서는 삼가(三加)를 한 이후에, 례(醴)를 베풀어서, 관례를 받은 아들에게 예(禮)로 대접해 준다. 그러나 이곳에서 언급하는 상황은 이미 상이 발생한 경우이기 때문에, 단지 아들에게 '삼가'만 할 따름이며, 례(醴)를 베풀어주지 않는다.

孔疏 ●"徹饌而埽"者, 以初欲迎賓之時, 未知有喪, 醴及饌具既已陳設. 今忽聞喪, 故徹去醴與饌具, 又埽除冠之舊位, 令使清潔更新, 乃卽位而哭. 如賓及贊者未至, 則廢而不冠也.

번역 ●經文: "徹饌而埽". ○애초에 빈객(賓客)들을 접대하고자 계획하여 준비할 시기에는 아직 상(喪)이 발생했음을 알지 못한 상태여서, 례(醴) 및 성찬[饌] 등을 모두 갖추어, 미리 진설해둔 상태이다. 그런데 갑작스럽게 상이 발생했다는 소식을 듣게 되었으므로, 례 및 성찬 등을 치우고, 또한 관례(冠禮)를 치르기 위해 준비했던 장소를 청소해서 청결하게 만들어, 다시금 그 공간을 새롭게 하며, 그리고는 곧 그 자리에 나아가 곡(哭)을 하게 된다. 만일 빈객 및 관례를 돕는 자들이 아직 도착하지 않은 경우라면, 관례를 그만두어, 자식에게 관(冠)을 씌워주지 않는 것이다.

孔疏 ◎注"內喪"至"而冠". ○正義曰: "內喪, 同門"者, 皇氏云, "謂同大門之內." 云"不醴, 不醴子也"者, 按士冠禮醴子之後始醴賓, 恐此經云"不醴", 是不醴賓, 故云"不醴子也". 必知不醴子者, 以經云"冠者未至則廢", 廢謂子身冠廢, 明不醴是"不醴子也". 云"其廢者喪成服, 因喪而冠"者, 以下文云"未及期日", "因喪服而冠", 是也. 熊氏以卽位而哭, 謂在冠家卽位, 以文承"徹饌而埽"之下. 皇氏以爲卽喪家之位, 非也.

번역 ◎鄭注: "內喪"~"而冠". ○정현이 "내상(內喪)은 동문(同門)이다."라고 하였는데, 황간은 "대문(大門)을 같이 쓰는 한집안 사람이다."라고 했다. 정현이 "'불례(不醴)'라는 말은 아들에게 례(醴)를 주지 않는다는 뜻이다."라고 하였는데, 『의례』「사관례(士冠禮)」편을 살펴보면, 관례(冠禮)를 치른 아들에게 례주(醴酒)를 따라준 이후에, 비로소 빈객(賓客)들에게도 례주를 따라준다고 하였으니, 아마도 이곳 경문에서 "례주를 하지 않는다."라고 한 말은 빈객들에게도 례주를 따라주지 않는다는 뜻인 것 같다. 그렇기 때문에 "자식에게 례주를 따라주지 않는다."라고 기록하여, 빈객들에게도 례주를 따라주지 않는다는 사실까지도 밝히고 있는 것이다. 자식에게 례주를 따라주지 않는다는 사실을 확실히 알 수 있는 이유는 경문에서 "관자(冠者)들이 아직 도착하지 않았다면, 관례를 그만둔다."라고 했으니, 그만둔다는 말은 아들 본인의 관례를 그만둔다는 뜻이다. 따라서 례주를 따라주지 않는다는 말은 곧 "자식에게 례주를 따라주지 않는다."는 뜻을 나타낸다. 정현이 "관례를 그만두는 경우에는 상중(喪中)에 성복(成服)을 하니, 상(喪)으로 인해서, 관(冠)을 쓴다."라고 하였는데, 아래 경문에서 '기일이 아직 되지 않았다면'이라고 했고, "상복(喪服)에 따라서 관(冠)을 쓴다."라고 한 말이 바로 그 뜻을 가리킨다. 웅안생은 자리에 나아가서 곡(哭)을 한다는 말이 관례를 치르기로 했던 집안에서, 곡하는 자리에 나아간다는 뜻이라고 여겼는데, 그 이유는 이 구문이 경문의 "성찬을 치우고, 청소를 한다."는 문장 아래에 연이어 기록되어 있기 때문이다. 황간은 상을 당한 집에 직접 가서, 곡을 하는 장소로 나아간다는 뜻으로 여겼는데, 그 주장은 잘못된 말이다.

訓纂 江氏永曰: 此卽位而哭, 謂親在遠地者爲位而哭也. 若在近地, 自當如皇氏說哭於其家.

번역 강영이 말하길, 이곳 기록에서는 "자리에 나아가 곡(哭)을 한다[卽位而哭]."고 하였는데, 이 말은 곧 상(喪)을 당한 친족이 먼 지역에 사는 경우에, 자신의 집안에 곡하는 자리를 설치하여, 그곳에서 곡을 한다는 뜻이다. 만약 친족이 가까운 지역에 있다면, 자연히 황간의 주장처럼, 상을 당한 친족의 집에 가서, 곡을 하게 된다.

集解 愚謂: 此篇所言'冠者', 與士冠禮異. 士冠禮言'冠者', 謂加冠之人也, 此篇言'冠者'謂爲人加冠之人也. 冠禮有醴子·醴賓, 醴賓在醴子之後, 旣不醴子, 則不醴賓可知. 饌, 陳也, 所陳醴子之具. 士冠禮甒醴·勺·觶·角柶·脯·醢之屬在房中者, 是也. 不醴子, 故徹之. 埽者, 爲異事改新之也. 卽位而哭, 謂喪遠者也, 若近, 則往哭之.

번역 내가 생각해보니, 「증자문」편에서 말하는 '관자(冠者)'는 『의례』「사관례(士冠禮)」편에서 말하는 '관자(冠者)'와는 다른 부류이다. 「사관례」편에서 말하는 '관자'는 관(冠)을 써서 이미 성인이 된 사람들을 뜻하며, 「증자문」편에서 말하는 '관자'는 다른 사람에게 관을 씌워주는 사람이다. 관례(冠禮)의 절차 중에는 관례를 받는 자식에게 단술을 따라주는 례자(醴子)와 자식의 관례를 축하해주기 위해 모인 빈객(賓客)들에게 단술을 따라주는 례빈(醴賓)이 있다. 그리고 '례빈'이라는 절차는 '례자'라는 절차 뒤에 시행하게 되는데, 경문에서 이미 자식에게 단술을 따라주지 않는다고 하였으니, 빈객들에게도 단술을 따라주지 않는다는 사실을 알 수 있다. '찬(饌)' 자는 "진설한다."는 뜻으로, 자식에게 단술을 따라주기 위해 진설한 도구들이다. 「사관례」편에서 무례(甒醴: 단술을 담은 술단지), 작(勺: 술을 뜨는 국자), 치(觶: 뿔로 만든 술잔), 각사(角柶: 뿔로 만든 수저), 포와 젓갈 등이 방 안에 놓이게 된다고 기록하였는데,[3] 이것이 바로 이러한 도구들을 가리킨다. 자식에게 단술을 따라주지 않기 때문에, 그것들을 치우는 것이다. 청소를 하는 이유는 다른 일을 치르기 위해서, 그 공간을 새롭게 만들기 위해서이다. 자리에 나아가 곡(哭)을 하는 경우는 상(喪)이 먼 곳에서 발생한 경우에 해당하니, 가까운 지역에서 상이 발생한 경우라면, 상을 당한 집에 직접 가서 곡을 한다.

3) 『의례』「사관례(士冠禮)」 : 側尊一甒醴, 在服北. 有篚實勺·觶·角柶. 脯醢. 南上.

그림 5-9 소작(疏勺)과 뚜껑이 있는 술단지

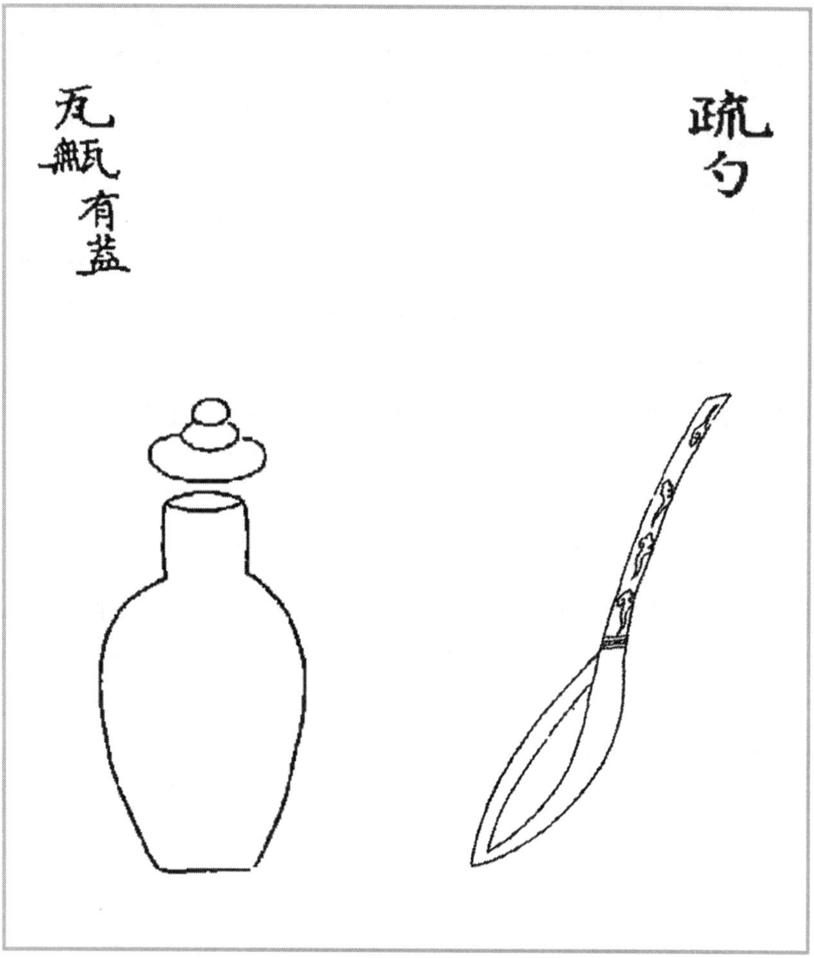

▸**출처:** 『삼례도집주(三禮圖集注)』 12권

그림 5-10 포작(蒲勺)과 치(觶)

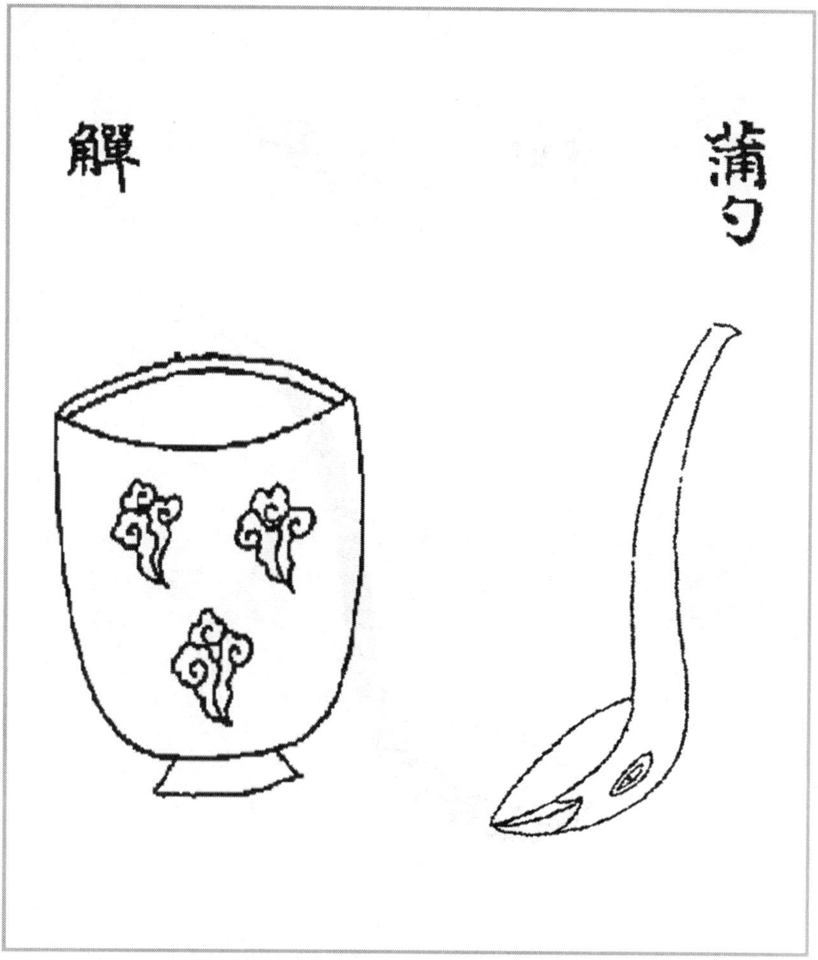

▸ **출처:** 『삼례도집주(三禮圖集注)』 12권

그림 5-11 형사(鉶柶)

▸ **출처:**『삼례도집주(三禮圖集注)』13권

【229a】

如將冠子, 而未及期日, 而有齊衰·大功·小功之喪, 則因喪服而冠. 除喪, 不改冠乎. 孔子曰: 天子賜諸侯·大夫冕弁服於大廟, 歸設奠, 服賜服, 於斯乎, 有冠醮, 無冠醴. 父沒而冠, 則已冠, 埽地而祭於禰, 已祭而見伯父·叔父, 而後饗冠者.

직역 "만일 장차 子에게 冠을 하려는데, 期日에 未及하여, 齊衰·大功·小功의 喪이 有하면, 喪服에 因하여, 冠을 한다." "除喪하면 冠을 不改합니까?" 孔子가 曰, "天子가 諸侯·大夫에게 大廟(太廟)에서, 冕弁服을 賜하면, 歸하여 設奠하고서, 賜服을 服하니, 이때에는 冠醮는 有하나, 冠醴는 無하다. 父沒하고 冠하면, 已冠하고, 埽地하여, 禰에 祭하고, 已祭하고서 伯父·叔父를 見하고, 이후에 冠者에게 饗한다."

의역 공자가 계속하여 말하길, "만일 장차 자식에게 관례(冠禮)를 시행하려고 하는데, 관례를 시행하려고 계획했던 날짜가 아직 되지도 않아서, 자최복(齊衰服), 대공복(大功服), 소공복(小功服)을 입어야 할 상(喪)이 생기게 되면, 상복(喪服)을 입어야 하기 때문에 관례를 해야 할 자는 상복에 착용하는 관(冠)을 대신 쓴다." 그러자 증자가 또 질문하길, "상례(喪禮)를 끝내고 나면, 상중(喪中)에 쓰고 있던 관을 벗고서, 다시 관례를 시행합니까?" 공자가 다시 대답해주길, "천자가 제후 및 대부(大夫)들에게 태묘(太廟)에서 면복(冕服)과 변복(弁服)을 하사하게 되면, 제후 및 대부들은 자신의 영지로 되돌아와서, 묘(廟)에서 전제사[奠祭]를 올리고, 하사 받은 복장을 입게 되니, 이때에는 관초(冠醮)만 있고, 관례(冠醴)는 없다. 예법(禮法)이 이러한데, 어찌 제상(除喪)을 했다고 해서, 관을 고쳐 쓰는 예(禮)를 시행하겠는가? 그리고 부친이 죽은 이후에 관례를 하게 되면, 관례를 끝내고서 그 곳을 청결하게 청소하여, 부친에게 제사를 지내고, 제사를 끝내고서, 백부(伯父)나 숙부(叔父) 등을 찾아뵙고, 그 이후에는 관례 때문에 찾아온 빈객(賓客)들과 관례를 돕기 위해 찾아온 자들에게 향연을 베푼다."

集說 未及期日, 在期日之前也. 因喪服而冠者, 因著喪之成服, 而加喪冠也. 此是孔子之言. 曾子又問他日除喪之後, 不更改易而行吉冠之禮乎. 孔子答云, 諸侯及大夫有幼弱未冠, 總角從事至當冠之年, 因朝天子. 天子於大廟中賜冕服弁服, 其受賜者榮君之命, 歸卽設奠告廟, 服所賜之服矣. 於此之時, 惟有冠之醮, 無冠之醴. 醮是以酒爲燕飮, 醴則獨禮受服之人也. 其禮如此, 安得有除喪改冠之禮乎. 父沒而冠, 謂除喪之後, 以吉禮禮冠者, 蓋齊衰以下, 可因喪服而冠, 斬衰不可.

번역 "기일(期日)에 아직 미치지 못했다[未及期日]."는 말은 관례(冠禮)를 치르기로 계획했던 날짜보다 이전이라는 뜻이다. 상복(喪服)을 입기 때문에, 관례를 치러야 할 자들은 상중(喪中)에 성복(成服)을 착용하는 법도에 연유해서, 상례(喪禮) 때 착용하는 관(冠)을 대신 쓰게 된다. 여기까지가 공자의 말이다. 공자의 대답을 듣고 난 뒤에 증자는 또한 '상을 끝내고[除喪]' 난 이후, 다른 날을 잡아서 다시금 관을 바꿔서 쓰고, 정상적인 관례인 길관(吉冠)의 예법(禮法)을 시행하는지를 물어본 것이다. 공자가 대답해주길, 제후 및 대부(大夫)들 중에 아직 나이가 어려서 관례를 하지 않은 자가 있다면, 머리를 양 갈래로 묶고서, 성인(成人)들처럼 일에 종사하게 되는데, 관례를 치러야 할 나이가 되면, 이것을 계기로 천자를 찾아뵙게 된다. 천자는 태묘(太廟) 안에서 면복(冕服)과 변복(弁服)을 그들에게 하사해주니, 그 하사품을 받은 자들은 군주의 명령을 영광으로 여겨서, 되돌아와서는 곧바로 전제사[奠祭]를 올리며, 묘(廟)에 이러한 사실을 고(告)하고, 하사받은 복장을 입게 된다. 이러한 때에는 오직 관례에서 '초(醮)'만 있고, 관례 중의 '례(醴)'는 없게 된다. '초'는 술로 향연을 베푸는 절차이며, '례'는 유독 복식을 하사받은 사람에게만 단술을 따라주어, 예법에 따라 대접하는 절차이다. 그 예법이 이와 같은데, 어떻게 제상(除喪)을 한 뒤에, 관을 고쳐 쓰는 예법이 있을 수 있겠는가? "부친이 죽은 이후에 관례를 한다[父沒而冠]."는 말은 제상한 이후에 길례(吉禮)에 따라서 관자(冠者)들을 예(禮)로 접대한다는 뜻이며, 무릇 자최복(齊衰服) 이하의 복장을 착용하는 자들은 상복을 착용해야 하는 일에 연유해서, 상복에 따른 관을 대신 써서 관례를 대체할 수 있지만, 참최복(斬衰服)을 입는 자들은 그처럼 할 수 없다.

그림 5-12 소공복(小功服)

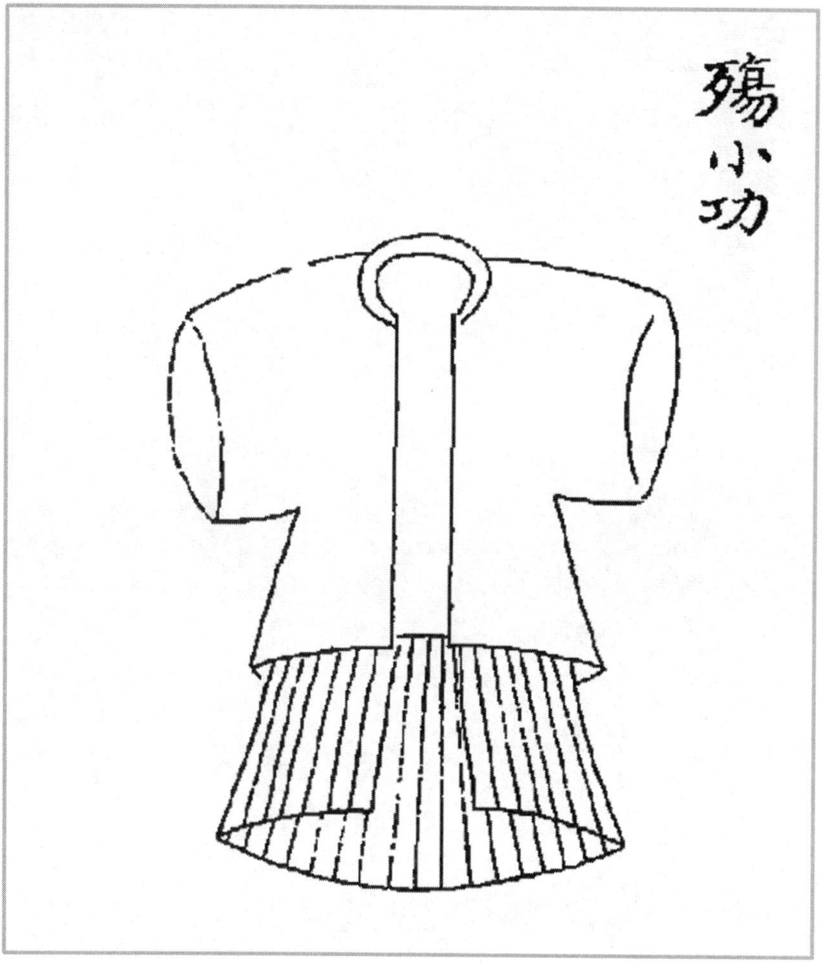

▸ **출처:** 『삼례도집주(三禮圖集注)』 16권

그림 5-13 소공복 착용 모습

▸ **출처:** 『삼재도회(三才圖會)』「의복(衣服)」 3권

그림 5-14 소공복 각부 명칭

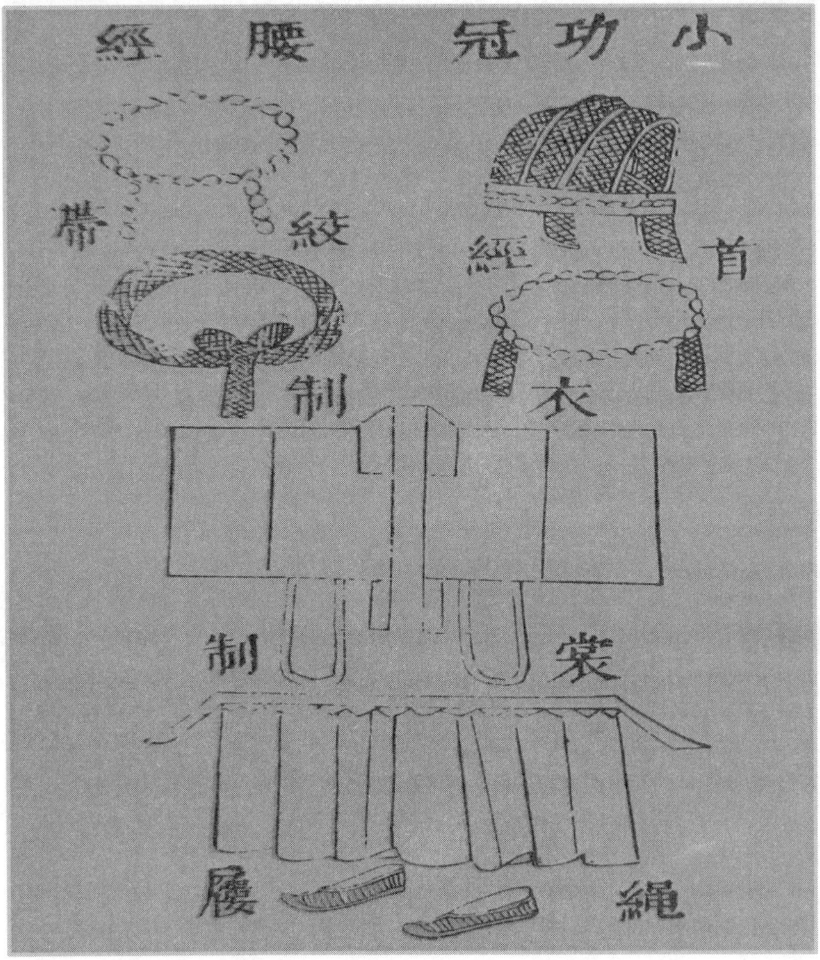

▸ **출처:** 『삼재도회(三才圖會)』「의복(衣服)」 3권

集說 疏曰: 吉冠是吉時成人之服, 喪冠是喪時成人之服. 謂之醮者, 酌而無酬酢曰醮. 醴重而醮輕者, 醴是古之酒, 故爲重. 醮之所以異於醴者, 三加之後, 總一醴之, 醮則每一加而行一醮也.

번역 공영달(孔穎達)의 소(疏)에서 말하길, '길관(吉冠)'은 길(吉)한 시기에 성인(成人)이 입는 복장이며, '상관(喪冠)'은 상중(喪中)에 성인이 입는 복장이다. '초(醮)'라고 부르는 이유는 술을 따르되, 서로 술을 권하는 일이 없는데, 이때 사용하는 술이 '초'이므로, 이러한 절차조차도 '초'라고 부른다. '례(醴)'는 귀중한 것이고, '초'는 비교적 덜 귀중한 것인데, 그 이유는 '례'가 고대로부터 전해 내려온 술이므로, 귀중한 것이 된다. 후대에 새로운 방법으로 만든 '초'를 사용할 때, '례'를 사용하는 절차와 다른 점은 삼가(三加)를 행한 이후에는 총괄적으로 한번 '례'를 따라주고, '초'의 경우에는 매번 하나의 관(冠)을 더해줄 때마다, 한번의 '초'를 따라주는 것이다.

鄭注 廢吉禮而因喪冠, 俱成人之服. 及, 至也. 酒爲醮, 冠禮醴重而醮輕. 此服賜服, 酌用酒, 尊賜也. 不醴, 明不爲改冠, 改冠當醴之. 饗謂禮之.

번역 길례(吉禮)에 해당하는 정상적인 관례(冠禮)를 그만두고, 상례(喪禮)의 절차에 따라 관(冠)을 써서, 본래 관례를 받아야 할 자는 성인(成人)들이 상(喪)을 치르며 착용하는 복장을 갖추게 된다. '급(及)'자는 "도달한다."는 뜻이다. 이러한 경우에 술은 초주(醮酒)를 쓰는데, 본래의 정상적인 관례에서는 례주(醴酒)가 귀중한 것이 되고, 초주가 덜 귀중한 것이 된다. 이때에는 하사받은 복장을 입게 되므로, 이 술을 이용하여 술잔을 채우는 행위는 하사품을 존귀하게 대하기 위해서다. 례주를 사용하지 않는다는 말은 관을 고쳐 쓰지 않는다는 사실을 밝힌 것으로, 관을 고쳐 써서 관례를 다시 시행하게 되면, 마땅히 례주를 사용한다. '향(饗)'자는 예법(禮法)에 따라 손님들을 접대한다는 뜻이다.

釋文 醮, 子妙反, 酌而無獻酬曰醮.

번역 '醮'자는 '子(자)'자와 '妙(묘)'자의 반절음으로, 술은 따르되, 술을 따라서 서로 주고받는 절차를 하지 않을 것을 '醮'라고 부른다.

孔疏 ●"如將"至"而冠". 旣答曾子之問, 遂言未及期日有喪之禮, 故云"未及期日而有齊衰大功小功之喪".

번역 ●經文: "如將"~"而冠". ○공자는 증자가 질문한 내용에 대해서 대답을 끝내고서, 뒤이어 기일(期日)이 아직 되지 않았는데 상(喪)이 발생했을 경우, 관례(冠禮)에 대한 예법(禮法)을 추가적으로 언급하고 있다. 그렇기 때문에 경문에서 '기일이 아직 되지 않았는데, 자최(齊衰), 대공(大功), 소공(小功)의 상복(喪服)을 입어야 하는 상이 발생하게 된다면'이라고 말한 것이다.

孔疏 ●"則因喪服而冠"者, 孔子言冠日尙遠, 不可以吉加冠, 故廢其吉禮, 則因著喪之成服而加喪冠也. "除喪不改冠乎"者, 曾子旣得夫子引類以答之, 仍疑而發問云, 此人因喪服而冠, 除喪之後, 不更改易, 而行吉冠之禮乎?

번역 ●經文: "則因喪服而冠". ○공자는 관례(冠禮)를 치르기로 기약한 날이 촉박해진 상태도 아니며, 시간적으로 여전히 여유가 있다면, 길례(吉禮)의 예법(禮法)에 따라서 자식에게 관례를 치러줄 수 없게 되므로, 관례를 폐지하게 되는데, 이러한 경우에는 상(喪) 때 성복(成服)을 착용하는 것에 연유해서, 그 상복(喪服)에 맞는 상관(喪冠)을 쓰는 것으로 대체한다고 언급한 것이다. 경문의 "除喪不改冠乎"에 대하여. 증자는 공자가 예시를 인용하여 대답해준 말을 듣고서, 곧 의문이 생겨 다시 질문을 한 것이다. 그 질문 내용을 다시 설명하자면, 이러한 경우에 처한 사람은 상복을 입는 것에 연유해서, 상관을 쓰게 되는데, 그렇다면 제상(除喪)한 이후에 다시 관

(冠)을 고쳐 쓰고서, 길례에 따른 정상적인 관례의 예법을 시행하지 않는 것이냐고 물어본 내용이다.

孔疏 ●"孔子"至"賜服". ○此一經孔子引類答曾子除喪不合改冠之事. 所以然者, 謂諸侯幼弱未冠, 總角從事, 至當冠之年, 因朝天子. 天子而賜諸侯大夫或弁或冕之服, 於天子大廟之中, 榮君之賜, 歸設奠祭於己宗廟, 此時身服所賜之服, 更不改冠也.

번역 ●經文: "孔子"~"賜服". ○이 경문은 공자가 비슷한 사례를 인용하여, 증자에게 제상(除喪)을 한 뒤에 관(冠)을 고쳐 쓰는 일은 이치에 합당하지 않다는 것을 대답해준 말이다. 이처럼 시행하는 이유는 제후들 중에 나이가 어려서, 아직 관례(冠禮)를 치르지 않은 자가 있다면, 그는 양 갈래로 머리를 묶고 업무에 종사하게 되는데, 관례를 치러야 할 나이가 되면, 그것에 기인하여 천자를 찾아뵙게 된다. 천자는 곧 제후 및 대부(大夫)들에게 변복(弁服)이나 면복(冕服)의 복장을 하사하는데, 천자의 태묘(太廟) 안에서 그 의식들을 시행하며, 하사품을 받은 자들은 군주의 하사품을 영광스럽게 생각하여, 영지로 되돌아와서 자신의 종묘(宗廟)에서 전제사[奠祭]를 올리니, 이때에 그들은 하사받은 복장을 입게 되지만, 다시금 관을 고쳐 쓰지는 않는다.

孔疏 ●"於斯乎有冠醮, 無冠醴"者, 斯, 此也. 於此之時, 唯有冠之醮法, 行醮以相燕飮. 無有冠之醴法, 謂不用醴以禮受服者之身. 所以然者, 凡改冠則當用醴. 今旣受服于天子, 不可歸還更改爲初冠禮法. 然則旣因喪而冠, 不可除喪更改爲吉冠也.

번역 ●經文: "於斯乎有冠醮, 無冠醴". ○'사(斯)'자는 '이것'이라는 뜻이다. 이러한 시기에는 다만 관례(冠禮)의 여러 절차들 중에서 초(醮)를 사용하는 예법(禮法)만 있게 되어, '초'를 사용하여 연회를 베풀게 된다. 관례

중 례(醴)를 사용하는 예법이 없다는 말은 '례'를 사용하여 천자로부터 복장을 하사받은 자에게, 예(禮)로 대접하지 않는다는 뜻이다. 그러한 이유는 무릇 관(冠)을 고쳐 쓸 때에는 마땅히 '례'를 사용해야 하기 때문이다. 그런데 이곳에서 언급하는 상황은 이미 천자로부터 복장을 하사받았다고 하더라도, 자신의 영지로 되돌아와서 다시금 관을 고쳐 쓰고, 애초에 시행하려고 했던 관례의 예법을 따를 수가 없게 된다. 그래서 이미 상례(喪禮)로 인하여 관을 쓰게 되면, 제상(除喪)을 한 뒤에 다시금 관을 고쳐 써서, 길례(吉禮)에 해당하는 평상시 때의 관례를 시행할 수 없는 것이다.

孔疏 ●"父沒"至"冠者". ○孔子既答其問, 又釋父沒加冠之禮, 故云"父沒而冠", 則加冠, 已冠之後, 埽地而祭於禰廟, 已祭之, 而見伯父叔父, 見伯叔之後, 乃饗冠者.

번역 ●經文: "父沒"~"冠者". ○공자는 이미 증자의 질문에 대답을 해주었는데, 그 문제와 연관하여, 부친이 죽은 이후에 관(冠)을 씌워주는 예법(禮法)에 대해서도 추가적으로 가르쳐준 것이다. 그렇기 때문에 경문에서 "부친이 죽고 나서 관(冠)을 한다."라고 말한 것이니, 이 말은 곧 부친이 없는 아들에게 관례(冠禮)를 치러주고, 관례가 끝난 이후에는 그 장소를 청소하고서, 녜묘(禰廟)에 제사를 지내고, 제사가 끝나면, 백부(伯父)와 숙부(叔父)를 찾아뵙고, 백부와 숙부를 찾아뵙고 나서는 곧 관자(冠者)들에게 향연을 베풀게 된다는 뜻이다.

孔疏 ◎注"廢吉"至"之服". ○正義曰 吉冠是吉時成人之服, 喪冠是喪時成人之服. 今既有凶, 廢吉禮而因喪冠, 故云"俱成人之服"也.

번역 ◎鄭注: "廢吉"~"之服". ○'길관(吉冠)'은 길(吉)한 시기에 성인(成人)이 착용하는 복장이며, '상관(喪冠)'은 상중(喪中)에 성인이 착용하는 복장이다. 이곳에서 언급하는 상황은 이미 흉사(凶事)가 발생한 경우로, 길례(吉禮)인 평상시의 관례(冠禮)를 폐지하고, 상례(喪禮)에 따라서 관(冠)을 쓰게 된다. 그렇기 때문에 정현이 "성인들이 상을 치르며 착용하는 복장을 갖춘다."라고 말한 것이다.

孔疏 ◎注"酒爲"至"醴之". ○正義曰: 按士冠禮云, "若不醴, 則醮用酒", 是酌酒爲醮. 謂之醮者, 鄭注云, "酌而無酬酢曰醮". 皇氏云, "醴亦無酬酢, 而云酒無酬酢者, 以酒有酬, 酢爲常禮, 故無酬酢, 乃謂之爲醮." 云"冠禮醴重而醮輕"者, 按士冠禮, "適子三加於阼, 乃醴於客位." 醴是古之酒, 故爲重. 士冠禮又云, "若庶子, 則冠於房外南面, 遂醮焉." 醮旣用酒, 酒是後代之法, 故爲輕也. 按士冠禮, "若不醴, 則醮用酒." 注云, "若不醴, 謂國有舊俗可行, 聖人用焉不改者也." 如鄭此言, 則行周禮者, 適子用醴, 庶子用醮. 若用先王舊俗者, 雖適子與庶子同用醮. 先王是夏殷也, 雖在周前, 因而用也. 醮之所以異於醴者, 醴則三加之後, 總一醴之, 醮則每一加而行一醮, 凡三醮也. 云"酌用酒, 尊賜也"者, 謂諸侯大夫旣受賜服而歸, 祭告之後, 使人酌酒以飮, 已榮上之賜, 不酬酢也. 云"不醴, 明不爲改冠"者, 受賜服而來, 若其改而更冠, 應從適子之尊, 冠必酌醴以醴之. 今旣不醴, 明不改冠也. 皇氏云, "謂諸侯及大夫幼弱未冠, 總角從事, 當冠之年, 因朝天子而賜之服, 故歸還不改冠也." 義或然也.

번역 ◎鄭注: "酒爲"~"醴之". ○『의례』「사관례(士冠禮)」편을 살펴보면, "만약 례(醴)를 하지 않는다면, 초(醮)를 하며 술을 사용한다."[4]라고 했으니, 술을 따라주는 것이 '초'가 된다. 그것을 '초'라고 부르는데, 「사관례」편의 기록에 대한 정현의 주에서는 "술을 따르되, 서로 술을 권하는 일이 없는 것을 '초'라고 부른다."라고 했다. 황간은 "'례' 또한 서로 술을 권함이 없는데, 술을 마시되 서로 권하는 일이 없다고 말하는 이유는 본래의 주례(酒禮)에 따르면, 술을 가지고 자신에게 술을 권한 사람에게 답례하는 의미에서 술을 따라주니, 이처럼 술잔을 돌리는 것이 일상적인 예법(禮法)이다. 그렇기 때문에 술을 권함이 없는 것을 곧 '초'를 시행한다고 부른다."라고

---

4) 『의례』「사관례(士冠禮)」: 若不醴, 則醮用酒.

했다. 정현이 "관례(冠禮)에서는 '례'가 귀중하고, '초'는 덜 귀중하다."라고 하였는데, 「사관례」편을 살펴보면, "적자(適子)는 동쪽 계단에서 삼가(三加)의 예(禮)를 시행하고, 곧 객위(客位)에서 례(醴)를 한다."[5]라고 했다. '례'는 고대로부터 전수되는 방법으로 빚은 술이다. 그렇기 때문에 귀중하게 여기는 것이다. 「사관례」편에서는 또한 "서자(庶子)의 경우라면, 방 밖에서 관례를 하고, 남면(南面)을 하며, 마침내 초(醮)를 한다."[6]라고 했으니, '초'에도 이미 술을 사용하는 것으로, 그 술은 후대의 방법으로 빚은 술이다. 그렇기 때문에 덜 귀중하게 여기는 것이다. 「사관례」편을 살펴보면, "만약 '례'를 하지 않는다면, '초'를 하며 술을 사용한다."라고 했고, 정현의 주에서는 "'만약 례(醴)를 하지 않는다.'는 말은 해당 국가에서 '례'를 사용하지 않는 관습이 남아 있다면, 그 관습에 따라 시행하는 것이 옳으니, 성인(聖人)도 그 관습에 따랐지, 고쳐서 시행하지는 않았다."라고 했다. 만약 정현의 주장과 같다면, 주(周)나라의 예법을 시행할 경우에는 적자만 '례'를 사용하고, 서자는 '초'를 사용하게 된다. 그리고 만약 선왕(先王)들이 남긴 옛 관습에 따르는 경우라면, 비록 적자라고 하더라도 서자와 마찬가지로 '초'를 사용하게 된다. 선왕이라고 말한 부분은 하(夏)나라나 은(殷)나라 때의 예법에 해당하니, 이러한 예법들이 비록 주나라 이전에 만들어진 것들이라고 하더라도, 그것에 따라서 시행하게 된다. '초'를 사용할 때, '례'를 사용할 때와 다른 점은 '례'를 사용하게 되면, 삼가(三加)를 시행한 이후에, 총괄적으로 한번 '례'를 하게 되며, '초'를 사용하게 되면, 매번 하나의 관(冠)을 더해줄 때마다, 한번의 '초'를 따라주게 되니, 모두 3번 '초'를 하게 된다. 정현이 "술을 이용하여 술잔을 채우는 행위는 하사품을 존귀하게 대하기 위해서다."라고 하였는데, 이 말은 곧 제후나 대부(大夫)가 천자가 하사한 복장을 받고서, 자신의 영지로 되돌아오게 되면, 제사를 지내서 이러한 사실을 고(告)한 이후에, 사람을 시켜서 자신에게 술을 따르게 하여 마

---

5) 『의례』「사관례(士冠禮)」: 適子冠於阼, 以著代也. 醮於客位, 加有成也. / 『의례』 본문에는 '례(醴)'자가 아닌 '초(醮)'자로 기록되어 있다.

6) 『의례』「사관례(士冠禮)」: 若庶子, 則冠于房外, 南面, 遂醮焉.

시며, 자기 본인은 천자에게 하사를 받았다는 사실을 은혜롭게 여기게 되지만, 다른 사람들에게 술잔을 권하지 않는다는 뜻이다. 정현이 "례주(醴酒)를 사용하지 않는다는 말은 관(冠)을 고쳐 쓰지 않는다는 사실을 밝힌 것이다."라고 하였는데, 제후나 대부가 천자로부터 하사받은 의복을 가지고 자신의 영지로 되돌아왔는데, 만약 관을 고쳐 써서, 다시 정상적인 관례를 시행하게 된다면, 마땅히 적자에게만 해당하는 존귀한 예법(禮法)에 따르게 되어, 관례를 시행하면서 반드시 술잔에 례(醴)를 따르며, '례'에 대한 예법을 시행해야 한다. 그런데 이곳 문장에서는 이미 '례'를 하지 않는다고 했으니, 이 말은 곧 "관을 고쳐 쓰지 않는다[不改冠]."는 사실을 밝힌 것이다. 황간은 "제후 및 대부들 중에서 나이가 어려서, 아직 관례를 받지 못한 자들은 총각 머리를 하고서 부친을 대신하여 일에 종사하고, 관례를 치러야 할 나이가 되면, 그것에 연유하여 천자를 찾아뵙고, 복장을 하사받는다. 그렇기 때문에 되돌아와서, 다시금 관을 고쳐 쓰지 않는 것이다."라고 했는데, 그 의미가 혹여 그러하기도 하다.

孔疏 ◎注"饗謂禮之". ○正義曰: 按士冠禮醴賓以壹獻之禮, 此云"饗冠者", 前注云"冠者, 賓及贊"者, 此卽是饗賓及贊者. 此父沒而冠, 按士冠禮云, "若孤子, 則父兄戒宿. 冠之日, 主人紒而迎賓, 拜, 揖讓, 立于序端", 則冠者自迎賓. 皇氏云, "冠者諸父迎賓, 非禮也."

번역 ◎鄭注: "饗謂禮之". ○『의례』「사관례(士冠禮)」편을 살펴보면, 빈객(賓客)들에게 례(醴)를 따라주며, 일헌(一獻)의 예법(禮法)을 시행한다고 하였는데, 이곳 경문에서는 "관자(冠者)에게 향(饗)한다."라고 하고, 앞 문장에 대한 정현의 주에서는 "'관자'는 빈객 및 관례(冠禮)를 도와주는 자들이다."라고 하였으니, 이 문장에서 말하고 있는 '향(饗)'자는 곧 빈객 및 관례를 도와주는 자들에게 향연을 베푼다는 뜻이다. 그리고 이곳 문장에서 언급하고 있는 상황은 부친이 죽은 이후 자식에게 관례를 시행하는 경우인데, 「사관례」편을 살펴보면, "만약 아버지가 없는 자라면, 그의 백부(伯父)

나 숙부(叔父)들이 조카의 관례를 위해 미리 재계(齋戒)를 한다. 조카가 관례를 치르는 날이 되면, 관례를 받아야 할 조카가 부친 대신 직접 주인(主人)의 신분이 되어, 상투를 틀고서 빈객들을 맞이하며, 절을 하고 인사를 나누고서, 동쪽 계단의 남쪽 부근에 서게 된다."[7]라고 했으니, 관례를 받는 자가 직접 빈객들을 맞이한다는 뜻이다. 황간은 이러한 경우에 대해서 "관례를 받는 자의 백부나 숙부가 빈객들을 맞이하는 행위는 비례(非禮)이다." 라고 했다.

訓纂 王氏懋竑曰: 凡三醮, 則醴輕而醮反重, 且不改冠, 安得有三加也? 通解於庶子章注, "一醮, 正也. 其用醴及三醮, 爲適子加耳, 庶子則一醮, 以酒足矣." 於此可證有冠醮, 無冠醴之說.

번역 왕무횡[8]이 말하길, 모두 3번 초(醮)를 한다면, 례(醴)는 덜 귀중한 것이 되고, '초'가 오히려 귀중한 것이 되며, 또한 개관(改冠)을 하지 않는다고 했는데, 어떻게 삼가(三加)의 예(禮)를 할 수 있는가? 『통해(通解)』「서자장(庶子章)」에 대한 주에서는 "한 번만 '초'하는 행위가 바른 것이다. '례' 및 삼초(三醮)를 사용하는 행위는 적자(適子)를 위해서 '삼가'를 할 때에 해당할 뿐이니, 서자(庶子)의 경우에는 한 번만 '초'를 하며, 술을 사용하는 것으로 충분하다."라고 했다. 이 기록을 통해서, 관례(冠禮)에는 '초'만 있었고, 관례(冠醴)가 없었다는 주장을 증명할 수 있다.

訓纂 盧注: 本父當成之, 不能成, 故已冠而祭之, 若成之矣.

번역 노씨의 주에서 말하길, 본래는 부친이 마땅히 관례(冠禮)를 해주어야 하지만, 부친이 이미 죽은 상태여서, 직접 관례를 해줄 수가 없기 때문

7) 『의례』「사관례(士冠禮)」: <u>若孤子, 則父兄戒·宿. 冠之日, 主人紒而迎賓, 拜, 揖, 讓, 立于序端</u>, 皆如冠主.

8) 왕무횡(王懋竑, A.D.1668 ~ A.D.1741) : 청대(淸代)의 경학자이다. 자(字)는 자중(予中)·여중(與中)이며, 호(號)는 백전(白田)이다.

에, 부친이 없는 자식들은 미리 관(冠)을 쓰고서 부친에게 제사를 지내어, 마치 부친이 관례를 해준 것처럼 한다.

集解 愚謂: 未及期日, 謂既筮日而未及所筮之日也. 因喪服而冠者, 於成服之日, 就喪次以喪冠而冠也. 蓋亦當有賓及贊者, 既冠字之, 一加而已, 而無餘禮也. 冠爲重禮, 乃因喪服行之, 其略如此者何也? 蓋吉禮重於嘉禮, 以嘉禮所以接神, 而吉禮乃所以事神也. 凶禮又重於吉禮, 以吉禮爲事之常, 而凶禮乃事之變也. 冠禮雖重, 視喪禮則爲輕矣. 童子於喪服不能備, 今既有冠日, 乃以不能備嘉禮之故, 而不得以成人之服居喪, 則是以所輕廢所重也. 故因喪冠者, 非輕冠禮, 乃所以重喪禮也. 雜記"大功·小功之末, 可以冠子", 乃謂備嘉禮而冠者, 與此因喪服而冠者, 異也.

번역 내가 생각해보니, 경문에서 "미급기일(未及期日)"이라고 한 말은 관례(冠禮)를 치르기에 적합한 날을 미리 점쳐 두었는데, 점쳐서 길(吉)하다고 점괘가 나온 날이 아직 되지 않았다는 뜻이다. 경문에서 "상복(喪服)에 따라서 관(冠)을 한다."라고 하였는데, 이 말은 곧 상(喪)이 발생하게 되면, 관례를 치르지 않았다고 하더라도 성복(成服)을 차려 입는 날에, 상복(喪服)과 관을 쓰고서, 상례(喪禮)를 치르는 장소에 나아가게 되므로, 관례를 치르는 대신 상복에 따른 관을 쓴다는 뜻이다. 아마도 이러한 상황에서는 또한 빈객(賓客)들과 관례를 도와주는 자들이 있었을 것이니, 이미 관을 쓰고 있었으므로, 그에게 자(字)를 지어주되, 정상적인 삼가(三加)가 아닌 일가(一加)만 했을 따름이고, 나머지 절차들은 없었을 것이다. 관례는 중요한 예(禮)에 속하는데, 상복을 입는 것으로 인하여, 그것을 대신 시행한다고 해도, 그 생략하는 것이 이처럼 너무 간략한 것은 어째서인가? 무릇 길례(吉禮)는 가례(嘉禮)보다 중요하니, 가례는 접신(接神)을 하는 행위이고, 길례는 곧 신(神)을 섬기는 행사이기 때문이다. 흉례(凶禮)는 또한 길례보다 중요하니, 길례는 일상적으로 섬기는 일이며, 흉례는 곧 변고에 따라 섬기는 일이기 때문이다. 관례가 비록 중요하다고 하지만, 상례를 기준으로

본다면, 덜 중요한 것이 된다. 아직 관례를 치르지 않은 동자(童子)들은 상복에 대해서, 다 갖춰 입을 수가 없는데, 이곳에서 말하는 상황은 이미 관례를 치르기로 한 날이 기약되었음에도, 상이 발생하여 곧 가례를 준비할 수 없게 된 경우로, 만약 이러한 경우에 해당하는 자들이 성인(成人)의 복장을 착용하고서 상을 치르지 못한다면, 이러한 행위는 '덜 중요한 것[嘉禮]'으로써 '보다 중요한 것[喪禮]'을 폐지하는 경우가 된다. 그렇기 때문에 상례로 인하여 관을 쓴다는 행위는 관례를 경시하는 것이 아니며, 곧 상례를 중시하기 때문이다. 『예기』「잡기(雜記)」편에서 "대공(大功)과 소공(小功)의 복(服)이 끝날 때에는 아들에게 관례를 해줄 수 있다."[9]라고 하였으니, 이 말은 곧 가례를 갖춰서, 관례를 한다는 뜻으로, 여기에서 상복으로 인하여 관을 쓴다고 한 말과는 다른 경우이다.

集解 雜記曰, "以喪冠者, 雖三年之喪可也", 而此言"將冠子, 而未及期日, 而有齊衰·大功·小功之喪, 則因喪服而冠", 則未有期日者, 固不必因喪而冠矣. 蓋父母之喪, 已及冠年, 則必因喪而冠, 以不欲以未成人之禮服其親也. 若齊衰以下, 則有當室, 有不當室. 不當室者, 已筮日, 則因喪而冠, 此記所言, 是也. 若未筮日, 則大功者, 待喪末, 以吉禮冠, 雜記"大功之末, 可以冠子", 是也. 齊衰者, 待除喪, 以吉禮冠. 雜記"下殤之小功則不可", 下殤之小功, 本齊衰之親也. 當室者, 齊衰·大功之喪, 已及冠年則冠, 故雜記云"以喪冠者, 雖三年之喪可也", 明齊衰·大功因喪而冠, 可知小功以下, 則待喪末以吉禮冠, 雜記"小功之末可以冠", 是也. 蓋因喪而冠者, 所以重喪服, 而服之輕重, 恩之隆殺不同, 故冠之緩急, 亦異也.

번역 『예기』「잡기(雜記)」편에서 말하길, "상중(喪中)에 있으면서 관례(冠禮)를 치러야 할 자들은 비록 삼년상 중에 있더라도, 관례를 치러도 괜찮다."[10]라고 했고, 이곳 경문에서는 "장차 아들에게 관례를 하려는데, 기일

9) 『예기』「잡기하(雜記下)」【516a】: 大功之末可以冠子, 可以嫁子. 父小功之末可以冠子, 可以嫁子, 可以取婦.

(期日)이 되지 않아서, 자최(齊衰), 대공(大功), 소공(小功)의 상복(喪服)을 입어야 하는 상(喪)이 발생한다면, 상복을 입어야 하는 일에 연유해서 관(冠)을 쓴다."라고 했으니, 기일을 아직 정하지 않은 자는 반드시 상으로 인한 관을 쓰지 않아도 된다. 무릇 부모의 상에 대해서, 이미 관례를 해야 할 나이가 된 자들이라면, 반드시 상례(喪禮)에 따라서 관을 써야 한다. 그 이유는 미성년자에 대한 예(禮)를 따르게 하여, 그들의 부모에 대한 상에 임하게 하지 않고자 하기 때문이다. 상이 발생하더라도 만약 자최복(齊衰服) 이하의 상복을 입는 경우라면, 당실(當室)[11]인 경우도 있고, 당실이 아닌 경우도 있게 된다. 당실이 아닌 경우에 해당하는 자들이 이미 관례를 치르기 위한 길일(吉日)을 점쳤다고 한다면, 상례에 따라서 관을 쓰니, 이곳「증자문」편에서 말하고 있는 내용이 바로 여기에 해당한다. 그리고 만약 길일을 점치지 않았다면, 대공복(大功服)을 입는 자들은 상이 끝나기를 기다렸다가, 정상적인 길례(吉禮)로써 관례를 시행하게 되니,「잡기」편에서 "대공의 복(服)이 끝날 때, 자식에게 관례를 해줄 수 있다."라고 한 말이 바로 여기에 해당한다. 자최복을 입는 경우에는 제상(除喪)할 때까지 기다렸다가, 정상적인 길례로써 관례를 시행한다.「잡기」편에서 "하상(下殤)한 자를 위해서 소공복(小功服)을 입은 경우라면, 그렇게 해서는 안 된다."[12]라고 말했는데, 하상한 자에 대해서 소공복을 입는 경우는 죽은 자가 하상한 경우만 아니라면, 본래는 자최복을 입어야 하는 가까운 관계이기 때문이다. 당실에 해당하는 자들이 자최복이나 대공복을 입는 상중(喪中)에 있는데, 이미 관례를 치러야 하는 나이가 된다면, 관을 쓰게 된다. 그렇기 때문에「잡기」편에서 "상중에 있으면서 관례를 치러야 할 자들은 비록 삼년상 중에 있더라도, 관례를 치러도 괜찮다."라고 하였으니, 이 말은 곧 자최복이나 대공복을 입는 자들은 상례에 따라서 관을 쓴다는 사실을 밝힌 것이다. 따라서 이 사실을 통해

---

10)『예기』「잡기하(雜記下)」【516a】: 以喪冠者, 雖三年之喪可也.

11) 당실(當室)은 부친을 대신하여, 가사(家事)를 돌본다는 뜻이다. 고대에는 대부분 장자(長子)가 이것을 담당해서, 당실은 적장자(嫡長子)를 가리키기는 용어로도 사용된다.

12)『예기』「잡기하(雜記下)」【516b】: 下殤之小功則不可.

서 소공복 이하의 상복을 입는 자들의 경우라면, 상이 끝나기를 기다렸다가 길례로써의 정상적인 관례를 시행한다는 사실도 알 수 있으니, 「잡기」편에서 "소공의 복(服)이 끝날 때, 관례를 할 수 있다."라고 한 말이 바로 이러한 경우를 가리킨다. 무릇 상례에 따라 관을 쓴다는 말은 상복을 중시하지만, 상복의 수위는 친소의 관계에 따라 달라지기 때문이다. 그렇기 때문에 상례 때문에 관을 쓰고, 또는 상이 끝나기를 기다렸다가 관례를 치르기도 하여, 관을 쓰는데 늦고 빠른 차이도 또한 달라진다.

集解 愚謂: 大夫, 謂天子之大夫也. 諸侯·大夫未冠嗣位, 初見天子, 天子假大廟而命之, 賜以冕弁, 禮本於尊者所成, 故歸遂不復行冠禮也. 大夫五十而後爵, 此未冠嗣位, 得賜冕弁服於大廟, 謂有功得世國, 若周·召·劉·單之屬者也. 設奠者, 告於祖廟也. 服賜服, 言服所賜之服而告廟, 明不爲冠禮也. 酌而無酬酢曰醮. 冠禮有醴與醮, 醴用醴, 三加之後, 總一醴之. 醮用酒, 每一加而一醮. 醴質而醮文, 醴重而醮輕. 諸侯冠禮用鬱鬯之祼, 左傳"君冠, 必以祼將之禮行之", 是也. 此云"有冠醮, 無冠醴", 據大夫言之也. 大夫冠禮當用醴, 今以不復行冠禮, 故但使人酌酒醮己而不用醴. 若諸侯, 則亦但使人酌酒醮己而不爲鬱鬯之祼也. 受賜服者如此, 則因喪而冠者, 其不復行冠禮可知矣.

번역 내가 생각해보니, 경문에서 언급하고 있는 대부(大夫)는 제후에게 소속된 대부를 가리키는 것이 아니라, 천자에게 소속된 대부들을 가리킨다. 제후와 대부들 중에 관례(冠禮)를 치르지 않고, 부친의 지위를 계승한 자가 있다면, 그가 처음에 천자를 알현할 때에, 천자는 태묘(太廟)에 가서 그에게 명(命)을 내려주고, 면복(冕服)과 변복(弁服)을 하사하게 되니, 예(禮)라는 것은 본래부터 존귀한 자에 의해 이루어지는 것이다. 그렇기 때문에 천자에게 하사품을 받은 자들은 자신의 영지로 되돌아오더라도, 이미 천자라는 존귀한 자에 의해 하사를 받은 상태이고, 집안에서 가장 존귀한 자인 부친이 죽은 이후이므로, 재차 관례를 시행하지 않는 것이다. 그런데 일반적으로 대부는 50세 이후에야 작위를 받는데,[13] 이곳에서 언급하는 대상들은 아직 관례를 치르지도 않았으면서, 부친의 지위를 계승하여, 천자의 태묘에서 면복과 변복을 하사받을 수 있다고 하였는데, 이러한 경우는 그들의 조상들 중에 큰 공적을 세운 자가 있어서, 나이와 상관없이 대대로 작위를 세습할 수 있는 자들에 해당하니, 마치 주공(周公), 소공(召公), 유공(劉公), 단공(單公)의 후손들이 이러한 경우에 속한다. 전제사[奠祭]를 올린다는 말은 조묘(祖廟)에 고(告)한다는 뜻이다. 하사받은 복장을 입는다는 말은 천자에게 하사받은 복장을 입고서, 묘(廟)에 고한다는 뜻으로, 별도의 관례를 시행하지 않는다는 사실을 나타낸다. 술을 따르되, 서로 권함이 없는 것을 초(醮)라고 부른다. 관례에는 례(醴)와 '초'라는 예법(禮法)이 있는데, '례'에서는 례주(醴酒)를 사용하고, 삼가(三加)의 예법을 시행한 이후에, 총괄적으로 한번 '례'를 행한다. '초'는 일반적인 술을 사용하니, 매번 하나의 관(冠)을 더해줄 때마다, 한번의 '초'를 한다. 비유하자면 '례'는 질박한 것에 해당하며, '초'는 화려한 것에 해당한다. 따라서 '례'는 귀중한 것이고, '초'는 덜 귀중한 것이다. 제후의 관례에서는 울창주를 따라서 신(神)을 강림하게 만드니, 『좌전(左傳)』에서 "군주가 관례를 하면, 반드시 관향(祼享)[14]의 예법으로 시행한다."[15]라고 한 말이 바로 그 용례가 된다. 그런데 이곳 경문에서는 "관초(冠醮)만 있고, 관례(冠醴)는 없다."라고 하였으니, 이 말은 대부의 관례에 기준을 두고 언급한 것이다. 대부의 관례에서는 마땅히 '례'를 사용하는데, 이곳에서 언급하고 있는 상황은 다시 관례를 시행할 수 없는 상황이기 때문에, 단지 사람을 시켜서 잔에 술을 따르게 하여, 자기 자신에게 '초'만 하며, '례'는 사용하지 않는 것이다. 만약 이러한 상황에 속한 자가 제후인 경우라면, 또한 사람을 시켜서 잔에 술을 따르고, 자신에게 '초'를 하며, 울창주를 땅에 뿌리는 관향은 하지 않게 된다. 천자로부

---

13) 『예기』「왕제(王制)」【178c】: <u>五十而爵</u>, 六十不親學, 七十致政, 唯衰麻爲喪.

14) 관향(祼享)은 종묘(宗廟)의 제의(祭儀) 중에서, 땅에 향기로운 술을 뿌려 신(神)을 강림시키는 의식을 뜻한다.

15) 『춘추좌씨전』「양공(襄公) 9년」: 君冠, <u>必以祼享之禮行之</u>, 以金石之樂節之, 以先君之祧處之. / 이 문장에서는 '관장(祼將)'이 아닌 '관향(祼享)'으로 기록되어 있다.

터 복장을 하사받은 자들도 이처럼 별도의 관례를 시행하지 않는다면, 상례(喪禮)에 따라서 정상적인 관례를 치르지 않고, 상복(喪服)에 착용하는 관을 대신 쓰게 된 자들도 상(喪)을 끝낸 이후에 관례를 다시 시행하지 않는다는 사실을 알 수 있다.

集解 孔疏以醴與醮爲適子庶子之分, 非是. 說見郊特牲.

번역 공영달(孔穎達)의 소(疏)에서는 '례(醴)'와 '초(醮)'로써, 적자(適子)와 서자(庶子)의 구분을 삼았는데, 이 주장은 잘못된 말이다. 그에 대한 설명은 『예기』「교특생(郊特牲)」편에 나와 있다.

集解 愚謂: 祭於禰者, 冠於禰廟, 旣冠而行告祭也. 埽地, 亦爲新其事也. 饗冠者, 謂醴賓也. 士冠禮"醴賓, 以一獻之禮", "贊者皆與", 是也. 伯父叔父尊, 故先見之, 而后饗冠者. 父在而冠, 則於其父饗冠者之時, 而見伯父叔父.

번역 내가 생각해보니, "녜(禰)에서 제사를 지낸다[祭於禰]."는 말은 녜묘(禰廟)에서 관(冠)을 쓴다는 뜻으로, 미리 관을 쓰고서, 고(告)하며 제사를 지낸다는 의미이다. 그 장소를 청소하는 이유는 또한 시행하려는 일을 새롭게 만들기 위해서이다. "관자(冠者)에게 향(饗)한다[饗冠者]."는 말은 빈객(賓客)들에게 례(醴)로 접대함을 뜻한다. 『의례』「사관례(士冠禮)」에서는 "빈객들에게 례(醴)로 접대하길, 일헌(一獻)의 예(禮)로써 한다."라고 했고, "도와주는 자들도 모두 참여한다."라고 한 말[16)]이 바로 이것을 가리킨다. 백부(伯父)와 숙부(叔父)는 존귀한 자에 해당한다. 그렇기 때문에 먼저 찾아뵙는 것이며, 그 이후에 관자(冠者)들에게 연회를 베푸는 것이다. 부친이 살아 있는 상태에서 관례를 시행한다면, 그의 부친이 '관자'들에게 연회를 베풀게 되는 시기에, 백부와 숙부를 찾아뵙는다.

---

16) 『의례』「사관례(士冠禮)」: 乃醴賓以壹獻之禮. 主人酬賓, 束帛·儷皮. 贊者皆與. 贊冠者爲介.

• 제 6 절 •

제사에서 여수(旅酬)를 하지 않는 경우

【229c】

曾子問曰: 祭如之何, 則不行旅酬之事矣. 孔子曰: 聞之, 小祥者, 主人練祭而不旅, 奠酬於賓, 賓弗擧, 禮也. 昔者, 魯昭公, 練而擧酬行旅, 非禮也. 孝公, 大祥, 奠酬弗擧, 亦非禮也.

직역 曾子가 問曰, "祭에 어찌하면, 旅酬의 事를 不行합니까?" 孔子가 曰, "聞之컨대, 小祥의 경우, 主人은 練祭나 不旅하고, 賓에게 奠酬하나, 賓은 弗擧함이 禮이다. 昔者에 魯昭公이 練하고, 擧酬하여 行旅하니, 非禮이다. 孝公도 大祥에 奠酬하되 弗擧하니, 또한 非禮이다."

의역 증자가 묻기를, "제사를 지낼 때에, 어떠한 경우에 여수(旅酬)[1]의 일을 하지 않는 것입니까?" 그러자 공자가 대답해주기를, "내가 듣기로, 소상(小祥)[2]을 지내는 경우에, 상주(喪主)는 연제(練祭)[3]를 지내지만, 여수를 하지 않고, 빈객(賓客)에게 술을 따라주지만, 빈객은 술잔을 들지 않는 것이 예(禮)이다. 옛적에 노(魯)나라 소공(昭公)이 연제를 지내고, 술을 권하며 여수를 시행하였으니, 비례(非

---

1) 여수(旅酬)는 제사가 끝난 후에, 제사에 참가했던 친족 및 빈객(賓客)들이 술잔을 들어 술을 마시고, 서로 공경의 예(禮)를 표하며, 잔을 권하는 의례(儀禮)이다.

2) 소상(小祥)은 부모의 상(喪)에서, 부모가 죽은 지 만 1년 만에 지내는 제사이다. 이 제사가 끝나면, 자식은 3년상을 지낼 때의 복장과 생활방식을 조금씩 덜어내게 된다.

3) 연제(練祭)는 소상(小祥)과 같은 뜻이다.

禮)이다. 노나라 효공(孝公)도 대상(大祥)[4]을 지냄에, 술을 권하되, 술잔을 들지 않았으니, 또한 비례이다."

集說 曾子問祭而不行旅酬之禮, 何祭爲然. 孔子言惟小祥練祭爲然. 不旅者, 不旅酬也. 奠酬於賓, 奠其酬爵於賓前也. 賓弗擧者, 賓不擧以旅也. 言此祭, 主人得致爵於賓, 賓不可擧此爵而行旅酬, 此禮也. 大祥則可旅酬矣. 孝公, 隱公之祖.

번역 증자는 제사를 지낼 때에 여수(旅酬)의 예(禮)를 시행하지 않는 경우는 어떠한 제사 때 그렇게 하는지를 물어본 것이다. 공자는 오직 소상(小祥)인 연제(練祭) 때에만 그렇게 한다고 대답하였다. '불려(不旅)'라는 말은 여수를 하지 않는다는 뜻이다. "빈(賓)에게 전수(奠酬)를 한다[奠酬於賓]."는 말은 빈객(賓客)의 앞 쪽에 술 따른 잔을 바친다는 뜻이다. "빈객이 불거(弗擧)한다[賓弗擧]."는 말은 빈객이 술잔을 들어서 여수를 하지 않는다는 뜻이다. 그러므로 이 문장의 뜻은 소상을 지낼 경우에, 상주(喪主)는 빈객 앞에 술잔을 놓을 수 있지만, 빈객은 이 술잔을 들어서 여수를 시행할 수 없으니, 이처럼 행동하는 것이 올바른 예법(禮法)이다. 만약 대상(大祥)인 경우라면, 여수를 할 수 있다. 효공(孝公)은 노(魯)나라 은공(隱公)의 조부(祖父)이다.

集說 朱子曰: 旅, 衆也. 酬, 導飮也. 旅酬之禮, 賓弟子兄弟之子, 各擧觶於其長而衆相酬. 蓋宗廟之中, 以有事爲榮, 故逮及賤者, 使亦得以伸其敬也. 又曰: 主人酌以獻賓, 賓酢主人曰酢, 主人又自飮而復飮賓曰酬. 主人自飮者, 是導賓使飮也. 但賓受之却不飮, 奠於席前, 至旅時亦不擧, 又自別擧爵.

번역 주자가 말하길, '여수(旅酬)'라고 할 때의 '여(旅)'자는 '무리[衆]'라

4) 대상(大祥)은 부모의 상(喪)에서, 부모가 죽은 지 만 2년 만에, 탈상을 하며 지내는 제사이다.

는 뜻이다. '수(酬)'자는 마시길 권한다는 뜻이다. 여수의 예법(禮法)에서는 빈객(賓客)의 제자들과 형제들의 자식들이 각각 그 무리의 연장자들에게 치(觶: 뿔로 만든 잔)를 들어 올려서, 무리들끼리 서로 술을 권하게 된다. 무릇 종묘(宗廟) 안에서 시행하는 의례에서는 그 속에서 일을 맡게 된 것을 영광으로 여긴다. 그렇기 때문에 술잔을 따라줄 때 비록 신분이 미천한 자가 있더라도 그런 자들에게까지 따라주는 것이니, 이것을 통하여 그들로 하여금 종묘에 봉안된 조상신(祖上神)에 대해, 공경하는 마음을 펼칠 수 있게끔 하는 것이다. 또 말하길, 주인(主人)은 술을 따라서 빈객에게 바치고, 빈객이 주인에게 잔을 돌리는 행위를 초(酢)라고 부르며, 그런 뒤에 주인이 또한 본인 앞에 놓인 술을 마시고서, 다시 빈객에게 술을 마시도록 하는 행위를 수(酬)라고 부른다. 주인 본인이 먼저 술을 마시는 이유는 빈객에게 술을 마시도록 권하기 위해서이다. 다만 빈객은 술잔을 받으면, 곧바로 마시지 않고, 자신의 자리 앞에 놓아두며, '수'를 할 때가 되어도, 또한 잔을 들지 않으며, 무리들과 별도로 빈객만 술잔을 들게 된다.

大全 嚴陵方氏曰: 昭公, 未可爲而爲之, 則於禮爲不及. 孝公, 可以爲而不爲, 則於禮爲過. 過猶不及, 故皆以爲非禮也. 然而不及於禮, 爲近於薄, 過於禮, 爲近於厚, 故於昭公則言非禮, 於孝公則曰亦而已.

번역 엄릉방씨가 말하길, 소공(昭公)은 아직 시행해서는 안 되는데도 그 절차를 시행했으니, 예법(禮法)에 대해서 '미치지 못한 경우[不及]'가 된다. 효공(孝公)은 할 수 있는데도 하지 않았으니, 예법에 대해서 '지나친 경우[過]'가 된다. 지나친 것은 미치지 못한 것과 같다.[5] 그렇기 때문에 공자가 이 두 경우를 모두 비례(非禮)라고 여긴 것이다. 그러나 예(禮)에 대해서 불급(不及)한 경우는 박(薄)한 데에 가까운 행위이고, 예에 대해서 과(過)한 경우는 후(厚)한 데에 가까운 행위이다. 그렇기 때문에 공자가 소공

5) 『논어』「선진(先進)」: 子曰, "師也過, 商也不及." 曰, "然則師愈與?" 子曰, "過猶不及."

에 대해서는 비례라고 말하고, 효공에 대해서는 단지 '또한[亦]'이라고만 말했을 뿐이다.

鄭注 奠無尸, 虞不致爵, 小祥不旅酬, 大祥無無筭爵, 彌吉. 孝公, 隱公之祖父.

번역 전제사[奠祭]에는 시동이 없고, 우제(虞祭)에는 술잔에 술을 따라서 건네주는 절차인 치작(致爵)을 하지 않으며, 소상(小祥)에는 여수(旅酬)를 하지 않고, 대상(大祥)에는 술잔 따르는 수를 셈하지 않는 절차가 없고, 대상부터는 흉례(凶禮)에서 길례(吉禮)로 점진적으로 변해가게 된다. 효공(孝公)은 은공(隱公)의 조부(祖父)이다.

孔疏 ●"曾子"至"禮也". ○正義曰: 此一節論喪祭簡略之事.

번역 ●經文: "曾子"~"禮也". ○이 문장은 상제(喪祭)에서 간략히 하는 일들을 논의하고 있다.

孔疏 ●"孔子"至"擧禮也". 練, 小祥祭也. 旅謂旅酬, 故奠無尸. "虞不致爵"至"小祥"·"彌吉", 但得致爵於賓, 而不得行旅酬之事, 大祥乃得行旅酬, 而不得行無筭爵之事也. 此皆謂喪事簡略, 於禮未備故也.

번역 ●經文: "孔子"~"擧禮也". ○'연(練)'자는 소상(小祥) 때 지내는 제사를 뜻한다. '여(旅)'자는 여수(旅酬)를 뜻한다. 그렇기 때문에 전제사[奠祭]에서는 시동이 없다. 정현의 주 기록 중 '우불치작(虞不致爵)'라는 기록부터 '소상(小祥)'과 '미길(彌吉)'까지에 대하여. 단지 빈객(賓客)에게만 치작(致爵)을 할 수 있고, 여수(旅酬)의 절차는 시행할 수가 없으며, 대상(大祥)에서는 곧 여수를 시행할 수 있지만, '술잔 따르는 수를 셈하지 않는[無筭爵]' 일은 할 수 없다. 이처럼 시행하는 것은 모두 상사(喪事)를 간략하게 시행한다는 뜻으로, 예법(禮法)에 대해 완전히 갖출 수 없기 때문이다.

孔疏 ◎注"奠無"至"彌吉". ○正義曰: 按士虞禮云, "男, 男尸. 女, 女尸", 檀弓云, "虞而立尸", 是虞時始立尸, 故云"奠無尸". 奠所以無尸者, 奠是未葬之前, 形體尙在, 未忍立尸異於生, 故未立尸. 虞是旣葬之後, 形體已去, 鬼神事之, 故立尸以象神也. 又按特牲云, "祝延尸於奧", "尸卽[6]席坐, 主人拜妥尸, 尸答拜", "尸左執觶, 右取菹擩于醢, 祭于豆間. 佐食取黍稷肺祭授尸, 尸祭之祭酒·啐酒", 祭鉶, 乃食, 九飯. "主人洗角升, 酌酳尸, 尸卒爵. 祝酌授尸, 尸以醋[7]主人, 主人卒爵, 延祝南面, 主人酌獻祝, 祝受卒爵. 主人酌獻佐食, 佐食受卒爵." 此是主人之獻也. 特牲又云, "主婦洗爵獻尸, 尸卒爵. 尸酢主婦, 主婦卒爵. 主婦酌獻祝, 祝卒爵. 酌獻佐食, 佐食卒爵." 此是主婦之獻也. 賓三獻, 獻于尸, 尸三爵止. 注云, "尸止爵者, 三獻禮成, 欲神惠之均於室中." 云"虞不致爵"者, 按士虞禮, "賓三獻尸, 尸卒爵, 禮畢", 無致爵以下之事, 所謂"虞不致爵"也. 按特牲又云, "尸, 止爵之後, 席于戶內, 主婦洗爵酌, 致爵于主人, 主人拜受爵, 主婦拜送爵", "主人卒爵拜, 主婦答拜, 受爵酌醋, 左執爵拜, 主人答拜", "主人降洗酌, 致爵于主婦, 席于房中南面, 主婦拜受爵, 主人西面答拜", 主婦卒爵拜, 主人答拜. 主人更爵醋, 卒爵拜, 主婦答拜, 所謂致爵也. 三獻之, 賓作尸所止爵, 尸飮卒爵醋賓, 賓飮卒爵獻祝, 及佐食致爵于主人·主婦, 畢, 主人降阼階, 升酌西階上, 獻賓及衆賓訖, 主人洗觶于西階前北面酬賓, 酬賓訖, 主人洗爵于阼階上獻長兄弟, 及衆兄弟, 及內兄弟于房中. 獻畢, 賓乃坐, 取主人所酬之觶於阼階前酬長兄弟, 長兄弟受觶於西階前, 酬衆賓,

---

6) '즉(卽)'자에 대해, '즉'자를 다른 판본에는 '기(旣)'자로 기록하고 있는데, 완원(阮元)의 『교감기(校勘記)』에서는 "살펴보니, '즉'자로 기록하는 것이 『의례』「특생궤식례(特牲饋食禮)」편의 기록과 부합된다."라고 했다.

7) '초(醋)'자에 대하여. '초(醋)'자는 본래 '초(酢)'자로 기록되어 있었는데, 완원(阮元)의 『교감기(校勘記)』에서는 "『의례』를 살펴보니, '초(酢)'자를 '초(醋)'자로 기록하고 있고, 정현의 주에서도 '초, 보야(醋, 報也)'라고 기록하고 있다. 경문에도 '초(醋)'자로 기록되어 있으며, '초(酢)'자로 기록되어 있지 않다."라고 했다.

衆賓酬衆兄弟, 所謂旅酬也. 云“小祥不旅酬”, 衆賓不擧主人所酬之觶, 不行旅酬之事, 所謂小祥不旅酬, 謂奠酬於主人, 主人酬於賓, 賓不擧也. 旅酬之後, 賓弟子兄弟弟子, 各酌于其尊, 擧觶各於其長, 賓取觶酬兄弟之黨, 長兄弟取觶酬賓之黨, 所謂“無筭爵”也. 云“大祥無無筭爵, 彌吉”者, 大祥乃得行旅酬, 而不得行此無筭爵之事, 故云“大祥無無筭爵”, 以其漸漸備禮, 故云“彌吉”, 仍未純吉也.

번역 ◎鄭注: “奠無”~“彌吉”. ○『의례』「사우례(士虞禮)」편을 살펴보면, “죽은 자가 남자라면, 남자 시동을 쓰고, 여자라면, 여자 시동을 쓴다.”[8] 라고 했고, 『예기』「단궁(檀弓)」편에서는 “우제(虞祭)를 지낼 때에는 시동을 세운다.”[9]라고 했으니, 이 기록들은 우제를 지낼 때에 비로소 시동을 세우게 된다는 사실을 나타낸다. 그렇기 때문에 정현의 주에서, “우제를 지내기 이전에, 빈소에서 지내는 전제사[奠祭]에는 시동이 없다.”라고 말한 것이다. 전제사 때 시동을 세우지 않는 이유는 전제사는 장례(葬禮)를 치르기 이전에 지내는 제사이므로, 빈소에 죽은 자의 시신이 여전히 남아 있게 되어, 차마 시동을 세워서 죽은 자에 대해 모시기를 생전과 다르게 할 수 없기 때문에, 아직 시동을 세우지 않는 것이다. 우제는 장례를 치르고 난 이후에 지내는 제사이니, 죽은 자의 시신을 무덤에 묻게 되어, 형체가 이미 떠나버리게 되니, 귀신(鬼神)에 대한 도리로 섬기게 된다. 그렇기 때문에 시동을 세워서, 신(神)을 형상화하는 것이다. 또한 『의례』「특생궤식례(特牲饋食禮)」편을 살펴보면, “축관(祝官)이 시동을 아랫목으로 인도한다.”라고 하였고, “시동이 자리에 나아가 앉으면, 주인은 시동에게 절을 하고 편안하게 앉히면, 시동이 답례로 절을 한다.”라고 하였으며, “시동이 좌측 손으로 술잔을 잡고, 우측 손으로 채소 절임 등을 젓갈에 찍고서, 제기들 사이에 두고 제사를 지낸다. 좌식(佐食)[10]은 기장[黍稷], 잘게 저민 ‘희생물의 폐

---

8) 『의례』「사우례(士虞禮)」 : 男, 男尸. 女, 女尸, 必使異姓, 不使賤者.

9) 『예기』「단궁하(檀弓下)」【132a】 : 虞而立尸, 有几筵.

10) 좌식(佐食)은 제사를 지낼 때, 시동의 옆에서 시동이 제사 음식을 흠향할 수 있도록 시중을 드는 사람이다.

[肺]'를 집어다가 시동에게 주고, 시동은 그것들로 제사를 지내며, 제사에 바치게 되는 향기로운 술에 대해서는 그 술을 맛보고 좋은 것이라고 고(告)한다."[11]라고 했는데, 탕국을 바쳐서 제사를 지내게 되면, 곧 밥을 먹되, 아홉 차례 밥을 뜬다. 그리고 "주인(主人)이 술잔을 씻어서 올리고, 시동에게 입가심을 할 술을 따라주면, 시동은 잔을 비운다. 축관이 술을 따라서 시동에게 주면, 시동은 잔을 들어서 주인에게 술을 권하고, 주인이 잔을 비우면, 축관을 인도하여 남면(南面)을 하고, 주인이 술을 따라서 축관에게 바치면, 축관은 그 잔을 받아다가 잔을 비운다. 주인이 술을 따라서 좌식에게 바치면, 좌식은 그 잔을 받아다가 잔을 비운다."[12]라고 했는데, 이 내용이 바로 주인이 헌(獻)하는 행위에 해당한다. 「특생궤식례」편에서는 또한 "주부(主婦)가 잔을 씻어서 시동에게 바치면, 시동은 잔을 비운다. 시동이 주부에게 잔을 권하면, 주부는 잔을 비운다. 주부가 술을 따라서 축관에게 바치면, 축관은 잔을 비운다. 술을 따라서 좌식에게 바치면, 좌식은 잔을 비운다."[13]라고 했는데, 이 내용은 주부가 '헌'하는 행위에 해당한다. 빈객

---

11) 『의례』「특생궤식례(特牲饋食禮)」: 祝延尸. 尸升, 入. 祝先. 主人從. 尸卽席坐. 主人拜妥尸. 尸答拜, 執奠. 祝饗. 主人拜如初. 祝命挼祭. 尸左執觶, 右取菹擩于醢, 祭于豆間. 佐食取黍稷肺祭授尸. 尸祭之, 祭酒, 啐酒, 告旨.

12) 『의례』「특생궤식례(特牲饋食禮)」: 主人洗角, 升, 酌酳尸. 尸拜受. 主人拜送. 尸祭酒, 啐酒. 賓長以肝從. 尸左執角, 右取肝擩于鹽, 振祭, 嚌之, 加于菹豆, 卒角. 祝受尸角, 曰, "送爵, 皇尸卒爵." 主人拜. 尸答拜. 祝酌授尸, 尸以醋主人. 主人拜受角. 尸拜送. 主人退. 佐食授挼祭. 主人坐, 左執角, 受祭祭之. 祭酒, 啐酒, 進聽嘏. 佐食摶黍授祝. 祝授尸. 尸受以菹豆, 執以親嘏主人. 主人左執角, 再拜稽首受, 復位. 詩懷之, 實于左袂, 挂于季指, 卒角, 拜. 尸答拜. 主人出, 寫嗇于房. 祝以籩受. 筵祝, 南面. 主人酌獻祝. 祝拜受角. 主人拜送. 設菹·醢·俎. 祝左執角, 祭豆, 興取肺, 坐祭, 嚌之, 興, 加于俎, 坐, 祭酒, 啐酒. 以肝從. 祝左執角, 右取肝擩于鹽, 振祭, 嚌之, 加于俎, 卒角, 拜. 主人答拜, 受角, 酌獻佐食. 佐食北面拜受角. 主人拜送. 佐食坐, 祭, 卒角, 拜. 主人答拜, 受角, 降, 反于篚, 升, 入, 復位.

13) 『의례』「특생궤식례(特牲饋食禮)」: 主婦洗爵于房, 酌, 亞獻尸. 尸拜受. 主婦北面拜送. 宗婦執兩籩戶外坐. 主婦受, 設于敦南. 祝贊籩祭, 尸受祭之, 祭酒, 啐酒. 兄弟長以燔從. 尸受, 振祭, 嚌之, 反之. 羞燔者受, 加于肵, 出. 尸卒爵. 祝受爵, 命"送"如初. 酢如主人儀. 主婦適房, 南面. 佐食挼祭. 主婦左執爵, 右撫祭, 祭酒, 啐酒, 入, 卒爵, 如主人儀. 獻祝, 籩燔從, 如初儀. 及佐食如初.

(賓客)들은 삼헌(三獻)을 하며, 시동에게 술잔을 바치게 되어, 시동은 세 번 술잔을 받고서, 그치게 된다. 정현의 주에서 "시동이 술잔 받는 것을 그치는 이유는 삼헌의 예(禮)가 이루어져, 신의 은혜로움이 묘실[室] 안에 있는 자들에게 골고루 나눠지기를 바라기 때문이다."라고 했다. 정현이 "우제에서는 치작(致爵)을 하지 않는다."라고 하였는데, 『의례』「사우례」편을 살펴보면, "빈객이 시동에게 삼헌을 하면, 시동은 술잔을 비우고, 예(禮)를 끝낸다."[14]라고 했다. 그러므로 치작 이후의 일들은 없게 되니, 이것이 이른바 "우제에서는 치작하지 않는다."는 말이다. 「특생궤식례」편을 살펴보면, 또한 "시동이 술잔 받는 것을 그친 이후에, 호(戶) 안에 자리를 깔고, 주부는 잔을 씻어서 그 잔에 술을 따르고, 주인에게 잔을 건네주는데, 주인은 절을 하고 잔을 받으며, 주부는 절을 하며 잔을 보낸다."[15]라고 했고, "주인이 잔을 비우고 절을 하면, 주부는 답례로 절을 하며, 잔을 받아서 술을 따르고, 술을 권하니, 좌측 손으로 술잔을 잡고 절을 하면, 주인이 답례로 절을 한다."[16]라고 했으며, "주인이 내려와서 잔을 씻고, 주부에게 술잔을 건네고, 방(房) 안에 자리를 깔고 남면하면, 주부는 절을 하고 잔을 받고, 주인은 서면(西面)을 하여 답례로 절을 한다."[17]라고 했으니, 주부가 술잔을 비우고 절을 하면, 주인도 답례로 절을 한다. 주인이 다시 잔을 올려 술을 권하고, 잔을 비우고 절을 하면, 주부는 답례로 절을 하니, 이것이 이른바 '치작'이라는 것이다. 삼헌을 하여, 빈객들은 시동이 술잔을 그만 받게 하며, 시동은 술을 마셔서 술잔을 비우고서, 빈객에게 술을 권하면, 빈객은 술을 마셔서 잔을 비우고, 축관에게 바치며, 좌식이 주인과 주부에게 술잔을 돌리게 하고서야, 의식이 다 끝나게 된다. 그런 이후에 주인은 동쪽 계단

卒, 以爵入于房.

14) 『의례』「사우례(士虞禮)」: 賓長洗繶爵, 三獻, 燔從, 如初儀.

15) 『의례』「특생궤식례(特牲饋食禮)」: 爵止. 席于戶內. 主婦洗爵酌, 致爵于主人. 主人拜受爵. 主婦拜送爵.

16) 『의례』「특생궤식례(特牲饋食禮)」: 卒爵, 拜. 主婦答拜, 受爵, 酌醋, 左執爵, 拜. 主人答拜.

17) 『의례』「특생궤식례(特牲饋食禮)」: 主人降, 洗酌, 致爵于主婦. 席于房中, 南面. 主婦拜受爵. 主人西面答拜.

으로 내려왔다가, 다시 올라가 서쪽 계단 쪽에서 술을 따라서, 빈객 및 빈객 무리들에게 두루 바치는데, 모든 빈객들에게 술잔이 골고루 돌아가게 되면, 주인은 서쪽 계단 앞에서 잔을 씻고서, 북면(北面)을 하고 빈객에게 술을 권하며, 빈객에게 술 권하는 일이 끝나면, 주인은 동쪽 계단 쪽에서 술잔을 씻어서, 방(房) 안에서 장형제(長兄弟), 중형제(衆兄弟) 및 내형제(內兄弟)들에게도 술잔이 모두 돌아가게 한다. '헌(獻)'하는 절차가 끝나면, 빈객은 곧 자리에 앉으며, 주인이 동쪽 계단 앞에서 장형제들에게 권했던 술잔을 가져가고, 장형제들은 서쪽 계단 앞에서 술잔을 받아서, 빈객 무리들에게 술을 권하면, 빈객 무리들은 중형제들에게 술을 권하니, 이것이 이른바 여수(旅酬)라는 행위이다. 정현이 "소상(小祥) 때는 여수를 하지 않는다."라고 하였는데, 빈객 무리들은 주인이 술을 권했던 잔을 들지 않고, '여수'하는 절차를 시행하지 않는다는 뜻이니, 이른바 소상 때 여수를 하지 않는다는 말은 주인에게 술잔을 바치며 술을 권하지만, 주인이 빈객들에게 술을 권하더라도, 빈객들은 술잔을 들지 않는다는 뜻이다. 여수를 한 이후에, 빈객의 제자들과 형제들의 자제들은 각각 그들의 수장에게 술을 따르고, 잔을 들어 올리는 것도 각각 그들의 수장에게 하며, 빈객들이 잔을 가져다가, 형제들 무리에게 술을 권하고, 장형제들이 잔을 가져다가 빈객 무리에게 술을 권하니, 이것이 이른바 "술잔의 수를 셈하지 않는다."는 행위이다. 정현이 "대상(大祥)에는 술잔의 수를 셈하지 않는 절차를 하지 않고, 점차적으로 길례(吉禮)로 변하게 된다."라고 하였는데, 대상에서는 곧 여수를 시행할 수 있지만, 이와 같은 "술잔의 수를 셈하지 않는다[無筭爵]."는 일들은 시행할 수가 없다. 그렇기 때문에 "대상에서는 술잔의 수를 셈하지 않는 절차를 하지 않는다."라고 말한 것이고, 이러한 과정을 통해 점진적으로 예(禮)를 갖추기 때문에, "점차적으로 길(吉)하게 된다."라고 말한 것이니, 아직은 완전하게 길한 상태가 아니기 때문이다.

孔疏 ●"昔者魯昭公練而擧酬行旅, 非禮也"者, 練祭但得致爵於賓, 賓不合擧此爵而行旅酬, 今昭公行之, 故曰"非禮也". 大祥彌吉, 得行旅酬, 今孝公不然, 亦曰"非禮".

번역 ●經文: "昔者魯昭公練而擧酬行旅, 非禮也". ○연제(練祭)에서는 다만 빈객(賓客)들에게 술잔을 돌릴 수 있지만, 빈객들이 이 술잔을 들어올려서, 여수(旅酬)를 시행하는 행위는 합당하지 않은 일인데, 이곳 문장에서는 소공(昭公)이 그러한 일을 시행했다고 하였기 때문에, "비례(非禮)이다."라고 말한 것이다. 대상(大祥)부터는 점차 길례(吉禮)로 바뀌게 되어, 여수를 시행할 수 있는데, 이곳 문장에서는 효공(孝公)이 그렇게 하지 않았으므로, 또한 '비례'라고 말한 것이다.

孔疏 ◎注"孝公隱公之祖父"者, ○正義曰: 按世本, 孝公生惠公弗皇, 弗皇生隱公, 是隱公之祖父也.

번역 ◎鄭注: "孝公隱公之祖父". ○『세본(世本)』을 살펴보니, 효공(孝公)은 혜공(惠公)인 불황(弗皇)을 낳았고, 불황(弗皇: =惠公)은 은공(隱公)을 낳았으므로, 효공은 곧 은공의 조부(祖父)가 된다.

集解 三年之喪, 至期而祭, 謂之小祥. 小祥練冠練衣. 練祭, 謂練冠以祭也. 特牲禮三獻以後, 主人獻賓及衆賓訖, 洗觶酬賓, 奠于薦北, 賓取觶, 奠于薦南. 至衆賓長爲加爵之後, 兄弟弟子擧觶於其長, 賓乃取所奠觶, 酬長兄弟, 長兄弟取觶酬賓, 交錯以辯, 謂之旅酬. 今小祥之祭, 長兄弟爲加爵, 則禮畢, 賓不復取所奠觶, 行旅酬之禮也. 昭公練而旅酬, 不肖者之不及也. 孝公大祥, 奠酬弗擧, 賢者之過也.

번역 삼년상을 치르는 동안에, 만 1년이 되면 제사를 지내는데, 그 제사를 소상(小祥)이라고 부른다. 소상에는 연관(練冠: 비단으로 만든 관)과 연의(練衣: 명주를 누벼서 만든 의복)를 착용한다. 소상을 연제(練祭)라고 부르는 이유는 연관 및 연의를 착용하고서, 제사를 지내기 때문이다. 『의례』

「특생궤식례(特牲饋食禮)」편에서는 삼헌(三獻)을 한 이후에, 주인(主人)이 빈객(賓客) 및 빈객 무리들에게 헌(獻)을 하여, 빈객 무리에게 모두 술잔이 돌아가게 되면, 잔을 씻고서, 빈객들에게 술을 권하며, 음식물이 차려진 장소의 북쪽에 내려놓고, 빈객들은 그 잔을 가져다가, 음식물이 차려진 장소의 남쪽에 내려놓는다. 빈객들이 그들의 수장에게 술잔을 따른 이후에, 형제의 자제들은 그들 무리의 연장자에게 술잔을 들어올리고, 빈객은 곧 내려놓았던 술잔을 가져다가, 장형제(長兄弟)에게 술을 권하며, 장형제는 술잔을 가져다가 빈객들에게 술을 권하니, 이처럼 서로 교대로 술을 권하며 구성원 집단을 구분하는 행위를 여수(旅酬)라고 부른다. 이곳에서 언급하는 상황은 소상에 대한 제사에 해당하므로, 장형제가 술잔을 받게 되면, 예(禮)가 끝나게 되니, 빈객들은 다시금 내려놓은 술잔을 가져다가 여수의 예(禮)를 시행할 수 없다. 소공(昭公)은 연제(練祭)를 지내면서도 여수를 했으니, 미련한 자 중에서도 예법(禮法)에 '미치지 못한[不及]' 자이다. 효공(孝公)은 대상(大祥)을 지내면서, 잔을 올려 술을 권하는데도 잔을 들지 않았으니, 똑똑한 척 하는 자들 중에서도 예법에 '지나친[過]' 자이다.

• 제 7 절 •

상복(喪服)과 각종 제사의 참여 문제

【230a】

曾子問曰: 大功之喪, 可以與於饋奠之事乎. 孔子曰: 豈大功耳. 自斬衰以下, 皆可, 禮也. 曾子曰: 不以輕服而重相爲乎. 孔子曰: 非此之謂也. 天子·諸侯之喪, 斬衰者奠, 大夫, 齊衰者奠, 士則朋友奠, 不足則取於大功以下者, 不足則反之.

직역 曾子가 問曰, "大功의 喪에, 饋奠의 事에 與할 수 있습니까?" 孔子가 曰, "어찌 大功뿐이리오. 斬衰로부터 이하는 모두 可하니, 禮이다." 曾子가 問曰, "服을 輕하고, 相爲를 重하지 않습니까?" 孔子가 曰, "此를 謂함이 아니다. 天子·諸侯의 喪에는 斬衰者가 奠하고, 大夫는 齊衰者가 奠하며, 士는 朋友가 奠하되, 不足하면 大功 이하인 자에서 取하고, 不足하면 反之한다."

의역 증자가 묻기를, "대공복(大功服)을 입고서 상(喪)을 치르는 자는 다른 사람의 궤전(饋奠)[1]에 참여할 수 있습니까?" 그러자 공자가 대답해주기를, "어찌 대공복을 입은 경우일 뿐이겠는가? 참최복(斬衰服) 이하의 상복(喪服)을 입는 모든 경우에 가능하니, 또한 그렇게 하는 것이 예(禮)에 맞다." 그러자 증자가 다시 묻기를 "그렇게 된다면, 자신이 상(喪)을 치르고 있다는 점을 가볍게 여기고, 남 돕는 일들을 더 중요하게 여기는 것처럼 들리는데, 이처럼 하는 것은 너무 지나친 일이 아닙니까?" 그러자 공자가 다시 대답해주기를, "그것을 가리키는 것이 아니다. 자신과 관계없는 자의 궤전을 도와준다는 말이 아니라, 궤전을 지내야 하는 상대방에 대해, 내 자신이 그 사람과 관련이 있어서, 그 사람에 대한 상복을 입어야 하는

1) 궤전(饋奠)은 상중(喪中)에 시행하는 전제사[奠祭]를 가리킨다.

경우를 말하는 것이다. 예를 들면 천자와 제후의 상(喪)에서는 천자와 제후에 대해서 참최복을 입어야 하는 자들이 궤전을 하고, 대부(大夫)의 상에서는 자최복(齊衰服)을 입어야 하는 자들이 궤전을 하며, 사(士)의 상에서는 친구가 궤전을 하되, 사람이 부족하다면, 대공복 이하의 상복을 입는 자들 중에서 충당하고, 그래도 부족하다면, 반대로 대공복 이상의 상복을 입는 자들 중에서 충당한다."

集說 饋奠, 奠於殯也. 大夫朔望皆有殷奠, 士惟月朔. 其禮盛, 故執事者衆. 曾子問己有大功之喪, 可與他人饋奠之事乎. 孔子將謂曾子問己有大功之喪, 得爲大功者饋奠否, 故答云, 豈但大功, 自斬衰以下, 皆可, 禮也. 言身有斬衰, 所爲者斬衰, 身有齊衰, 所爲者齊衰, 皆可與其饋奠. 孔子是據所服者言之, 曾子又不悟此旨, 將謂言他人, 乃曰, 不太輕己之服, 而重於相爲乎. 孔子乃答云, 非此爲他人之謂也, 謂於所爲服者也. 凡喪奠, 主人以悲哀不暇執事, 故不親奠. 天子·諸侯之喪, 諸臣皆斬衰, 故云斬衰者奠. 大夫則兄弟之服齊衰者奠. 士不以齊衰者奠, 避大夫也, 故朋友奠. 人不充數, 則取大功以下, 又不足, 則反取大功以上也.

번역 '궤전(饋奠)'은 빈소에 전제사[奠祭]를 지낸다는 뜻이다. 대부(大夫)는 매월 초하루와 보름에, 모두 은전(殷奠)[2]을 지내게 되며, 사(士)는 오직 매월 초하루에만 은전을 지낸다. 그 제례(祭禮)가 성대하기 때문에, 일을 맡아보는 자가 많이 필요한 것이다. 증자의 질문은 본인이 대공복(大功服)을 입고서 상(喪)을 치르고 있는데, 다른 사람의 궤전하는 일에 참여할 수 있는지를 물어본 것이다. 공자는 증자의 질문을 다음과 같이 잘못

2) 은전(殷奠)은 성대하게 지내는 전제사[奠祭]를 뜻한다. 『의례』「사상례(士喪禮)」편에는 "月半不殷奠."이라는 기록이 있다. 즉 사(士)의 경우에는 매월 보름에는 은전을 지내지 않는다는 뜻인데, 이 기록에 대한 정현의 주에서는 "殷, 盛也. 士月半不復如朔盛奠, 下尊者."라고 풀이했다. 즉 '은(殷)'은 성대하다는 뜻이고, 사의 경우에는 보름마다 초하루처럼 융성한 전제사를 지내지 못한다. 그 이유는 자신보다 신분이 높은 대부(大夫)에 대한 예법보다 낮추기 때문이다.

이해하였다. 즉 본인이 대공복을 입는 상중(喪中)에 있다면, 대공복을 입게 만든 자를 위해서 궤전을 할 수 있는 것인지, 또는 아닌지의 여부를 묻는다고 여겼다. 그렇기 때문에 대답하길, 어찌 다만 대공복을 입고 있는 경우일 뿐이겠는가? 참최복(斬衰服)을 입는 경우로부터 그 이하의 상복(喪服)을 입는 경우가 모두 가능하며, 그것이 예(禮)라고 대답해준 것이다. 이 말은 곧 본인이 참최복을 입고 있다면, 궤전을 도와야 하는 대상은 본래부터 자신과 참최복을 입어야 하는 관계가 있는 경우이고, 본인이 자최복(齊衰服)을 입고 있다면, 궤전을 도와야 하는 대상도 자최복을 입어야 하는 관계가 있는 경우이니, 이처럼 상복을 착용한 모든 경우에, 궤전에 참여할 수 있다는 뜻이다. 공자는 궤전을 도와야 하는 대상이, 본인과 본래부터 상복을 입어야 하는 관계에 있는 자[3]를 기준으로 대답해준 것인데, 증자는 또한 이러한 뜻을 깨닫지 못하여, 궤전을 도와야 하는 대상이 자신과 상복 관계가 없는 타인을 뜻한다고 이해했다. 그래서 곧바로 재차 질문하길, 이처럼 행동한다면 자신이 상을 치르고 있다는 사실을 너무 가볍게 여기고, 남 돕는 일만을 중요하게 여기게 되니, 너무 지나친 행동이 아니냐고 물어본 것이다. 공자는 곧 대답해주길, 내가 한 말은 자신과 상복 관계가 없는 무관한 자를 돕는다는 뜻이 아니니, 자신과 상복 관계에 있는 자에 대해 설명해준 것이라고 하였다. 무릇 상을 치르는 도중 전제사를 지낼 경우에, 상주(喪主)는 비통함과 애통함 때문에, 전제사를 시행할 겨를이 없게 된다. 그렇기 때문에 상주가 직접 전제사를 지내지 않는 것이다. 천자와 제후의 상에서는 신하들이 모두 참최복의 관계가 된다. 그렇기 때문에 천자와 제후의 상에서는 참최복을 입은 자가 전제사를 치른다고 말한 것이다. 대부의 상인 경우라면, 형제들 중에 자최복을 입은 자가 전제사를 치른다. 사의 상인 경우에는 자최복을 입은 자가 전제사를 치를 수 없는데, 그렇게 하는 이유는 대부의 예법(禮法)보다 낮추기 위한 것이니, 그래서 대신 친구들이 전제

3) 자신이 상복(喪服)을 입고 있는데, 그 상복을 입게 만든 자를 뜻한다. 예를 들어 부모상을 당해서 상복을 입고 있다면, 상복을 입게 만든 자는 죽은 부모가 된다. 군주의 상에서 신하는 상복을 입게 되는데, 이때는 상복을 입게 만든 자가 죽은 군주가 된다.

사를 치르는 것이다. 사의 경우에 있어서, 전제사를 도와주는 사람이 본래 충당해야 할 수를 채우지 못한다면, 대공복 이하의 상복을 입은 자들 중에서 일부를 선발하게 되며, 그래도 부족하게 된다면, 반대로 대공복 이상의 상복을 입은 자들 중에서 충당을 한다.

集說 疏曰: 反之者, 反取前人執事者充之.

번역 공영달(孔穎達)의 소(疏)에서 말하길, '반지(反之)'라는 말은 종전에 일을 맡아보았던 자들 중에서 선발하여 충당한다는 뜻이다.

鄭注 饋奠, 在殯時也. 怪以重服而爲人執事. 非謂爲人, 謂於其所爲服也. 爲君服者, 皆斬衰, 唯主人不奠. 服斬衰者, 不奠, 辟正君也. 齊衰者, 其兄弟. 服齊衰者, 不奠, 辟大夫也. 言不足者, 謂殷奠時.

번역 궤전(饋奠)을 지내는 경우는 아직 영구가 빈소에 있을 때이다. 증자가 다시 질문한 이유는 중복(重服)[4]해서라도 남을 위해 궤전의 일을 맡아본다는 행위를 괴이하게 여겼기 때문이다. 공자가 그것을 가리키는 것이 아니라고 한 말은 다른 사람을 위해서 궤전을 돕는다는 뜻이 아니라, 본인이 입은 상복(喪服)이 본래부터 궤전을 치르는 상대방 때문에 입은 경우에 대해서 언급했다는 뜻이다. 군주를 위해 상복을 입는 자들은 모두 참최복(斬衰服)을 입는데, 다만 상주(喪主) 본인은 전제사[奠祭]를 지내지 않는다. 대부(大夫)의 상(喪)에서 참최복을 입은 자들이 전제사를 치르지 않는 이유는 군주에 대한 예법(禮法)보다 낮추기 위해서이다. 자최복(齊衰服)을 입는 자들은 죽은 자의 형제들이다. 사(士)의 상에서 자최복을 입은 자들이 전제사를 치르지 않는 이유는 대부에 대한 예법보다 낮추기 위해서이다. 부족하다고 말한 경우는 은전(殷奠)을 지낼 때이다.

---

4) 중복(重服)은 복상(服喪) 중에 상(喪)이 겹치는 일 등이 발생하여, 본래의 상복(喪服) 위에 다른 상복을 겹쳐 입는 일을 뜻한다.

釋文 與音預, 下至"說衰與奠"皆同. 爲, 于僞反, 注"爲人"·"其所爲服"·"爲君"·"爲其"皆同. 辟音避, 下同. "士則朋友", 一本作"士則朋友奠".

번역 '與'자의 음은 '預(예)'이며, 이 문장 아래로 "說衰與奠"이라는 기록까지 나오는 모든 '與'자는 그 음이 이와 같다. '爲'자는 '于(우)'자와 '僞(위)'자의 반절음이며, 정현의 주에 나오는 '爲人', '其所爲服', '爲君', '爲其'에서의 '爲'자도 그 음이 모두 이와 같다. '辟'자의 음은 '避(피)'이며, 아래 문장에 나오는 '辟'자도 그 음이 이와 같다. "士則朋友"라는 문장은 다른 판본에 "士則朋友奠"이라고 기록되어 있다.

孔疏 ●"曾子"至"反之". ○正義曰: 此一節論爲死者服, 還得爲死者饋奠之事. 曾子之意, 云已有大功之喪, 可以與於他人饋奠之事乎. 孔子不解曾子問旨, 謂言曾子所問已有大功之喪, 得爲大功者饋奠與否, 故答云豈大功乎. 言已有大功, 豈但爲大功者饋奠, 自斬衰以下, 皆可禮也. 言身有斬衰, 所爲者斬衰, 身有齊衰, 所爲者齊衰, 皆可與於饋奠, 故云禮也.

번역 ●經文: "曾子"~"反之". ○이 문장은 죽은 자를 위해 상복(喪服)을 입게 되면, 또한 죽은 자를 위해 궤전(饋奠)의 일들을 시행할 수 있다는 사실을 논의하고 있다. 증자의 질문 의도는 본인이 대공복(大功服)을 입고 상(喪)을 치르고 있는데, 본인이 치르고 있는 상과 무관한 자의 궤전에 참여할 수 있느냐는 뜻이다. 공자는 증자가 질문한 요지를 이해하지 못하여, 증자가 질문한 내용이, 본인이 대공복을 입고 상을 치르고 있는데, 본인이 대공복을 입게 만든 죽은 상대방을 위해서 궤전하는 일에 참여할 수 있는지, 아니면 없는지를 뜻한다고 여겼다. 그래서 대답을 하며, 어찌 대공복뿐이겠느냐고 한 것이다. 그래서 본인이 대공복을 입고 있다면, 어찌 대공복을 입게 만든 상대방에게만 궤전을 할 수 있는가? 참최복(斬衰服)으로부터 그 이하의 상복을 착용한 경우에도 모두 가능하니, 그것이 예법(禮法)이라고 알려주었다. 이 말은 곧 궤전을 도와야 하는 대상은 자신과 참최복을 입어야 하는 관계가 있는 경우이고, 본인이 자최복(齊衰服)을 입고 있다면,

궤전을 도와야 하는 대상도 자최복을 입어야 하는 관계가 있는 경우이니, 이처럼 상복을 착용한 모든 경우에, 궤전에 참여할 수 있다는 뜻이다. 그래서 그것이 예법이라고 말한 것이다.

孔疏 ●"曾子曰不以輕服而重相爲乎". 孔子所論, 據所服者言之. 曾子又不解孔子之旨, 謂言爲他人, 故更問云, 若爲他人, 不以輕己喪服, 而重他人相爲饋奠乎.

번역 ●經文: "曾子曰不以輕服而重相爲乎". ○공자가 대답해준 내용은 본인에게 상복(喪服)을 입게 만든 자를 기준으로 설명한 것이다. 증자는 또한 공자의 말뜻을 이해하지 못하여, 공자가 대답해준 내용이 타인을 돕는다는 뜻으로 여겼다. 그래서 재차 질문하길, 만약 다른 사람을 돕는다고 한다면, 본인이 상복을 입고 치르는 상(喪) 자체를 가볍게 여기고, 다른 사람을 위해 궤전(饋奠)의 일을 돕는 것을 중대하게 여기는 것이 아니냐고 물어본 것이다.

孔疏 ●"孔子曰非此之謂也", 孔子乃答云, 我之所言, 據所爲服者饋奠, 非此爲他人之謂也, 故注云"非謂爲人, 謂於其所爲服也". 以下乃論所爲饋奠之事也. "天子諸侯之喪, 斬衰者奠. 大夫之喪, 齊衰者奠. 士則朋友奠", 若朋友不足, 則取於大功以下小功緦麻者奠, 若其不足, 則反之, 謂奠大, 報事衆, 其人不足, 則反取前人執事者充之.

번역 ●經文: "孔子曰非此之謂也". ○공자가 곧 대답해주길, 내가 말한 내용은 본인에게 상복(喪服)을 입게 만든 상대방에 기준을 두고 궤전(饋奠)을 한다는 뜻이지, 본인이 입은 상복과 무관한 타인을 위해서 궤전을 치른다는 뜻이 아니라고 하였다. 그렇기 때문에 정현의 주에서는 "다른 사람을 위해서 한다는 뜻이 아니니, 본인에게 상복을 입게 만든 상대방에 대해서 말한 것이다."라고 했다. 경문의 "天子諸侯之喪, 斬衰者奠. 大夫之喪,

齊衰者奠. 士則朋友奠"에 대하여. 사(士)의 상(喪)인 경우, 만약 붕우(朋友)의 수가 부족하게 된다면, 대공복(大功服) 이하의 상복인 소공복(小功服)과 시마복(緦麻服)의 상복을 착용한 자들 중에서 선발하여, 궤전을 치르고, 만약 그들로도 부족하게 된다면, 되돌리게 되니, 되돌린다는 말은 곧 전제사[奠祭]의 규모가 성대하여, 일을 맡아보아야 하는 사람도 많이 필요하게 되는데, 그 인원이 부족하게 된다면, 앞서 일을 맡아보았던 사람들을 다시 데리고 와서, 그들 중에서 채택하여 부족한 수를 충당한다는 뜻이다.

그림 7-1 시마복 착용 모습

▸ **출처:** 『삼재도회(三才圖會)』「의복(衣服)」 3권

그림 7-2 시마복 각부 명칭

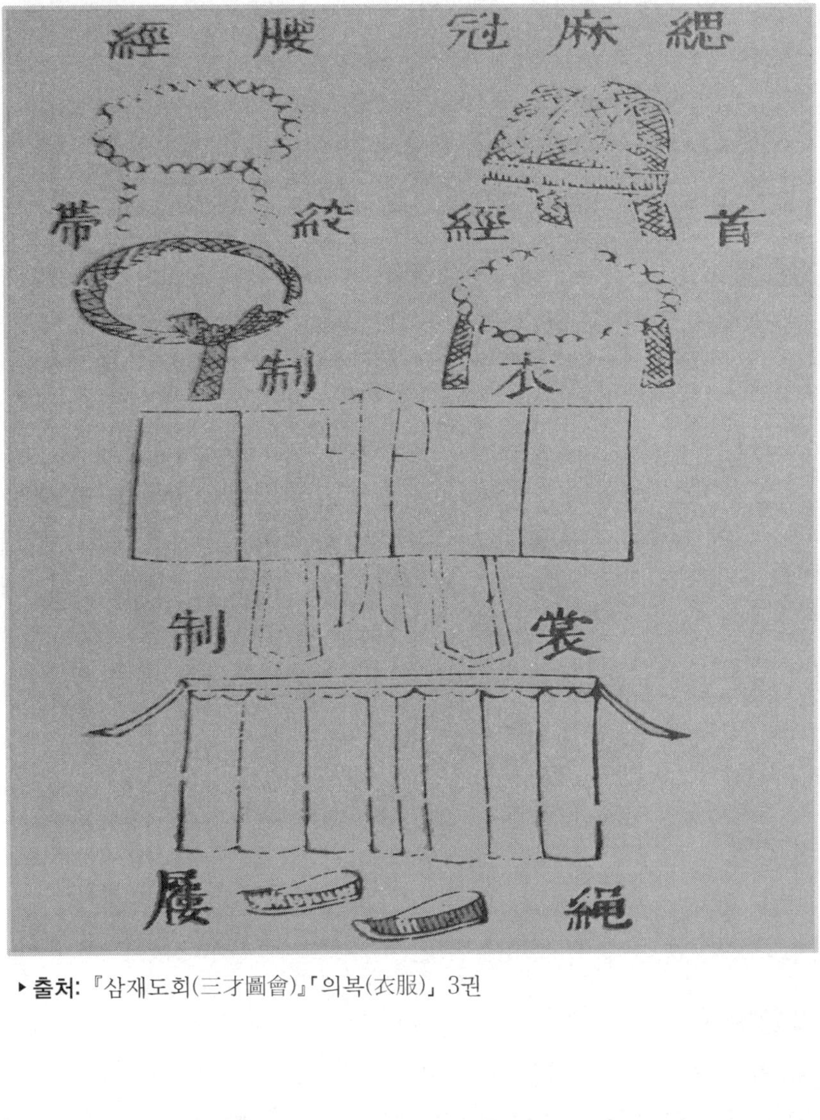

▸ **출처:** 『삼재도회(三才圖會)』「의복(衣服)」 3권

孔疏 ◎注"饋奠, 在殯時也". ○正義曰: 以其稱奠, 又下云"天子諸侯之喪祭也", 喪祭謂虞卒哭, 故知此饋奠謂在殯時也.

번역 ◎鄭注: "饋奠, 在殯時也". ○이 문장에서는 '전제사[奠]'라고 기록하였고, 또 아래 문장에서는 '천자와 제후의 상제(喪祭)에는'이라는 기록이 있는데, '상제'라는 말은 곧 우제(虞祭)와 졸곡(卒哭) 할 때의 제사를 뜻한다. 그렇기 때문에 여기에서 말하는 궤전(饋奠)은 빈소가 아직 차려져 있을 때 지내는 제사를 뜻하고 있음을 알 수 있다.

孔疏 ◎注"爲君"至"不奠". ○正義曰: 知主人不奠者, 按士喪禮, 主人不親奠, 又此文云"士則朋友奠", 故知主人不親奠也. 主人必不親奠者, 以主人悲號思慕, 不暇執事故也.

번역 ◎鄭注: "爲君"~"不奠". ○상주(喪主)가 직접 궤전(饋奠)을 치르지 않는다는 사실을 알 수 있는 이유에 대해, 『의례』「사상례(士喪禮)」편을 살펴보면, 상주는 직접 궤전을 치르지 않는다고 하였고, 또한 이곳 문장에서도 "사(士)의 경우, 붕우(朋友)가 궤전을 한다."라고 했다. 그렇기 때문에 상주는 직접 궤전을 치르지 않는다는 사실을 알 수 있다. 상주가 직접 궤전을 치르지 못할 수밖에 없는 이유는 상주 본인은 비통함에 목 놓아 부르며 애도를 표하기 때문에, 궤전의 일을 맡아볼 겨를이 없는 것이다.

孔疏 ◎注"服斬"至"兄弟". ○正義曰: 大夫之喪, 子服斬衰者不親奠, 此服斬衰, 謂大夫家臣雖服斬衰, 不得饋奠, 辟天子諸侯之正君. 云"齊衰者, 其兄弟"者, 以大夫之喪, 子及屬臣皆服斬衰. 今服齊衰唯兄弟耳, 故云"其兄弟"也.

번역 ◎鄭注: "服斬"~"兄弟". ○대부(大夫)의 상(喪)인 경우, 그의 자식은 참최복(斬衰服)을 입은 자가 되며, 상주(喪主)는 직접 궤전(饋奠)을 치르지 않는다고 하였으므로, 당연히 대부의 자식 또한 부모에 대해서 직접 궤전을 치르지 않는 것이다. 그리고 정현이 참최복을 입는 자들은 궤전을 하지 않는다고 하였는데, 이 말은 곧 마땅히 참최복을 입어야 하는 대부의 아들을 제외하고도, 대부의 가신(家臣)들은 참최복을 입게 되어, 궤전을 할 수 없다는 뜻으로, 그렇게 하는 이유는 천자와 제후에 대한 예법(禮法)보다 낮추기 때문이다. 정현이 "자최복(齊衰服)을 입는 자들은 그의 형제들이다." 라고 하였는데, 대부의 상에서 자식 및 가신들은 모두 참최복을 입게 된다. 그러므로 이곳에서 자최복을 입는다고 한 대상들은 오직 형제들만 해당할 따름이다. 그렇기 때문에 정현이 "그의 형제들이다."라고 말한 것이다.

孔疏 ◎注"言不"至"奠時". ○正義曰: 殷奠, 謂月朔之奠, 以其有牲牢黍稷, 用人多也. 殷, 盛也, 以月朔之奠, 盛于常奠, 非半月之殷奠也, 以士月半不暇殷奠故也. 以次差之, 天子斬衰者奠, 大夫用齊衰, 士則應先取大功. 今先取朋友者, 以天子諸侯皆使臣爲奠, 大夫辟正君, 故遣兄弟奠, 士則位卑不嫌敵君, 故遣僚屬奠, 僚屬則朋友也. 按士虞禮, "祝免澡葛絰帶." 鄭云, "治葛以爲首絰及帶, 接神宜變也." 然則士之屬官, 爲其長弔服加麻矣. 祝則僚屬也, 加麻則朋友也.

번역 ◎鄭注: "言不"~"奠時". ○은전(殷奠)은 매월 초하루에 지내는 전제사[奠祭]를 뜻하는데, 은전을 치를 때에는 희생물로 사용되는 소 및 기장[黍稷] 등이 성대하게 갖춰지기 때문에, 사람이 많이 필요하게 된다. '은(殷)'자는 성대하다는 뜻으로, 매월 초하루에 지내는 전제사는 일상적인 전제사보다 성대하기 때문에 붙여진 명칭이며, 또 여기에서 말하는 은전은 매월 보름마다 지내는 은전을 뜻하는 것이 아니니, 사(士)는 매월 보름까지도 포함하여 한 달에 두 번씩 은전을 지낼 수 있는 경제적 여력이 없기 때문이다. 신분의 등급에 따라 차이를 두게 되어서, 천자의 상(喪) 때에는 참최복(斬衰服)을 입는 자들이 궤전(饋奠)을 치르고, 대부(大夫)의 상 때에는 자최복(齊衰服)을 입는 자를 쓴다고 하였으니, 사(士)의 경우에는 마땅히 대공복(大功服)을 입는 자들 중에서 우선적으로 충당해야 한다. 그런데 이곳 문장에서는 먼저 붕우(朋友)에서 충당한다고 기록하였는데, 그 이유는 천자와 제후의 경우에는 모두 신하를 시켜서 궤전을 치르고, 대부는 군주의 예법(禮法)보다 낮추게 되어, 자신에게 소속된 가신(家臣) 대신 형제들을 보내어 궤전을 하게 된다. 그런데 사의 경우에는 지위가 워낙 낮아서, 관리가 대신 궤전을 치르게 되더라도, 군주의 예법을 대등하게 적용하려고 했다는 혐의를 받지 않는다. 그래서 동료 관원들을 대신 보내서 궤전을 치르는데, 동료 관원들이 바로 '붕우'들이다. 『의례』「사우례(士虞禮)」편을 살펴보면, "축(祝)이 관(冠)을 벗고, 조갈(藻葛)로 만든 질대(絰帶)를 찬다."[5] 라고 했고, 이 문장에 대한 정현의 주에서는 "갈포를 다듬어서, 수질(首絰)과 대(帶)를 만드는 것으로, 이것들을 차는 이유는 접신(接神)을 하게 되어, 마땅히 이전의 상복(喪服) 복장을 바꿔야 하기 때문이다."라고 했다. 그러므로 사의 동료 관원들 중에서, 그들 중 연장자가 조복(弔服)에 삼베를 더하여 궤전을 하게 된다. 『의례』에서 말한 '축'은 곧 동료 관원들이니, 삼베를 더한다고 하였다면, 경문에서 말하는 '붕우'가 된다.

集解 饋奠, 謂執喪奠之事也. 曾子所問者, 謂已有大功之服, 而與於他人之喪奠, 故曰"與於饋奠". 孔子所言, 謂有服而爲所服者奠, 故直曰"奠". 天子諸侯之喪, 爲君服者, 皆斬衰也. 大夫之臣爲大夫, 亦斬衰. 不奠者, 避天子·諸侯之禮也. 朋友, 謂僚屬. 士卑, 不嫌與君同, 故使其屬奠. 不足則取於大功以下, 不取齊衰者, 又避大夫之禮也. "不足則反之"者, 謂殷奠時需人多, 取於大功以下猶不足, 則使執事者往而復反也. 公食大夫禮"士羞庶羞", "先者反之". 凡喪禮, 主人皆不親奠.

번역 궤전(饋奠)은 상중(喪中)에 전제사[奠祭]의 일을 맡아본다는 뜻이다. 증자가 질문한 내용은 본인이 대공복(大功服)을 입게 되어 상중에 있는데, 다른 사람의 상(喪)에서 전제사를 시행할 때, 그 의식에 참여할 수 있느냐는 뜻이다. 그래서 "궤전에 참여한다[與於饋奠]."라고 기록한 것이다. 공

5) 『의례』「사우례(士虞禮)」: 祝免, 澡葛絰帶, 布席于室中, 東面.

자가 대답한 내용은 상복(喪服)을 입고 있으면, 본인에게 상복을 입게 만든 상대방을 위해서는 전제사를 지낼 수 있다는 뜻이다. 그래서 경문에서 단지 "전제사를 올린다[奠]."라고만 기록한 것이다. 천자와 제후의 상에서는 죽은 군주를 위해 상복을 입는 자들은 모두 참최복(斬衰服)을 착용한다. 대부(大夫)의 신하들도 죽은 대부를 위해서, 또한 참최복을 착용한다. 그런데 대부의 상에서는 참최복을 입은 자가 전제사를 올리지 않는다. 그 이유는 천자와 제후의 상에서 참최복을 입은 자가 전제사를 올리게 되므로, 천자와 제후에 대한 예법(禮法)보다 낮추기 때문이다. '붕우(朋友)'는 동료 관원들을 뜻한다. 사(士)는 신분이 낮아서, 관원들이 전제사를 지낸다고 하더라도 군주에 대한 예법과 동일하게 했다는 혐의를 받지 않는다. 그렇기 때문에 동료 관원들을 시켜서 전제사를 지내는 것이다. 그런데 사의 경우 전제사를 맡아보는 자들이 부족하게 된다면, 대공복 이하의 상복을 착용한 사람들 중에서 채택하여, 부족한 수를 충당하는데, 자최복(齊衰服)을 입은 자들 중에서는 채택하지 않는다. 그 이유는 대부의 상에서 자최복을 입은 자들이 전제사를 지내게 되므로, 대부에 대한 예법보다 낮추기 위해서이다. 경문에서 "그런데도 부족하면, 반지(反之)한다."라고 하였는데, 이 말은 곧 은전(殷奠)을 치를 때에는 필요한 인원이 많기 때문에, 대공복 이하의 상복을 착용한 사람들 중에서 충당을 하더라도, 여전히 그 수가 부족하게 된다면, 일을 맡아보았던 자들로 하여금 집에 갔다가 다시 되돌아오게 한다는 뜻이다. 『의례』「공식대부례(公食大夫禮)」편에서는 '사(士)가 맛있는 각종 음식을 차려 올릴 때에'라고 하였고, "먼저 갔던 자들이 되돌아온다."[6]라고 했다. 무릇 상례(喪禮)에서는 모든 경우에 있어서 상주(喪主)가 직접 전제사를 올리지 않는다.

集解 吳氏澄曰: 曾子初問自"大功之喪"始者, 蓋以斬齊服重, 必不可執事

---

6) 『의례』「공식대부례(公食大夫禮)」 : 士羞庶羞, 皆有大·蓋, 執豆如宰. 先者反之, 由門入, 升自西階.

於人, 大功稍輕, 或可與人殯奠. 而孔子答之如此, 則知有服之人但爲所服者奠, 而不可爲他人奠矣.

번역 오징이 말하길, 증자가 처음 질문한 말이 '대공(大功)의 상(喪)'이라는 말부터 시작되는 이유는 무릇 참최복(斬衰服)과 자최복(齊衰服)은 죽은 자와 친밀한 관계에 속한 자들이 입는 무거운 상복(喪服)에 해당한다. 그래서 남의 상례(喪禮)에서 전제사[奠祭]를 지낼 때, 반드시 그 일들을 맡아볼 수 없게 된다. 그런데 대공복(大功服)은 참최복이나 자최복보다는 죽은 자와의 관계가 소원하여, 보다 가벼운 상복에 해당한다. 그래서 혹시 남의 빈소에서 전제사를 올릴 때, 그 일에 참여할 수도 있지 않을까라고 생각했기 때문이다. 그런데 공자가 대답을 이처럼 하였으니, 상복을 입은 자들은 다만 자신에게 상복을 입게 만든 자만을 위해서 전제사를 올리는 것이지, 상복 관계가 없는 타인을 위해서 전제사를 오릴 수 없다는 것을 알 수 있다.

【230c】

曾子問曰: 小功, 可以與於祭乎. 孔子曰: 何必小功耳. 自斬衰以下, 與祭, 禮也. 曾子曰: 不以輕喪而重祭乎. 孔子曰: 天子·諸侯之喪祭也, 不斬衰者, 不與祭, 大夫齊衰者, 與祭, 士祭, 不足, 則取於兄弟大功以下者.

직역 曾子가 問曰, "小功은 祭에 與할 수 있습니까?" 孔子가 曰, "어찌 반드시 小功뿐이겠는가. 斬衰로부터 그 이하는 祭에 與함이 禮이다." 曾子가 曰, "喪을 輕하고 祭를 重함이 아닙니까?" 孔子가 曰, "天子·諸侯의 喪祭에는 不斬衰한 자들은 祭에 與하지 않고, 大夫에는 齊衰한 자가 祭에 與하며, 士의 祭에 不足하면, 兄弟의 大功 이하의 자들 중에서 取한다."

의역 증자가 묻기를, "소공복(小功服)을 입은 자들은 우제(虞祭)나 졸곡제(卒哭祭)에 참여할 수 있습니까?" 그러자 공子가 대답해주기를, "어찌 소공복을 입은 자들의 경우뿐이겠느냐? 참최복(斬衰服)을 입은 자들로부터 그 이하의 경우에도 모두 우제나 졸곡제에 참여하니, 또한 그렇게 하는 것이 올바른 예법(禮法)이다." 증자가 다시 묻기를, "그렇다면 상례(喪禮)를 가볍게 여기고, 제례(祭禮)를 더 중요하게 여기는 것이 아닙니까?" 그러자 공자가 다시 대답해주기를, "천자나 제후의 상제(喪祭)[7]를 지낼 때에는 참최복을 입지 않은 자들은 제례에 참여하지 않고, 대부(大夫)의 상제를 지낼 때에는 자최복(齊衰服)을 입은 자들이 제례에 참여하며, 사(士)의 상제를 지낼 때에 제례에 참여할 인원이 부족하다면, 죽은 자의 형제들 중 대공복(大功服) 이하의 상복(喪服)을 착용한 사람들 중에서 충당한다."

集說 大旨與上章同, 但此問與於祭, 則是虞與卒哭之祭.

번역 이 문장에서 말하고 있는 요지는 위 문장의 뜻과 같으나, 위에서는 전제사[奠祭]를 언급하였고, 이곳 문장에서는 다만 '제(祭)'에 참여하는 사안에 대해서 물어보았으니, 여기에서 말하는 '제'자는 우제(虞祭)와 졸곡(卒哭)을 하며 지내는 제사를 뜻한다.

大全 嚴陵方氏曰: 此與祭, 蓋喪祭爾, 非吉祭也, 故自斬衰以下, 皆與. 以服重者, 與祭, 乃所以重其祭也. 曾子反以爲輕喪, 蓋失之矣.

번역 엄릉방씨가 말하길, 이 문장에 기록된 "제(祭)에 참여한다[與祭]."는 말은 아마도 상제(喪祭)만을 뜻할 뿐이며, 길제(吉祭)를 가리키는 것은 아닌 것 같다. 그렇기 때문에 참최복(斬衰服)을 착용한 자로부터 그 이하의 상복(喪服)을 입은 사람들이 모두 참여하게 되는 것이다. 죽은 자와의 관계가 친밀하여, 무거운 상복을 착용한 자들이 상제에 참여하게 되는데, 그 이유는 곧 상제를 중대하게 여기기 때문이다. 그런데 증자는 도리어 상제를

7) 상제(喪祭)는 장례(葬禮)를 치른 이후에 지내는 제사들을 지칭하는 말이다.

가볍게 대한다는 뜻으로 이해했으니, 아마도 증자가 잘못 이해한 것 같다.

大全 臨川吳氏曰: 斬衰之服, 重於虞·卒哭之祭. 孔子云, 斬衰以下, 皆可與執祭事, 故曾子怪, 問不太輕其服之重者, 而重其祭之輕者乎.

번역 임천오씨가 말하길, 참최복(斬衰服)을 입고 상(喪)을 치르는 일은 우제(虞祭)나 졸곡(卒哭) 때 지내는 제사보다도 중대한 일이다. 공자는 참최복을 착용한 자로부터 그 이하의 상복을 착용한 사람들이 모두 상제(喪祭)의 일을 담당하는 데 참여할 수 있다고 대답했다. 그렇기 때문에 증자가 그 말을 괴이하게 생각하여, 상복 중에서도 무거운 상복을 착용하고서 상을 치르는 사안을 너무 가볍게 여기고, 제사 중에서도 우제와 졸곡 때 지내는 제사와 같이 비교적 덜 중요한 제사를 너무 중대하게 여기는 것이 아니냐고 물어본 것이다.

鄭注 祭, 謂虞卒哭時. 怪使重者執事.

번역 '제(祭)'자는 우제(虞祭)와 졸곡(卒哭)할 때 지내는 제사를 뜻한다. 증자가 질문을 한 이유는 공자가 말한 내용 중, 무거운 상복(喪服)을 착용한 자로 하여금 제사의 일을 맡아보게 한다는 대답을 괴이하게 생각했기 때문이다.

孔疏 ◎注"祭謂虞卒哭時". ○正義曰: 知者, 以下文孔子答云"諸侯之喪祭也", 故知此祭謂虞卒哭時也. 知非練祥者, 以士練祥之祭, 大功之服已除, 不得云取於兄弟大功以下者. 其天子諸侯則得兼練祥也, 以其練祥時猶斬衰與祭也.

번역 ◎鄭注: "祭謂虞卒哭時". ○정현의 주장처럼, '제(祭)'자가 우제(虞祭)와 졸곡(卒哭) 때 지내는 제사라는 사실을 알 수 있는 이유는 아래 문장에서 공자가 대답을 하며, '제후의 상제(喪祭) 때에는'이라고 말했기 때문이다. 그래서 이 사실을 토대로 이곳 문장에 기록된 '제'자가 우제와 졸곡 때 지내는 제사를 뜻한다는 사실을 알 수 있다. 그런데 추가적으로 이곳에서 기록하고 있는 '제'자가 연상(練祥)[8]은 뜻하지 않는다는 사실을 알 수 있다. 그 이유는 사(士)가 '연상'할 때 지내는 제사에서는 대공복(大功服)을 이미 벗게 되므로, "형제들 중 대공복 이하의 상복을 착용한 자들 중에서 선발한다[取於兄弟大功以下者]."고 언급할 수 없기 때문이다. 그러나 천자와 제후의 경우라면, 여기에서 언급하는 '제'자가 그들의 '연상'까지도 포함할 수 있다. 그 이유는 천자 및 제후의 연상 때에는 여전히 참최복(斬衰服)을 입고서 상제에 참여하기 때문이다.

集解 祭, 謂虞祔·練祥也. 曾子問已有喪服, 可與於他人之喪祭, 而孔子復言可爲所爲服者之喪祭以答之也. 天子之喪, 無不斬衰者, 諸侯則有之, 若寄公·國賓是也. 不斬衰者不與祭, 以群臣多, 足以執事也. 孔子於喪奠, 直言奠, 於喪祭言與祭者, 蓋喪奠, 主人不親, 而他人執其事, 喪祭, 主人親之, 他人特與之而已也. 大夫臣少, 故斬衰以外, 又取齊衰者. 士亦齊衰者與祭, 若齊喪者不足, 又取兄弟大功以下也.

번역 '제(祭)'자는 우부(虞祔)[9]와 연상(練祥)을 뜻한다. 증자는 본인이 상복(喪服)을 입고 있는데, 다른 사람의 상제(喪祭)에 참여할 수 있는지를 물어본 것이다. 그리고 공자가 재차 대답해주길, 본인에게 상복을 입게 만든 상대방의 상제에만 참여할 수 있다고 언급하며, 증자의 질문에 대답을 해준 것이다. 천자의 상(喪) 때에는 참최복(斬衰服)을 입지 않은 자가 없지만, 제후의 경우에는 참최복을 입지 않은 자들도 있으니, 기공(寄公)[10]이나

8) 연상(練祥)은 소상(小祥)과 대상(大祥)을 뜻한다.

9) 우부(虞祔)는 우제(虞祭)와 부제(祔祭)를 뜻한다. 부제(祔祭)는 졸곡(卒哭)을 지낸 다음, 죽은 자의 신주(神主)를 조상의 신주가 있는 곳에 합사하며 지내는 제사이다.

10) 기공(寄公)은 자신의 나라를 잃고, 다른 나라에 위탁해서 지내는 제후(諸

국빈(國賓)[11] 등이 바로 이러한 경우에 해당한다. 제후의 경우에 참최복을 착용하지 않은 자들은 상제에 참여하지 않는데, 그 이유는 제후에게는 신하들이 많아서, 그 인원만 가지고도 충분히 일을 치를 수 있기 때문이다. 공자는 상중(喪中)에 지내는 궤전(饋奠)에 대해서는 단지 "전제사를 지낸다[奠]."라고만 말했고, 상제에 대해서는 "제(祭)에 참여한다[與祭]."라고 말했는데, 이러한 차이점이 발생하는 이유는 아마도 상중에 지내는 궤전에서는 상주(喪主)가 직접 전제사를 시행하지 않고, 다른 사람들이 그 일을 대신 맡아보게 되며, 상제에서는 상주가 직접 그 일을 시행하되, 다른 사람들은 다만 그 일에 참여만 할 뿐이기 때문이다. 대부(大夫)에게 소속된 가신(家臣)들은 그 수가 적기 때문에, 참최복을 입은 자들 중에서 충당하기 어렵다면, 참최복을 입은 자 외에 또한 자최복(齊衰服)을 입은 자들 중에서도 충당할 수가 있다. 사(士)의 경우에도 또한 자최복을 입은 자들이 상제에 참여하게 되는데, 만약 자최복을 입은 자들의 수가 부족하다면, 또한 형제 중에 대공복(大功服) 이하의 상복(喪服)을 입은 자들 중에서 충당한다.

集解 吳氏澄曰: 曾子疑小功又輕於大功, 或可與他人之喪祭, 而孔子答之如此, 則知但得爲所服者祭, 而不得與他人喪祭矣.

번역 오징이 말하길, 증자가 이러한 질문을 던진 원인은 소공복(小功服)은 대공복(大功服)보다도 가벼운 상복(喪服)에 해당되므로, 혹여 다른 사람의 상제(喪祭)에 참여할 수 있지 않을까 의문이 들었기 때문인데, 공자가 대답을 이처럼 하였으니, 단지 본인에게 상복을 입게 만든 상대방만을 위해서 상제에 참여할 수 있을 뿐이며, 본인이 입고 있는 상복과 무관한 타인의 상제에는 참여할 수 없다는 사실을 알 수 있다.

侯)를 뜻한다. 후대에는 지위를 잃고 떠돌아다니게 된 사람들을 지칭하는 용어로도 사용했다.

11) 국빈(國賓)은 그 나라에 조빙(朝聘)으로 찾아온 다른 나라의 제후(諸侯) 및 고(孤), 경(卿), 대부(大夫)들을 뜻한다.

集解 鄭註謂, "祭爲虞卒哭", 孔疏云, "知非練祥者, 士練祭時, 大功服已除, 天子諸侯之祭則得兼練祥." 其說非也. 大功以下, 但據其本服言之, 初不嫌已除服而與於喪祭也. 若大夫士之練祥, 必服未除者乃得與祭, 則得與於祭者甚寡, 必不足以執事矣.

번역 정현의 주에서는 "'제(祭)'자는 우제(虞祭)와 졸곡(卒哭) 때 지내는 제사를 뜻한다."라고 했고, 공영달(孔穎達)의 소(疏)에서는 "'제'자가 연상(練祥)을 가리키지 않는다는 사실을 알 수 있다. 그 이유는 사(士)가 연상의 제사를 지낼 때에는 대공복(大功服)을 이미 벗은 상태이기 때문이고, 천자와 제후의 상제(喪祭)를 가리키는 경우라면, 연상까지도 포함할 수 있다."라고 했는데, 이 설명은 잘못된 말이다. 경문에서 언급하고 있는 '대공복 이하의 상복(喪服)을 입는 자들[大功以下]'이라는 말은 상(喪)의 단계별로 변화되는 상복을 가리켜서 한 말이 아니고, 단지 죽은 자와의 친소(親疎) 관계에 따라, 본래부터 입게 되는 상복의 수위에 근거해서 언급한 말이다. 그래서 애초부터 상복을 이미 제거하게 되더라도, 상제에 참여하는 일 자체에 혐의를 두지 않은 말이다. 대부(大夫)와 사의 연상 때 지내는 제사와 같은 경우에, 만약 반드시 상복을 아직 벗지 않은 자들만이 곧 상제에 참여할 수 있다고 한다면, 상제에 참여할 수 있는 자들은 그 수가 매우 적게 되므로, 반드시 일을 맡아보는 자들이 부족하게 될 것이다.

【230d】

曾子問曰: 相識, 有喪服, 可以與於祭乎. 孔子曰: 緦, 不祭, 又何助於人.

직역 曾子가 問曰, "相識하여, 喪服이 有하거든 祭에 與할 수 있습니까?" 孔子가 曰, "緦라도 不祭한데, 또 어찌 人에게 助하리오."

의역 증자가 묻기를, "만약 서로 알고 지내는 사이이고, 자신이 다른 사람을 위해 상복(喪服)을 입고 있는 상태라고 한다면, 그의 제사에 참여할 수 있습니까?" 그러자 공자가 대답해주기를, "본인이 시마복(緦麻服)을 입게 되어, 상(喪) 중에서 가장 가벼운 상중(喪中)에 있다고 하더라도, 본인의 종묘(宗廟)에서 그 옷을 입고 제사를 지내지 않는데, 어찌 남의 제사를 도울 수가 있겠느냐?"

集說 所知識之人有祭事, 而己有喪服, 可以助爲之執事否. 夫子言己有緦麻之服, 服之輕者也, 尙不得自祭己之宗廟, 何得助他人之祭乎.

번역 증자가 질문한 내용은 서로 알고 지내는 사람에게 제사 지낼 일이 생기게 되었고, 본인이 다른 사람을 위해 상복(喪服)을 이미 입고 있는 경우에, 그를 위해 일을 맡아보는 것을 도울 수 있는지 없는지를 물어본 것이다. 공자는 대답을 하며, 본인이 시마복(緦麻服)을 입고 있다면, 이 시마복은 상복 중에서도 가장 가벼운 것에 해당하는데도, 오히려 본인 스스로도 자신의 종묘(宗廟)에서 제사를 지낼 수 없는데, 어찌 다른 사람의 상제(喪祭)를 도울 수 있겠느냐고 말한 것이다.

大全 嚴陵方氏曰: 此所謂祭, 蓋吉祭也, 故雖緦麻之輕, 亦不與.

번역 엄릉방씨가 말하길, 이곳 문장에서 말하는 제(祭)는 아마도 길제(吉祭)를 뜻하는 것 같다. 그렇기 때문에 비록 시마복(緦麻服)이라는 가벼운 상복(喪服)을 입은 자라도 또한 참여할 수 없다고 한 것이다.

大全 張子曰: 喪不貳事, 則祭雖至重, 亦有所不可行. 蓋祭而誠至, 則哀亡矣. 祭而誠不至, 不如不祭之爲愈.

번역 장재가 말하길, 상중(喪中)에는 두 일을 할 수 없으니,[12] 제사가 비록 지극히 중대한 사안이라고 하더라도, 또한 시행할 수 없는 점이 있는 것이다. 무릇 제사를 지내면서 정성을 지극하게 하면, 슬픔이 해소된다. 그런데 제사를 지내면서, 다른 상(喪)이 겹쳐서 제사에 정성을 다하지 못한다면, 제사를 지내지 않는 것만 못하다. 그래서 상복(喪服)을 입고 있는 중에는 일정 기간 동안 제사를 지내지 않는 것이다.

鄭注 問己有喪服, 可以助所識者祭否.

번역 증자는 본인이 상복(喪服)을 입고 있는 상태에서, 서로 알고 지내는 자의 제사를 도울 수 있는지 없는지를 물어본 것이다.

孔疏 ●"曾子"至"於人". ○正義曰: 此一節論身有喪服, 不得助他人祭事.

번역 ●經文: "曾子"~"於人". ○이 문장은 본인이 상복(喪服)을 입고 있을 때, 다른 사람의 제사를 도울 수 없다는 점을 논의한 내용이다.

孔疏 ●"緦不祭, 又何助于人"者, 言身有緦服, 尙不得自祭己家宗廟, 何得助於他人祭乎, 而熊氏云"謂身有緦服, 則不得自爲父母虞祔卒哭祭". 此謂同宮緦, 則士爲妾有子及大夫爲貴妾, 是同宮緦者. 若大夫士有齊衰·大功·小功·緦麻, 同宮, 則亦不祭. 若異宮則殯後得祭, 故雜記云, "父母之喪將祭, 而昆弟死, 旣殯而祭. 若同宮, 則雖臣妾, 葬而后祭", "虞祔亦然". 天子諸侯臣妾死於宮中, 雖無服亦不得爲父母虞祔卒哭祭也. 天子諸侯適子死, 斬衰旣練乃祭. 天子諸侯爲適孫適婦, 則旣殯乃祭, 以異宮故也.

번역 ●經文: "緦不祭, 又何助于人". ○이 문장은 본인이 시마복(緦麻服)이라는 비교적 가벼운 상복(喪服)을 입고 있다고 하더라도, 오히려 본인 스스로 자신의 종묘(宗廟)에서 제사를 지낼 수 없는데, 어찌 남의 제사를

12) 『예기』「왕제(王制)」【158d】: 庶人, 縣封, 葬不爲雨止, 不封不樹, <u>喪不貳事</u>.

도울 수가 있겠느냐는 뜻이다. 그런데 웅안생은 이 문장의 뜻에 대해서 “본인이 다른 사람을 위해 시마복을 입고 있다면, 본인 스스로 부모에 대한 우부(虞祔)와 졸곡(卒哭)의 제사를 지낼 수 없다는 뜻이다.”라고 풀이했다. 이곳 경문에서 말하고 있는 시마복은 같은 궁(宮)에 거처하는 자들이 죽었을 경우에 입는 시마복을 뜻하니, 사(士)의 경우는 첩의 자식들, 대부(大夫)의 경우는 귀첩(貴妾)[13]인 자들이 바로 ‘같은 궁에 거처하여 시마복을 입어야 하는[同宮緦]’ 자들이다. 만약 대부와 사의 경우, 그들이 자최복(齊衰服)·대공복(大功服)·소공복(小功服)·시마복을 입은 상태라면, 같은 궁에 거처하는 자들이 죽은 경우에, 또한 본래 자신이 지내야 하는 제사를 시행하지 않는다. 만약 궁을 달리하여 거처하는 자들이 죽은 경우라면, 그들에 대해서 빈소를 차린 이후에, 본래 자신이 지내야 하는 제사를 시행할 수 있다. 그렇기 때문에 『예기』「잡기(雜記)」편에서 “부모의 상(喪)에서 장차 제사를 지내고자 하는데, 곤제(昆弟)가 죽게 되면, 곤제에 대한 빈소 차리는 일을 끝내고서, 부모에 대한 제사를 지낸다. 만약 죽은 자가 같은 궁에 거처하는 자들이라면, 비록 죽은 대상이 여자라고 하더라도, 그에 대한 장례(葬禮)를 치른 이후에야 부모에 대한 제사를 지낸다.”[14]라고 했고, “우부(虞祔)의 경우도 또한 그렇게 한다.”[15]라고 했다. 천자와 제후의 경우에는 신첩(臣妾)들이 궁중에서 죽게 되면, 천자나 제후가 비록 그녀들을 위해 입어야 하는 정식 상복이 없다고 하더라도, 또한 부모의 우부와 졸곡에 대한 제사를 지낼 수 없다. 천자와 제후들은 적장자가 죽게 되면 참최복을 입으며, 죽은 적장자에 대한 연제(練祭)가 끝나야만, 곧 부모에 대한 제사를 지내게 된다. 천자와 제후들은 적손(適孫)과 적부(適婦)가 죽은 경우에, 그들을 위해서 빈소를 차린 이후에야, 곧 부모에 대한 제사를 지내게 되니,

---

13) 귀첩(貴妾)은 처(妻)가 시집을 오면서 함께 데려왔던 일가붙이가 되는 여자와 자식의 첩(妾) 등을 지칭하는 말이다.

14) 『예기』「잡기하(雜記下)」【508c】: 父母之喪, 將祭而昆弟死, 旣殯而祭. 如同宮, 則雖臣妾葬而后祭.

15) 『예기』「잡기하(雜記下)」【508d】: 祭, 主人之升降散等, 執事者亦散等. 雖虞附亦然.

적손과 적부들은 궁을 달리하여 거처하는 자들이기 때문이다.

集解 喪服, 謂緦也. 與於祭, 謂與於相識之吉祭也. 上文曾子兩問, 而孔子不喩, 故此特言相識, 以明所問者非謂其所爲服者也. 吉凶不相干, 已有緦服, 不得自祭宗廟, 況他人之祭乎.

번역 이 문장의 '상복(喪服)'이라는 단어는 시마복(緦麻服)을 뜻한다. "제(祭)에 참여한다[與於祭]."는 말은 서로 알고 지내는 자의 길제(吉祭)에 참여한다는 뜻이다. 앞의 문장에서 증자는 두 가지 질문을 했는데, 공자는 증자가 무엇을 질문하는가를 깨닫지 못하였다. 그렇기 때문에 증자는 이곳에서 특별히 '서로 알고 지내는 자[相識]'라고 언급하여서, 질문하는 내용이 본인에게 상복을 입게 만든 자의 경우를 뜻하지 않는다는 사실을 명백하게 진술한 것이다. 공자가 대답한 문장의 요지는 길제와 흉제(凶祭)는 서로 간여할 수가 없어서,[16] 본인이 시마복처럼 비교적 가벼운 상복을 입고 있다고 하더라도, 스스로 자신의 종묘(宗廟)에서 길제에 해당하는 제사를 지낼 수 없는데, 하물며 다른 사람의 길제에 참여할 수 있겠느냐는 뜻이다.

集解 吳氏澄曰: 曾子疑緦麻更輕於小功, 或得與所識者吉祭, 而孔子以不可答之. 以上三問, 論喪服則先大功, 次小功, 次緦麻, 由重而漸輕. 於爲人, 則先殯奠, 次喪祭, 次吉祭, 由凶而漸吉也.

번역 오징이 말하길, 증자는 시마복(緦麻服)이 소공복(小功服)보다 가벼운 상복(喪服)에 해당하므로, 혹여 서로 알고 지내던 자의 길제(吉祭)에 참여할 수 있지 않을까 의문이 들었다. 그래서 질문을 했던 것인데, 공자는 안 된다고 대답을 했다. 이상 위의 문장에 나타난 증자의 세 가지 질문들은 상복에 대해 논의하면서, 먼저 대공복(大功服)을 언급하였고, 그 다음으로 소공복을 언급하였으며, 마지막으로 시마복을 언급하였으니, 상복 중 무거

---

16) 『예기』「상복사제(喪服四制)」【720c】: 夫禮, <u>吉凶</u>異道, <u>不得相干</u>, 取之陰陽也.

운 것으로부터 점차 가벼운 것들 순서로 논의한 것이다. 사람에게 해당하는 것에 대해서는 먼저 빈소에 궤전(饋奠)하는 일을 언급하였고, 다음으로 상제(喪祭)를 언급하였으며, 마지막으로 길제를 언급하였으니, 흉례(凶禮)에 해당하는 것으로부터 점차 길례(吉禮)에 해당하는 것들 순서로 논의한 것이다.

集解 熊氏以祭爲虞祔, 謂身有同宮緦服, 不得爲父母虞祔卒哭祭. 天子諸侯, 臣妾死於宮中, 雖無服, 亦不得爲父母虞祔卒哭祭. 其說亦非也. 雜記, "如三年之喪, 旣潁, 其練祥, 皆行." 言練祥而不言虞祔. 蓋虞以安神, 祔以適祖, 其祭皆不可以久稽, 雖値三年之喪, 亦不過旣殯而祭耳, 況其輕焉者乎. 又曰, "將祭, 同宮臣妾死, 葬而后祭", 亦謂練祥之祭, 非虞祔也. 雖大夫士, 亦必不以同宮臣妾之未葬, 輟其父母之虞祔, 況天子諸侯乎. 若謂身有緦服, 不得爲練祥之祭, 雖若可通, 然此唯同宮緦爲然, 若以喩身有緦服, 不得與於他人之祭, 則義不相當. 故此節所言之祭, 皆當爲吉祭無疑也.

번역 웅안생은 이곳 문장에 기록된 '제(祭)'자가 우부(虞祔)를 뜻한다고 여겨서, 본인이 같은 궁(宮)에 거처하는 자를 위해 시마복(緦麻服)을 입었다면, 부모의 우부와 졸곡(卒哭)의 제사를 지낼 수 없다고 했다. 그리고 천자와 제후들의 경우에, 그들의 신첩(臣妾)이 궁중에서 죽게 되면, 비록 그녀들을 위해 입어야 하는 정식 상복(喪服)이 없다고 하더라도, 또한 부모의 우부와 졸곡의 제사를 지낼 수 없다고 했다. 그런데 그 주장은 또한 잘못된 말이다. 『예기』「잡기(雜記)」편에서 "삼년상이 겹쳤을 경우에 마질(麻絰)로 바꾸게 되면, 그에 대한 연상(練祥)을 모두 시행한다."[17]라고 했는데, 여기에서도 연상만 말했지, 우부를 언급하지 않았다. 아마도 우제(虞祭)는 신령(神靈)을 안주시키는 제사이며, 부제(祔祭)는 죽은 자의 신주(神主)를 조상에게 합사하는 제사이니, 그 제사들은 모두 오래도록 시행하지 않은 상태로 둘 수가 없다. 그래서 비록 삼년상에 처한 경우라고 하더라도, 또한 빈소

17) 『예기』「잡기하(雜記下)」【507c】: 如三年之喪, 則旣潁, 其練祥皆行

차리는 일을 끝내게 되면, 제사를 지내는데 불과할 따름이니, 하물며 그것보다 덜 중요한 경우에 있어서는 어떠하겠는가? 또 「잡기」편에서는 "장차 제사를 지내려고 하는데, 같은 궁에 거처하는 신첩이 죽게 된다면, 그들의 장례(葬禮)를 치른 이후에 제사를 지낸다."[18]라고 했으니, 또한 여기에서 말하는 제사는 '연상'에서의 제사를 뜻하는 것으로, 우부를 가리키는 말이 아니다. 비록 대부(大夫)와 사(士)일지라도, 또한 같은 궁에 거처했던 신첩에 대해 장례를 아직 치르지 않았다고 하더라도, 부모에 대한 우부를 반드시 그만두지 않았는데, 하물며 천자와 제후의 경우라면 어떠하겠는가? 그러므로 이 문장이 만약 본인이 시마복을 입고 있는 상태에서, 연상의 제사를 지낼 수 없다는 뜻이 된다면, 비록 뜻이 통할 수는 있겠지만, 이러한 경우는 오직 '같은 궁에 거처하여 시마복을 입어야 하는[同宮緦]' 경우에만 그렇게 한다는 뜻이 된다. 그러나 만약 본인이 시마복을 입고 있는 상태에서, 다른 사람의 제사에 참여할 수 없다는 것을 뜻하게 된다면, 그 뜻이 서로 부합되지 않는다. 그러므로 이 문장에서 언급하고 있는 '제'는 모두 길제(吉祭)에 해당한다는 사실을 의심할 여지가 없다.

【231a】

曾子問曰: 廢喪服, 可以與於饋奠之事乎. 孔子曰: 說衰與奠, 非禮也, 以擯相, 可也.

직역 曾子가 問曰, "喪服을 廢하면, 饋奠의 事에 與할 수 있습니까?" 孔子가 曰, "衰를 說하고, 奠에 與함은 非禮이나, 擯相은 可하다."

의역 증자가 묻기를, "본인의 복상(服喪) 기간이 끝나서, 상복(喪服)을 이제

18) 『예기』「잡기하(雜記下)」【508c】 : 父母之喪, 將祭而昆弟死, 旣殯而祭. 如同宮, 則雖臣妾葬而后祭.

막 벗게 되었다면, 다른 사람의 궤전(饋奠)하는 일에 참여할 수 있습니까?" 그러자 공자가 대답해주기를, "상복을 이제 막 벗고서, 궤전에 참여하는 것은 비례(非禮)이지만, 남의 상사(喪事)에서 그에게 찾아온 빈객(賓客)들을 인도하여, 상례(喪禮)를 돕는 것은 괜찮다."

集說 廢, 猶除也. 饋奠, 在殯之奠也. 不問吉祭而問喪奠, 曾子之意, 謂方除喪服, 決不可與吉禮, 疑可與饋奠也. 夫子言方說衰卽與奠, 是忘哀太速, 故言非禮也. 擯相事輕, 亦或可耳.

번역 '폐(廢)'자는 제거한다는 뜻이다. 궤전(饋奠)은 빈소에서 올리는 전제사[奠祭]를 뜻한다. 그러므로 이 문장에서 증자가 질문한 내용은 길제(吉祭)에 대해서 물어본 것이 아니라, 상중(喪中)에 지내는 전제사에 대해서 물어본 것이다. 그리고 증자가 이러한 내용을 질문했던 이유는 이제 막 상복(喪服)을 벗게 되었는데, 반드시 길례(吉禮)에는 참여할 수 없다고 하였으므로, 흉례(凶禮)에 해당하는 궤전에는 참여할 수 있지도 않을까라는 생각이 들어서 질문한 것이다. 공자가 대답하길, 이제 막 상복을 벗고서, 궤전에 참여하게 된다면, 이것은 슬픔을 잊어버리는 것이 지나치게 빠르다고 하였다. 그렇기 때문에 비례(非禮)라고 말한 것이다. 빈객(賓客)들을 인도하며 상례(喪禮)를 돕는 일은 비교적 덜 중요한 사안에 해당하기 때문에, 또한 간혹 가능하기도 할 따름이다.

大全 嚴陵方氏曰: 饋奠雖凶事, 然非己喪也, 故脫衰而與奠, 爲非禮. 若夫以擯相, 則非行事之正, 故於禮或可.

번역 엄릉방씨가 말하길, 궤전(饋奠)은 비록 흉사(凶事)에 해당하지만, 자신의 상(喪)이 아니기 때문에, 상복(喪服)을 벗고 나서, 궤전에 참여하는 것은 비례(非禮)가 된다. 만약 빈객(賓客)을 인도하여 돕는 경우라면, 일을 집행하는 주관자가 아니기 때문에, 예법(禮法)을 기준으로 따져본다면, 혹여 가능하기도 한 것이다.

大全 臨川吳氏曰: 曾子初問自大功之喪始者, 蓋以斬衰服重, 決不可爲人執事, 疑大功之服稍輕, 或可與他人饋奠, 而孔子答以有服之人, 但可爲所爲服者奠, 則知不可爲他人矣. 曾子乃疑小功之服, 又輕於大功, 或可與他人喪祭, 孔子又答以有服之人, 止可爲所爲服者祭, 則知小功亦不可爲他人執事矣. 曾子又疑緦服尤輕於小功, 或可與所識者之吉祭, 而孔子又答以不可. 以上曾子三問於喪服, 則先大功次小功次緦服, 由重以漸而輕也. 於爲人則先殯奠次喪祭次吉祭, 由凶以漸而吉也. 曾子旣知此, 遂疑新除喪服之後, 或可與人饋奠, 孔子亦以爲不可, 而但許其可以擯相. 可也者, 略許之而不深許之, 則不若幷擯相, 亦不爲之爲得.

번역 임천오씨가 말하길, 증자가 처음 질문한 내용이 '대공(大功)의 상(喪)'이라는 경우로부터 시작되는 이유는 아마도 참최복(斬衰服)은 상복(喪服) 중에서도 가장 무거운 상복이므로, 결코 다른 사람을 위해 일을 맡아볼 수 없기 때문일 것이다. 그래서 증자는 대공복(大功服)은 상복 중에서도 비교적 가벼운 상복에 속하여, 혹여 다른 사람의 궤전(饋奠)하는 일에 참여할 수 있지 않을까라고 의문이 들어서 질문한 것이다. 그런데 공자는 상복을 입고 있는 사람은 그 상복을 입게 만든 상대방만을 위해서 전제사[奠祭]를 치를 수 있다고 대답하였다. 따라서 이 말을 통해서, 자신이 입고 있는 상복과 무관한 자를 위해서는 궤전을 할 수 없다는 사실을 알 수 있다. 증자는 공자의 대답을 듣고서, 곧 소공복(小功服)은 대공복보다도 더 가벼운 상복에 해당하므로, 혹여 다른 사람의 상제(喪祭)에 참여할 수 있지 않을까라고 의문이 들었다. 그래서 질문한 것인데, 공자는 또한 상복을 입고 있는 사람은 단지 그 상복을 입게 만든 상대방만을 위해서 상제를 시행할 수 있다고 대답하였다. 따라서 이 말을 통해서, 소공복을 입고 있다고 하더라도, 또한 자신이 입고 있는 상복과 무관한 자를 위해서는 상제의 일을 맡아볼 수 없다는 사실을 알 수 있다. 증자는 공자의 대답을 듣고서, 또다시 시마복(緦麻服)은 소공복보다도 가벼운 상복으로, 오복(五服) 중에서도 가장 가벼운 상복에 해당하여, 혹여 서로 알고 지내던 자의 길제(吉祭)에 참여할 수 있지 않을까라고 의문이 들었다. 그래서 질문한 것인데, 공자는 또한 안 된다고 대답을 하였다. 이상의 내용 중에서 증자가 세 가지 경우를 설정하여, 상복에 대한 질문을 하였는데, 처음 질문에서 대공복에 대한 경우를 언급하고, 다음으로 소공복에 대한 경우를 언급하였으며, 마지막으로 시마복에 대한 경우를 언급하였으니, 이것은 상복 중에서도 무거운 순서로부터 점차 가벼운 순서로 물어본 것이다. 사람에 해당하는 것에 대해서는 먼저 빈소에서 궤전하는 것에 대해서 언급하였고, 다음으로 상제에 대해서 언급하였으며, 마지막으로 길제에 대해서 언급하였으니, 이것은 흉례(凶禮)로부터 점차 길례(吉禮) 순으로 물어본 것이다. 증자는 공자의 대답을 듣게 되어, 이와 같은 이치를 알게 되었다. 그런데도 마지막에는 비로소 상복을 벗게 되면, 혹여 다른 사람의 궤전하는 일에 참여할 수 있지 않을까라고 의문이 들었다. 그래서 질문한 것인데, 공자는 또한 안 된다고 하였고, 다만 빈객(賓客)들을 인도하여 제사를 돕는 것만을 허락했다. 그런데 공자의 대답 중에서 "괜찮다[可也]."고 한 말은 일정부분만을 승인한 것이지, 완전하게 승인한 것이 아니니, 단순히 빈객들을 인도하는 일은 이러한 일까지 포함해서 제사를 전반적으로 맡아보는 것과는 다른 차원이기 때문이며, 또한 그를 위해서도 그렇게 할 수 없기 때문이다.

鄭注 謂新除喪服也. 執事於人之神, 爲其忘哀疾也.

번역 '폐상복(廢喪服)'은 상복(喪服)을 처음으로 벗는다는 뜻이다. 다른 사람의 조상신(祖上神)을 섬기는 일에 참여하여, 그 일을 맡아보는 행위는 그의 부모에 대한 애통함을 잊는 것이 성급하게 되기 때문이다.

釋文 說, 湯活反.

번역 '說'자는 '湯(탕)'자와 '活(활)'자의 반절음이다.

孔疏 ●"曾子"至"可也". ○正義曰: 此一節論大祥除服, 不得卽[19]與他人饋奠之事. 廢, 猶除也. 言己新說喪服, 可以與他人在殯饋奠之事乎. 不問可以與於吉祭, 而問可與饋奠者, 以己新說喪服, 吉祭禮輕, 吉凶不相干涉, 其不可饋奠, 是他人之重者, 己又新始說衰, 凶事相因, 疑得助奠, 故問之也.

번역 ●經文: "曾子"~"可也". ○이 문장은 대상(大祥)을 지내고 난 뒤에 상복(喪服)을 벗었다고 하더라도, 곧바로 다른 사람의 궤전(饋奠)하는 일에 참여할 수 없다는 사실을 논의하고 있다. '폐(廢)'자는 제거한다는 뜻이다. 증자의 질문은 본인이 처음으로 상복을 벗게 되었다면, 다른 사람의 빈소에서 궤전하는 일에 참여할 수 있는가를 물어본 것이다. 길제(吉祭)에 대해서 참여할 수 있는지를 묻지 않고, 궤전에 참여할 수 있는지를 물어본 이유는 본인이 처음으로 상복을 벗게 된 상황에서, 길제는 흉례(凶禮)에 따른 상제(喪祭)보다도 그 해당 예법(禮法)이 상대적으로 덜 중요하고, 길례(吉禮)와 흉례는 서로 간섭할 수 없기 때문이다. 그래서 길제가 아닌 흉제(凶祭)를 예시로 들어서 질문한 것이다. 공자는 궤전을 할 수 없다고 대답했다. 그런데 증자가 질문한 의도는 궤전은 다른 사람의 입장에서는 중대한 일이고, 본인이 또한 처음으로 상복을 벗게 되었다고 하더라도, 본인은 흉사(凶事)를 치렀고, 상대방은 이제 흉사를 치르게 되어, 흉사를 서로 연이어하고 있으므로, 아마도 궤전은 할 수 있지 않을까 라는 의문이 들었기 때문에, 질문한 것이다.

---

19) '즉(卽)'자에 대하여. '즉'자는 본래 없던 글자인데, 완원(阮元)의 『교감기(校勘記)』에서는 "혜동(惠棟)의 『교송본(校宋本)』에는 '즉'자가 기록되어 있고, 위씨(衛氏)의 『집설(集說)』에도 '즉'자가 기록되어 있다. 그러므로 이곳 판본에는 '즉'자가 누락된 것이다."라고 했다.

集解 愚謂: 廢喪服, 謂新除父母之喪也. 新除喪, 不可與他人饋奠者, 以己尙未吉祭, 故不可執事於人之鬼神也. 擯相猶可, 以其非所以接神故也.

번역 내가 생각해보니, '폐상복(廢喪服)'은 처음으로 부모의 상(喪)을 끝내서, 상복(喪服)을 벗게 되었다는 뜻이다. 처음으로 상복을 벗었다고 하더라도, 다른 사람의 궤전(饋奠)에 참여할 수 없다. 그 이유는 본인이 죽은 부모에 대해, 아직까지 길제(吉祭)를 지내는 단계로 접어든 상태가 아니기 때문에, 다른 사람의 조상신(祖上神)을 섬기는 일에 참여하여, 그 일들을 맡아볼 수 없게 된다. 공자가 '빈객을 인도하는 일[擯相]'에 대해서는 오히려 괜찮다고 대답한 이유는 그 일이 접신(接神)하는 행위에 해당하지 않기 때문이다.

集解 吳氏澄曰: 可者, 略許而非深許之辭, 則不若幷擯相, 不爲之爲得也. 詳酌人情禮意, 緦功之喪, 踰月可與人祭, 齊斬之喪, 則須己行吉祭畢, 乃可爲人執事也.

번역 오징이 말하길, "괜찮다[可]."는 말은 일정부분만을 승인한 것이지, 완전하게 승인한 말이 아니니, 단순히 빈객들을 인도하는 일은 이러한 일까지 포함해서 제사를 전반적으로 맡아보는 것과는 다른 차원이기 때문이며, 또한 그를 위해서도 그렇게 할 수 없기 때문이다. 사람의 정감과 예(禮)의 뜻을 자세히 살펴보면, 시마복(緦麻服)과 소공복(小功服)을 입고 치르는 상(喪)에서는 그 달을 넘겨서 다른 사람의 제사에 참여할 수 있고, 자최복(齊衰服)과 참최복(斬衰服)을 입고 치르는 상이라면, 모름지기 본인이 길제(吉祭)를 시행하는 일까지 모두 끝내고 나서야, 곧 다른 사람을 위해 일을 맡아볼 수 있게 된다.

• 제 8 절 •

혼례(婚禮)와 돌발 상황이 발생했을 때의 대처법

【231b~c】

曾子問曰: 昏禮, 旣納幣, 有吉日, 女之父母死, 則如之何. 孔子曰: 壻使人弔, 如壻之父母死, 則女之家亦使人弔. 父喪, 稱父, 母喪, 稱母. 父母不在, 則稱伯父·世母. 壻已葬, 壻之伯父致命女氏曰, "某之子, 有父母之喪, 不得嗣爲兄弟, 使某致命" 女氏許諾, 而弗敢嫁, 禮也. 壻免喪, 女之父母, 使人請, 壻弗取, 而后嫁之, 禮也.

직역 曾子가 問曰, "昏禮에 이미 納幣하고, 吉日이 有한데, 女의 父母가 死커든, 어찌합니까?" 孔子가 曰, "壻가 人을 使하여 弔하니, 만일 壻의 父母가 死커든, 女의 家도 또한 人을 使하여 弔한다. 父喪이면, 稱父하고, 母喪이면, 稱母한다. 父母가 不在하면, 伯父·世母를 稱한다. 壻가 已葬하면, 壻의 伯父가 女氏에 致命하여, 曰 '아무개의 아들은 父母의 喪이 有하여, 兄弟가 됨을 嗣할 수 없어서, 아무개를 使하여 致命합니다.'라고 하면, 女氏는 許諾하되, 감히 嫁하지 않음이 禮이다. 壻가 免喪하면, 女의 父母는 人을 使하여 請하고, 壻가 弗取하면, 이후에 嫁함이 禮이다.

의역 증자가 묻기를, "혼례(婚禮)를 치를 때, 이미 신부 집안에 폐물을 보냈고, 혼인할 날짜도 정해져 있는데, 신부의 부모가 죽게 된다면, 어찌해야 합니까?" 그러자 공자가 대답해주기를, "사위될 사람의 집에서는 사람을 시켜서 조문(弔問)을 하고, 만약 사위될 사람의 부모가 죽게 된다면, 신부 집안에서도 또한 사람을 시켜서 조문을 한다. 상대측 부친의 상(喪)에서는 본인의 부친 이름으로 조문을 하고, 상대측 모친의 상에서는 본인의 모친 이름으로 조문을 한다. 부모가 이미 죽었거나 다른 곳에 있는 경우에는 백부(伯父)나 백모(伯母)의 이름으로 조문을 한다. 사위될 사람이 부모에 대한 장례(葬禮)를 마치게 되면, 사위 집안의 백부가 신부 집안에 사양하는 말을 전달하며, '아무개의 아들이 부모의 상중(喪中)에 있어서, 부부가 되는 인연을 계속 진행할 수가 없으므로, 아무개를 시켜서 사양하는 말을 전달합니다.'라고 한다. 그러면 신부 집안에서는 허락을 하되, 딸을 감히 다른 곳으로 시집보내지 않는 것이 올바른 예법(禮法)이다. 사위될 사람이 상(喪)을 다 끝내고 나면, 신부의 부모는 사람을 시켜서 다시 혼례를 진행하자고 청(請)하는데, 그런데도 사위 집안에서 받아들이지 않으면, 그 이후에야 딸을 다른 집에 시집보내는 것이 올바른 예법이다."

集說 有吉日者, 期日已定也. 彼是父喪, 則此稱父之名弔之, 彼是母喪, 則此稱母之名弔之. 父母或在他所, 則稱伯父伯母名. 如無伯父母, 則用叔父母名可知. 壻雖已葬其親, 而喪期尙遠, 不欲使彼女失嘉禮之時, 故使人致命, 使之別嫁他人. 某之子此某字, 是伯父之名. 不得嗣爲兄弟者, 言繼此不得爲夫婦也. 夫婦同等, 有兄弟之義, 亦親之之辭. 不曰夫婦者, 未成昏, 嫌也. 使某致命此某字, 是使者之名. 致, 如致仕之致, 謂致還其許昏之命也. 女氏雖許諾, 而不敢以女嫁於他人, 禮也. 及壻祥禫之後, 女之父母使人請壻成昏, 壻終守前說而不取, 而后此女嫁於他族, 禮也.

번역 "길일(吉日)이 있다[有吉日]."는 말은 혼인하기로 약조한 기일(期日)이 이미 정해졌다는 뜻이다. 저쪽 집안에 부친상이 발생하면, 이쪽 집안에서는 부친의 이름으로 조문(弔問)을 하고, 저쪽 집안에 모친상이 발생하면, 이쪽 집안에서는 모친의 이름으로 조문을 한다. 부모가 혹여 다른 지역에 있다면, 백부(伯父)나 백모(伯母)의 이름으로 조문을 한다. 만일 백부와 백모가 없는 경우라면, 숙부(叔父)나 숙모(叔母)의 이름으로 조문할 수 있다는 사실을 이러한 용례를 통해서 유추할 수 있다. 사위될 사람이 비록 그 부모에 대해서 장례(葬禮)를 끝냈다고 하더라도, 상(喪) 기간이 아직도 요원하므로, 신부 집안의 여식으로 하여금 무작정 기다리게만 하여 가례

(嘉禮)를 올릴 시기를 놓치지 않게끔 하고자 하기 때문에, 사람을 시켜서 사양하는 말을 전달하여, 신부 집안으로 하여금 여식을 다른 사람에게 다시 시집보내게 하는 것이다. '아무개의 아들[某之子]'이라고 할 때의 '모(某)'자는 백부의 이름이다. "형제(兄弟)가 되는 일을 계속하여 이어나갈 수 없다[不得嗣爲兄弟]."는 말은 혼례(婚禮)를 계속 진행하여, 부부(夫婦)가 될 수 없다는 뜻이다. 부부는 동등하므로, 상하(上下)나 존비(尊卑)의 구분에 해당하지 않으니, '형제'와 같은 관계를 가진다는 뜻이 있으므로, '부부'를 '형제'라고 부르는 것은 또한 친근하게 대하는 말이다. 그런데 경문에서 '부부'라는 말을 사용하지 않은 이유는 아직 혼례를 성사시킨 것이 아니므로, 그 말을 사용하지 않은 것이다. "아무개를 시켜서 사양하는 말을 전달한다[使某致命]."라고 할 때의 '모(某)'자는 심부름을 간 사람의 이름이다. '치(致)'자는 "관직에서 물러난다[致仕]."라고 할 때의 '치'자의 뜻과 같으니, 양측 집안에서 이전에 혼례를 승인했던 언약을 사양하여 돌려준다는 뜻이다. 신부 집안에서 비록 상대편에서 보내온 사양하는 말에 승낙을 하더라도, 감히 여식을 다른 사람에게 시집보내지 않는 것이 예법(禮法)에 맞는 행동이다. 사위될 사람이 죽은 부모에 대해서 대상(大祥)과 담제(禫祭)[1]를 지낸 이후, 신부의 부모는 사람을 시켜서 사위 집안에 혼례를 다시 성사시키자고 청원을 하는데, 사위 집안에서 앞서 사양했던 말을 끝내 고수하며 받아들이지 않는다면, 그 이후에 이 여인을 다른 집안에 시집보내는 것이 올바른 예법이다.

大全 嚴陵方氏曰: 夫唱而婦和, 兄先而弟後, 則夫婦固有兄弟之義, 故此言不得嗣爲兄弟也. 詩不云乎, 宴爾新昏, 如兄如弟, 以是而已.

번역 엄릉방씨가 말하길, 지아비가 선창을 하면 부인이 화답을 하며, 형이 앞서가면 동생이 뒤따르니, '부부(夫婦)' 관계에는 진실로 '형제(兄弟)'의 뜻이 포함되어 있다. 그렇기 때문에 이곳 문장에서 부부의 인연을 맺는

1) 담제(禫祭)는 상복(喪服)을 벗을 때 지내는 제사이다.

것을 두고, 형제가 되는 것을 계속 이어갈 수 없다고 말한 것이다. 『시』에서 말하지 않았던가? "그대는 신혼(新昏)을 즐겨서, 마치 형과 같고 마치 아우와 같구나."[2]라고 표현할 수 있었던 것은 부부 관계에는 형제의 뜻이 포함되어 있기 때문이다.

鄭注 吉日, 取女之吉日. 必使人弔者, 未成兄弟. 禮宜各以其敵者也. 父使人弔之, 辭云, "某子聞某之喪, 某子使某如何不淑." 母則若云, 宋蕩伯姬, 聞姜氏之喪, 伯姬使某如何不淑. 凡弔辭一[3]耳. 弔禮不可廢也. 伯父母又不在, 則稱叔父母. 必致命者, 不敢以累年之喪, 使人失嘉會之時. 請, 請成昏.

번역 '길일(吉日)'은 부인을 맞이하기로 한 '길일'이다. 직접 찾아가지 않고, 반드시 사람을 시켜서 조문(弔問)을 하는 이유는 아직 부부의 인연을 맺은 상태가 아니기 때문이다. 조문을 할 때의 예법(禮法)에 따르면, 마땅히 각각의 상대방과 대등한 자로 조문을 해야 한다. 상대방이 부친상을 당한 경우라면, 부친은 사람을 시켜 조문을 하는데, 그 조문하는 말로는 "아무개의 자식이 아무개의 상(喪)에 대한 소식을 들어서, 아무개의 자식이 아무개를 시켜서 조문을 합니다. 어찌하여 이러한 불행한 일이 일어났습니까." 라고 한다. 상대방이 모친상을 당한 경우라면, 모친은 이와 같이 조문을 하며, 그 조문하는 말도 이처럼 쓰게 된다. 예를 들어 송(宋)나라 탕씨(蕩氏)의 아내 백희(伯姬)가 강씨(姜氏)의 상(喪)에 대한 소식을 듣게 된다면, "백희는 아무개를 시켜서 조문을 하니, 어찌하여 이러한 불행한 일이 일어났습니까."라고 말하게 된다. 조문하는 말들은 모두 동일할 따름이다. 조문하는 예법은 폐지할 수가 없다. 또한 백부(伯父)나 백모(伯母)가 없는 경우라면, 숙부(叔父)나 숙모(叔母)의 이름으로 조문을 한다. 반드시 사양하는 말을 전달하는 이유는 감히 수년이 걸리는 자신의 상(喪)으로 인해, 다른

2) 『시』「패풍(邶風)·곡풍(谷風)」: 宴爾新昏, 如兄如弟.

3) '일(一)'자에 대하여. 원문에는 '일'자가 누락되어 있지만, 공영달(孔穎達)의 소(疏)를 보면, '云凡弔辭一耳者'라고 되어 있으니, 이곳 기록에서는 '일'자가 누락된 것 같다.

사람으로 하여금 혼례(婚禮)를 치르지 못하게 하여, 부부의 인연을 맺게 되는 시기를 놓치게 할 수 없기 때문이다. '청(請)'자는 혼례를 다시 성사시키길 청원한다는 뜻이다.

釋文 相, 息亮反. 取, 七住反, 本亦作娶, 下文"取婦"·"取女"同. 累, 力弭反.

번역 '相'자는 '息(식)'자와 '亮(량)'자의 반절음이다. '取'자는 '七(칠)'자와 '住(왕)'자의 반절음이며, 판본에 따라서 또한 '娶'자로도 기록하고, 아래 문장에 나오는 '取婦'와 '取女'라고 할 때의 '取'자도 그 음이 이와 같다. '累'자는 '力(력)'자와 '弭(미)'자의 반절음이다.

孔疏 ●"曾子"至"如之". ○正義曰: 此一節論昏娶遭喪之事, 各隨文解之.

번역 ●經文: "曾子"~"如之". ○이 문장은 혼례(婚禮)를 치르려고 할 때, 갑작스럽게 상(喪)을 당한 경우에 대해서 논의한 내용으로, 각각 문장에 따라서 해석하겠다.

孔疏 ◎注"必使"至"兄弟". ○正義曰: 以夫婦有兄弟之義, 故下云"不得嗣爲兄弟". 或據婿於妻之父母有緦服, 故得謂之爲兄弟也.

번역 ◎鄭注: "必使"~"兄弟". ○부부(夫婦)에게는 형제(兄弟)의 의미가 포함되어 있기 때문에, 다음 문장에서 "형제가 되는 것을 계속 이어나갈 수 없다."라고 말한 것이다. 혹자는 사위가 아내의 부모상에 대해서, 시마복(緦麻服)을 입게 된다는 예법(禮法)에 근거하여, 이러한 까닭으로 혼례(婚禮)를 두고서 형제가 된다는 말로 표현할 수 있다고 주장한다.

孔疏 ●"父喪稱父, 母喪稱母", 禮各宜以敵, 若彼家父死, 則此家遣使弔,當稱此家父遣使弔也. 若彼家母死, 則此家亦稱母遣使弔也.

번역 ●經文: "父喪稱父, 母喪稱母". ○조문(弔問)하는 예법(禮法)에 따르면, 마땅히 각각의 경우에 따라서, 상대방과 대등한 자의 이름으로 조문을 해야 하니, 만약 상대방 집안에 부친상이 발생한다면, 이쪽 집안에서 사람을 보내 조문을 하며, 마땅히 이쪽 집안의 부친이 사람을 보내서 조문을 한다고 일컬어야 한다. 만약 상대방 집안에 모친상이 발생한다면, 이쪽 집안에서는 또한 모친이 사람을 보내서 조문을 한다고 일컬어야 한다.

孔疏 ◎注"某子"至"一耳". ○正義曰: 某子, 謂此父姓位, 某之喪者, 謂若彼家死者之身. "某子使某如何不淑"者, 某子還指此父姓位. 使某, 某是使者之名. 淑, 善也. 致辭云如何不善. 云"母則若云, 宋蕩伯姬聞姜氏之喪"者, 鄭假說爲文, 故云"若宋蕩伯姬". 據此婿家之母姜氏之喪, 據彼女家之母伯姬. 使某如何不淑者, 某謂使者之名. 按僖二十五年經云, "宋蕩伯姬來逆婦", 是宋國公子蕩之妻, 元是魯女, 旣嫁與蕩氏爲妻, 故云"宋蕩伯姬"也. 今爲其子來迎魯公之女而爲婦, 魯之夫人多是齊女, 故稱姜氏. 姜氏若蕩伯姬遣使來弔, 則云"聞姜氏之喪". 云"凡弔辭一耳"者, 謂男弔女家, 女弔男家, 皆云"使某如何不淑", 是弔辭一也.

번역 ◎鄭注: "某子"~"一耳". ○'아무개의 자식[某子]'은 이쪽 집안의 부친 성(姓)을 대입하는 자리이고, '아무개의 상[某之喪]'에서의 '모(某)'자는 상대방 집안의 죽은 자를 뜻한다. 정현이 "아무개의 자식이 아무개를 시켜서 조문(弔問)을 합니다. 어찌하여 이러한 불행한 일이 일어났습니까." 라고 하였는데, '아무개의 자식[某子]'은 재차 이쪽 집안의 부친 성(姓)을 대입하는 자리를 가리킨다. "아무개를 시키다.[使某]"라고 할 때의 '아무개[某]'는 심부름하는 자의 성(姓)이다. '숙(淑)'자는 좋다는 뜻이다. 조문하는 말을 보낼 때에는 "어찌하여 좋지 않게 되었습니까?"라고 말한다. 정현이 "모친은 이처럼 하니, 송(宋)나라 탕씨(蕩氏)의 아내 백희(伯姬)가 강씨(姜氏)의 상(喪)을 듣고서"라고 하였는데, 이 예시는 실제로 이러한 역사적 사실이 있었던 것이 아니라, 정현이 가설을 세워서 쓴 문장이다. 그렇기 때문에 '약송탕백희(若宋蕩伯姬)'라고 기록하여, '약(若)'자를 함께 기입한 것이다. 그리고 이 말은 이쪽 사위 집안의 모친에 대해서, 강씨의 상(喪)을 가정하고, 저쪽 신부 집안의 모친에 대해서 백희라는 인물을 가정한 것이다. 그리고 "아무개를 시켜서 조문을 합니다. 어찌하여 이러한 불행한 일이 일어났습니까."라고 한 말 중에 '아무개[某]'는 심부름 한 사람의 성(姓)이다. 『춘추』 희공(僖公) 25년에 대한 경문(經文)을 살펴보면, "송나라 탕씨의 부인 백희가 노(魯)나라에 찾아와서 며느리를 맞이했다."[4]라고 하였으니, 여기에서 말하는 '송탕백희(宋蕩伯姬)'는 송나라 공자(公子)인 탕(蕩)의 처가 되는데, 본래는 노나라의 여인으로, 이미 출가하여 탕씨의 부인이 되었기 때문에, '송탕백희'라고 부른 것이다. 『춘추』 기록에서 말하고 있는 상황은 백희가 그의 아들을 위해서, 노나라에 찾아와서 '노나라 군주[魯公]'의 딸을 맞이하여 며느리로 삼은 것이다. 그런데 노나라 부인들은 대부분이 제(齊)나라의 여인들이다. 그렇기 때문에 제나라의 성(姓)인 강씨(姜氏)라고 부른 것이다. 강씨의 상이 발생해서, 만약 탕백희(蕩伯姬)가 사람을 보내서, 상이 발생한 집으로 찾아가 조문을 하게 했다면, 조문에는 '강씨의 상을 듣고서'라고 기록하게 된다. 정현이 "모든 조문하는 말들은 동일할 따름이다."라고 하였는데, 남자 집안에서 여자 집안으로 조문을 하고, 여자 집안에서 남자 집안으로 조문을 할 때에, 그 말들은 모두 "아무개를 시켜서 조문을 합니다. 어찌하여 이러한 불행한 일이 일어났습니까."라고 말한다는 뜻이다. 이것이 바로 조문하는 말들이 동일하다는 뜻이다.

孔疏 ●"父母不在, 則稱伯父世母", 此家父不在, 彼家父亡, 則稱伯父某子使某, 伯父某亦不在, 則稱叔父某子使某. 若此家母不在, 彼家母亡, 則稱伯母某氏叔母某氏使某, 直云父母不在, 不云沒亡, 則兼沒亡及餘不在也.

---

4) 『춘추』「희공(僖公) 25년」: 宋蕩伯姬來逆婦.

번역 ●經文: "父母不在, 則稱伯父世母". ○이쪽 집안에 부친이 없는데, 저쪽 집안에서 부친상이 발생하게 된다면, 백부(伯父)인 아무개의 아들이, 아무개를 시켜서 조문(弔問)을 한다고 일컫고, 백부인 아무개마저도 또한 없는 경우라면, 숙부(叔父)인 아무개의 아들이, 아무개를 시켜서 조문을 한다고 일컫는다. 만약 이쪽 집안의 모친이 없는데, 저쪽 집안의 모친상이 발생한 경우라면, 백모(伯母)인 '아무개 씨[某氏]'나 숙모(叔母)인 '아무개 씨[某氏]'가 아무개를 시켜서, 조문을 한다고 일컫게 되는데, 경문에서는 단지 '부모가 없는 경우[父母不在]'라고만 언급하였고, 죽었다고는 직접적으로 언급하지 않았다. 그 이유는 부모가 이미 죽은 경우와 나머지 다른 이유들로 인해 '부재(不在)'한 경우까지도 포함해서 기록했기 때문이다.

孔疏 ●"婿已葬, 婿之伯父致命女氏". ○必待已葬者, 葬後哀情稍殺, 始兼他事, 不待踰年者, 不可曠年廢人昏嫁也. 不得嗣爲兄弟者, 夫婦有兄弟之義, 或據婿爲妻父母有緦麻之服, 故謂之兄弟.

번역 ●經文: "婿已葬, 婿之伯父致命女氏". ○반드시 장례(葬禮)를 끝낼 때까지 기다리는 이유는 장례를 치른 이후에는 애통함이 점차 수그러들게 되어서, 비로소 다른 일에 신경을 쓸 수 있게 되기 때문이다. 그런데 그렇다고 해서 한 해가 넘어가도록 기다리지 않는 이유는 한 해를 공허하게 만들어, 다른 사람의 혼사를 망칠 수 없기 때문이다. "형제(兄弟)가 되는 것을 계속 이어나갈 수 없다."라고 표현할 수 있는 이유는 부부(夫婦) 관계에는 '형제'의 뜻이 포함되어 있기 때문인데, 혹자는 사위가 부인의 부모상에 대해서, 시마복(緦麻服)을 입게 된다는 예법(禮法)에 근거하여, 이러한 까닭으로 혼례(婚禮)를 두고서 '형제'가 된다는 말로 표현할 수 있다고 주장한다.

孔疏 ●"婿免喪, 女之父母使人請", 婿免喪之後則應迎婦, 必須女之父母請者, 以婿家旣葬, 致命於己, 婿旣免喪, 所以須請也. 女之父母死, 婿亦如之.

女之父母死, 已葬之後, 女之伯父致命於男氏, 曰"某之子有父母之喪, 不得嗣爲兄弟, 使某致命", 男氏許諾, 而不敢娶. 女免喪, 婿之父母使人請, 女家不許婿而後別娶, 禮也. 陽唱陰和, 婿之父母使人請昏, 而女家得有不許者, 亦以彼初葬訖, 致命於己故也.

번역 ●經文: "婿免喪, 女之父母使人請". ○사위될 사람이 상(喪)을 다 끝낸 이후라면, 마땅히 부인을 맞이해야 하는데, 반드시 신부의 부모가 재차 청원하는 절차를 기다려야 한다. 이처럼 하는 이유는 사위 집안에서 장례(葬禮)를 끝내고서, 여자 집안에 혼인의 약조를 물렸기 때문이니, 사위될 사람이 상을 다 끝내게 되더라도, 신부의 부모가 재차 청원할 때까지 기다려야 하는 것이다. 신부의 부모가 죽었을 경우라면, 사위될 사람 또한 이러한 절차대로 한다. 그러므로 신부의 부모가 죽은 경우에, 장례를 끝내게 되면, 신부의 백부(伯父)는 남자 집안으로 혼인의 약조를 물리며, "아무개의 여식이 부모의 상중(喪中)에 있어서, 부부가 되는 인연을 계속 진행할 수 없으므로, 아무개를 시켜서 사양하는 말을 전달합니다."라고 한다. 그러면 남자 집안에서는 그 말에 승낙하지만, 감히 다른 집안에 장가를 들 수 없다. 여자가 부모의 상을 다 끝내게 되면, 사위의 부모는 사람을 시켜서 재차 청원을 하는데, 여자 집안에서 사위로 맞을 것을 승낙하지 않으면, 그 이후에 다른 곳에 장가드는 행위가 올바른 예법(禮法)이다. 그런데 통상적으로 '양(陽)'이 선창하면, '음(陰)'은 화답하는 것인데, '양'에 해당하는 사위의 부모가 사람을 시켜서 혼례(婚禮)를 계속 진행하기를 청원하는데, '음'에 해당하는 여자 집안에서 승낙하지 않을 수 있는 이유는 또한 상대방 집안에서 애초에 장례를 끝내고 나서 자신들에게 사양하는 말을 전달해왔기 때문이다.

【231d】

女之父母死, 壻亦如之.

직역 "女의 父母가 死커든, 壻 또한 이와 같이 한다."

의역 계속하여 공자가 대답해주기를, "만일 신부될 여자의 부모가 죽은 경우라면, 사위될 사람 또한 이처럼 한다."

集說 女之父母死, 女之伯父致命於男氏曰, "某之子有父母之喪, 不得嗣爲兄弟, 使某致命." 男氏許諾而不敢娶, 女免喪, 壻之父母使人請, 女家不許, 壻然後別娶也.

번역 신부의 부모가 죽은 경우에, 신부의 백부(伯父)는 사위될 자의 집안에 사양하는 말을 전달하면서, "아무개의 여식이 부모의 상중(喪中)에 있어서, 부부가 되는 인연을 계속 진행할 수 없으므로, 아무개를 시켜서 사양하는 말을 전달합니다."라고 한다. 남자 집안에서는 승낙을 하더라도, 감히 다른 집안에 장가들 수 없으며, 여자가 상(喪)을 다 끝내고 나서, 남자의 부모가 사람을 시켜서 청원을 하게 되는데, 여자 집안에서 승낙을 하지 않으면, 남자 집안에서는 그런 연후에야, 다른 집안에 장가들 수 있는 것이다.

鄭注 女免喪, 婿之父母亦使人請, 其已葬時亦致命.

번역 앞의 경문에서 언급하고 있는 주요 내용은 남자가 부모상을 당했을 때인데, 반대로 여자에게 부모상이 발생하여, 혼례(婚禮)를 사양하는 말을 전달했다면, 여자가 상(喪)을 끝내고 나서, 남자 집안의 부모도 또한 사람을 시켜서, 다시 혼례를 성사시키길 청원하는 것이며, 여자가 장례(葬禮)를 끝냈을 경우에도 또한 여자 집안에서 남자 집안으로 혼례를 사양하는 말을 전하는 것이다.

集解 愚謂: 壻不親弔者, 以未成昏姻, 親弔則難爲辭也. 致命者, 前已卜日以告於女家, 女家許之, 今旣未得取, 故致還其命也. 兄弟者, 昏姻之稱也. 喪服傳曰, "小功以下爲兄弟." 壻爲外舅, 外舅報服皆緦, 故曰兄弟. 弗敢嫁者, 不敢遽嫁女與之也. 免喪, 婿猶弗取者, 餘哀未忘, 不欲汲汲於昏也. 而后嫁之者, 蓋女之家擇日以告於壻, 而不俟其親迎也. 士昏禮有"若不親迎"之禮, 蓋謂此也. 蓋壻弗取者, 所以盡人子之心, 女之父母嫁之者, 所以赴嘉會之期也.

번역 내가 생각해보니, 사위될 사람이 직접 조문(弔問)을 하지 않는 이유는 아직 혼례(婚禮)를 정식으로 치른 상태가 아니라서, 직접 조문을 하게 되면, 어떤 호칭을 써서 조문을 해야 할지 난감하기 때문이다. 사양하는 말을 전하는 이유는 이전에 이미 길일(吉日)을 점쳐서 여자 집안에 알려주었고, 여자 집안에서도 그 날짜를 승낙했는데, 지금 부모의 상(喪)을 당해서, 신부를 데려올 수가 없는 상황이 되었기 때문에, 승낙한 말을 되돌리는 것이다. '형제(兄弟)'라는 말은 혼인한다는 칭호이다. 『의례』「상복(喪服)」편에 기록된 전문(傳文)에서 "소공복(小功服) 이하의 상복을 착용하는 대상은 형제이다."[5]라고 했다. 사위는 여자 집안에서 보면 외삼촌이 되니, 외삼촌이 상복을 착용할 때에는 모두 시마복(緦麻服)을 입기 때문에, 혼인하는 것을 가리켜서 '형제'라고 부르는 것이다. "감히 시집보내지 않는다[弗敢嫁]."는 말은 갑작스럽게 여식을 시집보내서 감히 다른 사람에게 혼인시키지 않는다는 뜻이다. 상을 다 끝내고도 사위될 사람이 아직 장가를 들지 않는 이유는 부모에 대한 슬픈 감정이 여전히 남아 있어서, 부모에 대한 그리움을 잊을 수가 없으므로, 혼인하는 일에 대해서 급급한 마음이 들지 않기 때문이다. "그런 이후에 시집을 보낸다[而后嫁之]."는 말은 아마도 여자 집안에서 다시 '길일'을 택하여, 사위될 집안에 알려준다는 뜻이니, 이런 경우에는 정상적인 혼례의 예법(禮法)에 따르지 않아서, 사위될 사람이 아

5) 『의례』「상복(喪服)」: 傳曰, 小功以下爲兄弟.

내를 직접 맞이하러 처가로 오는 절차가 시행될 때까지 기다리지 않는 것이다. 『의례』「사혼례(士昏禮)」편에는 '만약 직접 맞이하지 않을 경우[若不親迎]'에 대한 예법이 기록되어 있는데, 아마도 위와 같은 경우를 가리키는 것 같다. 무릇 사위될 자가 부모의 상을 끝내고도, 장가를 급급하게 들지 않는 이유는 자식된 자의 마음을 다하는 것이고, 여자의 부모가 시집을 보내는 이유는 기쁨으로 회합할 시기를 알리기 위해서이다.

集解 羅氏欽順曰 壻弗取, 免喪之後, 不忍遽從吉也. 而后嫁之, 所謂"有故則二十三年而嫁"也.

번역 나흠순[6]이 말하길, 부모상을 끝내고도, 사위될 자가 급작스럽게 장가들지 않는 이유는 흉례(凶禮)에 속하는 상(喪)을 막 끝낸 이후여서, 갑작스럽게 길례(吉禮)에 속하는 혼례(婚禮)를 차마 치를 수 없기 때문이다. "그런 이후에 여자의 부모가 여식을 시집을 보낸다[而后嫁之]."는 말은 이른바 "변고가 생기면, 23세가 된 이후에 시집을 보낸다."[7]라는 말에 해당한다.

【232a】

曾子問曰: 親迎, 女在塗, 而壻之父母死, 如之何. 孔子曰: 女改服, 布深衣, 縞總, 以趨喪. 女在塗, 而女之父母死, 則女反.

직역 曾子가 問曰, "親迎하여, 女가 塗에 在한데, 壻의 父母가 死커든, 어찌합

---

6) 나흠순(羅欽順, A.D.1465 ~ A.D.1547) : =나정암(羅整庵). 명대(明代)의 유학자이다. 자(字)는 윤승(允升)이고, 호(號)는 정암(整庵)이다.

7) 『예기』「내칙(內則)」【369d】: 十有五年而笄, 二十而嫁. 有故二十三年而嫁. 聘則爲妻, 奔則爲妾. 凡女拜, 尙右手.

니까?" 孔子가 曰, "女는 服을 改하니, 布로 된 深衣를 입고, 縞로 總하여, 이로써 喪에 趨한다. 女가 塗에 在한데, 女의 父母가 死하면, 女는 反한다."

의역 증자가 묻기를, "친영(親迎)[8]을 하여, 여자가 남편의 집으로 오는 도중 남편의 부모가 죽게 된다면, 어찌해야 합니까?" 그러자 공자가 대답해주기를, "여자는 혼례를 치르면서 입었던 화려한 복장을 바꿔 입으니, 거친 베로 만든 심의(深衣)로 갈아입고, 하얀 명주실로 머리를 묶는다. 그리고 이 복장을 착용하고서 상(喪)을 치르기 위해 분주히 달려간다. 만약 여자가 남편의 집으로 가는 도중, 여자의 부모가 죽게 된다면, 여자는 마찬가지로 복장을 바꿔 입고서, 자신의 집으로 되돌아간다."

集說 嫁服, 士妻褖衣, 大夫妻展衣, 卿妻鞠衣. 改服, 更其嫁服也. 衣與裳相連而前後深邃, 故曰深衣. 縞, 生白絹也. 總, 束髮也, 長八寸. 布爲深衣, 縞爲總, 婦人始喪未成服之服也, 故服此以奔舅姑之喪. 女子在室, 爲父三年, 父卒亦爲母三年. 已嫁則期, 今旣在塗, 非在室矣, 則止用奔喪之禮而服期. 改服, 亦布深衣縞總也.

번역 여자가 시집갈 때의 복장에 대해서 언급하자면, 사(士)의 처(妻)는 단의(褖衣)[9]로 하고, 대부(大夫)의 처는 전의(展衣)[10]로 하며, 경(卿)의 처는 국의(鞠衣)[11]로 한다. "복장을 고친다[改服]."는 말은 그녀가 시집올 때

---

8) 친영(親迎)은 혼례(婚禮)에서 시행하는 여섯 가지 예식(禮式) 중 하나이다. 사위될 자가 여자 집에 가서 혼례를 치르고, 자신의 집으로 데려오는 예식을 뜻한다.

9) 단의(褖衣)는 흑색의 천으로 상의와 하의를 만들고, 붉은색으로 가장자리에 단을 댄 옷이다. 『의례』「사상례(士喪禮)」에는 '단의'가 기록되어 있는데, 이에 대한 정현의 주에서는 "黑衣裳赤緣謂之褖."이라고 풀이했다.

10) 전의(展衣)는 흰색 비단으로 만든 옷이다. 본래 왕후(王后)가 입던 육복(六服)의 하나를 가리키나, 대부(大夫)의 부인에게는 가장 격식을 갖춘 예복(禮服)이 된다. 일설에는 흰색이 아닌 붉은색 비단으로 만든 옷이라고도 한다. 『주례』「천관(天官)·내사복(內司服)」편에는 '전의'가 기록되어 있는데, 이에 대한 정현의 주에서는 "鄭司農云, 展衣, 白衣也."라고 풀이했다.

입고 있었던 복장을 바꿔 입는다는 뜻이다. 상의와 하의가 서로 연결되어 있고, 앞면이나 뒷면을 폭이 넓게 만들기 때문에, 심의(深衣)라고 부른다. 호(縞)는 하얀 명주 끈이다. 총(總)은 머리를 묶는 것이니, 머리를 묶는 명주 끈의 길이는 8촌(寸)이다. 거친 베로 '심의'를 만들어 입고, 명주 끈으로 머리를 묶는 행위는 부인이 최초 상(喪)을 당했을 때, 아직 상복(喪服)을 다 갖춰 입지 못했을 때의 복장 방식이다. 그렇기 때문에 이러한 복장을 입고서, 시부모의 상을 치르러 달려가는 것이다. 여자가 아직 시집을 가지 않은 경우라면, 부친을 위해서는 3년간 상을 치르며, 부친이 이미 돌아가신 상태인데, 모친이 이제 돌아가신 경우라면, 죽은 모친에 대해서도 1년[期年]이 아닌 3년간 상을 치르게 된다. 그런데 이미 시집을 간 경우라면, 자신의 부모를 위해서는 1년만 상을 치르게 되는데, 이곳에서 말하는 상황은 시집으로 가는 길 도중에 있는 상태이므로, 시집을 가지 않았을 경우와는 다른 것이다. 그래서 단지 분상(奔喪)[12]의 예법(禮法)에 따르고, 복상(服喪)기간도 1년으로만 할 따름이다. 시집으로 가던 여자가 자신의 부모상에 대한 소식을 듣고, 급히 돌아오게 될 때에도 복장을 바꾸니, 또한 시부모상에 대한 경우와 마찬가지로, 거친 베로 만든 '심의'를 입고, 명주 끈으로 머리를 묶는다.

11) 국의(鞠衣)는 황색 비단으로 만든 옷이다. 본래 왕후(王后)가 입던 육복(六服)의 하나를 가리키나, 구빈(九嬪) 및 세부(世婦)나 어처(御妻)들 또한 이 옷을 입었고, 경(卿)의 부인에게는 가장 격식을 갖춘 예복(禮服)이 된다. 그 색깔은 누런색을 내는데, 뽕나무 잎이 처음 소생할 때의 색깔과 같다. 『주례』「천관(天官)·내사복(內司服)」에는 "掌王后之六服. 褘衣, 揄狄, 闕狄, 鞠衣, 展衣, 緣衣."라는 기록이 있으며, 이에 대한 정현의 주에서는 "鄭司農云, 鞠衣, 黃衣也. 鞠衣, 黃桑服也. 色如鞠塵, 象桑葉始生."이라고 풀이하였다.

12) 분상(奔喪)은 타지에 있다가 상(喪)에 대한 소식을 듣고, 급히 되돌아오는 예법(禮法)을 말한다.

그림 8-1 심의(深衣)

▸ **출처:** 『삼례도집주(三禮圖集注)』 3권

그림 8-2 심의(深衣) 전면

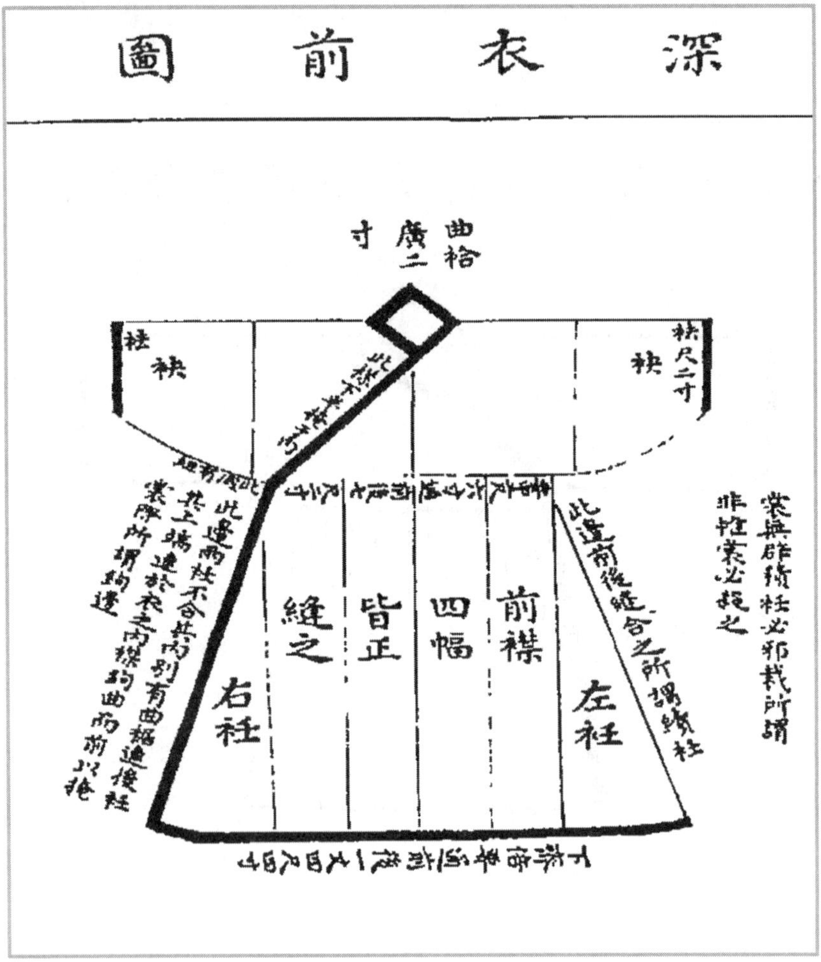

▸ **출처:** 『향당도고(鄕黨圖考)』 1권

그림 8-3 심의(深衣) 후면

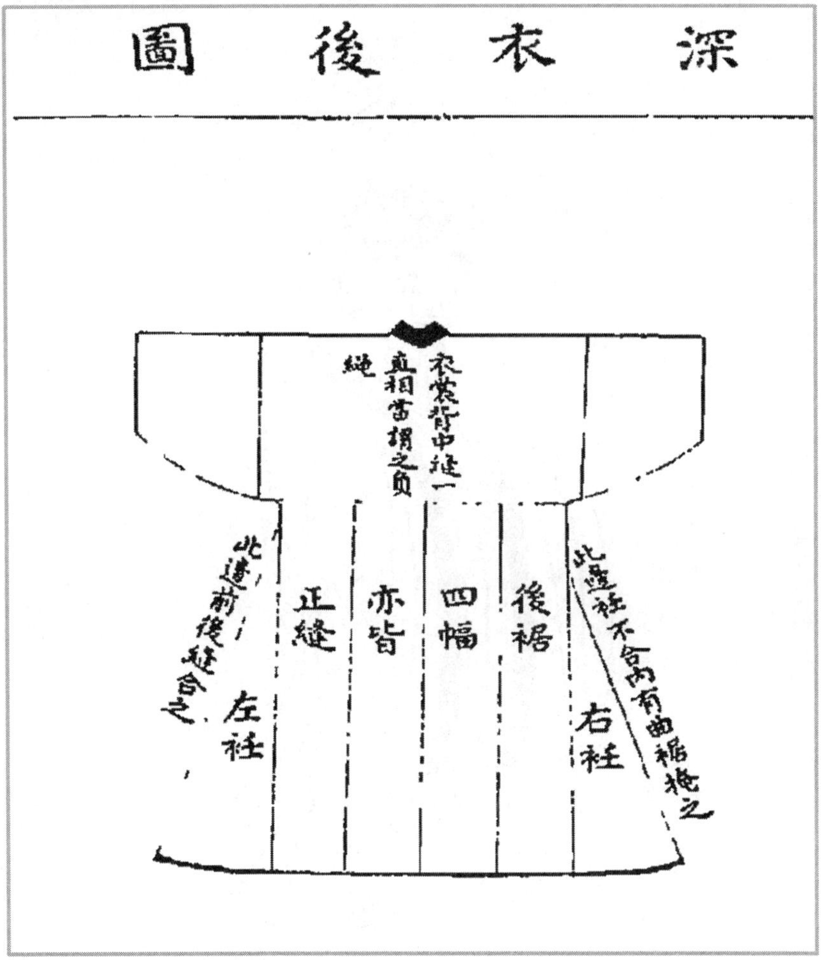

▸ **출처:** 『향당도고(鄕黨圖考)』 1권

그림 8-4 단의(褖衣)

▸ **출처:** 『삼례도집주(三禮圖集注)』 2권

그림 8-5 전의(展衣)

▸ **출처:** 『삼례도집주(三禮圖集注)』 2권

그림 8-6 국의(鞠衣)

▸ **출처:** 『삼례도집주(三禮圖集注)』 2권

그림 8-7 친영(親迎) 때의 배치도

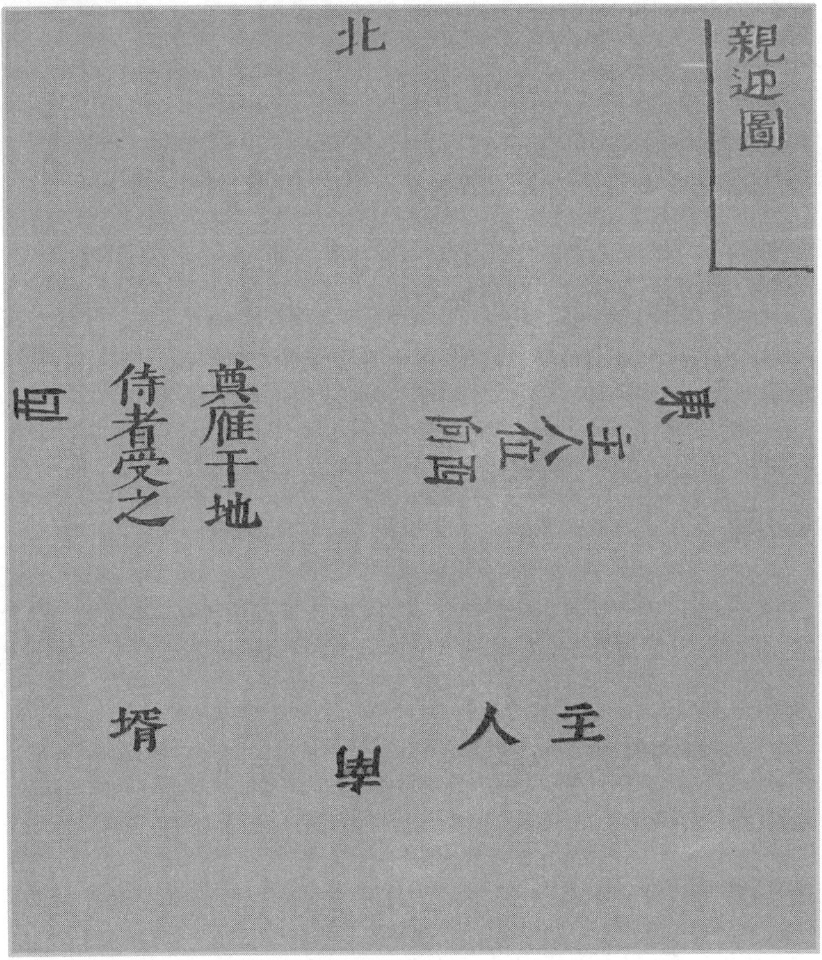

▸ 출처: 『삼재도회(三才圖會)』「의제(儀制)」 6권

大全 嚴陵方氏曰: 喪者, 人之所自盡, 故不可以婚姻之禮廢.

번역 엄릉방씨가 말하길, '상(喪)'이라는 것은 사람이 제 자신의 정성과 효성을 다하는 것이다.[13] 그렇기 때문에 혼례(婚禮)의 예법(禮法)을 시행하는 도중이라고 해도 그것 때문에, 상례(喪禮)와 관련된 예법을 그만둘 수 없는 것이다.

大全 山陰陸氏曰: 女改服, 布深衣, 言布, 不言麻, 深衣之麤者也.

번역 산음육씨가 말하길, 여자는 복장을 바꿔 입게 되어, 포(布: 거친 베)로 된 심의(深衣)를 입는다고 하였는데, '포'라고 말하고, '마(麻: 가는 베)'라고 말하지 않았으니, 이러한 상황에서 여자가 갈아입는 '심의'는 심의 중에서도 매우 거친 옷이다.

鄭注 布深衣·縞總, 婦人始喪未成服之服.

번역 거친 베로 만든 심의(深衣)를 입고, 명주 끈으로 머리를 묶는 행위는 부인이 처음 상(喪)을 당하게 되었는데, 아직 상복(喪服)을 다 갖춰 입지 못했을 때의 복장 방식이다.

釋文 迎, 魚敬反, 下同. 縞, 古老反. 總音摠. 期, 居宜反, 下同.

번역 '迎'자는 '魚(어)'자와 '敬(경)'자의 반절음이며, 아래 문장에 나오는 '迎'자도 그 음이 이와 같다. '縞'자는 '古(고)'자와 '老(로)'자의 반절음이다. '總'자의 음은 '摠(총)'이다. '期'자는 '居(거)'자와 '宜(의)'자의 반절음이며, 아래 문장에 나오는 '期'자도 그 음이 이와 같다.

---

13) 『맹자』「등문공상(滕文公上)」: 不亦善乎! 親喪, 固所自盡也.

孔疏 ●"曾子"至"趨喪". ○正義曰: "女改服"者, 謂女在塗聞舅姑喪, 卽改嫁時之衣服. 嫁服者, 士妻褖衣, 大夫妻展衣, 卿妻則鞠衣. 故士昏禮云, "女次純衣." 純衣卽褖衣也. 奔喪服期.

번역 ●經文: "曾子"~"趨喪". ○경문에서 "여자는 복장을 바꿔 입는다[女改服]."라는 하였는데, 이 말은 여자가 시집으로 가는 도중에, 시부모상에 대한 소식을 듣게 된다면, 곧바로 시집갈 때 입고 있었던 의복을 바꿔 입는다는 뜻이다. 여자가 시집갈 때의 복장에 대해서 논의하자면, 사(士)의 처(妻)는 단의(褖衣)이고, 대부(大夫)의 처는 전의(展衣)이며, 경(卿)의 처는 국의(鞠衣)이다. 그렇기 때문에 『의례』「사혼례(士昏禮)」편에서 "여자는 뒤이어 순의(純衣)를 입는다."[14]라고 한 것이니, 이 문장에서 말하는 '순의'가 바로 '단의'에 해당한다. 여자가 시집으로 가는 도중 자신의 부모가 죽었다는 소식을 접하게 되면, 분상(奔喪)하여 1년간 복상(服喪)한다.

孔疏 ◎注"布深"至"之服". ○正義曰 深衣謂衣裳相連, 前後深邃, 故曰深衣. 縞, 白絹也. 總, 束髮也, 長八寸. 女在塗, 以其聞喪, 卽改嫁服, 故云"未成服之服"也. 士喪禮注, "始死, 婦人將斬衰者, 去笄而纚, 將齊衰者, 骨笄而纚. 至將斂時, 則婦人亦去笄纚而髽", 皆不云縞總, 文或略也.

번역 ◎鄭注: "布深"~"之服". ○'심의(深衣)'는 상의와 하의가 서로 연결되어 있고, 앞면이나 뒷면을 길게 내려트렸기 때문에, '심의'라고 부른다. '호(縞)'는 백색 명주 끈이다. '총(總)'은 머리를 묶는 것이니, 머리를 묶을 때 사용하는 명주 끈의 길이는 8촌(寸)이다. 여자가 길 도중에 있는데, 상(喪)에 대한 소식을 들었기 때문에, 곧바로 시집갈 때 입고 있었던 복장을 바꿔 입는 것이다. 그래서 정현이 "아직 상복(喪服)을 다 갖춰 입지 못했을 때의 복장 방식이다."라고 말한 것이다. 『의례』「사상례(士喪禮)」편에 대한 정현의 주에서는 "처음 시부모 등이 죽었을 때, 부인들 중에 장차 참최복

---

14) 『의례』「사혼례(士昏禮)」: <u>女次, 純衣</u>纁袡, 立于房中南面.

(斬衰服)을 입어야 하는 자는 비녀를 제거하고 머리를 싸맨다. 그리고 장차 자최복(齊衰服)을 입어야 하는 자는 짐승의 뼈로 만든 비녀를 꼽고, 머리를 싸맨다. 또한 장차 염(斂)을 할 시기가 도래하면, 부인들은 또한 비녀를 제거하고 머리를 묶으며, 상중(喪中)에 묶는 머리방식인 북상투 모양으로 튼다."라고 했는데, 이 문장에서 모두 "명주 끈으로 머리를 묶는다[縞總]."고 말하지 않은 이유는 아마도 문장을 생략해서 기록했기 때문일 것이다.

孔疏 ◎注"奔喪服期". ○正義曰: 經云"女反", 故知"奔喪". 喪服期云"女子子在室爲父, 箭笄髽, 衰三年", 今旣在塗, 非復在室, 故知服期. 但在室之女父卒, 爲母亦三年. 今旣在塗, 故爲父母同皆期也. 於時女亦改服布深衣縞總, 反而奔喪.

번역 ◎鄭注: "奔喪服期". ○경문에는 "여자가 되돌아간다[女反]."라고 기록했기 때문에, 이 문장의 뜻이 "분상(奔喪)한다."라는 내용임을 알 수 있다. 『의례』「상복(喪服)」편에서는 '기(期)'에 대해 말하길, "시집을 가지 않은 여자 자식들은 방 안에서 머물며, 죽은 부친을 위해서 대나무로 만든 비녀로 상중(喪中)에 머리 묶는 모양인 북상투를 틀고, 참최복(斬衰服)을 착용하고서 3년간 복상(服喪)한다."[15]라고 했는데, 이곳 기록에서 언급하는 상황은 이미 시집으로 가는 도중에 있는 경우이므로, 시집을 가지 않았을 때와는 다른 것이다. 그렇기 때문에 부친상에 대해서도 3년이 아닌, 1년간만 복상한다는 사실을 알 수 있다. 다만 아직 시집을 가지 않은 딸들은 부친이 이미 돌아가신 상태이고, 다시 모친이 돌아가신 경우라면, 죽은 모친을 위해서도 또한 3년간 복상한다. 그런데 이곳에서 언급하는 상황은 이미 시집으로 가는 도중에 처해 있는 경우이기 때문에, 여자는 자신의 부모에 대해서, 동등하게 모두 1년간만 복상한다. 이처럼 길 도중에서 자신의 부모상에 대한 소식을 접하게 된다면, 여자는 또한 복장을 바꿔 입으니, 포(布)로 된 심의를 입고, 명주 끈으로 머리를 묶고서, 자신의 집으로 되돌

15) 『의례』「상복(喪服)」: 女子子在室爲父, 布總, 箭笄, 髽, 衰, 三年.

아가서 분상한다.

集解 愚謂: 深衣皆不言布, 此特言布者, 蓋婦人之服皆深衣之制也. 玄綃衣以上則用帛矣, 故特言布以別之. 斬衰總六寸, 齊衰總八寸, 婦爲舅姑期, 則縞總八寸也. 昏禮, 舅姑承子以授壻, 而夫婦之義自此始, 故在塗而反, 爲其父母降服期.

번역 내가 생각해보니, 예제(禮制)와 관련된 기록 중 심의(深衣)에 대한 기록에서는 모두 포(布)를 언급하지 않았는데, 이곳 문장에서 특별히 '포'자를 붙여서 말한 이유는 아마도 부인들의 복장은 모두 심의를 제작하는 방식에 준하여 만들기 때문에, 구분을 두기 위해서 '포'자를 붙여서 언급했을 것이다. 의복의 단계 중 검은 생사로 만든 옷 이상의 복장인 경우라면, 비단을 사용해서 만든다. 그렇기 때문에 특별히 '포'자를 붙여서 구분을 지은 것이다. 참최복(斬衰服)을 착용할 때, 머리 묶는 끈은 6촌(寸)의 길이로 하고, 자최복(齊衰服)에서는 머리 묶는 끈을 8촌으로 하므로, 부인들이 시부모상을 위해서 기년복(期年服)을 착용할 경우라면, 머리를 묶는 명주 끈의 길이를 8촌으로 하게 된다. 혼례(婚禮)에서 시부모가 며느리를 받아들이기 위해 아들을 여자 집에 보내면, 부부의 의리가 이 시기부터 실제적으로 시작된다. 그렇기 때문에 시집으로 오는 도중에 여자가 자신의 부모상을 당하게 되면, 자신의 집으로 되돌아가서 부모를 위해서 상을 치르게 되지만, 복상(服喪) 기간을 3년에서 1년으로 낮추는 것이다.

集解 郭子從問, "曾子問, '親迎, 女在塗, 而壻之父母死, 如之何?', 孔子曰, '女改服, 布深衣, 縞總, 以趨喪.' 開元禮除喪之後, 束帶相見, 不行初昏之禮, 趨喪後事, 皆不言之, 何也?" 朱子曰, "趨喪之後, 男居外次, 女居內次, 自不相見. 除喪而後, 束帶相見, 於是而始入御. 開元之制, 必有所據矣."

번역 곽자종[16]이 묻기를, "증자는 '친영(親迎)을 하여, 여자가 남편의 집으로 오는 도중에, 남자의 부모가 죽게 된다면, 어찌해야 합니까?'라고 물었고, 공자께서는 '여자는 혼례를 치르면서 입었던 화려한 복장을 바꿔 입으니, 거친 베로 만든 심의(深衣)로 갈아입고, 하얀 명주 끈으로 머리를 묶고서, 이 복장으로 상(喪)을 치르기 위해 분주히 달려간다.'라고 대답해 주셨습니다. 그런데 개원례(開元禮)[17]에서는 상을 끝낸 이후에, 예복(禮服)을 갖춰 입고,[18] 부부가 서로 만나보게 되지만, 초혼(初昏)의 예(禮)는 시행하지 않는다고 했는데, 두 기록 모두에서 분상(奔喪)한 이후의 일들에 대해서 언급하지 않은 이유는 어째서입니까?" 주자(朱子)가 말하길, "분상한 이후에, 남자는 집밖의 임시 거주지에 머물고, 여자는 집안의 임시 거주지에 머무니, 자연스럽게 서로 만나볼 수 없게 된다. 상을 다 끝낸 이후에야 예복을 갖춰 입고서 서로 만나보게 되니, 이때에야 비로소 신혼집에 들어갈 수 있는 것이다. 개원례의 제도는 바로 이곳 「증자문」편의 기록 등에 근거한 바가 있는 것이다."라고 했다.

集解 葉味道問, "今有男就成於女家, 久而未歸, 若壻之父母死, 女之本喪如之何? 若女之父母死, 其女之制服如之何?" 朱子曰, "此乃原頭不是, 且放在塗之禮行之可也. 然旣嫁則服自當降, 旣除而歸夫家耳."

번역 섭미도[19]가 묻기를, "만약 가정을 해본다면, 남자가 여자 집으로 찾아가 혼사를 치르고, 오래도록 자신의 집으로 되돌아오지 않았는데, 만약

---

16) 곽자종(郭子從, ? ~ ?) : =곽숙운(郭叔雲). 송(宋)나라 때의 학자이다. 자(字)는 자종(子從)이며, 송나라 조주(潮州) 게양(揭陽) 출신이다. 주자(朱子)의 제자이다. 『예경의(禮經疑)』, 『종례종의(宗禮宗義)』, 『주자몽곡종법(朱子蒙谷宗法)』 등의 저서가 있다.

17) 개원례(開元禮)는 당(唐)나라 현종(玄宗)이 제정한 관복제도(冠服制度)를 뜻한다.

18) 속대(束帶)는 사전적으로 관을 쓰고 띠를 찬다는 의미이다. 일반적으로는 예복(禮服)을 갖춰 입는다는 의미로 사용된다.

19) 섭미도(葉味道, ? ~ ?) : 송(宋)나라 때의 학자이다. 주자(朱子)의 제자이다. 『사서설(四書說)』, 『대학강의(大學講義)』 등의 저서가 있다.

남자의 부모가 죽게 된다면, 여자 본인은 상(喪)에 대해서 어찌해야 합니까? 그리고 만약 여자의 부모가 죽게 된다면, 그 여자가 입어야 하는 상복(喪服)은 어찌해야 합니까?" 주자(朱子)가 말하길, "이 질문은 시초가 잘못된 것이며, 또한 위에서 말한 것처럼 여자 집에서 남자 집으로 돌아가는 길 도중에, 상을 당했을 때 대처하는 예법(禮法)에 따라 시행하는 것이 옳다. 그러므로 이미 시집을 간 것이라면, 여자는 자신의 부모상에 대해서, 상복도 당연히 낮춰서 입어야 하며, 상을 끝내게 된다면, 남편의 집으로 되돌아갈 뿐이다."라고 했다.

【232b】

如壻親迎, 女未至, 而有齊衰·大功之喪, 則如之何. 孔子曰: 男不入, 改服於外次, 女入, 改服於內次, 然後卽位而哭. 曾子問曰: 除喪則不復昏禮乎. 孔子曰: 祭過時, 不祭, 禮也, 又何反於初.

직역 "만일 壻가 親迎함에 女가 未至한데, 齊衰·大功의 喪이 有하면, 어찌합니까?" 孔子가 曰, "男은 不入하며, 外次에서 改服하고, 女는 入하여, 內次에서 改服하며, 然後에 位에 卽하여 哭한다." 曾子가 問曰, "喪을 除하면, 다시금 昏禮하지 않습니까?" 孔子가 曰, "祭에도 時를 過하면, 不祭함이 禮인데, 또한 어찌 初에 反하리오."

의역 증자가 다시 질문하기를, "만일 사위될 사람이 친영(親迎)을 하기 위해 길을 떠났는데, 처가에서 여자를 데리고 오는 도중, 여자가 아직 시집에 도착하기도 전에 자최복(齊衰服)이나 대공복(大功服)을 입어야 하는 상(喪)의 소식을 접하게 된다면, 어찌해야 합니까?" 그러자 공자가 대답해주기를, "남자는 여자를 데리고 집으로 돌아오되, 남자는 집안에 들어가지 않고, 집밖의 임시거주지에서 옷을 갈아입게 되며, 여자는 집안으로 들어가서, 집안의 임시거주지에서 옷을 갈아입는다. 그런 뒤에야 자신의 자리에 나아가 곡(哭)을 하게 된다." 그러자 증자가 다시 질문하기를, "상을 다 끝내게 되면, 다시 혼례(婚禮)를 치르는 것입니까?" 그러자 공자가 다시 대답해주기를, "제사를 지낼 때에도 그 시기를 지나치게 된다면, 다시 제사를 지내지 않는 것이 예법(禮法)인데, 또한 어찌 혼례를 처음으로 되돌려 다시 치르겠는가?"

集說 此齊衰·大功之喪, 謂壻家也. 改服, 改其親迎之服, 而服深衣於門外之次也. 女, 謂婦也, 入門內之次, 而以深衣更其嫁服也. 此特問齊衰大功之喪者, 以小功及緦輕, 不廢昏禮, 禮畢乃哭耳. 若女家有齊衰大功之喪, 女亦不反歸也. 曾子又問除喪之後, 豈不復更爲昏禮乎. 孔子言祭重而昏輕, 重者過時尙廢, 輕者豈可復行乎. 然此亦止謂四時常祭耳, 禘祫大祭, 過時猶追也.

번역 이 문장에서 언급하고 있는 '자최복(齊衰服)이나 대공복(大功服)을 입어야 하는 상(喪)[齊衰大功之喪]'이라는 말은 남자 집안에서 발생한 상을 뜻한다. '개복(改服)'은 남자가 친영(親迎)할 때 입었던 예복(禮服)을 벗고서, 문밖에 있는 임시거주지에서 심의(深衣)를 입는다는 뜻이다. '여(女)'자는 부인을 뜻하니, 문안에 있는 임시거주지로 들어가서, 시집올 때 입었던 예복을 심의로 갈아입는다. 이 문장에서 특별히 자최복이나 대공복을 입는 상에 대해서 물어본 이유는 소공복(小功服)이나 시마복(緦麻服)을 입어야 하는 상의 경우는 다른 상들에 비해 가벼운 것에 속하므로, 이러한 상 때문에 혼례(婚禮)를 중지하지 않으며, 혼례를 다 끝마친 이후에야, 곧 곡(哭)을 할 따름이기 때문이다. 만약 여자 집안에 자최복이나 대공복을 입어야 하는 상이 발생한다면, 여자는 또한 이미 시집을 온 것으로 간주되고, 부모의 상처럼 막중한 사안이 아니기 때문에, 자신의 집으로 되돌아가지 않는다. 증자는 또한 상을 다 끝낸 이후에, 어찌하여 재차 혼례를 치르지 않는지를 물어보았다. 공자의 대답은 제사와 혼례를 비교하자면, 제사는 더 중요한 사안이고, 혼례는 덜 중요한 사안인데, 중요한 사안인 제사에 대해서도 그 시기를 지나치게 된다면, 오히려 폐지하는데, 덜 중요한 사안인 혼례에 대해서 어찌 다시 시행할 수 있겠느냐고 말한 것이다. 그러나 이 문장에서 말하는 제사라는 것은 단지 사계절마다 지내는 고정적인 제사를 가리킬 따름이니, 체협(禘祫)[20]과 같은 대제(大祭)[21]에서는 시기를 지나치게 되더라도 오히려 소급하여 지내게 된다.

---

20) 체협(禘祫)은 고대에 제왕(帝王)이 시조(始祖)에게 지냈던 제사를 뜻하니, 일종의 성대한 제사의례를 가리킨다. 간혹 '체협'을 구분하여 각각에 의미를 부여하기도 하며, 혹은 '체협'을 합쳐서 같은 의미로 사용하기도 한다. 이 문제에 대해서 장병린(章炳麟)은 『국고논형(國故論衡)』「명해고하(明解故下)」에서 "禘祫之言, 訩訩爭論旣二千年. 若以禘祫同爲殷祭, 祫名大事, 禘名有事, 是爲禘小於祫, 何大祭之云? 故知周之廟祭有大嘗·大烝, 有秋嘗·冬烝. 禘祫者大嘗·大烝之異語."라고 주장한다. 즉 '체협'이라는 말에 대해서 의견들이 분분한데, 만약 '체협'을 모두 은(殷)나라 때의 제사라고 말하며, '협(祫)'은 '중대한 사안[大事]'이 발생했을 때 지내는 제사를 뜻하고, '체(禘)'는 유사시에 지내게 되는 제사를 뜻한다고 한다면, '체'는 '협'보다 규모가 작은 것인데, 어떻게 대제(大祭)라고 말할 수 있겠는가? 그렇기 때문에 '체협'은 주(周)나라 때의 제사이다. 주나라 때 종묘(宗廟)에서 지내는 제사에는 대상(大嘗), 대증(大烝)이라는 용어가 있었고, 또 추상(秋嘗: 가을에 지내는 상(嘗)제사), 동증(冬烝: 겨울에 지내는 증(烝)제사)이라는 용어가 있었으니, '체협'은 대제(大祭)를 뜻하는 용어로, 대상이나 대증을 다르게 부른 명칭이다. 또한 『후한서(後漢書)』「장제기(章帝紀)」에는 "其四時禘祫於光武之堂."이라는 기록이 있는데, 이에 대한 이현(李賢)의 주에서는 『속한서(續漢書)』를 인용하여, "五年再殷祭. 三年一祫, 五年一禘."라고 풀이한다. 즉 5년마다 2번의 성대한 제사를 지내게 되는데, 3년에 1번 '협'제사를 지내고, 5년에 1번 '체'제사를 지낸다.

21) 대제(大祭)는 큰 제사로써, 천지(天地)에 대한 제사 및 체협(禘祫) 등을 일컫는다. 『주례』「천관(天官)·주정(酒正)」에 "凡祭祀, 以法共五齊三酒, 以實八尊. 大祭三貳, 中祭再貳, 小祭壹貳, 皆有酌數."라는 기록이 있다. 이에 대한 정현의 주에서는 "大祭, 天地. 中祭, 宗廟. 小祭, 五祀."라고 풀이하여, '대제'는 천지에 대한 제사를 뜻한다고 설명한다. 그리고 『주례』「춘관(春官)·천부(天府)」에는 "凡國之玉鎭大寶器藏焉, 若有大祭大喪, 則出而陳之, 旣事藏之."라는 기록이 있다. 이에 대한 정현의 주에서는 "禘祫及大喪陳之, 以華國也."라고 풀이하여, '대제'를 '체협'으로 설명한다. 그리고 '체(禘)'와 '대제'의 직접적 관계에 대해서는 『이아(爾雅)』「석천(釋天)」에 "禘, 大祭也."라고 풀이하고, 이에 대한 곽박(郭璞)의 주에서는 "五年一大祭."라고 풀이하여, '대제'로써의 '체'제사는 5년마다 지내는 제사로 설명한다.

鄭注 不聞喪卽改服者, 昏禮重於齊衰以下. 復猶償也. 重喻輕也. 同牢及饋饗相飮食之道.

번역 이 문장에서 언급하는 내용 중 상(喪)에 대한 소식을 듣고도, 부모상에 대한 소식을 접했을 때와는 다르게, 곧바로 복장을 갈아입지 않는 이유는 혼례(婚禮)가 자최복(齊衰服) 이하의 상복(喪服)을 입게 되는 상례(喪禮)보다도 중요하기 때문이다. '복(復)'자는 혼례를 제대로 치르지 못하여, 다시 치른다는 뜻에서, 보상한다는 뜻과 같다. 제사라는 중요한 사안을 인용하여, 그보다 덜 중요한 혼례의 규정에 대해서 깨우쳐준 것이다. 초(初)로 되돌아가서 시행한다는 말들은 동뢰(同牢)[22] 및 궤향(饋饗)[23] 등, 서로 술을 마시고 음식을 먹는 예식을 시행한다는 뜻이다.

釋文 償音嘗. 過, 古臥反. 飮, 於鴆反. 食音嗣.

번역 '償'자의 음은 '嘗(상)'이다. '過'자는 '古(고)'자와 '臥(와)'자의 반절음이다. '飮'자는 '於(어)'자와 '鴆(짐)'자의 반절음이다. '食'자의 음은 '嗣(사)'이다.

孔疏 ●"孔子"至"而哭". ○正義曰: 女旣未至, 聞婿家有齊衰大功之喪, 則廢其昏禮, 男女變服就位哭. 男謂婿也, 不入大門, 改其親迎之服, 服深衣於門外之次. 女謂婦也, 入大門, 改其嫁服, 亦深衣於門內之次. 男女俱改服畢, 然後就喪位而哭, 謂於婿家爲位也. 皇氏以爲就喪家爲位哭也. 然曾子唯問齊衰大功, 不問小功者, 以小功輕, 不廢昏禮待昏禮畢乃哭耳, 故雜記云, "小功可以冠子取婦", 明與大功及期異也. 此文據婿家齊衰大功之喪. 若女家齊衰大功之喪, 皇氏云, "女不反歸, 其改服卽位, 與男家親同也." 此不見喪而改服,

22) 동뢰(同牢)는 고대에 혼례(婚禮)를 치를 때 시행했던 의식 중 하나이다. 부부가 함께 음식을 먹는 의식을 뜻한다.

23) 궤향(饋饗)은 술과 음식으로 빈객(賓客)들을 대접하는 의식이다.

奔喪禮注云, "不見喪, 不改服者", 崔氏云, "奔喪不見, 喪不改服, 謂不改素冠而著免, 其改吉服著布深衣素冠, 聞喪卽改之."

번역 ●經文: "孔子"~"而哭". ○여자가 아직 시집에 도착하지 않은 상태에서, 남편 집안에 자최복(齊衰服)이나 대공복(大功服)을 입어야 하는 상(喪)이 발생했다는 소식을 접하게 된다면, 혼례(婚禮)의 진행을 중지하고, 남자와 여자는 옷을 갈아입고서 자리에 나아가 곡(哭)을 한다. 남자는 사위를 뜻하니, 대문 안으로 들어가지 않고, 그가 친영(親迎)했을 때 입었던 예복(禮服)을 갈아입게 되므로, 문밖의 임시거주지에서 심의(深衣)를 갈아입는 것이다. 여자는 며느리를 뜻하니, 대문 안으로 들어와서, 시집올 때 입었던 예복을 갈아입게 되므로, 또한 문안의 임시거주지에서 심의를 입는 것이다. 남녀가 모두 옷을 갈아입게 되면, 그런 뒤에야 상을 치르는 자리에 나아가 곡을 하는데, 여기에서 말하고 있는 곡을 하는 자리는 남자 집안에 설치된 장소를 뜻한다. 황간은 상을 당한 집에 찾아가서, 자리를 잡고 곡을 한다고 여겼다. 그런데 증자는 단지 자최복과 대공복에 대해서만 질문하고, 소공복(小功服)에 대해서 질문하지 않은 이유는 소공복 자체가 상복(喪服) 중에서는 가벼운 것에 해당하기 때문에, 소공복을 입고 치르게 되는 상 때문에, 혼례를 도중에 그만두지 않으며, 혼례를 모두 끝마칠 때까지 기다렸다가 그 이후에야 곧 해당 상에 대해 곡을 할 뿐이기 때문이다. 그렇기 때문에 『예기』「잡기(雜記)」편에서, "소공복을 입는 상이 끝날 때에는 아들에게 관례(冠禮)를 치러 줄 수 있고, 며느리를 맞아들일 수 있다."[24]라고 말한 것이니, 이 말은 대공복이나 자최복[期年服]을 입게 되는 상과는 다르다는 점을 밝힌 것이다. 이 문장의 내용은 사위 집안에서 발생한 자최복이나 대공복을 입어야 하는 상에 기준을 둔 내용이다. 만약 여자 집안에 자최복이나 대공복을 입어야 하는 상이 발생한 경우에 대해 설명하자면, 황간은 이 문제에 대해, "여자는 자신의 집으로 되돌아가지 않으며, 입고 있던 복장을 바꿔 입고서, 곡하는 자리로 나아가게 되니, 남자가 자신의 친족들에 대해

---

24) 『예기』「잡기하(雜記下)」【516a】: 父小功之末可以冠子, 可以嫁子, 可以取婦.

서 시행하는 예법(禮法)과 동일하다."라고 했다. 이 문장에서는 상을 직접 보지 않고도, 복장을 갈아입는다고 하였는데, 『예기』「분상(奔喪)」편에 대한 주에서는 "상을 직접 보지 않았다면, 복장을 바꿔 입지 않는다."라고 하였다. 이 문제에 대해서 최영은은 "분상할 때 상을 직접 보지 않았다면, 상에 대해 복장을 고치지 않는다고 한 말은 소관(素冠)[25]을 고쳐서 면복(免服)[26]을 착용하지 않는다는 뜻이니, 그가 친영할 때 입었던 길복(吉服)을 고쳐서, 포(布)로 된 심의와 소관을 착용하는 행위는 상의 소식을 들었을 때 곧바로 고치는 것이다."라고 했다.

孔疏 ◎注"不聞"至"以下". ○正義曰: 上文云女聞婿之父母喪, 在塗卽改服. 今女聞婿齊衰大功之喪, 入門始改服, 故云"不聞喪卽改服者, 昏禮重於齊衰以下"者, 按禮運云, "三年之喪, 與新有昏者, 期不使." 又王制云, "齊衰大功, 三月不從政." 是昏禮重於齊衰以下也. 此謂在塗聞齊衰大功廢昏禮. 若婦已揖讓入門, 內喪則廢, 外喪則行昏禮, 約上冠禮之文. 此熊氏之說. 然昏禮重於冠, 故雜記云, "大功之末, 可以冠子, 小功之末, 可以取妻"也.

번역 ◎鄭注: "不聞"~"以下". ○앞 문장에서는 여자가 남편의 부모상에 대한 소식을 들었을 때, 길 중간에서 곧바로 복장을 갈아입는다고 하였다. 그런데 이곳 문장에서는 여자가 남편 집안에 자최복(齊衰服)이나 대공복(大功服)을 입어야 하는 상(喪)이 발생했다는 소식을 듣고서, 곧바로 옷을 갈아입지 않고, 대문 안으로 들어와서야 비로소 복장을 갈아입는다고 하였다. 그렇기 때문에 정현이 "상의 소식을 듣고도 곧바로 복장을 갈아입지 않는 이유는 혼례(婚禮)가 자최복 이하의 상복(喪服)을 입고 치르는 상례(喪禮)보다도 중요하기 때문이다."라고 풀이한 것인데, 『예기』「예운(禮運)」편을 살펴보면 "삼년상을 당했거나, 새로 결혼을 한 자에 대해서는 1년

25) 소관(素冠)은 상사(喪事)나 흉사(凶事)의 일을 접했을 때 쓰게 되는 흰 색 관(冠)이다.

26) 면복(免服)은 상복(喪服)의 한 종류이다. 면(免)과 최질(衰絰)을 하는 것이며, 친상(親喪)을 처음 당했을 때 착용하는 복장이다.

간 일을 시키지 않는다."[27]라고 하였고, 또 『예기』「왕제(王制)」편에서 "자최복이나 대공복을 입고 치르는 상중(喪中)에 있는 자에겐, 3개월간 부역에 종사시키지 않는다."[28]라고 하였으니, 바로 이러한 기록들이 혼례가 자최복 이하의 상복을 입고 치르는 상례보다 중요하다는 사실을 나타낸다. 이 문장의 뜻은 남편을 따라 시집으로 오는 도중에, 자최복이나 대공복을 입어야 하는 상의 소식을 접하게 되어, 혼례를 중지한다는 내용이다. 만약 며느리가 될 자가 이미 읍양(揖讓)을 하고서 대문으로 들어왔다면, 발생한 상이 '집안에서 발생한 상[內喪]'인 경우라면, 혼례를 중지하고, '집밖에서 발생한 상[外喪]'인 경우라면, 혼례를 그대로 시행하니, 「증자문」편에서 앞서 언급하였던 관례(冠禮)를 치르는 경우의 변례(變禮)에 대한 내용과 대략적으로 비슷하다. 이것은 웅안생의 주장이다. 그러나 혼례는 관례보다 중요하다. 그렇기 때문에 『예기』「잡기(雜記)」편에서 "대공복을 입고 지내는 상이 끝나면, 아들에게 관례를 치를 수 있고, 소공복(小功服)을 입고 지내는 상이 끝나면, 아내를 맞이할 수 있다."[29]라고 말한 것이다.

孔疏 ◎注"復猶償也". ○正義曰: 復是反覆之義, 故爲償也. 曾子以初昏遭喪, 不得成禮, 除喪之後, 豈不酬償, 更爲昏禮乎?

번역 ◎鄭注: "復猶償也". ○'복(復)'자는 반복(反覆)한다는 의미이다. 그렇기 때문에 보상한다는 뜻이 된다. 증자가 질문한 의도는 애초에 혼례를 치르는 도중 상(喪)을 접하게 되어서, 혼례(婚禮)를 제대로 치를 수가 없었다. 그런데 상례(喪禮)를 끝낸 이후인데도, 어찌하여 보상을 해주는 차원에서 다시금 혼례를 시행하지 않느냐고 여긴 것이다.

---

27) 『예기』「예운(禮運)」【274b】: 三年之喪, 與新有昏者, 期不使.

28) 『예기』「왕제(王制)」【180a】: 父母之喪, 三年不從政, 齊衰大功之喪, 三月不從政.

29) 『예기』「잡기하(雜記下)」【516a】: 大功之末可以冠子, 可以嫁子. 父小功之末可以冠子, 可以嫁子, 可以取婦.

孔疏 ●"孔子曰, 祭過時不祭, 禮也. 又何反於初", 過時不祭, 謂四時常祭也. 謂祭重而昏輕, 重者過時尙廢, 輕者不復可知. 熊氏云, "若喪祭及禘祫祭, 雖過時, 猶追而祭之." 故禘祫志云, "昭十一年齊歸薨. 十三年會于平丘, 冬, 公如晉, 不得祫. 至十四年乃追而祫之, 十五年乃禘也." 又僖公八年春當禘, 以正月會王人于洮, 故七月而禘, 故雜記云, "三年之喪旣潁, 其練祥皆行", 是追行前練祥祭也.

번역 ●經文: "孔子曰, 祭過時不祭, 禮也. 又何反於初". ○"시기를 지나치게 되어 제사를 지내지 않는다[過時不祭]."고 하였을 때, 여기에서 말하는 제사는 사계절마다 주기적으로 지내는 제사를 뜻한다. 그리고 이 말은 혼례(婚禮)와 제례(祭禮)를 비교했을 때, 제사가 중요하고, 혼례는 덜 중요한데, 중요한 것도 시기를 놓치면 오히려 그만둔다는 뜻이다. 그러므로 이러한 사실을 통해서 덜 중요한 것에 대해서도 시기를 지나치게 되면 다시 시행하지 않는다는 사실을 알 수 있다. 웅안생은 "상제(喪祭)와 체협(禘祫)의 제사 같은 경우에는 비록 시기를 놓쳤다고 하더라도, 오히려 소급하여 제사를 지낸다."라고 했다. 그렇기 때문에 『체협지(禘祫志)』에서는 "소공(昭公) 11년에 노(魯)나라 군주의 부인 제귀(齊歸)가 죽었다. 소공 13년에는 평구(平丘) 땅에서 제후들끼리 회맹을 맺었는데, 겨울에 '노나라 군주[魯公]'가 진(晉)나라에 가서, 협(祫)제사를 지낼 수 없었다. 소공 14년에 곧 소급하여 협제사를 지냈고, 소공 15년에는 곧 소급하여 체(禘)제사를 지냈다."라고 말했으며, 또 희공(僖公) 8년에도 봄에는 마땅히 체제사를 지내야 하는데, 정월에 천자가 보낸 사신과 회맹을 하여 조(洮) 땅으로 갔기 때문에, 7월이 되어서야 체제사를 지낸 것이다. 그렇기 때문에 『예기』「잡기(雜記)」편에서 "삼년상이 겹쳤을 경우에는 마질(麻絰)로 바꾸게 되면, 그에 대한 연상(練祥)을 모두 시행한다."[30]라고 말했으니, 이 말은 앞서의 연상에 대한 제사를 소급해서 시행한다는 뜻이다.

---

30) 『예기』「잡기하(雜記下)」【507c】: 如三年之喪, 則旣潁, 其練祥皆行.

孔疏 ◎注"重喩"至"之道". ○正義曰: 祭祀是奉事鬼神, 故爲重. 昏禮是生人燕飮, 故爲輕. 喩, 明也. 據重者尙廢, 以明輕者廢可知也, 故云"重喩輕也".

번역 ◎鄭注: "重喩"~"之道". ○제사는 귀신을 받들어 섬기는 일이기 때문에, 중요한 행사이다. 혼례(婚禮)는 살아 있는 자들이 잔치를 베풀며 술을 마시는 일이기 때문에, 덜 중요한 행사이다. '유(喩)'자는 드러낸다는 뜻이다. 중요한 것도 오히려 그만둔다는 사실을 제시하여, 덜 중요한 것에 대해서도 그만둔다는 사실을 알 수 있다고 나타낸 것이다. 그래서 정현이 "중요한 것으로 덜 중요한 것을 드러낸다."라고 말한 것이다.

集解 愚謂: 齊衰·大功之喪者, 於男爲齊衰, 則於女爲大功也, 於男爲大功, 則於女爲小功也. 此聞喪不爲昏禮, 則昏禮非重於齊衰·大功. 不卽改服者, 所以降於父母·舅姑之喪也. 齊衰·大功之喪, 有同門不同門, 而奔喪皆必至喪所. 男改服於門外者, 改服於所奔者之大門外也. 婦人奔喪, 入自闈門. 女改服於門內者, 改服於所奔者闈門之內也. 旣改服, 乃入至喪所, 與在家者皆卽位而哭也. 嘉禮輕於吉禮, 祭過時不祭, 則昏禮可知, 故曰"又何反於初", 然則婦可以不見舅姑乎? 曰齊衰·大功之喪, 婦與舅姑皆卽位而哭, 是見也. 喪事重, 則於嘉事不得不略也.

번역 내가 생각해보니, 자최복(齊衰服)이나 대공복(大功服)을 입고 치르는 상(喪)은 남자를 기준으로 말한 것이다. 남자가 자최복을 입는 경우라면, 여자는 대공복을 입게 되고, 남자가 대공복을 입는 경우라면, 여자는 소공복(小功服)을 입게 된다. 이 문장에서 상에 대한 소식을 듣고, 혼례(婚禮)를 그대로 시행하지 않는다고 하였으니, 혼례는 자최복이나 대공복을 입고 치르는 상보다 중요한 것이 아니다. 곧바로 복장을 갈아입지 않은 이유는 부모나 시부모의 상에서 시행하는 예법(禮法)보다 낮추기 때문이다. 자최복이나 대공복을 입고 치르는 상에는 두 종류가 있으니, 같은 집안에서 일어난 경우와 친족 집안에서 일어난 경우이다. 분상(奔喪)을 하게 되면, 이 두 경우 모두 반드시 상을 치르는 장소로 가게 된다. 남자는 대문 밖에서 복장을 갈아입는다고 하였는데, 이 말은 분상하여 달려간 집의 대문 밖에서 복장을 갈아입는다는 뜻이다. 부인이 분상을 하면, 위문(闈門)31)을 통해 들어간다. 여자는 문 안쪽에서 복장을 갈아입는다고 하였는데, 이 말은 분상하여 달려간 곳의 위문 안쪽에서 복장을 갈아입는다는 뜻이다. 복장을 갈아입고 난 이후에는 곧 대문 안으로 들어가, 상을 치르는 장소로 가서, 집안에 있던 자들과 함께 모두 자리에 위치하여 곡(哭)을 하게 된다. 가례(嘉禮)는 길례(吉禮)보다 덜 중요하니, 제사 때 그 시기를 지나치게 되어, 제사를 지내지 않는다고 한다면, 혼례에 대해서도 소급하여 치르지 않는다는 사실을 알 수 있다. 그렇기 때문에 "또한 어찌 초(初)로 되돌리겠는가?"라고 말한 것이다. 그렇다면 며느리는 시부모를 찾아뵙는 의식 절차를 시행하지 않아도 되는가? 대답하자면, 자최복이나 대공복을 입고 치르는 상에서는 며느리와 시부모는 모두 자리에 위치하여 곡을 하게 되니, 이것으로 시부모를 찾아뵙는 의식을 대체하게 된다. 상례(喪禮)와 관련된 일들은 중대한 것이므로, 상례와 가례가 겹쳤을 때, 가례와 관련된 일들에 대해서, 생략하지 않을 수가 없는 것이다.

集解 熊氏安生曰, "此謂在塗聞齊衰·大功, 若婦已揖讓入門, 內喪則廢, 外喪則行昏禮, 約上冠禮之文." 孔氏曰, "不問小功者, 小功輕, 待昏禮畢乃哭耳." 愚謂: 熊氏言行昏禮者, 謂行同牢合巹之禮, 然後改服即位而哭. 其次日見舅姑, 盥饋饗婦之禮則不復擧也. 若小功在塗聞喪者, 其禮蓋亦如此與?

번역 웅안생이 말하길, "이 문장에서 말하는 상황은 남편이 부인을 데리고, 자신의 집으로 오는 도중에, 자최복(齊衰服)이나 대공복(大功服)을 입어야 하는 상(喪)의 소식을 접한 경우에 해당하니, 만약 부인이 이미 읍양(揖讓)을 하고서, 대문으로 들어서게 되었다면, 그 상이 '집안에서 발생한 상[內喪]'인 경우에는 혼례(婚禮)에 대한 일들을 중지하고, '집밖에서 발생한 상[外喪]'인 경우라면 혼례를 그대로 시행하니, 대략 위에서 관례(冠禮)를 치를 때 언급했던 내용과 같다."라고 했다. 공영달(孔穎達)은 "소공복

---

31) 위문(闈門)은 궁실(宮室)이나 종묘(宗廟)의 측면에 있는 작은 문을 뜻한다.

(小功服)의 경우에 대해서 물어보지 않은 이유는 소공복은 상복(喪服) 중에서도 덜 중요한 상복에 해당하므로, 혼례가 다 끝날 때까지 기다렸다가, 곧 곡(哭)을 할 뿐이다."라고 했다. 내가 생각해보니, 웅안생이 "혼례를 그대로 시행한다[行昏禮]."고 말한 것은 동뢰(同牢)와 합근(合巹)[32]의 의례(儀禮)를 시행한다는 뜻이며, 이러한 의례 절차를 끝낸 이후에야 복장을 갈아입고서 자리에 나아가 곡을 하게 된다. 일상적인 혼례에서는 그 다음날에 시부모를 찾아뵙고, 세숫물을 뜨고 음식을 차려내게 되는데, 며느리가 시행해야 할 이러한 의례 절차들은 상례(喪禮)로 인해 시행하지 않는다. 만약 소공복을 입어야 하는 상이 발생하여, 집으로 오는 도중에 그 소식을 듣게 된다면, 그 예법(禮法)이 아마도 또한 이와 같지 않겠는가?

【232c~d】

孔子曰: 嫁女之家, 三夜不息燭, 思相離也. 取婦之家, 三日不擧樂, 思嗣親也. 三月而廟見, 稱來婦也. 擇日而祭於禰, 成婦之義也.

직역 孔子가 曰, "女를 嫁한 家에서, 三夜를 不息燭하는 것은 相離를 思함이다. 婦를 取한 家에서, 三日을 不擧樂하는 것은 嗣親을 思함이다. 三月하고서 廟에 見함은 來婦를 稱함이다. 擇日하고서 禰에 祭함은 婦를 成하는 義이다.

의역 공자가 다시 가르쳐주기를, "딸을 시집보낸 집안에서, 시집보내고 나서 3일 밤 동안 촛불을 끄지 않는 이유는 서로 이별함을 그리워하기 때문이다. 며느리를 맞이하는 집안에서 3일 동안 음악을 연주하지 않은 이유는 자식이 결혼한다는 행위는 부친의 자리를 이어받는 것을 뜻하므로, 부친의 마음을 상하게 하지 않을까

---

32) 합근(合巹)은 혼례(婚禮)의 의식 중 하나이다. 부부가 합환주(合歡酒)를 마시는 의식이다.

를 염려해서이다. 3개월이 지나고 난 뒤에, 부인을 묘(廟)에 데려가서 조상에게 알현시키는 것은 아무개의 딸이 우리집에 와서 며느리가 되었음을 고(告)하는 의식이다. 길일(吉日)을 택하고서 녜묘(禰廟)에 제사를 지내는 것은 그 집안의 정식 부인이 되는 의식이다."

集說 思相離, 則不能寢寐, 故不滅燭. 思嗣親, 則不無感傷, 故不擧樂. 此昏禮所以不賀也. 成昏而舅姑存者, 明日婦見舅姑, 若舅姑已歿, 則成昏三月, 乃見於廟, 祝辭告神曰某氏來婦, 來婦, 言來爲婦也. 蓋選擇吉日而行此禮. 廟見, 祭禰, 卽是一事, 非見廟之後, 更擇日而祭也. 成婦之義者, 成盥饋之禮之義也.

번역 서로 이별함을 그리워하면, 잠을 잘 수 없기 때문에, 촛불을 끄지 않는 것이다. 부친의 자리를 이어받는 것을 생각한다면, 그 사실이 부친을 서운하게 만들지 않을 수가 없기 때문에, 음악을 연주하지 않는 것이다.[33] 이러한 이유들로 인해 혼례(婚禮)는 축하를 할 수 없는 의식이다.[34] 혼례를 끝냈는데, 시부모가 생존해 있는 경우라면, 혼례를 끝낸 다음날에 며느리가 시부모를 찾아뵙게 되며, 만약 시부모가 이미 죽은 경우라면, 혼례를 끝내고 나서 3개월이 지나게 되면, 곧 묘(廟)에서 알현을 하며, 축문(祝文)을 지어 조상신(祖上神)에게 고(告)하길, "아무개의 여식이 우리집에 와서 며느리가 되었습니다."라고 말한다. 그러므로 '내부(來婦)'는 남편 집으로 와서 며느리가 되었음을 뜻한다. 아마도 길일(吉日)을 택하여 이러한 예법(禮法)을 시행했을 것이다. 묘에 찾아뵙는 절차와 녜묘(禰廟)에서 제사지내는 절차는 별도로 시행하는 것이 아니라 곧 하나의 의식이니, 묘에 찾아뵙고 난 이후에 다시금 길일을 택하여 녜묘에 제사를 지낸다는 뜻이 아니다. "부(婦)의 의(義)를 이룬다[成婦之義]."는 말은 세숫물을 떠서 바치고, 음식을 차려서 바치는 예법을 완전히 이룬다는 뜻이다.

---

33) 『예기』「교특생(郊特牲)」【339a】: 昏禮不用樂, 幽陰之義也. 樂, 陽氣也. 昏禮不賀, 人之序也.

34) 『예기』「교특생(郊特牲)」【339a】: 昏禮不用樂, 幽陰之義也. 樂, 陽氣也. 昏禮不賀, 人之序也.

그림 8-8 며느리가 시부모를 뵐 때의 배치도

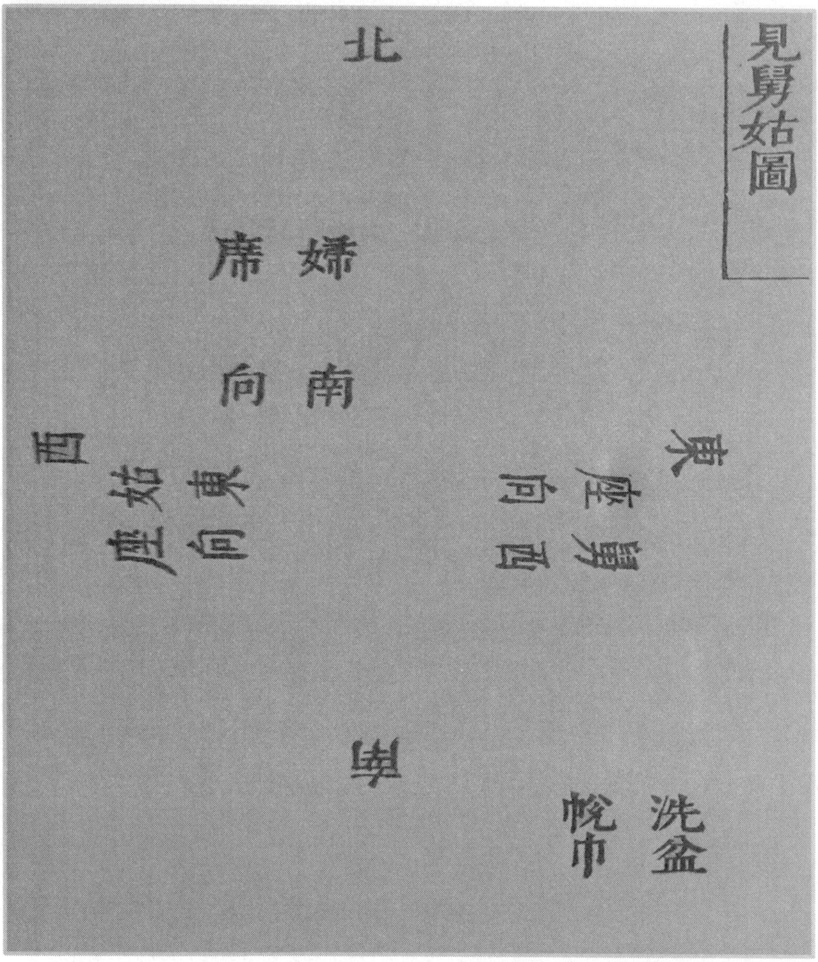

▸ **출처:** 『삼재도회(三才圖會)』「의제(儀制)」 6권

그림 8-9 며느리가 조네(祖禰)에 알현할 때의 배치도

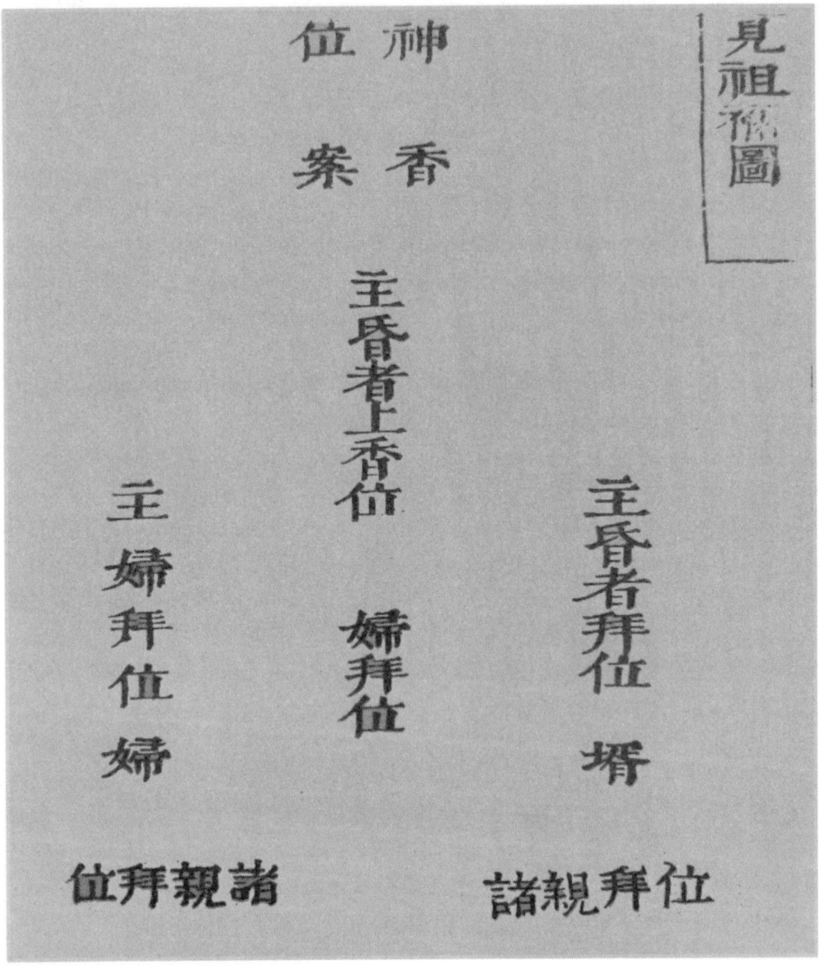

▸ **출처:** 『삼재도회(三才圖會)』「의제(儀制)」 6권

大全 嚴陵方氏曰: 不息燭, 則不寢故也. 不擧樂, 則不樂故也. 夜而不寢, 則相離之思, 無時而懈. 日而不樂, 則嗣親之思, 無時而散. 婦人謂嫁曰歸, 故於廟見稱來婦. 士昏禮所謂某氏來婦是矣. 祭於禰, 以成婦之義, 言禰則皇姑, 從可知.

번역 엄릉방씨가 말하길, 촛불을 끄지 않는 이유는 잠을 이룰 수 없기 때문이다. 음악을 연주하지 않는 이유는 즐겁지 않기 때문이다. 밤에 잠을 이루지 못하는 이유는 서로 이별하게 된 그리움이 수시로 마음을 고달프게 만들기 때문이다. 낮에 음악을 연주하지 않는 이유는 부친의 자리를 계승한다는 생각이 수시로 마음을 어둡게 만들기 때문이다. 부인에 대해서는 시집 온 것을 '귀(歸: 되돌아오다)'라고 부른다. 그렇기 때문에 묘(廟)에서 알현하며, '내부(來婦)'라고 일컫는 것이다. 『의례』「사혼례(士昏禮)」편에서 이른바 "아무개의 여식이 우리집에 와서 며느리가 되었습니다."[35]라고 말한 것이 바로 이러한 뜻을 가리킨다. "녜묘(禰廟)에서 제사를 지내서, 부인으로서의 도리를 이룬다[祭於禰, 以成婦之義]."고 하여, '녜(禰)'라고 말했으니, '녜'는 곧 죽은 시어미를 뜻한다는 사실을 「사혼례」편의 기록을 통해서 알 수 있다.

大全 臨川吳氏曰: 婦以共養舅姑爲義, 生旣不獲共養, 故必廟見以祭, 如生之盥饋然. 然後爲婦, 共養之義完備而無虧欠也, 故曰成.

번역 임천오씨가 말하길, 며느리는 시부모 봉양하는 일을 올바른 도리로 삼으니, 시부모가 생존해 있을 때에 봉양할 기회를 얻지 못했기 때문에, 반드시 묘(廟)에 알현을 하며 제사를 지내서, 마치 시부모가 생존해 있을 때 세숫물을 바치고 음식을 차려내는 것처럼 하게 된다. 그런 연후에야 정식 며느리가 된다. 봉양하는 도리를 완전히 다 갖추게 되어, 조금의 결점도 없게 된다. 그렇기 때문에, '성(成)'이라고 말한 것이다.

---

35) 『의례』「사혼례(士昏禮)」: 祝曰, "某氏來婦, 敢告于皇姑某氏."

鄭注 親骨肉也. 重世變也. 謂舅姑沒者也. 必祭, 成婦義者, 婦有供養之禮, 猶舅姑存時, 盥饋特豚於室.

번역 촛불을 끄지 못하는 이유는 혈육을 아끼기 마음 때문이다. 음악을 연주하지 않는 이유는 혼례(婚禮)를 치른 일보다 부친의 지위를 계승하며 세대가 변하게 된다는 사실을 중시하기 때문이다. 며느리가 묘(廟)에 찾아 뵙고, 녜묘(禰廟)에 제사지내는 경우는 시부모가 이미 죽은 경우에 해당한다. "반드시 제사를 지내서, 며느리가 되는 도리를 완성한다[必祭, 成婦義]."는 말은 며느리에게는 봉양해야 할 예법(禮法)이 있기 때문이니, 아직 시부모가 생존해 있는 때라면, 시부모가 있는 방안에서 세숫물을 떠서 바치고, 한 마리의 돼지를 잡아서, 조리를 하여 음식을 바치게 된다.

釋文 離, 力智反. 供, 九用反. 養, 羊尙反. 盥饋音管; 下其位反.

번역 '離'자는 '力(력)'자와 '智(지)'자의 반절음이다. '供'자는 '九(구)'자와 '用(용)'자의 반절음이다. '養'자는 '羊(양)'자와 '尙(상)'자의 반절음이다. '盥饋'에서의 '盥'자는 그 음이 '管(관)'이고, '饋'자는 '其(기)'자와 '位(위)'자의 반절음이다.

孔疏 ◎注"重世變也". ○正義曰: 所以不擧樂者, 思念己之取妻嗣續其親, 則是親之代謝, 所以悲哀感傷, 重世之改變也.

번역 ◎鄭注: "重世變也". ○음악을 연주하지 않는 이유는 자신이 부인을 맞아들이게 되어, 부친의 자리를 이어받는다는 생각을 한다면, 이것은 곧 부친이 가장의 지위에서 물러나는 것을 뜻하게 된다. 그러므로 비통함과 애통함으로 인해 감정을 상하게 할 수 있기 때문에, 혼례(婚禮)보다도 세대가 변한다는 사실을 중시하여, 음악을 연주하지 않는 것이다.

孔疏 ●"三月"至"義也". ○正義曰: 此謂舅姑亡者, 婦入三月之後, 而於廟中以禮見於舅姑, 其祝辭告神, 稱來婦也. 謂選擇吉日, 婦親自執饌, 以祭於禰廟, 以成就婦人盥饋之義.

번역 ●經文: "三月"~"義也". ○이 문장은 시부모가 이미 생존해 있지 않은 경우를 뜻한다. 이러한 경우에는 며느리가 시집을 온 후 3개월이 지나게 되면, 예법(禮法)에 따라서 묘(廟)에서 죽은 시부모를 알현하게 되니, 축문[祝辭]을 지어서 신(神)에게 고(告)하며, 며느리를 '내부(來婦)'라고 부르게 된다. 이 말은 곧 길일(吉日)을 택하여, 며느리가 직접 음식을 장만해서, 녜묘(禰廟)에 제사를 지내게 된다는 뜻으로, 이러한 의식을 통하여 시부모에게 본래부터 시행해야 하는 '며느리가 세숫물을 떠다 바치고 음식을 차려내는 도리[婦人盥饋之義]'를 완성하는 것이다.

孔疏 ◎注"謂舅"至"於室". ○正義曰: 若舅姑存者, 於當夕同牢之後, 明日婦執棗栗腶脩見於舅姑. 見訖, 舅姑醴婦. 醴婦訖, 婦以特豚盥饋舅姑. 盥饋訖, 舅姑饗婦, 更無三月廟見之事. 此是士昏禮之文. 若舅姑旣沒, 雖昏夕同牢禮畢, 明日無見舅姑盥饋之事, 至三月乃奠菜於舅姑之廟, 故昏禮云"舅姑旣沒, 則婦入三月乃奠菜", 是也. 昏禮奠菜之後, 更無祭舅姑之事, 此云"祭於禰"者, 正謂奠菜也. 則廟見奠菜·祭禰是一事也. 熊氏云, "如鄭義, 則從天子以下至於士, 皆當夕成昏." 舅姑沒者, 三月廟見, 故成九年季文子如宋致女, 鄭云致之使孝, 非是始致於夫婦也. 又隱八年鄭公子忽先配而後祖, 鄭以祖爲祖道之祭, 應先爲祖道然後配合. 今乃先爲配合, 而後乃爲祖道之祭. 如鄭此言, 是皆當夕成昏也. 若賈·服之義, 大夫以上, 無問舅姑在否, 皆三月見祖廟之後, 乃始成昏, 故譏鄭公子忽先爲配匹, 乃見祖廟, 故服虔注云, "季文子如宋致女", 謂成昏. 是三月始成昏, 與鄭義異也. 若舅姑偏有沒者, 庾氏云, "昏夕厥明, 卽見其存者, 以行盥饋之禮, 至三月不須廟見亡者." 崔氏云, "厥明婦盥饋於其存者, 三月廟見於其亡者." 未知孰是. 此盥饋廟見, 皆謂適婦. 其庶婦, 按士昏禮, "庶婦則使人醮之, 婦不饋." 注云, "使人醮之, 不饗也. 不饋者,共養統於適也.” 以此言之, 則庶婦不饋舅姑, 舅姑不饗也, 使人醮之以酒而已. 旣不饋, 亦不廟見也. 昏禮唯云“不饋”, 不云不見, 則庶婦亦以棗栗腶脩見舅姑也. 三月廟見之禮, 必待三月, 一時天氣改變, 乃可以事神也.

번역 ◎鄭注: “謂舅”~“於室”. ○만약 시부모가 생존해 있는 경우라면, 며느리가 시집 온 날 저녁에 시행하는 동뢰(同牢)를 한 이후에, 다음 날에는 며느리가 대추, 밤, 약포, 포 등을 가지고서 시부모를 찾아뵙게 된다. 찾아뵙는 일이 끝나면, 시부모는 며느리에게 단술을 따라준다. 며느리에게 단술을 주는 의식이 끝나면, 며느리는 한 마리의 돼지를 잡고, 세숫물을 뜨고, 음식을 만들어서, 시부모에게 바친다. 세숫물을 뜨고 음식을 차려내는 의식이 끝나면, 시부모는 며느리에게 잔치를 베풀어주니, 경문에서 언급한 것처럼 3개월 뒤에 묘(廟)에서 알현하는 일이 없게 된다. 이것은 바로 『의례』「사혼례(士昏禮)」에 기록된 내용이다. 만약 시부모가 이미 생존해 있지 않은 경우라면, 비록 혼례를 치른 저녁에 동뢰의 예식이 끝난다고 하더라도, 다음날 아침에 시부모를 찾아뵙거나, 세숫물을 뜨고 음식을 차려내는 일이 없게 되며, 3개월이 지난 이후에야 곧 시부모의 묘에서 전채(奠菜)를 하게 된다. 그렇기 때문에 「사혼례」에서 “시부모가 이미 돌아가셨다면, 며느리는 시집 온지 3개월이 되어서야 곧 전채를 한다.”[36]고 한 말이 바로 이러한 절차를 가리킨다. 「사혼례」편의 기록에서는 전채를 한 이후에, 다시금 시부모에게 제사를 지낸다는 기록이 없으니, 이곳 문장에서 “녜묘(禰廟)에 제사를 지낸다.”라고 한 말은 바로 전채를 지낸다는 뜻이다. 그러므로 묘에 알현하며 전채를 지내는 일과 녜묘에 제사지내는 일은 별도의 의식이 아니라, 동일한 의식이다. 웅안생은 “만약 정현의 설명과 같다면, 천자로부터 그 이하로 사(士)에 이르기까지, 모두가 혼례를 치른 당일 저녁에, 혼례의 의식을 다 이루게 된다.”라고 했다. 그런데 시부모가 이미 죽은 경우에는 3개월 뒤에 묘에서 알현을 한다. 그렇기 때문에 성공(成公) 9년에 계문자(季文子)가 송(宋)나라에 가서 공(公)의 딸을 공가(公家)로 들여보냈다고

---

36) 『의례』「사혼례(士昏禮)」: 若舅姑旣沒, 則婦入三月, 乃奠菜.

했는데,[37] 정현은 그녀를 시집으로 들여보내서, 효도를 하도록 한 것이라고 말했으니, 비로소 부부가 되었다는 뜻이 아니다. 또 은공(隱公) 8년에는 정(鄭)나라 공자(公子) 홀(忽)이 먼저 아내를 맞이하고, 그 이후에야 조(祖)를 하였다고 했는데,[38] 정현은 '조'를 '조도(祖道)'의 제사로 여겨서, 먼저 조도를 지낸 이후에야 아내를 맞이해야 한다고 하였다. 은공에 대한 기록 내용은 먼저 아내를 맞이하고, 그런 이후에야 곧 조도의 제사를 지낸 것이 된다. 만약 정현의 설명과 같다면, 이것은 모두 혼례를 치른 당일 날 저녁에, 혼례를 다 이루게 된다. 만약 가공언과 복건[39]의 설명과 같다면, 대부(大夫) 이상은 시부모가 살아계시거나 이미 돌아가신 경우와 상관없이, 모두가 3개월 뒤에 조묘(祖廟)에 알현한 이후에야, 곧 비로소 혼례를 다 이루게 된다. 그렇기 때문에 정나라 공자 홀이 먼저 아내를 맞이하고, 그런 뒤에 곧 조묘에 알현한 일에 대해서 비판을 했던 것이다. 그러므로 복건의 주에서는 "계문자가 송나라에 가서 공의 딸을 들여보냈다."는 말은 성혼(成婚)을 뜻한다고 했다. 이 말은 곧 3개월이 지난 이후에야, 비로소 성혼을 하게 되었다는 뜻이니, 정현의 주장과는 다른 말이다. 시부모 중에서 어느 한쪽만 생존해 있고 다른 한쪽이 죽은 경우에 대해서, 유울지는 "혼례를 치른 저녁에 동뢰를 하고, 그 다음날에 곧 시부모 중 살아계신 분을 찾아뵙고, 이 기회를 통해 세숫물을 뜨고 음식을 차리는 예(禮)를 시행하며, 3개월이 지난 이후에는 묘에서 시부모 중 이미 돌아가신 분을 알현하는 절차는 시행할 필요가 없다."라고 했고, 최영은은 "혼례를 치른 다음날, 며느리는 시부모 중 살아계신 분에게 세숫물을 뜨고 음식을 차려내며, 3개월이 지난 이후에, 묘에서 시부모 중 이미 돌아가신 분을 알현한다."라고 했는데, 어느

37) 『춘추좌씨전』「성공(成公) 9년」: 夏, 季文子如宋致女, 復命, 公享之.

38) 『춘추좌씨전』「은공(隱公) 8년」: 鄭公子忽如陳逆婦嬀. 辛亥, 以嬀氏歸. 甲寅, 入于鄭. 陳鍼子送女. 先配而後祖.

39) 복건(服虔, ? ~ ?): 후한대(後漢代)의 유학자이다. 자(字)는 자신(子愼)이다. 초명은 중(重)이었으며, 기(祇)라고도 불렀다. 후에 이름을 건(虔)으로 고쳤다. 『춘추좌씨전(春秋左氏傳)』에 주석을 남겼지만, 산일되어 전해지지 않는다. 현재는 『좌전가복주집술(左傳賈服注輯述)』로 일집본이 편찬되었다.

주장이 맞는지는 모르겠다. 이곳 문장에서 언급하고 있는 '세숫물을 뜨고 음식을 차려내며, 묘에서 알현하는 일[盥饋廟見]'들은 모두 맏며느리[適婦]에 해당하는 일들이다. '나머지 며느리들[庶婦]'에 대한 내용은 「사혼례」편을 살펴보면, "서부(庶婦)인 경우라면, 사람을 시켜서 제사를 올리니, 직접 음식을 바치지 않는다."40)라고 했고, 정현의 주에서 "사람을 시켜 초(醮)를 한다는 말은 직접 흠향을 시키지 않는다는 뜻이며, 음식을 차리지 않는 이유는 공양하는 일은 적부(適婦)가 통괄하기 때문이다."라고 했다. 이러한 해석을 기준으로 말해보자면, '서부'들은 시부모에게 음식을 차려내지 않으며, 시부모는 흠향을 받지 않으니, 사람을 시켜서 대신 술로써 '초'만 할 따름이다. 이미 음식을 차리지 않는다고 하였으니, 또한 묘에서도 알현하지 않는 것이다. 「사혼례」편에서는 다만 "음식을 차리지 않는다."라고 말했고, 찾아뵙지 않는다고는 말하지 않았으니, 시부모가 생존해 있는 경우라면, '서부'들 또한 대추, 밤, 약포, 포 등을 가지고서 시부모를 찾아뵙는다. 그리고 '3개월 뒤에 묘에서 알현하는 예법[三月廟見之禮]'을 반드시 3개월을 기다려서 하는 이유는 한 계절 동안 천기(天氣)가 바뀌게 되므로, 곧 이 시기를 통해 신(神)을 섬길 수 있기 때문이다.

訓纂 江氏永曰: 疏謂必待三月一時, 天氣改, 乃可以事神, 亦不然, 古人之意, 蓋欲遲之一時, 觀其婦之性行, 和於夫, 宜於室人, 克成婦道, 然後可廟見而祭禰. 大夫則有反馬之禮, 前此猶留其送馬, 有出道焉. 未廟見而死, 則有殺禮歸葬, 如下章之云, 豈止俟天時改哉?

번역 강영이 말하길, 공영달(孔穎達)의 소(疏)에서 반드시 3개월인 한 계절이 지나가기를 기다린다고 하였는데, 이 말은 천기(天氣)가 바뀌어서, 곧 신(神)을 섬길 수 있다는 뜻이지만, 실상은 전혀 그렇지 않다. 옛 사람들이 이처럼 시행했던 이유는 아마도 한 계절 동안 기다리게 해서, 그 부인의 성품과 행실을 관찰하기 위함이니, 지아비에게 화응하고, 가족들에게 화목

---

40) 『의례』「사혼례(士昏禮)」: 庶婦則使人醮之. 婦不饋.

하게 하여, 부인의 도리를 잘 이룰 수 있은 연후에야, 묘(廟)에서 알현하고, 녜묘(禰廟)에 제사를 지낼 수 있었던 것이다. 대부(大夫)에게는 반마(反馬)[41]의 예법(禮法)이 있었으니, 묘에 알현하기에 앞서서, 오히려 시집올 때 데려온 말을 돌려보낼 때까지 기다리게 하는데, 며느리로 부적합하면 함께 돌려보내는 경우도 있었다. 그리고 며느리가 아직 묘에 알현하지도 않았는데 죽게 된다면, 정식 며느리에 대한 예법보다 낮춰서, 묘에 영구를 옮겨서 고(告)하지도 않고, 며느리의 집으로 돌려보내서 장례(葬禮)를 치르게 되니, 아래 문장에서 말하는 내용과 같은 것인데, 어찌 공영달이 말한 것처럼, 단지 천시(天時)가 바뀌기를 기다린다는 뜻이겠는가?

集解 不息燭, 謂不能寢也. 嗣親, 則親有代謝之義, 人子之所不忍言也. 三月而廟見, 稱來婦者, 昏禮"質明, 贊見婦於舅姑", "若舅姑沒, 則三月而見於廟, 奠菜於舅姑", 其祝辭曰, "某氏來婦, 敢奠嘉菜于皇舅某子"也. 擇日而祭於禰, 謂擇吉日而奠菜也. 婦見於舅姑, 乃成爲婦.

번역 촛불을 끄지 않는다는 말은 잠을 이룰 수가 없다는 뜻이다. 부친의 지위를 계승한다는 말은 부친에게 신구(新舊)의 질서가 교체된다[42]는 의미가 생긴다는 뜻이므로, 사람의 자식된 자는 차마 입 밖으로 그 얘기를 꺼낼 수 없는 점이 있기 때문이다. 3개월이 지나고 나서야 묘(廟)에 알현하며, '내부(來婦)'라고 칭하는 이유에 대해서, 『의례』「사혼례(士昏禮)」편에서는 "동틀 무렵, 부모에게 며느리를 알현시킨다."[43]라고 했고, "만약 시부

---

41) 반마(反馬)는 춘추전국시대(春秋戰國時代) 때, 대부(大夫) 이상의 집안에서 딸을 보내며 수레에 태워 보냈던 예법(禮法)을 뜻한다. 남편 집안에서 3개월 동안 시집온 여자를 관찰하여, 가족들과 화목하게 지내서, 며느리로 삼을 수 있다고 판단되면, 수레는 놔두고 말만 되돌려 보내게 된 일에서 유래한 말이다.

42) 대사(代謝)는 신구(新舊)가 교체된다는 뜻이다. 『회남자(淮南子)』「숙진훈(俶眞訓)」편에는 "二者代謝舛馳."라는 기록이 있는데, 이에 대한 고유(高誘)의 주에서는 "代, 更也, 謝, 次也."라고 풀이하였다. 즉 '대(代)'자는 교체된다는 뜻이며, '사(謝)'자는 자리 또는 차례라는 뜻이다.

모가 생존해 있지 않은 경우라면, 3개월이 지나서, 시부모의 묘에 알현시키며, 시부모에게 석채(釋菜)를 지낸다."[44]라고 했으며, 그리고 그 축문에서는 "아무개의 여식이 우리집에 와서 며느리가 되었으니, 돌아가신 시부모 아무개에게 감히 맛좋은 나물 등을 바쳐 제사를 지냅니다."[45]라고 했다. 그러므로 길일(吉日)을 택하여 녜묘(禰廟)에 제사를 지낸다는 말은 길일을 택하여 나물 등을 차려놓고 제사를 지낸다는 뜻이다. 며느리는 시부모를 알현하고 나서야, 곧 정식 며느리가 되는 것이다.

集解 賈氏公彦曰, "若舅沒姑存, 則當時見姑, 三月亦廟見舅, 若舅存姑沒, 婦人無廟可見, 或更有繼姑, 自當如常禮也." 愚謂: 賈氏謂姑沒有繼姑, 當見繼姑, 固也. 然於沒者不見, 於人情亦恐未安. 且如夫爲前姑所生, 尤不可但見繼姑而已也. 婦人之先夫而死者, 雖無廟, 而祭之於寢, 則婦就寢而奠菜與?

번역 가공언[46]은 "만약 시아비가 죽고 시어미만 살아 있는 경우라면, 다음날 동틀 무렵에 시어미를 알현하고, 3개월이 지나고서 또한 묘(廟)에서 죽은 시아비를 알현하는 것이며, 만약 시아비가 살아 있고 시어미가 죽은 경우라면, 며느리는 묘에서 알현할 필요가 없으며, 혹여 시아비가 재취하여 계모가 있는 경우라면, 본래의 예법(禮法)대로 해야 하는 것이다."라고 했는데, 내가 생각하기에, 가공언이 시어미가 죽고, 계모가 있을 경우, 마땅히 계모를 알현해야 한다고 말한 것은 진실로 그렇지만, 계모가 없고, 시어미만 죽은 경우에, 죽은 자에 대해서 알현하지 않는다고 설명한 말은 인정상 석연치 못하다. 또한 지아비는 이전 시어미에게서 태어났으니, 단지 계모만 알현할 수 없었을 것이다. 부인들은 죽은 남편에 대해서 비록 그들

---

43) 『의례』「사혼례(士昏禮)」: 明, 贊見婦于舅姑.
44) 『의례』「사혼례(士昏禮)」: 若舅姑旣沒, 則婦入三月, 乃奠菜.
45) 『의례』「사혼례(士昏禮)」: 祝曰, "某氏來婦, 敢告于皇姑某氏."
46) 가공언(賈公彦, ? ~ ?): 당대(唐代)의 유학자이다. 정현(鄭玄)을 존숭하였다. 예학(禮學)에 조예가 깊었다. 『주례소(周禮疏)』, 『의례소(儀禮疏)』 등의 저서를 남겼으며, 이 저서들은 『십삼경주소(十三經注疏)』에 포함되었다.

의 묘가 없더라도, 침(寢)에서 그에게 제사를 지낸다고 하였으니, 며느리도 '침'에 나아가서, 죽은 시어미에게 찬을 차려놓고 제사를 지내지 않았겠는가?

集解 孔氏謂"庶婦不廟見", 非也. 士昏禮於奠菜祭行之後, 別言庶婦之禮云, "庶婦則使人醮之, 婦不饋." 其異於適婦者止此, 則其餘禮皆如適婦矣. 蓋供養主於適婦, 故庶婦不盥饋, 若廟見, 所以代質明之見, 與盥饋殊義. 庶婦於舅姑存者, 未嘗無質明之見, 特醮而不醴耳, 舅姑沒, 亦必廟見可知. 至三月祭行, 則適婦爲祭主, 而庶婦不過列於內賓宗婦之班, 此則與適婦盥饋·庶婦不盥饋同義. 若廟見, 自與祭禮不同, 未可以庶婦不得主祭疑之也.

번역 공영달(孔穎達)이 "'나머지 며느리들[庶婦]'들은 묘(廟)에서 알현하지 않는다."라고 말한 내용은 잘못된 말이다. 『의례』「사혼례(士昏禮)」편에서는 전채(奠菜)를 하며 제사를 시행한 이후에, 별도로 서부(庶婦)들의 예법(禮法)을 언급하며, "'서부'들은 사람을 시켜서 제사를 올리니, 직접 음식을 바치지 않는다."라고 했다. 그들이 시행하는 예법이 맏며느리[適婦]와 다른 점은 여기에 그칠 따름이니, 그 나머지 예법들은 모두 적부(適婦)의 경우와 같다. 아마도 시부모를 공양하는 일은 '적부'가 위주로 하기 때문에, '서부'들은 세숫물을 뜨거나 음식을 바치지 않는 것이다. 만약 묘에서 알현을 한다면, 시부모가 죽은 경우에 해당하여, 묘에서 알현을 함으로써 시부모가 살아있을 때 시행하게 되는 동틀 무렵에 알현하는 예법을 대체하게 되니, 시부모가 살아있는 경우에 세숫물을 뜨고 음식을 바치는 일과는 다른 것이다. '서부'들은 시부모가 살아있는 경우에, 시집온 다음 날, 동틀 무렵에 알현하는 예법을 일찍이 시행하지 않은 적이 없으나, 다만 '초(醮)'만 하고 '례(醴)'를 하지 않을 뿐이었으니, 시부모가 죽었을 경우에도 또한 반드시 묘에서 알현했음을 알 수 있다. 3개월이 지나서 제사를 시행하게 되면, '적부'가 제주(祭主)가 되고, '서부'들은 내빈(內賓)과 종부(宗婦)의 대열에 포함되어, 대열을 맞춰서 참가하는데 불과할 따름인데, 이것이 곧 '적부'

가 세숫물을 뜨고 음식을 바치며, '서부'는 세숫물을 뜨지 않고 음식도 바치지 않는다는 것과 같은 뜻이다. 만약 묘에서 알현을 하게 된 경우라면, 일반적인 제례(祭禮)와는 자연히 같지 않으니, '서부'들이 제사를 주관할 수 없었음은 의심할 수가 없다.

【233a】

曾子問曰: 女未廟見而死, 則如之何. 孔子曰: 不遷於祖, 不祔於皇姑, 壻不杖, 不菲, 不次, 歸葬于女氏之黨, 示未成婦也.

직역 曾子가 問曰, "女가 未廟見에 死하면, 어찌합니까?" 孔子가 曰, "祖에 不遷하고, 皇姑에 不祔하며, 壻는 不杖하고, 不菲하며, 不次하고, 女氏의 黨에 歸葬하니, 未成婦를 示함이다."

의역 증자가 질문하기를, "여자가 시집을 와서 아직 묘(廟)에 알현하지도 않았는데, 죽게 된다면 어찌해야 합니까?" 그러자 공자가 대답해주기를, "조묘(祖廟)에 영구를 옮겨가서 조상신(祖上神)에게 고(告)하지 않고, 죽은 시어머니 신주(神主) 옆에 며느리의 신주를 합사하지 않으며, 남편은 상복(喪服)은 입지만, 지팡이를 잡지 않고, 짚신도 신지 않으며, 상복을 입는 기간 동안 본래 상중(喪中)에 임시로 거처하게 되는 장소에서 별도로 머물지 않고, 여자의 본가로 돌려보내서 장사를 지낸다. 이처럼 시행하는 이유는 아직 정식 며느리가 되지 못했음을 보이기 위함이다."

集說 不遷於祖, 不遷柩而朝於壻之祖廟也. 不祔於皇姑, 以未廟見, 故主不得祔姑之廟也. 壻齊衰期, 但不杖, 不草屨, 不別處哀次耳. 女之父母自降服大功.

번역 "조(祖)에 천(遷)하지 않는다[不遷於祖]."는 말은 며느리의 영구를 옮겨서, 남편의 조묘(祖廟)에 고(告)하지 않는다는 뜻이다. "황고(皇姑)에 부(祔)하지 않는다[不祔於皇姑]."라고 한 이유는 아직 묘(廟)에서 알현하지 않아서, 며느리의 신주(神主)를 시어미의 묘에 합사할 수 없기 때문이다. 남편은 자최복(齊衰服)을 입고 상(喪)을 치르는 일정 기간을 보내게 되지만, 지팡이를 잡지 않고, 짚신도 신지 않으며, 죽은 자를 애도하며 머물게 되는 임시 거주지를 별도로 정하지 않을 따름이다. 여자의 부모들은 죽은 딸을 위해서, 본래의 예법(禮法)에 따른 상복(喪服)보다 낮추게 되어, 대공복(大功服)을 입는다.

鄭注 遷, 朝廟也. 壻雖不備喪禮, 猶爲之服齊衰也.

번역 '천(遷)'자는 묘(廟)에서 알현한다는 뜻이다. 남편은 비록 죽은 부인을 위해서, 상례(喪禮)에 맞는 절차와 법식을 다 갖추지 않지만, 그래도 그녀를 위해서 자최복(齊衰服)을 입게 된다.

釋文 菲一本作扉, 扶畏反, 草屨. 朝, 直遙反. 爲, 于僞反, 下"爲庶母"·"爲其"·下文"君爲"皆同.

번역 '菲'자를 다른 판본에서는 '扉'자로도 기록하는데, '扶(부)'자와 '畏(외)'자의 반절음이며, 짚신을 뜻한다. '朝'자는 '直(직)'자와 '遙(요)'자의 반절음이다. '爲'자는 '于(우)'자와 '僞(위)'자의 반절음이며, 아래 문장에 나오는 '爲庶母', '爲其', '君爲'에서의 '爲'자도 모두 그 음이 이와 같다.

孔疏 ●"不遷"至"婦也". ○婦旣死於己寢, 將反葬於女氏之黨, 故其柩不遷移朝於婿之祖廟, 言祔祭之時, 又不得祔於皇姑廟也. 皇, 大也, 君也. 稱皇者, 尊之也. 凡人爲妻, 齊衰杖而菲屨. 今婿爲之不杖·不菲·不次. 菲, 草屨也. 不次, 謂不別處止哀次也. 婿爲妻合服齊衰杖而菲屨, 及止哀次. 今未廟見而死, 其婿唯服齊衰而已, 其柩還歸葬於女氏之黨, 以其未廟見, 不得舅姑之命, 示若未成婦. 然其實已成婦, 但示之未成婦禮, 欲見其不敢自專也.

번역 ●經文: "不遷"~"婦也". ○부인이 자신의 침소에서 죽게 되어, 장차 부인의 본가로 돌려보내 장례(葬禮)를 치르고자 하기 때문에, 그 시신을 실은 영구를 남편의 조묘(祖廟)로 이동시켜 조묘(朝廟)를 하지 않는 것이니, 이 말은 곧 부제(祔祭)를 지낼 때에도, 또한 시부모의 묘(廟)에 부제를 지낼 수 없다는 뜻이다. '황고(皇姑)'의 '황(皇)'자는 크다는 뜻이니, 군주라는 뜻이다. 시부모에게 '황'자를 붙여서 부르는 이유는 존귀하게 대하기 때문이다. 무릇 남자는 자신의 죽은 아내를 위해서 자최복(齊衰服)을 입고, 지팡이를 잡으며, 짚신을 신는다. 그런데 이곳 문장에서는 남편이 그 아내를 위해서, 지팡이도 잡지 않고, 짚신도 신지 않으며, 임시 거주지도 달리 하지 않는다고 하였다. 비(菲)는 짚신이다. '불차(不次)'는 죽은 자를 애도하며 임시로 거처하는 장소를 별도로 지정하지 않고, 그곳에서 애도도 하지 않는다는 뜻이다. 남편은 부인을 위해서 공통적으로 자최복을 입고, 지팡이를 잡으며, 짚신을 신고, 영구를 옮길 때 애도하며 머물던 임시 거주지에 멈춰서, 잠시 동안 애도를 하게 된다. 그런데 이곳에서 언급하는 상황은 부인이 묘에 아직 알현을 하지 않은 상태에서 죽은 경우이니, 남편은 오직 자최복만 입을 따름이며, 그 시신을 실은 영구를 아내의 본가로 돌려보내서 장례를 치르게 한다. 이렇게 하는 이유는 그녀가 아직 묘에서 알현을 하지 못하여, 시부모의 정식 인가를 받지 못했기 때문이니, 이렇게 시행함으로써 아직 정식 며느리가 되지 못했다는 사실을 드러내게 된다. 그러나 실제로는 이미 부인이 된 것인데도, 아직 정식 며느리가 되는 예법(禮法)을 이루지 못했다고 드러내는 이유는 알현을 하지 못하였으니, 남편이 감히 제 마음대로 할 수 없다는 사실을 드러내고자 함이다.

孔疏 ◎注"猶爲之服齊衰也". ○正義曰: 此經但云"不杖不菲", 不云不服, 故知服齊衰. 其女之父母, 則爲之降服大功, 以其非在家, 婿爲之服齊衰期, 非無主也.

번역 ◎鄭注: "猶爲之服齊衰也". ○이곳 경문에서는 단지 "지팡이를 잡지 않고, 짚신을 신지 않는다."라고만 말했지, "상복(喪服)을 입지 않는다[不服]."고는 말하지 않았다. 그렇기 때문에 자최복(齊衰服)을 입는다는 사실을 알 수 있다. 죽은 아내의 부모는 그녀를 위해 본래의 상복을 낮춰서 대공복(大功服)을 입으니, 그녀가 시집을 가지 않은 상태가 아니기 때문이며, 또한 남편이 그녀를 위해 자최복을 1년간 입는 이유는 그녀의 본가에서 상(喪)을 치르고 있으므로, 상주(喪主)가 없는 상황이 아니기 때문이다.

訓纂 王氏引之曰: 此皇姑與士昏禮之皇姑異, 士昏禮之皇姑, 謂既沒之姑, 此皇姑, 則謂祖姑也. 喪服小記曰 "婦祔於祖姑." 又曰 "祔必以其昭穆." 士虞禮記 "婦曰'孫祔于皇祖姑某氏.'"是也. 此未成爲婦, 不得用婦祔於祖姑之禮, 婦與姑昭穆不同, 故必祔於祖姑, 而後昭穆相當也.

번역 왕인지가 말하길, 이곳 문장에서 말하는 '황고(皇姑)'와 『의례』「사혼례(士昏禮)」편에 나오는 '황고(皇姑)'는 다른 말이니, 「사혼례」편의 '황고'는 이미 죽은 시어미를 뜻하며, 이곳 문장에 기록된 '황고'는 곧 죽은 시조모를 뜻한다. 『예기』「상복소기(喪服小記)」편에서 "며느리의 신주(神主)를 죽은 시조모의 신주 옆에 합사한다."[47]라고 했고, 또 "합사할 때에는 반드시 소목(昭穆)의 차례로써 한다."[48]라고 했으며, 『의례』「사우례(士虞禮)」편의 기문(記文)에서 "며느리의 경우 '손주 며느리를 죽은 시조모 아무개씨에게 합사합니다.'라고 한다."[49]라고 말한 것이 바로 이것을 가리킨다. 이곳 문장에서 말하고 있는 상황은 아직 정식 며느리가 된 상태가 아니므로, 며느리를 시조모의 신주 옆에 합사하는 예법(禮法)을 사용할 수 없는 것인데, 며느리와 시어미는 소목이 같지 않기 때문에, 반드시 시조모의 신주 옆에 합사하는 것이니, 그런 이후에야 소목의 차례와 질서가 합당하게 된다.

---

47) 『예기』「상복소기(喪服小記)」【421a】: 婦祔於祖姑.
48) 『예기』「상복소기(喪服小記)」【416c】: 祔必以其昭穆.
49) 『의례』「사우례(士虞禮)」: 女子, 曰, "皇祖妣某氏." 婦, 曰, "孫婦于皇祖姑某氏."

集解 愚謂: 壻不杖, 不菲, 不次, 爲未成婦, 殺其禮也. 歸葬於女氏之黨, 亦不祔於皇姑之意也.

번역 내가 생각해보니, 남편이 지팡이를 잡지 않고, 짚신도 신지 않으며, 거주지를 달리 하지 않는 이유는 아직 정식 며느리가 되지 않았기 때문에, 본래의 예법(禮法)보다 낮춘 것이다. 며느리의 시신을 실은 영구를 며느리의 본가로 돌려보내서 장사를 지낸다는 말은 또한 황고(皇姑)에게 합사하지 않는다는 뜻이다.

【233a~b】

曾子問曰: 取女, 有吉日, 而女死, 如之何. 孔子曰: 壻齊衰而弔, 旣葬而除之, 夫死, 亦如之.

직역 曾子가 問曰, "女를 取함에 吉日이 有하나, 女가 死커든, 어찌합니까?" 孔子가 曰, "壻는 齊衰하고 弔하며, 이윽고 葬하면, 除하니, 夫가 死함에도, 또한 이와 같이 한다."

의역 증자가 질문하기를, "여자에게 장가들 때에, 혼인하는 길일(吉日)까지 정해두었는데, 만약 여자가 죽게 된다면 어찌해야 합니까?" 그러자 공자가 대답해주기를, "사위될 사람은 자최복(齊衰服)을 입고, 여자 집으로 찾아가서 조문을 하며, 장례(葬禮)를 끝내게 된다면, 상복(喪服)을 벗는 것이니, 만약 남편 될 자가 죽은 경우라고 하더라도, 또한 이와 같이 한다."

集說 若夫死, 女以斬衰往弔, 旣葬而除也.

번역 만약 남편 될 자가 죽은 경우라면, 여자는 참최복(斬衰服)을 입고서, 남자 집으로 찾아와서 조문을 하고, 장례(葬禮)가 끝나게 되면, 상복(喪服)을 벗는다.

大全 嚴陵方氏曰: 以其嘗請期, 故齊衰而弔, 然未成婦也, 故既葬而除之.

번역 엄릉방씨가 말하길, 일찍이 청기(請期)[50]를 하였기 때문에, 남편 될 자는 자최복(齊衰服)을 입고서 조문(弔問)을 하는 것이지만, 아직 정식 며느리가 되지 않았기 때문에, 장례(葬禮)가 끝나면 곧바로 상복(喪服)을 벗는 것이다.

鄭注 未有期三年之恩也. 女服斬衰.

번역 아직 1년[期年]과 3년간의 은혜가 없기 때문이다. 여자는 참최복(斬衰服)을 입는다.

孔疏 ◎注"未有"至"斬衰". ○正義曰: 所以既葬除者, 壻於女未有期之恩, 女於壻未有三年之恩. 以壻服齊衰, 故知女服斬衰.

번역 ◎鄭注: "未有"~"斬衰". ○장례(葬禮)를 끝내고 상복(喪服)을 벗어버리는 이유에 대해서 설명하자면, 남편은 아내에 대해서, 아직 1년[期年]간의 은혜가 없기 때문이며, 아내는 남편에 대해서, 아직 3년간의 은혜가 없기 때문이다. 남편이 자최복(齊衰服)을 입기 때문에, 아내도 죽은 남편을 위해 참최복(斬衰服)을 입는다는 사실을 알 수 있다.

---

50) 청기(請期)는 혼례 절차 중 하나이다. 남자 집안에서 여자 집안에 예물을 보낸 뒤에, 혼인하기에 좋은 길일(吉日)을 점치게 된다. 길(吉)한 날을 잡게 되면, 여자 집안에 통보를 하며 가부(可否)를 묻게 되는데, 이 절차가 바로 '청기'이다.

• 제 9 절 •

상주(喪主) 및 신주(神主)와 예법(禮法)의 관계

【233b】

曾子問曰: 喪有二孤, 廟有二主, 禮與. 孔子曰: 天無二日, 土無二王, 嘗禘郊社, 尊無二上, 未知其爲禮也.

직역 曾子가 問曰, "喪에 二孤가 있고, 廟에 二主가 있는 것이 禮입니까?" 孔子가 曰, "天에 二日이 無하고, 土에 二王이 無하며, 嘗·禘·郊·社에도 尊함은 二上이 無하니, 그것이 禮되는 지는 아직 모르겠다."

의역 증자가 질문하기를, "상중(喪中)에 두 명의 상주(喪主)가 있고, 묘(廟)에 두 개의 신주(神主)가 있는 것이 예법(禮法)에 맞는 일입니까?" 그러자 공자가 대답해주기를, "하늘에 두 개의 태양이 없고, 땅 위에 두 명의 제왕(帝王)이 없듯이, 상(嘗)제사, 체(禘)제사, 교(郊)제사, 사(社)제사처럼 중요한 제사에서도 각각 존귀하게 받드는 대상은 두 명이 없으니, 그처럼 두 명의 상주가 있고, 두 개의 신주를 두는 일이 예법에 맞는지에 대해서는 들어보지도 못했다."

集說 二孤二主, 當時有之, 曾子疑其非禮, 故問. 夫子言天猶不得有二日, 土猶不得有二王, 嘗禘郊社祭之重者, 各有所尊, 不可混幷而祭之, 喪可得有二孤, 廟可得有二主乎. 非禮, 明矣.

번역 두 명의 상주(喪主)가 있고, 두 개의 신주(神主)를 두는 일은 당시에 이러한 사례가 있었는데, 증자는 그 행위들이 비례(非禮)가 된다고 의문이 들었기 때문에, 질문을 한 것이다. 공자가 대답하길, 하늘에도 오히려 두 개의 태양이 있을 수 없고, 땅에도 오히려 두 명의 제왕(帝王)이 있을 수 없으며, 상(嘗), 체(禘), 교(郊), 사(社)와 같은 중요한 제사들 중에서도 각각 존귀하게 대하는 대상이 별도로 있어서, 뒤섞어 한데 모아서 제사를 지낼 수 없는데, 상중(喪中)에 두 명의 상주가 있고, 묘(廟)에 두 개의 신주가 있을 수 있겠는가? '비례'가 됨이 분명하다.

大全 臨川吳氏曰: 上天之照萬物者, 唯一日, 下土之君萬邦者, 唯一王. 祫嘗之所尊, 唯一太祖, 禘祭之所尊, 唯一所自出之帝, 郊之所尊, 唯一上帝, 社之所尊, 唯一后土, 所尊之神在上無或有與同者, 故曰無二上. 若日若王若四祭之上神, 皆唯有一, 而無二, 況主喪之孤依神之主而可二乎.

번역 임천오씨가 말하길, 하늘 위에서 만물(萬物)을 비춰주는 대상은 오직 하나의 태양이며, 땅 위에서 모든 나라를 다스리는 대상도 오직 하나의 제왕(帝王)이다. 협(祫)제사와 상(嘗)제사에서 떠받드는 대상은 오직 하나의 태조(太祖)이고, 체(禘)제사에서 떠받드는 대상은 오직 시조가 되는 제(帝)이며, 교(郊)제사에서 떠받드는 대상은 오직 하나의 상제(上帝)이고, 사(社)제사에서 떠받드는 대상은 오직 하나의 후토(后土)이니, 떠받드는 신(神)들 중 천상(天上)에 있는 대상들에 대해서, 혹여 그들을 한 곳에 묶어서 함께 제사를 지내는 경우가 없기 때문에, "이상(二上)이 없다[無二上]."고 말한 것이다. 해와 같은 경우도, 제왕과 같은 경우도, 네 종류의 제사에서 떠받드는 상신(上神)[1]의 경우에서도, 모두 오직 하나의 대상만 둘 뿐이지, 두 명의 대상이 없는데, 하물며 상례(喪禮)를 주관하는 상주(喪主)와 신령(神靈)이 귀의하는 신주(神主)에 있어서, 두 개를 둘 수 있겠는가?

---

1) 상신(上神)은 천상(天上)에 있는 신(神), 즉 천신(天神)을 뜻한다. 『공자가어(孔子家語)』「문례(問禮)」편에는 "陳其犧牲, 備其鼎俎. …… 以降上神與其先祖."라는 기록이 있고, 이에 대한 왕숙(王肅)의 주에서는 "上神, 天神."이라고 풀이하였다.

鄭注 怪時有之. 尊喩卑也. 神雖多, 猶一一祭之.

번역 증자는 당시에 이러한 일들이 있다는 사실을 괴이하게 여겨서 질문한 것이다. 공자는 존귀한 대상인 신(神)을 예시로 들어서, 신보다 낮은 대상인 인간에 대한 일들을 깨우쳐준 것이다. 신들은 비록 그 대상이 많지만, 오히려 일일이 구분하여 각각의 신들에게 제사를 지낸다.

釋文 與音餘, 下"禮與"同.

번역 '與'자의 음은 '餘(여)'이며, 아래 문장에 나오는 '禮與'에서의 '與'자도 그 음이 이와 같다.

孔疏 ●"曾子"至"過也". ○正義曰: 此一節論喪不得有二孤, 廟不得有二主之事, 各隨文解之.

번역 ●經文: "曾子"~"過也". ○이 문장은 상중(喪中)에는 두 명의 상주(喪主)가 있을 수 없고, 묘(廟)에는 두 개의 신주(神主)가 있을 수 없다는 사안을 논의하고 있으니, 각각의 문장에 따라서 해석하겠다.

孔疏 ●"孔子曰: 天無二日, 土無二王"者, 天有二日, 則草木枯萎, 土有二王, 則征伐不息, 老子云, "天得一以淸, 地得一以寧", 是也.

번역 ●經文: "孔子曰: 天無二日, 土無二王". ○하늘에 두 개의 태양이 있으면, 초목이 말라 죽게 되고, 땅에 두 명의 제왕(帝王)이 있으면, 정벌이 끊이지 않는다. 『노자(老子)』에서 "하늘은 하나를 얻어서 맑아졌고, 땅은 하나를 얻어서 편안해졌다."[2]라고 한 말이 바로 이러한 뜻을 나타낸다.

---

2) 『노자』「39장」: 昔之得一者, 天得一以淸, 地得一以寧, 神得一以靈, 谷得一以盈, 萬物得一以生, 侯王得一以爲天下貞, 其致之.

孔疏 ◎注"尊喻卑也"者, 尊謂天無二日, 土無二王, 嘗·禘·郊·社, 尊無二上. 卑謂喪有二孤, 廟有二主. 喩, 明也. 尊者, 尙不可二, 明卑者不二可知也. 擧尊以明卑, 故云"尊喩卑也". 云"神雖多, 猶一一祭之"者, 解嘗·禘·郊·社尊無二上之意. 以嘗禘之時, 雖衆神並在, 猶先尊後卑, 一一祭之, 不一時總祭, 故云"尊無二上"也.

번역 ◎鄭注: "尊喩卑也". ○'존(尊)'자가 나타내는 의미는 하늘에 두 개의 태양이 없고, 땅에 두 명의 제왕(帝王)이 없듯이, 상(嘗), 체(禘), 교(郊), 사(社)제사에서도 각각 존귀하게 받드는 대상에는 두 명이 없다는 뜻이다. '비(卑)'자가 나타내는 의미는 상중(喪中)에 두 명의 상주(喪主)가 있고, 묘(廟) 중에 두 개의 신주(神主)가 있음을 뜻한다. '유(喩)'자는 "밝혀준다."라는 뜻이다. 존귀한 대상에 대해서도 오히려 두 개로 둘 수 없으니, 이러한 사실을 통해 낮은 대상들에 대해서도 두 개의 대상을 둘 수 없음을 깨우쳐주고 있다는 사실을 알 수 있다. 존귀한 대상을 근거로 하여, 낮은 대상에 대해 깨우쳐주고 있기 때문에, 정현이 "존귀한 대상인 신(神)을 예시로 들어서, 낮은 자인 인간에 대한 일들을 깨우쳐주었다."라고 말한 것이다. 또한 정현이 "신들은 비록 그 대상이 많지만, 오히려 일일이 구분하여 각각의 신들에게 제사를 지낸다."라고 하였는데, 이 말은 '상', '체', '교', '사'제사에서 각각 떠받드는 대상에 두 가지가 없다는 뜻을 풀이해준 말이다. '상'과 '체'제사를 지낼 때에는 비록 뭇 신들이 모두 제사대상에 포함되어 있지만, 오히려 존귀한 신을 앞에 두고, 낮은 신들을 뒤에 둠으로써, 하나하나 제사를 지내게 되며, 한 번에 총괄적으로 제사를 지내지 않는다. 그렇기 때문에 경문에서 "존귀하게 받드는 대상은 두 명이 없다."라고 말한 것이다.

集解 尊無二上者, 言所祭雖衆, 而所尊者則一而已. 嘗·禘合食群主, 而所尊者唯太祖, 郊祭及日·月·三望, 而所尊者唯上帝, 社祭及四方, 而所尊者唯后土也.

번역 "존귀하게 받드는 대상에 두 명이 없다[尊無二上]."는 말은 제사를 드리는 대상이 비록 많지만, 존귀하게 높이는 대상은 오직 1명일 뿐이라는 뜻이다. 상(嘗)제사와 체(禘)제사를 지낼 때에, 여러 신주(神主)를 한 장소에 모아서 흠향을 시키지만, 존귀하게 높이는 대상은 오직 태조(太祖)일 뿐이며, 교(郊)제사와 해[日]와 달[月] 및 삼망(三望)[3]의 제사에서는 존귀하게 높이는 대상이 오직 상제(上帝)일 뿐이며, 사(社)제사 및 사방(四方)에 대한 제사에서는 존귀하게 높이는 대상이 오직 후토(后土)일 뿐이다.

【233c】

昔者, 齊桓公, 亟擧兵, 作僞主以行, 及反, 藏諸祖廟, 廟有二主, 自桓公始也.

직역 "昔者에 齊桓公이 擧兵하길 亟하여, 僞主을 作하여 行하고, 反함에 及해서는 祖廟에 藏하니, 廟에 二主가 有함은 桓公으로부터 始함이다."

의역 계속하여 공자가 가르쳐주기를, "옛적에 제(齊)나라 환공(桓公)이 전쟁 일으키기를 좋아하여,[4] 가짜 신주(神主)를 제작해서 행군(行軍)을 하였고, 자신의 나라로 돌아옴에 미쳐서는 가짜로 만든 신주를 조묘(祖廟)에 보관을 하였으니, 묘

3) 삼망(三望)은 제사의 명칭이다. 망(望)은 일종의 제사 형식이다. 제사 대상이 여러 산천(山川)들일 경우, 그 중 가장 크고 높은 대상이 있는 지역에 가서, 나머지 여러 산천들을 두루 바라보며 지내는 제사이다. '삼(三)'자를 붙여 부른 것은 제후의 입장에서 '망' 제사를 지내는 대상이 3가지이기 때문이다. 참고로 천자에게는 사망(四望)의 제사가 있다.

4) 이때의 '극(亟)'자는 "좋아한다."는 '애(愛)'자의 뜻과 같다. 『방언(方言)』에는 "亟, 愛也. 東齊海岱之間曰亟, 自關而西秦晉之間, 凡相敬愛謂之亟."이라는 기록이 있다. 즉 동제(東齊)와 해대(海岱) 지역에서는 "좋아한다."는 말을 '극'자로 표현하였으며, 서진(西秦) 때와 진(晉)나라 때에도 서로 경애(敬愛)함을 '극'자로 표현하였다. 한편 '극'자를 "빈번하다."라는 삭(數)자의 뜻으로 풀이하는 해석도 있다.

(廟)에 두 개의 신주가 있게 된 것은 환공 때부터 시작된 일이다."

集說 師行而載遷廟之主于齊車, 示有所尊奉也. 旣作僞主, 又藏於廟, 是二失矣.

번역 군대가 출동함에는 천묘(遷廟)[5]한 신주(神主)를 제거(齊車)[6]에 싣는데, 그렇게 하는 이유는 존귀하게 떠받드는 대상이 있음을 보이기 위해서이다. 가짜 신주(神主)를 만들게 되었고, 그것을 또한 묘(廟)에 보관을 하였으니, 이것이 바로 환공(桓公)이 저지른 두 가지 잘못이다.

鄭注 僞猶假也. 擧兵以遷廟主行, 無則主命. 爲假主非也.

번역 '위(僞)'자는 '거짓[假]'이라는 뜻이다. 군대를 일으키면, 천묘(遷廟)의 신주(神主)를 가지고 출동을 하게 되는데, 천묘의 신주가 없으면, 신

---

5) 천묘(遷廟)는 대수(代數)가 다한 신주(神主)를 모시는 묘(廟)를 뜻한다. 예를 들어 천자의 경우, 7개의 묘를 설치하는데, 가운데의 묘에는 시조(始祖) 혹은 태조(太祖)의 신주를 모신다. 이곳의 신주는 다른 곳으로 옮기지 않기 때문에 '불천위(不遷位)'에 해당한다. 그리고 좌우에 각각 3개의 묘가 있어서, 소목(昭穆)의 순서에 따라 6대(代)의 신주를 모신다. 현재의 천자가 죽게 되어, 그의 신주를 묘에 모실 때에는 소목의 순서에 따라 가장 끝 부분에 있는 묘에 신주가 들어가게 된다. 만약 소(昭) 계열의 가장 끝 묘에 새로운 신주가 들어서게 되면, 밀려나게 된 신주는 바로 위의 '소' 계열 묘로 들어가게 되고, 최종적으로 밀려나서 더 이상 갈 곳이 없는 신주는 '천묘'로 들어가게 된다. 또한 '천묘'는 위에서 서술한 신구(新舊)의 신주가 옮겨지게 되는 의식 자체를 지칭하기도 한다.

6) 제거(齊車)는 정갈하게 재계한 수레를 뜻한다. 금(金)으로 제작하기도 하였다. 제왕(帝王)은 순수(巡守), 조근(朝覲) 및 회동(會同) 때에 재계를 하게 되는데, 이 수레를 사용함으로써 재계를 했음을 나타낸다. 『주례』「하관(夏官)·제우(齊右)」에는 "掌祭祀會同賓客前齊車."라는 기록이 있고, 이에 대한 정현의 주에서는 "齊車, 金路. 王自整齊之車也."라고 풀이했고, 손이양(孫詒讓)의 『정의(正義)』에서는 "敍官齊僕注云, '古者王將朝覲會同必齊.' 是齊車以齊戒爲名."이라고 풀이하였다.

주대신 '조상신(祖上神)들의 명령[主命]'을 받아서 가게 된다. 거짓으로 신주를 만들게 된 행위 때문에, 이처럼 잘못된 사례가 생겨난 것이다.

釋文 亟, 徐起吏反.

번역 '亟'자의 서음(徐音)은 '起(기)'자와 '吏(리)'자의 반절음이다.

孔疏 ●"昔者齊桓公亟擧兵, 作僞主以行"者, 此說二主之由. 桓公名小白, 作霸主. 亟, 數也. 僞, 假也. 言作假主以行, 而反藏於祖廟, 故有二主也. 擧兵謂[7]南伐楚, 北伐山戎, 西伐白狄, 故云數擧兵也.

번역 ●經文: "昔者齊桓公亟擧兵, 作僞主以行". ○이 문장은 두 개의 신주(神主)가 생기게 된 유래를 설명한 말이다. 제(齊)나라 환공(桓公)은 이름이 소백(小白)이며, 패주(霸主)가 되었다. 극(亟)자는 "빈번하다[數]."라는 뜻이다. '위(僞)'자는 '거짓[假]'이라는 뜻이다. 이 문장은 가짜 신주를 만들어서 군대를 출동하였고, 자신의 나라로 되돌아와서는 가짜 신주를 조묘(祖廟)에 보관하였기 때문에, 두 개의 신주가 생기게 되었다는 뜻이다. 제나라 환공이 군대를 일으켰다는 말은 남쪽으로는 초(楚)나라를 정벌하였고, 북쪽으로는 산융(山戎)을 정벌하였으며, 서쪽으로는 백적(白狄)을 정벌하였다는 일화들을 일컫는다. 그렇기 때문에 자주 전쟁을 일으켰다고 말한 것이다.

---

7) '위(謂)'자에 대하여. '위'자는 본래 '위(爲)'자로 기록되어 있었는데, 완원(阮元)의 『교감기(校勘記)』에서는 "'위(爲)'자는 마땅히 '위(謂)'자로 기록해야 한다."라고 했다.

【233c~d】

喪之二孤, 則昔者, 衛靈公, 適魯, 遭季桓子之喪. 衛君請弔, 哀公辭, 不得命. 公爲主, 客入弔, 康子立於門右, 北面, 公揖讓, 升自東階, 西鄕, 客升自西階, 弔. 公拜興哭, 康子拜稽顙於位, 有司弗辯也. 今之二孤, 自季康子之過也.

직역 "喪의 二孤는 昔者에 衛靈公이 魯에 適하여, 季桓子의 喪을 遭하였다. 衛君이 弔를 請하자, 哀公은 辭하였으나, 不得命이라. 公이 主가 됨에, 客이 入하여 弔를 하자, 康子는 門의 右에 立하여 北面을 하였고, 公이 揖讓하며, 東階로부터 升하여 西鄕하자, 客이 西階로부터 升하여, 弔를 하였다. 公이 拜興하고 哭하자, 康子는 位에서 拜하며 稽顙하였는데도, 有司가 弗辯이라. 今의 二孤는 季康子의 過로부터이다."

의역 계속하여 공자가 가르쳐주기를, "상중(喪中)에 두 명의 상주(喪主)가 생긴 경우에 대해 말해보자면, 옛적에 위(衛)나라 영공(靈公)이 노(魯)나라에 갔다가, 노나라 대부(大夫)인 계환자(季桓子)의 상(喪)을 접하게 된 일이 있었다. 그때 위나라 영공은 노나라 애공(哀公)에게 조문(弔問)하길 청원하였는데, 애공이 사양하였지만, 영공은 따르지 않았다. 그래서 부득이 애공이 계환자의 상에서 상주가 되었고, 조문객[靈公]이 들어와서 조문을 하자, 본래의 상주인 계강자(季康子)는 문(門)의 오른쪽에 서서 북면(北面)을 하였고, 애공이 읍양(揖讓)을 하며, 동쪽 계단으로부터 올라와서 서향(西向)을 하자, 영공이 서쪽 계단으로부터 올라와서, 조문을 하였다. 애공이 절을 하고, 일어나서 곡(哭)을 하자, 계강자는 문의 오른쪽 자리에서 절을 하며, 이마를 땅에 조아렸는데도, 일을 맡아보던 유사(有司)가 잘못된 예(禮)임을 변별하지 못하였다. 그래서 오늘날 두 명의 상주가 생긴 것은 계강자의 과실로부터 시작된 일이다."

集說 國君弔鄰國之臣, 尊卑不等, 衛君弔而哀公爲主, 禮也. 禮, 大夫旣殯而君來弔, 主人門右北面, 哭拜稽顙. 今旣哀公爲主, 主則拜賓, 康子但當哭踊而已, 乃拜而稽顙於位, 是二孤矣. 當時有司不能論而正之, 遂至循襲爲常, 變禮之失, 由於康子. 上章言自桓公始, 此不言始而言過者, 孔子康子同時也. 靈公先桓子卒, 經訛爲靈公, 實出公也.

번역 제후국의 군주가 이웃 제후국의 신하에 대해 조문(弔問)할 경우에, 서로간의 신분 등급이 같지 않으니, 위(衛)나라 군주가 조문을 하면, 노(魯)나라 애공(哀公)이 신하를 대신하여 임시로 상주(喪主)가 되는 것이 올바른 예법(禮法)이다. 본래의 예법에 따르면, 대부(大夫)의 상(喪)에서는 빈소를 차리게 되면, 군주가 와서 조문을 하는데, 그때 상주는 문(門)의 오른쪽에서 북면(北面)을 하며, 곡(哭)을 하고, 절을 하며 이마를 땅에 조아리게 된다. 그런데 이곳 문장에서 말하고 있는 상황은 위(衛)나라 영공(靈公) 때문에, 이미 애공이 상주가 된 것인데, 상주가 된 애공이 조문객[靈公]에게 절을 하면, 본래의 상주인 계강자(季康子)는 단지 곡을 하며, 발 구르기만을 해야 할 따름인데도, 곧 절을 하고 그 자리에서 이마를 땅에 조아렸으니, 이것은 두 명의 상주가 있는 경우에 해당한다. 당시에 유사(有司)가 이러한 잘못들을 변별하여 바로잡지 못하여서, 끝내는 이러한 잘못들이 답습되어 상례(常禮)가 되었으니, 변례(變禮)의 과실이 계강자로부터 유래한 것이다. 앞의 문장에서는 "환공(桓公)으로부터 시작되었다[自桓公始]."고 말하고, 이곳에서는 "시작되었다[始]."는 말을 하지 않고, '과실[過]'이라고만 말한 이유는 공자는 계강자와 동시대 사람이었기 때문이다. 위나라 영공은 노나라 계환자(季桓子)보다 먼저 죽었으니, 경문에는 '영공'이라고 잘못 기록하고 있는 것이며, 실제로는 '출공(出公)'에 해당한다.

大全 嚴陵方氏曰: 喪有孤, 則哀之所主, 廟有主, 則神之所依. 喪有二孤, 則莫適爲主, 廟有二主, 則莫適爲依, 是豈禮之意哉. 然後世行之者, 蓋自桓公始之季康子之過也.

번역 엄릉방씨가 말하길, 상중(喪中)에 상주(喪主)가 있는 것은 애달픔을 주관하기 위해서이고, 묘(廟)에 신주(神主)가 있는 것은 신령(神靈)이 귀의하기 위해서이다. 상중에 두 명의 상주가 있게 되면, 주관을 할 수 없게 되고, 묘에 두 개의 신주가 있게 되면, 귀의를 할 수 없게 되니, 이것이 어찌 예(禮)의 올바른 뜻이겠는가? 그러나 후세에 이러한 잘못들을 답습하여 시행하게 된 것은 아마도 환공(桓公)으로부터 시작된 잘못과 계강자(季康子)의 과실 때문일 것이다.

鄭注 辨猶正也. 若康子者, 君弔其臣之禮也. 鄰國之君弔, 君爲之主, 主人拜稽顙, 非也, 當哭踊而已. 靈公先桓子以魯哀公二年夏卒, 桓子以三年秋卒, 是出公也.

번역 '변(辨)'자는 "바로잡다[正]."라는 뜻과 같다. 유사(有司)는 계강자(季康子)에게 순종하였던 자이다. 계강자가 시행한 예법(禮法)은 군주가 그의 신하에게 조문하는 예법에 따라 시행한 것이다. 이웃 제후국의 군주가 조문을 하면, 그 나라의 군주는 신하를 대신하여 상주(喪主)가 되니, 애공(哀公)이 있었는데도, 본래의 상주인 계강자가 절을 하며 이마를 땅에 조아린 행동은 잘못된 것이다. 마땅히 곡(哭)과 발 구르기만 해야 할 따름이다. 위(衛)나라 영공(靈公)은 계환자(季桓子)보다 앞서서 노(魯)나라 애공 2년 여름에 죽었고,[8] 계환자는 애공 3년 가을에 죽었으니,[9] 이때의 위나라 군주는 출공(出公)이 된다.

釋文 鄕, 許亮反. 先, 悉薦反. 夏, 戶嫁反.

번역 '鄕'자는 '許(허)'자와 '亮(량)'자의 반절음이다. '先'자는 '悉(실)'자와 '薦(천)'자의 반절음이다. '夏'자는 '戶(호)'자와 '嫁(가)'자의 반절음이다.

---

8) 『춘추』「애공(哀公) 2년」: 夏四月丙子, 衛侯元卒.
9) 『춘추』「애공(哀公) 3년」: 秋七月丙子, 季孫斯卒.

孔疏 ●"今之二孤, 自季康子之過也". ○上云"自桓公始", 此不云自季康子始而云康子之過者, 此孔子答曾子之時, 上去桓公已遠, 二主行來又久, 故云"自桓公始也". 康子之過者, 正當孔子之時, 未知後代行之以[10]否, 不得云自季康子始, 但見當時失禮, 故云"今之二孤, 自季康子之過也."

번역 ●經文: "今之二孤, 自季康子之過也". ○앞 문장에서는 "환공(桓公)으로부터 시작되었다[自桓公始]."라고 말하고, 여기에서는 "계강자(季康子)로부터 시작되었다[自季康子始]."라고 말하지 않고, '계강자의 과실[康子之過]'이라고만 기록하였는데, 그 이유는 공자와 증자가 문답을 주고받았을 시기는 환공으로부터의 시대적 차이가 많이 나서, 두 개의 신주(神主)가 유래되어 온 일이 또한 오래되었다. 그렇기 때문에 "환공으로부터 시작되었다."라고 말한 것이다. 계강자의 과실이라는 말한 이유는 계강자의 생존시기는 바로 공자가 활동하던 시기에 해당하니, 후대에 그것들을 시행할지 안할지를 아직 알 수 없어서, 계강자로부터 시작되었다고 말할 수 없었고, 다만 당시의 예법(禮法)을 어겼다는 사실만 나타낸 것이다. 그렇기 때문에 "오늘날 두 명의 상주(喪主)가 생긴 것은 계강자의 과실로부터이다."라고 말한 것이다.

孔疏 ◎注"辯猶"至"公也". ○正義曰: 若康子者, 經云'有司', 謂當時執事之有司, 畏季子之威, 不敢辯正, 故云'若康子者'. 若, 順也. 云"君弔其臣之禮也"者, 按士喪禮, "君使人弔, 主人進中庭, 哭拜稽顙成踊." 喪大記云, "大夫旣殯, 君弔, 主人門右, 北面哭拜稽顙." 今季康子與之同, 故云"君弔其臣之禮也". 云"鄰國之君弔, 君爲之主"者, 以賓主尊卑宜敵, 故君爲主, 主則拜賓, 康子又拜, 故云"非也, 當哭踊而已", 但唯君答拜耳. 出公來弔, 春秋不見經者, 蓋爲弔而來, 非有國之大事, 故略而不書於經也. 出公輒, 是靈公孫也. 曾子所

10) '이(以)'자에 대하여. '이'자 아래에는 본래 '이(以)'자가 덧붙어서 '이이(以以)'로 기록되어 있었는데, 완원(阮元)의 『교감기(校勘記)』에서는 "이 기록은 '이(以)'자가 잘못 중복된 것이다."라고 했다.

問, 皆前孤後主. 今答前主後孤者, 謂齊桓公之時事在前, 衛君之事在後.

번역 ◎鄭注: "辯猶"~"公也". ○정현의 주에서 '약강자(若康子)'라고 하였는데, 경문에서 말한 '유사(有司)'는 당시에 일을 맡아보았던 집정관으로, 계강자(季康子)의 위세를 두려워하여, 감히 변별하여 바로잡지 못하였음을 뜻한다. 그렇기 때문에 정현의 주에서 '계강자에게 순종하는 자'라고 말한 것이다. '약(若)'자는 "순종한다[順]."는 뜻이다. 정현이 "군주가 그의 신하에게 조문하는 예법이다."라고 하였는데, 『의례』「사상례(士喪禮)」를 살펴보면, "군주가 사람을 시켜서 조문을 하면, 상주(喪主)는 중정(中庭)으로 나아가서 곡(哭)을 하고, 절을 하며 이마를 땅에 조아리고, 발 구르기를 한다."[11]라고 했고, 『예기』「상대기(喪大記)」편에서는 "대부(大夫)가 빈소를 차리고 나면, 군주가 조문을 하는데, 상주는 문의 오른쪽에 있고, 북면(北面)을 하고서 곡을 하고, 절을 하며 이마를 땅에 조아린다."[12]라고 하였는데, 이곳 문장에 나타난 상황은 계강자가 이와 같이 행동하였기 때문에, 정현이 "군주가 그의 신하를 조문하는 예법이다."라고 말한 것이다. 정현이 "이웃 제후국의 군주가 조문을 하면, 그 나라의 군주는 신하를 대신하여 상주가 된다."라고 하였는데, 빈객(賓客)과 상주의 신분이 서로 대등해야 하기 때문에, 군주가 신하를 대신하여 상주가 되며, 임시적으로 상주가 된 군주 본인이 빈객에게 절을 해야 하는 것인데, 계강자가 또한 절을 하였기 때문에, 정현이 "잘못된 것이다. 마땅히 곡과 발 구르기만 해야 할 따름이다."라고 말한 것이니, 절을 하는 경우에는 오직 임시 상주인 군주만이 빈객에게 답배(答拜)를 할 따름이다. 위(衛)나라 출공(出公)이 노(魯)나라에 찾아와서 조문을 하였는데, 『춘추』의 경문(經文)에서 이 사실을 나타내지 않은 이유는 아마도 조문을 위하여 내방한 행위는 국가의 대사(大事)가 있어

---

11) 『의례』「사상례(士喪禮)」: 君使人弔. 徹帷. 主人迎于寢門外, 見賓不哭, 先入門右, 北面. 弔者入, 升自西階, 東面. 主人進中庭. 弔者致命. 主人哭拜稽顙, 成踊.

12) 『예기』「상대기(喪大記)」【540c】: 大夫士既殯而君往焉, 使人戒之. 主人具殷奠之禮, 俟于門外. 見馬首, 先入門右. 巫止于門外, 祝代之先. 君釋菜于門內, 祝先升自阼階, 負墉南面. 君卽位于阼, 小臣二人執戈立于前, 二人立于後. 擯者進, 主人拜稽顙.

서 찾아온 일이 아니기 때문일 것이다. 그래서 그 사안을 생략하고 경문에 기록하지 않은 것이다. 출공인 첩(輒)은 영공(靈公)의 손자이다. 증자가 질문한 내용은 앞서 상주에 대해 물어보고, 뒤이어 신주(神主)에 대해서 물어본 것이다. 그런데 공자의 대답에서는 앞서 신주에 대해서 말해주고, 뒤에 상주에 대해서 말하고 있는데, 그 이유는 제환공(齊桓公) 때의 일이 시기적으로 앞서 발생했던 일이었고, 위나라 군주의 일이 뒤에 일어났기 때문이다.

訓纂 趙氏良澍曰: 按喪大記君弔其臣, 斂則撫其尸, 旣殯則稱言而踊, 君不拜也. 今季桓子喪, 客升自西階弔, 言弔不言拜, 衛君無失也. 又大夫君弔其臣, 若有四鄰賓客, 其君後主人而拜, 是喪以尊者拜賓, 衛君弔而公拜·興·哭, 公亦無失也. 獨康子拜稽顙爲非禮耳, 故曰康子之過也.

번역 조량주[13]이 말하길, 『예기』「상대기(喪大記)」편을 살펴보면, 군주가 그의 신하를 조문할 때에, 만약 염(斂)을 하였다면, 그 시신을 어루만지고,[14] 이미 빈소를 차렸다면, 군주는 '조문하는 말[弔辭]'을 하고서 발 구르기를 하지만,[15] 군주는 절을 하지 않는다. 이곳 문장에서는 계환자(季桓子)의 상(喪)에서 조문객[靈公]이 서쪽 계단으로부터 올라가서 조문을 하였는데, 조문을 하였다고 말하고, 절을 하였다고는 말하지 않았으니, 위(衛)나라 군주는 실수가 없는 것이다. 또한 대부(大夫)와 군주가 그들의 신하를 조문할 때에, 만약 사방 이웃 나라에서 찾아온 빈객(賓客)들이 있다면, 그 신하의 주군이 본래의 상주(喪主)를 뒤에 두고서, 빈객들에게 절을 하는데,[16] 이렇게 하는 이유는 상중(喪中)에는 존귀한 자가 빈객들에게 절을 하기 때문이다. 그런데 위나라 군주가 조문을 하여, 노(魯)나라 애공(哀公)이 절을

---

13) 조량주(趙良澍, ? ~ ?) : 청대(淸代)의 유학자이다. 저서로는 『독예기(讀禮記)』 등이 있다.

14) 『예기』「상대기(喪大記)」【537b~c】: <u>大夫之喪, 將大斂</u>, …… <u>君撫之</u>, 主人拜稽顙.

15) 『예기』「상대기(喪大記)」【540c】: <u>大夫士旣殯</u>而君往焉, …… <u>君稱言, 視祝而踊</u>, 主人踊.

16) 『예기』「상대기(喪大記)」【541d】: 大夫君, …… 四鄰賓客, 其君後主人而拜.

하고, 일어나서 곡(哭)을 하였으니, 애공 또한 실수가 없는 것이다. 유독 계강자(季康子)만이 절을 하며, 이마를 땅에 조아렸으니, 비례(非禮)가 될 따름이다. 그렇기 때문에 '계강자의 과실[康子之過]'이라고 말한 것이다.

集解 愚謂: 諸侯於鄰國之臣, 尊卑旣異, 情分又疎, 其弔其喪者, 乃因其君而及之, 故其君爲主, 拜賓, 唯其情之稱而已. 喪禮拜賓者, 唯主喪一人, 今哀公旣拜, 康子又拜, 是有二孤也. 哀公乃桓子之君, 而曰孤者, 以喪禮主人拜賓, 今哀公拜賓, 是有爲喪主之義, 二孤猶曰二主云爾. 按春秋哀公三年秋, 季桓子卒, 時衛君爲出公而非靈公, 又無適魯之事, 此記所言疑也.

번역 내가 생각해보니, 제후는 이웃 나라의 신하에 대해서, 신분의 등급에서 이미 차이가 나고, 뿐만 아니라 정분(情分) 또한 소원하니, 제후들이 이웃 나라 신하의 상(喪)에 조문을 하는 경우는 곧 그들의 군주 때문에 가게 되는 것이다. 그렇기 때문에 그 신하의 군주가 임시 상주(喪主)가 되어서, 빈객(賓客)으로 찾아온 이웃 나라의 제후에게 절을 하는 것인데, 이러한 행위는 오직 그 실정에 따르는 것일 뿐이다. 상례(喪禮)를 치를 때에, 조문객들에게 절을 하는 자는 오직 상례를 주관하는 상주 한 사람일 뿐이다. 그런데 이곳에서 언급하고 있는 상황은 애공(哀公)이 이미 절을 하였는데도, 계강자(季康子)가 또다시 절을 하였으니, 이것이 바로 두 명의 상주가 있다는 뜻이다. 애공은 계환자(季桓子)의 주군이 되는데도, 고(孤: 죽은 자의 자식)라고 말한 이유는 상례에서는 상주가 빈객에게 절을 하기 때문이다. 그런데 애공이 조문객들에게 절을 하였으니, 이것은 상주가 되었다는 의미가 있는 것이며, '이고(二孤)'라고 하는 말은 '이주(二主: 두 명의 상주)'라고 말하는 것과 같을 따름이다. 『춘추』를 살펴보면, 애공 3년 가을에 계환자가 죽었고, 당시 위(衛)나라 군주는 출공(出公)이 되니, 영공(靈公)이 아니다. 또한 출공이 노(魯)나라에 갔다는 사실은 『춘추』에 없으니, 이 기록에서 말하고 있는 내용은 사실인지 아닌지 의심스럽다.

【234a】

曾子問曰: 古者師行, 必以遷廟主行乎. 孔子曰: 天子巡守, 以遷廟主行, 載于齊車, 言必有尊也. 今也, 取七廟之主以行, 則失之矣.

직역 曾子가 問曰, "古者에 師가 行함에는 必히 遷廟主로써 行했습니까?" 孔子가 曰, "天子가 巡守함에는 遷廟主로써 行하니, 齊車에 載함은 必히 尊이 有함을 言한다. 今에 七廟의 主를 取하여 行함은 失함이다."

의역 증자가 질문하기를, "옛적에 군대가 행차함에는 반드시 천묘(遷廟)의 신주(神主)를 모시고 행차를 했습니까?" 그러자 공자가 대답해주기를, "천자가 순수(巡守)를 할 때에는 천묘의 신주를 모시고 행차를 했으니, 천묘의 신주를 제거(齊車)에 싣는 것은 천자의 순수 그 자체에, 필연적으로 존귀함이 부여 되어 있음을 뜻한다. 오늘날 칠묘(七廟) 중에 있는 신주를 가져다가 행차를 하는 것은 잘못된 행위이다."

集說 遷廟主, 謂新祧廟之主也. 齊車, 金路也, 又名曰公禰.

번역 '천묘(遷廟)의 신주(神主)[遷廟主]'는 새롭게 조묘(祧廟)[17]된 신주를 뜻한다. 제거(齊車)는 금으로 치장한 수레이니, 또한 공녜(公禰)[18]라고 부르기도 한다.

大全 臨川吳氏曰: 遷廟主, 謂祔禰時所遷昭穆最上之廟一主也. 在昭廟穆廟之上, 最尊最親者也, 君將出行時, 偏告有廟之諸主, 又特告此無廟之一主,

---

17) 조묘(祧廟)는 천묘(遷廟)와 같은 뜻이다.

18) 공녜(公禰)는 수레에 실려서, 군주를 따라다니게 되는 신주(神主)를 뜻한다. 또한 그 수레를 지칭하기도 한다.

而載之以行也.

번역 임천오씨가 말하길 천묘(遷廟)의 신주(神主)는 죽은 부친의 신주를 종묘(宗廟)에 합사할 때에, 옮겨지는 소목(昭穆) 계열 중 가장 위에 있는 묘(廟)의 신주를 뜻한다. '소계열의 묘[昭廟]'와 '목계열의 묘[穆廟]' 중 가장 위에 있는 신주는 가장 존귀하면서도 가장 친근한 대상이다. 군주가 장차 군대를 충동시킬 때에는 종묘에 있는 여러 신주들에게 두루 고(告)하게 되며, 특히 대수(代數)가 다하여 묘가 훼철되는 신주에게 고하고, 이 신주를 수레에 싣고서 행차를 한다.

大全 嚴陵方氏曰: 齊車, 示有齊敬之心焉.

번역 엄릉방씨가 말하길, 신주(神主)를 싣는 수레를 제거(齊車)라고 부르는 이유는 재계하고 공경하는 마음이 있다는 사실을 드러내기 위해서이다.

鄭注 齊車, 金路[19].

번역 제거(齊車)는 금으로 치장한 수레이다.

釋文 守, 手又反, 本亦作狩. 齊, 側皆反, 本亦作齋, 注及下同; 齊車, 祭祀所乘金輅也.

번역 '守'자는 '手(수)'자와 '又(우)'자의 반절음이며, 판본에 따라서는 또

---

19) '로(路)'자에 대하여. 완원(阮元)의 『교감기(校勘記)』에서는 "『경전석문(經典釋文)』을 살펴보면, '제거(齊車)는 제사를 치를 때 타게 되는 금로(金輅)이다.'라고 하였다. 『모본(毛本)』에서 '로(路)'자를 '로(輅)'자로 기록하고 있는 것은 『경전석문』의 기록에 따라 글자를 수정한 것이다. 그런데 다른 기록들을 살펴보니, '로(路)'자로 기록하는 것이 옳다. '로(輅)'자는 수레의 한 종류를 뜻하는 명칭이다."라고 했다.

한 '狩'자로도 기록한다. '齊'자는 '側(측)'자와 '皆(개)'자의 반절음이며, 판본에 따라서는 또한 '齋'자로도 기록하고, 정현의 주 및 아래 문장에 나오는 글자도 이와 같고, '齊車'는 제사를 치를 때 타게 되는 '金輅'이다.

孔疏 ●"曾子"至"命也". ○正義曰: 此一節論師出當取遷廟主, 及幣帛皮圭以行廟無虛主之事, 各隨文解之.

번역 ●經文: "曾子"~"命也". ○이 문장은 군대가 출동할 때, 마땅히 천묘(遷廟)의 신주(神主)를 가지고 가야 하는 일과 비단 및 옥과 같은 폐물들을 가지고 출동을 하여, 묘(廟)에 신주를 비워두는 경우가 없게끔 하는 일들에 대해서 논의하고 있으니, 각각의 문장에 따라서 해석하겠다.

孔疏 ◎注"齊車金路". ○正義曰: 按齊僕云, "掌馭金路", 大馭, "掌馭玉路". 凡祭祀皆乘玉路, 齊車則降一等, 乘金路也. "遷廟主行"者, 皇氏云, "謂載新遷廟之主", 義或然也.

번역 ◎鄭注: "齊車金路". ○『주례』「제복(齊僕)」편을 살펴보면, "금로(金路) 모는 일을 담당한다."[20]라고 하였고, 『주례』「대어(大馭)」편에서는 "옥로(玉路) 모는 일을 담당한다."[21]라고 하였다. 무릇 제사를 지낼 때에는 모두 '옥로'를 타는 것이니, 제거(齊車)를 탄다는 뜻은 한 등급을 낮춰서, '금로'를 탄다는 뜻이다. 경문에서 "천묘(遷廟)의 신주(神主)를 가지고 출동한다."라고 하였는데, 이 문장의 의미에 대해서 황간은 "새롭게 천묘한 신주를 싣는다는 뜻이다."라고 하였으니, 의미상 혹여 맞는 것 같기도 하다.

---

20) 『주례』「천관(夏官)·제복(齊僕)」: 齊僕, 掌馭金路以賓.
21) 『주례』「하관(夏官)·대어(大馭)」: 大馭, 掌馭玉路以祀.

그림 9-1 옥로(玉路)

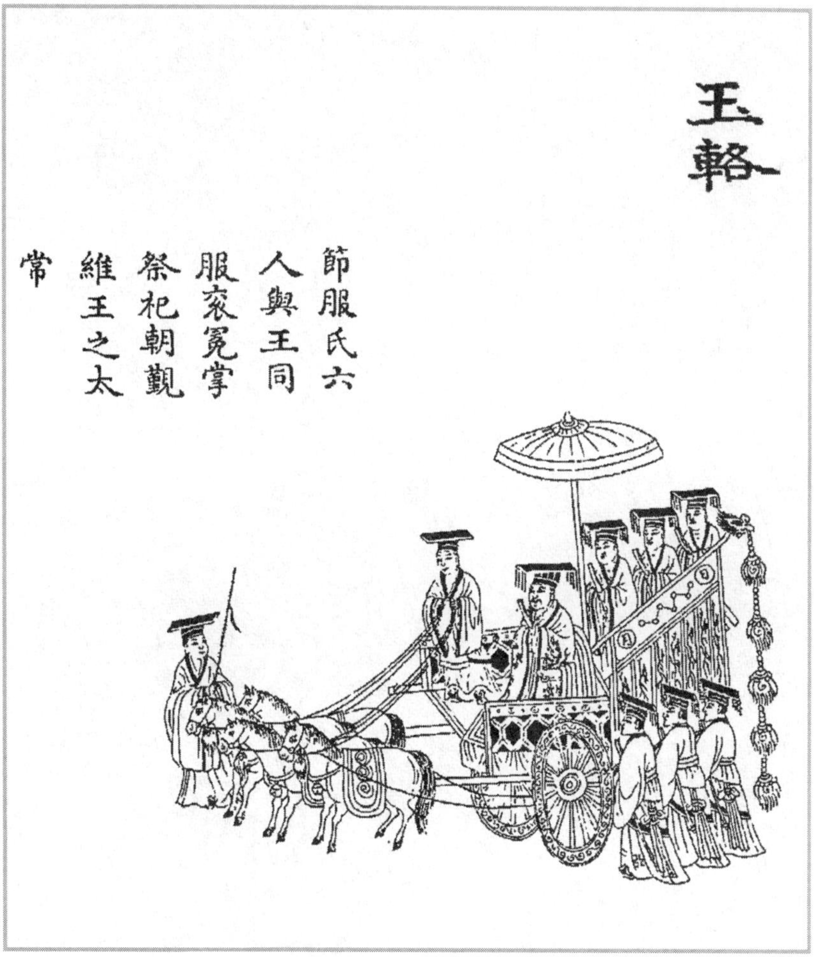

▸ **출처:** 『삼례도집주(三禮圖集注)』 9권

그림 9-2 후대의 금로(金輅: =金路)

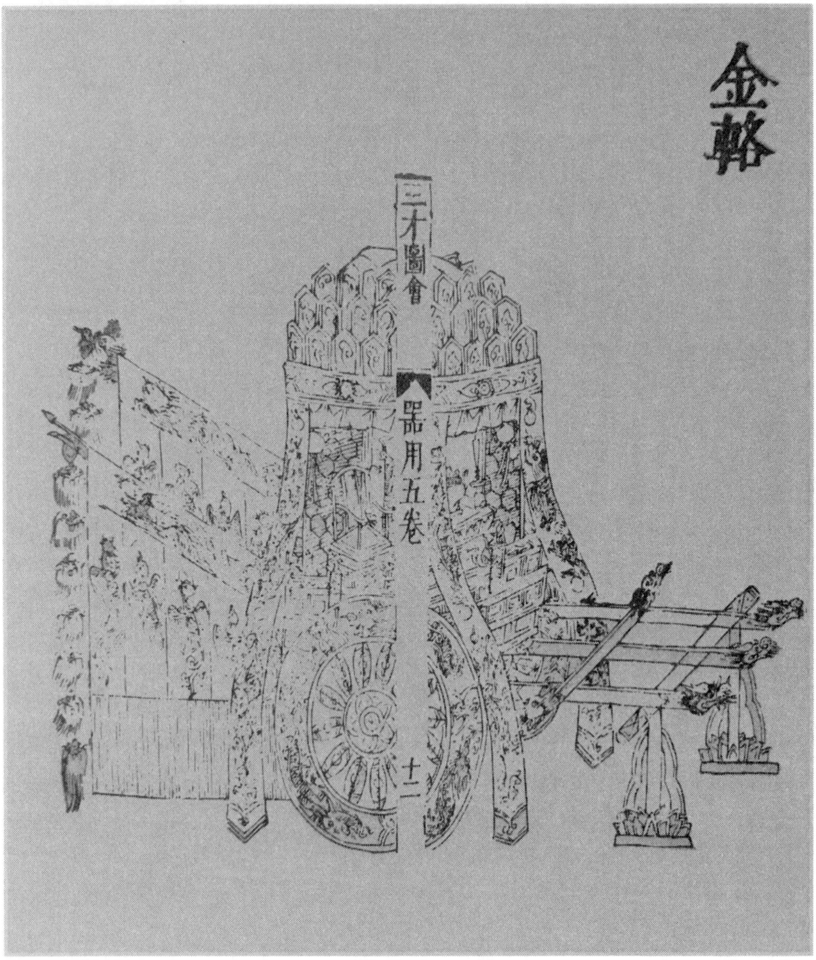

▸ **출처:** 『삼재도회(三才圖會)』「기용(器用)」 5권

訓纂 白虎通曰: 必以遷主者, 明廟不可空也.

번역 『백호통(白虎通)』에서 말하길, "반드시 천묘(遷廟)의 신주(神主)로 써 한다[必以遷主]."는 말은 묘(廟)는 비워둘 수 없다는 뜻을 나타낸 것이다.

集解 皇氏侃曰: 遷廟主, 謂新遷之主.

번역 황간이 말하길, 천묘(遷廟)의 신주(神主)는 대수(代數)가 다하여, 새롭게 옮겨진 신주를 뜻한다.

集解 愚謂: 遷廟主多, 莫適載焉, 宜奉其近者而載之, 故知爲新遷廟之主也. 金路, 王乘之以朝·覲·會·同. 鄭氏齊僕註云, "王將朝·覲·會·同, 必齊, 所以敬宗廟及神明." 故金路曰齊車. 載遷主必以金路者, 巡守卽會·同也, 會·同乘金路, 故載遷主亦以金路, 象其生時之所乘也. 取七廟之主以行者, 謂於七廟中取一主以行, 非謂並載七廟之主也. 後世不知載遷廟主之禮, 故取七廟之主以行, 又以廟不可無主, 故又別作一主以行, 此僞主之所由來也.

번역 내가 생각해보니, 천묘(遷廟)의 신주(神主)는 여러 개가 있으므로, 수레에 다 실을 수가 없다. 그러므로 마땅히 그 중에서도 가장 가까운 대수(代數)의 신주를 모셔다가 싣는 것이다. 그렇기 때문에 이곳에서 말하는 '천묘의 신주'가 "새롭게 옮겨진 신주를 뜻한다[爲新遷廟之主]."는 사실을 알 수 있다. 금로(金路)는 천자가 조(朝)·근(覲)·회(會)·동(同)을 할 때 타는 수레이다.[22] 정현은 『주례』「제복(齊僕)」편에 대한 주에서 "천자가 장

---

22) 군주가 신하를 만나보는 예법(禮法)에는 조(朝), 근(覲), 종(宗), 우(遇), 회(會), 동(同) 등이 있고, 신하가 군주를 찾아뵙는 예법에는 존(存), 부(頫), 성(省), 빙(聘), 문(問) 등이 있다. 한편 신하가 군주를 찾아뵙는 예법을 조근(朝覲)이라고도 하며, 조, 근, 회, 동을 제후가 천자를 찾아뵙는 예법으로 설명하기도 한다. 또한 제후가 천자를 찾아뵐 때, 각 계절별로 그 명칭을 다르게 부르기도 하는데, 봄에 찾아뵙는 것은 '조'에 해당하고, 여름은 '종'에 해당하며, 가을은 '근'에 해당하고, 겨울은 '우'에 해당한다. 정무 보고와

차 조·근·회·동을 할 때에는 반드시 재계를 하니, 종묘(宗廟) 및 신령(神靈)들에게 공경을 표시하기 위해서이다."라고 하였다. 그렇기 때문에 '금로'를 '제거(齊車)'라고 부르는 것이다. 천묘의 신주를 싣는 것을 반드시 '금로'로 하는 이유는 천자가 순수(巡守)를 하는 행위는 회·동에 해당하며, 회·동을 할 때에는 '금로'를 타기 때문에, 천묘의 신주를 싣는 것 또한 '금로'로 하는 것이니, 천묘의 신주에 해당하는 조상이 생전에 타던 수레를 상징한다. "칠묘(七廟)의 신주를 가져다가 출동한다[取七廟之主以行]."는 말은 칠묘에 봉안되어 있는 신주들 중에서, 하나의 신주를 가져다가 출동한다는 뜻이지, 칠묘에 있는 신주를 모두 싣는다는 뜻은 아니다. 후세에는 천묘의 신주를 싣는 예법(禮法)을 알지 못하였기 때문에, 칠묘 중에 봉안되어 있는 신주를 가져다가 출동을 하게 되었는데, 또한 예법에 따르면 묘(廟)에는 신주가 없을 수 없기 때문에, 별도로 하나의 신주를 만들어서 출동을 하였으니, 이것이 바로 '가짜 신주[僞主]'가 유래된 원인이다.

【234b】

當七廟五廟, 無虛主, 虛主者, 惟天子崩諸侯薨, 與去其國與祫祭於祖, 爲無主耳. 吾聞諸老聃曰, 天子崩國君薨, 則祝取群廟之主, 而藏諸祖廟, 禮也. 卒哭成事而后, 主各反其廟.

직역 七廟와 五廟에 當하여서는 虛主를 無하니, 虛主者는 오직 天子의 崩과 諸侯의 薨 및 그 國을 去함과 祖에 祫祭함에 無主가 될 따름이다. 내가 老聃에게 듣기로는 "天子가 崩하거나 國君이 薨하면, 祝은 群廟의 主를 取하여 祖廟에 藏함이 禮이다. 卒哭하여 成事한 이후에는 主를 각각 그 廟에 反한다."

우호 증진 등에 따라 조, 근, 회, 동의 명칭을 다르게 부르기도 한다. 이 문장에서는 천자가 제후와 만나는 예법의 총칭으로 사용되었다.

의역 계속하여 공자가 가르쳐주기를, "천자의 종묘(宗廟)인 칠묘(七廟)와 제후의 종묘인 오묘(五廟)의 경우에는 신주(神主)를 비워두는 일이 없어야 하니, 신주를 비워두는 경우는 오직 천자가 죽었거나 제후가 죽었을 경우이며, 또는 제후가 그 나라를 버리고 떠나버렸거나, 태조(太祖)의 묘(廟)에서 협(祫)제사[23]를 지낼 경우에만, 묘에 신주가 없게 될 따름이다. 내가 노담(老聃)에게서 듣기로, '천자가 죽거나 제후가 죽게 된다면, 대축(大祝)은 뭇 묘들에 설치된 신주들을 가져다가 태조의 묘에 보관하는 것이 올바른 예법(禮法)이다. 그런 다음에 졸곡(卒哭)을 지내며, 축문(祝文)에 성사(成事)라고 한 이후에야, 신주를 각각 그 본래의 묘로 되돌려 보낸다.'라고 했다."

集說 崩薨而群主皆聚祖廟, 以喪三年不祭, 且象生者爲凶事而聚集也.

번역 천자가 죽거나 제후가 죽게 되어, 뭇 신주(神主)들을 모두 태조(太祖)의 묘(廟)에 모아두는 이유는 상(喪)을 치르는 3년이라는 기간 동안, 제사를 지내지 않기 때문이며, 또한 신주들을 모아두는 행위는 살아 있는 자들이 흉사(凶事)를 돕기 위해서 군집하는 모습을 형상화한 것이다.

集說 馮氏曰 "鄭注老聃, 古壽考者之稱." 石梁先生曰 "此老聃, 非作五千言者."

번역 풍씨[24]가 말하길, "정현의 주에서 설명하길, '노담(老聃)'은 고대에 나이가 많은 사람에게 붙이는 칭호이다."라고 했고, 석양선생[25]은 "여기에서의 '노담'은 오천여 말을 지어낸 자[26]가 아니다."라고 했다.

---

23) 협제(祫祭)는 협(祫)이라고도 부른다. 신주(神主)들을 태조(太祖)의 묘(廟)에 모두 모셔놓고 지내는 제사이다. 『춘추공양전』「문공(文公) 2년」에 "八月, 丁卯, 大事于大廟, 躋僖公, 大事者何. 大祫也. 大祫者何. 合祭也, 其合祭奈何. 毁廟之主, 陳于大祖."라는 기록이 있다.

24) 풍씨(馮氏) : =양헌풍씨(亮軒馮氏)

25) 석양왕씨(石梁王氏, ? ~ ?) : 자세한 내용은 알려져 있지 않다.

그림 9-3 주(周)나라 칠묘(七廟)

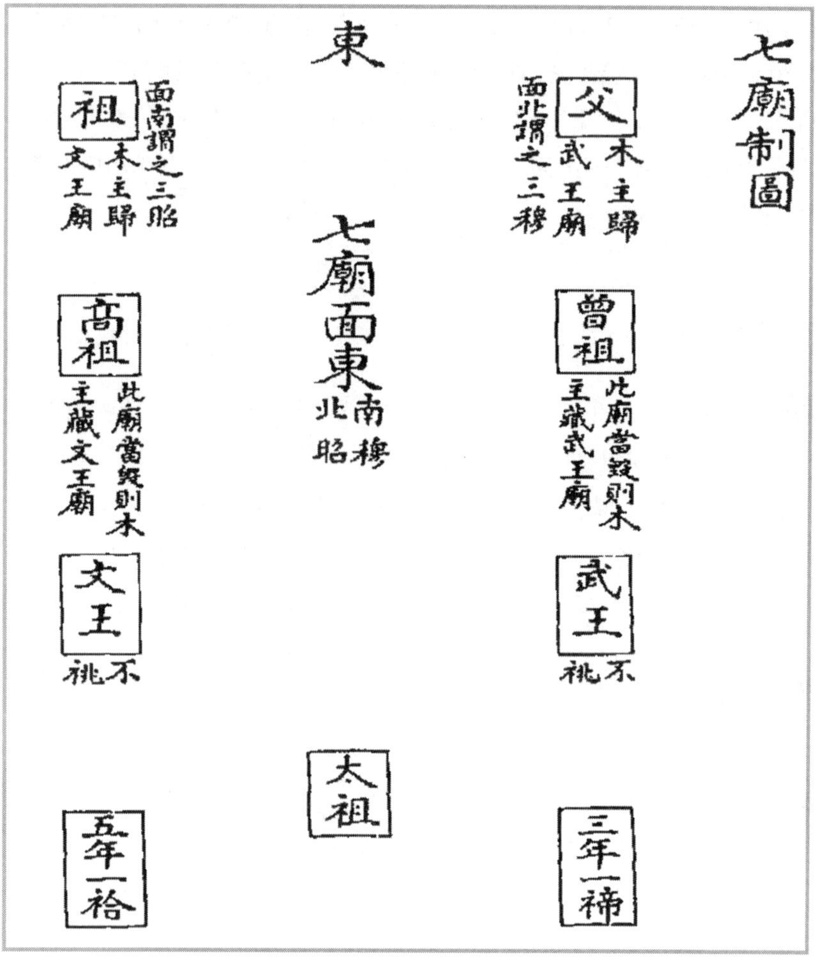

▸ 출처: 『육경도(六經圖)』 9권

26) '오천언(五千言)'은 『노자(老子)』라는 책을 가리키는 용어이다. 따라서 '오천여 말'을 지어낸 자는 도가(道家)에서 말하는 노자(老子)를 뜻한다.

그림 9-4 주(周)나라 칠묘(七廟)-진(晉)나라 손육(孫毓)의 주장

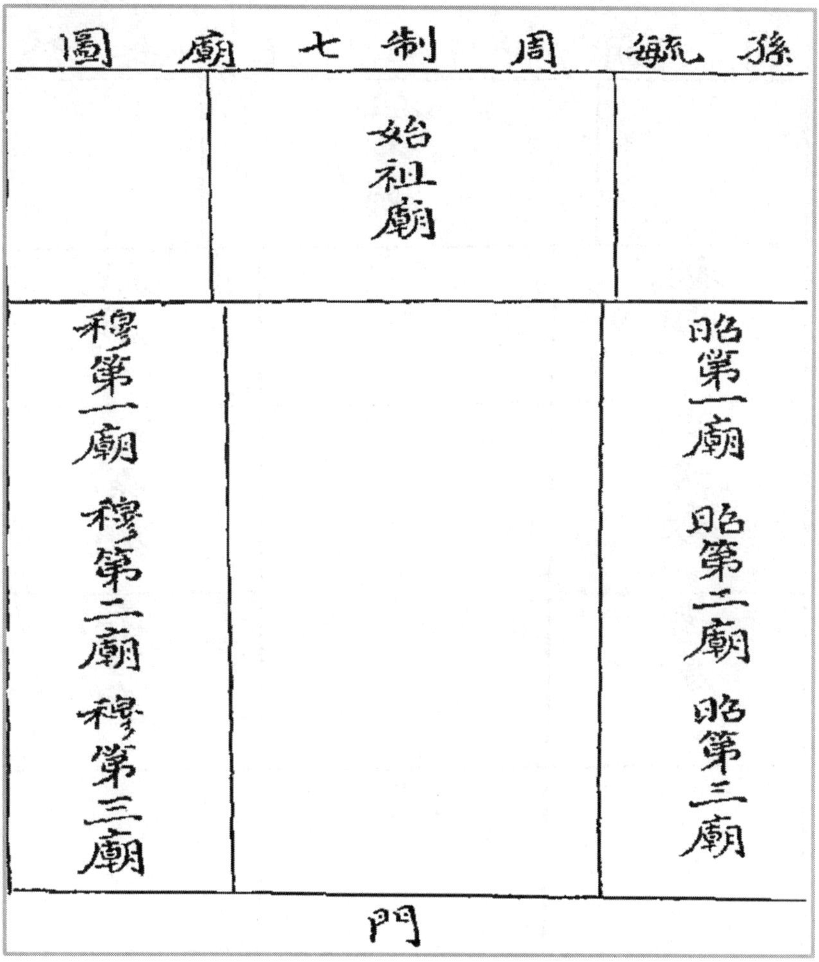

▸ **출처:** 『묘제도고(廟制圖考)』

그림 9-5 주(周)나라 칠묘(七廟)-『예기』「제법(祭法)」편의 내용

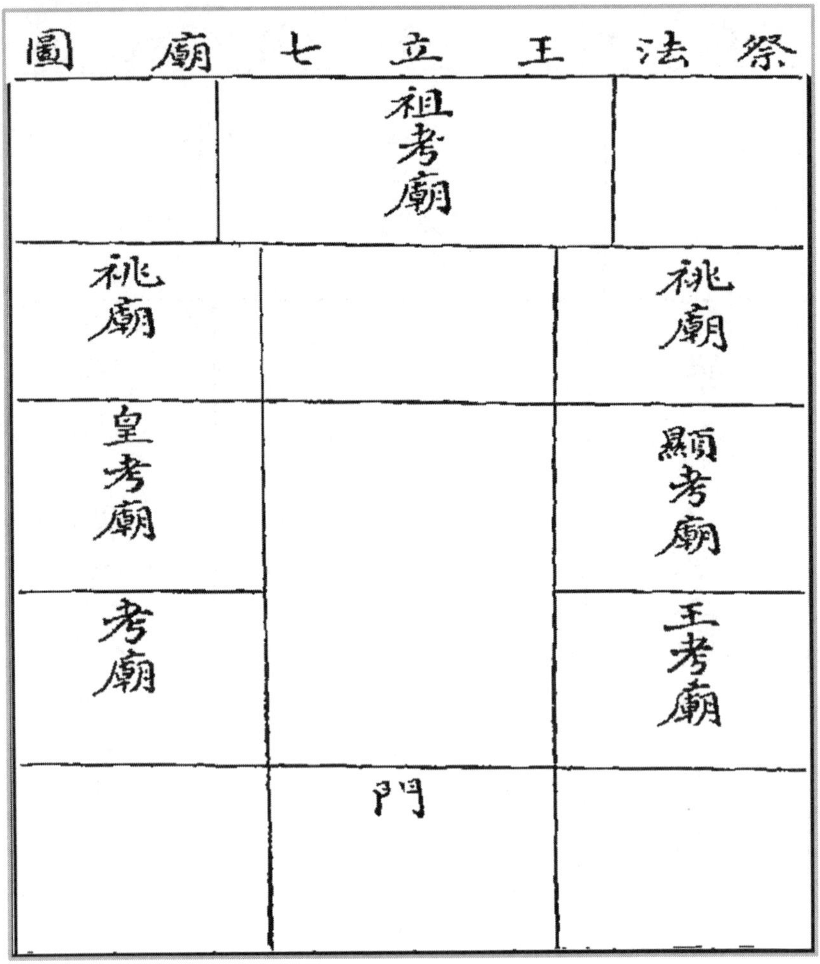

▸ 출처: 『묘제도고(廟制圖考)』

鄭注 老聃, 古壽考者之號也, 與孔子同時. 藏諸主於祖廟, 象有凶事者聚也. 卒哭成事, 先祔之祭名也.

번역 '노담(老聃)'은 고대에 나이가 많은 자에게 붙이는 칭호이니, 누구인지는 알 수 없지만, 공자와 동시대에 살았던 사람일 것이다. 태묘(太廟)에 신주(神主)들을 보관하는 이유는 흉사(凶事)가 생겼을 때에, 사람들이 모여서 서로 돕는 모습을 형상화하기 위해서이다. '졸곡성사(卒哭成事)'는 부제(祔祭)보다 앞서서 시행하는 제사 명칭이다.

釋文 祫音洽. 聃, 他甘反. 老聃, 卽老子也. 祔音附.

번역 '祫'자의 음은 '洽(흡)'이다. '聃'자는 '他(타)'자와 '甘(감)'자의 반절음이다. '노담(老聃)'은 곧 '노자(老子)'를 뜻한다. '祔'자의 음은 '附(부)'이다.

孔疏 ◎注"老聃"至"名也". ○正義曰: 按下文"助葬於巷黨, 老聃曰, '丘止柩.'", 又莊子稱孔子與老聃對言, 是與孔子同時也. 按史記云, "老聃, 陳國苦縣賴鄉曲仁里人[27]也. 爲周柱下史, 或爲守藏史." 鄭注論語云, "老聃, 周之大史, 未知所出." 云"象有凶事者聚也"者, 此實凶事而云象者[28], 以凶事生人自聚, 今主亦集聚, 似生人之聚, 故云象也. 云"卒哭成事, 先祔之祭名也"者, 檀弓云, "卒哭曰成事", 謂漸成吉事. 檀弓又曰, "明日祔于祖." 是卒哭之事, 在祔祭之前. 鄭必云"先祔之祭名"者, 以卒哭主各反其廟者, 爲明日祔時, 須以新死者祔祭於祖, 故祖主先反廟也.

---

27) '인(人)'자에 대하여. '인'자는 본래 없던 글자인데, 완원(阮元)의 『교감기(校勘記)』에서는 "포당(浦鏜)은 '리(里)'자 뒤에 '인'자가 누락되었다고 하였다."라고 했다.

28) '자(者)'자에 대하여. '자'자는 본래 없던 글자인데, 완원(阮元)의 『교감기(校勘記)』에서는 "혜동(惠棟)의 『교송본(校宋本)』에는 '자'자가 기록되어 있으니, 이곳 판본 기록은 '자'자가 누락된 것이다. 『민본(閩本)』·『감본(監本)』·『모본(毛本)』도 동일하게 '자'자가 누락되어 있다."라고 했다.

번역 ◎鄭注: "老聃"~"名也". ○아래 문장을 살펴보면, "향당(鄕黨)에서 장례(葬禮)를 돕고 있었는데, 노담(老聃)이 '공구(孔丘)야 영구를 멈춰라.'"[29]라고 하였고, 또한 『장자(莊子)』에는 공자가 노담과 함께 대화를 나눈 기록들이 있으니, 노담은 공자와 동시대의 사람이다. 『사기(史記)』를 살펴보면, "노담은 진국(陳國) 고현(苦縣) 뇌향(賴鄕) 곡인리(曲仁里) 사람이다. 주(周)나라의 주하사(柱下史)라는 관직을 지냈는데, 혹은 수장사(守藏史)를 지냈다고도 전해진다."[30]라고 했고, 『논어』에 대한 정현의 주에서는 "노담은 주나라의 대사(大史)인데, 출신지는 알 수 없다."라고 하였다. 정현이 "흉사(凶事)가 생겼을 때에 한데 모이는 것을 형상화한 것이다."라고 하였는데, 이 문장의 내용은 실제로 '흉사'에 해당하는데도, 정현이 "형상화한다[象]."라고 말한 이유는 흉사 때 살아 있는 사람들이 제 스스로 모여들기 때문에, 이곳에서 언급하는 내용도 신주(神主)들이 또한 한데 모여 있으므로, 살아 있는 사람들이 모여드는 것과 유사하다. 그렇기 때문에 "형상화한다."라고 말한 것이다. 정현이 "졸곡성사(卒哭成事)는 부제(祔祭)보다 앞서서 시행하는 제사 명칭이다."라고 하였는데, 『예기』「단궁(檀弓)」편에서는 "졸곡(卒哭)을 지낼 때에는 축문(祝文)에서 성사(成事)라고 말한다."[31]라고 하였으니, 이 말은 흉사에서 점차 변화하여, 길(吉)한 일이 되었다는 뜻이다. 「단궁」편에서는 또한 "다음 날 조묘(祖廟)에 부사(祔祀)한다."[32]라고 하였는데, 이 말은 곧 '졸곡'하는 일이 '부제' 이전에 있다는 뜻이다. 그런데 정현은 "부제보다 앞서서 시행하는 제사 명칭이다."라고 하여, 이러한 사실을 분명하게 언급하고 있다. 그 이유는 졸곡을 지내고서 신주를 각각 그들의 묘에 되돌려 놓는데, 그 이유는 다음날 부제를 지내기 때문이니, 모름지기 새로 죽은 자의 신주를 조묘에 모셔두고서 부제를 지내기 때문에, 조묘의 신주가 부제보다 앞서서 묘(廟)에 되돌아와야 하기 때문이다.

---

29) 『예기』「증자문」【243c】: 孔子曰, "昔者吾從老聃助葬於巷黨, 及堩, 日有食之. 老聃曰, "丘, 止柩就道右, 止哭以聽變."

30) 『사기(史記)』「노자한비열전(老子韓非列傳)」: 老子者, 楚苦縣厲鄕曲仁里人也, 姓李氏, 名耳, 字聃, 周守藏室之史也.

31) 『예기』「단궁하(檀弓下)」【116a】: 是日也, 以虞易奠. 卒哭, 曰成事.

32) 『예기』「단궁하(檀弓下)」【116b】: 是日也, 以吉祭易喪祭, 明日祔於祖父.

【234b】

君去其國，太宰取群廟之主，以從，禮也.

직역 君이 그 國을 去하면, 太宰가 群廟의 主를 取하여, 從함이 禮이다.

의역 계속하여 공자가 노담(老聃)에게서 들은 말을 전해주기를, "제후가 그 나라를 버리고 떠나게 되면, 태재(太宰)가 뭇 묘(廟)에 설치된 신주(神主)를 취합하여, 떠나간 군주를 쫓아가는 것이 올바른 예법(禮法)이다."

集說 去國而群廟之主皆行，不敢棄其先祖也.

번역 제후가 자신의 나라를 버리고 떠날 때에, 태재(太宰)가 뭇 묘(廟)들에 설치된 신주(神主)를 모두 가지고서 그를 따라가는 이유는 감히 그 조상을 버릴 수가 없기 때문이다.

鄭注 鬼神依人者也.

번역 군주가 나라를 버리고 떠나갈 때, 신주(神主)도 따라가는 이유는 귀신은 사람에게 의지하는 대상이기 때문이다.

釋文 從，才用反，下"裨從"·"而從"同.

번역 '從'자는 '才(재)'자와 '用(용)'자의 반절음이며, 아래 문장에 나온 '裨從'과 '而從'에서의 '從'자도 그 음이 이와 같다.

【234c】

祫祭於祖, 則祝迎四廟之主, 主出廟入廟, 必蹕, 老聃云.

직역 祖에서 祫祭하면, 祝이 四廟의 主를 迎하니, 主가 出廟하고 入廟함에는 必히 蹕하니, 老聃이 云이라.

의역 계속하여 공자가 노담(老聃)에게서 들은 말을 전해주기를, "제후가 태조(太祖)의 묘(廟)에서 협(祫)제사를 지내게 되면, 대축(大祝)은 나머지 4개의 묘에 설치된 신주(神主)들을 맞이하여, 태조의 묘에 모시게 되니, 신주가 묘 밖으로 나오거나 묘로 들어갈 때에는 반드시 행인(行人)들의 출입을 통제한다 라고 노담이 말했다."

集說 諸侯五廟, 祫祭則迎高曾祖禰入太祖之廟, 主出入而蹕止行人, 不欲其瀆也.

번역 제후의 종묘(宗廟)에는 5개의 묘(廟)가 있는데, 협(祫)제사를 지내게 되면, 고조(高祖), 증조(曾祖), 조부(祖父), 부친의 신주(神主)들을 맞이하여, 태조(太祖)의 묘로 들여놓게 되는데, 신주가 묘를 출입할 때에 행인(行人)들을 통제하는 이유는 신주가 오가는 길이 더럽혀지지 않게 하고자 함이다.

大全 嚴陵方氏曰: 甘誓曰, 用命賞于祖, 則以遷廟主行, 可知矣. 然必以遷廟之主者, 以天子之七廟諸侯之五廟無虛主故也. 廟之有主, 猶國之有王也. 天子崩諸侯薨, 與去其國, 廟爲無主者, 示神人休戚之同也. 祫祭, 亦爲無主者, 以合食而示反本也. 非是四者, 廟主其虛乎.

번역 엄릉방씨가 말하길, 『서(書)』「감서(甘誓)」편에서 "출행(出行)을 하여, 명(命)을 따르는 자에게는 조(祖)에서 상(賞)을 내린다."[33]라고 하였으니, 고대에는 천묘(遷廟)의 신주(神主)를 가지고 행차했다는 사실을 알 수 있다. 그런데 반드시 천묘의 신주로 했던 이유는 천자의 칠묘(七廟)와 제후의 오묘(五廟)에는 신주를 비워둘 수 없기 때문이다. 묘(廟)에 신주가 있는 것을 비유하자면, 나라에 군주가 있는 것과 같다. 천자가 죽거나 제후가 죽은 경우, 그리고 제후가 그 나라를 버리고 떠난 경우에, 묘에 신주가 없게 되는 이유는 신(神)과 사람이 기쁨과 슬픔을 함께 한다는 사실을 나타내기 위해서이다. 협(祫)제사에도 또한 신주가 없게 되는 이유는 음식을 함께 맛봄으로써, '조상을 생각함[反本: 근본으로 되돌아감]'을 나타내기 위해서이다. 이 네 가지 경우가 아니라면, 묘에 신주를 비워둘 수 있겠는가?

鄭注 祝, 接神者也. 蹕, 止行也.

번역 축(祝)은 접신(接神)하는 자들이다. '필(蹕)'자는 통행을 금지한다는 뜻이다.

釋文 蹕音畢.

번역 '蹕'자의 음은 '畢(필)'이다.

孔疏 ◎注"祝接神者也". ○正義曰: 以其祫祭於祖, 是祝之所掌之事, 故祝迎四廟之主. 若去其國, 非祭祀之事, 故大宰取群廟之主以從, 鬼神依人故也. 祫祭於祖, 則迎四廟之主, 祝主接神, 故迎之也. 祫, 合祭. 祖, 大祖. 三年一祫, 謂當祫之年, 則祝迎高·曾·祖禰四廟, 而於大祖廟祭之. 天子祫祭, 則迎六廟之主, 今言迎四廟者, 擧諸侯言也. 主出廟入廟必蹕. 主謂木主, 群廟之主也. 主, 天子一尺二寸, 諸侯一尺. 出廟者, 謂出己廟而往大祖廟, 入廟謂從大

---

33) 『서』「하서(夏書)·감서(甘誓)」: 用命賞于祖, 弗用命戮于社, 予則孥戮汝.

祖廟而反還入己廟. 若在廟院之外, 當主出入之時, 必須蹕止行人. 若王入大祖廟中, 則不可須蹕也, 似壓於尊者也. 若有喪及去國, 無蹕禮也.

번역 ◎鄭注: "祝接神者也". ○태묘(太廟)에서 협제사[祫祭]를 지낸다고 하였는데, 이것은 축(祝)이 담당하는 일이다. 그렇기 때문에 축이 사묘(四廟)의 신주(神主)를 맞이하여 태묘로 들고 오는 것이다. 제후가 자신의 나라를 버리고 떠나는 경우는 제사와는 무관한 일이다. 그렇기 때문에 축이 아닌 대재(大宰)가 뭇 묘(廟)들에 있는 신주를 가지고서 따라나서는 것이니, 귀신은 사람에게 의지하는 대상이기 때문이다. 태묘에서 협제사를 지내게 되면, 사묘의 신주를 모셔오는데, 축은 접신(接神)하는 일을 주관하기 때문에, 그가 신주들을 모셔오는 것이다. '협(祫)'자는 합제(合祭: =祫祭)를 뜻한다. '조(祖)'자는 태조(太祖)를 뜻한다. 3년마다 1번씩 협제사를 지내게 되니, 협제사를 지내는 해가 도래하면, 축은 고조(高祖), 증조(曾祖), 조부(祖父), 부친[禰]의 신주가 봉안된 4개의 묘에서 신주를 모셔다가, 태조묘(太祖廟)에서 제사를 지낸다는 뜻이다. 천자의 협제사인 경우라면, 6개의 묘에 있는 신주를 모셔오는데, 이곳 문장에서는 4개의 묘에 있는 신주를 모셔온다고 하였으니, 이 기록은 제후를 기준으로 언급한 내용이다. 신주가 묘를 빠져 나오거나, 다시 묘로 들어갈 때에는 반드시 행인(行人)들을 통제해야 한다. '주(主)'자는 나무로 만든 신주로, 뭇 묘들에 봉안되어 있는 신주를 뜻한다. 신주의 크기에 대한 규정을 살펴보면, 천자는 1척(尺) 2촌(寸)으로 만들고, 제후는 1척으로 만든다. "묘를 빠져나온다[出廟]."는 말은 신주가 자신의 묘를 빠져나와서, 태조의 묘로 들어가는 것을 뜻하며, "묘로 들어간다[入廟]."는 말은 신주가 태조의 묘로부터 나와서, 자신의 묘로 되돌아간다는 것을 뜻한다. 만약 군왕이 아직 묘의 담장 바깥에 있는 경우에, 신주가 출입할 때가 되었다면, 반드시 행인들을 통제해야 한다. 그러나 만약 군왕이 이미 태조묘에 들어간 경우라면, 통제를 할 수 없으니, 통제를 하는 행위가 마치 존귀한 군왕을 억압하는 것처럼 보이기 때문이다. 만약 상(喪)이 발생하여 신주를 옮기게 되거나, 제후가 그 나라를 버리고 떠나서, 신주를 함께 가져가는 경우에는 행인을 통제하는 예법(禮法)이 적용되지 않는다.

그림 9-6 목주(木主)

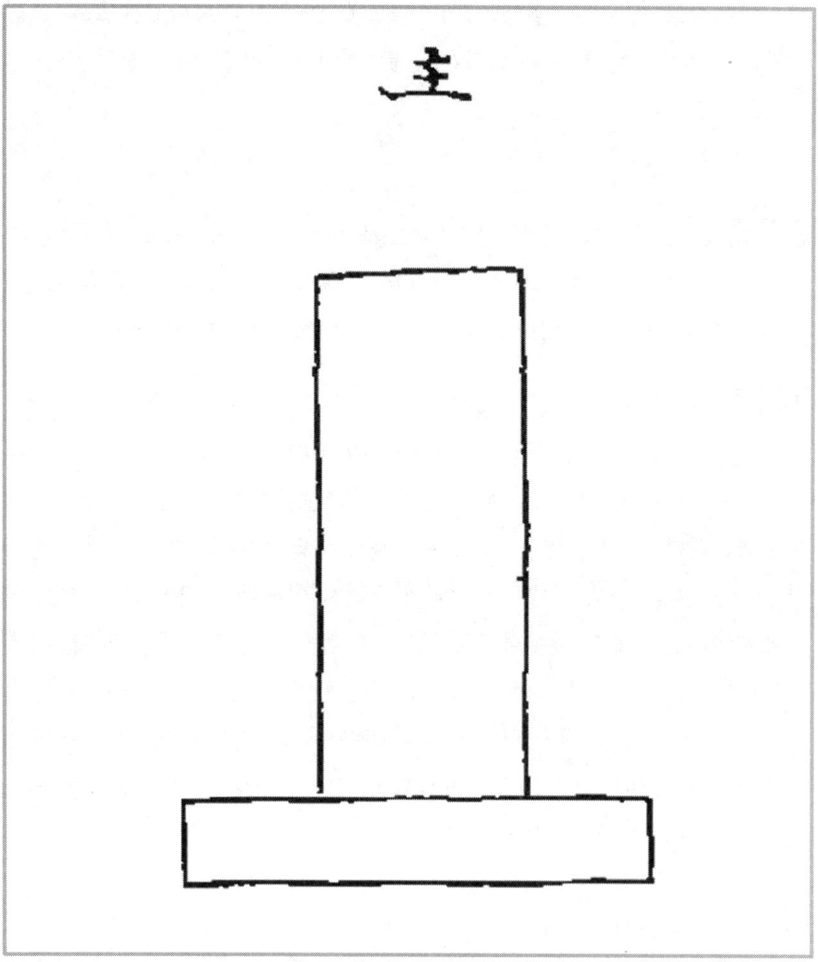

▸ **출처:** 『삼례도(三禮圖)』 3권

孔疏 ●"老聃云", 從上"天子崩"以下, 至"出廟入廟必蹕"以上, 皆是老聃所云, 結上義也.

번역 ●經文: "老聃云". ○경문 중 앞의 '천자붕(天子崩)'이라는 기록부터, 그 이하로 '출묘입묘필필(出廟入廟必蹕)'이라는 기록까지는 모두 노담(老聃)이 말해준 내용이니, '노담운(老聃云)'이라는 말로 위 문장의 뜻을 결론 맺은 것이다.

集解 郭德元問, "老子云, '禮, 忠信之薄而亂之首', 孔子又却問禮於他, 不知何故." 朱子曰, "他曾爲柱下史, 故禮自是理會得, 所以與孔子說得如此好. 只是他又說這箇物事不用得亦可, 一似聖人用禮時反多事, 所以如此說."

번역 곽덕원이 묻기를 "『노자(老子)』에는 '예(禮)는 충신(忠信)이 옅어져서 생겨난 것으로, 혼란을 일으키는 원인이다.'[34]라고 했는데, 공자께서는 도리어 그에게 '예'에 대해서 질문을 하였다고 하니, 어떠한 연유인지 모르겠습니다."라고 하였다. 그러자 주자가 대답하길, "노자는 일찍이 주하사(柱下史)[35]를 지냈기 때문에, '예'에 대해서 이해할 수 있었고, 그래서 공자에게 이처럼 '예'의 세부항목들을 잘 말해줄 수 있었다. 다만 노자는 '예'의 절차들은 사용하지 않아도 된다고 주장하였는데, 이것은 마치 성인(聖人)이 '예'를 사용할 때에 도리어 일이 번잡스러워지는 것과 같은 것이다. 그래서 노자는 '예'가 충신이 옅어져서 생겨난 것으로 여기고, 혼란을 일으키는 근본이라고 말한 것이다."[36]

---

34) 『노자』「38장」: 夫禮者, 忠信之薄, 而亂之首.

35) 주하사(柱下史)는 주(周)나라와 진(秦)나라 때 설치되었던 관직이름이다. 한(漢)나라 이후에는 어사(御史)라고 불렀다. 도서를 보관하던 장서실의 관리이다. 또한 『사기(史記)』에는 노자(老子)가 '주하사'를 지냈으며, 공자가 주나라에 갔을 때, 노자를 만나보고 예(禮)를 물었다는 기록이 있다. 이것에 연유하여 '주하사' 또는 '주하(柱下)'가 노자를 가리키는 명칭으로도 사용되었다.

36) 이 문장은 『주자어류(朱子語類)』 125권에 수록된 글이다.

【234c~d】

曾子問曰: 古者, 師行, 無遷主, 則何主. 孔子曰: 主命. 問曰: 何謂也. 孔子曰: 天子諸侯將出, 必以幣帛·皮圭, 告于祖禰, 遂奉以出, 載于齊車以行, 每舍, 奠焉, 而后, 就舍, 反必告, 設奠卒, 斂幣玉, 藏諸兩階之間, 乃出, 蓋貴命也.

직역 曾子가 問曰, "古者에 師行함에 遷主가 無하면, 何主잇고." 孔子가 曰, "主命이다." 問曰, "무슨 뜻입니까?" 孔子가 曰, "天子와 諸侯가 將出함에는 必히 幣帛과 皮圭로써, 祖禰에 告하고, 마침내 奉하여 出하니, 齊車에 載하여 行함에는 每舍에 奠하고, 而后에 舍에 就하며, 反하여서는 必히 告하고, 設奠이 卒하면, 幣玉을 斂하여 兩階의 間에 藏하고, 곧 出하니, 무릇 命을 貴함이다."

의역 증자가 질문하기를, "옛날에 군대를 출동시킬 일이 발생했는데, 만약 모시고 갈 천묘(遷廟)의 신주(神主)가 없었다면, 어떤 신주를 모시고 가야 하는 것입니까?" 그러자 공자가 대답해주기를, "'신주의 명령[主命]'을 받아서 간다." 그러자 증자가 제대로 이해하지 못하여, 다시 질문하기를, "신주의 명령을 받아서 간다는 말은 무슨 뜻입니까?" 그러자 공자가 다시 대답해주기를, "천자와 제후가 장차 군대를 출동시킬 때에는 반드시 비단이나 가죽 또는 옥 등의 폐물을 가지고 종묘(宗廟)에 고(告)하고, 고하는 의식이 끝나면 폐물로 바쳤던 것들을 받들고서 종묘를 빠져나오며, 제거(齊車)에 그 폐물들을 싣고서 출동을 한다. 그리고 이러한 행차 중에는 매번 임시 주둔지를 설치할 때마다, 그 폐물들에게 전제사[奠]를 지내고, 그런 다음에야 임시 주둔지를 설치할 장소로 가서, 막사를 설치하게 된다. 자신의 나라로 되돌아와서는 반드시 종묘에 고하고, 전제사가 끝나게 되면, 폐물들을 거둬다가 종묘의 양쪽 계단 사이에 매장을 하고서야, 종묘를 빠져나오니, 이렇게 행동하는 이유는 그 신주의 명령을 귀하게 여기기 때문이다."

集說 旣以幣玉告于祖廟, 則奉此幣玉, 猶奉祖宗之命也, 故曰主命. 每舍必奠, 神之也. 反則設奠以告而埋藏之, 不敢褻也.

번역 폐물 등을 바쳐서 태묘(太廟)에 고(告)하는 일이 끝나게 되면, 종묘(宗廟)에 바쳤던 폐물 등을 받들어서 나오게 되니, 이러한 행위는 마치 선조의 명령을 받드는 행동과 같은 것이기 때문에, '신주(神主)의 명령[主命]'이라고 말한 것이다. 매번 임시 주둔지를 설치할 때에, 반드시 전제사[奠]를 지내는 이유는 그 폐물들을 신(神)처럼 대하기 때문이다. 자신의 본국으로 되돌아오게 되면, 전제사를 차려서 고하고, 그 폐물들을 매장하게 된다. 폐물을 매장하는 이유는 그 폐물들을 감히 더럽힐 수 없기 때문이다.

大全 臨川吳氏曰: 無遷主, 謂諸侯受封傳繼未六世者, 未有當毁之廟, 故無已遷之主也. 廟無虛主, 有廟者不可以其主行. 主命, 謂雖無木主, 但所受於神之命, 卽是主也. 貴, 猶重也, 貴命, 謂以神命爲重, 其重亦如神主也. 受封之第二世, 止有太廟, 則告太廟而以其幣玉行, 三世則以禰, 四世則以祖, 五世則以曾祖, 六世則以高祖, 七世則有遷主矣. 八世以上, 遷主不止一主, 而但以高祖之父新遷者行也. 若天子初王傳繼未及八世者, 亦未有當毁之廟, 而無遷主, 唯商祖契周祖稷, 則湯武, 雖初王而三昭三穆之上有遷主也.

번역 임천오씨가 말하길, 천묘(遷廟)의 신주(神主)가 없는 경우는 제후가 분봉을 받아서 세대가 전수된 기간이, 아직 6대(代)가 되지 않은 경우로, 마땅히 훼철되어야 하는 묘(廟)가 아직 없기 때문에, 이미 천묘된 신주가 없게 된다. 묘에는 신주를 비워둘 수 없으니, 신주가 안치되어야 하는 본인의 묘가 있는 경우에는 그 신주를 가지고서 출동할 수 없다. '주명(主命)'[37]은 비록 나무로 된 신주가 없지만, 신주에게서 받은 명령이 바로 신주가 된다는 뜻이다. '귀(貴)'자는 중시한다는 뜻이니, "명령을 귀하게 여긴다[貴命]."는 말은 신주의 명령을 중시한다는 뜻으로, 그 중시함이 또한 마치 신

---

37) 임천오씨는 경문의 주명(主命)을 "신주(神主)에게 받은 명령을 신주(神主)로 삼다."라고 풀이하고 있다.

주를 직접 모시고 갈 때와 같은 것이다. 분봉을 받은 제후들 중, 제 2세대는 단지 태조(太祖)의 묘만 있으니, 태묘에 고(告)하고, 그 때의 폐물들을 가지고 출동을 하며, 3세대의 경우라면, 녜묘(禰廟)에 고하고, 그 때의 폐물들을 가지고 출동을 하며, 4세대의 경우라면, 조묘(祖廟)에 고하고, 그 때의 폐물들을 가지고 출동을 하며, 5세대의 경우라면, 증조묘(曾祖廟)에 고하고, 그 때의 폐물들을 가지고 출동을 하며, 6세대의 경우라면, 고조묘(高祖廟)에 고하고, 그 때의 폐물들을 가지고 출동을 하며, 7세대가 되면, 비로소 천묘의 신주가 생기게 된다. 8세대 이후부터는 천묘한 신주가 여러 개가 되어, 하나의 신주만 있는 것이 아니다. 그래서 단지 '고조부(高祖父)의 부친[高祖之父]'이 되는 새롭게 천묘된 신주를 가지고서 출동을 한다. 만약 천자가 처음으로 천자의 지위에 오르거나, 세대가 전수됨이 아직 8대가 되지 않은 경우에는 또한 마땅히 훼철되어야 하는 묘가 아직 없게 되어, 자연히 천묘의 신주가 없게 된다. 그러나 상(商)나라는 설(契)을 시조로 삼았고, 주(周)나라는 직(稷)을 시조로 삼았다. 그래서 상나라의 탕왕(湯王)과 주나라의 무왕(武王)은 비록 처음으로 천자의 지위에 올랐지만, 그들이 천자로 등극하기 이전에, 그들의 선조 중에는 3개의 소(昭)와 3개의 목(穆) 위에, 천묘한 신주가 있었다.

鄭注 以脯醢禮神, 乃敢卽安也. 所告而不以出, 卽埋之.

번역 폐물을 가지고 출동하였을 경우에는 포와 젓갈 등으로써, 신(神)에게 예(禮)로 대접하고서야, 곧 주둔지로 갈 수 있는 것이다. 고(告)할 때 사용한 폐물을 종묘(宗廟) 밖으로 가지고 나가지 않고, 곧 그것들을 매장하는 것이다.

孔疏 ●"孔子曰主命"者, 孔子言天子諸侯將出, 旣無遷主, 乃以幣帛及皮圭告于祖禰之廟, 遂奉以出行, 載于齊車, 以象受命, 故云"主命".

번역 ●經文: "孔子曰主命". ○공자는 천자나 제후가 장차 출정할 때에 이미 천묘(遷廟)된 신주(神主)가 없다면, 곧 폐백(幣帛) 및 피규(皮圭)로써 조녜(祖禰)의 묘(廟)에 고(告)하고서, 마침내 그것들을 받들어서 출행(出行)을 하며, 제거(齊車)에 싣는 행위로써 조상신(祖上神)들의 명령을 받았다는 사실을 상징한다고 설명했다. 그렇기 때문에 공자가 "주명(主命: 신주의 명령)이다."라고 말한 것이다.

孔疏 ●"將出"至"命也". ○以曾子不解主命之意, 故孔子答以主命之義. 云天子諸侯將出, 必以幣帛皮圭告于祖禰之廟, 告訖, 遂奉此幣帛皮圭以出於廟, 載于齊車金路以行, 每至停舍之處, 先以脯醢奠此幣帛皮圭, 而後始就停舍之處. 行還反後, 必陳此幣帛皮圭於祖禰主前以告神, 又設奠祭旣卒, 斂此幣帛皮圭, 埋諸兩階之間, 乃後而出, 蓋貴此主命故也.

번역 ●經文: "將出"~"命也". ○증자는 '주명(主命)'의 뜻을 이해하지 못하였기 때문에, 공자가 다시 주명의 뜻을 대답해준 말이다. 공자가 설명하길, 천자와 제후가 장차 출정을 하게 될 때에는 반드시 폐백(幣帛)과 피규(皮圭)로써 조녜(祖禰)의 묘(廟)에 고(告)하게 되며, 고하는 의식이 끝나게 되면, 마침내 폐백과 피규를 받들고서 묘를 빠져나오고, 제거(齊車)인 금로(金路)에 이것을 싣고서 출행(出行)을 하며, 매번 임시로 주둔할 장소에 도달하게 되면, 먼저 포와 젓갈로써 폐백과 피규에게 전제사[奠]를 지내고, 그런 이후에 비로소 임시로 주둔할 장소로 나아가게 된다. 그리고 출행에서 되돌아온 이후에는 반드시 폐백과 피규를 조녜의 묘에 있는 신주(神主) 앞에 진설해두고서, 신(神)에게 고하고, 또한 전제사를 지내는데, 그것이 끝나게 되면, 폐백과 피규를 거둬다가, 양쪽 계단 사이에 매장을 하며, 그런 이후에야 묘를 빠져 나온다고 하였으니, 이렇게 행동하는 이유는 아마도 주명을 귀하게 여겼기 때문일 것이다.

孔疏 ◎注"以脯"至"埋之". ○正義曰: 經云"每舍奠焉", 以其在路不可恒設牲牢, 故知以脯醢也. 與殯奠同謂之奠, 以其無尸故也. 云"所告而不以出, 卽埋之"者, 皇氏云, "謂有遷主者, 直以幣·帛告神·而不將幣·帛以出行, 卽埋之兩階之間. 無遷主者, 加之以皮圭告於祖禰, 遂奉以出." 熊氏以爲每告一廟, 以一幣玉, 告畢, 若將所告遠祖幣玉行者, 卽載之而去. 若近祖幣玉, 不以出者, 卽埋之. 以其反還之時, 以此載行幣玉, 告於遠祖, 事畢, 則埋於遠祖兩階間. 其近祖以下, 直告祭而已, 不陳幣玉也.

번역 ◎鄭注: "以脯"~"埋之". ○경문에서는 "매번 사(舍)할 때마다 전제사[奠]를 지낸다."라고 하였는데, 노정 중에는 항상 희생물을 사용한 성찬을 차려낼 수 없기 때문이다. 그래서 대신 포와 젓갈을 사용한다는 사실을 추측할 수 있다. 그런데 빈소에서 지내는 전제사와 마찬가지로 그 제사를 '전(奠)'이라고 부르는 이유는 제사를 시행할 때 시동이 없기 때문이다. 정현이 "고(告)할 때 사용한 폐물을 가지고 묘(廟) 밖으로 나가지 않고, 곧 그것들을 매장한다."라고 하였는데, 이 문제와 관련하여 황간은 "천묘(遷廟)한 신주(神主)가 있는 경우에는 단지 폐백(幣帛)으로써 신(神)에게 고할 뿐이며, 장차 폐백을 가지고 출행(出行)하지 않으므로, 곧바로 종묘(宗廟)의 양쪽 계단 사이에 매장하는 것이다. 천묘한 신주가 없는 경우에는 폐백에 피규(皮圭)를 더 보태서, 조녜(祖禰)에게 고하고, 마침내 그것들을 받들고서 출행을 한다."라고 했다. 웅안생은 고할 때에는 매번 하나의 묘마다 하나의 폐옥(幣玉)을 사용하게 된다고 하였다. 그리고 고하는 일이 모두 끝나면, '대수(代數)가 가장 높은 조상[遠祖]'에게 고할 때 사용한 폐옥들은 그것을 가지고서 출행을 하게 되므로, 곧바로 그것들을 싣고서 떠나가는 것이다. 그러나 '대수가 가까운 조상[近祖]'에게 사용한 폐옥들은 그것들을 가지고 출행할 수 없으니, 곧바로 매장하는 것이라고 여겼다. 그리고 그가 자신의 나라로 되돌아왔을 때에는 수레에 싣고서 출행하였던 폐옥으로써 원조(遠祖)에게 고하고, 그 일이 다 끝나게 되면, 원조의 묘 앞에 있는 양쪽 계단 사이에 매장하는 것이라고 여겼다. 그리고 되돌아와서도 근조(近祖) 이하의 묘에 대해서는 단지 고하는 제사만 지낼 뿐이며, 폐옥을 진설하지 않는다고 여겼다.

集解 無遷主, 謂天子則始祖在七世以內, 諸侯則大祖在五世以內也. 主命者, 受命而出, 而遂以爲主, 但主其命而無主也. 凡告用牲·幣於所主命者則加以皮·圭, 而奉幣·帛·皮·圭以出. 但言"以幣·帛·皮·圭告于祖·禰", 不言牲者, 唯據所奉以出者言之也. 文王世子曰, "其在軍, 則守於公禰." 覲禮, "侯氏裨冕釋幣於禰." 此皆據無遷主而主命者言之. 然則主命之禮, 蓋主禰廟, 亦受命於禰之義. 兼言祖·禰者, 因禰而及祖, 且容父有故不得立, 而受國於祖者也. 舍, 謂館舍. 每日至館舍, 必設脯·醢之奠於齊車, 而後就舍, 禮神而後卽安也. 貴, 尊也. 謂尊祖·禰之命.

번역 천묘(遷廟)의 신주(神主)가 없는 경우는 당사자가 천자인 경우라면, 시조(始祖)가 7세대 이내에 있는 경우이며, 제후인 경우라면, 태조(太祖)가 5세대 이내에 있는 경우를 뜻한다. '주명(主命)'이라는 말은 명(命)을 받아서 출행(出行)을 하여, 마침내 이것을 신주로 대신 삼는다는 뜻이다. 그러므로 단지 그 명령을 신주로 대신 여기는 것이며, 실제로는 신주가 없는 것을 뜻한다. 모든 고(告)하는 의식에서 '주명'을 내려주는 대상에게 희생물과 폐(幣)·백(帛)을 사용하게 된다면, 천묘한 신주가 없기 때문에, 여기에서는 특별히 희생물과 폐·백에 피(皮)와 규(圭)를 더 보태어서 전제사[奠]를 지내고, 전제사 때 차려냈던 폐·백·피·규를 받들고서 출행하는 것이다. 그런데 다만 "폐·백·피·규로써 조묘(祖廟)와 녜묘(禰廟)에 고한다."라고만 언급하고, 희생물에 대해서 언급하지 않은 이유는 희생물을 사용하지 않는다는 뜻이 아니라, 단지 받들어서 출행하는 대상만을 가리켜서 기록한 것일 뿐이다. 『예기』「문왕세자(文王世子)」편에서는 "공족(公族)이 군대에 있을 경우에는 공녜(公禰)를 수호한다."[38]라고 말하였고, 『의례』「근례(覲禮)」편에서는 "제후들은 비면(裨冕)을 착용하고서, 녜(禰)에 폐물을 진설한다."[39]라고 하였는데, 이 기록들은 모두 천묘한 신주가

---

38) 『예기』「문왕세자(文王世子)」【258c】: 其在軍, 則守於公禰.

없어서, 주명을 가지고 출행한 경우에 근거에서 말한 것이다. 그러므로 주명의 예법(禮法)에서는 아마도 녜묘를 위주로 하고, 또한 녜에게서 명령을 받는다는 뜻인 것 같다. 그런데 경문에서 조(祖)와 녜를 함께 언급한 이유는 녜에 연유하여, 조까지도 언급한 것이니, 이 말은 또한 부친에게 변고가 있어서, 부친이 군왕의 자리에 오를 수 없을 때, 조부(祖父)에게서 국가를 물려받는 경우와 같은 이치이다.[40] '사(舍)'자는 '숙박하는 여관[館舍]'을 뜻한다. 매일 관사(館舍)에 도달하게 되면, 반드시 제거(齊車)에 포와 젓갈을 진설하여 전제사를 지내고, 그런 이후에야 관사로 들어가게 된다. 이처럼 시행하는 이유는 신(神)에게 예(禮)로 접대하고 나서야 편안히 쉴 수 있기 때문이다. '귀(貴)'자는 존귀하게 대한다는 뜻이다. 따라서 이 말은 조와 녜에게서 받은 명령을 존귀하게 대한다는 뜻이다.

集解 愚謂: 鄭氏之言, 所以補記文之所未備, 而皇氏·熊氏各以其意申之. 皇氏謂有遷主則載遷主, 而幣·帛不以出, 故卽埋之. 熊氏謂所告之廟而不主其命者, 則其幣·帛不以出, 故卽埋之. 二者皆禮之所有, 其義相兼乃備. 但告用皮·圭, 唯所主命之廟則有之, 而熊氏謂每廟用幣·玉, 主命者, 主於祖·禰, 而熊氏謂以所告遠祖幣·玉載之而去, 告反重於告出, 而熊氏謂近祖以下, 反時無幣, 則其說皆非是. 又前章云"凡告用牲·幣, 反亦如之." 鄭氏見此章言"幣·帛·皮·圭"而不言牲, 故破牲幣爲制幣, 而諸家於告出告反之禮, 亦皆不言有牲. 然以舜典·王制考之, 則告禮有牲. 此章不言牲者, 蓋以主命之禮, 所奉以出者唯幣·帛·皮·圭, 牲非所奉以出者, 故略而不言耳. 謂"告禮無牲", 非也.

번역 내가 생각해보니, 정현의 설명은 『예기』 문장 중에서 언급하지 않은 부분들을 보완한 말이며, 황간과 웅안생의 설명은 각각 자신의 생각대

---

39) 『의례』「근례(覲禮)」: 侯氏裨冕, 釋幣于禰, 乘墨車, 載龍旂弧韣, 乃朝.

40) 조(祖)를 언급한 이유는 녜묘(禰廟)에서 주명(主命)을 받을 수 없는 상황이 발생하면, 조묘(祖廟)에서 대신 주명을 받게 된다는 뜻이다.

로 기술한 말이다. 황간은 천묘(遷廟)한 신주(神主)가 있는 경우라면, 천묘한 신주를 싣고 출행(出行)을 하며, 폐(幣)와 백(帛)을 가지고 출행하지는 않기 때문에, 곧바로 매장한다고 하였다. 웅안생은 고(告)를 시행한 묘(廟)들 중에서, 주명(主命)으로 삼게 되는 묘를 제외한 나머지 묘들에 대해서는 그 묘들에 고할 때 사용한 폐와 백을 가지고 출행하는 것이 아니기 때문에, 그것들을 곧바로 매장한다고 하였다. 이 두 주장들은 모두 기존의 예법(禮法) 중에 있는 것들로, 그 의미가 서로 보완이 된다. 다만 고를 시행할 때 피(皮)와 규(圭)를 사용하는 것은 오직 주명에 해당하는 묘에만 사용하는 것인데, 웅안생은 매 묘마다 폐와 옥을 사용한다고 여겼다. 그리고 주명은 조묘(祖廟)와 녜묘(禰廟)가 위주가 되는데, 웅안생은 원조(遠祖)에게 고할 때 사용한 폐와 옥(玉)을 싣고서 떠난다고 여겼다. 또한 되돌아왔을 때 고하는 의식은 출행할 때 고하는 의식보다 중요한데도, 웅안생은 근조(近祖) 이하에 대해서는 되돌아왔을 때 폐를 진설하지 않는다고 여겼으니, 그 설명들은 모두 잘못된 말이다. 또한 앞장에서는 "모든 고하는 의식에서 생(牲)과 폐를 사용하고, 천자의 수도에서 국가로 되돌아와서도, 또한 이와 같이한다."[41]라고 하였다. 정현은 이 장에서 '폐 · 백 · 피 · 규'에 대해서만 언급하고, 희생물을 언급하지 않았다는 사실에 착안하였기 때문에, 생폐(牲幣)를 제폐(制幣)로 고쳐버렸다. 그리고 후대의 여러 학자들 또한 출행할 때 고하는 예법과 되돌아와서 고하는 예법에 대해서, 또한 모두들 희생물을 진설하게 된다는 사실을 언급하지 않았다. 그러나 『서(書)』「순전(舜典)」편이나 『예기』「왕제(王制)」편의 기록을 토대로 고찰해보면, 고하는 의례에서는 희생물이 사용된다. 이 장에서 희생물에 대해서 언급하지 않은 이유는 아마도 주명의 예법에 따르면, 받들어서 출행하는 대상은 오직 폐 · 백 · 피 · 규일 뿐이며, 희생물은 받들어서 출행하는 대상이 아니기 때문이다. 그래서 경문에서는 희생물에 대해 생략하여, 언급하지 않은 것일 뿐이다. 그러므로 "고하는 예법에서는 희생물을 사용하지 않는다."라고 말하는 것은 잘못된 주장이다.

---

41) 『예기』「증자문」【227b】: 凡告, 用牲幣, 反亦如之.

그림 9-7 제물로 사용되는 비단 및 옥

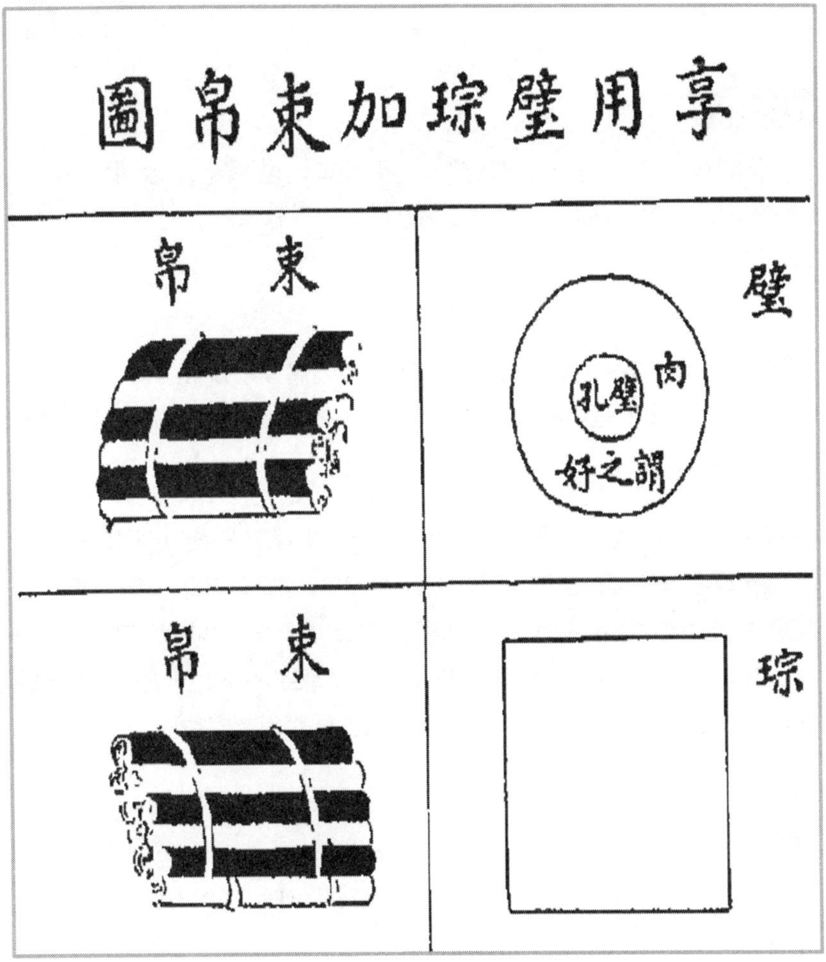

▸ **출처:** 『향당도고(鄕黨圖考)』 1권

• 제10절 •

자모(慈母)와 모친에 대한 상례(喪禮)

【235a】

子游問曰: 喪慈母, 如母禮與. 孔子曰: 非禮也. 古者, 男子外有傅, 內有慈母, 君命所使敎子也, 何服之有.

직역 子游가 問曰, "慈母를 喪함에 母에 如함이 禮입니까?" 孔子가 曰, "非禮이다. 古者에 男子는 外로 傅가 有하고, 內로 慈母가 有하니, 君이 命하여, 하여금 子를 敎하도록 한 것인데, 어떤 服이 有하리오."

의역 자유(子游)가 질문하기를, "자모(慈母)[1]에 대한 상(喪)을 치를 때, 모친에 대한 상을 치를 때처럼 하는 것이 예법(禮法)입니까?" 그러자 공자가 대답해주기를, "비례(非禮)이다. 옛적에 남자에게는 밖으로는 스승[傅]이 있었고, 안으로는 자모(慈母)가 있었으니, 군주가 명령을 내려서, 그들로 하여금 자식을 교육시키도록 했던 것일 뿐인데, 어떤 상복(喪服)을 입고 상을 치르겠는가?"

集說 妾之無子者, 養妾子之無母者, 謂之慈母. 然天子諸侯不爲庶母服, 大夫妾子, 父在爲其母大功, 士之妾子, 父在爲其母期, 是與己母同也. 何服之有, 謂天子諸侯也, 故下文擧國君之事證之.

번역 첩 중에서 자식이 없는 자가 첩의 아들 중 모친이 없는 자를 양육하는데, 그들을 자모(慈母)라고 부른다. 그러나 천자와 제후는 서모(庶母)

---

1) 자모(慈母)는 모친을 뜻하기도 하지만, 고대에 자신을 양육시켜준 서모(庶母)를 뜻하기도 한다. 이곳에서는 후자의 뜻이다.

를 위해서 상복(喪服)을 입지 않으며, 대부(大夫)의 첩(妾) 자식들은 부친이 생존해 있으면, 그의 자모를 위해서 대공복(大功服)을 입고, 사(士)의 첩 자식들은 부친이 생존해 있으면, 그의 자모를 위해서는 기년복(期年服)으로 상(喪)을 치르니, 이것은 자신의 생모(生母)에게 행하는 예법(禮法)과 동일한 것이다. "어떤 복(服)이 있겠는가[何服之有]?"라는 말은 천자와 제후의 경우를 뜻한다. 그렇기 때문에 아래 문장에서 한 나라의 군주에 해당하는 일을 제시하여, 이러한 사실을 증명하고 있는 것이다.

大全 臨川吳氏曰: 按禮經傳記所言, 慈母有二, 其一大夫士之子有服之慈母者, 儀禮喪服篇齊衰三年章云, 慈母如母者, 是也. 其一國君子生, 擇諸母, 使爲子師, 其次爲慈母, 其次爲保母者, 是也. 子游所問, 蓋指禮經如母之慈母言, 夫子所答, 則以內則如傅之慈母言也.

번역 임천오씨가 말하길, 삼례(三禮)의 주석서들에서 말하는 내용들을 살펴보면, '자모(慈母)'에는 두 종류가 있으니, 그 중 첫 번째는 대부(大夫)와 사(士)의 아들들이 '상복(喪服)을 입게 되는 자모[有服之慈母]'이다. 『의례』「상복(喪服)」편 중 '자최삼년장(齊衰三年章)'에서 "자모도 모친과 같이 한다."[2]라고 말한 기록이 바로 상복을 입게 되는 자모를 가리킨다. 두 번째는 상복과 관계 없는 자모이다. 군주의 아들이 태어나면 여러 첩들을 간택하여, 그 중 가장 성품이 좋고 언행이 조신한 여인을 아들의 스승[師]으로 삼고, 그 다음으로 뛰어난 여인을 '자모'로 삼으며, 그 다음으로 뛰어난 여인을 보모(保母)로 삼는다[3]는 말이 바로 상복과 관계없는 자모를 가리킨다. 자유(子游)가 질문한 내용은 아마도 삼례 중에서 모친에 대한 상(喪)처럼, 상복을 입게 되는 자모를 가리켜서 언급했던 것 같고, 공자가 대답한

2) 『의례』「상복(喪服)」: 慈母如母. 傳曰, 慈母者何也? 傳曰, 妾之無子者, 妾子之無母者, 父命妾曰, "女以爲子." 命子曰, "女以爲母." 若是, 則生養之終其身如母, 死則喪之三年如母, 貴父命也.

3) 『예기』「내칙(內則)」【364d】: 異爲孺子室於宮中, 擇於諸母與可者, 必求其寬裕慈惠溫良恭敬愼而寡言者, 使爲子師, 其次爲慈母, 其次爲保母, 皆居子室.

내용은 『예기』「내칙(內則)」편에서 언급하고 있는 사부[傅]와도 같은 자모를 기준으로 언급한 것 같다.

鄭注 如母, 謂父卒三年也. 子游意以爲國君亦當然. 禮所云者, 乃大夫以下, 父所使妾養妾子. 言無服也, 此指謂國君之子也. 大夫士之子, 爲庶母慈己者服小功[4], 父卒乃不服.

번역 "모친과 같이 한다[如母]."는 말은 이미 부친이 돌아가신 경우에는 자모(慈母)를 위해서 3년간 상복(喪服)을 입는다는 뜻이다. 자유(子游)의 생각은 한 나라의 군주는 대부(大夫)나 사(士)와 마찬가지로 자모에 대해서도 당연히 상복을 입어야 한다고 여긴 것이다. 예(禮)에서 언급하고 있는 내용은 곧 대부 이하의 경우에는 부친이 첩(妾)에게 명령을 하여, 모친이 없는 첩의 아들들을 양육하게 한다는 말이다. 경문의 '하복지유(何服之有)' 라는 말은 해당하는 상복이 없다는 뜻이니, 이 문장이 기준으로 삼고 있는 계층은 군주의 아들이다. 대부와 사의 아들인 경우라면, 서모(庶母)들 중에서 자기를 길러준 자를 위해서는 소공복(小功服)을 입게 되는데, 만약 이미 부친이 돌아가신 경우라면, 그녀를 위해서 상복을 입지 않는다.

孔疏 ●"子游"至"始也". ○正義曰: 此一節論諸侯之子喪慈母無服之事. "喪慈母"者, 子游之意以喪服大夫以下, 所使妾無子者, 養妾子之無母者謂之慈母, 喪此慈母, 如己之母. 今國君喪其慈母, 還如己母, 是禮與.

번역 ●經文: "子游"~"始也". ○이 문장은 제후의 아들은 자모(慈母)의 상(喪) 때, 해당하는 상복(喪服)이 없다는 사실을 논의하고 있다. 경문의 "喪慈母"에 대하여. 자유(子游)의 생각은 『의례』「상복(喪服)」편에서 대부

4) '위서모자기자복소공(爲庶母慈己者服小功)'에 대하여. 손이양(孫詒讓)의 『교기(校記)』에서는 "고유(高誘)는 이곳에서 말하는 자모(慈母)를 유모(乳母)를 뜻한다고 여겼으니, 정현의 해석과 달라진 것이다."라고 했다.

(大夫) 이하의 계층에 대해, 부친이 명령을 내린 첩(妾)들 중 자식이 없는 자가 첩의 아들 중에서 모친이 없는 자를 양육하였을 때, 그녀를 자모라고 부른다고 하였으며, 이러한 자모에 대한 상을 치를 때, 자신의 모친에 대한 상처럼 지낸다고 하였으니, 군주가 그의 자모에 대한 상을 치를 때에도, 대부나 사(士)들이 시행하는 예법(禮法)과 마찬가지로 자신의 모친에 대한 상처럼 지내는 것이 예법에 맞지 않느냐는 뜻이다.

孔疏 ◎注"如母"至"妾子". ○正義曰: 如母, 謂父卒三年也. 知者, 以喪服慈母如母, 在父卒三年章中, 故云, "謂父卒三年". 若父在之時, 則期也. 鄭注喪服, "大夫妾子, 父在爲母大功. 士之妾子, 父在爲母期." 則父在爲慈母亦當與己母同也. 云"子游意以爲國君亦當然"者, 鄭知國君者, 以下孔子答云, "君命所使教子也". 又引魯昭公之事, 皆以國君答子游, 明子游本問國君也. 云"禮所云者, 乃大夫以下, 父所使妾養妾子"者, "禮所云", 謂喪服所云"慈母如母"也. 按喪服傳云, "慈母者何也? 妾之無子者, 妾子之無母者, 父命妾曰, 女以爲子. 命子曰, 女以爲母. 若是則生養之, 終其身如母, 死則喪之三年." 必知大夫以下者, 以天子諸侯不服庶母, 故此云, "君命所使, 何服之有?" 故知此慈母如母, 謂大夫以下也. 天子諸侯則絶之也.

번역 ◎鄭注: "如母"~"妾子". ○"모친에 대한 것처럼 한다[如母]."는 말은 부친이 이미 돌아가신 경우에, 모친을 위해서 상(喪)을 치르는 것처럼 3년간 복상(服喪)한다는 뜻이다. 이러한 사실을 알 수 있는 이유는 『의례』「상복(喪服)」편에서 자모(慈母)에 대해서는 모친과 같이 한다는 기록이 '부졸삼년장(父卒三年章)'에 속해 있기 때문이다. 그래서 정현이 "부친이 돌아가신 경우 3년간 한다."라고 말한 것이다. 만약 부친이 생존해 있을 경우라면, 복상기간을 1년[期年]으로 한다. 「상복」편에 대한 정현의 주에서는 "대부(大夫)의 첩(妾) 아들은 부친이 생존해 있을 때, 모친을 위해서 대공복(大功服)을 입는다. 사(士)의 첩 아들은 부친이 생존해 있을 때, 모친을 위해서 기년복(期年服)을 입는다."라고 하였으니, 부친이 생존해 있을 때에도 자모를 위해서는 또한 마땅히 자신의 모친과 동일하게 상(喪)을 치르는 것이다. 정현이 "자유(子游)의 생각은 한 나라의 군주는 또한 당연히 그렇게 해야 한다고 여겼다."라고 하였는데, 정현이 이 문장에서 가리키는 대상이 군주에게 해당한다는 사실을 알 수 있었던 이유는 바로 뒤의 문장에서 공자의 대답 중 "군주가 명령을 내려서, 그들을 시켜서 자식을 교육하게 하였다." 라고 기록했기 때문이다. 또한 노(魯)나라 소공(昭公)에 대한 일화를 인용하였으니, 이 둘 모두는 군주에 대한 내용을 예시로 들어서 자유에게 대답을 해준 것이다. 따라서 이 기록들은 자유가 본래부터 군주에 대한 예법(禮法)을 물어보았다는 사실을 나타낸다. 정현이 "예(禮)에서 말한 내용은 곧 대부 이하의 사람들은 부친이 명령을 내린 첩들이 모친이 없는 첩의 아들들을 양육하게 된다."라고 하였는데, '예소운(禮所云)'이라는 말은 『의례』「상복」편에서 "자모에 대해서는 모친에 대한 것처럼 한다."라고 말한 내용을 가리킨다. 「상복」편에 대한 전문(傳文)을 살펴보면, "'자모'는 어떤 자인가? 첩 중에 자식이 없는 자와 첩의 아들 중 어미가 없는 자에 대해, 부친은 첩에게 명령하여, '너는 이 아이를 자식으로 키워라[女以爲子].'라고 말하고, 아들에게 명령하여, '너는 그녀를 어미로 여겨라[女以爲母].'라고 말한다. 이처럼 명령을 내리게 되면, 자모는 평생토록 그 자식을 아들처럼 길러주고, 자식은 평생토록 친모처럼 여기게 되며, 그녀가 죽게 된다면, 친모에 대한 상처럼 3년 동안 상을 치르게 된다."라고 하였다. 그런데 「상복」편에서 언급하는 내용이 대부 이하의 계층에 해당한다는 사실을 확실히 알 수 있는 이유는 천자와 제후의 경우에, 그의 아들들은 서모(庶母)를 위해서 상복(喪服)을 입지 않기 때문이다. 그러므로 이곳 경문에서 "군주가 명령하여 시킨 자들인데, 어떤 복(服)이 있겠는가?"라고 말한 것이며, 그렇기 때문에 "자모에 대해서 모친에 대한 상처럼 한다[慈母如母]."는 말이 대부 이하의 계층에게만 해당한다는 사실을 알 수 있다. 천자와 제후의 경우라면, 이러한 예법이 해당되지 않는다.

孔疏 ◎注"此指"至"不服". ○正義曰: 鄭知經指國君之子者, 以經云"君命所使敎子”, 故知謂國君之子也. 國君之子尙不服庶母, 則國君身不服庶母可知也. 云“大夫士之子, 爲庶母慈己者服小功”者, 按喪服小功章云, “君子子爲庶母慈己者.” 傳云, “君子子者, 貴人之子也. 爲庶母何以小功也? 以慈己加也.” 云“父卒乃不服”者, 按喪服云, “士爲庶母緦.” 則大夫之子父沒, 爲庶母慈己亦緦. 此云“父卒乃不服”者, 謂不服小功, 仍服緦耳. 若大夫之子, 庶母不慈己者, 雖父在亦服緦, 故鄭注喪服云, “其不慈己則緦可也.” 喪服注又云, “士之妻自養其子, 則不得有庶母慈己.” 此云大夫士者, 因大夫連言士耳, 其實士無庶母慈己者. 皇氏云, “有士誤也.” 熊氏云, “士之適子無母, 乃命妾慈己, 亦爲之小功.” 知者, 以士爲庶母緦, 明士子亦緦, 以慈己加小功, 故此連言大夫士也. 凡諸侯之子適庶皆三母, 故內則云, “必求其寬裕慈惠, 溫良恭敬, 愼而寡言者爲子師, 其次爲慈母, 其次爲保母.” 內則據諸侯也. 其大夫及公子適妻子亦三母, 故喪服云, “君子子爲庶母慈己小功.” 注云, “君子子者, 大夫及公子之適妻子.” 又注引內則三母, 是大夫及公子適妻之子爲三母, 故彼注不云師·保, 慈母居中, 服之可知也. 言君之庶子, 內有慈母, 又大夫公子適妻子爲慈母小功, 則大夫公子之庶子無三母也, 但有慈母如母也.

번역 ◎鄭注: “此指”~“不服”. ○정현이 경문의 내용은 군주의 아들인 경우를 가리킨다는 사실을 알 수 있었던 이유는 경문에서 “군주가 명령하여 그들로 하여금 자식을 가르치게 하였다.”라고 말했기 때문이다. 그러므로 이곳 경문의 내용이 군주의 아들인 경우를 뜻한다는 사실을 알았던 것이다. 군주의 아들도 오히려 서모(庶母)에 대해서 상복(喪服)을 입지 않는다고 한다면, 군주 본인 또한 서모를 위해서는 상복을 입지 않는다는 사실을 알 수 있다. 정현이 “대부(大夫)와 사(士)의 아들들은 서모들 중에 자기를 길러준 자를 위해서 소공복(小功服)을 입는다.”라고 하였는데, 『의례』「상복(喪服)」편의 ‘소공장(小功章)’을 살펴보면, “군자의 아들들은 서모 중 자신을 길러준 자를 위해서 상복을 입는다.”라고 하였고, 이 기록에 대한 전문(傳文)에서는 “‘군자자(君子子)’라는 말은 귀인(貴人)의 아들을 뜻한다. 서모를 위해서 어찌하여 소공복을 입는가? 자신을 길러주었기 때문에 상복을 입는 것이다.”라고 하였다. 정현이 “부친이 돌아가신 경우라면, 상복을 입지 않는다."라고 하였는데, 「상복」편을 살펴보면, "사의 경우에는 서모를 위해서 시마복(緦麻服)을 입는다."라고 하였으니, 대부의 아들은 부친이 돌아가신 경우, 서모 중 자신을 길러준 자를 위해서도 또한 시마복을 입게 된다. 정현의 주에서는 "부친이 돌아가신 경우라면, 상복을 입지 않는다."라고 하였는데, 이 말은 소공복을 입지 않고, 곧 시마복을 입을 뿐이라는 뜻이다. 만약 대부의 아들인 경우라면, 서모 중에 자신을 길러주지 않은 자에 대해서는 비록 부친이 생존해 있더라도, 또한 그녀를 위해서 시마복을 입게 된다. 그렇기 때문에 「상복」편에 대한 정현의 주에서는 "그녀들 중 자신을 길러주지 않은 자에 대해서는 시마복을 입는다는 사실을 알 수 있다."라고 말한 것이다. 「상복」편에 대한 정현의 주에서는 또한 "사의 처(妻)가 직접 그 아들을 양육하는 경우라면, 서모가 자신을 길러주는 일이 있을 수 없다."라고 하였다. 이 문장에서 대부와 사에 대해서 동시에 언급하고 있는 이유는 대부의 예법(禮法)에 연유하여서, 그 연장선에서 사의 경우까지도 언급했을 뿐이니, 실제로 사의 경우에는 서모가 자신을 길러주는 경우가 없게 된다. 그런데 황간은 "'사'라고 언급한 말은 잘못된 기록이다."라고 하였고, 웅안생은 "사의 적장자에게 어미가 없다면, 곧 첩에게 명령하여 그 아들을 기르게 하니, 적장자는 또한 그녀를 위해서 소공복을 입는다."라고 하였다. 이러한 사실을 알 수 있는 이유는 사는 서모를 위해서 시마복을 입기 때문에, 또한 사의 아들도 서모를 위해 시마복을 입게 된다. 그러나 그녀들 중 자신을 길러준 자에 대해서는 길러준 은혜 때문에, 그녀를 위해 소공복을 입게 된다는 사실을 나타내고 있다. 그렇기 때문에 이곳 문장에서는 대부와 사의 경우를 함께 언급한 것이다. 무릇 제후의 아들 중 적장자와 서자(庶子)들에게는 모두 세 명의 어미가 있게 된다. 그렇기 때문에 『예기』「내칙(內則)」편에서 "반드시 관대하교 온유하며, 자애로우며 은혜롭고, 따뜻하고 어질며, 공손하고 공경스러우며, 신중하면서도 말수가 적은 자를 찾아서, 아들의 사부로 삼고, 그 다음으로 뛰어난 자를 자모(慈母)를 삼으며, 그 다음으로 뛰어난 자를 보모(保母)로 삼는다."라고 하였던 것이다. 「내칙」편의 내용은 제후 계층에 근거를 두고 언급한 말이다. 대부 및 공자(公子)들의 경우 적처(適妻)의 아들은 또한 제후와 마찬가지로 세 명의 어미를 둔다. 그렇기 때문에 「상복」편에서 "군자의 아들은 서모들 중에 자신을 키워준 자를 위해서 소공복을 입는다."라고 말한 것이며, 정현의 주에서 "'군자의 아들[君子子]'은 대부 및 공자의 적처가 낳은 아들이다."라고 말한 것이다. 또 정현의 주에서는 「내칙」편을 인용하여, '삼모(三母)'는 대부 및 공자의 적처가 낳은 아들에게 배정하는 '삼모'를 뜻한다고 하였다. 그러므로 「내칙」편에 대한 주에서, 비록 사부와 보모에 대해서 직접적으로 언급하지 않았지만, 자모가 사부와 보모 중간에 속해 있으므로, 자모에 대해 상복을 입는다고 하였으니, 나머지 사부와 보모들을 위해서도 상복을 입는다는 사실을 알 수 있다. 따라서 이 말은 군주의 서자들에게도 내적으로 자모를 둔다는 뜻이고, 또한 대부 및 공자의 적처가 낳은 아들이 자모를 위해 소공복을 입는다면, 대부와 공자의 서자들은 삼모를 두지 않고, 다만 자모만 있어서, 자모에 대해서는 모친의 상처럼 치르게 되는 것이다.

【235b】

昔者, 魯昭公, 少喪其母, 有慈母良, 及其死也, 公弗忍也, 欲喪之. 有司以聞曰, 古之禮, 慈母無服, 今也, 君爲之服, 是逆古之禮, 而亂國法也, 若終行之, 則有司將書之, 以遺後世, 無乃不可乎. 公曰, 古者, 天子練冠以燕居. 公弗忍也, 遂練冠以喪慈母, 喪慈母, 自魯昭公始也.

직역 昔者에 魯昭公이 少에 그 母를 喪하였고, 慈母가 良하였는데, 그 死에 及하여서, 公이 弗忍하여, 之를 喪하기를 欲하였다. 有司가 聞하여 曰, "古의 禮에, 慈母는 無服이라 하였는데, 今에 君이 之를 爲하여 服하면, 이는 古의 禮를 逆하고, 國法을 亂하는 것이니, 만약 終히 行한다면, 有司가 장차 書하여서, 後世에 遺하리니, 너무 不可함이 아닙니까" 公이 曰, "古者에 天子는 練冠하고, 燕居하였다." 公이

弗忍하여, 遂히 練冠하고 慈母를 喪하니, 慈母를 喪함은 魯昭公으로부터 始니라.

의역 공자가 계속하여 대답해주기를, "옛적에 노(魯)나라 소공(昭公)이 어렸을 때 그의 친모(親母)를 여의어서 상(喪)을 치렀고, 자모(慈母) 중에 어진 자가 있어서, 그녀가 소공을 양육하였다. 그런데 그녀가 죽게 되자, 소공은 차마 그냥 내버려둘 수가 없어서, 그녀에 대한 상을 치르고자 하였다. 유사(有司)가 그 소식을 듣고서, 소공에게 말하길, '옛 예법(禮法)에는 자모에 대해서는 상복(喪服)을 입지 않는다고 하였는데, 지금 군주께서 그녀를 위하여 상복을 입으신다고 하니, 이것은 옛 예법을 어기는 것이며, 국법(國法)을 문란하게 만드는 경우입니다. 그러한데도 만약 끝내 그 일을 감행하고자 하신다면, 유사인 제가 장차 그 일을 기록하여서, 후세에 전할 것이니, 자모에 대한 상을 치르는 것은 불가(不可)한 일이 아니지 않겠습니까?'라고 하였다. 그러자 소공이 대답하기를, '옛적에 천자도 이러한 경우에 연관(練冠)[5]을 착용하고, 퇴청하여 자숙하였다.'[6]라고 하였다. 그런 뒤에 소공은 죽은 자모에 대해 차마 그냥 내버려둘 수가 없어서, 마침내 연관을 착용하고 자모에 대한 상을 치렀으니, 자모에 대한 상을 치르는 잘못은 노나라 소공으로부터 시작된 일이다."

集說 良, 善也. 古者, 周以前也. 天子諸侯之庶子爲天子諸侯者, 爲其母緦. 春秋有以小君之禮服之者, 以子貴而伸也, 然必適小君沒. 若適小君在, 則其母厭屈, 故練冠也. 此言練冠以燕居, 謂庶子之爲王者爲其母耳.

번역 '양(良)'자는 착하다는 뜻이다. '고자(古者)'는 주대(周代) 이전을 뜻한다. 천자와 제후의 서자(庶子)들 중에서, 천자와 제후의 지위에 오른

---

5) 연관(練冠)은 상(喪) 중에 착용하는 관(冠)이다. 부모의 상 중에서 1주기에 지내는 제사 때 착용을 하였다.

6) 연거(燕居)는 퇴청하여 휴식을 취한다는 뜻이다. 이 문장에서는 단순히 휴식을 취한다는 의미로 사용된 것이 아니다. 이 문장의 전반적인 뜻은 정식적으로 상복(喪服)을 착용하고 상(喪)을 치를 수 없으므로, 평상시에 상복에 해당하는 연관(練冠)을 착용하고서 자숙하면서라도 애정을 표현했다는 의미이다.

자들은 그의 모친을 위해서 시마복(緦麻服)을 착용한다. 『춘추』에 기록된 내용 중에는 소군(小君)[7]에 대한 예법(禮法)과 관련하여, 친모에 대해 상(喪)을 치르는 경우가 기록되어 있는데, 서모(庶母)의 자식이 존귀한 신분이 되어, 그러한 예법을 실행할 수 있었던 것이다. 그러나 반드시 이러한 경우는 '때마침 소군이 죽고 없었을 경우[適小君沒]'에 한정된다. 만약 때마침 소군이 생존해 있는 경우라면, 그의 친모인 서모에 대해서는 예법을 제대로 실행할 수가 없다. 그렇기 때문에 연관(練冠)만을 착용하였던 것이다. 이 문장에서 "연관을 착용하고, 연거(燕居)하였다[練冠以燕居]."는 말은 서자들 중에서 군주가 된 자가 자신의 친모인 서모를 위해서 그렇게 실행했다는 뜻일 뿐이다.

大全 山陰陸氏曰: 男子外有傅, 內有慈母, 君命所使教子也. 古者師弟子無服, 蓋如此.

번역 산음육씨가 말하길, 남자에게는 밖으로는 사부가 있었고, 안으로는 자모(慈母)가 있었는데, 이 둘 모두는 군주의 명령으로 임명되어, 자식을 교육하였던 자들이다. 옛날에 스승과 제자 사이에는 상복(喪服) 관계가 형성되지 않았는데, 아마도 위의 경문에서 말하고 있는 이유 때문일 것이다.

大全 臨川吳氏曰: 爲慈母, 性行良善, 不忍忘其撫育之恩, 遂欲爲之服, 一非也. 有司援正禮, 以諫止之, 而公援天子練冠之例, 再非也. 一弗忍於慈母初死之時, 而欲喪之, 再弗忍於有司旣諫之後, 而遂練冠, 是以小不忍而亂禮也.

번역 임천오씨가 말하길, 소공(昭公)의 자모(慈母)였던 자가 성품과 행실이 어질고 착한 자였다고 하지만, 소공이 그녀의 길러준 은혜를 차마 잊을 수가 없어서, 끝내 그녀를 위하여 상(喪)을 치르려고 했던 것이 한 가지

---

7) 소군(小君)은 주대(周代)에 제후의 부인을 지칭하던 용어이다. 『춘추』「희공(僖公) 2년」에는 "夏五月辛巳, 葬我小君哀姜."이라는 용례가 있다.

잘못이다. 유사(有司)가 올바른 예법(禮法)을 제시하여, 간언을 해서 소공의 행동을 막으려고 하였는데, 소공이 천자도 연관(練冠)을 착용하였다는 일화를 예시로 인용하여 반박하였으니, 이것이 두 번째 잘못이다. 첫 번째 잘못은 자모가 이제 막 죽었을 때에, 그녀를 차마 잊을 수가 없어서 상을 치르려고 한 것이며, 두 번째 잘못은 유사가 간언을 한 이후에도 차마 잊을 수가 없어서, 마침내 연관을 착용한 것인데, 이러한 행위는 사소한 '불인(不忍)'함으로, 그보다 더 큰 예법을 어지럽힌 것이다.

鄭注 據國君也. 良, 善也. 謂之慈母, 固爲其善. 國君之妾子於禮不服也. 昭公[8]年三十, 乃喪齊歸, 猶無戚[9]容, 是不少, 又安能不忍於慈母. 此非昭公明矣, 未知何公也. 公之言又非也. 天子練冠以燕居, 蓋謂庶子王爲其母.

번역 이 문장은 군주에 기준을 두고 언급한 내용이다. '양(良)'자는 착하다는 뜻이다. 그녀를 '자모(慈母)'라고 부르는 이유는 서모(庶母)들 중에서도 진실로 착한 자가 되기 때문이다. 군주의 첩 아들들은 예법(禮法)상 상복(喪服)을 입지 않는다. 소공(昭公)은 30세 때, 곧 소공의 모친인 제귀(齊歸)에 대한 상(喪)을 치렀는데, 오히려 슬퍼하는 기색조차 없었다고 하니,[10] 이것은 소공이 어렸을 때에 해당하는 일이 아니며, 또한 모친에 대해 슬퍼하는 기색조차 없었는데, 어찌 자모에 대해서 차마 잊지 못하는 일이 있었겠는가? 따라서 이 문장에서 말하는 군주가 소공이 아니라는 사실은 분명하지만, 정확히 어떤 군주인지는 잘 모르겠다. 유사(有司)의 말을 듣고, 소공이 대답을 하였는데, 소공이 말한 내용은 또한 잘못된 말이다. "천자가

8) '소공(昭公)'에 대하여. 손이양(孫詒讓)의 『교기(校記)』에서는 "『회남자(淮南子)』「범론훈(氾論訓)」에도 이러한 내용을 거론하며, 또한 '소공'이라고 언급하고 있다."라고 했다.

9) '척(戚)'자에 대하여. '척'자는 다른 판본에 '척(慼)'자도로 기록되어 있는데, 완원(阮元)의 『교감기(校勘記)』에서는 "『설문해자(說文解字)』에 따르면, 마땅히 '척(慽)'자로 기록해야 하니, '척(慽)'자는 '심(心)'자를 부수로 삼고, '척(戚)'자를 소리부로 삼는다. '척(戚)'자는 '척(慽)'자의 가차자이다."라고 했다.

10) 『춘추좌씨전』「소공(昭公) 11년」: 五月, 齊歸薨. 大蒐于比蒲, 非禮也.

연관(練冠)을 쓰고 연거(燕居)를 하였다[天子練冠以燕居]."는 말은 아마도 서자(庶子) 중에 천자가 된 자가 그의 모친을 위해서 이처럼 시행했다는 뜻을 가리키는 것이다.

釋文 少喪, 如字下及注皆同, 讀者亦息浪反. 遺如字, 猶垂反, 又于季反.

번역 '少喪'에서의 '喪'자는 글자대로 읽으며, 아래 문장과 정현의 주에 나온 '喪'자도 모두 그 음이 이와 같고, 읽기에 따라서는 또한 '息(식)'자와 '浪(랑)'자의 반절음으로도 읽는다. '遺'자는 글자대로 읽으며, '猶(유)'자와 '垂(수)'자의 반절음도 되고, 또한 '于(우)'자와 '季(계)'자의 반절음도 된다.

孔疏 ◎注"據國"至"公也". ○正義曰: 前經指國君之子, 此經引魯昭公, 故云"據國君也". 是國君與其子同也. 云"謂之慈母, 固爲其善"者, 內則旣云擇於諸母寬裕慈惠溫良者以爲子師, 其次爲慈母, 此云慈母良, 固當是性行善者. 云"國君之妾子於禮不服也"者, 以喪服公子爲其母練冠麻衣, 故云"於禮不服". 親母尙不服, 庶母不服可知. 若父卒, 得爲已母大功也. 云"昭公年三十乃喪齊歸"者, 按襄三十一年襄公薨, 左傳云, "昭公十九猶有童心." 是卽位時年十九也. 昭公十一年, 其母齊歸薨而無慼容, 是年三十, 非少孤也. 按家語云, "孝公有慈母良." 今鄭云, "未知何公"者, 鄭不見家語故也. 或家語王肅所足, 故鄭不見也.

번역 ◎鄭注: "據國"~"公也". ○앞의 경문에서는 군주 아들을 대상으로 언급을 하였고, 이곳 경문에서는 노(魯)나라 소공(昭公)에 대한 일화를 인용하고 있기 때문에, 정현이 "군주에 기준을 두고 언급한 내용이다."라고 말한 것이다. 위의 두 경문에서 언급하는 내용들은 또한 군주와 그의 아들에게 동일하게 해당하는 내용이다. 정현이 "그녀를 '자모(慈母)'라고 부르는 이유는 서모(庶母)들 중에서도 진실로 착한 자가 되기 때문이다."라고 하였는데, 『예기』「내칙(內則)」편에서 이미 "여러 서모들 중에서 관대하고 온유하며, 자애롭고 선량한자를 선택하여, 그녀를 자식의 사부로 삼고, 그 다음으로 뛰어난 자를 자모로 삼는다."고 하였으니, 이곳 경문에서 "자모가 선량하다[慈母良]."고 한 말은 진실로 그녀의 성품과 행실이 착하다는 뜻에 해당한다. 정현이 "군주의 첩 아들들은 예법(禮法)상 상복(喪服)을 입지 않는다."라고 하였는데, 『의례』「상복(喪服)」편에서 공자(公子)들은 그의 모친을 위해서 연관(練冠)을 쓰고 마의(麻衣)를 입는다고 하였다. 그렇기 때문에, "예법상 상복을 입지 않는다."라고 말한 것이다. 친모(親母)에 대해서도 오히려 상복을 입지 않으니, 서모에 대해서 상복을 입지 않는다는 사실을 알 수 있다. 만약 부친이 이미 돌아가신 경우라면, 자신의 친모를 위해서 대공복(大功服)을 입을 수가 있다. 정현이 "소공은 30세 때, 곧 제귀(齊歸)에 대한 상(喪)을 치렀다."라고 하였다. 그런데 『춘추』의 기록에서는 양공(襄公) 31년에 양공이 죽었다고 하였으며,[11] 이 경문(經文)에 대한 『좌전(左傳)』의 기록을 살펴보면, "소공은 19세의 나이임에도 아직 동심(童心)을 가지고 있었다."[12]라고 하였으니, 이 말은 곧 소공이 즉위했던 시기가 그의 나이 19세 때라는 뜻이다. 그리고 소공 11년에는 그의 모친인 제귀가 죽었음에도 슬퍼하는 기색조차 없었다고 하였는데, 이 기록은 그의 나이 30세 때에 해당한다. 따라서 소공은 어려서 고아가 된 것이 아니다. 『공자가어(孔子家語)』를 살펴보면, "효공(孝公)에게 자모가 있었는데 선량하였다."[13]라고 하였으니, 위의 경문에서 언급하고 있는 일화는 소공이 아니라 효공에 대한 일화라는 사실을 알 수 있다. 그런데 이곳 주석에서 정현은 "어느 공(公)인지 잘 모르겠다."라고 말했으니, 정현이 이처럼 기록한 이유는 아마도 『공자가어』를 살펴보지 않았기 때문일 것이다. 또한 그것이 아니라면, 『공자가어』의 본문에는 왕숙(王肅)이 사족을 단 부분이 있기 때문에, 정현이 안 보았을 수도 있다.

---

11) 『춘추』「양공(襄公) 31년」: 夏六月辛巳, 公薨于楚宮.

12) 『춘추좌씨전』「양공(襄公) 31년」: 於是昭公十九年矣, 猶有童心, 君子是以知其不能終也.

13) 『공자가어(孔子家語)』「곡례자하문(曲禮子夏問)」: 昔魯孝公少喪其母, 其慈母良, 及其死也, 公弗忍, 欲喪之.

孔疏 ◎注"公之"至"其母". ○正義曰: "公之言又非"者, 以上云公弗忍欲喪慈母旣爲非, 今公言"古者天子練冠以燕居", 是公言又非也. 云"天子練冠以燕居, 蓋謂庶子王爲其母"者, 按鄭注服問云, "庶子爲後爲其母緦. 春秋有以小君服之者", 故春秋母以子貴, 其服皆伸. 而天子服練冠者, 皇氏云, "若適小君沒則得伸. 若小君猶在, 則其母厭屈, 故練冠也. 所以不同大夫士爲後著緦服, 必練冠者, 以大夫士爲母本應三年, 以爲後壓屈, 故降服緦麻. 王侯庶子爲母本練冠, 故今還[14]練冠, 此乃異代之法." 按喪服緦麻章云, "庶子爲後爲其母緦." 鄭注服問云, "庶子爲後爲其母緦." 則是周法, 天子·諸侯·大夫·士, 一也. 凡言古者, 皆據今而道前代, 此經旣云古者天子爲其母, 則是前代可知也. 以經無明文, 故鄭注云, "蓋謂庶子王[15]爲其母". 蓋是疑辭也.

번역 ◎鄭注: "公之"~"其母". ○정현이 "소공(昭公)이 말한 내용은 또한 잘못된 말이다."라고 하였는데, 앞의 문장에서 소공이 차마 그냥 내버려 둘 수가 없어서, 자모(慈母)에 대한 상(喪)을 치르려고 했던 것을 이미 잘못된 일이라고 여겼고, 지금 소공이 "옛적에 천자는 연관(練冠)을 착용하고, 연거(燕居)하였다."라고 말하였는데, 이러한 소공의 말이 또한 잘못되었다는 뜻이다. 정현이 "천자가 연관을 쓰고 연거를 하였다는 말은 아마도 서자(庶子) 중에 천자가 된 자가 그의 모친을 위해서 이처럼 시행했다는 뜻을 가리키는 것이다."라고 하였는데, 『의례』「상복(喪服)」편에 대한 정현의 주를 살펴보면, "서자가 후계자가 되면, 그의 친모(親母)를 위해서 시마복(緦麻服)을 입는다. 『춘추』에도 소군(小君)에 대한 예법(禮法)으로 상(喪)을 치르는 경우가 기록되어 있다."라고 하였다. 그러므로 『춘추』의 기록에서는 모친에 대해서 그의 자식이 존귀하게 되면, 그녀에 대한 상복(喪服)을

---

14) '환(還)'자에 대하여. '환'자는 본래 '응(應)'자로 기록되어 있었는데, 완원(阮元)의 『교감기(校勘記)』에서는 "혜동(惠棟)의 『교송본(校宋本)』에는 '환'자로 기록되어 있으니, 이곳 판본의 기록은 '환'자를 잘못하여 '응'자로 기록한 것이다."라고 했다.

15) '왕(王)'자에 대하여. '왕'자는 본래 '상(上)'자로 기록되어 있었는데, 완원(阮元)의 『교감기(校勘記)』에서는 "『모본(毛本)』에는 '상'자를 '왕'자로 기록하고 있다."라고 했다.

모두 입을 수가 있었던 것이다. 그리고 천자가 연관을 착용하는 이유에 대해서, 황간은 "때마침 소군이 이미 죽은 경우라면, 서자 중에서 군주가 된 자는 자신의 친모를 위해서 상복을 입을 수 있다. 만약 소군이 아직 생존해 있는 경우라면, 그의 친모에 대해서는 상복을 제대로 갖춰 입을 수가 없기 때문에, 대신 연관을 착용하는 것이다. 그런데 대부(大夫)와 사(士)의 서자들 중에서 후계자가 된 자들이 그의 친모를 위해서 시마복을 착용했던 용례와 다르게, 천자의 신분이 된 서자가 반드시 그의 친모를 위해 연관만을 착용했던 이유는 대부와 사의 서자들은 그의 친모를 위해서, 본래부터 3년간 상을 치르게 되는데, 서자가 정식 후계자가 되었다면, 생모는 아니지만 정식 모친이 된 자에 대해서, 3년간 상을 치르게 되는 예법이 적용되어, 자신의 친모를 위해서 상복을 다 갖춰 입을 수가 없게 된다. 그렇기 때문에 상복의 단계를 낮춰서 시마복을 입은 것이다. 천자와 제후의 서자들은 그의 친모를 위해서 본래부터 연관을 착용하였다. 그러므로 이곳 문장에서 다시금 연관을 착용한다고 한 말은 곧 다른 시대의 예법에 해당한다."라고 했다. 『의례』「상복」편의 '시마장(緦麻章)'을 살펴보면, "서자들 중에 후계자가 된 자는 그의 친모를 위해서 시마복을 입는다."라고 하였고, 『예기』「복문(服問)」편에 대한 정현의 주에서는 "서자들 중에 후계자가 된 자는 그의 친모를 위해서 시마복을 입는다."라고 하였으니, 이 말들은 주나라 때의 예법에 해당하며, 천자·제후·대부·사에게 모두 동일하게 적용되었던 예법이다. 무릇 '고(古)'라고 언급한 말들은 모두 지금 시대를 기준으로, 그 이전 시대를 언급한 말들이니, 이곳 경문에서도 이미 '옛적에 천자가 그 모친을 위해서[古者天子爲其母]'라고 언급하였으므로, 이 말 또한 이전 시대에 시행했던 예법임을 알 수 있다. 경문에서는 명확하게 언급한 문장이 없기 때문에, 정현의 주에서 "아마도 서자 중에 천자가 된 자가 그의 모친을 위해서 그러했다는 뜻일 것이다."라고 하였다. 따라서 이 문장에서의 '개(蓋)'자는 추측하는 말이다.

集解 慈母有二, 一則妾之無子者, 妾子之無母者, 父命之爲母子. 此則大夫士之子爲之皆如其母, 父在, 則大夫之子大功, 士之子期, 父沒, 皆三年. 喪服齊衰三年章云, "慈母如母", 是也. 若爲父後者, 則服緦. 天子諸侯之子, 爲其母, 父在, 則練冠麻衣縓緣, 旣葬除之, 父沒大功, 則其爲慈母亦然. 一則內則曰, "擇於諸母與可者, 必求其寬裕慈惠溫良恭敬愼而寡言者, 使爲子師. 其次爲慈母." 此則大夫士之子爲之小功, 喪服小功章, "君子子爲庶母慈己者", 是也. 天子諸侯之子則不服. 子游所問, 蓋謂人君於庶母慈己者, 而以其母之服服之也. 故孔子以"君命所使敎子"告之, 言與命爲母子者異也. 練冠以燕居, 庶子爲君, 爲其母之服也. 大夫士之子, 父在, 爲其母或期, 或大功, 爲父後者降而服緦. 人君之子, 父在, 爲其母練冠麻衣縓緣, 旣葬除之. 在五服之外, 則其爲父後者不可以復降, 故但如其父在之服以服之. 然燕居則練冠, 出則否, 蓋不敢以私喪廢國家之禮, 則亦視其父在而略降之也. 昭公爲慈母練冠, 則是以其母之服服之矣. 不知此服但可施於命爲母子之慈母, 而不可施於君命敎子之慈母也, 故曰, "喪慈母自昭公始也". 然此稱練冠以居之制, 而曰古者, 蓋春秋時庶子爲君者, 皆以小君之禮服其母, 而練冠之制已不復行矣.

번역 자모(慈母)에는 두 종류가 있다. 첫 번째는 첩(妾) 중에서 아들이 없는 자와 첩의 아들 중 모친이 없는 자에 대해서, 부친이 그들에게 명령하여 모자(母子)의 관계를 맺어준 경우이다. 이러한 자모의 경우라면, 대부(大夫)와 사(士)의 자식들은 그녀를 위해서, 모두 그의 친모에 대한 상(喪)을 치르는 것처럼 상을 치르게 되는데, 부친이 아직 생존해 있는 경우라면, 대부의 자식들은 그녀를 위해 대공복(大功服)을 입고, 사(士)의 자식들은 그녀를 위해 기년복(期年服)을 입으며, 부친이 이미 돌아가신 경우라면, 모두 삼년상(三年喪)을 치른다. 『의례』「상복(喪服)」편의 '자최삼년장(齊衰三年章)'에서는 "자모에 대해서는 모친에 대한 것처럼 한다."라고 하였는데, 이 기록이 바로 이러한 경우를 뜻한다. 만약 부친의 후계자가 된 자의 경우라면, 그녀를 위해 시마복(緦麻服)을 입게 된다. 천자와 제후의 자식들은 그의 모친을 위해서, 부친이 생존해 있는 경우라면, 연관(練冠)을 착용하고 마의(麻衣)에 '엷은 붉은 기단[縓緣]'을 댄 옷을 입으며, 장례(葬禮)가 끝나면 이 복장을 제거하게 된다. 그리고 부친이 이미 돌아가신 경우에 그녀를 위해 대공복을 착용한다면, 그들은 자모를 위해서도 또한 동일하게 상을 치르게 된다. 두 번째는『예기』「내칙(內則)」편에서 말한 "여러 서모(庶母)들 중 괜찮은 자들 중에서 선택을 하니, 반드시 그들 중에서 관대하고 온유하며, 자애롭고 인자하고, 마음씨가 따뜻하고 어질고 공손하며, 공경스러우며 신중하고, 말수가 적은 자들을 찾아서, 그녀로 하여금 자식의 사부로 삼는다. 그 다음으로 뛰어난 자를 자모로 삼는다."라고 한 경우이다. 이러한 자모의 경우라면, 대부와 사의 자식들은 그녀를 위해서 소공복(小功服)을 입는다.『의례』「상복」편의 '소공장(小功章)'에서 '군자(君子)의 자식들은 서모들 중에서 자기를 키워준 자를 위해서'라고 하였는데, 이 기록이 바로 이러한 경우를 뜻한다. 천자와 제후의 아들인 경우라면, 그녀를 위해 상복을 입지 않는다. 자유(子游)가 질문한 내용은 첫 번째 경우의 자모에 대한 내용이 아닌 것 같다. 아마도 군주가 서모들 중에서 자기를 키워주도록 임명한 자모에 해당할 것이다. 따라서 자유의 질문 내용은 이처럼 두 번째 경우에 해당하는 자모에 대해서, 그의 모친에 대한 상복으로 그녀의 상을 치러야 하는 것이 아니냐고 물어본 것 같다. 그렇기 때문에 공자가 '군주가 명령하여 그들로 하여금 자식을 교육시킨 자'라는 말로 대답을 해준 것이니, 이 말은 곧 이곳 경문에서 말하고 있는 자모는 부친이 명령을 하여, 모자 관계를 맺어줬을 때의 자모와는 다르다는 사실을 뜻하고 있다. 연관을 착용하고, 연거(燕居)를 하는 행위는 서자들 중에서 군주가 되었을 경우, 그의 친모를 위해서 착용하는 복장과 행동 방법이다. 대부와 사의 아들은 부친이 생존해 있는 경우라면, 그의 친모를 위해서 어떤 자들은 기년복을 착용하고, 또 어떤 자들은 대공복을 착용하게 되는데, 부친의 후계자가 된 자들은 그 예법(禮法)보다 낮춰서 시마복을 착용한다. 군주의 아들인 경우에, 부친이 생존해 있다면, 그의 친모를 위해서 연관을 착용하고 마의에 옅은 붉은 기단을 댄 옷을 입으며, 장례가 끝나게 되면 복장을 제거한다. 이때의 연관이 정상적인 상복인 오복(五服) 이외의 복장에 해당한다면, 그가 부친의 후계자가 되면, 본래는 정상적인 예법보다 낮춰야 한다. 그럼에도 불구하고 연관에서 다시금 상복의 수위를 낮출 수 없기 때문에, 단지 부친이 생존해 있을 때 입게 되는 상복으로, 상을 치르게 되는 것이다. 그러나 연거할 경우에만 연관을 착용하고, 조정에 나와서는 연관을 착용하지 않는다. 그 이유가 사적인 상 때문에, 국가의 대례(大禮)를 감히 폐지할 수 없기 때문이라면, 이것은 또한 그의 부친이 생존해 있을 때의 예법에 견주어서, 해당 예법을 간략히 하여 상복의 수위를 낮춘 것에 해당한다. 소공(昭公)이 자모를 위해서 연관을 착용하게 된다면, 이 경우는 그의 모친에 대한 상복으로, 자모에 대한 상을 치르는 경우가 된다. 이러한 상복 규정이 단지 자모들 중에서도 부친이 명령하여 '모자지간이 된 자모'에 한해서만 시행할 수 있는지는 확인할 수 없다. 그러나 그 규정을 군주가 명령하여 '자식을 교육시키는 자모'에게 시행할 수 없다는 사실은 확실히 알 수 있다. 그렇기 때문에 경문에서 "자모에 대해 상을 치르는 잘못은 소공으로부터 시작되었다."라고 말한 것이다. 그런데 이곳 경문에서 연관을 착용하고 기거하는 제도를 언급하며, '고(古)'자를 붙여서 기록하고 있다. 그 이유는 아마도 춘추시대(春秋時代)에는 서자들 중 군주가 된 자들이 모두 소군(小君)에 대한 예법에 따라서, 그의 친모(親母)에 대한 상을 치르게 되어, 연관을 착용하던 제도가 이미 시행되지 않고 있었기 때문일 것이다.

• 제11절 •

국가 의례 및 제례와 돌발 상황에 대한 대처법

【235c~d】

曾子問曰: 諸侯旅見天子, 入門, 不得終禮, 廢者, 幾. 孔子曰: 四. 請問之. 曰: 大廟火, 日食, 后之喪, 雨霑服失容, 則廢. 如諸侯皆在而日食, 則從天子救日, 各以其方色與其兵, 大廟火, 則從天子救火, 不以方色與兵.

직역 曾子가 問曰, "諸侯가 天子를 旅見하여, 門에 入한데, 終禮를 不得하고, 廢者는 幾잇고." 孔子가 曰, "四이다." 請問하니, 曰, "大廟가 火함과 日食과 后의 喪과 雨가 服을 霑(점)하여 容을 室하면, 廢하니라. 만일 諸侯가 皆在한데 日食하면, 天子를 從하여 救日하되, 각각 그의 方色과 兵으로써 하고, 大廟가 火하면, 天子를 從하여 救火하되, 方色과 兵으로 하지 않는다."

의역 증자가 질문하기를, "제후들이 천자를 단체로 알현하게 되어 문에 들어섰는데, 알현하는 예(禮)를 다 끝내지도 못한 상태에서, 중간에 그만두는 경우는 몇 가지나 됩니까?" 그러자 공자가 대답해주기를, "총 4가지 경우이다." 증자가 그 상세한 내용에 대해 재차 질문을 하였다. 공자가 다시 대답해주기를, "태묘(太廟)에 불이 난 경우와 일식이 일어난 경우와 '천자의 부인[后]'이 죽어서 상(喪)을 치르는 경우와 비가 많이 내려서 제후들의 예복(禮服)을 적시게 되어, 제후들의 용모가 흐트러졌을 경우라면, 중간에 그만둔다. 만일 제후들이 모두 천자의 수도에 모여 있는데 일식이 일어난 경우라면, 천자를 뒤따라서 일식이 물러나기를 기원하되, 각자 자신의 나라 위치에 맞는 색깔의 복식과 병기를 가지고서 의식을 치른다. 만일 제후들이 모두 천자의 수도에 모여 있는데 태묘에 불이 난 경우라면, 천자를 뒤따라서 화재진압을 하되, 이때는 다급한 상황이므로 자신의 나라 위치에 따른 색깔별 복식과 병기를 갖추지 않는다."

集說 旅, 衆也. 色, 衣之色也. 東方諸侯衣青, 南方諸侯衣赤, 餘倣此. 東方用戟, 南方矛, 西方弩, 北方楯, 中央鼓. 日食, 是陰侵陽, 故正五行之方色以厭勝之, 救火, 不關此義也.

번역 '여(旅)'자는 '무리[衆]'라는 뜻이다. '색(色)'자는 의복의 색깔을 뜻한다. 오행(五行)과 방위의 구별에 따라, 동쪽 지역의 제후들은 의복을 청색으로 하고, 남쪽 지역의 제후들은 의복을 적색으로 하며, 나머지도 이에 따른다.[1] 동쪽 지역의 제후들은 의식에 참가할 때, 극(戟)을 사용하고, 남쪽 지역의 제후들은 모(矛)를 사용하며, 서쪽 지역의 제후들은 쇠뇌를 사용하고, 북쪽 지역의 제후들은 방패를 사용하며, 중앙 지역의 제후들은 북을 사용한다. 일식은 음기(陰氣)가 양기(陽氣)를 침범하여 발생하는 흉사(凶事)이기 때문에, 오행의 방위에 따른 색깔들을 올바르게 하여, 이로써 음기를 억눌러서 양기가 이겨내도록 만드는 것인데, 화재를 진압하는 일은 이러한 뜻과는 상관이 없다. 그래서 이러한 방법을 사용하지 않는 것이다.

1) 방위별 색깔은 중앙은 황색, 동쪽은 청색, 남쪽은 적색, 서쪽은 백색, 북쪽은 흑색이다.

그림 11-1 천자의 수도

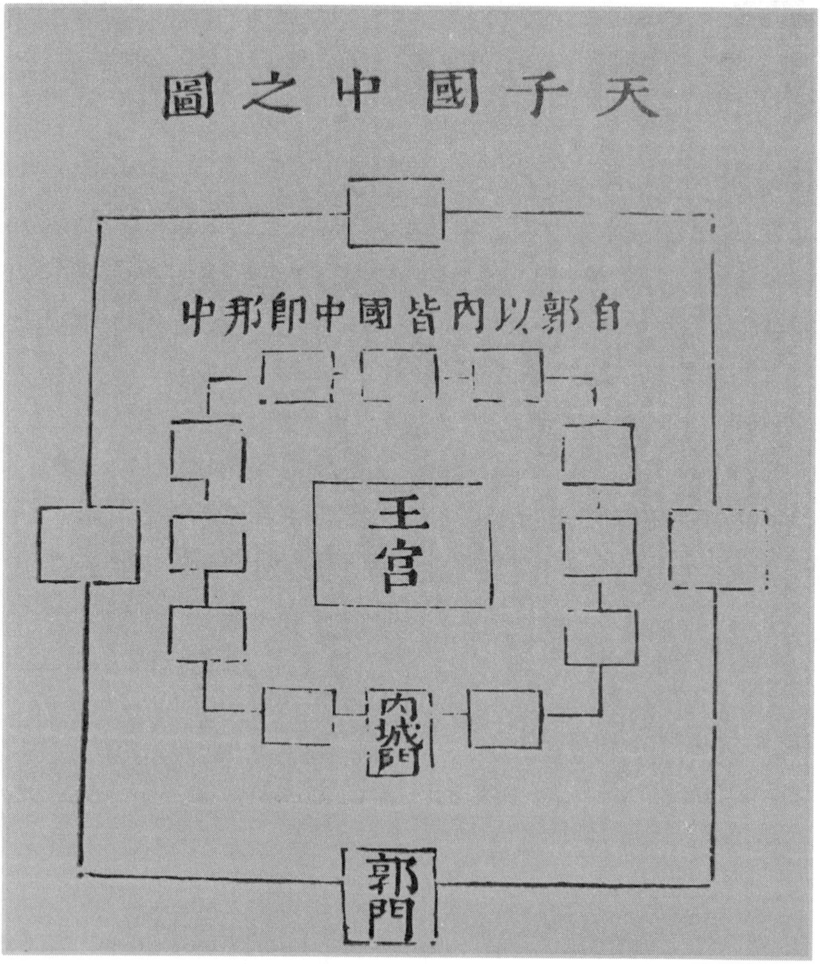

▸ **출처:** 『삼재도회(三才圖會)』「지리(地理)」 14권

그림 11-2 극(戟)과 모(矛)

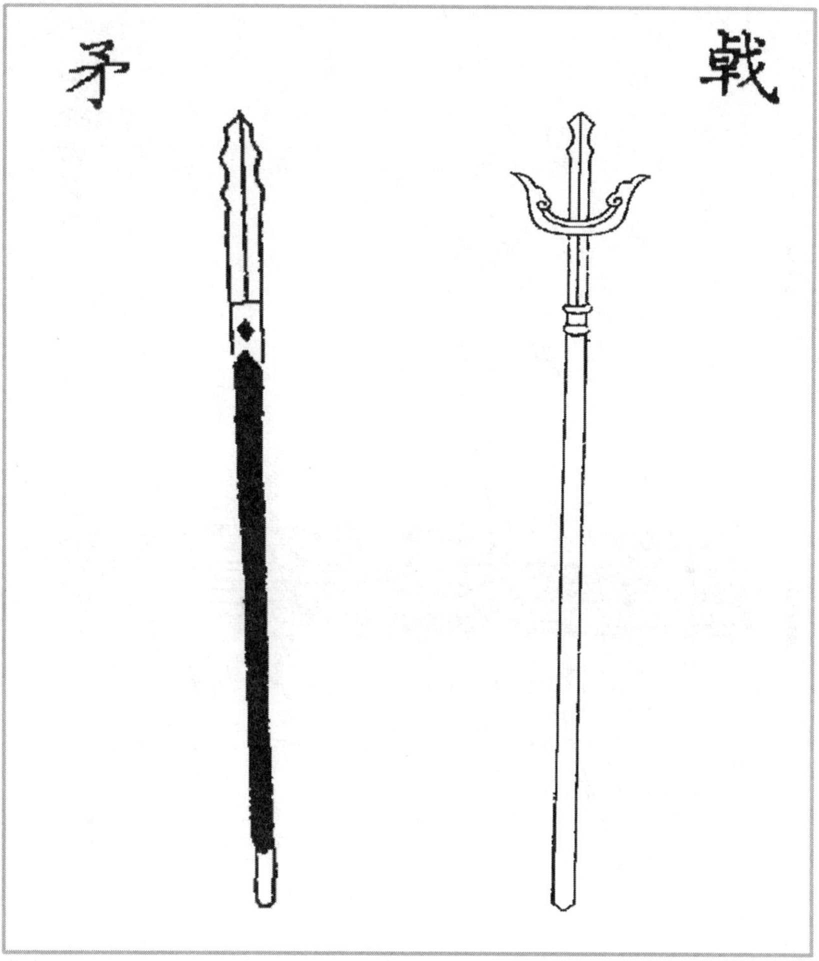

▸**출처:** 우-『삼례도집주(三禮圖集注)』 9권 ; 좌-『육경도(六經圖)』 2권

그림 11-3 노(弩)

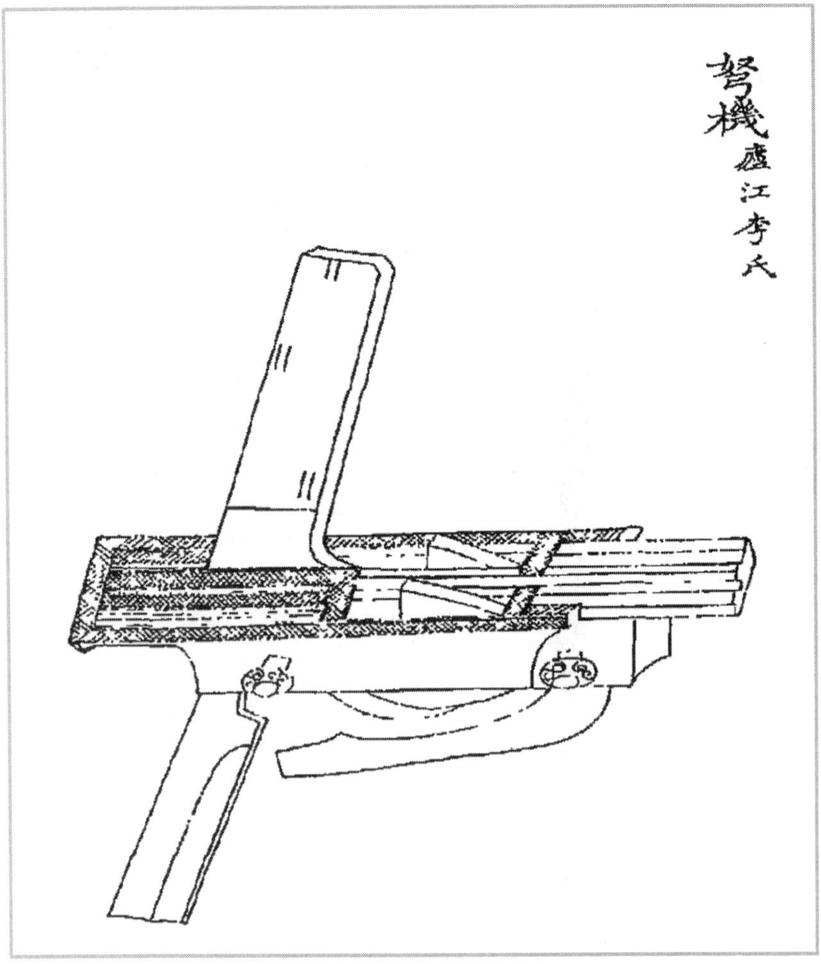

▸ 출처: 『고고도(考古圖)』 6권

大全 馬氏曰: 大廟者, 神之位也. 神道有不安, 人子之道虧矣. 古者, 宗廟火, 三日哭, 哭以謝其神, 諸侯旅見之禮, 所以廢也. 於其廢也, 然後帥諸侯以救火. 日者, 陽之位也. 陽主於明, 君道也, 其有不明, 則君德虧矣. 古者日有食之, 則瞽奏鼓嗇夫馳庶人走, 所以助陽, 唯其以陽不充, 故諸侯之旅見, 亦可以廢. 於其廢也, 然後帥諸侯以救日.

번역 마씨가 말하길, 태묘(太廟)는 신주(神主)가 봉안되어 있는 장소이다. 신도(神道)에 불안정한 일이 발생하면, 인간의 도리도 훼손된다. 고대에는 종묘(宗廟)에 화재가 발생하면, 3일 동안 곡(哭)을 하였는데, 곡을 하는 행위를 통해서, 신(神)에게 사죄를 하는 것이니, 천자가 이러한 상황에 처해 있으므로, 제후가 단체로 알현하는 예법(禮法)이 폐지되는 것이다. 그 예법을 폐지한 상황에서, 이후에는 제후들을 인솔하여 화재를 진압한다. 태양은 양(陽)이 머무는 곳이다. '양'은 밝음이 위주가 되니, 비유하자면 군주의 도리에 해당하는데, 그 가운데 밝지 못한 일이 발생한다면, 군주의 덕이 훼손된다. 고대에는 태양에 일식이 발생하면, 악관이 북을 울리고, 하급 관리인 색부(嗇夫)가 달리며, 서인(庶人)들이 분주하게 움직였다.[2] 이처럼 행동했던 이유는 양기(陽氣)를 돕기 위함이니, 오직 이러한 현상은 양기가 충분하지 못하기 때문에 일어나는 것이다. 그래서 제후들이 단체로 알현하는 예법 또한 폐지할 수 있는 것이며, 그 예법을 폐지한 상황에서, 이후에는 제후들을 인솔하여 일식이 물러나기를 기원하는 것이다.

鄭注 旅, 衆. 大廟, 始祖廟. 宗廟皆然, 主於始祖耳. 示奉時事, 有所討也. 方色者, 東方衣青, 南方衣赤, 西方衣白, 北方衣黑. 兵未聞也.

번역 '여(旅)'자는 '무리[衆]'라는 뜻이다. 태묘(太廟)는 시조(始祖)의 묘(廟)이다. 종묘(宗廟)에 화재가 발생한 경우에는 그 장소가 시조의 묘가 아니더라도, 모두 위에서 언급한 것처럼 행동한다. 그러므로 경문에 기록된

---

2) 『서(書)』「하서(夏書)·윤정(胤征)」: 瞽奏鼓, 嗇夫馳, 庶人走.

내용은 다만 시조의 묘를 위주로 언급했을 뿐이다. 제후들이 방위에 맞는 색깔의 의복과 병기를 가지고 의식을 치르는 이유는 '시령(時令)에 합당한 일을 받들어 따르고 있음[奉時事]'을 나타내는 것이며, 이러한 변고가 발생한 것에 대해서 토벌하는 점이 있는 것이다. 방위에 따른 색깔을 설명하자면, 동쪽은 의복이 청색이며, 남쪽은 의복이 적색이고, 서쪽은 의복이 백색이며, 북쪽은 의복이 흑색이다. 방위에 따른 병기에 대해서는 아직 들어보지 못하여, 어떠한 것인지는 잘 모르겠다.

釋文 幾, 居豈反, 下同. 霑, 竹廉反. 衣, 於旣反.

번역 '幾'자는 '居(거)'자와 '豈(기)'자의 반절음이며, 아래 문장에 나오는 '幾'자도 그 음이 이와 같다. '霑'자는 '竹(죽)'자와 '廉(렴)'자의 반절음이다. '衣'자는 '於(어)'자와 '旣(기)'자의 반절음이다.

孔疏 ●"曾子"至"則廢". ○正義曰: 此一節論行禮有故, 不得終之事, 各依文解之.

번역 ●經文: "曾子"~"則廢". ○이 문장은 예법(禮法)을 시행할 때에 변고가 발생하여, 일을 끝마치지 못하는 경우를 논의한 것이니, 각각 문장에 따라서 해석하겠다.

孔疏 ◎注"大廟"至"祖耳". ○正義曰: 公羊傳云, "周公稱太廟, 魯之始祖也." 明諸國皆然. 餘廟有火亦廢朝, 故云, "宗廟皆然". 特云大廟火, 是主於始祖而言耳.

번역 ◎鄭注: "大廟"~"祖耳". ○『공양전(公羊傳)』에서는 "주공(周公)에 대해 태묘(太廟)라고 지칭하는 이유는 주공이 노(魯)나라의 시조(始祖)이기 때문이다."[3]라고 하였으니, 이 말은 곧 모든 나라에서 시조가 되는 자의 묘(廟)를 태묘라고 부른다는 사실을 나타내고 있다. 종묘(宗廟)에 속한 다른 묘들에 화재가 발생하였을 때에도 또한 조회를 폐지한다. 그렇기 때문에 정현의 주에서 "종묘에 있는 모든 묘가 다 그러하다."라고 말한 것이다. 경문에서 특별히 태묘에 화재가 발생한 경우를 언급한 이유는 특별한 의미가 있는 것이 아니라, 시조를 위주로 언급하였을 뿐이다.

孔疏 ◎注"示奉"至"聞也". ○正義曰: "示奉時事", 解各以其方色. "有所討", 解與其兵也. 故諸侯皆在京師者, 則從天子救日, 爲陰侵陽, 是君弱臣强之象. "方色者, 東方衣靑, 南方衣赤, 西方衣白, 北方衣黑. 兵未聞"者, 隱義云, "東方用戟, 南方用矛, 西方用弩, 北方用楯, 中央用鼓, 所以有所討者, 以日食陰侵陽, 示欲助天子討陰也, 亦備非常." 以彼非正經, 故不取也. 穀梁云, "天子救日, 置五麾, 陳五兵五鼓. 諸侯置三麾, 陳三鼓三兵. 大夫擊門. 士擊柝. 言充其陽也." 范甯云, "凡聲陽也. 擊鼓爲聲, 所以助陽壓陰也." 春秋傳曰, "日有食之, 天子伐鼓於社, 責上公也. 諸侯伐鼓於朝, 退自責也." 夏書曰, "辰不集于房, 瞽奏鼓, 嗇夫馳, 庶人走." 孔傳曰, "辰, 日月所會. 集, 合也. 房, 日月所舍, 而不合其所舍, 食可知也. 馳走者, 救日之備也. 奏猶擊也." 周禮有救日之弓, 但不知兵之細別, 故云"未聞".

번역 ◎鄭注: "示奉"~"聞也". ○정현이 "시령(時令)에 합당한 일을 받들어 시행하고 있음을 나타낸다."라고 하였는데, 이 말은 제후들이 각자 그들의 방위에 맞는 의복 색깔을 따른다는 사실을 풀이한 말이다. 또 "토벌하는 점이 있다."라고 하였는데, 이 말은 제후들이 각자 그들의 방위에 맞는 병장기를 가지고 의식에 참여한다는 사실을 풀이한 말이다. 그렇기 때문에 제후들이 모두 천자의 수도에 모여 있는 경우라면, 천자를 따라서 일식이 물러나기를 기원하게 된다. 그런데 이러한 의식을 시행하는 이유는 음기

---

3) 『춘추공양전』「문공(文公) 13년」: 世室屋壞, 世室者何? 魯公之廟也. 周公稱太廟, 魯公稱世室, 羣公稱宮. 此魯公之廟也, 曷爲謂之世室, 世室, 猶世室也, 世世不毁也. 周公何以稱大廟于魯. 封魯公以爲周公也.

(陰氣)에 의해 양기(陽氣)가 침범을 당하여 일식이 발생한 것인데, 이러한 현상은 곧 군주가 약해지고 신하가 강해지는 형상을 뜻하기 때문이다. 정현이 "방위에 따른 색깔을 설명하자면, 동쪽은 의복이 청색이며, 남쪽은 의복이 적색이고, 서쪽은 의복이 백색이며, 북쪽은 의복이 흑색이다. 방위에 따른 병기에 대해서는 아직 들어보지 못하여, 어떠한 것인지는 잘 모르겠다."라고 하였는데, 『예기은의(禮記隱義)』에서는 "동쪽 방위에는 극(戟)을 사용하고, 남쪽 방위에는 모(矛)를 사용하며, 서쪽 방위에는 노(弩)를 사용하고, 북쪽 방위에는 순(楯)을 사용하며, 중앙에서는 고(鼓)를 사용하며, 토벌할 것이 생기게 된 이유는 일식 때 음기가 양기를 침범하였기 때문이니, 이러한 도구들로써 천자를 도와서 음기를 토벌하고자 함을 드러냄이고, 또한 비상시를 대비하기 위함이다."라고 하였다. 그런데 이 말은 경문의 글이 아니기 때문에, 정현이 채택하지 않은 것이다. 『곡량전(穀梁傳)』에서는 "천자가 일식이 물러나기를 기원할 때에는 다섯 방위의 색깔로 된 다섯 개의 깃발을 설치하고, 다섯 가지 병장기와 다섯 가지 북을 설치한다. 제후의 경우에는 세 가지 색깔의 깃발을 설치하고, 세 가지 북과 세 가지 병장기를 설치한다. 대부(大夫)의 경우에는 문을 두드린다. 사(士)의 경우에는 딱따기를 두드린다. 이러한 행위들은 모두 양기를 충만하게 만든다는 뜻이다."[4]라고 했다. 범녕[5]이 말하길, "무릇 소리는 양기에 해당한다. 북을 두드려서 소리를 내는 이유는 양기를 도와서, 음기를 억누르기 위해서이다."라고 했다. 『춘추전(春秋傳)』에서는 "일식이 발생하면, 천자가 사(社)에서 북을 두드리니, 이것을 통해 상공(上公)을 책망한다. 제후의 경우에는 조정에서 북을 두드리니, 이것을 통해 스스로를 겸손하게 낮추고 자책한다."라고 하였다. 『서(書)』「하서(夏書)」에서는 "진(辰)이 방(房)에 합치되지 않아서, 악사가 북을 울리고, 하급 관리인 색부(嗇夫)가 달리며, 서인(庶人)들이

---

4) 『춘추곡량전』「장공(莊公) 25년」: 天子救日, 置五麾, 陳五兵五鼓, 諸侯置三麾, 陳三鼓三兵, 大夫擊門, 士擊柝, 言充其陽也.

5) 범녕(范甯, A.D.339 ~ A.D.401) : 동진(東晉) 때의 학자이다. 자(字)는 무자(武子)이다. 정현(鄭玄)의 영향력을 많이 받았으며, 『춘추곡량전집해(春秋穀梁傳集解)』 등을 지었다.

분주하게 움직인다."라고 하였는데, 이 기록에 대한 공안국(孔安國)의 전(傳)에서는 "'진(辰)'자는 해와 달이 만나는 곳이다. '집(集)'자는 합치된다는 뜻이다. '방(房)'자는 해와 달이 머무는 장소로, 그 머무는 장소에 합치되지 않아서, 일식이 생기게 되었다는 사실을 알 수 있다. 달리고 분주하게 움직이는 행동들을 하는 이유는 일식이 발생하면 일식이 물러나기를 기원하게 되는데, 이들은 그 의식들을 준비하기 때문에 분주하게 움직이는 것이다. '주(奏)'자는 두드린다는 뜻과 같다."라고 했다. 『주례(周禮)』에는 일식이 물러나길 기원할 때 사용하는 활에 대해 기록하고 있지만,[6] 의식 때 사용되는 구체적인 병장기의 항목들은 알 수가 없다. 그래서 정현이 "아직 들어보지 못했다."라고 말한 것이다.

孔疏 ●"大廟火, 則從天子救火, 不以方色與兵"者, 以日食是陰之災, 故象五方之色, 以兵討陰. 救火無此義, 故不用五方色及兵也.

번역 ●經文: "大廟火, 則從天子救火, 不以方色與兵". ○일식은 음기(陰氣)가 일으킨 재앙이기 때문에, 다섯 방위의 색깔을 형상화하고, 병장기로써 음기를 토벌하는 것이다. 화재를 진압할 때에는 이러한 뜻과는 상관이 없다. 그렇기 때문에 다섯 방위의 색깔과 병장기를 사용하지 않는 것이다.

訓纂 江氏永曰: 古術疎, 無豫推日食之法, 故有猝遇日食, 不得終禮之事, 後言"喪引至於堩, 日有食之", "安知其不見星", 亦是不能豫知其食分也.

번역 강영이 말하길, 고대의 과학은 소박한 수준이어서, 일식을 미리 예측하는 방법이 없었다. 그렇기 때문에 갑작스럽게 일식을 접하여, 예(禮)를 끝맺지 못하는 경우가 발생한 것이다. 그리고 다음 문장에서 '장례(葬禮) 때 발인을 하여, 길에 영구가 이르렀는데, 일식이 발생한다면'[7]이라고 말하

---

6) 『주례』「추관(秋官)·정씨(庭氏)」: 庭氏, 掌射國中之夭鳥. 若不見其鳥獸, 則以<u>救日之弓</u>與救月之矢射之.

고, "어찌 별을 보지 않을 것을 알 수 있겠는가?"[8]라고 말한 것도 또한 '일식이 되는 과정[食分]'[9]을 미리 예측할 수 없었기 때문이다.

訓纂 段氏玉裁曰: 古外朝·治朝·燕朝皆不屋, 故雨霑服失容則廢.

번역 단옥재[10]가 말하길, 고대에는 외조(外朝), 치조(治朝), 연조(燕朝)[11]에, 모두 지붕을 올리지 않았기 때문에, 비가 많이 내려 예복(禮服)을 적셔서, 용모가 흐트러지게 된다면, 그 의식 행사를 폐지하게 된 것이다.

---

7) 『예기』「증자문」【243c~d】 曾子問曰 葬引, 至于堩, 日有食之, 則有變乎.

8) 『예기』「증자문」【243c~d】 日有食之, 安知其不見星也.

9) 식분(食分)은 천문학 용어이다. 해나 달에 일식이나 월식이 발생했을 때, 가려지는 과정을 뜻한다.

10) 단옥재(段玉裁, A.D.1735 ~ A.D.1815) : 청대(淸代)의 학자이다. 자(字)는 약응(若膺)이고, 호(號)는 무당(懋堂)이다. 저서로는 『설문해자주(說文解字注)』, 『육서음균표(六書音均表)』, 『고문상서찬이(古文尙書撰異)』 등이 있다.

11) 천자나 제후에게는 정무를 보던 장소가 3군데 있었는데, 그것을 삼조(三朝)라고 부른다. '삼조'의 명칭과 설명에 대해서는 주석가들마다 조금씩 차이를 보인다. 외조(外朝)와 치조(治朝)를 같은 것으로 보아서, '삼조'를 외조, 내조(內朝), 연조(燕朝)라고 설명하기도 한다. 위에서는 외조, 치조, 연조로 열거되고 있는데, 이것과 관련된 내용으로는 청대(淸代) 학자인 유헌정(劉獻廷)이 지은 『광양잡기(廣陽雜記)』의 "周之時有三朝, 庫門之外爲外朝, 詢大事在焉, 路門之外爲治朝, 日視朝在焉, 路門之內曰內朝, 亦曰燕朝."라는 기록이 있다. 즉 주(周)나라 때에는 '삼조'를 두었는데, 고문(庫門) 바깥쪽에 지은 것을 '외조'라고 부르고, 국가의 대사를 하문하던 장소이며, 노문(路門) 바깥쪽에 지은 것을 '치조'라고 부르며, 날마다 정사를 돌보던 장소이고, 노문 안쪽에 지은 것을 '내조' 또는 '연조'라고 부른다.

그림 11-4 천자오문삼조도(天子五門三朝圖)

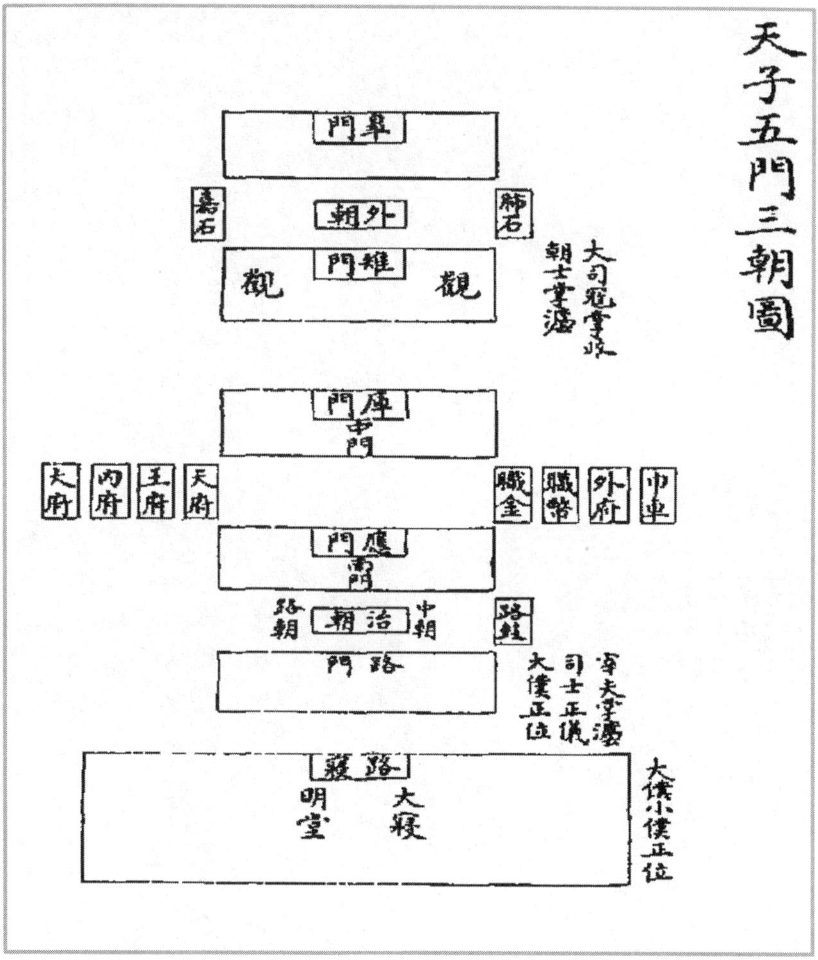

◎ 노침(路寢)의 앞마당=연조(燕朝)

▸**출처:** 『주례도설(周禮圖說)』 상권

그림 11-5 연조도(燕朝圖)

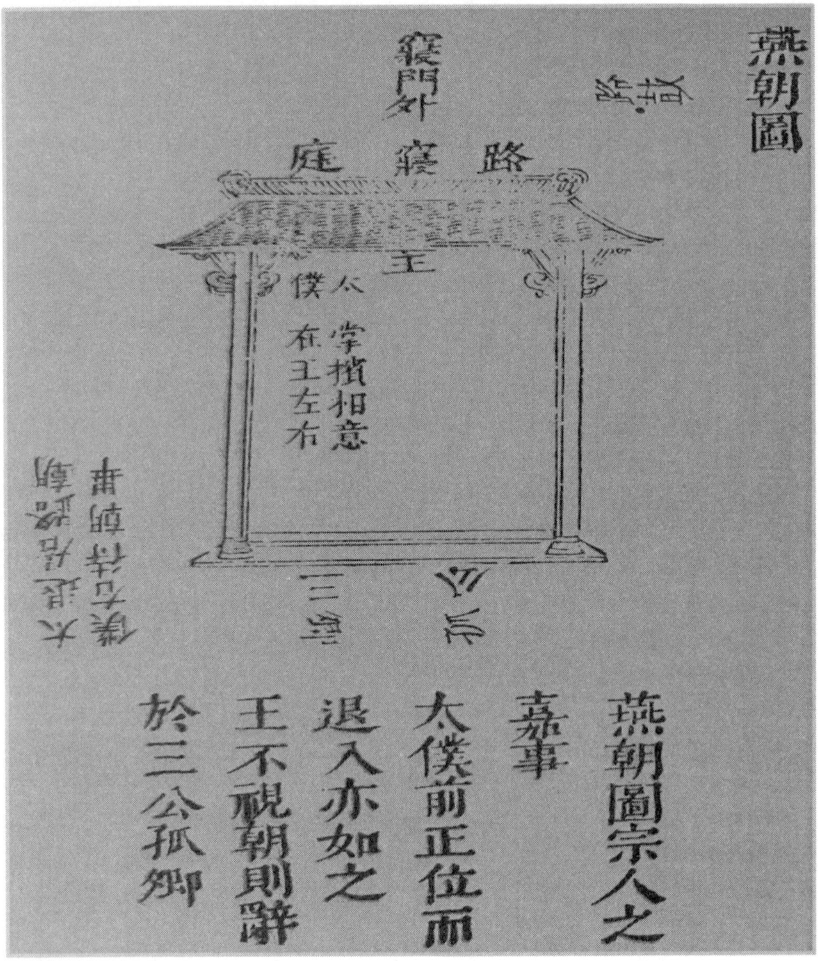

▸ 출처: 『삼재도회(三才圖會)』「궁실(宮室)」 2권

그림 11-6 치조도(治朝圖)

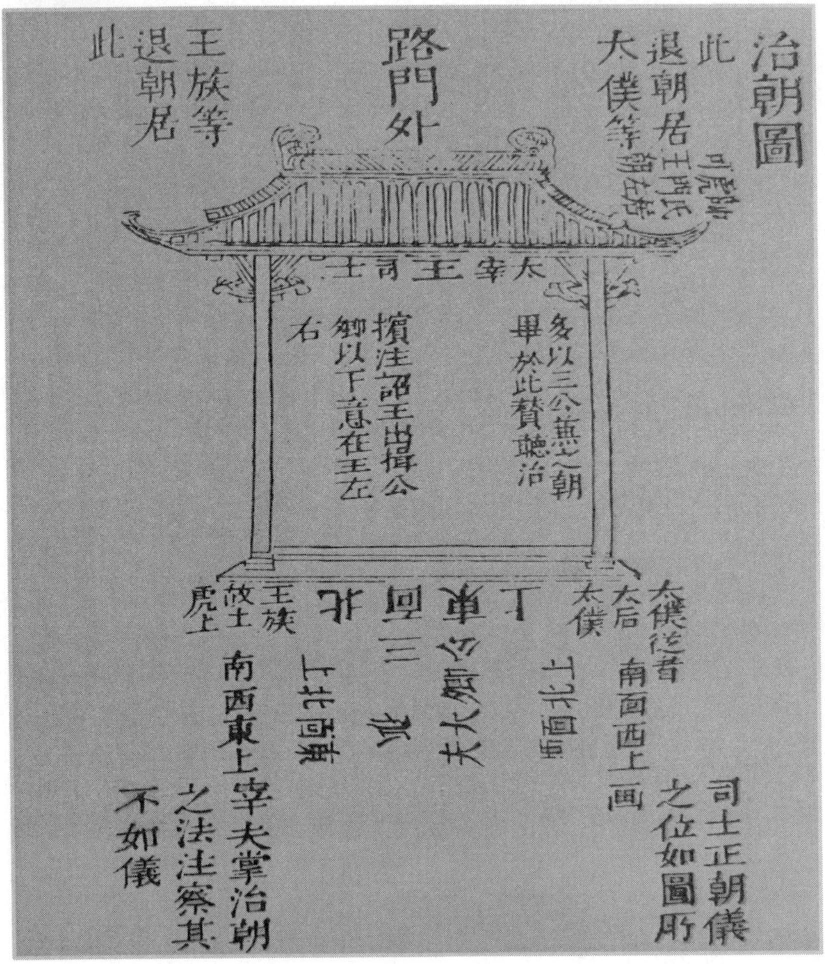

▸ **출처:** 『삼재도회(三才圖會)』「궁실(宮室)」 2권

그림 11-7 외조도(外朝圖)

▸ 출처: 『삼재도회(三才圖會)』「궁실(宮室)」 2권

集解 愚謂: 日食有定, 可以預推, 此云揖讓入門乃爲日食廢禮者, 古時曆法疎也. 漢建安中, 將正會, 而太史上言, "正旦當日蝕." 朝士疑會否, 時廣平計吏劉劭在坐, 曰, "梓愼·裨竈, 古之良史, 猶推水火錯失天時. 諸侯旅見天子, 入門不得終禮者四, 日蝕其一, 然則聖人垂制, 不爲變異豫廢朝禮者, 或災消異伏, 或推術謬誤也." 朝位在庭, 故雨則廢. 救日用兵者, 蓋以示助陽討陰, 與伐鼓於社同義. 周禮庭氏, "掌射夭鳥, 若不見其鳥獸, 則以救日之弓與救月之矢射之."

번역 내가 생각하기에, 일식 현상은 고정된 주기가 있어서, 미리 예측할 수가 있다. 그런데도 이곳 문장에서 읍양(揖讓)을 하고 문에 들어섰는데, 일식 때문에 예(禮)를 폐지하게 되었다고 말한 이유는 고대의 역법(曆法) 자체가 허술했기 때문이다. 한(漢)나라 건안(建安) 연간에, 장차 정회(正會)[12]를 시행하려고 하였는데, 태사(太史)가 진언하길, "정월 초하루는 일식에 해당합니다."라고 하였다. 조회에 참석하는 신하들이 참석해야 하는지 아닌지를 의문시하였다. 그런데 당시 광평(廣平) 땅 출신으로 계리(計吏)가 된 유소(劉劭)라는 자가 그 자리에 있었는데, 그가 말하길 "춘추시대(春秋時代)의 노(魯)나라 재신(梓愼)과 정(鄭)나라 비조(裨竈)는 고대의 현명한 사관이었습니다만, 오히려 수재(水災)와 화재(火災)를 점칠 때에 천시(天時)를 잘못 읽은 적이 있습니다. 제후가 천자를 단체로 알현할 때에, 문에 들어섰는데도 예(禮)를 다 끝마치지 못하는 경우는 네 종류인데, 일식이 그 중 하나입니다. 그러나 성인(聖人)이 제도를 만들어서 세상에 반포해줄 때에는 변고나 괴이한 현상 때문에, 미리 조례(朝禮)를 폐지하지 않았으니, 그 이유는 어떤 경우에는 재이(災異)의 현상이 점차 사라지기도 하고, 어떤 경우는 미리 예측한 것이 잘못되었을 수도 있기 때문입니다."[13]라고 했다.

---

12) 정회(正會)는 제왕이 매해 정월(正月) 초하루에 군신(群臣)들과 시행하는 조례(朝禮)를 뜻한다.

13) 『삼국지(三國志)』「위서(魏書)·왕위이류부전(王衛二劉傅傳)」: 太史上言, "正旦當日蝕." 劭時在尙書令荀彧所, 坐者數十人, 或云當廢朝, 或云宜卻會. 劭曰, "梓愼·裨灶, 古之良史, 猶占水火, 錯失天時. 禮記曰諸侯旅見天子, 及門不得終禮者四, 日蝕在一. 然則聖人垂制, 不爲變異豫廢朝禮者, 或災消異伏,

조회를 보던 장소는 마당에 있었기 때문에, 비가 내리게 되면, 조회를 폐지했던 것이다. 일식이 물러나길 기원하면서, 병장기를 사용하는 이유는 아마도 양기(陽氣)를 도와서, 음기(陰氣)를 토벌한다는 모습을 나타내기 위해서일 것이니, 사(社)에서 북을 치는 행위와 같은 뜻일 것이다. 『주례』의 정씨(庭氏)는 "그가 담당하는 일은 요상한 울음소리를 내는 새들을 잡는 일이었는데, 만약 그러한 짐승들을 발견하지 못하였다면, 일식 때 일식이 물러나길 기원하며 사용하게 되는 활과 월식 때 월식이 물러나길 기원하며 사용하는 화살을 가지고서 활을 쏜다."[14]라고 하였다.

【236a】

曾子問曰: 諸侯相見, 揖讓入門, 不得終禮, 廢者, 幾. 孔子曰: 六. 請問之. 曰: 天子崩, 大廟火, 日食, 后·夫人之喪, 雨霑服失容, 則廢.

직역 曾子가 問曰, "諸侯가 相見하여, 揖讓하고 門에 入한데, 終禮를 不得하고, 廢者는 幾잇고." 孔子가 曰, "六이다." 請問하니, 曰, "天子가 崩함과 大廟가 火함과 日食과 后나 夫人의 喪과 雨가 服을 霑하여 容을 失하면, 廢하니라."

의역 증자가 질문하기를, "제후들끼리 서로 회동(會同)하게 되어, 읍양(揖讓)을 하고 문에 들어섰는데, 서로 회동하는 예(禮)를 다 끝내지도 못한 상태에서, 중간에 그만두는 경우는 몇 가지나 됩니까?" 그러자 공자가 대답해주기를, "총 6가지 경우이다." 증자가 그 상세한 내용에 대해 재차 질문을 하였다. 공자가 다시 대답해주기를, "천자가 죽었을 경우와 자신의 태묘(太廟)에 불이 난 경우와 일식이 일어난 경우와 '천자의 부인[后]'이 죽어서 상(喪)을 치르는 경우와 '찾아간 나라의

或推術謬誤也.

14) 『주례』「추관(秋官)·정씨(庭氏)」: 庭氏, 掌射國中之夭鳥, 若不見其鳥獸, 則以救日之弓與救月之矢射之.

제후 부인[夫人]'이 죽어서 상을 치르는 경우와 비가 많이 내려서 제후들의 예복(禮服)을 적시게 되어, 제후들의 용모가 흐트러졌을 경우라면, 중간에 그만둔다."

集說 大廟, 本國之大廟也. 夫人, 小君也.

번역 여기에서 말하는 태묘(太廟)는 천자의 태묘나 상대방 제후국의 태묘가 아닌, 제후 본인 나라의 태묘를 뜻한다. 부인(夫人)은 소군(小君)을 뜻한다.

大全 嚴陵方氏曰: 旅見, 蓋君臣之禮, 故以事而廢者少. 相見, 蓋敵國之禮, 故以事而廢者多, 此輕重之別也.

번역 엄릉방씨가 말하길, 제후들이 천자를 단체로 알현하는 행위는 군신(君臣) 사이에서 지켜야 하는 예법(禮法)에 해당하기 때문에, 아마도 사정상 그만두는 경우가 적은 것이다. 제후들끼리 서로 회동하는 행위는 대등한 제후국 사이에서 지켜야 하는 예법에 해당하기 때문에, 아마도 사정상 그만두는 경우가 많은 것이니, 이러한 차이점이 바로 천자와 제후 간에 존재하는 경중(輕重)의 구별이다.

大全 臨川吳氏曰: 比之旅見天子多, 其二, 外則天子崩, 內則后夫人之喪也, 謂正當外國君入門之時, 而天子王后之凶訃至, 或主國君之夫人薨也.

번역 임천오씨가 말하길, 제후가 천자를 단체로 알현하는 경우와 비교해보면, 여기에서 말하는 경우가 더 많은데, 그 두 가지 경우는 외적으로는 천자가 죽었을 경우이며, 내적으로는 '천자의 부인[后]'과 '제후의 부인[夫人]'의 상(喪)이 발생했을 때이니, 이 말은 곧 다른 제후국의 군주가 문으로 들어섰을 때에, 천자나 '천자의 부인[王后]'의 부고가 도달한 경우를 뜻하며, 혹은 빙문(聘問)을 받는 제후국 군주의 부인이 죽었을 경우를 뜻한다.

鄭注 夫人, 君之夫人.

번역 '부인(夫人)'은 제후의 부인이다.

孔疏 ◎注"夫人, 君之夫人" ○正義曰: 此經曰, "后夫人之喪", 恐是天子之三夫人, 故云"君[15]之夫人". 此大廟火者, 亦謂君之大廟, 非天子大廟也. 知非者, 旣云"揖讓入門", 無容天子大廟之火赴告卽至, 故知非王之大廟. 假令在後堂朝, 方聞火時, 過已久, 又不可廢朝, 故知非王之大廟也.

번역 ◎鄭注: "夫人, 君之夫人". ○이곳 경문에서는 '후부인(后夫人)의 상(喪)'이라고만 기록하였는데, 이 말은 천자에게 있는 3명의 부인(夫人)을 가리키는 것으로 오해할 수가 있다. 그렇기 때문에 정현의 주에서 "제후[君]의 부인이다."라고 설명한 것이다. 이곳 문장에서 태묘(太廟)에 화재가 발생하였다는 말 또한 제후의 태묘를 뜻하는 말이지, 천자의 태묘를 가리키는 것이 아니다. 이처럼 천자의 태묘가 아니라는 사실을 알 수 있는 이유는 이미 경문에서 "읍양(揖讓)을 하고 문으로 들어왔다."라고 말했으니, 그 사이에는 천자의 태묘에 화재가 발생했다는 변고가 도착할 겨를이 없기 때문이다. 그렇기 때문에 천자의 태묘가 아니라는 사실을 알 수 있다. 가령 제후끼리 후당(後堂: =後宮)에서 회동을 하게 되었는데, 천자의 태묘에 화재가 발생했다는 소식을 듣게 된다면, 그 시기는 이미 오랜 시간이 경과했을 것이며, 또한 이미 오래전에 발생한 사안을 가지고, 회동을 폐지할 수는 없었을 것이다. 그러므로 이곳에서 언급하는 태묘가 천자의 태묘가 아니라는 사실을 알 수 있는 것이다.

---

15) '군(君)'자에 대하여. '군'자는 본래 '천자(天子)'로 기록되어 있었는데, 완원(阮元)의 『교감기(校勘記)』에서는 "『감본(監本)』·『모본(毛本)』에는 '군지부인(君之夫人)'으로 기록되어 있고, 혜동(惠棟)의 『교송본(校宋本)』에도 이처럼 기록되어 있다. 이곳 판본에서 '군'자를 '천자'로 기록한 것은 잘못된 기록이다. 『민본(閩本)』에도 '천자'라고 기록되어 있는데, 이 또한 잘못된 기록이다."라고 했다.

【236a】

曾子問曰: 天子嘗·禘·郊·社·五祀之祭, 簠簋旣陳, 天子崩·后之喪, 如之何. 孔子曰: 廢.

직역 曾子가 問曰, "天子가 嘗, 禘, 郊, 社, 五祀에 대한 제사를 지내게 되었을 때에, 簠簋를 旣陳한데, 天子가 崩하거나 后의 喪에는 어찌합니까?" 孔子가 曰, "廢니라."

의역 증자가 질문하기를, "천자가 상(嘗), 체(禘), 교(郊), 사(社), 오사(五祀)에 대한 제사를 지내게 되었을 때에, 일을 맡아보는 자들이 사전 준비 작업을 하여, 이미 보(簠)나 궤(簋)와 같은 제기(祭器)들을 진설해 두었는데, 만약 천자가 죽거나 '천자의 부인[后]'이 죽어서 상(喪)을 치르게 되었다면, 어찌해야 합니까?" 그러자 공자가 대답해주기를, "상을 치러야 하므로, 제사를 그만둔다."

集說 嘗·禘, 宗廟之祭, 郊·社, 天地之祭. 此言五祀, 而祭法言七祀, 先儒已言祭法不足據矣.

번역 상(嘗)제사 및 체(禘)제사는 종묘(宗廟)에 대한 제사이고, 교(郊)제사와 사(社)제사는 천지(天地)에 대한 제사이다. 이 문장에서는 오사(五祀)에 대해 언급하고 있지만, 『예기』「제법(祭法)」편에서는 '오사'는 제후에게 해당되는 제사이며, 천자에게 해당하는 것으로 칠사(七祀)를 언급하고 있다.[16] 이러한 차이점에 대해서 선대 유학자들은 「제법」편의 내용들은 근거로 삼기에 불충분하다고 설명하였다.

---

16) 『예기』「제법(祭法)」【551b】: 王爲羣姓立七祀. 曰司命, 曰中霤, 曰國門, 曰國行, 曰泰厲, 曰戶, 曰竈. 王自爲立七祀, 諸侯爲國立五祀. 曰司命, 曰中霤, 曰國門, 曰國行, 曰公厲. 諸侯自爲立五祀. / 천자에 해당하는 것은 칠사(七祀)이며, 그 대상은 사명(司命), 중류(中霤), 국문(國門), 국행(國行), 태려(泰厲), 호(戶), 조(竈)가 된다. 제후에게 해당하는 것은 오사(五祀)이며, 그 대상은 사명, 중류, 국문, 국행, 공려(公厲)이다.

그림 11-8 보(簠)와 궤(簋)

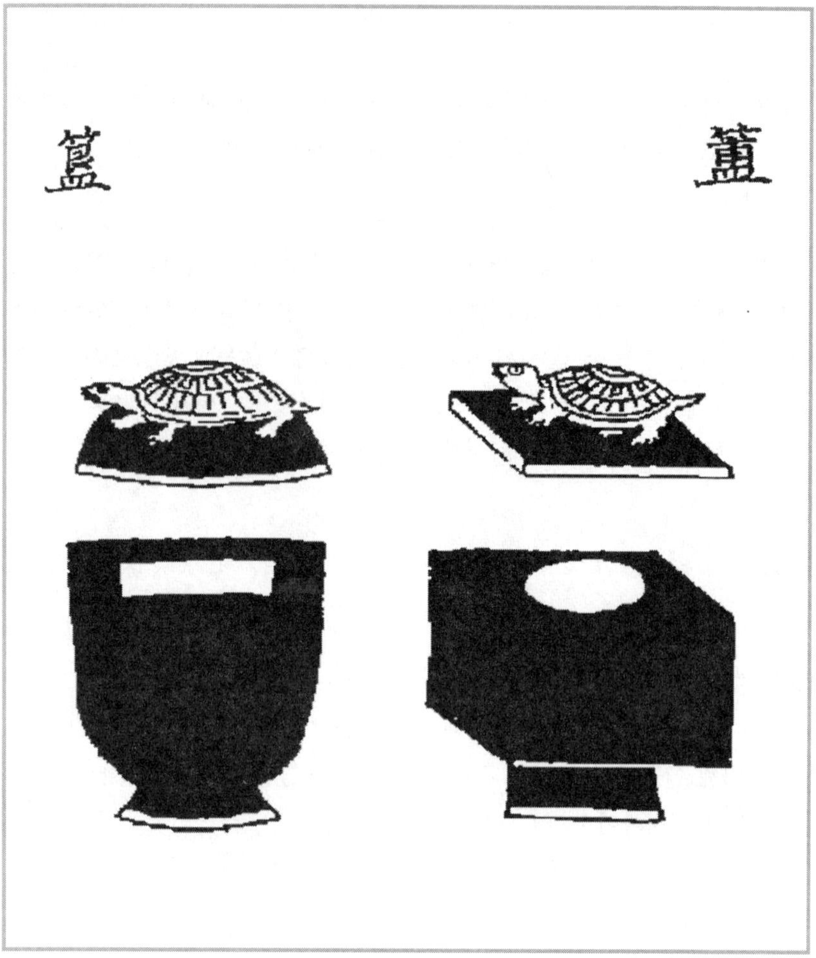

▸ **출처:** 『삼례도집주(三禮圖集注)』 13권

鄭注 既陳, 謂夙興陳饌牲器時也. 天子七祀, 言五者, 關中言之.

번역 "이미 진설하였다[既陳]."는 시기는 제사 당일에 집정관들이 일찍 일어나서 성찬을 차려놓고, 희생물들을 담는 그릇 등을 진설해둔 때를 뜻한다. 천자가 지내는 제사는 칠사(七祀)에 해당하는데, '오(五)'라고만 언급한 이유는 천자의 '칠사', 제후의 '오사(五祀)', 대부(大夫)의 '삼사(三祀)' 중에서, 중간에 해당하는 제후의 경우를 들어서, 나머지 경우까지도 포괄적으로 설명하기 위해서이다.

釋文 禘, 大計反. 簠音甫, 徐方于反, 又音蒲. 簋音軌. 饌, 仕戀反, 又仕轉反, 下同.

번역 '禘'자는 '大(대)'자와 '計(계)'자의 반절음이다. '簠'자의 음은 '甫(보)'이며, 서음(徐音)은 '方(방)'자와 '于(우)'자의 반절음이 되고, 또는 그 음은 '蒲(포)'가 된다. '簋'자의 음은 '軌(궤)'이다. '饌'자는 '仕(사)'자와 '戀(련)'자의 반절음이며, 또는 '仕(사)'자와 '轉(전)'자의 반절음으로, 아래 문장에 나오는 '饌'자도 그 음이 같다.

孔疏 ◎注"既陳"至"言之". ○正義曰: 知"既陳, 謂夙興陳饌牲器時也"者, 以下文云, "當祭而日食", 則此簠簋既陳, 不當祭也. 既不當祭時, 明是祭前陳饌牲器也. 前文云, "天子崩, 后之喪", 與日食·大廟火, 其禮皆同, 則此簠簋既陳, 日食·大廟火亦同也. 故下云, "如牲至未殺, 則廢", 是也. 牲至已殺則行接祭, 其天子崩, 后之喪, 牲入雖殺, 不可行接祭, 以其喪事重故也. 云"天子七祀, 言五者, 關中言之"者, 鄭此注以周禮言之, 祭法周天子七祀, 諸侯五祀, 大夫三祀. 五居其中, 言是諸侯之法, 擧五而言, 則上兼七, 下通三, 欲見天子及大夫其祭皆然, 故云"關中言之". 關, 通也, 謂通取中央而言之. 經云嘗禘者, 謂宗廟之祭也. 郊社謂天地之祭, 擧天地宗廟, 則五祀以上之祭皆在其中. 孔子曰"接祭而已矣"者, 謂牲至之後, 則接祭之也. 接, 捷也. 捷, 速也, 速而祭之.

번역 ◎鄭注: "旣陳"~"言之". ○정현이 "이미 진설하였다는 것은 일찍 일어나서 성찬을 차려놓고 희생물들을 담는 그릇을 진설해둔 때를 뜻한다."라고 하였는데, 이 말이 사실임을 알 수 있는 이유는 다음 문장에서 "제사를 지낼 때에 일식이 발생하였다."라고 기록하였으니, 이곳 문장에서 "보궤(簠簋)가 이미 진설되었다[簠簋旣陳]."고 한 말은 제사를 지낼 때에 해당하지 않는다. 따라서 이미 제사를 지내는 때에 해당하지 않기 때문에, "보궤가 이미 진설되었다."는 말은 제사를 지내기 이전에, 성찬을 차려놓고 희생물을 담는 그릇 등을 진설하는 시기에 해당한다는 사실을 나타낸다. 앞의 문장에서 '천자가 죽거나 후(后)의 상(喪)을 치를 때'라고 했을 때의 대처법은 일식이 발생하거나 태묘(太廟)에 화재가 발생하였을 경우에 의례(儀禮)를 중단하는 예법(禮法)과 동일하다. 따라서 이곳 문장에서 언급하고 있는 보궤 등을 이미 진설해둔 상황에 변고가 발생했을 때의 대처법은 일식이 발생하거나 태묘에 화재가 발생하게 되어, 대처하는 예법과 또한 동일한 것이다. 그렇기 때문에 아래 문장에서 "만약 희생물이 도착하였는데, 아직 도살하지 않은 경우라면, 제사를 그만둔다."라고 한 말이 바로 이것을 가리킨다. 그런데 희생물이 도착하여 이미 도살을 하였다면, 일반적인 경우라면 신속하게 제사를 시행하지만, 천자가 죽거나 왕후의 상이 발생했을 때에는 희생물이 종묘(宗廟)로 들어와서 비록 도살을 한 상태라고 하더라도, 신속하게 제사를 시행할 수가 없으니, 그 이유는 국가제례(國家祭禮)보다도 상사(喪事)의 일이 더 중요하기 때문이다. 정현이 "천자가 지내는 제사는 칠사(七祀)에 해당하는데, '오(五)'라고만 언급한 이유는 천자의 칠사, 제후의 오사(五祀), 대부(大夫)의 삼사(三祀) 중에서, 중간에 해당하는 제후의 경우를 들어서 언급한 것이다."라고 하였는데, 정현의 주석은 『주례(周禮)』에 근거해서 기록한 말로, 『예기』「제법(祭法)」편에서는 천자가 지내야 할 제사 대상은 '칠사'에 해당하고, 제후는 '오사'에 해당하며, 대부는 '삼사'에 해당한다고 하였다. '오사'는 그 중간에 위치하니, 이것은 제후의 예법(禮法)에 해당하는데, 경문에서는 칠사, 오사, 삼사 중에서 '오사'에 기준을 두고 언급을 하였으니, 위로는 '칠사'를 포함하고, 아래로는 '삼사'까지도 통괄하게 하여, 제후 뿐만 아니라, 천자 및 대부의 제례(祭禮)에 관한 규정도 또한 이처럼 한다는 뜻을 나타내고자 한 것이다. 그렇기 때문에 정현이 "중간에 해당하는 제후의 경우를 들어서 언급한 것이다."라고 말한 것이다. '관(關)'자는 통괄한다는 뜻이니, 통괄적으로 중간에 해당하는 것을 제시하여 언급했다는 뜻이다. 경문에서 '상(嘗)'과 '체(禘)'라고만 하였는데, 이 말은 곧 종묘에서 지내는 제사들을 전반적으로 지칭한다. 또 경문에서 '교(郊)'와 '사(社)'라고만 하였는데, 이 말은 곧 천지(天地)에 대한 제사들을 전반적으로 지칭한다. 따라서 경문에서 천지와 종묘에 대한 제사를 제시하였으니, 오사(五祀) 이상의 제사들은 모두 그 속에 포함되는 것이다. 공자가 "신속하게 제사를 지낼 따름이다."라고 한 말은 희생물이 도착한 이후인 경우라면, 신속하게 제사를 지낸다는 뜻이다. '접(接)'자는 '첩(捷)'자의 뜻이고, '첩(捷)'자는 '속(速)'자의 뜻이니, 신속하게 제사를 지낸다는 말이다.

訓纂 江氏永曰: 鄭注周禮以勾芒等五人神爲五祀, 此注五祀以爲關中言之, 皆非也. 天子而下, 皆以戶・竈・中霤・門・行爲五祀.

번역 강영이 말하길, 정현은 『주례(周禮)』에 주석을 달면서, 구망(勾芒) 등의 다섯 신(神)들을 오사(五祀)의 제사 대상으로 삼았고, 이곳 문장에 대한 주석에서는 칠사(七祀), 오사, 삼사(三祀) 중 중간에 해당하는 '오사'를 통괄적으로 제시하여 언급한 기록이라고 하였다. 그러나 이 말들은 모두 잘못된 주장이다. 천자로부터 그 이하의 모든 계층에서는 호(戶), 조(竈), 중류(中霤), 문(門), 행(行)을 '오사'의 대상으로 삼았다.

【236b】

曾子問曰: 當祭而日食·大廟火, 其祭也, 如之何. 孔子曰: 接祭而已矣. 如牲至未殺, 則廢.

직역 曾子가 問曰, "祭에 當하여, 日食이나 大廟가 火하면, 그 祭함은 어찌합니까?" 孔子가 曰, "接祭할 따름이다. 만일 牲이 至한데 未殺이어든, 廢하니라."

의역 증자가 질문하기를, "제사를 지낼 때에, 일식이 발생하거나 태묘(太廟)에 화재가 발생한다면, 제사는 어찌해야 합니까?" 그러자 공자가 대답해주기를, "신속하게 제사를 지낼 따름이다. 그런데 만일 희생물이 도착하였지만, 아직 도살을 하지 않은 상태라면, 제사를 진행하지 않고 그만둔다."

集說 接, 捷也, 速疾之義. 此言宗廟之祭, 遇此變異, 則減略節文, 務在速畢, 無迎尸於奧, 及迎尸入坐等禮矣.

번역 '접(接)'자는 '첩(捷)'자의 뜻이니, "신속하게 치른다[速疾]."는 의미이다. 이 문장의 뜻은 종묘(宗廟)에 대한 제사에서 이러한 변고를 만나게 된다면, 의례 절차를 생략하고, 신속하게 끝내는데 힘쓴다는 말이다. 즉 아랫목으로 시동을 맞이하는 절차나, 시동을 맞이하여 좌석에 앉히는 등등의 의례 절차들을 생략한다는 뜻이다.

大全 馬氏曰: 祭者, 吉事也, 朝者, 盛禮也. 天子廢朝, 盍亦廢祭矣, 故大廟火則哭之, 日食則救之, 后之喪則服之, 此可以廢祭矣. 雨霑服失容, 可以不旅見, 而不可以不祭, 蓋以祭而較之旅見, 則祭重, 故旅見可以易日, 而祭祀則不可以易日矣.

번역 마씨가 말하길, 제사를 지내는 행위는 길(吉)한 일이며, 조회를 하는 행위는 성대한 의례에 해당한다. 그런데 변고가 발생했을 때, 천자는 성대한 의례인 조회도 곧바로 그만두게 되니, 어찌 제사에 대해서도 또한 그만두지 않는 것이겠는가? 그러므로 태묘(太廟)에 화재가 발생하게 되면, 곡(哭)을 하게 되고, 일식이 일어나면, 일식이 물러나기를 기원하게 되며, 후(后)의 상(喪) 때에는 상복(喪服)을 입게 되니, 이러한 경우에는 제사를 폐지할 수 있는 것이다. 비가 예복(禮服)을 적셔서 용모가 흐트러졌을 경우에는 제후들이 단체로 천자를 알현하는 의례를 시행하지 않을 수 있지만, 제사를 지내지 않을 수는 없다. 그 이유는 아마도 제사를 기준으로 단체로 알현하는 예법(禮法)과 비교해보면, 제사가 더 중요하기 때문이니, 단체로 알현하는 의례는 날짜를 바꿔서 시행할 수 있지만, 제사의 경우는 날짜를 바꿔서 시행할 수가 없기 때문이다.

鄭注 接祭而已, 不迎尸也.

번역 신속하게 제사를 지낼 따름이니, 시동을 맞이하지 않는다.

孔疏 ◎注"接祭而已, 不迎尸也". ○正義曰: 經云, "如牲至未殺, 則廢", 此云"接祭", 則牲至已殺之後也. 按郊特牲云, "旣灌然後迎牲", 則迎尸於奧, 在未殺牲之前. 此經殺牲, 後云不迎尸者, 凡迎尸之禮, 其節有二, 一是祭初迎尸於奧而行灌禮, 灌畢而後出迎牲, 於時筵尸於戶外, 殺牲薦血毛, 行朝踐之禮, 設腥▼(月+闇)之俎於尸前, 是一也. 然後退而合亨, 更迎尸入坐於奧, 行饋孰之禮, 是二也. 此云不迎尸[17]者, 直於堂上行朝踐禮畢則止, 不更迎尸而入. 此謂宗廟之祭, 郊社之祭無文, 不迎尸亦謂此時也. 熊氏云, "郊社五祀, 祭初未迎尸之前, 已殺牲也. 以其無灌故也." 故大宰云, "祀五帝, 納亨[18]." 注云, "納

17) '시(尸)'자에 대하여. '시'자는 본래 '생(牲)'자로 기록되어 있었는데, 완원(阮元)의 『교감기(校勘記)』에서는 "마땅히 '시'자로 기록해야 한다."라고 했다.

18) '형(亨)'자에 대하여. '형'자는 본래 '향(享)'자로 기록되어 있었는데, 완원(阮元)의 『교감기(校勘記)』에서는 "혜동(惠棟)의 『교송본(校宋本)』에는 '형'자

亨謂祭之時[19].” 又中霤禮皆爲祭奠於主, 乃始迎尸, 是郊及五祀殺牲在迎尸之前也. 則此不迎尸亦得爲祭, 初不迎尸也.

번역 ◎鄭注: “接祭而已, 不迎尸也”. ○경문에서는 이미 “만일 희생물이 도착하였지만, 아직 도살을 하지 않았다면, 제사를 그만둔다.”라고 하였는데, 이곳 문장에서 “신속하게 제사를 지낸다.”라고 하였으니, 이 경우는 희생물이 도착하여, 이미 도살한 이후에 해당한다. 『예기』「교특생(郊特牲)」편을 살펴보면, “이미 손을 씻는 의식을 하였다면, 그런 연후에 희생물을 맞이한다.”[20]라고 하였으니, 시동을 아랫목으로 맞이하는 절차는 희생물을 도살하기 이전에 시행하는 일이다. 그런데 이곳 경문에서 “희생물을 도살하였다[殺牲].”고 하고, 이 문장의 뒤에 정현이 “시동을 맞이하지 않는다[不迎尸].”고 말한 이유는 무릇 시동을 맞이하는 예법(禮法)에는 그 절차가 두 종류가 있기 때문이다. 첫 번째는 제사를 지내는 초반에 시동을 아랫목으로 맞이하고서, 관례(灌禮)[21]를 시행하고, 관례가 다 끝난 이후에, 밖으로 나와서 희생물을 맞이하게 되는데, 이 시기에는 호(戶) 밖에서 시동에게 대자리를 깔아주게 되며, 희생물을 도살하여, 희생물의 피와 가죽을 바쳐서, 조천(朝踐)[22]의 의례(儀禮)를 시행하고, 삶아서 익힌 고기를 도마에 담

로 기록되어 있고, 위씨(衛氏)의 『집설(集說)』에도 동일하게 ‘형’자로 기록되어 있다. 이곳 판본에서는 ‘형’자를 ‘향’자로 잘못 기록한 것이며, 『민본(閩本)』·『감본(監本)』·『모본(毛本)』에서도 동일하게 ‘향’자로 잘못 기록하였다. 그 뒤에 나오는 정현의 주 인용 부분에 대해서도 마찬가지이다.”라고 했다.

19) ‘제지시(祭之時)’에 대하여. 손이양(孫詒讓)의 『교기(校記)』에서는 “『주례』「대재(大宰)」편에 기록된 정현의 주에 근거한다면, ‘제지시’에서의 ‘시(時)’자는 마땅히 ‘신(晨)’자가 되어야 한다.”라고 했다.

20) 『예기』「교특생(郊特牲)」【340a】: 既灌然後迎牲, 致陰氣也.

21) 관례(灌禮)는 제례(祭禮) 의식 중 하나이다. 술을 땅에 부어서 신(神)을 강림시키는 것이다. 『논어』「팔일(八佾)」에는 “禘, 自既灌而往者, 吾不欲觀之矣.”라는 기록이 있고, 이 기록에 대한 하안(何晏)의 『집해(集解)』에서는 공안국(孔安國)의 주장을 인용하여, “灌者, 酌鬱鬯灌於太祖以降神也.”라고 풀이하였다.

22) 조천(朝踐)은 제례(祭禮) 의식 중 하나이다. 희생물의 피와 기름 등을 바치

아서, 시동 앞에 놓아두게 되는데, 이것이 바로 첫 번째 절차에 해당한다. 그런 뒤에 물러나서, 함께 흠향을 하고, 다시금 시동을 맞이하여, 아랫목에 인도하여 앉게 하고, 궤숙(饋孰)[23]의 의례를 시행하니, 이것이 두 번째 절차에 해당한다. 이곳에서 정현이 "시동을 맞이하지 않는다."고 한 말은 단지 당상(堂上)에서 조천의 의례만을 시행하고, 그것이 끝나면 제례(祭禮)를 멈춘다는 말이니, 다시금 시동을 맞이하여 들여보내지 않는다는 뜻이다. 이러한 설명들은 모두 종묘(宗廟)에 대한 제사에 해당하는데, 교(郊)와 사(社) 같은 제사에 대해서는 기록이 없다. 따라서 "시동을 맞이하지 않는다."는 경우는 또한 바로 종묘에 대해 제사를 지내는 시기에 해당하는 말이다. 웅안생은 "교, 사, 오사(五祀)에 대한 제사에서, 제사 초반에, 아직 시동을 맞이하기 이전에 이미 희생물을 도살하게 된다. 이렇게 하는 이유는 이러한 제사에서는 관례를 시행하지 않기 때문이다."라고 하였다. 그러므로 『주례』「대재(大宰)」에서 "오제(五帝)에게 제사를 지내면, 납형(納亨)[24]을 한다."[25]라고 했는데, 정현의 주에서는 "'납형'하는 시기는 제사 지낼 때를

고, 단술을 따르게 되면, 비로소 제사를 본격적으로 시행하게 된다. 제주(祭主)의 부인이 되는 주부(主婦)는 이때 제사 때 진설해두는 제기(祭器)인 두변(豆籩) 등을 바치게 된다. 『주례』「춘관(春官)·사존이(司尊彝)」에는 "其朝踐用兩獻尊."이라는 기록이 있고, 이 기록에 대한 정현의 주에서는 "朝踐, 謂薦血腥, 酌醴, 始行祭事, 后於是薦朝事之豆籩."이라고 풀이하였다.

23) 궤숙(饋孰)은 제례(祭禮) 의식 중 하나이다. 제사를 시행할 때에는 희생물을 잡아서 생고기를 바치고, 이후에 다시 익힌 고기를 바치는데, '궤숙'은 바로 익힌 음식을 바치는 절차를 뜻한다.

24) 납형(納亨)은 제사를 지낼 때 희생물을 바치는 것을 뜻한다. 희생물을 도축하게 되면, 먼저 생고기를 바치는데, 일종의 조리장인 형인(亨人)에게도 고기를 공급하여 조리를 시킨다. 따라서 제사에 바친다는 뜻의 '납(納)'자와 형인을 뜻하는 '형(亨)'자를 붙여서, 희생물을 바치는 의식을 '납형'이라고 부르게 된 것이다. 『주례』「천관(天官)·대재(大宰)」에는 "及納亨, 贊王牲事."라는 기록이 있고, 이 기록에 대한 정현의 주에서는 "納亨, 納牲."이라고 풀이하였으며, 가공언(賈公彦)의 소(疏)에서는 "及殺訖, 納與亨人, 故言納亨."이라고 풀이하였다.

25) 『주례』「천관(天官)·대재(大宰)」 : 祀五帝則掌百官之誓戒與其具脩. 前期十日帥執事而卜日遂戒. 及執事視滌濯. 及納亨贊王牲事.

뜻한다."라고 하였고, 또한 『중류례(中霤禮)』에서는 제사를 지낼 때에는 모두 신주(神主)에게 전제사[奠祭]를 올리고서야, 비로소 시동을 맞이한다고 하였으니, 교제사 및 오사에 대한 제사에서는 희생물을 도살하는 일이 시동을 맞이하기 이전에 있는 것이다. 그렇다면 시동을 맞이하지 않더라도, 또한 제사를 지낼 수 있는 것이 되니, 이러한 설명들은 제사 초반에 시동을 맞이하지 않는다는 뜻이 된다.

集解 此祭謂祭外神也. 若祭宗廟而大廟火, 則廢祭, 不待問矣. 接祭, 謂以祭禮一接於神, 以致其祭祀之意, 而不復行餘禮也. 祭外神之所以牲已殺必祭者, 以其已降神故也. 祭天神以燔燎降神, 祭地以瘞埋, 社稷以血祭, 山林川澤以貍沈, 四方百物以疈辜, 此皆於殺牲後行之, 神旣降則不可不祭矣. 牲未殺, 則未降神, 故可廢. 若當祭而天子崩, 后之喪, 外神已殺牲, 亦接祭, 內神則廢與.

번역 여기에서 말하는 제사는 외신(外神)[26]에 대한 제사를 뜻한다. 만약 종묘(宗廟)에서 제사를 지내는데, 태묘(太廟)에 화재가 발생한 경우라면, 물어볼 것도 없이 제사를 폐지하게 된다. '접제(接祭)'는 제례(祭禮)의 절차를 시행하여, 일시에 신(神)들을 대접한다는 뜻으로, 제사를 지내는 의미를 지극하게 나타내되, 다시금 나머지 세세한 예법(禮法)들은 시행하지 않는다는 뜻이다. 외신에게 제사를 지내면서, 희생물이 이미 도살되었다면, 반드시 제사를 그대로 시행하게 된다. 그 이유는 이미 신을 강림시켰기 때문이다. 천신(天神)에게 제사를 지낼 때에는 연기를 피워 올려서 신을 강림

---

26) 외신(外神)은 내신(內神)과 상대되는 말이다. 교(郊)나 사(社) 등에서 지내는 제사 대상을 '외신'이라고 부른다. 『예기』「곡례하(曲禮下)」편에 대한 손희단(孫希旦)의 『집해(集解)』에서는 오징(吳澄)의 주장을 인용하여, "宗廟所祭者, 一家之神, 內神也, 故曰內事. 郊·社·山川之屬, 天下一國之神, 皆外神也, 故曰外事."라고 설명하였다. 즉 종묘(宗廟)에서 제사를 지내는 대상은 한 집안의 신(神)으로 '내신'이라고 부르며, 그 제사들을 내사(內事)라고 부른다. 또 교, 사 및 산천(山川) 등에 지내는 제사는 그 대상이 천하 및 한 국가의 신들이기 때문에, 그들을 '외신'이라고 부르며, 그 제사를 외사(外事)라고 부른다.

시키고, 지신(地神)에게 제사를 지낼 때에는 폐백을 매장하여 신을 강림시키며, 사직(社稷)에게 제사를 지낼 때에는 혈제(血祭)[27]로써 신을 강림시키고, 산림(山林)과 천택(川澤)에게 제사를 지낼 때에는 이침(貍沈)[28]으로써 신을 강림시키며, 사방(四方)과 만물(萬物)에게 제사를 지낼 때에는 벽고(疈辜)[29]로써 신을 강림시키니, 이러한 행위들은 모두 희생물을 도살한 이후에 시행하는 것들이다. 따라서 신이 이미 강림하였다면, 제사를 지내지 않을 수가 없는 것이다. 그런데 희생물을 아직 도살하지 않았다면, 아직 신을 강림시킨 것이 아니기 때문에, 제사를 폐지할 수 있다. 만약 제사를 지내야 할 때에, 천자가 죽거나, 후(后)의 상(喪)이 발생한 경우라면, 외신에 대해서는 이미 희생물을 도살한 상태라면, 또한 신속하게 제사를 지내고, 내신(內神)인 경우라면, 제사를 폐지할 수 있을 것이다.

---

27) 혈제(血祭)는 희생물의 피를 받아서 신(神)에게 바치는 것이다. 『주례』「춘관(春官)·대종백(大宗伯)」에는 "以血祭祭社稷五祀五嶽."이라는 기록이 있고, 이에 대한 정현의 주에서는 "陰祀自血起, 貴氣臭也."라고 풀이하였으며, 가공언(賈公彦)의 소(疏)에서는 "先薦血以歆神."이라고 풀이하였다.

28) 이침(貍沈)은 희생물이나 옥(玉), 폐물(幣物) 등을 산림(山林)과 천택(川澤)에 매장하거나 수장하여, 신(神)에게 바치는 것이다. 이(貍)자를 매(埋)자로 쓰기도 한다. 『주례』「춘관(春官)·대종백(大宗伯)」에는 "以貍沈祭山林川澤."이라는 기록이 있고, 이에 대한 정현의 주에서는 "祭山林曰埋, 川澤曰沈."이라고 풀이하였으며, 가공언(賈公彦)의 소(疏)에서는 "以其山林無水故埋之, 川澤有水故沈之."라고 풀이하였다.

29) 벽고(疈辜)는 희생물을 해체하여 신(神)에게 바치는 것이다. 『주례』「춘관(春官)·대종백(大宗伯)」에는 "疈以辜祭四方百物."이라는 기록이 있고, 이에 대한 정현의 주에서는 "疈, 疈牲胸也."라고 풀이했다.

【236b~c】

天子崩, 未殯, 五祀之祭, 不行, 旣殯而祭, 其祭也, 尸入, 三飯不侑, 酳不酢而已矣. 自啓, 至于反哭, 五祀之祭, 不行, 已葬而祭, 祝畢獻而已.

직역 天子가 崩함에, 未殯이어든 五祀의 祭를 不行하며, 旣殯이어든 祭하되, 그 祭에는 尸가 入하여, 三飯하면 不侑하고, 酳하면 不酢할 따름이다. 啓로부터 反哭에 이르기까지는 五祀의 祭를 不行하고, 已葬이어든 祭하되, 祝이 獻을 畢하고 已한다.

의역 공자가 계속하여 대답해주기를, "천자가 죽었을 경우에, 아직 빈소를 차리지 않은 상태라면, 오사(五祀)에 대한 제사를 시행하지 않으며, 이미 빈소를 차린 상태라면 제사를 지내긴 하되, 그 제사를 지낼 때에는 시동을 맞이하여 자리에 앉히고 나서, 시동이 세 번 수저를 뜨고서 사양을 하면, 더 이상 권하지 않고, 입가심하는 술을 시동에게 따라주되, 주인 및 나머지 사람들과 술잔을 주고받는 절차를 시행하지 않을 따름이다. 빈소에 가매장하였던 영구를 꺼내서, 장례(葬禮)를 치르고 되돌아와서 반곡제(反哭祭)를 지낼 때까지는 오사에 대한 제사를 시행하지 않고, 장례를 다 끝낸 다음에 제사를 지내되, 술을 서로 따라주는 절차는 대축(大祝)이 술을 받아서 마시게 되면 끝낸다."

集說 天子諸侯之祭禮亡, 不可聞其詳矣, 先儒以大夫士祭禮推之. 士祭尸九飯, 大夫祭尸十一飯, 則知諸侯十三飯, 天子十五飯也. 五祀外神, 不可以己私喪久廢其祭. 若當祭之時而天子崩, 則止而不行, 俟殯訖乃祭, 然其禮則殺矣. 侑, 勸也. 尸入, 迎尸而入坐也. 三飯不侑者, 尸三飯告飽則止, 祝更不勸侑其食使滿足當飯之數也. 酳, 食畢而以酒漱口也, 說見曲禮. 按特牲禮, 尸九飯畢, 主人酌酒酳尸, 尸飮卒爵酢主人, 主人受酢飮畢, 酌獻祝, 祝飮畢, 主人又酌獻佐食, 今云酳不酢者, 無酢主人以下等事也. 此是言殯後祭五祀之禮. 又言自啓殯往葬, 及葬畢反哭, 其間亦不祭五祀, 直待葬後乃祭, 其禮又不同. 蓋葬後哀稍殺, 漸向吉, 故祝侑尸食至十五飯, 攝主酳尸, 尸飮卒爵而酢攝主, 攝主飮畢酌而獻祝, 祝受而飮畢則止, 無獻佐食以下之事, 故云祝畢獻而已. 已, 止也.

번역 천자와 제후에 대한 제례(祭禮) 기록은 이미 망실되어서, 그 상세한 절차에 대해서는 들어보지 못하였다. 그러나 선대 유학자들은 남아 있던 대부(大夫)와 사(士)에 대한 제례(祭禮)[30]를 토대로, 천자와 제후에 대한 제례 내용을 추정하였었다. 사의 제례에서는 시동이 9번 수저를 뜨고, 대부의 제례에서는 시동이 11번 수저를 뜨니, 제후의 제례에서는 시동이 13번 수저를 뜨고, 천자의 제례에서는 15번 수저를 뜬다는 사실을 짐작할 수 있다. 오사(五祀)는 외신(外神)에 대한 제사이므로, 자신의 사적인 상(喪) 때문에, 그 제사를 오래도록 폐지할 수 없는 것이다. 만약 제사를 지내야 할 때가 되었는데, 천자가 죽게 된다면, 제사를 멈추고 시행하지 않으며, 빈소를 차리는 것이 끝날 때까지 기다린 다음에 제사를 지내지만, 그 예법(禮法)에 대해서는 정상적인 예법에 비해 낮추게 된다. '유(侑)'자는 권한다는 뜻이다. '시입(尸入)'은 시동을 맞이하여, 자리로 들여보내 앉힌다는 뜻이다. "3번 수저를 뜨고 더 이상 권하지 않는다[三飯不侑]."는 말은 시동이 3번 수저를 뜨고서, 배가 부르다고 알리게 되면, 그만두는 것이니, 대축(大祝)은 다시금 시동에게 식사를 더 권하여서, 시동으로 하여금 수저를 떠야 하는 본래의 수치를 채우지 않는 것이다. '윤(酳)'자는 식사를 끝내고서, 술로 입안을 헹구는 것이니, 자세한 설명은 「곡례(曲禮)」편에 보인다.[31] 『의례』「특생궤식례(特牲饋食禮)」편을 살펴보면, 시동이 9번 수저 뜨는 일을 마치면, 주인은 술을 따라서 시동에게 입을 헹구게 하고, 시동이 술을 다

30) 『의례』의 기록들을 뜻한다.

31) 『예기』「곡례상(曲禮上)」【27c】: 主人未辯, 客不虛口. / 이 문장에 대한 진호(陳澔)의 주에서는 "疏曰: 虛口, 謂食竟而飮酒蕩口, 使淸潔及安食也."라고 풀이하고 있다. 이 문장에서 진호는 위의 풀이 이외의 내용에 대해서는 별달리 언급하지 않고 있다.

마시고, 주인에게 술을 따라주게 되며, 주인은 술잔을 받아서 술을 마시게 되고, 다음으로 대축에게 술을 따라주며, 대축이 술을 다 마시게 되면, 주인은 다시 술을 따라서 좌식(佐食)에게 주게 된다. 그런데 이곳 문장에서는 입가심하는 술을 시동에게 따라주되, 술잔을 돌리지 않는다고 하였으니, 주인에게 술잔을 돌리는 등 그 이하의 절차들은 시행하지 않는 것이다. 이 내용은 빈소를 차린 이후에, 오사(五祀)에 대한 제사를 지낼 때의 예법을 설명한 말이다. 또 빈소에서 영구를 파내서, 장례(葬禮)를 치르러 가는 때부터, 장례를 끝내고 돌아와서 반곡제(反哭祭)를 지낼 때까지, 그 사이에는 또한 오사에 대한 제사를 지내지 않는다. 다만 장례가 다 끝나기를 기다린 이후에 제사를 지내게 되는데, 그 예법이 또한 앞에서 설명한 예법과는 같지 않다. 무릇 장례를 끝낸 이후에는 애통함이 점차 없어지게 되어, 흉사(凶事)에서 점차 길사(吉事)로 넘어가게 된다. 그렇기 때문에 대축은 시동에게 식사하기를 권하여, 15번 수저를 뜨게 하고, 섭주(攝主)가 시동에게 입가심하는 술을 따라주면, 시동은 술을 마셔서 잔을 비우고, 섭주에게 술잔을 돌리며, 섭주는 술을 마셔서 잔을 비운다. 그리고 술을 따라서 대축에게 건네주면, 대축은 술잔을 받아서 술을 마신다. 그리고 대축이 술 마시는 일까지 끝내게 되면 그치게 되니, 좌식에게 술을 건네는 등 그 이하의 일들을 하지 않게 된다. 그렇기 때문에 "대축이 술잔 받은 것을 마시게 되면, 끝낸다[祝畢獻而已]."고 말한 것이다. 이때의 '이(已)'자는 어조사가 아니라, 그친다는 뜻이다.

鄭注 既葬彌吉, 畢獻祝[32]而後止. 郊社亦然, 惟嘗禘宗廟俟吉也.

번역 장례(葬禮)를 끝내게 되면, 흉례(凶禮)에서 점차 길례(吉禮)로 넘어가게 된다. 그래서 대축(大祝)에게 술잔을 바치고 난 이후에 끝내는 것이

32) '필헌축(畢獻祝)'에 대하여. 『십삼경주소(十三經注疏)』 북경대 출판본에서는 "'필헌축'이라는 기록은 『민본(閩本)』·『감본(監本)』·『악본(岳本)』·『가정본(嘉靖本)』 및 위씨(衛氏)의 『집설(集說)』에서는 동일하게 기록하고 있는데, 『모본(毛本)』에서는 '축필헌(祝畢獻)'으로 기록하였다."라고 했다.

다. 교(郊)와 사(社)에 대한 제례(祭禮) 또한 이처럼 시행하지만, 상(嘗)제사와 체(禘)제사와 같은 종묘(宗廟)에 대한 제사에서는 완전히 길사(吉事)가 된 이후까지 기다렸다가, 제사를 시행한다.

釋文 飯, 扶晩反, 下同. 不侑音又, 絶句, 下皆放此. 酳音胤, 又仕覲反. 酢, 才各反.

번역 '飯'자는 '扶(부)'자와 '晩(만)'자의 반절음이며, 아래 문장에 나오는 '飯'자도 그 음이 이와 같다. '不侑'에서의 '侑'자의 음은 '又(우)'이며, 이곳에서 구문을 끊고, 아래 문장에 나오는 용례들도 이와 같다. '酳'자의 음은 '胤(윤)'이며, 또는 '仕(사)'자와 '覲(근)'자의 반절음이 된다. '酢'자는 '才(재)'자와 '各(각)'자의 반절음이다.

孔疏 ●"天子"至"天子". ○正義曰: 天子諸侯祭禮旣亡, 今儀禮唯有大夫士祭禮以言之. 按特牲饋食禮, "祝延尸于奧, 迎尸而入, 卽延坐, 三飯告飽, 祝侑尸, 尸又飯, 至於九飯畢." 若大夫依少牢饋食, 尸食十一飯而畢, 鄭注少牢云, "士九飯, 大夫十一飯也, 則其餘有十三飯·十五飯也." 按此說, 則諸侯十三飯, 天子十五飯. 又按特牲禮, 尸九飯畢, 主人酌酒酳尸, 尸飮卒爵, 酢主人, 主人受酢飮畢, 酌獻祝, 祝飮畢, 主人又酌獻佐食. 此是士之祭禮也. 今約此而說天子五祀之祭也.

번역 ●經文: "天子"~"天子". ○천자와 제후에 대한 제례(祭禮) 기록은 이미 망실되어 없어졌고, 현재 남아 있는 『의례(儀禮)』에는 오직 대부(大夫)와 사(士)의 제례에 대해서 기술한 기록만이 남아 있다. 『의례』「특생궤식례(特牲饋食禮)」편을 살펴보면, "축관(祝官)이 아랫목에 시동이 앉을 대자리를 깔아주고, 시동을 맞이하여 들여보내며, 시동이 대자리에 나아가 앉고서, 3번 수저를 뜨고 배가 부르다고 알리면, 축관은 시동에게 더 먹기를 권유하고, 시동이 다시 수저를 떠서, 9번 수저를 뜨게 되면 끝마친다."라고 하였다. 대부의 경우는 『의례』「소뢰궤식례(少牢饋食禮)」편에 근거해보면, 시동이 총 11번 수저를 뜨고서 끝내게 되는데, 「소뢰궤식례」편에 대한 정현의 주에서는 "사의 경우 9번 수저를 뜨고, 대부의 경우 11번 수저를 뜬다고 하였으니, 그 나머지는 13번 수저를 뜨고 15번 수저를 뜨게 되는 것이다."라고 하였다. 이 주장을 살펴보면, 제후는 13번 수저를 뜨고, 천자는 15번 수저를 뜨게 된다. 또한 「특생궤식례」편을 살펴보면, 시동이 9번 수저 뜨는 것을 끝내면, 주인이 술을 따라서 시동에게 입가심을 하게 만들고, 시동이 술을 마셔서 술잔을 비우면, 주인에게 술잔을 돌리고, 주인이 술잔을 받아서 술잔을 다 비우면, 다시 축관에게 술을 따라 권하고, 축관이 술을 다 마시고 나면, 주인은 다시 좌식(佐食)에게 술을 따라 권하게 된다. 이것은 사의 제례에 해당한다. 이곳에서는 이러한 예법(禮法)들을 집약하여, 천자의 오사(五祀)에 대한 제례를 설명하겠다.

孔疏 ●"天子崩未殯, 五祀之祭不行"者. ○以初崩哀慼, 未遑祭祀, 雖當五祀祭時不得行. 旣殯而祭者, 但五祀外神, 不可以己私喪久廢其祭, 故旣殯哀情稍殺而後祭也.

번역 ●經文: "天子崩未殯, 五祀之祭不行". ○최초 천자가 죽었을 때에는 애통함과 슬픔 때문에, 아직 제사를 치를 겨를이 없게 된다. 그래서 비록 오사(五祀)에 대한 제사를 지내야 할 때가 되더라도, 시행할 수 없는 것이다. 빈소를 다 차리고 나서, 제사를 지내는 이유는 단지 오사와 같은 외신(外神)에 대해서는 자신의 사적인 상(喪) 때문에, 오랜 기간 동안 제사를 폐지할 수 없기 때문이다. 그래서 빈소를 차리고 나서, 애통한 감정이 조금 옅어지게 된 이후에, 제사를 지내는 것이다.

孔疏 ●"其祭也, 尸入, 三飯不侑, 酳不酢而已矣"者, 今喪旣殯, 不得純如吉禮, 理須宜降殺. 侑, 勸也. 故迎尸入奧之後, 尸三飯告飽則止, 祝更不勸侑其食, 使滿常數也. 又熊氏云, "'三飯不侑, 酳不酢而已矣', 謂迎尸入奧之後,尸三飯卽止, 祝不勸侑至十五飯, 於時冢宰攝主酌酒酳尸, 尸受卒爵, 不酢攝主, 故云'三飯不侑, 酳不酢而已'者, 謂唯行此而已, 不爲在後餘事也."

번역 ●經文: "其祭也, 尸入, 三飯不侑, 酳不酢而已矣". ○상(喪)을 치르면서 빈소를 차렸다고 해서, 순전히 길례(吉禮)와 같이 할 수 없다. 그렇기 때문에 이치상 예법(禮法)을 낮추게 된 것이다. '유(侑)'자는 권한다는 뜻이다. 그러므로 시동을 맞이하여 아랫목에 앉힌 이후에, 시동이 3번 수저를 뜨고 배가 부르다고 알리면, 끝내게 되는 것이니, 대축(大祝)이 다시금 시동에게 더 들기를 권유하여서, 본래의 횟수를 채우지 않는 것이다. 또한 웅안생은 "경문에서 '3번 수저를 뜨고 나면, 더 권하지도 않고, 시동이 입가심하는 술을 마시면, 술잔을 돌리지도 않을 뿐이다.'라고 하였는데, 이 말은 곧 시동을 맞이하여 아랫목에 앉힌 이후에, 시동이 3번 수저를 뜨고 나면, 곧바로 끝내는 것이며, 대축이 권유를 하여 15번 수저를 뜨게 하지 않는다. 그리고 이때에 총재(冢宰)는 섭주(攝主)가 되어, 시동에게 입가심을 하는 술을 따라주게 되며, 시동은 술잔을 받아서 술을 마시되, 다시 섭주에게 잔을 돌리지 않는다는 뜻이다. 그렇기 때문에 '3번 수저를 뜨고 나서 권하지 않으며, 입가심하는 술을 마시면, 술잔을 돌리지도 않을 뿐이다.'라는 말은 오직 이러한 절차만을 시행하고서 끝내며, 그 뒤에 있는 나머지 절차들은 시행하지 않는다는 뜻이다."라고 했다.

孔疏 ●"自啓至于反哭, 五祀之祭不行"者, 謂欲葬之時, 從啓殯以後, 葬畢反哭以前, 靈柩旣見, 哀摧更甚, 故云, "五祀之祭不行, 已葬而祭, 祝畢獻而已".

번역 ●經文: "自啓至于反哭, 五祀之祭不行". ○이 문장에서 언급하는 상황은 장례(葬禮)를 치르고자 할 때에 해당하니, 빈소에 가매장했던 영구를 파낸 이후로부터, 장례를 끝내고 되돌아와서 반곡제(反哭祭)를 치를 때까지는 영구를 직접 목도하게 되어, 애통함이 더욱 극심해진다. 그렇기 때문에 "오사(五祀)에 대한 제사를 시행하지 않고, 장례를 다 끝내고서 제사를 지내며, 축(祝)이 헌(獻)을 필(畢)하고 그친다."라고 말한 것이다.

孔疏 ●"已葬而祭"者, 謂已葬反哭殯宮畢而行其祭, 但旣葬彌吉, 尸入三飯之後, 祝乃侑尸, 尸食十五飯, 攝主酳尸, 尸飮卒爵而酢攝主, 攝主飮畢酌而獻祝, 祝受飮畢則止, 無獻佐食以下之事. 所以然者, 以葬後未甚吉, 唯行此禮而已. 而已, 是語辭也. 皇氏云, "已, 止也."

번역 ●經文: "已葬而祭". ○이 문장은 곧 이미 장례(葬禮)를 치르고 나서, 빈궁(殯宮)에서 반곡제(反哭祭)까지 모두 끝내고 나서야, 오사(五祀)에 대한 제사를 지낸다는 뜻이다. 다만 장례를 끝내고 나면, 점차 길사(吉事)로 변하게 된다. 그래서 시동이 들어와 자리에 앉아서, 3번 수저를 뜬 이후에, 대축(大祝)이 곧 시동에게 더 먹기를 권유하고, 시동이 15번 수저를 뜨고 나면, 섭주(攝主)는 시동에게 입가심하는 술을 따라주고, 시동이 술을 마시고 잔을 비운 이후에, 섭주에게 술잔을 돌리면, 섭주는 술을 마시고 잔을 비우고서, 대축에게 술잔을 권한다. 그리고 대축이 술잔을 받아서 그것을 비우고 나서야 끝내게 되니, 좌식(佐食)에게 술잔을 권하는 등 그 이하의 일들은 시행하지 않는다. 그러한 이유는 장례를 치른 이후라고 하더라도, 아직 완전한 길사(吉事)로 접어든 것이 아니기 때문에, 오직 이러한 예법(禮法)만을 시행할 뿐이다. '이이(而已)'는 어조사이다. 황간은 '이이'에서의 '이(已)'자에 대해, "'이'자는 '지(止)'자의 뜻이다."라고 했다.

孔疏 ◎注"旣葬"至"吉也". ○正義曰: 經云祝畢獻止, 謂祝受獻祭禮, 遂畢止, 不獻佐食以下. 云"郊社亦然"者, 王制云, "天地社稷, 爲越紼而行事", 是與五祀同也. 趙商問云, "自啓至反哭, 五祀之祭不行. 注云'郊社亦然'者, 按王制云, '唯祭[33]天地社稷爲越紼而行事', 何?" 趙商之意, 葬時郊社之祭不行, 何得有越紼而行事? 鄭答, "越紼行事, 喪無事時, 天地郊社有常日, 自啓及至

33) '제(祭)'자에 대하여. '제'자는 본래 없던 글자인데, 완원(阮元)의 『교감기(校勘記)』에서는 "『고문(考文)』에서 인용하고 있는 송(宋)나라 때의 판본에서도 '제'자가 기록되어 있으니, 이곳 판본 기록에는 '제'자가 누락된 것이다. 그리고 '제'자를 누락한 문장은 『예기』「왕제(王制)」편의 문장과 합치되지 않는다."라고 했다.

反哭, 自當辟之." 鄭言無事者, 謂未殯以前是有事, 既殯以後未啓以前是無事, 得行祭禮, 故有越紼行事. 鄭云, "郊社有常日, 自啓至反哭, 自當辟之"者, 郊社既有常日, 自啓反哭, 當辟此郊社之日. 郊社尊, 故辟其日, 不使相妨. 五祀既卑, 若與啓反哭日相逢, 則五祀辟其日也. 鄭言天地社稷去殯處遠, 祭時踰越此紼而往赴之. 五祀去殯處近, 暫往則還, 故不爲越紼也. 云"唯嘗禘宗廟俟吉也"者, 謂爲嘗禘之禮以祭宗廟, 俟待於吉, 故王制云, "喪三年不祭", 是也. 其在喪祭郊社之時, 其喪所朝夕仍奠, 知者, 雜記云, "國禁哭則止, 朝夕之奠卽位, 自因也." 人臣尙爾, 明天子得也.

번역 ◎鄭注: "既葬"~"吉也". ○경문에서 "대축(大祝)이 헌(獻)을 필(畢)하면 그친다."고 한 말은 대축이 술잔을 받는 제례(祭禮) 절차까지 끝나게 되면, 제사 진행을 마치게 되어, 좌식(佐食)에게 술잔을 따라주는 이하의 행위를 하지 않는다는 뜻이다. 정현이 "교(郊)와 사(社)의 경우 또한 그러하다."라고 하였는데, 『예기』「왕제(王制)」편에서는 "천지(天地)와 사직(社稷)에게 제사를 지내되, 월불(越紼)[34]해서 일을 치른다."[35]라고 하였으니, 이것은 오사(五祀)에 대한 예법(禮法)과 동일하다는 뜻이다. 조상[36]이 묻기를, "계(啓)로부터 반곡(反哭)에 이르기까지, 오사에 대한 제사를 시행하지 않는다고 하였는데, 선생님의 주에서는 '교와 사에 대한 제사 또한 그러하다.'라고 하셨습니다. 그런데 「왕제」편을 살펴보니, '오직 천지와 사직에게만은 제사를 지내되, 월불해서 일을 치른다.'라고 한 것은 무슨 뜻입니까?"라고 했다. 조상의 의중은 장례(葬禮)를 치를 때, 교와 사에 대한 제사도 시행하지 않는데, 어찌하여 '월불해서 일을 치른다.'는 일이 있을

34) 월불(越紼)은 상여줄을 뛰어넘는다는 뜻이다. 장례(葬禮)를 치르기 이전에는 상여로 사용되는 순거(輴車)에 항상 상여줄인 불(紼)을 매달아둔다. 상중(喪中)에는 항상 집안에 머물러 있지만, 천지(天地) 및 사직(社稷) 등에게 제사를 지낼 때에는 집밖으로 나가야 한다. 이때에 바로 상여줄을 뛰어넘어서 가게 되는데, 이것을 '월불'이라고 부른다.

35) 『예기』「왕제(王制)」【157b】: 喪, 三年不祭, 唯祭天地社稷, 爲越紼而行事. 喪, 用三年之仂.

36) 조상(趙商, ? ~ ?) : 조상(趙商)은 정현(鄭玄)의 제자이다. 자(字)는 자성(子聲)이다. 하내(河內) 지역 출신이다.

수 있느냐는 뜻이다. 정현이 대답하길, "월불해서 일을 치른다는 말은 상사(喪事)를 치르는 도중 '특별한 일이 없을[無事]' 때에는 그렇게 할 수 있다는 뜻이다. 다만 천지와 교사(郊社)에 대한 제사에는 정해진 날짜가 있으므로, 계로부터 반곡에 이르기까지의 기간은 천지와 교사에 대한 제삿날을 피해야만 한다는 뜻이다."라고 했다. 정현이 '무사(無事)'라고 하였으니, 이 말은 곧 빈소를 차리기 이전은 '특별한 일이 있을 때[有事]'에 해당하고, 빈소를 다 차린 이후에, 계를 하기 이전까지는 '무사'에 해당한다는 뜻이니, 무사의 시기에는 이러한 제례를 시행할 수 있다. 그렇기 때문에 월불해서 일을 치르는 예법이 있는 것이다. 정현은 "천지와 교사에 대한 제사에는 정해진 날짜가 있으므로, 계로부터 반곡에 이르기까지의 기간은 천지와 교사에 대한 제삿날을 피해야만 한다."라고 하였는데, 이 말은 곧 교와 사에 대한 제사를 치를 때에는 이미 고정된 날짜가 있으니, 계로부터 반곡을 하는 기간은 마땅히 이 교와 사에 대한 제삿날을 피해야만 한다는 뜻이다. 교와 사의 제사에서 모시는 신(神)들은 존귀한 대상이기 때문에, 그 날짜를 피하여 서로 방해가 되지 않게 하는 것이다. 오사의 제사에서 모시는 신들은 상대적으로 낮은 대상이 되니, 만약 계로부터 반곡을 하는 기간이 서로 겹치게 된다면, 오사에 대한 제삿날은 그 기간을 피해서 잡게 된다. 그래서 정현은 "천지와 사직에 대한 제사는 빈소와 멀리 떨어진 장소에서 시행하므로, 제사를 지낼 때에는 상여줄[紼]을 뛰어 넘어서 그곳으로 달려간다."고 말한 것이다. 오사에 대한 제사는 빈소와 가까운 장소에서 시행하므로, 잠시 갔다가 되돌아오게 된다. 그러므로 월불을 하지 않게 된다. 정현이 "오직 상(嘗)제사와 체(禘)제사와 같은 종묘(宗廟)에 대한 제사에서는 완전히 길사(吉事)가 된 이후까지 기다렸다가, 제사를 시행한다."라고 하였는데, 이 말은 곧 상제사나 체제사에서 본래의 예법에 따라 종묘에서 제사를 지내는 것은 길사가 될 때까지 기다린다는 뜻이다. 그렇기 때문에 「왕제」편에서 "상인 경우, 3년 동안 제사를 지내지 않는다."[37]라고 한 말이 바로

---

37) 『예기』「왕제(王制)」【157b】: 喪, 三年不祭, 唯祭天地社稷, 爲越紼而行事. 喪, 用三年之仂.

이러한 내용을 가리킨다. 상중(喪中)에 교사에 대한 제사를 지내게 될 때에는 상을 치르는 장소에서 조석(朝夕)으로 전제사[奠祭]를 올리게 된다. 이러한 사실을 알 수 있는 이유는 『예기』「잡기(雜記)」편에서 "나라에서 곡(哭)을 금지하게 되면, 나머지 사람들도 중지를 하되, 조석으로 전제사를 지내는 것은 그 정해진 자리에 나아가서 해도 된다."[38]라고 하였기 때문이니, 신하들도 오히려 이처럼 한다는 말은 곧 천자도 할 수 있다는 뜻을 나타낸다.

集解 愚謂: 未殯之前, 諸祭皆廢, 旣殯則外神皆祭. 王制言"天地社稷, 越紼行事", 此言"五祀旣殯而祭", 各擧尊卑一偏言之, 其實外神無不祭也. 在喪而祭者, 皆使人攝之. 特牲禮尸食九飯而畢, 少牢禮尸食十一飯而畢. 鄭云, "士九飯, 大夫十一飯, 則其餘有十三飯十五飯也." 蓋謂諸侯祭宗廟當十三飯, 天子祭宗廟當十五飯. 若天子諸侯所祭之外神, 則當視其神之尊卑, 以爲飯數之多寡, 非天子所祭皆當十五飯也. 此言殯後祭五祀, "尸入, 三飯, 不侑, 酳不酢", 則常禮當三飯而侑, 飯畢而獻尸, 與特牲祭禮同, 蓋五祀神卑故也. 疏乃謂, "侑尸至十五飯", 同宗廟之禮, 誤矣.

번역 내가 생각하기에, 아직 빈소를 차리기 이전이라면, 모든 제사에 대해서 폐지를 하고, 이미 빈소를 차리게 되면, 외신(外神)에 대해서만 제사를 지내게 된다. 『예기』「왕제(王制)」편에서는 "천지(天地)와 사직(社稷)에게만은 제사를 지내되, 월불(越紼)해서 일을 치른다."라고 말했고, 이곳 문장에서는 "오사(五祀)에 대한 제사는 빈소를 차리고 나서야 제사를 지낸다."라고 하였다. 이 두 문장은 신(神)들 중에서 존비(尊卑)의 차등에 따라 각각 언급한 것이다. 즉 「왕제」편의 기록은 존귀한 신에 대한 경우를 언급하고, 이곳 문장은 낮은 신에 대한 경우를 언급한 것이니, 사실상 모든 외신에 대해서, 제사를 지내지 않는 경우가 없게 되는 것이다. 상중(喪中)에 처해서 제사를 지내는 경우에는 모두 다른 사람을 시켜서 대신 지내게 된다.

---

38) 『예기』「잡기하(雜記下)」【517b】: 國禁哭則止, 朝夕之奠卽位, 自因也.

『의례』「특생궤식례(特牲饋食禮)」편에서는 시동이 9번 수저를 뜨고 나면 끝내고, 『의례』「소뢰궤식례(少牢饋食禮)」편에서는 시동이 11번 수저를 뜨고 나면 끝낸다고 했다. 정현은 이 기록에 대해서 "사(士)의 예법(禮法)에서는 9번 수저를 뜨고, 대부(大夫)의 경우는 11번 수저를 뜨니, 그 나머지는 13번 수저를 뜨고, 15번 수저를 뜬다."라고 하였다. 이 말은 아마도 제후가 종묘(宗廟)에 대한 제사를 지낼 때에는 시동이 13번 수저를 떠야 하고, 천자가 종묘에 대한 제사를 지낼 때에는 시동이 15번 수저를 떠야 한다는 사실을 뜻하는 것 같다. 그러나 만약 천자와 제후가 외신에게 제사를 지내는 경우라면, 마땅히 그 신의 등급에 따라서 수저 뜨는 횟수를 결정해야 하는 것이다. 따라서 천자가 지내는 모든 제사에서, 시동이 한결같이 15번 수저를 떠야 하는 것은 아니다. 이곳 문장의 내용은 빈소를 차린 이후에, 오사에 대한 제사를 언급한 내용이며, "시동을 앉히고, 3번 수저를 뜨고 나면, 더 이상 권하지 않고, 입가심하는 술을 주되, 술잔을 돌리지 않는다."라고 하였으니, 천자의 오사에 대한 일상적인 예법은 시동이 3번 수저를 뜨면, 더 먹기를 권하는 것이며, 수저 뜨는 일이 다 끝나고 난 뒤에, 시동에게 술을 따라주는 것이다. 그런데 이러한 천자의 제례(祭禮)가 「특생궤식례」편에 나온 사의 제례와 동일한 이유는 아마도 오사의 신은 그 신분이 천신(天神)들이나 기타 신들에 비해서 상대적으로 낮기 때문일 것이다. 공영달(孔穎達)의 소(疏)에서는 곧 "시동에게 권하여, 15번까지 수저를 뜨게 한다."라고 풀이하여, 종묘에 대한 제례와 동일하게 설명한 것은 잘못된 말이다.

【237a】

曾子問曰: 諸侯之祭社稷, 俎豆旣陳, 聞天子崩·后之喪·君薨·夫人之喪, 如之何. 孔子曰: 廢. 自薨比至于殯·自啓至于反哭, 奉帥天子.

직역 曾子가 問曰, "諸侯가 社稷에 대해 祭함에 俎豆를 既陳한데, 天子崩 · 后之喪 · 君薨 · 夫人之喪을 聞커든 어찌합니까?" 孔子가 曰, "廢니라. 薨으로부터 殯에 이르기까지와 啓로부터 反哭에 이르기까지는 天子를 奉帥한다."

의역 증자가 질문하기를, "제후가 사직(社稷)에 대한 제사를 지내게 되어, 조(俎)와 두(豆) 같은 제기(祭器)들을 이미 진설해둔 상태인데, 만약 천자가 죽거나, '천자의 부인[后]'이 죽게 되어 상(喪)을 치르게 되었거나, 제후가 죽거나, '제후의 부인[夫人]'이 죽게 되어 상을 치르게 되었다는 등의 소식을 듣게 되면, 어찌해야 합니까?" 그러자 공자가 대답해주기를, "제사를 그만둔다. 제후가 죽은 때로부터 빈소를 차릴 때까지와 빈소에 가매장하였던 영구를 꺼내서 장례(葬禮)를 치르고, 되돌아와서 반곡제(反哭祭)를 지낼 때까지는 천자의 예법(禮法)에 따라서 동일하게 시행한다."

集說 比, 及也. 曾子所問如此, 孔子曰廢. 又言自薨至殯, 自啓至反哭, 皆帥循天子之禮者, 謂諸侯既殯而祭社稷或五祀者, 亦如天子殯後祭五祀之禮也. 其葬後而祭社稷五祀者, 亦如天子葬後祭五祀之禮也.

번역 '비(比)'자는 '급(及)'자의 뜻이다. 증자가 질문한 내용이 이와 같은데, 공자는 폐지한다고 대답하였다. 또 제후가 죽었을 때로부터 빈소를 차릴 때까지와 빈소에 가매장하였던 영구를 꺼내서 장례(葬禮)를 치르고, 되돌아와서 반곡제(反哭祭)를 지낼 때까지는 모두 천자의 예법(禮法)을 따른다고 한 말은 제후의 경우, 빈소를 차린 이후에, 사직(社稷) 혹은 오사(五祀)에 대한 제사를 지낼 때에는 또한 천자가 빈소를 차린 이후에, 오사에 대한 제사를 지내는 예법처럼 한다는 뜻이며, 장례를 끝낸 이후에, 사직과 오사에 대해 제사를 지낼 때에도 또한 천자가 장례를 치른 이후에, 오사에 대해 제사를 지내는 예법처럼 한다는 뜻이다.

그림 11-9 조(俎)와 두(豆)

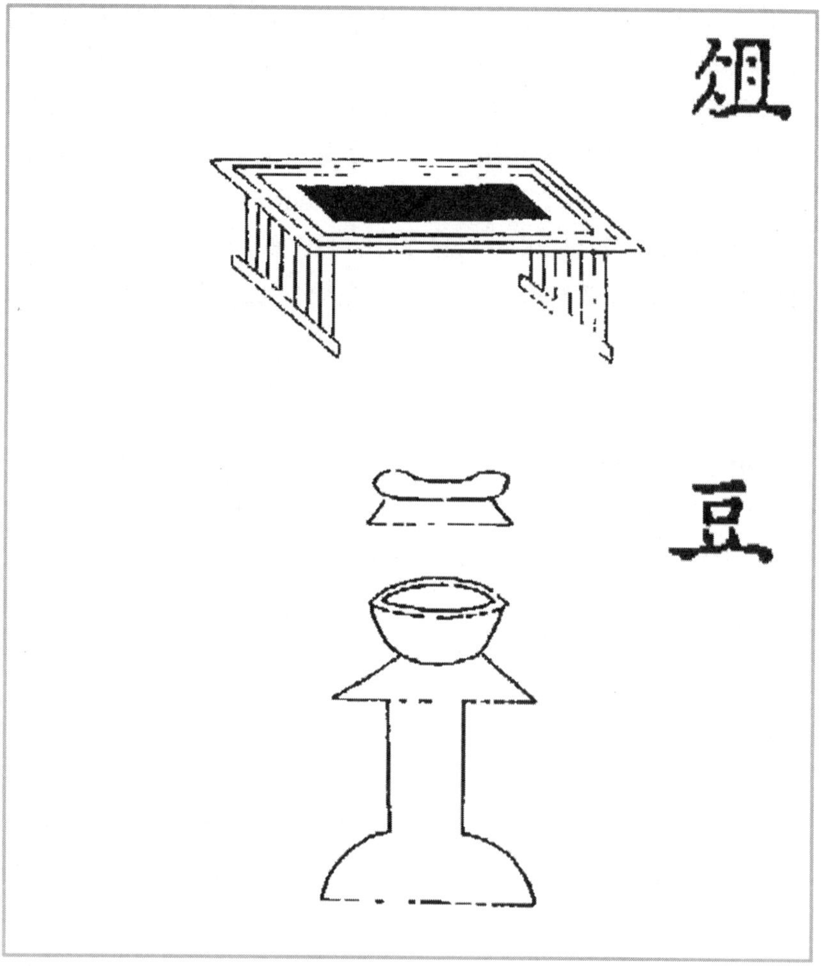

▸ **출처:** 『육경도(六經圖)』 6권

大全 山陰陸氏曰: 天子言嘗禘郊社五祀, 諸侯言社稷, 略諸侯也. 大夫益略, 不復名祭.

번역 산음육씨가 말하길, 경문에서는 천자에 대해, 상(嘗), 체(禘), 교(郊), 사(社), 오사(五祀) 등을 언급하였고, 제후에 대해서는 사직(社稷)만을 언급하였다. 그 이유는 특별한 의미가 있어서가 아니라, 문장이 중복되므로, 제후에 대해서는 약술했기 때문이다. 대부(大夫)의 경우는 더욱 약술하여, 제사의 명칭조차 재차 언급하지 않았다.

鄭注 亦謂夙興陳饌牲器時也. 帥, 循也. 所奉循如天子者, 謂五祀之祭也. 社稷亦然.

번역 이미 진설하였다는 말은 또한 제사 당일에, 집정관들이 일찍 일어나서 성찬을 차려놓고, 희생물들을 담는 그릇 등을 진설해둔 때를 뜻한다. '솔(帥)'자는 따른다는 뜻이다. "받들어 따라서 천자의 예법(禮法)처럼 한다[所奉循如天子]."는 말은 천자가 오사(五祀)에 대한 제사에서 시행했던 예법처럼 한다는 뜻이다. 사직(社稷)에 대한 제사의 경우도 또한 그러하다.

釋文 比, 必利反.

번역 '比'자는 '必(필)'자와 '利(리)'자의 반절음이다.

孔疏 ◎注"帥循"至"亦然". ○正義曰: "帥, 循也", 此釋詁文. 以經云奉循天子, 按上天子有祭五祀之文, 今云奉循如天子, 謂諸侯五祀亦如天子, 故云, "謂五祀之祭", 是諸侯五祀, 如天子五祀也. 今此諸侯祭社稷, 其遭喪節制與五祀同, 故云, "社稷亦然". 按天子崩·后喪, 諸侯當奔赴, 得奉循天子之禮者, 諸侯或不自親奔而身在國者, 或唯據君薨及夫人之喪, 其嗣子所祭, 得奉循天子者也.

번역 ◎鄭注: "帥循"~"亦然". ○정현이 "'솔(帥: =率)'자는 따른다는 뜻이다."라고 하였는데, 이 말은 『이아(爾雅)』의 문장이다.[39] 경문에서 천자를 받들어 따른다고 하였는데, 살펴보니 앞의 문장에서 천자가 오사(五祀)에 대해 제사지낸다는 기록이 있다. 그러므로 이곳 문장에서 "받들어 따라서 천자의 예법(禮法)대로 한다."라고 한 말은 제후의 오사에 대한 제사에서도, 또한 천자가 오사에 대해 제사를 지낼 때처럼 한다는 뜻이다. 그러므로 정현의 주에서 "오사에 대한 제사를 뜻한다."라고 말한 것이니, 이 말은 곧 제후의 오사에 대한 제사를 천자의 오사에 대한 제사처럼 지낸다는 뜻이다. 이곳 문장의 내용은 제후가 사직(社稷)에 대해 제사지내는 경우에 해당하는데, 상(喪)을 당해서 예제(禮制)를 조절해야 함이 오사에 대한 경우와 같다는 뜻이다. 그렇기 때문에 정현의 주에서 "사직 또한 그러하다."라고 말한 것이다. 살펴보면, 천자가 죽거나, 후(后)의 상(喪)일 때에는 제후는 본래 분상(奔喪)을 하게 되므로, 천자의 예법을 받들어 시행할 수 없게 된다. 그러므로 제후가 천자의 예법을 받들어 시행할 수 있는 경우는 제후들 중에 간혹 직접 분상하지 않아서, 본인이 그 나라에 남아 있는 경우이거나, 혹은 오직 군주가 죽거나 그 부인(夫人)의 상에 한정된 경우이다. 따라서 그 때에는 그의 후계자가 제사를 지내게 되어, 천자의 예법대로 받들어 시행할 수 있는 것이다.

集解 帥, 循也. 自薨比至于殯, 自啓至于反哭, 此謂君薨·夫人之喪也. 奉循天子者, 言亦如天子之於五祀, 旣殯而祭, 旣葬而祭也. 若天子崩·后之喪, 則赴告之及於諸侯者, 不必皆在殯前, 蓋於赴告至日, 斷爲七日之限, 以爲祭行之節也. 諸侯社稷之祭, 奉帥天子, 則五祀可知.

번역 '솔(帥)'자는 따른다는 뜻이다. 군주가 죽었을 때부터 빈소를 차릴 때까지와 계(啓)로부터 반곡(反哭)할 때까지는 제후가 죽거나 그의 부인이 죽어서 상(喪)을 치르는 경우를 뜻한다. "천자를 받들어 따른다[奉循天

---

39) 『이아(爾雅)』「석고(釋詁)」: 遹·遵·率, 循也.

子].”는 말은 또한 천자가 오사(五祀)에 대해서 했던 것처럼, 빈소를 차리고 나서야 제사를 지내고, 장례(葬禮)를 끝내고서 제사를 지낸다는 뜻이다. 만약 천자가 죽거나 천자의 부인이 죽어서 상을 치르게 된 경우라면, 부고가 제후에게 도착하는 시기는 반드시 빈소를 차리기 이전에 놓일 수가 없으므로, 아마도 부고가 도착하는 날까지를 확정하여 7일의 기한으로 삼고, 이것으로 제사를 시행하느냐 아니냐의 기준으로 삼았을 것이다. 제후가 사직(社稷)에 대해 제사를 지낼 때, 천자의 예법(禮法)을 받들어 따른다고 한다면, 오사에 대해서도 천자의 예법을 받들어 따른다는 사실을 알 수 있다.

【237b】

曾子問曰: 大夫之祭, 鼎俎旣陳, 籩豆旣設, 不得成禮, 廢者, 幾. 孔子曰: 九. 請問之. 曰: 天子崩·后之喪·君薨·夫人之喪·君之大廟火·日食·三年之喪·齊衰·大功, 皆廢. 外喪, 自齊衰以下, 行也. 其齊衰之祭也, 尸入, 三飯不侑, 酳不酢而已矣. 大功, 酢而已矣. 小功緦, 室中之事而已矣. 士之所以異者, 緦不祭, 所祭, 於死者, 無服則祭.

직역 曾子가 問曰, “大夫가 祭함에 鼎俎를 既陳하고, 籩豆를 既設한데, 成禮를 不得하고, 廢者는 幾잇고.” 孔子가 曰, “九이다.” 請問하니, 曰, “天子의 崩과 后의 喪과 君의 薨과 夫人의 喪과 君의 大廟가 火함과 日食과 三年喪과 齊衰와 大功에는 모두 廢하니라. 外喪은 齊衰로부터 그 이하는 行하니라. 齊衰의 祭함에는 尸가 入하여, 三飯하면 不侑하고, 酳하면 不酢할 뿐이다. 大功에는 酢하고서 已한다. 小功과 緦에는 室中의 事하고서 已한다. 士가 異한 바의 것은 緦에 不祭하며, 所祭가 死者에 대하여, 無服이면, 祭한다.

의역 증자가 질문하기를, “대부(大夫)가 제사를 지내게 되어, 정(鼎)과 조(俎)

를 이미 진설해두었고, 변(籩)과 두(豆)를 이미 설치해 두었는데, 예(禮)를 다 끝내지도 못하고서, 중간에 그만두는 경우는 몇 가지나 됩니까?" 그러자 공자가 대답해주기를, "총 9가지 경우이다." 증자가 그 상세한 내용에 대해 재차 질문을 하였다. 공자가 다시 대답해주기를, "천자가 죽은 경우와 '천자의 부인[后]'이 죽어서 상(喪)을 치르는 경우와 제후가 죽은 경우와 '제후의 부인[夫人]'이 죽어서 상을 치르는 경우와 제후의 태묘(太廟)에 화재가 발생한 경우와 일식이 일어난 경우와 삼년상(三年喪)에 처해 있는 경우와 자최복(齊衰服)이나 대공복(大功服)을 입고 상을 치르는 경우에는 모두 제사를 그만둔다. 외상(外喪)인 경우에는 자최복이나 그 이하의 상복(喪服)을 입고 치르는 상에서는 제사를 시행한다. 다만 자최복을 입고 치르는 외상인 경우에는 시동을 맞이하여 자리에 앉히고 나서, 시동이 세 번 수저를 뜨고서 사양을 하면, 더 이상 권하지 않고, 입가심하는 술을 시동에게 따라주되, 주인 및 나머지 사람들과 술잔을 주고받는 절차를 시행하지 않을 뿐이다. 대공복을 입고 치르는 외상인 경우에는 시동이 입가심을 하는 술잔을 받은 이후에, 주인 및 좌식(佐食)이 술잔을 받는 등의 절차까지 시행하며, 그 이후의 절차는 생략하고 제사를 끝낸다. 소공복(小功服)이나 시마복(緦麻服)을 입고 치르는 외상인 경우에는 좌식이 술잔을 받는 절차까지 시행한 뒤에, 제실(祭室) 안에서 빈객(賓客) 등과 술잔을 주고받는 등의 절차까지도 시행하며, 그 이후의 절차는 생략하고 제사를 끝낸다. 사(士)의 경우 대부(大夫)와 다른 점은 시마복의 상에서도 제사를 지내지 않으며, 제사지내는 대상이 죽은 자에 대해 상복을 입지 않는 관계인 경우라면, 제사를 지낸다.

集說 此言大夫宗廟之祭. 外喪, 在大門之外也. 三飯不侑, 酳不酢, 說見上章. 大功酢而已者, 大功服輕, 祭禮稍備, 十一飯之後, 主人酌酒酳尸, 尸酢主人, 卽止也. 室中之事者, 凡尸在室之奧, 祝在室中北廂南面, 佐食在室中戶西北面, 但主人主婦及賓獻尸及祝佐食等三人畢則止也. 若平常之祭, 十一飯畢, 主人酳尸, 尸卒爵酢主人, 主人獻祝及佐食畢, 次主婦獻尸, 尸酢主婦, 主婦又獻祝及佐食畢, 次賓長獻尸, 尸得賓長獻爵, 則止不擧. 蓋奠其爵于薦之左也, 待致爵之後, 尸乃擧爵. 今以喪服殺禮, 故止於賓之獻也. 士卑於大夫, 雖緦服亦不祭. 所祭, 於死者, 無服, 謂如妻之父母, 母之兄弟姊妹, 己雖有服, 而己所祭者, 與之無服, 則可祭也.

번역 이 문장은 대부(大夫)가 종묘(宗廟)에서 지내는 제사에 대한 내용을 언급하고 있다. 외상(外喪)은 대문(大門) 밖에서 지내는 친인척에 대한 상사(喪事)를 뜻한다. '삼반불유(三飯不侑)'와 '윤불초(酳不酢)'에 대해서는 그 설명이 앞의 문장에 나온다. 대공복(大功服)을 입고 치르는 상(喪)일 경우에는 제사를 지낼 때, 술잔을 돌리는 절차까지 시행하고 끝낸다고 하였는데, 대공복은 상복(喪服) 중에서도 비교적 수위가 낮은 상복에 해당하여, 제례(祭禮)를 어느 정도 갖춰서 제사를 지낼 수 있다. 그러므로 시동이 11번 수저를 뜬 이후에, 주인은 술을 따라서 시동에게 입가심을 하게 만들고, 그 뒤에 시동이 주인에게 술잔을 건네게 되면, 곧 제사를 끝내게 되는 것이다. '실중(室中)의 일[室中之事]'이라는 말은 무릇 종묘의 제사에서는 시동이 종묘 건물 중 묘실(廟室)의 아랫목에 위치하고, 축관(祝官)은 묘실 안에서도 북상(北廂) 쪽에 위치하여 남면(南面)을 하며, 좌식(佐食)은 묘실 안에서도 호(戶)의 서쪽에 위치하여 북면(北面)을 하는데, 경문에서 "실중의 일만 하고 그친다."는 말은 주인과 주부(主婦) 및 빈객(賓客)이 시동, 축관, 좌식 등 세 사람에게 술을 바치는 절차가 끝나면, 곧 제사를 끝내게 된다는 뜻이다. 평상시의 종묘에 대한 제사에서는 시동이 11번 수저를 뜨는 일이 끝나면, 주인은 시동에게 입가심하는 술을 따라주고, 시동은 잔을 비운 다음에, 주인에게 술잔을 돌린다. 주인이 축관과 좌식에게 술잔 돌리는 일이 끝나면, 그 다음으로 주부가 시동에게 술잔을 바치고, 시동은 다시 주부에게 술잔을 돌린다. 주부가 또한 축관과 좌식에게 술잔 돌리는 일이 끝나면, 그 다음으로 빈객들의 우두머리가 시동에게 술잔을 바친다. 시동이 빈객들의 우두머리가 바친 술잔을 받으면, 곧바로 마시는 것이 아니라, 그 시점에서 잠시 멈추고 술잔을 들지 않는다. 무릇 그 술잔은 음식을 바친 곳의 좌측에 놓아두게 되는데, 술잔이 빈객들에게 골고루 다 돌아간 이후를 기다렸다가, 시동이 술잔을 들게 된다. 그런데 이곳 문장에서 언급하고 있는 상황은 상복을 입고 있는 상태이기 때문에, 정상적인 예법(禮法)보다 낮춘 것이다. 그러므로 빈객들이 술잔을 바치는 절차에서 제사를 끝내는 것이다. 사(士)의 신분은 대부보다 낮으니, 비록 시마복(緦麻服)을 입는 상이라고 하더라도 또한 제사를 지내지 않는다. 제사를 지내는 대상이 죽은 자에 대해 상복을 입지 않는 관계인 경우는 마치 처의 부모에 대한 경우나 모친의 형제와 자매에 대한 경우처럼, 자신은 비록 상복을 입는 관계에 해당하지만, 자신이 제사를 지내는 대상은 그들과 상복을 입지 않는 관계이므로, 제사를 지낼 수 있는 것이다.

그림 11-10 우정(牛鼎)과 양정(羊鼎)

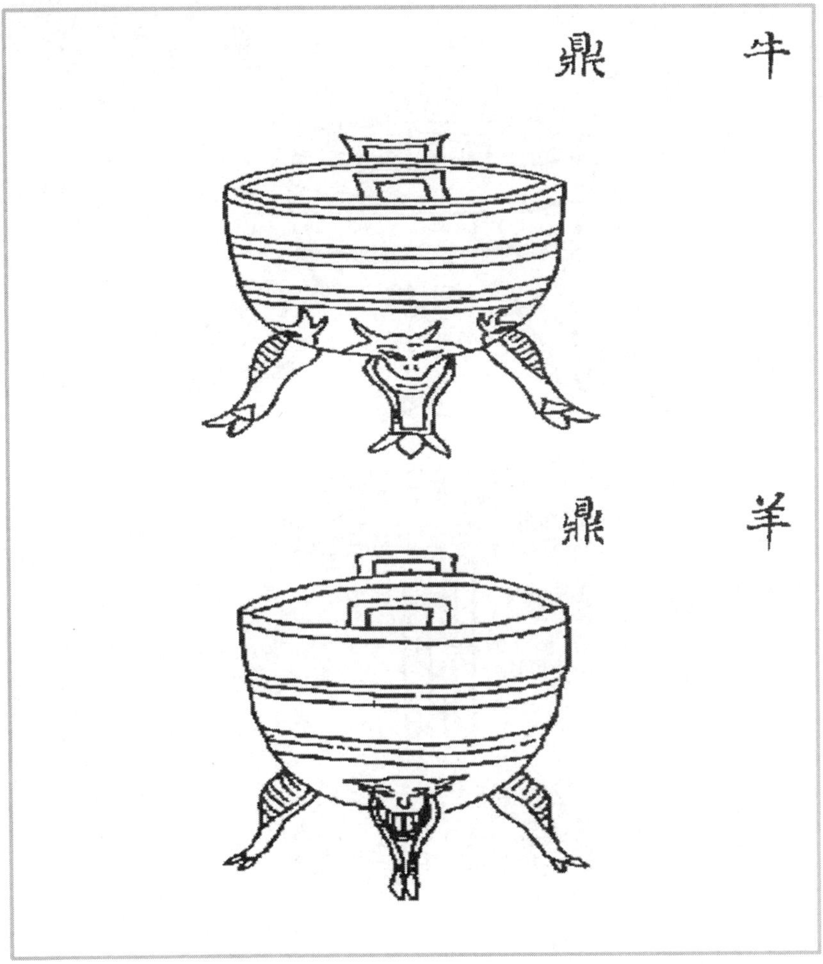

▸ **출처:** 『삼례도집주(三禮圖集注)』 13권

그림 11-11 시정(豕鼎)과 변(籩)

▸ 출처: 『삼례도집주(三禮圖集注)』 13권

集說 今按致爵之禮, 賓獻尸三爵而止. 尸止爵之後, 執事者爲主人設席于戶內, 主婦酌爵而致于主人, 主人拜受爵, 主婦拜送爵, 主人卒爵拜, 主婦答拜, 受爵以酌而酢, 執爵拜, 主人答拜, 主人降, 洗爵以酌, 而致于主婦, 主婦之席在房中南面, 主婦拜受爵, 主人西面答拜, 而更爵自酌以酢, 此所謂致爵也. 祭統曰, 酢必易爵. 詳見特牲饋食禮.

번역 '술잔을 두루 돌리는 예법(禮法)[致爵之禮]'에 대해 살펴보니, 빈객(賓客)은 시동에게 술잔 바치기를 3번하고 그치게 된다. 시동은 술잔을 받아서 바로 들지 않고 내려놓게 되는데, 그런 이후에는 집정관이 주인을 위하여 호(戶) 안쪽에 자리를 설치한다. 주부가 술잔에 술을 따라서 주인에게 건네게 될 때에, 주인은 절을 하며 술잔을 받으니, 주부가 절을 하고 술잔을 건네면, 주인은 술잔을 비우고 절을 한다. 주부는 답배를 하고, 다시 술잔을 받아서 술을 채운 뒤에, 술잔을 권하니, 술잔을 잡고서 절을 하면, 주인은 답배를 한다. 주인이 내려와서, 술잔을 씻어서 술을 따른 다음에, 주부에게 술잔을 건네게 되는데, 주부는 방안에 자리를 깔고 남면(南面)을 한다. 주부가 절을 하고 술잔을 받으면, 주인은 서면(西面)을 하고 답배를 하며, 술잔을 바꾸고 스스로 술을 따른 뒤에 술잔을 돌린다. 이러한 절차를 바로 '치작(致爵)'이라고 부른다. 『예기』「제통(祭統)」편에서는 "술잔을 권할 때에는 반드시 술잔을 바꾼다."[40]라고 하였다. 자세한 내용은 『의례』「특생궤식례(特牲饋食禮)」편에 보인다.

大全 嚴陵方氏曰: 位尊則以事而廢禮者爲少, 位卑則以事而廢禮者爲多, 此輕重之別也.

번역 엄릉방씨가 말하길, 지위가 높으면, 돌발 사안이 발생하여 예(禮)를 폐지하는 경우가 적게 되고, 지위가 낮으면, 돌발 사안이 발생하여 예를 폐지하는 경우가 많게 되는데, 이것이 바로 신분에 따른 경중(輕重)의 구별이다.

---

40) 『예기』「제통(祭統)」【582d】: 夫婦相授受不相襲處, 酢必易爵, 明夫婦之別也.

大全 山陰陸氏曰: 大夫言鼎俎籩豆, 著陳設, 雖備猶廢, 士不言小功, 略士也.

번역 산음육씨가 말하길, 경문에서 대부(大夫)에 대해서는 정(鼎), 조(俎), 변(籩), 두(豆)를 언급하고, “진설하고 설치하였다[陳設].”는 말을 기록하여, 비록 제사 준비를 다 갖추었다고 하더라도 오히려 폐지한다고 하였다. 그런데 경문에서는 사(士)의 경우에 대해서 언급하면서, 소공복(小功服)을 입는 경우조차 기록하지 않았다. 그 이유는 특별한 의미가 있어서가 아니라, 사에 대해서는 약술하여 기록했기 때문이다.

鄭注 齊衰異門則祭. 室中之事, 謂賓長獻. 謂若舅・舅之子・從母昆弟.

번역 자최복(齊衰服)을 입지만 대문(大門)을 달리하는 경우[41]라면, 제사를 지낸다. ‘실중(室中)의 일’은 빈객(賓客) 중 우두머리가 술을 바치는 절차까지를 뜻한다. 나와는 상복(喪服) 관계가 있지만, 제사를 받는 대상이 죽은 자와 상복 관계에 해당하지 않는 경우는 외삼촌이거나, 아니면 외삼촌의 아들, 또는 종모(從母)의 곤제(昆弟)들인 경우를 뜻한다.

釋文 長, 知丈反, 下文“誄長”同.

번역 ‘長’자는 ‘知(지)’자와 ‘丈(장)’자의 반절음이며, 아래 문장에 나온 ‘誄長’에서의 ‘長’자도 그 음이 이와 같다.

孔疏 ●“曾子”至“行也”. ○正義曰: 不直云大功以上皆廢, 而歷序三年之喪・齊衰・大功者, 以曾子問廢者有幾, 孔子對云廢者有九, 遂歷序九種之事, 一一備言. 此大夫祭者, 謂祭宗廟, 故下文云, “所祭, 於死者無服, 則祭”, 是據宗廟也.

---

41) ‘대문(大門)을 달리하는 경우’는 자신의 집에서 상(喪)을 치르지 않는 경우를 뜻한다.

번역 ●經文: "曾子"~"行也". ○경문에서 대공복(大功服) 이상인 경우에는 제사를 모두 그만둔다고 직접적으로 언급하지 않고, 삼년상(三年喪), 자최복(齊衰服), 대공복인 경우를 차례대로 열거한 이유는 증자가 그만두는 경우가 몇 가지나 되는지를 물어보았기 때문이다. 그래서 공자는 그만두는 경우가 총 9가지나 된다고 대답하며, 마침내 9가지 경우를 차례대로 열거하여, 하나하나 설명을 하였다. 이곳 문장에서 대부(大夫)가 제사를 지낸다고 한 말은 종묘(宗廟)에 대한 제사를 뜻한다. 그렇기 때문에 아래 문장에서 "제사지내는 대상이 죽은 자와 무복(無服)인 관계라면, 제사를 지낸다."라고 한 말도 종묘에 대한 제사에 기준을 두고 있는 문장이다.

孔疏 ◎注"齊衰異門則祭". ○正義曰: 今遭異門, 其齊衰之喪祭也.

번역 ◎鄭注: "齊衰異門則祭". ○이곳 경문에서 언급하고 있는 상황은 친척 집안에서 발생한 상(喪)을 접했을 경우이다. 그래서 그가 자최복(齊衰服)을 입고 치르는 상중(喪中)에 있다고 하더라도, 자신의 집안에서 종묘(宗廟)에 대한 제사를 지낼 수 있는 것이다.

孔疏 ●"尸入, 三飯, 不侑, 酳不酢而已矣". ○若遭異門齊衰之喪, 其祭迎尸入室, 但三飯則止. 祝更不勸侑使至十一, 但三飯耳, 則主人酌酒酳尸, 尸不酢主人, 唯此而已.

번역 ●經文: "尸入, 三飯, 不侑, 酳不酢而已矣". ○만약 친척 집안에서 발생한 상(喪) 때문에, 자신이 자최복(齊衰服)을 입어야 하는 상중(喪中)에 있다고 한다면, 그가 종묘(宗廟)에 제사를 지낼 때에는 시동을 맞이하여 실(室)로 들이고, 단지 시동이 3번 수저를 뜨게 되면, 끝내게 된다. 이 말은 곧 축관(祝官)이 다시금 시동에게 더 먹기를 권유하여, 시동이 11번까지 수저를 뜨게 하지 않고, 단지 3번만 수저를 뜨게 할 따름이니, 주인은 술을 따라서 시동에게 입가심을 하게 만들지만, 시동은 주인에게 술잔을 권하지 않으니, 오직 이처럼 약소한 절차만 시행할 따름이다.

孔疏 ●"大功, 酢而已矣". ○大功服輕, 祭禮稍備. 尸三飯, 祝侑至十一飯而止. 主人酌酒▼(酉+胤)尸, 尸酢主人, 主人乃停, 故云, "大功酢而已矣."

번역 ●經文: "大功, 酢而已矣". ○대공복(大功服)은 상복(喪服) 중에서도 비교적 수위가 낮은 상복이니, 제례(祭禮)를 어느 정도 갖추게 된다. 따라서 이러한 경우에는 자최복(齊衰服)을 입고 치르는 상(喪)과는 달리, 시동이 3번 수저를 뜨면, 축관(祝官)은 시동에게 더 먹기를 권유하여, 11번까지 수저를 뜨게 하고서 끝낸다. 그런 뒤에 주인은 술을 따라서 시동에게 입가심을 하게 만들고, 시동은 다시 주인에게 술잔을 돌리는데, 주인이 술잔을 받고 난 뒤에는 곧 거기에서 멈추며, 그 이후의 절차들은 생략하게 된다. 그렇기 때문에, "대공(大功)에는 초(酢)하고서 이(已)한다."라고 말한 것이다.

孔疏 ●"小功·緦, 室中之事而已矣". ○小功與緦麻, 其服轉輕, 祭禮轉備, 其祭, 尸十[42]一飯訖, 主人酳尸, 尸卒爵, 酢主人, 主人獻祝及佐食畢. 次主婦獻尸, 尸酢主婦, 主婦又獻祝及佐食. 次, 賓長獻尸.

번역 ●經文: "小功·緦, 室中之事而已矣". ○소공복(小功服)과 시마복(緦麻服)은 그 복장이 대공복(大功服)보다도 상복(喪服)의 수위가 점차적으로 낮아진 것이니, 그가 종묘(宗廟)에서 제사를 지낼 때에는 그 제례(祭禮) 또한 순차적으로 갖출 수가 있게 된다. 그래서 제사를 지낼 때에, 시동이 11번 수저를 뜨는 일을 모두 끝내면, 주인이 시동에게 입가심을 시키고,

---

42) '십(十)'자에 대하여. '십'자 앞에는 본래 '○'표시가 기록되어 있었는데, 완원(阮元)의 『교감기(校勘記)』에서는 "이곳 판본에서 '십'자 앞에 '○'자를 기록한 것은 잘못 기록된 것으로, 『민본(閩本)』에서도 이처럼 '○'표시가 잘못 기록되어 있다."라고 했다.

시동이 술잔을 비우면, 주인에게 술잔을 돌리며, 주인은 축관(祝官)과 좌식(佐食)에게 술잔을 돌리는 일까지도 끝내게 된다. 그 다음으로 주부는 시동에게 술잔을 바치고, 시동은 다시 주부에게 술잔을 권하며, 주부 또한 축관과 좌식에게 술잔을 바치게 된다. 그 다음으로 빈객(賓客)들 중에서 우두머리에 해당하는 자가 시동에게 술을 바치게 된다.

孔疏 ○若平常之祭, 尸得賓長獻爵, 則止不擧, 待致爵之後, 尸乃擧爵. 今旣喪殺, 賓長獻尸, 尸飮以酢賓, 賓又獻祝及佐食而祭畢止. 凡尸在室之奧, 祝在室中北廂南面, 佐食在室中戶西北面, 但主人主婦及賓獻尸及祝·佐食等三人, 畢則止, 故云, "室中之事而已矣". 若致爵之時, 主婦在房中南面, 主人獻賓堂上北面, 皆不在室中. 其室中者, 獻尸·祝·佐食耳. 故此注云, "室中之事, 謂賓長獻." 此小功緦麻兼內外. 知者, 以前文云內喪大功以上廢, 則知內喪小功以下不廢也. 按雜記云, "臣妾死於宮中, 三月而後祭之." 此內喪緦麻不廢祭者, 此謂鼎俎旣陳, 臨祭之時, 故不廢也. 若不當祭時, 有臣妾死於宮中, 及大夫爲貴妾緦, 庶子爲父後者, 爲其母緦之屬, 皆不祭.

번역 ○만약 평상시에 지내는 제사인 경우라면, 빈객(賓客)의 우두머리가 바친 술잔을 시동이 받게 되면, 곧바로 마시는 것이 아니고, 잠시 멈춰서 술잔을 들지 않는다. 그리고 치작(致爵)할 때까지 기다린 이후에, 시동이 곧 술잔을 들게 된다. 이곳 문장에서 언급하고 있는 상황은 주인이 상중(喪中)에 있어서, 제사에 대한 예법(禮法)을 낮추게 된 것이다. 따라서 빈객의 우두머리가 시동에게 술을 바치면, 시동은 곧바로 그 술을 마시고, 다시 빈객에게 술잔을 권하며, 빈객은 또한 축관(祝官)과 좌식(佐食)에게 술을 바친 이후에, 제사를 모두 끝내게 된다. 무릇 시동은 묘실의 아랫목에 위치하고, 축관은 묘실 안에서도 북상(北廂)에 위치하며 남면(南面)을 하고, 좌식은 묘실 안에서도 호(戶)의 서쪽에 위치하여 북면(北面)을 하는데, 이곳 문장에서 언급하는 상황은 단지 주인과 주부 및 빈객이 시동과 축관, 좌식 세 명에게 술을 바치고, 그 의식이 끝나면, 제사를 모두 마치게 된다. 그렇기 때문에 경문에서 "실중(室中)의 사(事)하고서 이(已)한다."라고 말한 것이다. 만약 치작을 하는 때라고 한다면, 주부는 방 안에서 남면을 하고, 주인은 빈객에게 술을 바치며, 당상(堂上)에서 북면을 하니, 모든 사람이 묘실 안에 있는 것이 아니다. 묘실 안에 있는 경우는 시동, 축관, 좌식에게 술을 바칠 때에 한정될 뿐이다. 그렇기 때문에 이 문장에 대한 정현의 주에서 "실중(室中)의 일은 빈객 중 우두머리가 술을 바치는 것을 뜻한다."라고 말한 것이다. 이곳 문장에서 언급하는 소공복(小功服)과 시마복(緦麻服)을 입는 경우는 내상(內喪)과 외상(外喪)을 겸하여 말한 것이다. 이러한 사실을 알 수 있는 이유는 앞 문장에서 내상인 경우, 대공복(大功服) 이상의 상복(喪服)을 입게 된다면 제사를 폐지한다고 하였기 때문이다. 따라서 내상인 경우, 소공복 이하의 상복을 입게 되면, 제사를 폐지하지 않는다는 사실을 알 수 있다. 또한 『예기』「잡기(雜記)」편을 살펴보면, "신첩(臣妾)이 궁중(宮中)에서 죽었다면, 3개월이 지난 이후에 제사를 지낸다."라고 하였는데, 이 말은 곧 내상인 경우에 시마복을 입게 되면, 제사를 폐지하지 않는다는 뜻이다. 또한 위의 문장에서 언급하는 상황은 정조(鼎俎)를 이미 진설하여, 제사에 임한 때를 뜻하므로, 제사를 폐지하지 않는다는 뜻을 나타낸다. 만약 제사를 지낼 때가 아닌데, 궁중에서 신첩이 죽는 일이 발생한 경우와 대부(大夫)가 귀첩(貴妾)을 위해 시마복을 입게 된 경우와 서자(庶子)가 부친의 후계자가 되어서, 그의 모친을 위해 시마복을 입는 경우 등에는 모두 제사를 지내지 않는 것이다.

孔疏 ●"士之所以異者, 緦不祭". ○孔子見曾參歷問至大夫, 必應及士, 故因廣擧士以語之. 大夫唯至大功爲九, 而士又加緦·小功二等, 合爲十一. 此亦謂祭宗廟鼎俎旣陳而値喪也. 大夫祭値緦·小功, 不辨內外, 皆不廢祭, 而禮則小異耳. 士値緦·小功, 不辨外內, 一切皆廢祭, 士輕, 故爲輕親伸情也.

번역 ●經文: "士之所以異者, 緦不祭". ○공자는 증자가 순차적으로 질문을 하여, 대부(大夫)의 경우까지 물어본 것을 보고, 반드시 사(士)의 경우에 대해서도 물어볼 것이라고 여겼다. 그렇기 때문에 묻지도 않은 사에 대한 경우까지도 거론하여 대답을 해준 것이다. 대부는 오직 대공복(大功服)을 입는 경우까지 포함하여, 제사를 지내지 않는 경우가 총 9가지가 된다. 그런데 사의 경우는 또한 대부에 비해 시마복(緦麻服)과 소공복(小功服)을 입는 2가지 경우가 더해져서, 총 11가지가 된다. 이 문장 또한 종묘(宗廟)에 대한 제사에서, 정조(鼎俎) 등을 이미 진설해 둔 상태에서 상(喪)을 당한 경우를 뜻한다. 대부가 제사를 그대로 지내는 경우는 단지 시마복과 소공복을 입는 상일 때 뿐이며, 이 경우에는 내상(內喪)과 외상(外喪)을 구별하지 않고, 모두 제사를 폐지하지 않게 된다. 다만 정상적인 예법(禮法)에 비해 조금 차이가 생길 뿐이다. 그러나 사가 시마복과 소공복을 입는 상을 당하게 된 경우에는 내상과 외상을 구별하지 않고, 모두 제사를 폐지하게 된다. 사는 신분이 낮기 때문에, 신분이 낮은 자로 하여금 애도하는 감정을 직접적으로 나타낼 수 있도록 만든 것이다.

孔疏 ●"所祭, 於死者無服, 則祭", 所祭, 謂士祭祖禰, 而死者己雖爲緦, 祖禰於死者無服, 鼎俎旣陳, 則亦祭也.

번역 ●經文: "所祭, 於死者無服, 則祭". ○제사 지내는 대상은 조부(祖父) 및 부친[禰]에 해당하는데, 이 문장의 전반적인 뜻은 사(士)가 조부 및 부친에게 제사를 지낼 때에, 부고를 알려온 상대방이 자신과 비록 시마복(緦麻服)을 입게 되는 관계에 있다고 하더라도, 조부 및 부친은 죽은 자에 대해서 '상복 관계가 없는[無服]' 관계이고, 정조(鼎俎)를 이미 진설해 둔 경우라면, 또한 그대로 제사를 지낸다는 뜻이다.

孔疏 ◎注"謂若"至"昆弟". ○正義曰: 此等於己雖服緦, 而於祖禰則無服. 然此皆母親, 而得云無服者, 祭祀以祖禰爲主, 母親於己服緦, 於祖禰無服. 然此皆母親, 以父爲主也. 其從母, 父雖無服, 己爲小功. 熊氏云, "亦廢祭也." 皇氏云, "以從母, 於父無服, 不廢祭也." 按經云, "緦不祭, 所祭, 於死者無服, 則祭", 據緦爲文, 似不關小功, 故鄭以緦服解之, 皇氏横加小功, 其義非也.

번역 ◎鄭注: "謂若"~"昆弟". ○정현이 언급하고 있는 자들은 자신과 비록 시마복(緦麻服)을 입는 관계에 해당하지만, 자신의 조부(祖父)나 부친[禰]에 대해서는 '상복 관계가 없는[無服]' 관계가 된다. 그런데 정현이 언급하는 자들은 모두 모친 쪽의 친인척인데도, 무복(無服)이라고 말할 수 있는 이유는 제사에서는 조녜(祖禰)가 위주가 되기 때문이다. 따라서 모친 쪽의 친인척이 자신에 대해 시마복을 입는 관계이지만, 조녜에 대해서는 무복의 관계가 된다. 그러므로 이들은 모두 모친 쪽의 친인척인 경우에 해당하며, 이때에는 부친을 위주로 판단하게 된다. 종모(從母)에 대해서도 부친은 비록 무복의 관계이지만, 자신은 소공복(小功服)을 입게 된다. 이 경우에 대해서 웅안생은 "또한 제사를 폐지한다."라고 말했고, 황간은 "종모는 부친에 대해서는 무복의 관계이므로, 제사를 폐지하지 않는다."라고 했다. 경문을 살펴보니, "시마복을 입는 경우 제사를 지내지 않고, 제사를 지내는 대상이 죽은 자에 대해서 무복의 관계라면, 제사를 지낸다."라고 하였는데, 이 말은 시마복에 기준을 두고 쓴 문장이므로, 아마도 소공복과는 관계가 없는 것 같다. 그러므로 정현도 시마복을 기준으로 문장을 해석한 것인데, 황간은 자기 마음대로 소공복을 덧붙여 설명을 하였으니, 그 주장은 잘못된 말이다.

訓纂 賀循祭議, 禮, 在喪者不祭, 祭吉事故也. 其義不但施於生人, 亦祖禰之情, 同其哀戚, 故云"於死者無服, 則祭"也.

번역 하순[43]의 『제의(祭議)』에서 말하길, 예법(禮法)에 따르면, 상중(喪中)에 있는 자는 제사를 지내지 않는다. 그 이유는 상례(喪禮)는 흉사(凶事)에 해당하고, 제사는 길사(吉事)에 해당하기 때문이다. 그 도리는 단지

43) 하순(賀循, A.D.260 ~ A.D.319) : 위신시대(魏晉時代) 때의 학자이다. 자(字)는 언선(彦先)이다.

살아 있는 사람에게만 해당하지 않고, 또한 죽은 조녜(祖禰)의 애정도, 그 애통함과 슬퍼함을 함께 한다. 그렇기 때문에, "죽은 자에 대해서 무복(無服)인 관계라면, 조녜가 애통함과 슬퍼함을 느끼지 않기 때문에, 제사를 지낸다."라고 말한 것이다.

集解 祭, 謂祭宗廟也. 外喪, 謂不同門者. 酢而已矣者, 祝侑尸至十一飯畢, 主人獻尸, 尸酢主人而止也. 此皆謂齊衰·大功之外喪也. 室中之事而已者, 少牢饋食禮主人·主婦·賓長獻尸皆在室, 旣祭而賓尸則在堂, 今以殺禮, 但於室中行祭禮而不復賓尸也. 上云, "齊衰·大功廢", 不云, "小功·緦", 則雖同宮不廢祭, 此云, "小功·緦, 室中而已", 兼謂小功·緦之內外喪也. 大夫無緦服, 小功之服降爲緦服, 亦不復服. 此緦·小功, 據其本服而言, 蓋雖不爲之服, 而當祭聞喪, 猶爲之殺禮也. 士緦不祭, 則小功可知. 所祭於死者無服者, 如爲庶母緦, 妾有子亦緦. 若祭禰廟, 則庶母死, 所祭者有服, 妾死, 所祭者無服也. 此皆謂門內緦喪, 若外喪, 則齊衰以下皆祭, 而其降殺之節亦如大夫. 不言者, 蒙上可知也. 其緦·小功之祭, 則賓長獻尸, 尸飮卒爵, 酢賓, 又獻祝及佐食而祭止, 而無主人·主婦相爲致爵之事與. 孔氏曰, "雜記云, '臣妾死於宮中, 三月而後祭.' 此內喪緦麻不廢祭者, 此謂鼎俎旣陳, 臨祭之時, 故不廢也. 若不當祭時則不祭", "所祭於死者無服", 鄭氏謂, "若舅·舅之子·從母兄弟", 非也. 士緦不祭, 亦謂內喪耳. 士門內緦喪廢祭, 若與所祭者無服則仍祭, 若外喪則齊衰以下皆祭矣, 豈論其於死者有服無服乎.

번역 '제(祭)'자는 종묘(宗廟)에 대한 제사를 뜻한다. '외상(外喪)'은 대문(大門)을 같이 하지 않는 친인척의 상(喪)인 경우이다. "술을 권하고 끝낸다[酢而已矣]."고 한 말은 축관(祝官)이 시동에게 더 드시기를 권유하여, 11번 수저를 뜨는 것이 끝나면, 주인이 시동에게 술을 바치고, 시동이 주인에게 술을 권하면, 끝낸다는 뜻이다. 이것은 모두 자최복(齊衰服)과 대공복(大功服)을 입고서 치르는 외상인 경우이다. "실중(室中)의 일만 하고 그친다[室中之事而已]."는 말의 경우, 『의례』「소뢰궤식례(少牢饋食禮)」편의 기록을 살펴보면, 주인과 주부 및 빈객(賓客) 중의 우두머리가 시동에게 술을 바치는 것을 모두 묘실에서 하고, 제사를 끝내고 나면, 빈시(賓尸)[44]는 당(堂)에 있게 된다. 그런데 이곳 문장에서 언급하고 있는 상황은 정상적인 예법(禮法)보다 낮추게 되어, 단지 묘실 안에서 제례(祭禮)를 시행하고, 다시금 빈시를 시행하지 않는다는 뜻이다. 앞 문장에서 "자최복과 대공복을 입는 경우에는 제사를 폐지한다."라고 말하고, '소공복(小功服)과 시마복(緦麻服)'의 경우를 언급하지 않았으니, 비록 '궁(宮)을 함께 쓰는 자[同宮]'가 죽게 되더라도, 제사를 폐지하지 않는 것이다. 그리고 이곳 문장에서 "소공복과 시마복을 입는 경우라면, 묘실 안에서의 일만 시행하고 그친다."라고 한 말은 소공복과 시마복을 입고 치르는 내상(內喪)과 외상을 모두 포괄한다. 대부(大夫)에게는 실제로 시마복이 해당되지 않으며, 소공복이 낮춰져서 시마복이 된 경우라 하더라도, 또한 상복(喪服)을 입지 않는다. 그런데 이곳 문장에서 시마복과 소공복을 언급한 것은 본래의 상복 관계에 근거하여 말한 것이다. 따라서 비록 그를 위해 실제로 상복을 입지 않더라도, 제사를 지내게 될 때에, 그에 대한 상의 소식을 접하게 된다면, 오히려 죽은 자를 위해, 정상적인 예법보다 낮추게 되는 것이다. 사(士)의 경우에는 시마복을 입게 되면, 제사를 지내지 않는다고 하였으니, 소공복인 경우에도 제사를 지내지 않는다는 사실을 알 수 있다. 제사를 지내는 대상이 죽은 자에 대해서, '상복 관계가 없는[無服]' 관계인 경우를 설명하자면 다음과 같다. 예를 들어 본인은 서모(庶母)를 위해 시마복을 입고, 첩의 자식들 또한 시마복을 입게 된다. 그런데 만약 녜묘(禰廟)에 제사를 지내는 경우, 서모가 죽게 된다면, 제사를 지내는 대상은 상복을 입어야 하는 관계에 해당하고, 첩이 죽었을 경우, 제사를 지내는 대상은 무복(無服)의 관계가 된다. 이 둘 모두 잡안[門內]에서 발생한 상이며, 시마복을 입고 치르는 내상에 해당한다. 그리고 만약 외상인 경우라면, 자최복 이하의 상복인 경우

44) 빈시(賓尸)는 두 가지 뜻이 있다. 첫 번째는 제사를 지낸 다음날 다시 지내는 제사를 뜻한다. 두 번째는 제사를 지낸 다음 날 시행하는 일종의 잔치이다. 제사 때 시동의 역할을 했던 자의 노고를 위로하기 위해 시행한다.

에는 모두 제사를 지내게 되는데, 사가 정상적인 예법보다 낮추게 되는 기준은 또한 대부의 경우와 같게 된다. 그런데 경문에서 이러한 내용을 구체적으로 언급하지 않은 이유는 앞의 문장들을 통해서 그 내용을 유추하여 알 수 있기 때문이다. 사가 시마복과 소공복을 입고 제사를 지내는 경우라면, 빈객들의 우두머리는 시동에게 술을 바치고, 시동이 술을 마시고 잔을 비운 뒤에, 빈객에게 술을 권하게 되며, 또한 축관과 좌식(佐食)에게 술을 바치고서 제사를 끝내게 되니, 주인과 주부가 서로 치작(致爵)하는 일들은 아마 생략하게 될 것이다. 그런데 공영달(孔穎達)은 "『예기』「잡기(雜記)」편에서 '신첩(臣妾)이 궁중(宮中)에서 죽은 경우, 3개월이 지난 이후에 제사를 지낸다.'라고 했는데, 이 말은 곧 내상인 경우에 시마복을 입게 되면, 제사를 폐지하지 않는다는 뜻이다. 그런데 위의 문장에서 언급하는 상황은 정조(鼎俎)를 이미 진설하여, 제사에 임한 때를 뜻하므로, 제사를 폐지하지 않는다는 뜻이다. 만약 제사를 지낼 때에 해당하지 않는다면, 제사를 지내지 않는다."라고 하였고, 제사를 지내는 대상이 죽은 자와 무복인 관계에 대해서 정현은 "외삼촌이나 외삼촌의 아들, 종모(從母)의 형제인 경우이다."라고 하였는데, 이 말들은 모두 잘못된 주장이다. 사가 시마복을 입고 제사를 지내지 않는 경우는 또한 내상인 경우만을 뜻할 뿐이다. 사가 집안에서 시마복을 입고 내상을 치를 때에는 제사를 폐지하고, 만약 제사를 지내는 대상과 무복의 관계라면, 곧 제사를 지내게 된다. 그리고 외상인 경우라면, 자최복 이하의 상복을 입는 경우에는 모두 제사를 지내게 된다. 그러므로 어찌 죽은 자에 대해서 상복 관계인가, 무복 관계인가를 논의하고 있는가?

• 제12절 •

상례(喪禮)와 각종 돌발 상황에 대한 대처법 Ⅰ

【238a】

曾子問曰: 三年之喪, 弔乎. 孔子曰: 三年之喪, 練, 不群立, 不旅行, 君子禮以飾情, 三年之喪而弔哭, 不亦虛乎.

직역 曾子가 問曰, "三年喪에 弔합니까?" 孔子가 曰, "三年喪에는 練하고도, 群立을 하지 않으며, 旅行을 하지 않으니, 君子는 禮하여, 이로써 情을 飾하는데, 三年喪에 弔하고 哭함은 또한 虛가 아니겠는가?"

의역 증자가 질문하기를, "만약 자신이 삼년상(三年喪)을 치르는 도중인데, 남의 상(喪)에 조문(弔問)을 해도 되는 것입니까?" 공자가 대답해주기를, "자신이 삼년상을 치르는 중이라면, 소상(小祥)을 치른 상태라고 하더라도, 사람들이 모여 있는 장소에 가서 뭇 사람들과 자리를 함께 하지 않으며, 뭇 사람들과 무리를 지어 다니지 않는다. 군자는 예법(禮法)대로 시행하여 애통한 감정을 나타낼 따름인데, 삼년상을 치르는 도중에 남의 상에 가서, 자신의 애통한 감정을 누그러트리지도 못한 채, 남을 위하여 조문을 하고 곡(哭)을 하는 것은 또한 허례(虛禮)가 아니겠는가?"

集說 練, 小祥也. 旅, 衆也. 群立旅行, 言及他事則爲忘哀, 況於弔乎. 先王因人情而制禮, 隨其哀樂之情, 皆有以飾之. 苴衰絰杖, 爲至痛飾也, 居重喪而弔哭於人, 哀彼則忘吾親, 哀在親則弔爲矯僞矣, 非虛而何. 曾子旣聞夫子此言矣, 而檀弓篇乃記其以喪母之齊衰而往哭於子張, 得非好事者爲之辭歟.

번역 '연(練)'자는 소상(小祥)을 뜻한다. '여(旅)'자는 '무리[衆]'라는 뜻이다. 여럿이 함께 자리를 하고, 무리를 지어 다니는 것은 다른 일 때문에 애통한 마음을 잊게 된다는 것을 뜻하니, 하물며 조문하는데 있어서는 어떠하겠는가! 선왕(先王)은 사람의 정감에 연유하여 예(禮)를 제작하였으니, 슬퍼하고 즐거워하는 감정에 따라서, 모두 예로써 조절하여 나타내게 된다. 저최(苴衰)[1]와 질(絰)[2]을 착용하고 지팡이를 잡는 이유는 지극히 애통해 하는 감정을 나타내기 위함이다. 따라서 '중대한 상(喪)[重喪]'[3] 중에 있으면서, 남의 상에서 조문을 하고 곡(哭)을 하여, 그 사람을 위해 애통해 한다면, 자신의 부모에 대한 마음을 잊는 것이며, 또는 애통한 마음이 자신의 죽은 부모에게 놓여 있으면, 남의 상에 조문을 하는 것은 거짓된 일이 되니, 이것이 허례(虛禮)가 아니면 무엇이겠는가? 증자는 이미 공자의 이러한 대답을 들어서, 부모의 상 때에는 조문을 하지 않는다는 사실을 알고 있었는데, 『예기』「단궁(檀弓)」편에서 증자가 모친의 상을 치르며 자최복(齊衰服)을 입고 있었는데도, 자장(子張)의 상에 가서 곡을 하였다[4]고 기록한 것은 '일 꾸미기를 좋아하는 자[好事者]'들이 지어낸 말이 아니겠는가?

---

1) 저최(苴衰)는 대마(大麻)의 포(布)로 제작한 상복(喪服)을 뜻한다.
2) 질(絰)은 질대(絰帶)를 뜻한다. 마(麻)로 제작한 일종의 끈으로, 머리에 쓰는 수질(首絰)과 허리에 차는 요질(腰絰)이 있다.
3) 중상(重喪)은 본래 상(喪)을 거듭 당했다는 뜻이다. 즉 부친이나 모친에 대한 상을 치르는 도중 탈상(脫喪)을 하기 전에, 재차 생존해 계시던 나머지 부모의 상을 당한 경우를 '중상'이라고 부른다. 부모뿐만 아니라, 가족 구성원 중에서 상 기간 중에 다른 사람이 죽게 된다면, 이러한 경우 또한 '중상'이라고 부른다. 이 문장에서는 '거듭된 상'으로 풀이할 필요가 없으므로, '중대한 상'이라고 풀이하였다. '중대한 상'은 부모상을 뜻한다.
4) 『예기』「단궁하(檀弓下)」【110c】: 子張死, 曾子有母之喪, 齊衰而往哭之. 或曰, "齊衰不以弔." 曾子曰, "我弔也與哉."

그림 12-1 저질(苴絰)과 요질(腰絰)

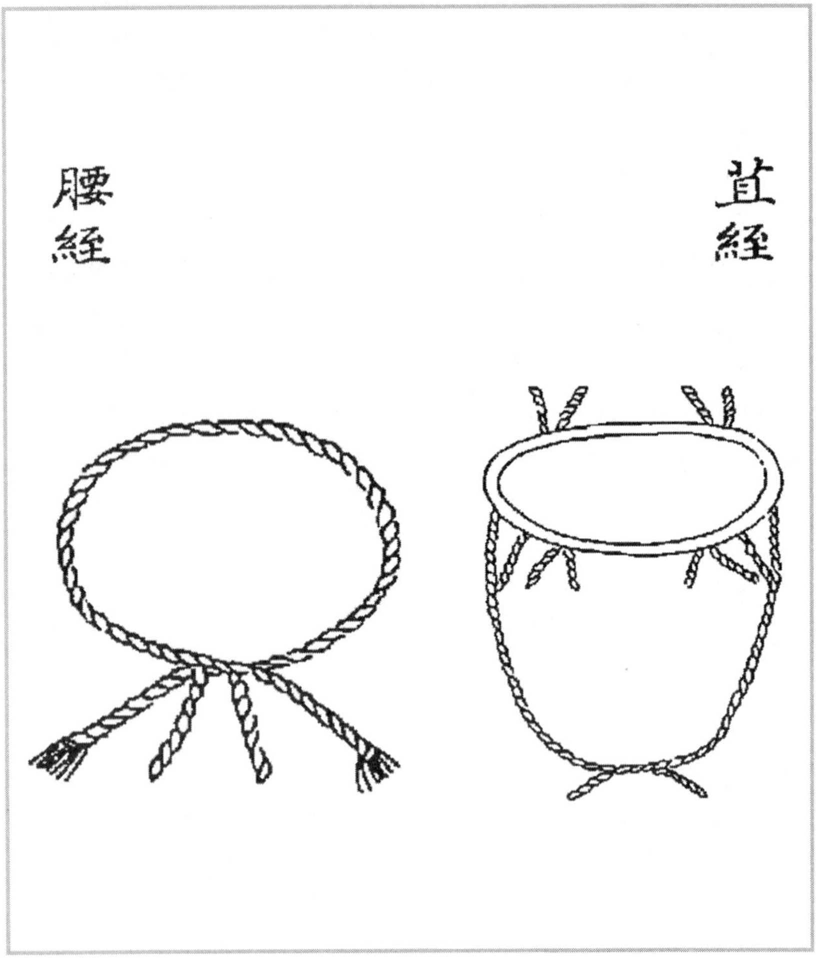

▸ **출처:** 『삼례도집주(三禮圖集注)』 15권

大全 嚴陵方氏曰: 群與旅, 皆衆也. 不群立不旅行, 則以居喪宜與人辨故也.

번역 엄릉방씨가 말하길, '군(群)'자와 '여(旅)'자는 모두 '무리[衆]'라는 뜻이다. 무리와 함께 자리를 하지 않고, 무리와 함께 다니지 않는다는 것은 상중(喪中)에는 마땅히 다른 사람과 함께 하는 것을 멀리해야 하기 때문이다.

大全 臨川吳氏曰: 群立, 同群而立也. 旅行, 與衆而行也. 重喪雖已朞, 猶且不與人並立並行, 恐與人相語而忘己哀親之情, 又豈可忘己親之哀, 而哭弔以哀他人之親乎.

번역 임천오씨가 말하길, '군립(群立)'은 무리와 함께 자리를 하는 것이다. '여행(旅行)'은 무리를 지어서 다니는 것이다. 중상(重喪) 중에 이미 소상(小祥)을 치러서 비록 1년이 지났다고 하더라도, 여전히 다른 사람과 함께 자리를 하거나, 함께 다니지 않는다. 그 이유는 아마도 다른 사람과 함께 대화를 하다보면, 자신의 부모에 대한 애통한 마음을 잊게 될까 염려하기 때문인데, 또한 어찌 자신의 부모에 대한 애통한 마음을 잊고서, 다른 사람의 상(喪)에 가서 곡(哭)을 하고 조문을 하여, 다른 사람의 부모를 위해 애통해 할 수 있겠는가?

鄭注 爲其苟語忘哀也. 爲彼哀, 則不專於親也. 爲親哀, 則是妄弔.

번역 무리와 함께 하거나 망령되게 대화를 주고받게 되면, 부모에 대한 애통한 마음을 잊게 되기 때문이다. 다른 사람을 위해 애통해 한다면, 자신의 부모에 대해 마음을 한결같이 할 수 없게 된다. 부모를 위해 애통해 한다면, 다른 사람의 상(喪)에 가서 조문을 하는 것은 망령되게 조문을 하는 행위에 해당한다.

釋文 爲, 于僞反, 下"爲彼"·"爲親"·"妻爲"·"婦爲"·"爲己病", 皆同.

번역 ‘爲’자는 ‘于(우)’자와 ‘僞(위)’자의 반절음이며, 아래 문장에 나오는 ‘爲彼’·‘爲親’·‘妻爲’·‘婦爲’·‘爲己病’에서의 ‘爲’자도 모두 그 음이 이와 같다.

孔疏 ●“曾子”至“虛乎”. ○正義曰: 此一節論身有重服, 不得弔人之事.

번역 ●經文: “曾子”~“虛乎”. ○이 문장은 본인이 중복(重服)[5]을 입고 있으면, 다른 사람에게 조문하는 행위를 할 수 없다는 사실을 논의하고 있다.

孔疏 ●“君子禮以飾情”, 凡行吉凶之禮, 必使外內相副, 用外之物以飾內情, 故云衰以飾在內之情, 故冠冕文彩以飾至敬之情, 麤衰以飾哀痛之情, 所以三年問云, “衰服爲至痛飾也.” 故云, “君子禮以飾情”也.

번역 ●經文: “君子禮以飾情”. ○무릇 길례(吉禮)나 흉례(凶禮)를 시행할 때에는 반드시 외적으로나 내적으로, 서로 보좌를 하게 만들어서, 외적 사물을 이용하여 내적 감정을 나타내게 해야 하는 것이다. 그렇기 때문에 상복(喪服) 등으로써 내재된 정감을 나타낸다고 말한 것이며, 그렇기 때문에 면류관을 쓰고, 문채(文彩)를 한껏 꾸며서, 지극히 공경하는 마음을 나타내는 것이며, 추최(麤衰)[6]로써 애통한 마음을 나타내는 것이니, 『예기』「삼년문(三年問)」편에서 “상복을 입는 이유는 지극히 애통한 마음을 나타내기 위함이다.”[7]라고 말한 것이 바로 그 이유가 된다. 그렇기 때문에 경문에서 “군자는 예(禮)하여, 이로써 정(情)을 식(飾)한다.”라고 말한 것이다.

---

5) 중복(重服)은 상복(喪服)의 단계를 뜻하는 용어 중 하나이다. 대공복(大功服) 이상이 되는 상복을 ‘중복’이라고 부른다.

6) 추최(麤衰)는 상복(喪服) 중에서 가장 수위가 높은 상복을 뜻한다. 가장 거친 마(麻)로 제단을 하여 만든다.

7) 『예기』「삼년문(三年問)」【669d】: 斬衰苴杖, 居倚廬, 食粥, 寢苫枕塊, 所以爲至痛飾也.

孔疏 ●"三年之喪而弔哭, 不亦虛乎"者, 若身有重服而弔他人, 則非飾情, 所以爲虛也. 言虛者, 弔與服並虛也. 何者? 若己有喪, 弔彼而哭哀彼, 則忘己本哀, 是己服爲虛也. 若心存於己哀, 忘彼而哭彼, 則是於弔爲虛也. 故注云, "爲彼哀則不專於親也, 爲親哀則是妄弔".

번역 ●經文: "三年之喪而弔哭, 不亦虛乎". ○만약 자신이 중복(重服)을 입고 있으면서, 다른 사람에게 조문을 한다면, 정감을 드러내는 것이 아니니, 허례(虛禮)가 되는 이유이다. '허(虛)'라고 한 말은 다른 사람에게 조문하는 행위와 자신의 상(喪)을 치르는 행위가 모두 허례가 된다는 뜻이다. 어째서인가? 만약 자신이 상중(喪中)에 있는데, 다른 사람을 조문하여, 곡(哭)을 하고 그 사람에 대해 애통해 한다면, 자신의 부모에 대한 애통함을 잊는 것이니, 이것은 자신의 상에 대해서 허례를 하는 것이다. 만약 마음속에 자신의 부모에 대한 애통함이 남아 있어서, 다른 사람에 대해 애통해야 할 마음조차 갖지 않고, 그 사람을 위해 곡을 한다면, 조문에 대해서도 허례를 하는 것이다. 그렇기 때문에 정현의 주에서 "다른 사람을 위해 애통해 한다면, 자신의 부모에 대해 마음을 한결같이 할 수 없게 된다. 부모를 위해 애통해 한다면, 다른 사람의 상에 가서 조문을 하는 것은 망령되게 조문을 하는 행위에 해당한다."라고 말한 것이다.

集解 愚謂: 飾猶表也. 有是情而後以禮表之, 故曰禮以飾情. 三年之喪, 爲己哀之不暇, 而遑爲人哀乎. 乃從而弔哭, 則是無是情而虛行弔禮也.

번역 내가 생각하기에, '식(飾)'자는 나타낸다는 뜻과 같다. 이러한 감정이 있은 이후에, 예(禮)로써 그 감정을 나타내는 것이다. 그렇기 때문에 "예로써 정감을 나타낸다."라고 말한 것이다. 삼년상(三年喪)을 치르는 동안에는 자신의 애통한 감정을 다 나타낼 겨를도 없는데, 한가하게 다른 사람을 위해서 애통해 하겠는가? 그러므로 다른 사람에 상(喪)에 가서 조문을 하고 곡(哭)을 하는 행위는 그러한 정감도 없으면서, 조문하는 예법(禮法)을 가식적으로 시행하는 것이다.

【238b】

曾子問曰: 大夫·士有私喪, 可以除之矣, 而有君服焉, 其除之也, 如之何. 孔子曰: 有君喪服於身, 不敢私服, 又何除焉. 於是乎, 有過時而弗除也, 君之喪服除而后, 殷祭, 禮也.

직역 曾子가 問曰, "大夫·士가 私喪이 有하나, 可히 除之로되, 君服이 有하면, 그 除之함은 어찌합니까?" 孔子가 曰, "君을 위해 身에 喪服함이 有하면, 감히 私服하지 않으니, 또한 어찌 除하리오. 그래서 時를 過하더라도 弗除함이 有한 것이니, 君의 喪服을 除한 이후에 殷祭함이 禮이다."

의역 증자가 질문하기를, "대부(大夫)와 사(士)의 경우 본인이 상(喪)을 치르는 중에, 이제 곧 탈상(脫喪)을 하게 되어, 상복(喪服)을 벋을 수가 있게 되었는데, 만약 이때 군주가 죽어서 군주를 위한 상복을 입게 된다면, 본인의 탈상은 어떻게 해야 합니까?" 공자가 대답해주기를, "죽은 군주를 위해 본인이 상복을 입게 되었다면, 감히 개개인의 상복을 입을 수가 없게 되는데, 또한 어찌 탈상을 하겠는가? 그래서 탈상할 시기를 지나치게 되더라도 탈상을 하지 않는 것이다. 그러나 군주의 상이 끝나서 군주를 위해 입었던 상복을 벗은 이후에는 개인적으로 탈상을 못하였으므로, 성대한 제사를 지내서 탈상을 대신하는 것이 올바른 예법(禮法)이다.

集說 君重親輕, 以義斷恩也. 若君服在身, 忽遭親喪, 則不敢爲親制服. 初死尙不得成服, 終可行除服之禮乎. 此所以雖過時而不除也. 殷祭, 盛祭也. 君服除, 乃得爲親行二祥之祭, 以伸孝心. 以其禮大, 故曰殷也. 假如此月除君服, 卽次月行小祥之祭, 又次月行大祥之祭, 若親喪小祥後, 方遭君喪, 則他時君服除後, 惟行大祥祭也. 然此皆謂適子主祭而居官者, 若庶子居官而行君服, 適子在家, 自依時行親喪之禮. 他日庶子雖除君服, 無追祭矣.

번역 상대적으로 비교하자면, 군주는 중대한 대상이고 자신의 부모는 덜 중요한 대상이니, 이러한 경우에는 의(義)로써 은정(恩情)을 제단하는 것이다. 만약 군주를 위해 본인이 상복(喪服)을 입고 있는 경우에, 갑작스럽게 부모의 상(喪)을 당하게 된다면, 감히 부모를 위해 상복을 제단하여 입을 수가 없는 것이다. 군주를 위해 상복을 입고 있다면, 부모가 처음 돌아가셨을 때에도 오히려 상복을 갖춰 입을 수가 없는데, 부모의 상이 끝나갈 때, 상복을 벗는 예법(禮法)을 시행할 수가 있겠는가? 이것이 바로 "비록 시기를 지나치더라도 탈상(脫喪)을 하지 않는다[雖過時而不除]."는 이유이다. '은제(殷祭)'는 성대한 제사이다. 군주에 대한 상복을 벗으면, 곧바로 부모를 위해서 소상(小祥)과 대상(大祥)에 대한 제사를 지내서, 자신의 효성스러운 마음을 펼칠 수가 있게 된다. 그 예법이 성대하기 때문에, '은(殷)' 자를 붙여서 말한 것이다. 가령 이달에 군주에 대한 상복을 벗게 된다면, 곧바로 다음달에 소상의 제사를 시행할 수 있고, 또 그 다음달에 대상의 제사를 시행할 수 있는 것이며, 만약 부모의 상을 치를 때, 소상 이후에 군주의 상을 당하게 된다면, 그 때에는 군주에 대한 상복을 벗은 이후에, 오직 대상에 대한 제사만을 시행할 따름이다. 그러나 이러한 경우는 모두 적자(適子)의 신분을 가지고 있어서 제사를 주관하는 자이면서, 동시에 관직에 있는 자들에게만 해당하는 말이다. 만약 서자(庶子)의 신분이면서 관직에 있는 자들의 경우라면, 부모의 상과는 상관없이, 군주를 위한 상을 치르게 된다. 그리고 적자의 신분이면서 관직이 없는 자들의 경우라면, 군주의 상과는 상관없이, 자연히 본래 정해진 시기에 의거하여, 부모에 대한 상례(喪禮)를 시행하는 것이다. 군주의 상이 끝난 이후의 시기에, 서자는 비록 군주에 대한 상복을 벗었다고 하더라도, 부모의 상을 주관하는 적자의 신분이 아니므로, 부모에 대해서 소급하여 제사를 지내는 일이 없게 된다.

大全 嚴陵方氏曰: 有君之喪而不敢私服, 則以義斷恩故也.

번역 엄릉방씨가 말하길, 군주의 상(喪)이 발생하여, 감히 개인의 상복(喪服)을 입을 수 없는 이유는 의(義)로써 은(恩)을 제단하기 때문이다.

鄭注 重兪輕也. 私喪, 家之喪也. 喪服四制曰, 門外之治, 義斷恩. 謂主人也. 支子則否.

번역 더 중요한 것[8]으로써 덜 중요한 것[9]을 깨우쳐준 것이다. '사상(私喪)'은 가족 중에 발생한 상(喪)을 뜻한다. 『예기』「상복사제(喪服四制)」편에서는 "문밖에서의 다스림은 의로움으로 인정을 절제한다."[10]라고 말했다. 은제(殷祭)를 지내는 경우는 상주(喪主)인 자에게만 해당한다. 지자(支子)[11]라면, 은제를 지내지 않는다.

釋文 治, 直吏反. 斷, 丁亂反. 除如字, 徐直慮反.

번역 '治'자는 '直(직)'자와 '吏(리)'자의 반절음이다. '斷'자는 '丁(정)'자와 '亂(란)'자의 반절음이다. '除'자는 글자대로 읽으며, 서음(徐音)은 '直(직)'자와 '慮(려)'자의 반절음이 된다.

孔疏 ●"曾子"至"禮也". ○正義曰: 此一節論臣有君親之喪, 當隆於君之事, 各依文解之.

번역 ●經文: "曾子"~"禮也". ○이 문장은 신하가 군주와 부모의 상(喪)을 동시에 당했을 때, 마땅히 군주에 대한 일에 극진히 해야 한다는 사실을 논의하고 있으니, 각각의 문장에 따라서 해석하겠다.

孔疏 ●"孔子曰, 有君喪服於身, 不敢私服, 又何除焉"者, 答以重喩輕也.

---

8) '더 중요한 것'이란, 군주의 상(喪)이 생기면, 부모에 대한 상복(喪服)조차 입지 않는다는 내용이다.
9) '덜 중요한 것'이란, 군주의 상(喪)이 발생하여, 부모에 대한 탈상(脫喪)을 하지 않는다는 내용이다.
10) 『예기』「상복사제(喪服四制)」【721a】: 門內之治恩揜義, 門外之治義斷恩.
11) 지자(支子)는 적장자(嫡長子)를 제외한 나머지 아들들을 말한다.

“門外之治, 義斷恩”, 若身有君服, 後遭親喪, 則不敢爲親制服也. “又何除焉”者, 謂成喪服爲重始, 除服爲輕末, 在親始重之日, 尙不獲伸, 況輕末之時而可行乎. 故云, “又何除焉”. “君之喪服除, 而后殷祭, 禮也”者, 殷祭, 謂小大二祥祭也. 以其禮大, 故曰殷也. 言初乃爲身有君服, 不敢爲親私除. 若君服除後, 乃可爲親行私喪二祥之祭, 以伸孝心也. 故盧氏云, “殷祭, 盛也. 君服除, 乃行釋私服之禮.” 庾蔚云, “今月除君服, 明月可小祥, 又明月可大祥, 猶若久喪不葬者也. 若未有君服之前, 私服已小祥者, 除君服後, 但大祥而可. 已有君服之時, 已私服或未小祥, 是以總謂之殷祭, 而不得云再祭. 殷, 大也. 小·大二祥, 變除之大祭, 故謂之殷祭也. 禘祫者, 祭之大, 故亦謂之殷祭.” 但此論大夫士, 則不應有禘祫, 此殷是釋除之祭也. 有殷事則之君所, 鄭以爲朔月月半薦新之奠, 此又比朝夕爲大也. 各有所指, 不嫌殷名同也.

번역 ●經文: “孔子曰, 有君喪服於身, 不敢私服, 又何除焉”. ○공자는 대답을 하며, 더 중요한 사실을 설명하여 덜 중요한 사실까지도 깨우쳐준 것이다. 정현이 “문밖에서의 다스림은 의로움으로 인정을 절제한다.”라고 하였는데, 이 말은 만약 본인이 군주에 대한 상복(喪服)을 입고 있는 경우인데, 이후에 부모의 상(喪)을 당하게 되더라도, 감히 부모를 위해 상복을 제단하여 입을 수가 없다는 뜻이다. 경문에서 “또한 어찌 제(除)하리오?”라고 하였는데, 이 말은 죽은 부모를 위해 상복을 갖춰 입은 일은 중대한 일의 시작이 되고, 부모의 상이 막바지가 되어, 탈상(脫喪)을 하는 일은 덜 중요한 일의 말단이 되는데, 죽은 부모에 대해 상을 치러야 하는 중대한 일이 시작되는 날에 해당하면서도, 군주의 상으로 인해 오히려 제 뜻을 펼칠 수가 없는데, 하물며 경미한 시기에 해당하는 부모에 대한 탈상을 시행을 할 수 있겠느냐는 뜻이다. 그렇기 때문에 “또한 어찌 ‘제’하리오?”라고 말한 것이다. 경문에서 “군(君)의 상복을 ‘제’한 이후에, 은제(殷祭)함이 예(禮)이다.”라고 하였는데, ‘은제’는 소상(小祥)과 대상(大祥)의 제사를 뜻한다. 그 제사들을 치르는 예(禮)가 성대하기 때문에, ‘은(殷)’자를 붙여서 부른 것이다. 그리고 은제를 지내는 경우는 애초에 본인이 군주를 위해 상복을 입게 되어, 감히 자신의 부모를 위해, 사적인 탈상을 할 수 없게 된 경우에 해당한다. 만약 군주를 위해 입었던 상복을 제거한 이후라면, 부모를 위하여 개인의 상례(喪禮)인 소상과 대상의 제사를 지낼 수 있게 된다. 따라서 이 제사들을 통하여 효성스러운 마음을 펼칠 수가 있게 된다. 그렇기 때문에 노식은 "은제는 성대하다는 뜻이다. 군주를 위해 입었던 상복을 벗게 되면, 곧 개인의 상례를 시행할 수 있게 된다."라고 말한 것이다. 유울지는 "이달에 군주를 위해 입었던 상복을 벗게 되면, 다음달에 자신의 부모에 대해서 소상을 지낼 수 있고, 또 그 다음달에 대상을 지낼 수 있는 것이니, 마치 상(喪)이 오래되어 장례(葬禮)를 치르지 못하는 경우[12]와 같은 것이다. 만약 아직 군주를 위한 상복을 입기 이전인 시기에, 개인의 상중(喪中)에서 이미 소상을 치른 경우라면, 군주를 위해 입었던 상복을 벗은 이후에, 부모에 대해서는 단지 대상만 치르는 것이 옳다. 이미 군주를 위한 상복을 입고 있는 시기에, 자기 본인이 부모의 상에서 혹여 아직 소상조차 치르지 않은 상태라면, 군주에 대한 상복을 벗고 나서, 소상과 대상을 별도로 지내게 된다. 만약 소상과 대상을 한꺼번에 지낸다고 하여, 그것을 총괄해서 '은제'라 부른다고 한다면, 『예기』「상복소기(喪服小記)」편에서 '재제(再祭)'[13]라고 말할 수 없게 된다. '은'자는 성대하다는 뜻이다. 소상과 대상은 변제(變除)[14]할 때의 성대한 제사이다. 그렇기 때문에 '은제'라고 부른 것이다. 체협(禘祫)도 제사 중에서 성대한 것이기 때문에, 그것을 또한 '은제'라고도 부른다.[15]"라고 했다. 그러나 이 문장은 대부(大夫)와 사(士)의 경우를 논의한 내용이니, 체(禘)와 협(祫)이라는 제사가 있을 수가 없다. 그러므로 여기에서 언급하는 '은제'는 상복을 제거할 때 지내는 제사를 뜻한다. 또한 이곳 「증자문」편에서는 "은사(殷事)가 있다면, 군주의 시신이 있는 빈소로

---

12) 『예기』「상복소기(喪服小記)」【418a】: 久而不葬者, 唯主喪者不除, 其餘以麻終月數者, 除喪則已.

13) 『예기』「상복소기(喪服小記)」【412b】: 三年而后葬者必再祭, 其祭之間不同時, 而除喪.

14) 변제(變除)는 상복(喪服)을 바꾸거나 제거하는 경우를 뜻한다. 소상(小祥)을 지내고 나서 상복의 단계를 낮추고, 대상(大祥)을 지낸 뒤에 상복을 벗는 것을 '변제'라고 부른다.

15) 『한서(漢書)』「위현전(韋賢傳)」: 毁廟之主臧乎太祖, 五年而再殷祭, 言壹禘壹祫也.

간다."[16]라고 하였는데, 정현은 이때의 '은사'를 매월 초하루와 보름마다 새로운 제물(祭物)을 바치는 전제사[奠祭]라고 여겼다. 따라서 이 문장에서 말하는 '은사' 또한 일상적으로 조석(朝夕)마다 시행하는 전제사에 비해 성대하게 지낸다는 뜻이 된다. 그러므로 같은 '은'자가 붙은 단어라고 하더라도, 각각 가리키는 대상이 다르니, 유울지처럼 '은'이라는 글자가 붙었다고 해서 같은 대상으로 여겨서는 안 된다.

孔疏 ◎注"謂主人也, 支子則否". ○正義曰: 主人謂適子仕官者, 適子主祭祀, 故二祥待除君服而後行也. 若支子仕官, 雖不得除私服, 而其家適子已行祥祭, 庶子於後無所復追祭, 故云否也.

번역 ◎鄭注: "謂主人也, 支子則否". ○주인(主人)은 적장자의 신분이면서, 관직을 가지고 있는 자를 뜻한다. 따라서 적장자는 자신의 부모에 대한 제사를 주관하기 때문에, 부모에 대한 소상(小祥)과 대상(大祥)에 있어서도, 군주에 대한 상복(喪服)을 벗을 때까지 가다린 이후에 시행한다. 만약 지자(支子)들 중에 관직을 가지고 있는 경우라면, 군주를 위한 상복을 입게 되어서, 비록 개인의 부모상에서 탈상(脫喪)을 할 수가 없더라도, 그의 집안에 있는 적장자가 이미 소상과 대상을 지내게 된다. 따라서 서자(庶子)들은 군주에 대한 상복을 벗은 이후에, 다시금 소급하여 탈상을 하지 못한 부모상에 대해서, 제사를 지내는 일이 없게 된다. 그렇기 때문에 하지 않는다고 말한 것이다.

集解 愚謂: 可以除之者, 謂小祥之後, 將及大祥之期也. 此殷祭, 謂大祥也. 君喪除而后殷祭者, 凡變除之祭, 必服其除後之服以祭, 君服未除, 則不可以行親喪大祥之祭也. 若未練而遭君喪. 則親喪練·祥之祭亦各於君喪練·祥之後行之. 如此, 則雖不除親喪, 而其練·祥之祭與變除之服亦悉得相應矣.

---

16) 『예기』「증자문」【239a】: 有殷事, 則之君所, 朝夕否.

번역 내가 생각하기에, 경문에서 "상복(喪服)을 제거할 수 있다[可以除之]."고 한 말은 소상(小祥)을 지낸 이후, 장차 대상(大祥)을 지낼 시기가 도래했을 때에 해당한다. 그러므로 이 문장에서 언급하고 있는 은제(殷祭)는 대상을 가리킨다. 또한 경문에서는 "군주의 상(喪)에 대해서 상복을 벗은 이후에, 부모에 대해 은제를 지낸다[君喪除而后殷祭]."고 하였는데, 무릇 변제(變除)를 하며 지내는 제사에서는 반드시 군주의 대한 상복을 벗은 이후에, 본인의 개인 상에 해당하는 상복을 입고서 제사를 지내게 된다. 따라서 군주에 대한 상복을 아직 벗지 않은 상태라면, 부모상에 대한 대상의 제사를 지낼 수가 없는 것이다. 만약 아직 소상조차 끝내지 않은 상태에서 군주의 상을 당하게 된다면, 부모상에 대한 소상과 대상의 제사 또한 군주상에 대한 소상과 대상을 지낸 이후에, 각각 시행하게 된다. 이처럼 한다면, 비록 부모상을 탈상(脫喪)하지 않았더라도, 부모에 대한 소상과 대상의 제사와 변제할 때의 복식이 또한 서로 상응하게 된다.

【238c~d】

曾子問[17]曰: 父母之喪, 弗除, 可乎. 孔子曰: 先王, 制禮, 過時, 弗擧, 禮也. 非弗能勿除也, 患其過於制也, 故君子過時, 不祭, 禮也.

직역 曾子가 問曰, "父母의 喪에 弗除가 可합니까?" 孔子가 曰, "先王이 禮를

---

17) '문(問)'자에 대하여. '문'자는 본래 없던 글자인데, 완원(阮元)의 『교감기(校勘記)』에서는 "혜동(惠棟)의 『교송본(校宋本)』에도 '문'자가 기록되어 있고, 『석경(石經)』·『악본(岳本)』·『가정본(嘉靖本)』 및 위씨(衛氏)의 『집설(集說)』, 『고문(考文)』에서 인용하고 있는 『고본(古本)』 및 『족리본(足利本)』에도 모두 '문'자가 기록되어 있다. 따라서 이곳 판본에는 '문'자가 누락된 것이며, 『민본(閩本)』·『감본(監本)』·『모본(毛本)』에도 '문'자가 누락되어 있다."라고 했다.

制함에, 時를 過하면, 弗擧함이 禮이다. 弗能해서 勿除함은 非이나, 그 制에 過함이 患이라, 故로 君子는 時를 過하면, 不祭함이 禮이다."

의역 증자가 질문하기를, "군주의 상(喪) 때문에 부모에 대한 상을 제대로 치르지 못한 경우, 군주의 상이 끝나고 난 뒤에도, 부모의 상에 대해 탈상(脫喪)을 하지 않은 채 그대로 지나치는 것이 괜찮은 일입니까?" 공자가 대답해주기를, "선왕(先王)이 예법(禮法)을 제정함에, 상례(喪禮)와 제례(祭禮)에 있어서, 그 시기를 지나치게 되면, 다시 소급해서 지내지 않도록 제정하였으니, 이것이 올바른 예법이다. 탈상을 하지 않은 행위는 꼭 불가능해서 그렇게 하지 않는 것은 아니지만, 만약 탈상을 행하게 된다면, 선왕이 제정한 예법을 어기게 될까봐 걱정하여, 시행하지 않는 것이다. 그렇기 때문에 군자(君子)는 그 시기를 지나쳐서는 제사를 지내지 않으니, 이것이 올바른 예법이다."

集說 曾子之意, 以爲適子仕者, 除君服後, 猶得追祭二祥. 庶子仕者, 雖除君服, 不復追祭, 是終身不除父母之喪矣, 可乎. 孔子言先王制禮, 各有時節, 過時不復追擧, 禮也. 今不追除服者, 不是不能除也, 患其踰越聖人之禮制也. 且如四時之祭, 當春祭時, 或以事故阻廢, 至夏則惟行夏時之祭, 不復追補春祭矣. 故過時不祭, 禮之常也. 惟禘祫大事則不然.

번역 증자의 질문 의도는 적장자 중에서 벼슬을 하고 있는 자는 군주에 대한 상복(喪服)을 벗은 이후에, 오히려 죽은 부모에 대해서 소상(小祥)과 대상(大祥)을 소급하여 제사를 지낼 수 있다. 하지만 서자(庶子) 중에 벼슬을 하고 있는 자는 비록 군주에 대한 상복을 벗게 되더라도, 죽은 부모에 대해서 다시금 소급하여 제사를 지낼 수 없게 되니, 이처럼 행동하게 된다면, 평생토록 부모에 대한 상(喪)을 제대로 끝내지 못하게 되는데, 그래도 괜찮은 일인가라고 생각한 것이다. 공자가 대답하길, 선왕(先王)이 예법(禮法)을 제정하여, 각각 정해진 시기와 절차가 규정되었으니, 그 시기를 놓치게 되면, 다시금 소급하여 지내지 않는 것이 예법이다. 이곳 문장에서 언급하는 것처럼, 죽은 부모에 대해서, 소급하여 제대로 탈상(脫喪)을 하지 않는 이유는 탈상 자체를 아예 할 수 없어서 그렇다는 말이 아니다. 다만 그러한 일들이 성인(聖人)이 제정한 예제(禮制)에서 벗어나게 될까 염려되기 때문이다. 또 사계절에 대한 제사와 같은 경우, 봄의 제사를 지내야 할 때에, 혹여 어떠한 변고 때문에 지내지 못하게 되더라도, 여름이 되어서는 오직 여름철에 지내야 하는 제사만을 시행하지, 다시금 봄의 제사를 소급하여 지내지 않는다. 그렇기 때문에 그 시기를 놓치게 되면, 제사를 지내지 않는 것이 예법의 상도(常道)이다. 그러나 다만 체협(禘祫)과도 같은 큰 제사인 경우에는 그렇지 않다.[18]

鄭注 以其有終身之憂. 言制禮以爲民中, 過其時則不成禮.

번역 증자가 이러한 질문을 한 이유는 부모에 대한 탈상(脫喪)을 제대로 못한 자는 탈상을 하지 못한 일이 종신토록 근심거리가 되기 때문이다. 공자의 대답은 선왕(先王)이 예법(禮法)을 제정하여서, 이로써 백성들을 중용(中庸)의 도리에 맞게끔 한 것이니, 그 시기를 놓치게 되면, 본래 정해져 있던 예법대로 다 갖추지 못하게 된다는 사실을 뜻한다.

釋文 中如字, 又丁仲反.

번역 '中'자는 글자대로 읽으며, 또는 '丁(정)'자와 '仲(중)'자의 반절음이 된다.

孔疏 ●"曾子"至"可乎". ○正義曰: 曾子又疑云, 聖人制變更之期, 情禮之殺, 使送死有已, 復生有節, 是不許人子有不除之喪. 若適子除君服後, 乃有殷祭之事, 如喪久不葬者, 此則可解. 若庶子除君服後, 無復殷祭之事, 便是其爲父母之服, 一生不有除說之事, 此於禮許得可乎?

---

18) 체협(禘祫)의 경우에는 시기를 놓치더라도 소급하여 지낸다는 뜻이다.

번역 ●經文: "曾子"~"可乎". ○증자는 공자의 대답을 듣고도 또다시 의문이 생겨서 질문하길, 성인(聖人)이 변고가 발생했을 때의 복상(服喪) 기간을 제정한 이유는 애정과 예법(禮法)을 변고로 인해 일상적인 수준보다 낮춰서, 죽은 자를 보내는 일에 끝맺음이 있게 하고, 다시 생시로 돌아올 때에도 절도가 있게끔 한 것이다.[19] 그러나 이것은 사람의 자식된 입장에서, 탈상(脫喪)을 하지 못한 경우에는 통용되지 않는 것이다. 만약 적장자와 같은 경우, 군주에 대한 상복(喪服)을 벗은 이후에 곧 은제(殷祭)를 치르게 되어, 부모에 대한 상(喪)에 대해서, 오래도록 장례(葬禮)를 마치지 못한 경우라 하더라도, 이와 같은 경우에는 변고가 발생했을 때의 예법에 따라 시행하면, 부모에 대한 마음을 해소할 수 있게 된다. 그러나 만약 서자(庶子)와 같은 경우에는 군주에 대한 상복을 벗은 이후에, 다시금 은제를 치를 일이 없게 된다. 따라서 이러한 경우에는 곧 부모에 대한 상을 치르는 일에 대해서, 중간에 군주에 대한 상복을 입게 되어, 일생토록 탈상을 하지 못하게 된다. 그래서 증자는 이러한 경우에 예법에만 따르는 것이 괜찮냐고 질문한 것이다.

孔疏 ●"孔子"至"禮也". ○據制以答此所以不除意也. 孔子言先王制禮, 各有時節, 若過則不追擧, 是禮之意也.

번역 ●經文: "孔子"~"禮也". ○이 문장은 예제(禮制)를 인용하여, 이와 같이 탈상(脫喪)을 하지 못하는 이유를 대답해준 말이다. 공자는 대답하길, 선왕(先王)이 예제를 제정하여, 각각 정해진 시기와 절차가 생기게 되었으니, 만약 그 시기를 놓치게 된다면, 소급하여 지내지 않는 것이며, 이것이 예(禮)의 뜻이라고 말한 것이다.

---

19) 『예기』「삼년문(三年問)」【669d】: 三年之喪, 二十五月而畢, 哀痛未盡, 思慕未忘, 然而服以是斷之者, 豈不送死有已, 復生有節也哉.

孔疏 ●"非弗"至"制也". ○勿猶不也, 言今日不追除服者, 非是不能除改也. 爲此不除, 正是患其過於聖人之禮制也.

번역 ●經文: "非弗"~"制也". ○'물(勿)'자는 '불(不)'자와 같으니, 오늘날 소급하여 탈상(脫喪)을 하지 않는 이유는 탈상 자체를 시행할 수 없다는 뜻이 아니다. 그런데도 이처럼 탈상을 하지 않는 이유는 그러한 일들이 바로 성인(聖人)이 제정한 예제(禮制)에서 벗어나게 될까 우려되기 때문이라는 뜻이다.

孔疏 ●"故君子過時不祭, 禮也". ○又引君子過時不擧之事以證之. 過時不祭, 謂春雨露旣濡, 君子履之, 怵惕思親, 思親故設祭. 若春時或有事故不得行祭, 至夏乃行夏祭, 不復追補春祭, 是過時不祭, 以爲禮也. 若過時不祭, 如適子仕者除君服後, 猶得行殷祭. 其四時之祭, 過時所以不追者, 假令春夏祭, 本爲感春夏而祭, 至秋非時, 故不追也. 且今年春夏雖過時, 至明年會應復有春夏, 故當時則祭, 過時不補前祭. 祥非爲感時, 正是孝子爲存親, 存親則前後無異, 故除君服已, 伸孝心也.

번역 ●經文: "故君子過時不祭, 禮也". ○공자는 "군자(君子)가 때를 놓치면, 제사를 지내지 않는다."는 사실을 재차 인용하여서, 자신의 말을 증명하였다. "때를 놓치면 제사를 지내지 않는다."는 말은 봄에 비와 이슬이 내려서, 땅을 적시게 되면, 군자는 그것을 밟고 가며, 슬퍼하고 근심스러운 마음이 생겨 부모를 생각하니,[20] 부모를 생각하는 마음 때문에, 제사를 지내게 되는 것이다. 그런데 만약 봄철에 혹여 변고가 발생하여, 제사를 지낼 수 없게 된다면, 여름철이 되더라도 곧 여름 제사만을 시행하는 것이지, 다시금 소급하여 봄제사를 지내지 않는다. 이것이 바로 "때를 놓치면 제사를 지내지 않는다."는 뜻이며, 이러한 이유에서 예법(禮法)을 정했다는 뜻

---

20) 『예기』「제의(祭義)」【553b】: 春雨露旣濡, 君子履之, 必有怵惕之心, 如將見之. 樂以迎來, 哀以送往, 故禘有樂而嘗無樂.

이다. 만약 때를 놓쳐서 제사를 지내지 못한다고 한다면, 적장자 중 벼슬을 가지고 있는 자와 같은 경우에는 군주에 대한 상복(喪服)을 벗은 이후에, 오히려 은제(殷祭)를 지낼 수 있게 된다. 사계절에 대한 제사에서 그 때를 놓치는 경우, 다시금 소급하여 제사를 지내지 않는 이유는 가령 봄과 여름의 제사는 본래부터 봄철과 여름철의 기후에 감응하여, 제사를 지내는 것이니, 가을철이 되더라도 그 시기의 날씨가 아니므로, 소급하여 제사를 지내지 않는 것이다. 또한 금년 봄과 여름에 비록 그 시기를 놓치더라도, 내년이 되면 다시금 봄과 여름이 돌아오기 때문에, 그 시기가 되면 제사를 지내게 된다. 따라서 때를 놓치더라도, 다시금 앞서 때를 놓친 제사에 대해서, 소급하여 지내지 않는 것이다. 그러나 소상(小祥)과 대상(大祥)은 시기에 감응하여 지내는 제사가 아니며, 바로 자식이 부모를 애도하는 마음이 남아 있기 때문에 지내는 제사이다. 따라서 부모에 대한 마음을 간직하고 있는 측면에서 보자면, 그 마음은 부모의 생전이나 사후에나 다름이 없다. 그렇기 때문에 군주에 대한 상복을 제거한 다음에, 은제를 지내서 효성스러운 마음을 펼치게 된다.

集解 曾子以有君喪不敢私服, 則聞君喪之後, 其服皆主於君, 而親喪實則未畢, 故欲於君服旣除之後, 弗除親喪而追服之也. 孔子答以"祭過時弗祭", 則親喪之已過者, 無追服之之禮也.

번역 증자는 공자가 대답해준 말을 듣고서, 공자의 말을 다음과 같이 이해했다. 즉 군주의 상(喪)이 발생하여, 감히 개인의 상복(喪服)을 입을 수 없다고 한다면, 군주에 대한 상이 끝난 이후에, 그가 지냈던 상은 모두 군주를 위한 것이 된다. 따라서 공자가 대답해준 말은 부모의 상에 대해선 실제로 완전히 끝마친 것이 아니라는 말로 들렸다. 그래서 군주에 대한 상복을 벗게 된 이후에, 부모에 대한 상을 그냥 끝내버리지 않고, 소급하여 그 기간 동안 상을 치르고자 한 것이다. 그런데 공자는 이러한 증자의 질문에 대하여, "제사는 그 시기를 놓치면, 다시 지내지 않는다."라는 말로 대답을 하였다. 이 말은 곧 부모의 상에 대해서도, 이미 그 시기를 놓친 경우라면, 다시금 소급하여 상을 치르는 예법(禮法)이 없다는 뜻이다.

【238d~239a】

曾子問曰: 君薨旣殯, 而臣有父母之喪, 則如之何. 孔子曰: 歸居于家, 有殷事, 則之君所, 朝夕, 否.

직역 曾子가 問曰, "君이 薨하여, 旣殯한데, 臣이 父母의 喪이 有하면, 어찌합니까?" 孔子가 曰, "歸하여, 家에 居하고, 殷事가 有하면, 君所로 之하되, 朝夕은 否니라."

의역 증자가 질문하기를, "만약 군주가 죽게 되어, 이제 막 빈소를 차렸는데, 신하에게 부모의 상(喪)이 발생했다면, 이러한 경우에는 어찌해야 합니까?" 공자가 대답해주기를, "군주의 빈소에서 물러나서, 되돌아가 자신의 집에 머물게 된다. 군주의 빈소에서 은사(殷事)를 치르게 되면, 군주의 시신이 있는 빈소로 가게 된다. 그러나 군주의 빈소에서 일상적으로 지내는 조석(朝夕)의 전제사[奠祭] 때에는 참여하지 않는다."

集說 殷盛之事, 謂朔望及薦新之奠也. 君有此事, 則往適君所, 朝夕則不往哭.

번역 '은사(殷事)'는 규모가 크고 성대한 일로, 매월 초하루와 보름 때마다 천신(薦新)[21]하는 전제사[奠]를 뜻한다. 죽은 군주에 대해 이러한 은사

---

21) 천신(薦新)은 각 계절별로 생산된 신선한 음식물들을 바치는 제사를 가리킨다. 초하루와 보름마다 성대하게 지내는 전제사[奠祭]를 가리키기도 한다. 『의례』「기석례(旣夕禮)」편에는 "朔月, 若薦新, 則不饋于下室."이란 기록이

를 치르는 일이 생기면, 군주의 시신이 있는 곳으로 가게 되며, 평일 조석(朝夕)마다 지내는 전제사 때에는 빈소에 가서 곡(哭)을 하지 않는다.

鄭注 居家者, 因其哀後隆於父母. 殷事, 朔月月半薦新之奠也.

번역 신하가 군주의 빈소에 머물러 있지 않고, 자신의 집에 기거하는 이유는 군주보다 나중에 죽은 부모를 애도하기 위해서이니, 부모에 대한 예법(禮法)을 높이는 것이다. 은사(殷事)는 매월 초하루와 보름마다 천신(薦新)하는 전제사[奠]를 뜻한다.

孔疏 ●"孔子"至"夕否". ○殷, 大也. 孔子答云, 君殯既訖, 君所無事, 父母新喪, 故歸於家, 以治父母之喪. 若君喪有朔月月半薦新大事, 則臣之適君所以哭君. 若凡常朝夕則不往哭君, 唯在家爲父母治喪, 故云, "朝夕否". 若臣有父母之喪, 既殯而後有君喪, 則歸君所. 若父母之喪有殷事之時, 則來歸家, 平常朝夕則不來, 恒在君處.

번역 ●經文: "孔子"~"夕否". ○'은(殷)'자는 성대하다는 뜻이다. 공자가 대답하길, 군주의 빈소가 차려지게 되면, 죽은 군주가 있는 장소에서는 할일이 없게 되고, 부모에 대한 상(喪)이 발생하였기 때문에, 자신의 집으로 되돌아가니, 부모에 대한 상례(喪禮)를 치러야 하기 때문이다. 만약 군주에 대한 상이 진행되는 과정에서, 매월 초하루와 보름마다 천신(薦新)하며 지내는 성대한 제사가 시행된다면, 신하된 자는 군주의 시신이 있는 장소로 가서, 군주를 위해 곡(哭)을 한다. 만약 일상적으로 지내는 조석(朝夕)의 전제사[奠祭]와 같은 경우라면, 그 장소에 가서 군주를 위해 곡을 하지 않으며, 다만 자신의 집안에 머물며 부모를 위해 상례를 치르게 된다. 그렇기 때문에 "조석으로는 하지 않는다."라고 말한 것이다. 만약 신하에게 부모의 상이 발생하여, 빈소를 다 차리게 되었는데, 그 이후에 군주의 상이

있고, 『예기』「단궁하(檀弓上)」편에는 "有薦新, 如朔奠."이란 기록이 있다.

발생한 경우라면, 신하는 군주의 시신이 있는 장소로 되돌아오게 된다. 만약 부모의 상에서 은사(殷事)를 치러야 하는 때가 된다면, 본인의 집으로 되돌아가고, 평상시 조석으로 올리게 되는 부모에 대한 전제사 때에는 본인의 집으로 되돌아가지 않고, 군주가 있는 장소에 항상 머물게 된다.

孔疏 ◎注"居家"至"父母". ○正義曰: 君薨既殯, 是君喪在前, 殯後親死, 是父母喪在後. 親喪痛甚, 恒居於家, 是隆於父母也.

번역 ◎鄭注: "居家"~"父母". ○군주가 죽어서, 빈소를 다 차리게 된 경우는 군주의 상(喪)이 앞서서 일어난 것이며, 빈소를 차린 이후에, 부모가 죽게 된 경우는 부모의 상이 이후에 일어난 것이다. 부모의 상에 대한 애통함이 깊어서, 항상 집안에 머물게 되니, 부모에 대해서 그 예법(禮法)을 높이는 것이다.

集解 君喪既殯而遭親喪, 則當歸治喪事也. 不曰歸殯, 而曰歸居, 則親喪既殯亦在家可知矣. 殷, 盛也. 殷事, 謂月朔薦新之奠, 視朝夕奠爲盛也. 若父母之喪既殯而有君喪, 則之君所, 君喪既殯而歸, 其禮亦如此與.

번역 군주의 상(喪)에서 빈소를 다 차렸는데, 부모의 상이 발생하게 된다면, 마땅히 자신의 집으로 되돌아가서, 상사(喪事)를 치러야 한다. 그런데 경문에서는 "되돌아가서 빈소를 차린다[歸殯]."고 기록하지 않고, "되돌아가서 머문다[歸居]."고만 언급하였으니, 부모의 상에서 빈소를 차린 이후에, 군주의 빈소로 되돌아오는 것이 아니라, 또한 그대로 집에 머물게 된다는 사실을 알 수 있다. '은(殷)'자는 성대하다는 뜻이다. 은사(殷事)는 매월 초하루마다 천신(薦新)하며 지내는 전제사[奠]를 뜻하며, 조석(朝夕)마다 지내게 되는 일상적인 전제사에 비해서 성대한 제사가 된다. 만약 부모의 상을 치르며, 빈소를 다 차리게 되었는데, 군주의 상이 발생한 경우라면, 군주의 시신이 있는 장소로 가고, 군주의 상에서 빈소를 다 차리게 되면, 자신의 집으로 되돌아가니, 그 예법(禮法)이 또한 이와 같았을 것이다.

【239a】

曰: 君旣啓, 而臣有父母之喪, 則如之何. 孔子曰: 歸哭, 而反送君.

직역 曰, "君에 旣啓한데, 臣이 父母의 喪이 有하면, 어찌합니까?" 孔子가 曰, "歸하여 哭하고, 反하여 君을 送한다."

의역 계속하여 증자가 질문하기를, "군주의 상(喪)을 치를 때, 장례(葬禮)를 치르기 위하여, 빈소에 매장되어 있던 영구(靈柩)를 꺼내게 되었는데, 신하에게 부모의 상이 발생했다면, 이러한 경우에는 어찌해야 합니까?" 공자가 대답해주기를, "자신의 집으로 되돌아가서 곡(哭)을 하고, 다시 군주의 영구가 있는 곳으로 되돌아와서, 군주의 영구를 전송한다."

集說 啓, 啓殯也. 歸哭, 哭親喪也. 反送君, 復往送君之葬也. 此二節, 皆對言君親之喪. 若臣有父母之喪, 旣殯而後有君喪, 則歸君所. 父母喪有殷事, 則來歸家, 朝夕亦恒在君所也. 若父母之喪旣啓而有君之喪, 則亦往哭於君所, 而反送父母之葬也. 下文君未殯而臣有父母之喪, 亦與父母之喪未殯而有君喪互推之.

번역 '계(啓)'자는 계빈(啓殯)[22]이다. "되돌아가서 곡(哭)을 한다[歸哭]."는 말은 부모의 상(喪)에서 곡을 한다는 뜻이다. "되돌아와서 군주를 전송한다[反送君]."는 말은 다시금 군주를 전송하는 장지(葬地)로 간다는 뜻이다. 이 두 절목은 모두 군주와 부모의 상을 대비시켜 말한 것이다. 그러므로 만약 신하에게 부모의 상이 먼저 발생하여, 빈소를 차리게 되었는데, 그 이후에 군주의 상이 발생한다면, 군주의 시신이 있는 장소로 되돌아가

---

22) 계빈(啓殯)은 상례(喪禮)의 절차 중 하나이다. 장례(葬禮)를 치르기 위하여, 빈소에 임시로 가매장했던 영구를 꺼내는 절차를 뜻한다.

는 것이다. 그리고 부모의 상에서 은사(殷事)를 치르게 되면, 자신의 집으로 되돌아오게 되며, 일상적으로 조석(朝夕)마다 지내게 되는 전제사[奠]에는 참여하지 않고, 항상 군주의 시신이 있는 장소에 머물게 된다. 그리고 만약 부모의 상을 치르며, 계빈을 하게 되었는데, 군주의 상이 발생한다면, 또한 군주의 시신이 있는 장소에 가서 곡을 하고, 부모를 전송하는 장지로 되돌아가는 것이다. 아래 문장에서는 군주의 상에서 아직 빈소를 차리지 않았는데, 신하에게 부모의 상이 발생한 경우에 대해서 기록하고 있다. 따라서 이러한 언급을 통해서 또한 부모의 상에서 아직 빈소를 차리지 않았는데, 군주의 상이 발생한 경우에 대해서도 서로 추론해볼 수 있는 것이다.

鄭注 言送君, 則既葬而歸也. 歸哭者, 服君服而歸, 不敢私服也.

번역 '송군(送君)'이라고 말했으니, 군주의 장례(葬禮)를 다 치르고 나서야, 자신의 집으로 되돌아가는 것이다. "되돌아가서 곡(哭)을 한다[歸哭]."는 말은 군주에 대한 상복(喪服)을 입은 채 되돌아간다는 뜻이니, 감히 자신의 개인 상복을 입을 수는 없다.

孔疏 ●"曰君"至"送君". ○正義曰: 曾子上問既殯, 今問既啓, 故云, "君既啓, 而臣有父母之喪, 則如之何". 孔子答曰, 歸哭父母而反往送君, 既葬畢, 還來歸家, 而治父母之喪. 以此言之, 父母之葬既啓, 而有君之喪, 則亦往哭於君所, 而反送父母, 父母葬畢而居君所.

번역 ●經文: "曰君"~"送君". ○증자는 앞의 문장에서, 빈소를 다 차리게 된 경우에 대해서 물어보았으니, 이곳 문장에서는 그 이후의 절차인 '이미 계빈(啓殯)을 하게 된 상황[既啓]'에 대해서 물어본 것이다. 그렇기 때문에 "군주에 대한 상(喪)에서, 계빈을 하게 되었는데, 신하에게 부모의 상이 발생한다면, 어찌해야 합니까?"라고 물어본 것이다. 공자가 대답하길, 되돌아가서 부모에 대해 곡(哭)을 하고, 다시 돌아와서 군주를 전송하는 곳으로 가며, 군주의 장례(葬禮)를 다 끝내게 되면, 다시금 자신의 집으로 되돌아가서, 부모의 상을 치르게 된다고 하였다. 이것을 통해 말해본다면, 위에서 언급하는 상황과 정반대로, 부모의 장례를 치르면서, 계빈을 하게 되었는데, 군주의 상이 발생한 경우라면, 또한 군주의 시신이 있는 곳으로 가서 곡을 하고, 되돌아와서 부모의 영구(靈柩)를 전송하게 되며, 부모의 장례가 다 끝난 이후에는 군주의 시신이 있는 장소에 머물게 되는 것이다.

孔疏 ◎注"言送"至"服也". ○正義曰: 知旣葬而歸者, 以言送君則葬罷而歸則不待君之虞祭也. 其君喪祔與卒哭未知臣往君所與否. 云"歸哭者, 服君服而歸, 不敢私服也"者, 謂歸哭父母, 猶服君服, 不私服也. 知不私服者, 上文云, "有君喪服於身, 不敢私服", 故知不私服也.

번역 ◎鄭注: "言送"~"服也". ○정현이 설명한 것처럼, 군주에 대한 장례(葬禮)를 지내고 나서, 자신의 집으로 되돌아간다는 사실을 알 수 있는 이유는 군주의 영구를 전송한다고 언급했다면, 장례를 다 끝내고서 되돌아가게 되니, 이 말은 곧 군주에 대한 우제(虞祭)까지 기다리지 않는다는 뜻이 되기 때문이다. 그리고 이러한 경우에는 군주에 대한 부제(祔祭)와 졸곡제(卒哭祭)를 지낼 때, 신하가 군주의 위패가 있는 곳으로 가는 것인지, 또는 아닌지는 알 수가 없다. 정현이 "되돌아가서 곡(哭)을 한다는 말은 군주에 대한 상복(喪服)을 입은 채 되돌아간다는 뜻이니, 감히 자신의 개인 상복을 입을 수는 없다."라고 하였는데, 이 말은 곧 자신의 집으로 되돌아가서 부모에 대한 곡을 할 때에는 아직까지 군주에 대한 상복을 입은 상태이며, 부모에 대한 상복을 입지 않는다는 뜻이다. 이러한 경우에 부모에 대한 상복을 입지 않는다는 사실을 알 수 있는 이유는 앞의 문장에서 "군주의 상이 발생하여, 자신이 군주에 대한 상복을 입게 되면, 감히 개인의 상복을 입지 않는다."라고 기록하였기 때문이다. 따라서 개인의 상복을 입지 않는다는 사실을 알 수 있다.

集解 愚謂: 疏謂"不待虞祭", 不待葬日之虞也. 人君五虞, 其虞與卒哭·祔祭在親喪旣殯之後者, 則當之君所. 若親喪旣啓而有君喪, 則往哭而歸葬, 葬畢而居君所, 値父母虞·祔·卒哭之祭則歸. 大夫士三日而殯, 此君喪旣啓而有父母之喪, 歸哭而反送君, 則殯親固在君葬之後矣. 以此見人君啓殯至葬不遠, 而舊說謂"諸侯之葬, 朝廟六日而徧, 天子朝廟八日而徧"者, 其不然決矣.

번역 내가 생각하기에, 공영달(孔穎達)의 소(疏)에서 "우제(虞祭)를 기다리지 않는다."라고 한 말은 장례(葬禮)를 치른 날에 지내게 되는 우제를 기다리지 않는다는 뜻이다. 군주는 오우(五虞)[23]를 치르니, 군주에 대한 다섯 번의 우제와 졸곡제(卒哭祭) 및 부제(祔祭)를 치르는 기간이, 부모의 상(喪)에서 빈소를 다 차린 이후의 시기에 놓이게 된다면, 마땅히 군주의 위패가 있는 장소로 가야 하는 것이다. 만약 부모의 상을 치르며, 계빈(啓殯)을 하게 되었는데, 군주의 상이 발생한 경우라면, 군주의 시신이 있는 곳으로 가서 곡(哭)을 하고, 자신의 집으로 되돌아와서 장례를 치르며, 장례가 다 끝난 뒤에는 군주의 시신이 있는 장소에 머물게 되니, 부모에 대한 우제, 부제, 졸곡 등의 제사를 지낼 때에만, 자신의 집으로 되돌아가는 것이다. 대부(大夫)와 사(士)는 부모가 죽은 뒤 3일 뒤에 빈소를 차린다. 그런데 이곳 문장에서는 군주의 상을 치르며, 계빈을 하게 되었는데, 부모의 상이 발생하면, 자신의 집으로 되돌아가서 곡을 하고, 다시 돌아와서 군주의 영구(靈柩)를 전송한다고 하였다. 따라서 부모에 대한 빈소를 차리는 시기는 진실로 군주의 장례를 치른 이후의 시기에 해당하게 된다. 그리고 이것을 통해서 군주에 대한 계빈으로부터 장례를 치르는 기간이 길지 않았다는 사실을 알 수 있는데, 구설(舊說)에서는 "제후의 장례에서는 조묘(朝廟)를 6일 동안 하여 두루 고(告)하고, 천자의 경우는 조묘를 8일 동안 하여 두루 고한다."라고 하였지만, 결코 그렇지 않았을 것이다.

---

23) 오우(五虞)는 다섯 번 우제(虞祭)를 지낸다는 뜻이다. 그런데 『예기』「잡기하(雜記下)」【518a】에는 "士三虞, 大夫五, 諸侯七."이라고 하여, '오우'는 대부(大夫)에게 해당하고, 제후의 경우에는 일곱 번 우제를 지낸다고 하였다.

【239b】

曰: 君未殯, 而臣有父母之喪, 則如之何. 孔子曰: 歸殯, 反于君所, 有殷事, 則歸, 朝夕, 否. 大夫, 室老行事, 士則子孫行事. 大夫內子, 有殷事, 亦之君所, 朝夕, 否.

직역 曰, "君에 未殯한데, 臣이 父母의 喪이 有하면, 어찌합니까?" 孔子가 曰, "歸하여 殯하고, 君所로 反하니, 殷事가 有하면 歸하되, 朝夕은 否니라. 大夫는 室老가 行事하고, 士는 子孫이 行事하니라. 大夫의 內子도 殷事가 有하면, 또한 君所로 之하되, 朝夕은 否니라."

의역 계속하여 증자가 질문하기를, "군주에 대한 상(喪)이 발생하여, 아직 빈소를 차리지도 않았는데, 신하에게 부모의 상이 발생했다면, 이러한 경우에는 어찌해야 합니까?" 공자가 대답해주기를, "집으로 되돌아가서 부모의 빈소를 차리고, 다시 군주의 시신이 있는 장소로 돌아오니, 신하는 부모에 대한 은사(殷事)를 치를 경우가 생기면, 자신의 집으로 되돌아가서 치르되, 일상적으로 지내는 조석(朝夕)의 전제사[奠祭]에는 되돌아가지 않고, 군주의 시신이 있는 장소에 그대로 머문다. 그러나 부모의 빈소에 조석으로 지내게 되는 전제사를 그만 둘 수 없으므로, 대부(大夫)의 경우는 가신 중 우두머리가 그 일을 대신 시행하고, 사(士)의 경우는 신분이 낮으므로, 대부의 예법(禮法)보다 낮춰서, 자손들이 그 일을 대신 시행한다. 대부의 처는 남편의 군주에 대해서도, 남편과 마찬가지로 신하된 도리로 상을 치르게 되니, 군주의 상에서 은사를 치르는 경우가 생기면, 그녀 또한 자최복(齊衰服)을 입고서, 군주의 시신이 있는 장소로 가게 되지만, 조석으로 지내는 전제사에는 참석하지 않는다."

集說 室老, 家相之長也. 室老子孫行事者, 以大夫士在君所, 殷事之時, 或朝夕恒在君所, 則親喪朝夕之奠有缺, 然奠不可廢也, 大夫尊, 故使室老攝行其事, 士卑, 則子孫攝也. 內子, 卿大夫之適妻也, 爲夫之君, 如爲舅姑服齊衰,故殷事, 亦之君所.

번역 '실로(室老)'는 가신(家臣)들 중의 우두머리이다. "실로와 자손이 일을 시행한다[室老子孫行事]."는 말은 대부(大夫)와 사(士)는 군주의 시신이 있는 장소에 머물러 있기 때문에, 군주에 대한 은사(殷事)를 지낼 때나, 혹은 군주에 대해 조석(朝夕)으로 지내는 전제사[奠]에서도 항상 군주의 시신이 있는 장소에 머물러 있게 된다. 따라서 부모의 상(喪)에서 조석으로 지내는 전제사에는 참석할 수 없게 된다. 그러나 전제사는 그만 둘 수 없는 것이며, 대부는 신분이 높기 때문에, 실로를 시켜서 그 일을 대신 시행하도록 하고, 사는 신분이 낮기 때문에, 자손들이 대신 하게 된다. '내자(內子)'는 경대부(卿大夫)들의 본처를 뜻하니, 마치 시부모를 위해 자최복(齊衰服)을 입는 것처럼, 남편의 군주를 위해서도 자최복을 입는다. 그렇기 때문에 남편의 군주에 대한 은사를 지낼 때에도, 그녀 또한 군주의 시신이 있는 장소로 가게 되는 것이다.

大全 盧氏曰: 人君五日而殯, 故可歸殯父母而往殯君也. 若臨君殯, 則歸哭父母而來殯君, 殯君訖, 乃歸殯父母也.

번역 노식[24]이 말하길, 군주의 경우에는 죽은 뒤 5일이 지나서 빈소를 차리게 된다. 그렇기 때문에 신하는 본인의 집으로 되돌아가서 부모에 대한 빈소를 차리고, 다시 군주의 시신이 있는 곳으로 돌아와서 군주에 대한 빈소를 차릴 수 있는 것이다. 만약 부모가 죽은 시기가 군주의 빈소를 막 차리게 될 때라면, 신하는 본인의 집으로 되돌아가서 부모에 대한 곡(哭)만 하고, 다시 돌아와서 군주에 대한 빈소를 차리며, 군주에 대한 빈소 차리는

---

24) 노식(盧植, A.D.159? ~ A.D.192) : 후한(後漢) 때의 유학자이다. 자(字)는 자간(子幹)이다. 어려서 마융(馬融)을 스승으로 섬겼다. 영제(靈帝)의 건안(建寧) 연간(A.D.168 ~ A.D.172)에 박사(博士)가 되었다. 채옹(蔡邕) 등과 함께 동관(東觀)에서 오경(五經)을 교정했다. 후에 동탁(董卓)이 소제(少帝)를 폐위시키자, 은거하며 『상서장구(尙書章句)』, 『삼례해고(三禮解詁)』를 저술했지만, 현재 남아 있지 않다.

일이 다 끝나게 되면, 곧 자신의 집으로 되돌아가서 부모에 대한 빈소를 차리게 된다.

鄭注 其哀雜, 主於君. 大夫·士其在君所之時, 則攝其事. 謂夫之君旣殯, 而有舅姑之喪者. 內子, 大夫適[25]妻也. 妻爲夫之君, 如婦爲舅姑服齊衰.

번역 이러한 경우에는 부모와 군주에 대한 애통함이 뒤섞이게 되므로, 상대적으로 더 중요한 군주에 대한 일을 위주로 하는 것이다. 대부(大夫)와 사(士) 본인이 군주의 시신이 있는 장소에 머물러 있을 때라면, 그들의 실로(室老) 및 자손들이, 그의 일을 대신하는 것이다. 경문에서 언급하고 있는 내자(內子)의 경우는 남편의 죽은 군주에 대해서 빈소를 차리게 되었는데, 때마침 시부모의 상(喪)이 발생한 경우를 뜻한다. '내자'는 대부의 본처이다. 처는 남편의 군주를 위해서, 마치 며느리가 시부모를 위해서 하는 것처럼 자최복(齊衰服)을 입게 된다.

釋文 適, 丁歷反.

번역 '適'자는 '丁(정)'자와 '歷(력)'자의 반절음이다.

孔疏 ●"曰君"至"夕否". ○正義曰: 前問君旣殯及旣啓, 而有父母之喪. 今問君未殯, 而臣有父母之喪, 如之何. 孔子答曰, 歸殯父母訖, 反于君所, 以殯君恒在君所, 家有殷事之時, 則暫歸於家. 若尋常朝夕, 則不得歸也, 故云, "朝夕否". 盧氏云, "歸殯, 反于君所"者, 人君五日而殯, 故可以歸殯父母, 而往殯

25) '적(適)'자에 대하여. '적'자는 본래 없던 글자인데, 완원(阮元)의 『교감기(校勘記)』에서는 "혜동(惠棟)의 『교송본(校宋本)』에는 '적'자가 기록되어 있고, 『악본(岳本)』·『가정본(嘉靖本)』·『모본(毛本)』 및 위씨(衛氏)의 『집설(集說)』에도 동일하게 '적'자가 기록되어 있다. 그러므로 이곳 판본과 『민본(閩本)』·『감본(監本)』에는 '적'자가 누락되어 있는 것이다."라고 하였다.

君也. 若其臨君之殯日, 盧云, "歸哭父母而來殯君", 則殯君訖, 乃還殯父母也. 以此言之, 臣有父母之喪, 未殯, 而有君喪, 去君殯日雖遠, 祇得待殯君訖而還殯父母, 以其君尊故也.

번역 ●經文: "曰君"~"夕否". ○앞 문장에서 증자는 군주에 대해 빈소를 차리게 된 상황과 계빈(啓殯)을 하게 된 상황에서, 부모의 상(喪)이 발생한 경우를 물어보았다. 그리고 이곳 문장에서는 군주에 대해 아직 빈소를 차리지 않았는데, 신하에게 부모에 대한 상이 발생한다면, 어찌해야 하는지를 물어본 것이다. 공자가 대답하길, 되돌아가서 부모에 대한 빈소를 차리고, 그 일이 끝나면 군주의 시신이 있는 장소로 되돌아오며, 군주에 대해 빈소를 차리고 나서도, 항상 군주의 시신이 있는 곳에 머물게 되므로, 자신의 집안에 은사(殷事)를 지낼 때가 되어야만, 잠시 집으로 되돌아가게 된다고 하였다. 조석(朝夕)마다 일상적으로 지내게 되는 전제사[奠祭]와 같은 경우에는 자신의 집으로 되돌아갈 수 없다. 그렇기 때문에 "조석은 부(否)니라."라고 말한 것이다. 노식은 "되돌아가서 빈소를 차리고, 그런 뒤에 군주가 있는 장소로 되돌아간다."라고 하였는데, 군주는 죽은 뒤 5일이 지나서 빈소를 차리기 때문에, 신하가 자신의 집으로 되돌아가서, 부모에 대한 빈소를 차리고, 다시 돌아와서 군주에 대한 빈소를 차릴 수 있게 되는 것이다. 부모의 죽은 시기가 군주에 대한 빈소를 차리는 날에 해당하는 경우에 대해서, 노식은 "되돌아가서 부모에 대한 곡(哭)을 하고, 다시 돌아와서 군주에 대한 빈소를 차린다."라고 하였으니, 군주에 대해 빈소를 차리고, 그 일이 다 끝나게 되면, 곧 다시 집으로 되돌아가서 부모에 대한 빈소를 차리는 것이다. 이것을 통해 말해보자면, 신하에게 부모에 대한 상이 발생하였고, 아직 빈소를 차리기 이전인데, 이러한 시기에 군주에 대한 상이 발생한다면, 군주의 빈소를 차리는 날까지 비록 시간적 차이가 많이 나더라도, 곧바로 군주의 시신이 있는 장소로 가서 머물게 되며, 군주에 대해 빈소 차리는 일이 다 끝날 때까지 기다린 뒤에야, 다시 자신의 집으로 되돌아와서 부모에 대한 빈소를 차릴 수 있는 것이다. 이처럼 시행하는 이유는 군주가 존귀한 자이기 때문이다.

孔疏 ◎注"其哀雜, 主於君". ○正義曰: 以君未殯, 則君哀重, 而父母又喪, 是親哀亦重. 君與親哀旣半相雜, 君爲尊, 故主意於君, 故尋常恒在君所.

번역 ◎鄭注: "其哀雜, 主於君". ○군주에 대해서 아직 빈소를 차리지 않았다면, 군주에 대한 애통함이 중대한 것이다. 그리고 부모에 대해서 또한 상(喪)을 치르게 되었으니, 부모에 대한 애통함 또한 중대한 것이다. 이러한 상황 속에서는 군주와 부모에 대한 애통함이 반분되어 서로 뒤섞이게 된다. 하지만 군주는 존귀한 자이기 때문에, 군주에게 마음을 더 두게 된다. 그러므로 부모에 대한 은제(殷祭)를 지내는 것처럼 특별한 일이 없는 한, 평상시에는 항상 군주가 있는 장소에 머물게 되는 것이다.

孔疏 ●"大夫"至"行事". ○以大夫·士有殷事在君所之時, 則在家之朝夕之奠有闕, 若朝夕恒在君所之時, 則在家朝夕之奠亦闕. 奠不可廢, 其大夫尊, 故遣室老攝行其事, 士卑, 則子孫攝行其事.

번역 ●經文: "大夫"~"行事". ○대부(大夫)와 사(士)가 군주에 대한 은사(殷事)를 지내게 되어, 군주의 시신이 있는 장소에 머물러 있는 경우라고 한다면, 그들은 자신의 집안에서 조석(朝夕)으로 지내게 되는 전제사[奠祭]에 불참하는 일이 발생한다. 그리고 만약 조석으로 항상 군주의 시신이 있는 장소에 머물게 되는 경우라고 한다면, 자신의 집안에서 조석으로 지내게 되는 전제사에도 또한 불참하는 일이 발생하게 된다. 그러나 전제사는 폐지할 수 없으니, 그들 중 대부는 신분이 높기 때문에, 실로(室老)를 보내서 그 일을 대신하게 하며, 사는 신분이 낮으니, 자손들이 그 일을 대신하게 된다.

孔疏 ◎注云, "大夫"至"其事[26]". ○正義曰: "大夫內子有殷事, 亦之君所,

---

26) '주운대부지기사(注云大夫至其事)'에 대하여. 『십삼경주소(十三經注疏)』 북경대 출판본에서는 "『민본(閩本)』·『감본(監本)』에는 위와 같이 기록하고

朝夕否", 上文明大夫禮節, 此明婦人之進止, 君旣殯而婦有舅姑之喪. 大夫者, 卿之總號. 內子者, 卿之適妻. 以前問君薨旣殯有父母之喪, 此明君旣殯後而婦有舅姑之喪, 歸居於家, 君有殷事之時, 亦之君所. 云亦者, 謂亦同其夫也. 非但夫往君所, 妻亦往君所也. 若尋常朝夕, 則不往君所. 擧此一條, 婦同於夫, 則君旣啓及君未殯而有舅姑之喪, 其禮悉同夫也.

번역 ◎鄭注: "大夫"~"其事". ○경문에서 "대부(大夫)의 내자(內子)도 은사(殷事)가 유(有)하면, 또한 군소(君所)로 지(之)하되, 조석(朝夕)은 부(否)니라."라고 하였는데, 그 앞의 문장들은 대부의 예법(禮法)을 밝힌 문장들이다. 따라서 이 부분의 기록은 대부의 부인(夫人)에 대한 행동 규범을 언급한 것으로, 군주에 대해 빈소를 차리게 되었는데, 부인에게 시부모의 상(喪)이 생긴 경우를 뜻한다. 경문에서 '대부'라고 기록한 말은 '경(卿)'까지도 포함한 호칭이다. '내자'라는 용어는 본래 경의 본처를 뜻한다. 증자는 앞서서 군주가 죽게 되어, 빈소를 차리게 되었는데, 부모의 상이 발생한 경우에 대해서 물어보았으니, 이 문장은 군주에 대해 빈소를 차린 이후, 부인에게 시부모의 상이 발생하게 되면, 자신의 집으로 되돌아가서 집안에 머물며, 군주에 대한 은사가 있을 때에, 또한 군주의 시신이 있는 장소로 가게 된다는 사실을 설명하고 있다. '또한[亦]'이라고 기록한 말은 그녀 또한 그녀의 남편과 동일하게 행동한다는 뜻이다. 그러므로 단지 남편만이 군주의 시신이 있는 장소로 가는 것이 아니라, 그의 처 또한 군주의 시신이 있는 장소로 가게 된다. 군주에 대해서 예사로 지내게 되는 조석(朝夕)의 전제사[奠祭]인 경우라면, 그녀는 군주의 시신이 있는 곳으로 가지 않는다. 이 하나의 예시를 들어서, 부인도 남편과 동일하게 행동한다고 하였으니, 군주에 대해 계빈(啓殯)을 할 때나, 군주에 대해 아직 빈소를 차리지 않았는데, 시부모의 상이 발생한 경우에, 그녀가 따르게 되는 예법은 모두 남편과 동일한 것이다.

있는데, 『모본(毛本)』에서는 '부(夫)'자를 '사(士)'자로 잘못 기록하고 있고, 혜동(惠棟)의 『교송본(校宋本)』에는 '주운(注云)'이라는 두 글자를 생략하고, '대부지조석부(大夫至朝夕否)'라고 기록하고 있다."라고 했다.

孔疏 ◎注"內子"至"齊衰". ○正義曰: 按僖二十四年左傳云, "晉趙姬請以叔隗爲內子, 而己下之." 叔隗爲趙衰妻, 是大夫適妻也. 若對而言之, 則卿妻曰內子, 大夫妻曰命婦. 若散而言之, 則大夫是卿之總號, 其妻亦總名爲內子. 云"妻爲夫之君, 如婦爲舅姑服齊衰"者, 此喪服文也.

번역 ◎鄭注: "內子"~"齊衰". ○희공(僖公) 24년에 대한, 『좌전(左傳)』의 기록을 살펴보니, "진(晉)나라 조희(趙姬)는 청원을 하며, 숙외(叔隗)를 내자(內子)로 삼게 하였고, 본인은 그녀의 밑으로 들어갔다."[27]라고 하였다. 숙외는 조쇠(趙衰)의 처가 되었으니, 『좌전』의 기록에 언급된 '내자'라는 말은 곧 대부(大夫)의 본 부인을 뜻한다. 만약 상대적으로 말을 한다면, 경(卿)의 처를 '내자'라고 부르고, 대부의 처를 '명부(命婦)'라고 부른다. 만약 범범하게 말을 하게 된다면, '대부'라는 단어는 '경'까지도 총칭하는 말이니, 그의 처 또한 총괄하여 '내자'라고 부르는 것이다. 정현의 주에서 "처는 남편의 군주를 위해서, 마치 며느리가 시부모를 위해서 하는 것처럼, 자최복(齊衰服)을 입게 된다."라고 하였는데, 이 말은 『예기』「상복(喪服)」편에 나오는 문장이다.

集解 歸殯, 反于君所者, 人君五日而殯, 其殯在親之後也. 反于君所, 爲殯君也. 君已殯則歸居於家, 有殷事則之君所, 朝夕否. 若父母之喪未殯而有君喪, 則往哭而反殯親, 亦旣殯反於君所也.

번역 자신의 집으로 돌아가서 빈소를 차리고, 그 일이 끝나면 군주의 시신이 있는 장소로 되돌아게 된다. 이처럼 시행하는 이유는 군주가 죽게 되면, 5일이 지나서 빈소를 차리게 된다. 따라서 군주의 빈소를 차리는 시기는 부모에 대한 빈소를 차리는 일보다 뒤에 놓이기 때문이다. 군주의 시신이 있는 장소로 돌아오는 이유는 군주의 빈소를 차리기 위해서이다. 군

27) 『춘추좌씨전』「희공(僖公) 24년」: 姬曰, "得寵而忘舊, 何以使人? 必逆之." 固請, 許之. 來, 以盾爲才, 固請于公, 以爲嫡子, 而使其三子下之, 以叔隗爲內子, 而己下之.

주에 대해서 이미 빈소를 차린 상태라면, 자신의 집으로 되돌아가 머물게 되며, 은사(殷事)가 있을 때에만 군주의 시신이 있는 장소로 가게 되고, 군주의 빈소에서 조석(朝夕)으로 지내는 전제사[奠祭]에는 참석하지 않는다. 만약 부모의 상(喪)을 치르면서 아직 빈소를 차리지 않았는데, 군주의 상이 발생한 경우라면, 군주의 시신이 있는 장소로 가서 곡(哭)을 하고, 다시 자신의 집으로 되돌아와서 부모의 빈소를 차리는 것이며, 또한 부모에 대한 빈소를 다 차리고 나면, 군주의 시신이 있는 장소로 돌아가는 것이다.

集解 君以義制, 親以恩制, 其隆一也. 然君之喪, 臣之所共襄, 親之喪, 子之所獨盡. 故此上三條, 言並遭君親之喪, 而於其並隆者, 權乎其已殯未殯, 以爲緩急輕重之節, 使恩與義得以交盡而無憾, 禮之卽乎人心如此.

번역 군주에 대해서는 의(義)로써 제단을 하고, 부모에 대해서는 은(恩)으로써 제단을 하니, 그 융성함이 동일한 것이다. 다만 군주의 상(喪)에서는 신하들이 모두 조력을 하게 되고, 부모의 상에서는 자식만이 홀로 정성을 다하게 된다. 그렇기 때문에 위의 세 가지 조목들은 군주와 부모의 상을 한꺼번에 당하게 된 경우를 설정하고, 모두 융성하게 대처해야 하는 군주상와 부모상에 대해서, 그 중에 어느 쪽이 빈소를 차렸느냐, 또는 아직 차리지 않았느냐를 가늠하여, 천천히 하고 서둘러하며, 보다 경시하고 보다 중시해야 하는 기준으로 삼았으니, 이렇게 함으로써 은과 의를 모두 다할 수 있게 하여, 유감이 없게끔 한 것이니, 예법(禮法)이 인심(人心)에 합당함이 이와 같은 것이다.

• 제13절 •

뇌(誄)에 대한 예법(禮法)

【239c】

賤不誄貴, 幼不誄長, 禮也. 唯天子, 稱天以誄之, 諸侯相誄, 非禮也.

직역 賤은 貴에게 不誄하며, 幼는 長에게 不誄함이 禮이다. 오직 天子만이 天을 稱하여, 誄를 하며, 諸侯가 相誄함은 非禮이다.

의역 공자가 가르쳐주기를, "신분이 낮은 자는 신분이 높은 자에게 뇌(誄)를 하지 않으며, 나이가 어린 자는 나이가 많은 자에게 뇌를 하지 않는 것이 올바른 예법(禮法)이다. 오직 천자만이 하늘의 이름을 빗대어 뇌를 할 수 있으며, 제후들끼리 서로 뇌를 하는 것은 비례(非禮)이다."

集說 誄之爲言累也, 累擧其平生實行爲誄而定其謚以稱之也. 稱天以誄之者, 天子之尊無二, 惟天在其上, 故假天以稱之也. 人君之事多稱天, 不獨誄也.

번역 '뇌(誄)'라는 말뜻은 '누(累: 묶는다.)'자의 뜻이니, 그가 평생 동안 실행한 업적들을 열거하여, 뇌문(誄文)을 만들고, 그의 시호(謚號)를 확정하여, 죽은 자를 시호로 부르게 된다. "천(天)을 일컬어 뇌를 한다[稱天以誄之]."는 말은 천자의 존귀함에는 버금갈 자가 없고, 오직 하늘만이 그의 위에 있다. 그렇기 때문에 천자만이 하늘의 이름을 빌려서 일컬을 수 있는 것이다. 군주가 하는 일들에서는 대부분 '천(天)'을 일컫는 것이니, 유독 뇌문에서만 그렇게 하는 것은 아니다.

鄭注 誄, 累也. 累列生時行迹, 讀之以作謚. 謚當由尊者成. 以其無尊焉. 春秋公羊說, 以爲讀誄制謚於南郊, 若云受之於天然. 禮當言[1]誄於天子也. 天子乃使大史賜之謚.

번역 '뇌(誄)'자는 '누(累)'자의 뜻이다. 생전의 행적들을 열거하여, 그 기록들을 읽으며, 시호(謚號)를 짓게 된다. 시호는 마땅히 존귀한 자로부터 만들어지는 것이다. 오직 천자만이 '천(天)'을 일컬을 수 있는 이유는 천자보다 존귀한 자가 없기 때문이다. 춘추공양학자(春秋公羊學者)들의 주장은 뇌문(誄文)을 읽고 시호를 제정하는 의식은 제천(祭天)의식을 시행하던 '남쪽 교외[南郊]'에서 한다고 여겼는데, 그렇게 함으로써 마치 하늘로부터 그것을 수여받았다고 나타내기 위해서라고 설명한다. 제후가 죽었을 경우, 예법(禮法)에 따르면, 마땅히 천자에게 뇌문을 요구해야 한다. 제후가 뇌문을 요구하게 되면, 천자는 곧 대사(大史)를 시켜서, 제후에게 시호를 하사해준다.

釋文 誄, 力水反, 謂謚也. 行, 下孟反. 謚音示, 徐又以二反.

번역 '誄'자는 '力(력)'자와 '水(수)'자의 반절음이며, 시호를 뜻한다. '行'자는 '下(하)'자와 '孟(맹)'자의 반절음이다. '謚'자의 음은 '示(시)'이며, 서음(徐音)에서는 또한 '以(이)'자와 '二(이)'자의 반절음이 된다.

孔疏 ●"賤不"至"禮也". ○正義曰: 此一節論謚由尊者出之事. "賤不誄貴", 誄, 累也. 謂賤不得累列貴者之行而爲謚, 幼不得累列長者之行而作謚, 如此是其禮也. 所以然者, 凡謚如此是其禮也. 所以然者, 凡謚[2]表其實行, 當

---

1) '언(言)'자에 대하여. 다른 판본에도 모두 '언'자로 기록되어 있는데, 완원(阮元)은 "『정의(正義)』의 기록을 살펴보면, '청(請)'자로 기록하는 것이 옳다."라고 했다.

2) '시(謚)'자에 대하여. 본래 '시'자 다음에는 "여차시기례야소이연자범시(如此是其禮也所以然者凡謚)"라는 12개의 글자가 더 기록되어 있었는데, 완원(阮元)의 『교감기(校勘記)』에서는 "『감본(監本)』·『모본(毛本)』에는 '여차시기례

由尊者所爲. 若使幼賤者爲之, 則各欲光揚在上之美, 有乖實事, 故不爲也.

번역 ●經文: "賤不"~"禮也". ○이 문장은 시호(諡號)가 존귀한 자로부터 나오게 된다는 사실을 논의하고 있다. 경문에서 "천(賤)은 귀(貴)에게 불뢰(不誄)한다."라고 하였는데, '뇌(誄)'자는 '누(累)'자의 뜻이다. 따라서 이 문장은 신분이 낮은 자는 신분이 높은 자의 행적들을 열거하여 시호를 지을 수가 없고, 나이가 어린 자도 나이가 많은 자의 행적들을 열거하여 시호를 지을 수가 없으니, 이처럼 하는 것이 올바른 예법(禮法)이라는 뜻이다. 그런데 이처럼 시행하는 이유는 무릇 시호에 대해서는 이처럼 하는 것이 예법에 맞기 때문이다. 이처럼 하는 것이 예법에 맞는 이유는 무릇 시호라는 것은 그의 행실을 나타내므로, 마땅히 존귀한 자로부터 지어져야 한다. 만약 나이가 어리거나, 지위가 낮은 자로 하여금 시호를 짓게 한다면, 그들은 제각각 그들보다 나이가 맞고 신분이 높은 자들에 대해서, 그의 아름다운 점만을 찬란하게 드러내려고만 하여, 실제 그의 행적을 어그러뜨리는 경우가 생기게 된다. 그렇기 때문에 그들로 하여금 시호를 짓도록 만들지 않는 것이다.

孔疏 ●"唯天子稱天以誄之"者, 諸侯及大夫其上猶有尊者爲之作諡, 其天子則更無尊於天子者, 故唯爲天子作諡之時, 於南郊告天, 示若有天命然, 不敢自專也.

번역 ●經文: "唯天子稱天以誄之". ○제후 및 대부(大夫)인 경우에는 그들 위에, 오히려 그들보다 존귀한 자가 있게 되니, 존귀한 자로 하여금 그들

야소이연자범시'라는 문장이 기록되어 있지 않다. 문맥을 살펴보니, 이 12개의 글자는 앞의 문장에 기록된 글자가 잘못하여 연문으로 기록된 것으로, 『감본』·『모본』에서 이 문장을 삭제하였으니, 그 기록이 옳다. 어떤 자들은 '세행칙수세명대행칙수대명(細行則受細名, 大行則受大名)'이라는 12개의 글자로 이 문장을 고쳤는데, 이것 또한 잘못된 주장이다. 혜동(惠棟)의 『교송본(校宋本)』을 살펴보더라도, 이 12개의 글자가 기록되어 있지 않다."라고 했다.

을 위해서 시호(謚號)를 지어주게 한다. 그런데 천자의 경우라면, 천자보다 높은 자가 없게 된다. 그렇기 때문에 오직 천자를 위하여 시호를 지을 때에만, 남교(南郊)에서 천(天)에 고(告)하여, 마치 천명(天命)을 받아서 그렇게 되었다는 듯이 나타내게 된다. 이렇게 하는 이유는 천자의 시호는 감히 자기 마음대로 지을 수 없기 때문이다.

孔疏 ●"諸侯相誄, 非禮也"者, 非但賤不誄貴, 平敵相誄, 亦爲不可, 故云, "諸侯相誄, 非禮也". 旣賤不誄貴, 按襄十三年左傳楚子囊爲共王作謚者, 春秋亂世不能知禮. 此不言君臣兄弟, 而言貴賤長幼者, 廣包餘人, 非唯君臣兄弟而已.

번역 ●經文: "諸侯相誄, 非禮也". ○비단 신분이 낮은 자가 높은 자에게 뇌(誄)를 할 수 없을 뿐만이 아니라, 대등한 관계에서 서로 뇌를 하는 것 또한 안 된다. 그렇기 때문에 "제후들끼리 서로 뇌를 하는 것은 비례(非禮)이다."라고 말한 것이다. 경문에서는 이미 신분이 낮은 자가 높은 자에게 뇌를 하지 않는다고 하였는데, 양공(襄公) 13년에 대한 『좌전(左傳)』의 기록을 살펴보면, 초(楚)나라 자낭(子囊)이 초나라 공왕(共王)을 위해 시호(謚號)를 지어준 일화가 있다.[3] 그런데 이러한 일이 가능했던 이유는 춘추시대(春秋時代)는 난세(亂世)였으므로, 예법(禮法)을 잘 알지 못했기 때문이다. 이곳 문장에서는 군신(君臣)과 형제(兄弟) 등의 관계를 언급하지 않고, 귀천(貴賤)과 장유(長幼)의 관계에 대해서만 언급하였는데, 그 이유는 나머지 모든 사람들에 대해서도 광범위하게 포괄하여 설명하기 위함이다. 따라서 위에서 언급한 내용은 다만 군신과 형제의 관계에만 해당할 뿐만이 아니다.

---

3) 『춘추좌씨전』「양공(襄公) 13년」: 秋, 楚共王卒. 子囊謀謚. 大夫曰, "君有命矣." 子囊曰, "君命以共, 若之何毀之? 赫赫楚國, 而君臨之, 撫有蠻夷, 奄征南海, 以屬諸夏, 而知其過, 可不謂共乎? 請謚之'共'." 大夫從之.

孔疏 ◎注"以其"至"南郊". ○正義曰: 按鄭之時, 說, 公羊者而爲此言, 故白虎通云, "天子崩, 大臣之於南郊, 稱天以諡之者. 爲人臣子, 莫不欲褒大其君, 掩惡揚善, 故至南郊, 明不得欺天也."

번역 ◎鄭注: "以其"~"南郊". ○정현이 생존했던 시기를 살펴보면, '설(說)'이란 공양학자(公羊學者)들이 이와 같은 말을 했다는 뜻이다. 그렇기 때문에 『백호통(白虎通)』에서 "천자가 죽으면, 대신(大臣)들은 남교(南郊)에서 '천(天)'을 일컬어 시호를 짓는다. 그 이유는 신하된 자들은 그의 군주에 대해서, 크게 칭송하며 업적을 기리고자 하여, 나쁜 것을 가리고 좋은 것만을 드높이지 않는 경우가 없기 때문에, 남교에 가서 시호를 짓는 것이니, 이렇게 함으로써 하늘을 속일 수 없다는 사실을 나타내고자 한 것이다."라고 하였다.

孔疏 ◎注"禮當"至"之諡". ○正義曰: 按白虎通云, "君薨請諡, 世子赴告於天子. 天子唯遣大夫會葬而諡之." 又檀弓云, "公叔文子卒, 其子戍請諡於君曰, '日月有時, 將葬矣請所以易其名者.'" 大夫當請誄於君, 則諸侯理當請[4]誄於天子. 云"天子乃使大史賜之諡"者, 按大史職云, "小喪, 賜諡." 鄭云, "小喪, 卿大夫也." 卿大夫言賜之諡, 明[5]諸侯之喪亦然.

---

4) '청(請)'자에 대하여. '청'자는 본래 '언(言)'자로 기록되어 있었는데, 완원(阮元)의 『교감기(校勘記)』에서는 "『민본(閩本)』 및 혜동(惠棟)의 『교송본(校宋本)』에도 '언'자로 기록하고 있지만, 『감본(監本)』·『모본(毛本)』에는 '언'자를 '청'자로 수정해서 기록하고 있다. 앞 문장에서 '대부당청뢰어군(大夫當請誄於君)'이라고 한 기록을 살펴보면, 이곳 기록 또한 '언'자를 '청'자로 고쳐야 한다."라고 했다.

5) '명(明)'자에 대하여. '명'자 다음에는 본래 '시명(諡明)'이라는 두 글자가 더 기록되어 있었는데, 완원(阮元)의 『교감기(校勘記)』에서는 "『감본(監本)』·『모본(毛本)』 및 위씨(衛氏)의 『집설(集說)』에는 '시명'이라는 두 글자가 기록되어 있지 않으니, 이곳 판본과 『민본(閩本)』에 기록된 '시명'이라는 두 글자는 잘못하여 연문으로 기록된 것이다."라고 했다.

번역 ◎鄭注: "禮當"~"之諡". ○『백호통(白虎通)』을 살펴보면, "제후가 죽으면 시호(諡號)를 청원하니, 제후의 세자(世子)는 천자에게 달려가서 이 사실을 아뢴다. 천자는 다만 대부(大夫)를 파견하여, 장례(葬禮)에 참가하게 하고, 시호를 지어서 내려준다."라고 하였다. 또 『예기』「단궁(檀弓)」편에서는 "공숙문자(公叔文子)가 죽자, 그의 아들 서(戍)가 제후에게 시호를 청원하며 말하길, '해와 달의 운행에는 일정한 때가 있으니, 장차 장례를 치르고자 합니다. 청하옵건대, 시호를 지어주셔서 제 아비의 이름을 바꾸도록 해주십시오.'"[6]라고 하였다. 그러므로 대부들이 마땅히 그들의 군주에게 뇌(誄)를 청원하게 된다면, 제후는 이치상 마땅히 천자에게 뇌를 청원해야 하는 것이다. 정현이 "천자는 곧 대사(大史)를 시켜서, 그에게 시호를 하사해준다."라고 하였는데, 『주례』「대사(大史)」의 직책을 살펴보면, "소상(小喪)의 경우에는 시호를 하사한다."[7]라고 하였고, 이 기록에 대한 정현의 주에서는 "소상은 경대부(卿大夫)의 상(喪)이다."라고 하였으니, 이 말은 천자가 그들의 경대부에게도 시호를 하사한다는 뜻이므로, 곧 제후의 상에 대해서도 또한 시호를 하사한다는 사실까지도 나타내고 있는 것이다.

集解 徐氏師曾曰: 謚由尊者成, 一則以分之所在, 不可擅操榮辱之權, 一則以情之所在, 恐其雜於虛美之私. 此義行, 名分正, 美惡當矣.

번역 서사증[8]이 말하길, 시호(諡號)가 존귀한 자로부터 만들어지는 이유는 한편으로는 명분이 달려 있기 때문이니, 영욕(榮辱)의 권세를 제멋대로 부릴 수 없게 함이며, 한편으로는 정분이 달려 있기 때문이니, 아마도 거짓되고 미화시키는 사욕(私欲)이 섞이게 될 것을 우려해서이다. 따라서

---

6) 『예기』「단궁하(檀弓下)」【124a】: 公叔文子卒, 其子戍請謚於君, 曰, "日月有時, 將葬矣. 請所以易其名者?"

7) 『주례』「춘관(春官)·대사(大史)」: 大喪執法以涖勸防. 遣之日讀誄. 凡喪事攷焉. 小喪賜謚. 凡射事飾中舍筭執其禮事.

8) 서사증(徐師曾, ? ~ ?) : 명대(明代)의 학자이다. 자(字)는 백로(伯魯)이고, 호(號)는 노암(魯菴)이다.

존귀한 자와 연장자가 시호를 지어주는 것은 의로운 행동이며, 명분이 바르게 되는 것이고, 아름다움과 추함이 합당하게 판가름되는 것이다.

集解 愚謂: 此章不言問答, 又不云"孔子曰", 疑上有脫文.

번역 내가 생각하기에, 이 장(章)에는 문답하는 말이 언급되어 있지 않고, 또한 '공자왈(孔子曰)'이라고도 말하지 않았으니, 아마도 이 문장의 앞부분에는 누락된 글이 있을 것 같다.

• 제14절 •

타지에서 죽은 경우의 대처법

【239d】

曾子問曰: 君出疆, 以三年之戒, 以椑從, 君薨, 其入, 如之何. 孔子曰: 共殯服, 則子麻弁絰, 疏衰, 菲杖, 入自闕, 升自西階, 如小斂, 則子免而從柩, 入自門, 升自阼階, 君·大夫·士, 一節也.

직역 曾子가 問曰, "君이 疆을 出함에, 三年의 戒로써 하고, 椑로써 從하게 하는데, 君이 薨하면, 그 入에는 어찌합니까?" 孔子가 曰, "殯服을 共하면, 子는 麻弁絰을 하고, 疏衰하며, 菲杖(비장)을 하니, 入함에는 闕로부터 하고, 升함에는 西階로부터 하며, 만일 小斂이라면, 子는 免하고, 柩를 從하니, 入함에는 門으로부터 하고, 升함에는 阼階로부터 하니, 君, 大夫, 士가 一節이다."

의역 증자가 질문하기를, "제후가 본국의 국경을 벗어나게 될 때에는 유사시를 대비하여, 3년 동안 버틸 수 있는 준비들을 갖춰서 나가고, 자신이 죽게 될 경우를 대비하여, 신하를 시켜 본인의 관을 가지고 뒤따르게 하는데, 만약 제후가 타지에 나가 있다가 죽게 된다면, 그 시신이 국경으로 들어올 때에는 어찌해야 합니까?" 공자가 대답해주기를, "만약 대렴(大斂)을 이미 하여서, 유사(有司)가 빈소를 차릴 때 착용하는 상복(喪服)을 제공하게 되면, 제후의 아들은 아직 영구(靈柩)를 따라 도로에 있는 상태이므로, 빈복(殯服)을 모두 갖춰서 입지는 않고, 마변질(麻弁絰)을 하고, 소최(疏衰)[1]를 하며, 짚신을 신고, 지팡이를 들게 되며, 영구가 빈소로 들어올 때에는 영구와 영구를 뒤따르는 상주(喪主)는 궐(闕)을 통해서 들어오고,

---

1) 소최(疏衰)은 자최복(齊衰服)이다.

당(堂)으로 올라갈 때에는 서쪽 계단을 통해서 올라간다. 만일 소렴(小斂)인 경우라면, 제후의 아들은 면복(免服)을 하고 영구를 따라 들어오니, 빈소로 들어올 때에는 문을 통해서 들어오고, 당으로 올라갈 때에는 동쪽 계단을 통해서 올라간다. 이러한 예법(禮法)은 제후, 대부(大夫), 사(士)가 모두 동일하다."

集說 曾子問國君以事出疆, 必爲三年之戒備, 恐未得卽返也, 於是以親身之棺隨行, 慮或死於外也. 若死於外, 則入之禮, 如何. 孔子言於時大斂之後, 主人從柩而歸, 則其國有司供主人殯時所著之服, 謂布深衣苴絰, 散帶垂也. 此時主人從柩在路未成服, 惟著麻弁絰·疏衰而薦屨且杖也. 麻弁, 布弁也, 布弁之上加環絰也. 柩入之時, 毀殯宮門西邊墻而入, 其處空缺, 故謂之闕, 非門闕之闕也. 升自西階者, 以柩從外來, 有似賓客, 故就客階而升也. 如小斂而歸, 則子首不麻弁, 身不疏衰, 惟首著免布, 身著布深衣也. 入自門, 升自阼階者, 以親未在棺, 猶以事生之禮事之也. 凡君與大夫及士之卒於外者, 其禮皆一等無異制, 故云一節也.

번역 증자가 질문한 내용은 제후가 공식적인 업무 때문에, 국경을 벗어나게 될 때에는 반드시 3년 동안 버틸 수 있는 대비를 하게 되는데, 그렇게 하는 이유는 아마도 곧바로 되돌아오지 못했을 경우를 염려해서일 것이며,[2] 이때에 '친신(親身)하는 관[親身之棺]'[3]을 뒤따르게 하는 이유는 혹여라도 외지에서 죽게 될 경우를 염려해서일 것이다. 그런데 만약 외지에서 죽게 되었다면, 국경으로 들어올 때의 예법(禮法)이 어떻게 되는지를 물어본 것이다. 공자가 대답하기를, 이러한 경우가 대렴(大斂)을 한 이후에 해당한다면, 주인(主人)[4]이 영구(靈柩)를 뒤따라 본인의 나라로 되돌아오게

---

2) 진호(陳澔)는 경문의 '삼년지계(三年之戒)'에 대하여, 다소 범범하게 풀이를 하였다. 즉 변고가 생겨서 곧바로 돌아오지 못하는 경우를 대비한다는 뜻으로 풀이하였는데, 정현(鄭玄)을 필두로 대부분의 주석가들은 '삼년(三年)'을 '삼년상(三年喪)'과 연관시켜서 상(喪)에 대한 대비로 풀이한다.

3) 비(椑)는 '친신(親身)하는 관'을 뜻한다. '친신하는 관'이라는 말은 시신을 직접 안치하는 관을 뜻한다. '비' 겉면에는 '속(屬)', '대관(大棺)' 등의 관들이 포개져서, 겹겹으로 시신을 보호하게 된다.

되면, 그 나라의 유사(有司)는 주인에게 빈소를 차릴 때 착용하는 복장을 제공하게 된다. 빈소를 차릴 때의 복장은 포(布)로 만든 심의(深衣)와 삼으로 엮은 질대(絰帶)를 뜻하며, 띠의 끝을 꼬지 않고, 흩뜨려 늘어뜨리게 된다. 그러나 이때에는 주인이 영구를 뒤따르게 되어, 아직 도로에 있는 상태이므로, 상복(喪服)을 다 갖춰 입지 않고, 오직 마(麻)로 된 변질(弁絰)을 하고, 소최(疏衰)를 하며, '물고랭이 풀로 엮은 짚신[藨屨]'을 신고, 또한 지팡이를 들게 된다. '마변(麻弁)'은 포(布)로 만든 변(弁)이니, 마변질(麻弁絰)은 포변(布弁) 위에 환질(環絰)을 두르는 복식이다. 영구가 빈소로 들어올 때에는 빈소의 문 서쪽 담장을 헐어서, 그곳을 통하여 들어오니, 그 헐어낸 장소에 공간이 생기므로, 그곳을 '궐(闕)'이라고 부르는 것이지, '문궐(門闕)'이라고 할 때의 '궐(闕)'[5]을 뜻하는 말이 아니다. 당상(堂上)에 올라갈 때, 서쪽 계단을 통해서 올라가는 이유는 영구가 밖으로부터 들어오게 되니, 빈객(賓客)이 들어올 경우와 유사한 점이 있기 때문이다. 그러므로 빈객들이 사용하는 서쪽 계단을 따라서 올라가게 된다. 만일 소렴(小斂)을 하고 되돌아오는 경우라면, 제후의 아들은 머리에 마변을 쓰지 않고, 몸에는 소최를 걸치지 않으며, 오직 머리에 면포(免布)[6]만을 하고, 몸에는 포(布)로 만든 심의를 착용할 따름이다. 영구가 빈궁(殯宮)으로 들어올 때, 문을 통하여 들어오고, 당상에 올라갈 때, 동쪽 계단을 통하여 올라가는 이유는 부친의 시신이 아직 관에 안치된 상황이 아니기 때문에, 오히려 생전에 섬기던 예법대로 모셔야 하기 때문이다. 무릇 제후와 대부(大夫) 및 사(士)가 외지에서 죽은 경우에는 그 예법이 모두 위에서 설명한 것과 동일하며, 차이를 두는 예제(禮制)가 없다. 그렇기 때문에 '일절(一節)'이라고 말한 것이다.

---

4) 주인(主人)은 상주(喪主)인 죽은 제후의 아들을 뜻한다.

5) '문궐(門闕)'에서의 '궐(闕)'은 문의 양쪽 기둥 사이에 형성된 큰 공간을 뜻한다. 문이라고 해석해도 무방하다. 한편 '문궐'이라고 할 때의 '궐'은 문 옆에 세운 큰 누각 건축물을 뜻하기도 한다. 이 문장에서는 전자의 뜻으로 해석해야 한다.

6) 면포(免布)는 상(喪)을 당한 사람이 관(冠)을 벗고 흰 천 등으로 '머리를 묶는 것[括髮]'을 뜻한다.

그림 14-1 비(椑)

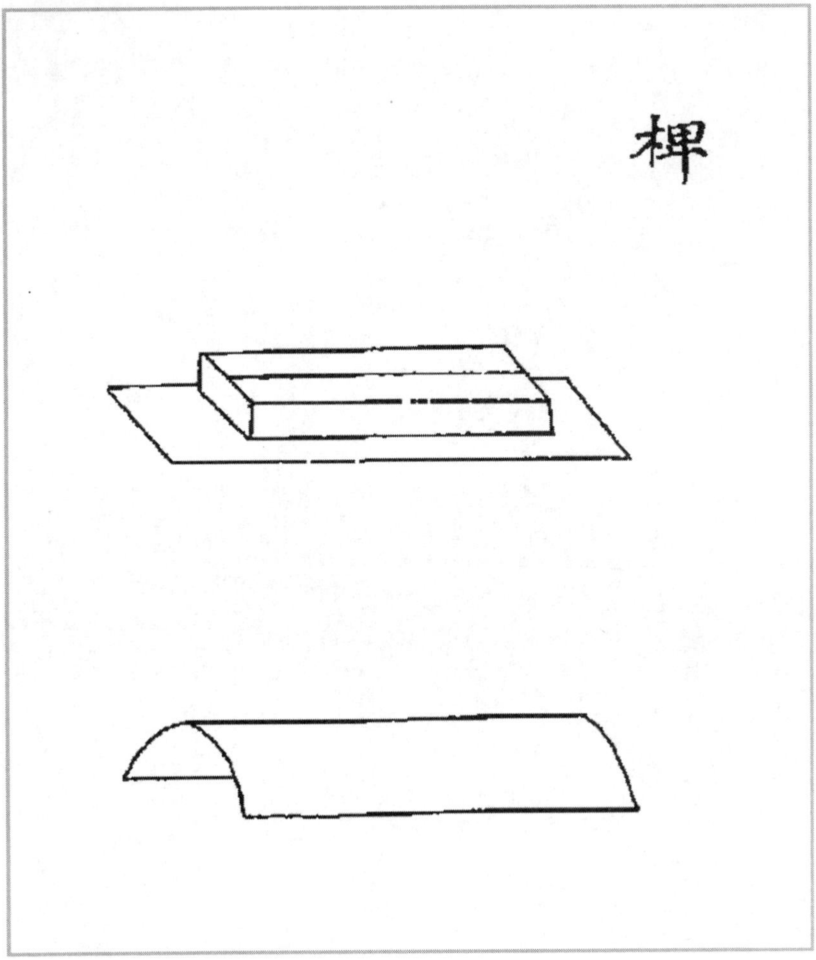

▸ **출처:** 『삼례도집주(三禮圖集注)』 18권

그림 14-2 후대의 누각 궐(闕)

▸ **출처:** 『삼재도회(三才圖會)』「궁실(宮室)」 1권

鄭注 其出有喪備, 疑喪入必異也. 戒猶備也, 謂衣衾也. 親身棺曰椑, 其餘可死乃具也. 此謂君已大斂, 殯服, 謂布深衣·苴絰·散帶垂, 殯時主人所服, 共之以待其來也. 其餘殯事, 亦皆具焉. 棺柩未安, 不忍成服於外也. 麻弁絰者, 布弁而加環絰也. 布弁, 如爵弁而用布. 杖者, 爲已病. 闕謂毁宗也. 柩毁宗而入, 異於生也. 升自西階, 亦異生也. 所毁宗, 殯宮門西也. 於此正棺, 而服殯服, 既塗而成服. 殷柩出毁宗, 周柩入毁宗, 禮相變也. 謂君已小斂也. 主人布深衣, 不括髮者, 行遠不可無飾. 親未在棺, 不忍異入, 使如生來反.

번역 증자는 제후가 국경을 벗어날 때에, 상(喪)에 대한 대비를 하지만, 상을 당하여 제후의 시신을 가지고 국경 안으로 들어올 때에는 반드시 일상적인 예법(禮法)과는 다르게 하게 될 것이라는 의문이 들었다. '계(戒)'자는 대비한다는 뜻이니, 본인이 죽었을 경우, 시신을 덮게 되는 의금(衣衾)류 등을 뜻한다. '친신(親身)하는 관'을 비(椑)라고 부르는데, 그 나머지 기물들은 외지에서도 구하기 쉽기 때문에, 미리 준비하는 것이 아니며, 죽게 되는 상황에 이르러서야 곧 갖추게 된다. 이곳에서 설명하고 있는 상황은 죽은 군주에 대해서 이미 대렴(大斂)을 한 상황을 뜻하며, 빈복(殯服)은 포(布)로 된 심의(深衣), 저질(苴絰), 띠의 끝을 꼬지 않고 흩뜨려 늘어놓는 복식을 뜻한다. 그리고 이 복장은 빈소를 차릴 때 상주(喪主)가 착용하는 옷이므로, 유사(有司)가 그것들을 공급하여, 영구(靈柩)가 본국으로 돌아오는 사안에 대비하는 것이다. 유사는 빈소를 차릴 때의 나머지 일들에 대해서도 또한 모두 대비해둔다. 제후의 아들이 이러한 복장을 하는 이유는 영구가 아직 빈소에 안치되지 않았으므로, 차마 외지에서 상복(喪服)을 다 갖춰 입을 수 없기 때문이다. '마변질(麻弁絰)'이라는 것은 포(布)로 된 변(弁)에, 환질(環絰)을 두르는 복식을 뜻한다. '포변(布弁)'은 작변(爵弁)과 비슷하지만, 포(布)를 재료로 사용한다. 지팡이를 잡는 이유는 상주가 부친의 사망 소식을 듣고서, 통곡을 하여 이미 몸이 초췌해졌기 때문이다. '궐(闕)'은 '종묘(宗廟)의 담장 중 헐어버리는 곳[毁宗]'을 뜻한다. 영구가 들어올 때에 종묘의 담장을 허물고, 그곳을 통해서 들어오는데, 이처럼 시행하는 이유는 부친의 생시(生時) 때와는 다르게 하기 위해서이다. 당상(堂上)

에 올라갈 때, 서쪽 계단을 통하여 올라가는 이유 또한 생시 때와는 다르게 하기 위해서이다. 훼종(毁宗)하는 곳은 빈궁(殯宮)의 문 서쪽에 해당한다. 이곳에서 정관(正棺)[7]을 하고, 빈복을 착용하는데, 나무들을 쌓아서 시신을 곽(槨)처럼 두르고서야, 상복을 모두 갖춰 입게 된다. 은(殷)나라 때에는 영구가 훼종을 통하여 나갔고, 주(周)나라 때에는 영구가 훼종을 통하여 들어왔으니, 예법이 변화된 것이다. '여소렴(如小斂)'이라는 말은 죽은 군주에 대해, 이미 소렴(小斂)을 했다는 뜻이다. 이때에 주인은 포(布)로 된 심의를 입지만, 괄발(括髮)을 하지 않는다. 그 이유는 부친의 영구를 모셔오기 위해 먼 길을 가게 되므로, 용모를 꾸미지 않을 수가 없기 때문이다. 부친의 시신이 아직 관에 안치되지 않은 상황이므로, 차마 다른 곳을 통하여 들어갈 수 없으니, 생시 때와 같이 영구를 문으로 들여보내는 것이다.

釋文 疆, 居良反. 椑, 薄歷反, 親身棺謂椑棺也. 共殯音恭, 注同; 下必刃反. 苴絰, 七餘反; 下大結反. 散, 息但反. 弁, 皮彥反. 柩, 其又反. 如爵, 如或作加, 誤也. 爲已音以. 免音問.

번역 '疆'자는 '居(거)'자와 '良(량)'자의 반절음이다. '椑'자는 '薄(박)'자와 '歷(력)'자의 반절음이다. 시신과 직접 맞닿게 되는 관을 '椑棺'이라고 부른다. '共殯'에서의 '共'자는 그 음이 '恭(공)'이며, 정현의 주에 나오는 '共'자도 그 음이 같고, '殯'자는 '必(필)'자와 '刃(인)'자의 반절음이다. '苴絰'에서의 '苴'자는 '七(칠)'자와 '餘(여)'자의 반절음이며, '絰'자는 '大(대)'자와 '結(결)'자의 반절음이다. '散'자는 '息(식)'자와 '但(단)'자의 반절음이다. '弁'자는 '皮(피)'자와 '彥(언)'자의 반절음이다. '柩'자는 '其(기)'자와 '又(우)'자의 반절음이다. '如爵'에서의 '如'자는 혹은 '加'자로도 기록하는데, 이것은 잘못된 기록이다. '爲已'에서의 '已'자는 그 음이 '以(이)'이다. '免'자의 음은 '問(문)'이다.

---

7) 정관(正棺)은 죽은 자의 시신에 대해 소렴(小斂)을 한 이후 당상(堂上)으로 옮기는 것을 뜻한다.

孔疏 ●“曾子”至“節也”. ○正義曰: 此論諸侯出外, 死以喪歸之事. 曾子問夫子云, 諸侯之君, 或出疆朝會, 其出之時, 以三年之戒, 以椑從. 戒, 備也. 謂以三年喪備衣衾之屬, 幷以椑棺而從. 出旣有備, 今其入也如之何.

번역 ●經文: “曾子”~“節也”. ○이 문장은 제후가 외지로 나갔을 때 죽게 되어, 상(喪)을 당한 상태로 되돌아오는 경우에 대해서 논의하고 있다. 증자가 공자에게 질문하기를, 제후와 같은 군주들이 혹여 조회나 회동을 하기 위해 국경을 벗어나게 된다면, 그가 국경을 벗어날 때에는 삼년상(三年喪)을 치르는 대비를 하고, 자신의 시신을 안치하는 관을 가지고 뒤따르게 한다. 이때의 ‘계(戒)’자는 대비한다는 뜻이다. 그러므로 이 말은 곧 삼년상 때 갖춰야 하는 의금(衣衾) 등의 부류를 뜻하며, 아울러 관을 가지고 뒤따르게 한다는 뜻이다. 국경을 벗어날 때에는 이미 이러한 대비를 해가지고 가는데, 이제 그 시신이 들어올 때에는 어찌해야 하는가를 물어본 것이다.

孔疏 ◎注“其出”至“具也”. ○正義曰: 按王制云, “絞紟衾冒, 死而后制.” 此云戒備, 謂衣衾者, 熊氏云, “此言三年之戒, 謂衣衾之裁. 若其造作, 死後乃爲之.”

번역 ◎鄭注: “其出”~“具也”. ○『예기』「왕제(王制)」편을 살펴보면, “오직 염(斂)할 때 시신을 묶는 끈인 교(絞), 홑이불인 금(紟), 이불인 금(衾), 시신을 전체적으로 감싸는 모(冒) 등은 그가 죽은 뒤에야 제작한다.”[8]라고 하였고, 이곳 문장에서는 ‘계(戒)’자는 대비한다는 뜻으로, 의금(衣衾)류 등을 뜻한다고 했다. 이러한 차이점에 대해서 웅안생은 “여기에서 말하는 ‘삼년상(三年喪)에 대한 대비[三年之戒]’는 의금류 등을 제작할 재료를 뜻한다. 만약 이러한 기물들을 제작한다면, 그 시기는 죽은 이후에 해당하니, 군주가 죽게 된 이후에야 곧 그 재료들을 사용하여 만든다는 뜻이다.”라고 했다.

---

8) 『예기』「왕제(王制)」【177b】: 六十歲制, 七十時制, 八十月制, 九十日修, 唯絞紟衾冒, 死而后制.

그림 14-3 우: 소렴(小斂)의 교(絞), 좌: 대렴(大斂)의 교(絞)

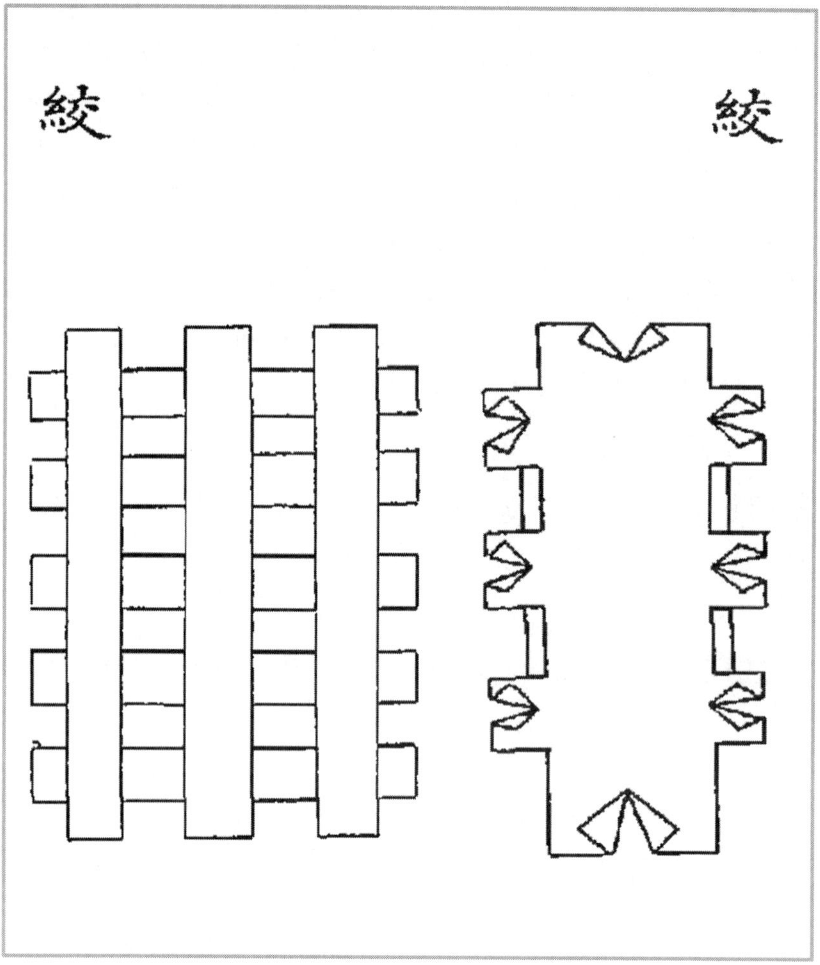

▸ **출처:** 『삼례도집주(三禮圖集注)』 17권

그림 14-4 금(紟)과 금(衾)

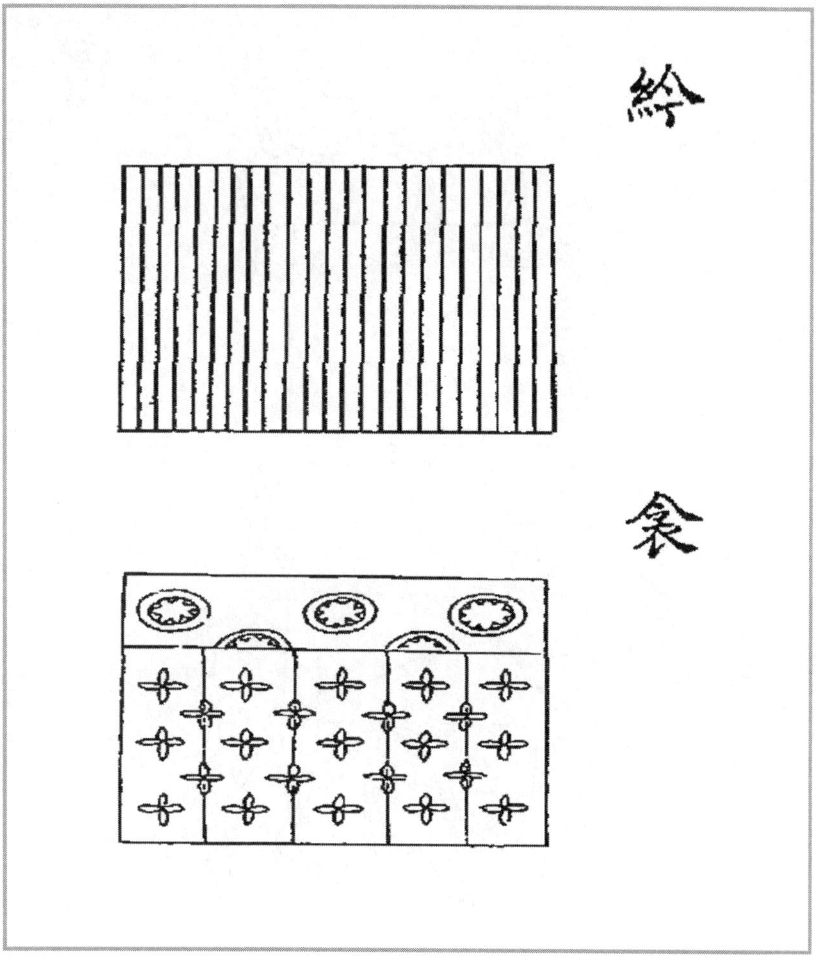

▸ **출처:** 『삼례도집주(三禮圖集注)』 17권

그림 14-5 모(冒)

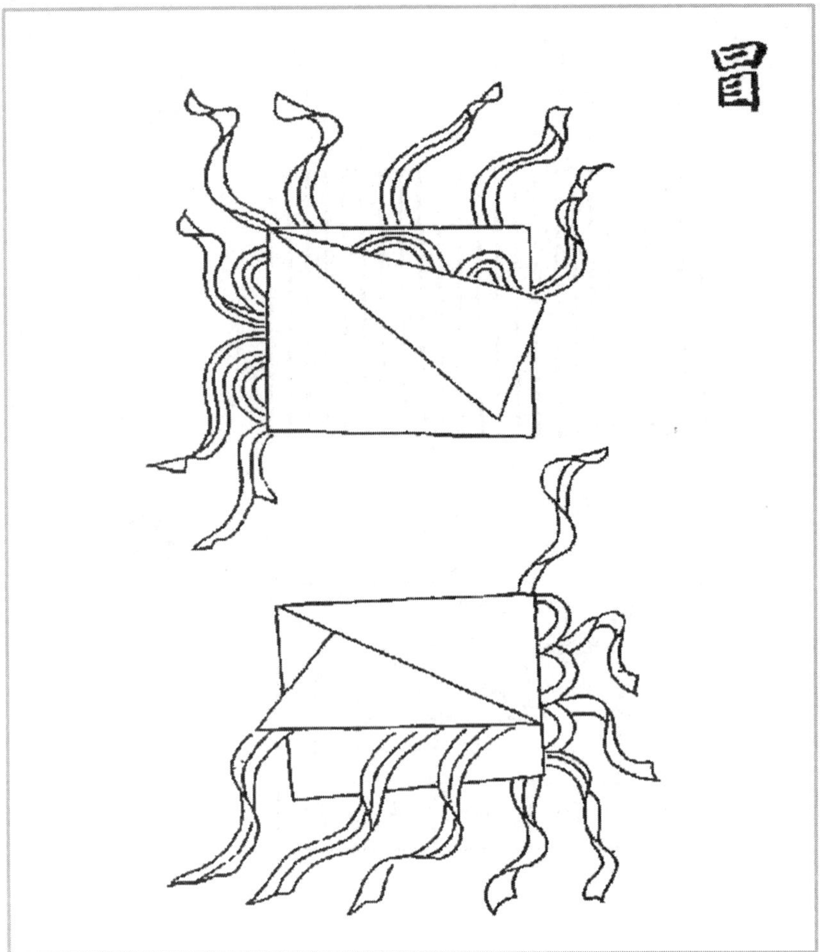

▸ 출처: 『삼례도집주(三禮圖集注)』 17권

孔疏 ◎云"親身棺曰椑", 按喪大記云, "大棺八寸, 屬六寸, 椑四寸" 從外鄕內親身也. 檀弓注云, "椑, 堅著之言也." 謂椑雖親身, 天子椑內猶有水兕, 諸公[9]椑內猶有兕, 諸侯以椑爲親身也. 云"其餘可死乃具也", 謂除椑之外, 大棺與屬, 若在家年老, 亦死前爲之. 今出疆椑從, 年未老, 故大棺等死後乃具也.

번역 ◎鄭注: "親身棺曰椑". ○『예기』「상대기(喪大記)」편을 살펴보면, "대관(大棺)은 8촌(寸)으로 만들고, 속(屬)은 6촌으로 만들며, 비(椑)는 4촌으로 만든다."[10]라고 하였으니, 이 세 가지 관들은 밖으로부터 안쪽으로 친신(親身)[11]을 하게 된다. 『예기』「단궁(檀弓)」편에 대한 정현의 주에서는 "'비'자는 단단하게 안착시킨다는 뜻이다."[12]라고 하였으니, '비'가 비록 가장 안쪽에서 죽은 자의 시신과 맞닿아 있다는 사실을 뜻하지만, 천자의 경우에는 '비' 안에 오히려 수시(水兕)라는 것이 있고, 여러 공(公)들의 경우에도 '비' 안에 시(兕)가 있게 되는데, 제후의 경우에는 '비'로 자신의 몸을 안치하게 된다. 정현이 "그 나머지 기물들은 죽게 되었을 상황에 곧 갖추게 된다."라고 하였는데, 이 말은 곧 '비'를 제외한 나머지 것들인 대관 및 기타 등등의 기물들에 대해서는 "마치 집안에 머물러 있을 때, 나이가 많은 노인에 대해서는 또한 그가 죽기 직전에 그것들을 만든다."라고 했던 말과 같은 것이다. 지금 이 문장에서는 국경을 벗어나면서 '비'를 뒤따르게 하였는데, 나이가 아직 많은 상태가 아니기 때문에, 대관 등의 기물들은 죽은 이후에, 곧 갖추게 되는 것이다.

---

9) '공(公)'자에 대하여. '공'자 앞에는 본래 '후(侯)'자가 기록되어 있었는데, 완원(阮元)의 『교감기(校勘記)』에서는 "혜동(惠棟)의 『교송본(校宋本)』에는 '후'자가 기록되어 있지 않으며, 위씨(衛氏)의 『집설(集說)』에도 마찬가지로 '후'자가 기록되어 있지 않다. 그러므로 이곳 판본에서 '공'자 앞에 '후'자를 기록한 것은 연문으로 잘못 기입된 것이다. 『민본(閩本)』·『감본(監本)』·『모본(毛本)』에도 '후'자가 잘못 기입되어 있다."라고 했다.

10) 『예기』「상대기(喪大記)」【542b】: 君大棺八寸, 屬六寸, 椑四寸. 上大夫大棺八寸, 屬六寸, 下大夫大棺六寸, 屬四寸. 士棺六寸.

11) 이때의 친신(親身)은 시신을 감싼다는 뜻이다.

12) 『예기』「단궁상(檀弓上)」【102c】의 "君卽位而爲椑, 歲壹漆之, 藏焉."에 대한 정현의 주이다.

孔疏 ●"孔子曰共殯服"者, 於時大斂之後, 主人從柩而歸, 則其家豫共主人殯時所著之服, 謂布深衣·苴絰·散帶垂也. 於時主人從柩在路, 以棺柩未安, 未忍成服於外, 唯著麻弁. 麻, 布也, 謂布弁. 布弁之上, 而加環絰.

번역 ●經文: "孔子曰共殯服". ○여기에서 말하는 시기는 대렴(大斂)을 한 이후에 해당하니, 주인이 영구(靈柩)를 뒤따라서 되돌아오게 되면, 그 집안에서는 주인이 빈소를 차릴 때 착용해야 하는 상복(喪服)을 미리 제공하게 된다. 그 복장은 포(布)로 된 심의(深衣), 저질(苴絰), 띠의 끝을 흩뜨려 늘어놓는 복식을 뜻한다. 이러한 시기에 주인은 영구를 따라서 도로에 있게 되어, 영구가 아직 안착되지 못한 상황이 된다. 그렇기 때문에 차마 외지에서 상복을 다 갖춰 입을 수가 없게 되므로, 다만 마변(麻弁)만을 착용하게 된다. 마(麻)는 포(布)를 뜻하니, 포변(布弁)을 가리킨다. 포변 위에는 환질(環絰)을 두르게 된다.

孔疏 ◎注"此謂"至"具焉". ○正義曰: 知此謂大斂者, 以下文云, "如小斂", 故知此謂已大斂也. 云"殯服謂布深衣苴絰散帶垂", 按士喪禮云, "小斂, 苴絰·大鬲·散帶垂." 又禮, 親始死, 布深衣, 至成服以來, 其服不改. 故知殯服, 布深衣·苴絰·散帶垂. 其首服, 崔氏云, "小斂之前, 大夫士皆素冠. 小斂括髮之後, 士則加素冠, 大夫加素弁." 云"其餘殯事亦皆具焉", 以殯不可闕, 故知具焉. 經特云, "共殯服"者, 擧主人服爲重.

번역 ◎鄭注: "此謂"~"具焉". ○이곳에서 언급하는 상황이 대렴(大斂)을 지낸 이후에 해당한다는 사실을 알 수 있는 이유는 아래 문장에서 '만일 소렴(小斂)인 경우[如小斂]'라고 했기 때문이다. 그러므로 여기에서 언급하는 상황이 이미 대렴을 지낸 때에 해당한다는 사실을 알 수 있다. 정현이 "빈복(殯服)은 포(布)로 된 심의(深衣), 저질(苴絰), '띠의 끝을 꼬지 않고 흩뜨려 늘어놓는[散帶垂]' 복식을 뜻한다."라고 하였는데, 『의례』「사상례(士喪禮)」편을 살펴보면, "소렴 때에는 저질을 하고, 큰 수갑을 차며, 띠의 끝을 꼬지 않고 흩뜨려 늘어놓는다."[13]라고 하였고, 또한 예법(禮法)에 따르면, 부모가 처음 돌아가셨을 때에는 포(布)로 된 심의를 입고, 상복(喪服)을 다 갖춰 입어야할 때까지는 그 복식을 바꾸지 않는다고 하였다. 그렇기 때문에 '빈복'이라는 복장이 심의, 저질, 산대수(散帶垂)에 해당한다는 사실을 알 수 있는 것이다. 이때 머리에 쓰는 것에 대해서, 최영은은 "소렴 이전인 경우, 대부(大夫)와 사(士)는 모두 '흰색 관[素冠]'을 쓴다. 소렴을 하여 괄발(括髮)을 한 이후인 경우, 사는 괄발한 머리 위에 소관(素冠)을 쓰고, 대부는 '흰색 변[素弁]'을 쓴다."라고 했다. 정현이 "유사(有司)는 기타 빈소를 차릴 때의 나머지 일들에 대해서도 또한 모두 갖춰놓는다."라고 하였는데, 빈소를 차리는 일은 생략할 수가 없기 때문에, 관련된 것들을 모두 갖춰두게 된다는 사실을 알 수 있다. 경문에서 특별히 "빈복을 공급한다."라고만 언급하였는데, 그 이유는 상주(喪主)의 상복이 가장 중요하기 때문에, 빈복만을 언급한 것이다.

孔疏 ●"則子麻弁絰, 疏衰菲杖". ○身著疏衰, 疏衰是齊衰也. 足著菲屨, 菲謂藨屨也. 其身已病者柱杖. 故云, "疏衰菲杖"也.

번역 ●經文: "則子麻弁絰, 疏衰菲杖". ○상주(喪主)가 되는 제후의 아들은 소최(疏衰)를 착용하니, 소최는 자최복(齊衰服)을 가리킨다. 발에는 비구(菲屨)를 착용하니, '비(菲)'자는 '표구(藨屨: 물고랭이풀로 엮은 짚신)'를 뜻한다. 제후의 아들은 그 몸이 이미 쇠약해져서, 지팡이에 의지하게 된다. 그렇기 때문에 "소최하며, 비장을 한다."라고 말한 것이다.

孔疏 ◎注"棺柩"至"已病". ○正義曰: 按士喪禮云, "三日成服", 今君喪在外, 仍著麻弁疏衰, 故知"不忍成服於外也". 云"麻弁絰者, 布弁而加環絰也"者, 布弁謂吉布十五升, 與子游麻衰, 及詩云, "麻衣如雪", 同. 知加環絰者, 雜記云, "小斂環絰", 是也. 云"布弁如爵弁而用布"者, 按檀弓云, "周人弁而葬, 殷人冔而葬." 冔是殷之祭冠, 明弁絰似周之祭冠, 故知爵弁也. 云"杖者爲已病"者, 以士喪禮服·杖同時, 今服未成而已杖, 故云"爲已病"也.

---

13) 『의례』「사상례(士喪禮)」: 苴絰大鬲, 下本在左. 要絰小焉, 散帶垂長三尺.

번역 ◎鄭注: "棺柩"~"已病". ○『의례』「사상례(士喪禮)」편을 살펴보면, "3일이 지난 뒤에 상복(喪服)을 다 갖춰 입는다."[14]라고 했는데, 이곳 문장에서 언급하는 상황은 외지에서 군주의 상(喪)이 발생한 경우이다. 따라서 이러한 경우에는 곧 마변(麻弁)과 소최(疏衰)를 착용하는 것이다. 그렇기 때문에 "차마 외지에서 상복을 다 갖춰 입지 못하기 때문이다."라고 한 말의 이유를 알 수 있다. 정현이 "'마변질(麻弁絰)'은 포(布)로 된 변(弁)에, 환질(環絰)을 두르는 복식을 뜻한다."라고 하였는데, '포변(布弁)'은 좋은 재질의 포(布)로 만들며, 올수의 규격은 15승(升)으로 한다. 자유(子游)가 마최(麻衰)를 입었다는 기록[15]과 『시(詩)』에서 "마의(麻衣)가 눈과도 같구나."[16]라고 했을 때의 복장과 같은 옷이다. 환질을 두른다는 사실을 알 수 있는 이유는 『예기』「잡기(雜記)」편에서 "소렴(小斂) 때에는 환질을 두른다."[17]라고 한 말이 바로 그 증거가 된다. 정현이 "포변은 작변(爵弁)과 비슷하지만, 포(布)를 재료로 사용한다."라고 하였는데, 『예기』「단궁(檀弓)」편을 살펴보면, "주(周)나라 사람들은 변(弁)을 쓰고 장례(葬禮)를 치렀고, 은(殷)나라 사람들은 후(冔)를 쓰고 장례를 치렀다."[18]라고 했는데, '후'는 은나라 사람들이 제사 때 쓰던 관(冠)에 해당한다. 따라서 이 말은 곧 '변질(弁絰)'이 주나라 사람들이 제사 때 쓰던 관과 유사하다는 사실을 나타낸다. 그렇기 때문에 작변임을 알 수 있다. 정현이 "지팡이를 잡는 이유는 상주(喪主)가 부친의 사망 소식을 듣고서, 통곡을 하여 이미 몸이 초췌해졌기 때문이다."라고 하였는데, 『의례』「사상례」편에서는 상복과 지팡이를 동시에 갖춘다고 하였고,[19] 이곳 문장에서는 아직 '상복을 다 갖추지[成服]' 않았는데도, 이미 지팡이를 잡는다고 하였기 때문에, 정현이 "이미 몸이 초췌해졌기 때문이다."라고 하여, 그 이유를 설명한 것이다.

---

14) 『의례』「사상례(士喪禮)」: 三日成服杖. 拜君命及衆賓, 不拜棺中之賜.

15) 『예기』「단궁상(檀弓上)」【89b】: 司寇惠子之喪, 子游爲之麻衰牡麻絰.

16) 『시』「조풍(曹風)·부유(蜉蝣)」: 蜉蝣掘閱, 麻衣如雪. 心之憂矣, 於我歸說.

17) 『예기』「잡기상(雜記上)」【503b】: 小斂環絰, 公大夫士一也.

18) 『예기』「단궁하(檀弓下)」【114c】: 弁絰葛而葬, 與神交之道也, 有敬心焉. 周人弁而葬, 殷人冔而葬.

19) 『의례』「사상례(士喪禮)」: 三日成服杖. 拜君命及衆賓, 不拜棺中之賜.

그림 14-6 주(周)나라 때의 변(弁)

◎ 은(殷)나라 때의 후(冔)와 하(夏)나라 때의 수(收)는 대략 주(周)나라 때의 변(弁)과 유사했다.

▸ **출처:** 『삼례도집주(三禮圖集注)』 3권

孔疏 ●"入自闕, 升自西階", 謂柩入宮之時, 毁殯宮門西邊牆從柩而入. 其升堂之時, 自西階而升. 必西階者, 以柩從外來, 如似賓客, 故就西而升階, 就客位也.

번역 ●經文: "入自闕, 升自西階". ○이 말은 곧 영구(靈柩)가 빈궁(殯宮)으로 들어올 때에, 빈궁의 문 서쪽 담장을 헐고서, 상주(喪主)는 영구를 뒤따라 그곳을 통하여 빈궁으로 들어온다는 뜻이다. 당상(堂上)에 올라갈 때에는 서쪽 계단을 통해서 올라간다. 그런데 반드시 서쪽 계단을 이용하는 이유는 영구를 뒤따라서 외지로부터 들어왔기 때문에, 마치 빈객(賓客)과 유사한 점이 있기 때문이다. 그래서 서쪽으로 이동하여, 그곳에서 계단을 올라가서, 빈객의 위치로 나아가는 것이다.

孔疏 ◎注"闕謂"至"變也". ○正義曰: 鄭恐是門闕, 故云"毁宗"也. 謂毁此宗廟之牆. 其處空闕, 故謂之闕. 云"柩毁宗而入, 異於生也", 公羊定元年, "癸亥, 公之喪至自乾侯. 戊辰, 公卽位", "正棺於兩楹之間, 然後卽位", 注云, "正棺者, 象旣小斂夷於堂也". 於此之時, 服殯服也. 云"旣塗而成服"者, 謂菆塗旣畢, 而成服也.

번역 ◎鄭注: "闕謂"~"變也". ○정현은 아마도 경문에서 기록한 궐(闕)을 문궐(門闕)로 오해할까봐 염려하였기 때문에, '훼종(毁宗)'이라고 설명했을 것이다. '훼종'이라는 말은 종묘(宗廟)의 담장을 허문다는 뜻이다. 허문 장소에 공간이 생기기 때문에, 그곳을 '궐(闕)'이라고 부른다. 정현이 "영구(靈柩)가 들어올 때에 종묘의 담장을 허물고, 그곳을 통해서 들어오는 이유는 생시(生時) 때와는 다르게 하기 위해서이다."라고 하였는데, 『공양전(公羊傳)』에서는 정공(定公) 1년[元年]의 기록에 대하여, "계해(癸亥)일에 소공(昭公)의 상여가 건후(乾侯)로부터 도달하였다. 무진(戊辰)일에 정공(定公)이 즉위하였다."[20]라고 하였고, "양쪽 기둥 사이에서 정관(正棺)을

---

20) 『춘추공양전』「정공(定公) 1년」: 夏, 六月, 癸亥, 公之喪至自乾侯. 戊辰, 公

하였고, 그런 뒤에야 즉위를 하였다."[21]라고 하였으며, 하휴(何休)의 주에서는 "'정관'은 당상(堂上)에서 시신에 대해 소렴(小斂)을 하였다는 것을 나타낸다."라고 했다. 바로 이러한 시기에 빈복(殯服)을 착용하게 된다. 정현이 "이윽고 도(塗)를 하고서야 성복(成服)을 한다."라고 하였는데, 이 말은 곧 나무들을 쌓아서, 시신을 곽(槨)처럼 두르는 일이 끝나고서야, 상복을 갖춰 입었다는 뜻이다.

孔疏 ◎云"殷柩出毁宗, 周柩入毁宗, 禮相變也", 檀弓云, "毁宗躐行, 殷道也." 旣云毁宗, 始云躐行, 是先毁宗, 後躐行也. 是從內而出, 故云, "殷柩出毁宗", "如小斂, 則子免而從柩", 上之所言, 謂大斂之後. 此所謂未大斂當小斂以後之節, 則子首不著麻弁, 身不服疏衰, 唯首著免, 身著布深衣, 而從柩也.

번역 ◎鄭注: "殷柩出毁宗, 周柩入毁宗, 禮相變也". ○『예기』「단궁(檀弓)」편에서는 "훼종(毁宗)을 하고서, 허문 자리를 밟고서 지나가는 것은 은(殷)나라 때의 방법이다."[22]라고 했는데, 앞서 '훼종'을 하였다고 기록하고, 그러고 나서야 비로소 '밟고서 지나간다.[躐行]'라고 기록하였으니, 이 말은 먼저 훼종을 하고, 그 이후에 엽행(躐行)을 한다는 뜻이다. 이것은 안으로부터 밖으로 나아가는 것을 뜻하기 때문에, "은나라 때에는 영구가 훼종을 통하여 나갔다."라고 말한 것이다. 경문에서 "만일 소렴(小斂)이라면, 자(子)는 면(免)하고, 구(柩)를 종(從)한다."라고 하였으니, 그 앞의 기록들이 설명하는 상황은 대렴(大斂)을 한 이후에 해당한다. 따라서 이곳에서 언급하는 상황은 아직 대렴을 하지 않고, 소렴(小斂) 이후의 절차들에 해당한다. 그래서 제후의 아들은 머리에 마변(麻弁)을 착용하지 않고, 몸에는 소최(疏衰)를 입지 않는다. 대신 제후의 아들은 머리에 면(免)만을 착용하고, 몸에는 포(布)로 된 심의(深衣)를 착용하고서, 영구(靈柩)를 뒤따르게 된다.

卽位.

21) 『춘추공양전』「정공(定公) 1년」: 正棺於兩楹之間, 然後卽位.

22) 『예기』「단궁상(檀弓上)」【91a】: 及葬, 毁宗躐行, 出于大門, 殷道也.

孔疏 ◎注"謂君"至"無飾". ○正義曰: 按士喪禮, 從死至成服, 主人皆著深衣, 故知小斂主人布深衣也. 士喪禮云, "小斂, 主人髻髮." 今著免者, 以在外遠行, 不可無飾, 故著免也.

번역 ◎鄭注: "謂君"~"無飾". ○『의례』「사상례(士喪禮)」편을 살펴보면, 당사자가 죽었을 때부터 죽은 자의 아들인 상주(喪主)가 상복(喪服)을 갖춰 입을 때까지, 상주는 모두 심의(深衣)를 착용하게 된다. 그렇기 때문에 소렴(小斂) 때 상주가 포(布)로 된 심의를 착용한다는 사실을 알 수 있다. 「사상례」편에서는 "소렴 때 상주는 상투머리를 튼다."[23]라고 했는데, 이곳 문장에서 면(免)을 착용한다고 하였다. 이러한 차이점이 생기는 이유는 부친이 외지에서 죽게 되어 멀리 행차를 하게 되니, 용모를 꾸미지 않을 수가 없기 때문이다. 그래서 면을 착용하는 것이다.

孔疏 ●"入自門, 升自阼階". ○其柩入之時, 人自門, 不自闕也. 升自阼階, 不由西階也. 故注云, "親未在棺", 猶如生也.

번역 ●經文: "入自門, 升自阼階". ○제후의 영구(靈柩)가 빈궁(殯宮)으로 들어올 때, 영구를 뒤따라온 사람들은 문을 통해 들어오게 되며, 궐(闕)을 통해 들어오지 않는다. 당상(堂上)에 올라갈 때에도 동쪽 계단을 통해서 올라가지, 서쪽 계단을 통해서 올라가지 않는다. 그렇기 때문에 정현의 주에서 "부친의 시신이 아직 관에 안치되지 않았기 때문이다."라고 말한 것이니, 오히려 부친이 생전에 했던 방식처럼 따르는 것이다.

孔疏 ●"君大夫士一節也". ○言上來從柩之儀, 更無尊卑之異, 非但君死於道路亦然, 諸侯與大夫士一等也.

번역 ●經文: "君大夫士一節也". ○위의 경문에서 언급하는 내용처럼,

---

23) 『의례』「사상례(士喪禮)」: 主人髻髮袒, 衆主人免于房.

외지에서 죽었을 때, 그 시신을 실은 영구(靈柩)를 뒤따라 들어올 때의 의례절차는 신분의 차이에 따른 차등이 없다는 뜻이다. 따라서 단지 군주가 여정 중에 죽은 경우에만, 또한 그렇게 한다는 뜻이 아니며, 제후, 대부(大夫), 사(士)가 모두 동일하게 따른다는 뜻이다.

集解 三年之戒, 謂喪備也. 椑, 親身棺也. 君出, 必以親身棺從, 是以喪備行也. 殯服, 大斂至殯時所服之服. 共者, 於在外大斂時共之, 遂服之以從柩. 在家遭喪者, 大斂與殯相連爲之, 故大斂之服卽殯服. 今大斂在外, 雖未殯而已服殯服, 卽下“麻弁絰·疏衰·菲·杖”, 是也. 麻, 小斂時所服未成服之麻苴絰, 大鬲, 散帶垂, 至大斂而無變者也. 弁絰, 皮弁而加苴絰也. 疏, 麤也, 麤衰, 卽斬衰也. 菅蒯之屨謂之菲, 此謂斬衰之菅屨也. 杖者, 爲已病也. 弁絰·疏衰·菲·杖, 此人君大斂之服, 異於士者也. 疏衰·菲·杖, 至成服皆不改, 其服之未成者, 首尙皮弁, 帶猶未絞耳. 入自闕, 升自西階, 皆所以異於生也. 小斂則免而從柩者, 小斂時, 主人括髮, 此以行遠, 不可以無飾, 故不括髮而免也. 不言其服者, 人君小斂之服與士同, 以其可知, 故略之也. 喪大記曰, “君之喪, 三日授子杖”, 謂死後之三日, 乃小斂之明日. 此尙在小斂日, 故不杖也. 入自門, 升自阼階者, 形體猶在, 猶以生人之禮待之也. 凡以柩入者, 皆入自闕, 升自西階, 以尸入者, 皆入自門, 升自阼階. 君·大夫·士一節者, 謂已小斂則服小斂之服, 已大斂則服大斂之服, 及其所入之處, 所升之階, 其禮皆同也.

번역 ‘삼년(三年)의 계(戒)’는 상(喪)에 대한 대비를 뜻한다. ‘비(椑)’는 친신(親身)하는 관이다. 군주가 국경을 벗어날 때에, 반드시 친신하는 관을 뒤따르게 한다. 그 이유는 상에 대한 대비를 해서 행차하기 때문이다. 빈복(殯服)은 대렴(大斂)을 할 때부터, 빈궁(殯宮)을 차릴 때까지 착용하는 복장이다. ‘공(共)’이라는 말은 외지에서 대렴을 할 때에 공급한다는 뜻이니, 군주의 아들은 마침내 그 복장을 입고서, 영구(靈柩)를 뒤따르게 된다. 집안에서 상을 당했을 때에는 대렴을 치르는 일과 빈궁을 차리는 일이 연속적으로 시행된다. 그렇기 때문에 대렴할 때의 복장이 곧 빈복이 된다. 그런데 이곳 문장에서 언급하는 상황은 대렴을 외지에서 시행한 경우로, 비록 아직 빈궁을 설치하지는 않았지만, 미리 빈복을 입게 되는 것이니, 곧 다음 문장에서 "마변질(麻弁絰), 소최(疏衰), 비(菲), 장(杖)을 한다."라고 말한 것이 그 복장에 해당한다. '마(麻)'는 소렴(小斂)할 때에 착용하는 것으로, 아직 상복을 다 갖춰 입지 않았을 때의 '마저질(麻苴絰), 대격(大鬲), 산대수(散帶垂)'이며, 이 복식은 대렴을 할 때에도 변화가 없다. '변질(弁絰)'은 피변(皮弁)을 쓰고서, 그 위에 저질(苴絰)을 두르는 것이다. '소(疏)'자는 '추(麤)'자의 뜻이니, '추최(麤衰)'는 곧 참최복(斬衰服)을 뜻한다. 관괴(菅蒯) 풀로 엮은 짚신을 '비(菲)'라고 부르니, 이것은 곧 참최복을 입을 때, 신게 되는 관구(菅屨: 관괴풀로 엮은 짚신)를 뜻한다. 지팡이를 잡는 이유는 상주(喪主)가 이미 쇠약해진 상태이기 때문이다. '변질(弁絰), 소최, 비, 장'들은 군주의 대렴 때 착용하는 복식이니, 사(士)의 대렴 때와는 다른 것이다. '소최, 비, 장'은 상복을 다 갖춰 입을 때까지, 모두 고치지 않고, 그대로 착용하는 것이니, 상주가 상복을 다 갖추기 전까지는 머리에 항상 피변을 쓰고, 질대(絰帶)는 오히려 꼬지 않고 풀어둘 따름이다. 들어설 때 궐(闕)을 통해서 들어오고, 당상(堂上)에 올라갈 때 서쪽 계단을 통해서 올라가는 이유는 모두 생시(生時) 때와는 다르게 하기 위해서이다. 소렴인 경우라면, 면(免)을 하고서 영구를 뒤따른다고 하였다. 그런데 소렴을 할 때에 상주는 본래 괄발(括髮)을 하게 되지만, 이곳에서 언급하는 상황은 먼 길을 행차하기 때문에, 용모를 꾸미지 않을 수가 없어서이다. 그러므로 괄발을 하지 않고, '면'만을 하는 것이다. 경문에서 대렴의 경우를 언급한 것과 다르게, 소렴인 경우에는 그 복장에 대해서 언급하지 않았는데, 그 이유는 군주의 소렴을 치를 때 착용하는 복장은 사의 경우와 동일하므로, 『의례』「사상례(士喪禮)」의 기록을 통해서 알 수 있기 때문이다. 그래서 생략하여 기록하지 않은 것이다. 『예기』「상대기(喪大記)」편에서는 "군주의 상에서는 3일이 지나서, 자식에게 지팡이를 지급한다."[24]라고 했으니, 이 말은 곧 지팡이를

---

24) 『예기』「상대기(喪大記)」【531b】: 君之喪, 三日, 子夫人杖, 五日旣殯, 授大夫世婦杖.

잡는 것은 군주가 죽고 나서 3일 뒤에 해당한다는 뜻으로, 곧 소렴을 한 다음날에 해당한다. 그런데 이곳 문장에서 언급하는 상황은 아직까지도 소렴을 치르는 날에 해당하기 때문에, 지팡이를 잡지 않게 된다. 들어설 때 문을 통해서 들어오고, 당상에 오를 때 동쪽 계단을 통해서 올라가는 이유는 죽은 부모의 형상이 아직도 남아 있어서이니, 오히려 살아 있는 사람을 섬기는 예법(禮法)에 따라서 죽은 부모를 대하기 때문이다. 무릇 영구를 뒤따라서 들어설 때에는 모두 궐을 통하게 들어오고, 당상에 오를 때에는 서쪽 계단을 통해서 올라가는 것이며, 시신을 뒤따라서 들어설 때에는 모두 문을 통해서 들어오고, 당상에 오를 때에는 동쪽 계단을 통해서 올라가는 것이다. 제후, 대부(大夫), 사가 모두 동일하다는 말은 소렴을 끝냈다면, 소렴의 복장을 착용하는 예법과 대렴을 끝냈다면, 대렴의 복장을 착용하는 예법 및 빈궁에 들어가는 위치와 당상에 올라갈 때 이용하는 계단에 대한 예법이 모두 같다는 뜻이다.

그림 14-7 관구(菅屨)

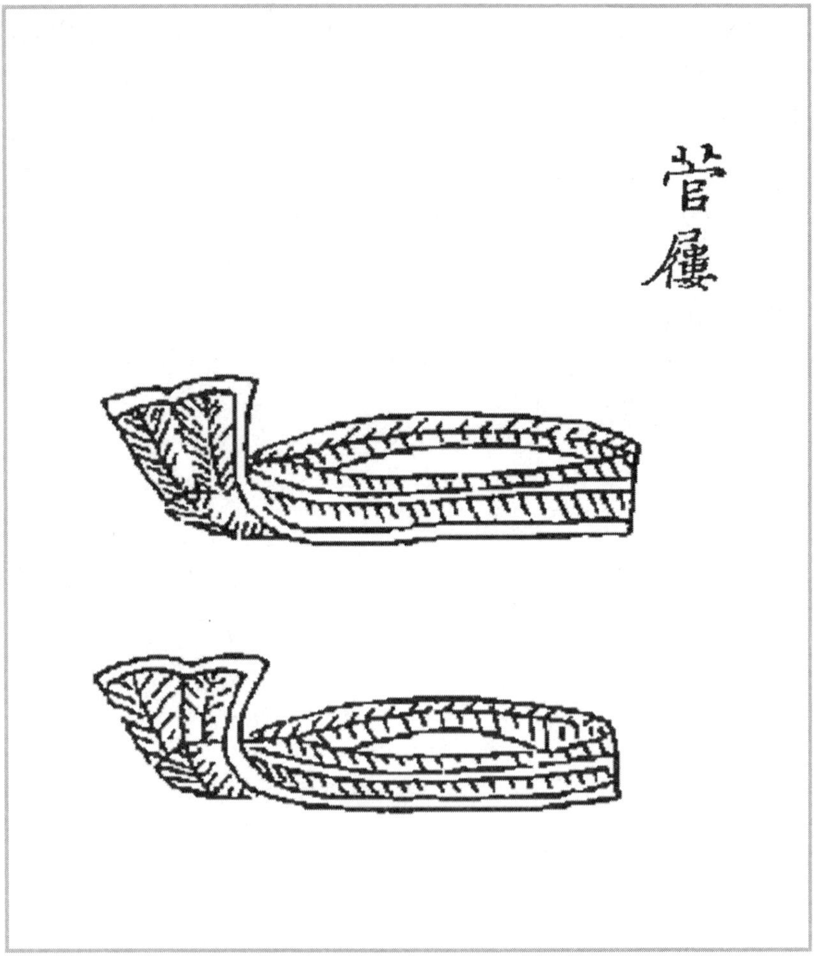

▸ 출처: 『삼례도집주(三禮圖集注)』 15권

集解 按上云, "共殯服", 而下言, "麻弁絰·疏衰·菲·杖", 上言, '小斂', 而下言, '免', 免卽小斂之服, 則麻弁絰·疏衰·菲·杖卽殯服也. 鄭分殯服與麻弁絰·疏衰·菲·杖爲二, 誤矣. 且布深衣, 始死已服之, 苴絰·散帶, 小斂時已服之, 不可謂之殯服. 初喪變服, 自輕而重, 若疏衰從柩至殯, 又服布深衣, 反自重而輕, 有是理乎? 至雜記"小斂環絰", 所謂絰, 卽苴絰也, 鄭氏以爲弔服之環絰, 尤誤之甚者. 說詳雜記.

번역 앞의 문장들을 살펴보니, "빈복(殯服)을 제공한다."라고 하였고, 그 뒤에서는 "마변질(麻弁絰), 소최(疏衰), 비(菲), 장(杖)을 한다."라고 하였으며, 또 앞에서는 '소렴(小斂)'이라고 언급하고, 그 뒤에서는 '면(免)'이라고 언급하였는데, '면'이 곧 소렴 때의 복장이라면, '마변질, 소최, 비, 장'은 곧 빈복이 된다. 정현은 빈복과 '마변질, 소최, 비, 장'을 구분하여, 서로 다른 두 가지로 여겼으니, 잘못된 주장이다. 또 포(布)로 된 심의(深衣)는 부모가 처음 죽었을 때 상주(喪主)가 미리 그 복장을 착용하는 것이며, '저질(苴絰), 산대(散帶)'는 소렴할 때에 미리 그것들을 착용하게 되니, 이러한 복식을 빈복이라고 할 수 없다. 초상(初喪) 때 변복(變服)하는 방법은 수위가 낮은 것으로부터 점차 무겁게 된다. 따라서 정현의 주장처럼 만약 소최를 입고서, 영구(靈柩)를 따라서 빈궁(殯宮)으로 들어서게 되고, 또다시 '포'로 된 심의를 입게 된다면, 이것은 예법(禮法)과 정반대로 수위가 높은 것에서 낮은 것으로 변한 것이니, 합당한 이치이겠는가? 그리고 『예기』「잡기(雜記)」편에서는 "소렴 때에는 환질(環絰)을 두른다."[25)]라고 하였는데, '질(絰)'이라고 하는 것은 곧 '저질(苴絰)'을 뜻하니, 정현이 그것을 조복(弔服)을 착용할 때의 환질로 여긴 것은 더더욱 그 잘못이 심한 것이다. 상세한 설명은 「잡기」편에 보인다.

集解 喪大記人君五日旣殯成服. 此大斂卽疏衰·菲·杖, 何也? 曰, 士之殯期近, 故小斂而苴絰·散帶, 旣殯而成服. 人君殯期遠, 故小斂而苴絰·散

---

25) 『예기』「잡기상(雜記上)」【503b】: 小斂環絰, 公大夫士一也.

帶, 三日而杖, 大斂而弁絰·疏衰·菅屨, 卽殯而成服. 大斂之服, 雖苴絰·疏衰·菲·杖悉與成服後同, 而首猶皮弁, 帶猶未絞, 則服猶未成. 至殯後絞其帶垂, 首加六升布之服弁, 乃爲成服耳. 若以大斂遽疏衰·菅屨爲疑, 則士之苴絰·大鬲, 小斂時已服之, 至殯後亦無以異也. 且此言殯服有杖, 與喪大記"三日授子杖", 合, 殯服弁絰, 與喪大記"君將大斂, 子弁絰卽位于序端", 合. 杖與弁絰旣爲人君大斂之服, 則疏衰·菲屨爲大斂之服, 可知. 蓋天子諸侯喪禮與士禮不同, 故孟子以爲未嘗學, 正謂此等也.

번역 『예기』「상대기(喪大記)」편에서, 군주의 경우에는 죽은 이후 5일이 지나서 빈궁(殯宮)을 차리게 되고, 그런 뒤에 "상복을 다 갖춰 입는다[成服]."고 하였다. 그런데 이곳에서는 대렴(大斂)을 하고서, 곧바로 "소최(疏衰), 비(菲), 장(杖)을 한다."고 말한 것은 어째서인가? 대답하자면, 사(士)의 경우, 빈궁을 차릴 때에는 그 기간이 짧다. 그렇기 때문에 소렴(小斂)을 하고서, '저질(苴絰), 산대(散帶)'를 하며, 빈궁을 차리고서 곧바로 성복(成服)을 하게 된다. 그러나 군주의 경우에는 빈궁을 차릴 때까지 그 기간이 길다. 그렇기 때문에 소렴을 하고서, '저질, 산대'를 하며, 3일이 지난 뒤에, 지팡이를 잡게 되고, 대렴을 하고서, '변질(弁絰), 소최, 관구(菅屨)'를 하고, 곧바로 빈궁을 차리고서, 성복을 하게 된다. 대렴할 때의 복장 중, '저질, 소최, 비, 장' 등은 비록 성복한 이후라고 하더라도 변하지 않고 동일하다. 하지만 머리에 아직 피변(皮弁)을 쓰고 있고, 질대(絰帶)가 아직 매듭을 짓지 않은 상태라고 한다면, 그 복장은 여전히 성복한 것이 아니다. 빈궁을 차린 이후에야, 질대는 매듭을 묶고서 그 끈을 늘어트리게 되며, 머리에는 6승(升)의 포(布)로 제작한 변(弁)을 쓰게 되니, 이렇게 한 이후에야 곧 성복이 될 따름이다. 만약 대렴을 했는데, 갑작스럽게 '소최, 관구'를 한다는 사실이 의문스럽다면, 사의 경우처럼 '저질, 대격(大鬲)'을 소렴할 때에 이미 착용하고, 빈궁을 차린 이후에도 그렇게 한다는 사실과 또한 별반 다를 바가 없다. 또 이곳에서는 빈복(殯服)을 하고서, 지팡이를 잡는다고 하였는데, 이 말은 「상대기」편에서 "3일이 지나서, 자식에게 지팡이를 준다."라고 한 말과 합치되며, 빈복에 변질을 한다는 기록은 「상대기」편에서 "군주에 대하여 장차 대렴을 할 때에, 자식은 변질을 하고서 서단(序端)에 나아가 위치한 다."[26]라고 한 말과 합치된다. 지팡이와 변질이 군주에 대한 대렴 때 착용하는 복장이 된다면, '소최, 비구(菲屨)'도 대렴할 때에 착용하는 복장이 된다는 사실을 알 수 있다. 무릇 천자와 제후의 상례(喪禮)는 사의 상례와는 다르다. 그러므로 맹자(孟子)가 일찍이 배운 적이 없다고 여긴 것들은 바로 이러한 부류를 뜻한다.

26) 『예기』「상대기(喪大記)」【537a】: 君將大斂, 子弁絰卽位于序端.

• 제15절 •

상례(喪禮)와 각종 돌발 상황에 대한 대처법 Ⅱ

【240b】

曾子問曰: 君之喪, 旣引, 聞父母之喪, 如之何. 孔子曰: 遂, 旣封而歸, 不俟子.

직역 曾子가 問曰, "君의 喪에 旣引한데, 父母의 喪을 聞하면, 어찌합니까?" 孔子가 曰, "遂하되, 旣封(폄)이어든 歸하니, 子를 不俟한다.

의역 증자가 질문하기를, "군주에 대한 상(喪)을 치르면서, 발인[引]을 하게 되었는데, 갑작스럽게 부모의 상을 당하게 된다면, 어찌해야 합니까?" 공자가 대답해주기를, "군주에 대한 발인을 그대로 시행하되, 군주의 영구(靈柩)를 하관[封]하였다면, 곧바로 자신의 집으로 되돌아가니, 군주의 아들이 돌아갈 때까지 기다리지 않는다."

集說 遂, 遂送君柩也. 旣窆而歸, 下棺卽歸也. 不俟子, 不待孝子而已先返也.

번역 '수(遂)'자는 군주의 영구(靈柩)를 전송하는 일을 끝마친다는 뜻이다. "기폄(旣窆: =旣封)을 하고서 되돌아간다[旣封而歸]."는 말은 하관을 하면, 곧바로 자신의 집으로 되돌아간다는 뜻이다. "아들을 기다리지 않는다[不俟子]."는 말은 군주의 아들이 돌아갈 때까지 기다리지 않고, 자신이 먼저 집으로 되돌아간다는 뜻이다.

鄭注 遂, 遂送君也. 封當爲窆. 子, 嗣君也.

번역 '수(遂)'자는 군주의 영구를 전송하는 일을 끝낸다는 뜻이다. '봉(封)'자는 마땅히 '폄(窆: 하관하다.)'자가 되어야 한다. '자(子)'자는 군주의 지위를 계승한 자이다.

釋文 引, 以刃反, 下皆同. 封音窆, 彼驗反.

번역 '引'자는 '以(이)'자와 '刃(인)'자의 반절음이며, 아래 문장에 나오는 '引'자도 모두 그 음이 이와 같다. '封'자의 음은 '窆(폄)'이며, '彼(피)'자와 '驗(험)'자의 반절음이 된다.

孔疏 ●"曾子"至"而往". ○正義曰: 此一節論君葬在路遭父母喪, 或父母葬聞君喪之事.

번역 ●經文: "曾子"~"而往". ○이 문장은 군주에 대한 장례(葬禮)를 치르기 위해, 장지(葬地)로 가는 도중, 부모의 상(喪)을 당하게 된 경우와 혹은 부모에 대한 장례를 치르는 도중, 군주의 상에 대한 소식을 접했을 경우에 대해서 논의하고 있다..

孔疏 ◎注"遂遂"至"君也". ○正義曰: 以經云, "遂旣封而歸", 今君喪旣引在塗而言遂, 故知遂送君也. 又云, "不俟子", 是不待子而先還. 若待封墳旣畢, 必在子還之後. 今經云, "旣封而歸", 非封墳也, 故知封當爲窆. 窆, 下棺也.

번역 ◎鄭注: "遂遂"~"君也". ○경문에서 "그대로 시행하되, 폄[封]을 하고서 되돌아간다."라고 하였는데, 이곳 문장에서 언급하고 있는 상황은 군주의 상(喪)에서, 이미 발인을 하여 장지(葬地)로 가는 도중에 해당하는 것으로, '수(遂)'라고 기록하였기 때문에, 도중에 그만두지 않고, 계속하여 군주의 영구(靈柩)를 전송하는 일을 끝맺는다는 사실을 알 수 있다. 또한 경문에서 "아들을 기다리지 않는다."라고 하였는데, 이 말은 군주의 아들이 돌아갈 때까지 기다리지 않고, 먼저 자신의 집으로 되돌아간다는 뜻이다. 만약 하관한 이후, 봉분 만드는 일이 다 끝날 때까지 기다렸다면, 그 시기는 반드시 군주의 아들이 돌아간 이후에 해당하게 된다. 이곳 경문에서 "봉(封)을 하고서 귀(歸)한다."라고 하였는데, 이 말은 봉분을 만든다는 뜻이 아니다. 그렇기 때문에 정현의 말처럼 '봉'자는 마땅히 '폄(窆)'자가 되어야 함을 알 수 있다. '폄'자는 하관을 한다는 뜻이다.

集解 黃氏應暘曰: 前云"君旣啓", 啓後越日而行, 故得歸哭, 此言"旣引", 則旣行矣, 故不得歸哭而遂往.

번역 황응양이 말하길, 이전 문장에서는 "군주의 상(喪)에서 계빈(啓殯)을 하였다."라는 경우에 대해서 언급하였는데, 계빈을 하게 되면, 하루를 건너뛰고서 장지(葬地)로 가게 된다. 그렇기 때문에 군주의 상에서 계빈을 하더라도, 부모의 상을 당하게 되면, 신하는 자신의 집으로 돌아가서 곡(哭)을 할 수 있다. 그런데 이곳 문장에서는 "이윽고 발인을 하였다[旣引]."라고 하였으니, 이 말은 이미 장지로 가게 된 상황을 뜻한다. 그렇기 때문에 신하는 부모상의 소식을 접하게 되더라도, 곧바로 자신의 집으로 되돌아가서 곡을 할 수 없고, 결국은 군주의 영구(靈柩)를 전송하여, 장지로 따라가게 되는 것이다.

【240b】

曾子問曰: 父母之喪, 旣引, 及塗, 聞君薨, 如之何. 孔子曰: 遂, 旣封, 改服而往.

직역 曾子가 問曰, "父母의 喪에 旣引하여, 塗에 及함에, 君薨을 聞하면, 어찌

합니까?" 孔子가 曰, "遂하되, 旣封이어든, 改服하고 往이니라."

의역 증자가 질문하기를, "부모의 상(喪)을 치르면서, 발인[引]을 하게 되어, 장지(葬地)로 가는 도중에, 갑작스럽게 군주가 죽었다는 소식을 접하게 되면, 어찌 해야 합니까?" 공자가 대답해주기를, "그대로 부모에 대한 발인을 시행하되, 부모의 영구(靈柩)를 하관하게 되었거든, 복장을 바꿔 입고서, 군주의 시신이 있는 곳으로 간다."

集說 遂, 遂送親柩也. 旣窆之後改服而往者, 雜記云, "非從柩與反哭, 無免於堩." 此時孝子首著免, 乃去免而括髮徒跣, 布深衣而往, 不敢以私喪之服喪君也.

번역 '수(遂)'자는 부모의 영구(靈柩)를 전송하는 일을 끝마친다는 뜻이다. "폄(窆: 하관한다.)을 한 이후에는 개복(改服)을 하고서 간다[旣窆之後改服而往]."고 하였는데, 『예기』「잡기(雜記)」편에서는 "영구를 뒤따라가거나, 반곡(反哭)하는 경우가 아니라면, 길에서 면(免)하는 경우가 없다."[1]라고 했다. 이 시기에 자식은 머리에 면포(免布)를 쓰고 있으니, 군주의 시신이 있는 장소로 가기 위해서는 곧 면포를 제거하고, 괄발(括髮)을 하며, 짚신을 벗고서 맨발인 상태로 두고, 포(布)로 된 심의(深衣)만을 입고서 가게 된다. 이렇게 하는 이유는 감히 자신의 개인적인 상복(喪服)을 입고서, 군주의 상(喪)에 참여할 수 없기 때문이다.

鄭注 封亦當爲窆. 改服, 括髮·徒跣·布深衣·扱上衽, 不以私喪包至尊.

번역 이곳의 봉(封)자 또한 마땅히 폄(窆)자가 되어야 한다. 개복(改服)한다는 말은 괄발(括髮)을 하고, 맨발을 하며, 포(布)로 된 심의(深衣)를 입고, 심의의 앞자락을 허리춤으로 걷어 올린다는 뜻이니, 이렇게 하는 이유

1) 『예기』「잡기하(雜記下)」【515a】: 非從柩與反哭, 無免於堩.

는 개인적인 상(喪) 때문에 입었던 복장으로는 지극히 존엄한 군주의 상을 치를 수 없기 때문이다.

釋文 旣封, 依注音窆, 彼驗反. 涂音徒. 扱, 初洽反. 衽, 而審反, 又而鴆反.

번역 '旣封'에서의 '封'자는 정현의 주에 따르면 그 음이 '窆(폄)'이니, '彼(피)'자와 '驗(험)'자의 반절음이 된다. '涂'자의 음은 '徒(도)'이다. '扱'자는 '初(초)'자와 '洽(흡)'자의 반절음이다. '衽'자는 '而(이)'자와 '審(심)'자의 반절음이며, 또는 '而(이)'자와 '鴆(짐)'자의 반절음이 된다.

孔疏 ◎注"封亦"至"至尊". ○正義曰: 禮, 親始死笄纚, 小斂始括髮. 今臣聞君喪卽括髮, 不笄纚者, 若尋常是吉, 今忽聞君喪, 故去冠而笄纚. 今臣有父母之喪, 葬在於塗, 首先服免, 忽聞君喪, 若著其笄纚, 則與尋常吉同, 以首不可無飾, 故括髮也. 知葬時著免者, 以雜記云, "非從柩與反哭, 無免於堩", 故知葬時著免也.

번역 ◎鄭注: "封亦"~"至尊". ○예법(禮法)에 따르면, 부모가 처음 돌아가셨을 때에는 비녀를 꼽거나 머리싸개를 하게 되고, 소렴(小斂)을 치를 때, 비로소 괄발(括髮)을 한다. 그런데 이곳 문장에서는 신하가 군주의 상(喪)에 대한 소식을 접하고서, 곧바로 괄발을 한다고 하여, 비녀나 머리싸개 등을 하지 않는다고 하였다. 이러한 차이점이 생긴 이유는 만약 평상시 때라면 길례(吉禮)에 따르게 되는데, 이러한 때에 갑작스럽게 군주의 상을 접하게 된다면, 관(冠)을 벗고서 비녀나 머리싸개 등을 하게 된다. 그러나 이곳 문장에서 언급하는 상황은 신하에게 부모의 상을 치르는 경우이며, 더군다나 장례(葬禮)를 치르기 위해 장지(葬地)로 가는 도중에 해당하는 시기이니, 머리에는 이미 면(免)을 착용하고 있는 상태이며, 갑작스럽게 군주의 상을 당한 것인데, 만약 비녀와 머리싸개 등을 착용한다면, 평상시처럼 길례에 따르다가 갑작스럽게 상을 당하여 착용하는 복장의 예법과 동일하게 된다. 그리고 머리에는 예법에 따른 꾸밈이 없을 수가 없기 때문에, 괄발을 하게 된다. 장례 때 면을 착용하게 된다는 사실을 알 수 있는 이유는 『예기』「잡기(雜記)」편에서 "영구(靈柩)를 뒤따라가거나 반곡(反哭)하는 경우가 아니라면, 길에서 '면'하는 경우가 없다."[2]라고 했기 때문이다. 그러므로 장례를 치르는 시기에, '면'을 착용한다는 사실을 알 수 있는 것이다.

集解 愚謂: 喪服未有不俟主人而先變者. 始死, 主人尙未括髮, 臣無先括髮之理. 此旣改服始死之服, 自當笄纚耳. 父母之葬, 服斬衰, 可改而深衣, 何不可笄纚之有?

번역 내가 생각하기에, 상복(喪服)과 관련된 예법(禮法)에서는 상주(喪主)를 기다리지 않고서, 먼저 상복(喪服)을 바꿔 입는 경우가 없다. 군주가 처음 돌아가셨을 때, 상주는 여전히 괄발(括髮)을 하지 않은 상태이니, 신하의 경우도 이제 막 죽은 군주를 위해서, 먼저 괄발을 하는 이치가 없다. 이곳 문장에서 언급하는 상황에서는 이미 처음 돌아가셨을 때의 복장으로 개복(改服)한 상태이므로, 자연히 비녀와 머리싸개 등을 하게 될 따름이다. 부모의 장례(葬禮)에서는 참최복(斬衰服)을 입고 있으니, 개복을 하여 심의(深衣)를 착용하는데, 어찌 비녀와 머리싸개가 없을 수가 있겠는가?

【240c】

曾子問曰: 宗子爲士, 庶子爲大夫, 其祭也, 如之何. 孔子曰: 以上牲, 祭於宗子之家, 祝曰, 孝子某, 爲介子某, 薦其常事.

직역 曾子가 問曰, "宗子는 士가 되고, 庶子는 大夫가 되었다면, 그 祭함에는

---

2) 『예기』「잡기하(雜記下)」【515a】: 非從柩與反哭, 無免於堩.

어찌합니까?" 孔子가 曰, "上牲으로써 宗子의 家에서 祭하되, 祝이 曰, '孝子 某가 介子 某를 爲하여, 그 常事를 薦합니다.'"

의역 증자가 질문하기를, "만약 어떤 집안에 적장자(嫡長子)인 종자(宗子)는 신분이 사(士)가 되고, 적장자가 아닌 서자(庶子) 중에서, 대부(大夫)가 된 자가 있다면, 이러한 경우에 서자는 제사를 모실 수 없으므로, 종자가 모실 텐데, 그렇다면 이처럼 신분적 차이가 생길 때에는 제사를 어떻게 지내야 합니까?" 공자가 대답해주기를, "사는 신분상 특생(特牲)의 희생물 밖에 쓸 수 없지만, 서자가 대부가 되었으므로, 대부가 사용할 수 있는 상생(上牲)의 희생물로 종자의 집에서 제사를 지내게 된다. 다만 이러한 경우에는 축관(祝官)이 축문을 읽으며, '종자인 아무개가 대부가 된 서자 아무개를 대신하여, 정기적인 제사를 올립니다.'라고 말한다."

集說 士特牲, 大夫少牢, 上牲, 少牢也. 庶子旣爲大夫, 當用上牲. 然必往就宗子家而祭者, 以廟在宗子家也. 孝子, 宗子也, 介子, 庶子也. 不曰庶, 而曰介者, 庶子卑賤之稱, 介則副貳之義, 亦貴貴之道也. 薦其常事者, 薦其歲之常事也.

번역 제사를 지낼 때에는 신분에 따라 사용하는 희생물이 다른데, 사(士)는 특생(特牲)[3]을 사용하고, 대부(大夫)는 소뢰(少牢)[4]를 사용하니,

---

3) 특생(特牲)은 한 종류의 가축을 희생물로 사용한다는 뜻이다. '특(特)'자는 동일 종류의 희생물을 한 마리 사용한다는 뜻이며, 특히 소를 사용할 때 사용하는 용어이기도 하다. 『춘추좌씨전』「양공(襄公) 9년」에는 "祈以幣更, 賓以特牲."이라는 기록이 있고, 이에 대한 양백준(楊伯峻)의 주에서는 "款待貴賓, 只用一種牲畜. 一牲曰特."이라고 풀이했다. 그런데 어떠한 가축을 사용했는가에 대해서는 주석들마다 차이가 있다. 『국어(國語)』「초어하(楚語下)」에는 "大夫擧以特牲, 祀以少牢."라는 기록이 있고, 이에 대한 위소(韋昭)의 주에서는 "特牲, 豕也."라고 풀이했다. 또한 『예기』「교특생(郊特牲)」편에 대한 육덕명(陸德明)의 제해(題解)에서는 "郊者, 祭天之名, 用一牛, 故曰特牲."이라고 풀이했다. 즉 '특생'으로 사용되는 가축은 '시(豕: 돼지)'도 될 수 있으며, 소도 될 수 있다.

4) 소뢰(少牢)는 제사에서 양(羊)과 돼지[豕] 두 가지 희생물을 사용하는 것을 뜻한다. 『춘추좌씨전』「양공(襄公) 22年」에는 "祭以特羊, 殷以少牢."라는 기록

'상생(上牲)'은 곧 '소뢰'를 뜻한다. 서자(庶子)가 이미 대부의 신분이 되었으므로, 마땅히 그의 집안에서 지내는 제사에서는 상생을 사용해야 한다. 그러나 반드시 종자(宗子)의 집으로 가서, 제사를 지내는 이유는 종묘(宗廟)가 종자의 집에 위치하기 때문이다. 축문(祝文) 중의 '효자(孝子)'는 '종자'를 뜻하고, '개자(介子)'는 '서자'를 뜻한다. 그런데 '서자'라고 말하지 않고 '개자'라고 부른 이유는 서자는 신분이 낮은 자를 칭하는 용어이고, '개(介)'자는 보좌하고 버금간다는 뜻이니, 대부가 된 서자를 '개자'라고 부르는 이유는 또한 존귀한 자[5]를 존귀하게 대접하는 이치이다. "상사(常事)를 천(薦)한다[薦其常事]."는 말은 매년 지내는 정규적인 제사를 올린다는 뜻이다.

大全 張子曰: 宗子爲士, 立二廟, 支子爲大夫, 當立三廟, 是曾祖之廟, 爲大夫立, 不爲宗子立矣. 然不可二宗別統, 故其廟, 亦立於宗子之家, 所謂以上牲祭於宗子之家者也. 祖考皆然, 故采蘋之序, 言大夫妻, 可以承先祖, 其詩曰, 于以奠之, 宗室牖下. 宗子爲士, 庶子爲大夫, 以上牲祭于宗子之家, 非惟爲士, 直爲庶人亦然.

번역 장자가 말하길, 종자(宗子)가 사(士)의 신분이라면, 조부(祖父)와 부친을 위해 2개의 묘(廟)를 세우고, 지자(支子)가 대부(大夫)의 신분이라면, 그 종가(宗家)에서는 마땅히 3개의 묘를 세울 수 있다. 따라서 증조부(曾祖父)의 묘는 지자인 대부 때문에 세워진 것이지, 종자 때문에 세워진 것이 아니다. 그러나 두 개의 종가를 세워서 혈통을 달리할 수는 없기 때문에, 증조부의 묘 또한 종자의 집안에 세우는 것이니, 이것이 이른바 "상생(上牲)으로 종자의 집에 가서, 제사를 지낸다[以上牲祭於宗子之家]."고 말한 이유이다. 조부와 부친에 대해서도 모두 이처럼 상생을 사용하여 종자

이 있는데, 이에 대한 두예(杜預)의 주에서는 "四時祀以一羊, 三年盛祭以羊豕. 殷, 盛也."라고 풀이하였다.

5) 이 문장에서 존귀한 자는 대부(大夫)를 뜻한다.

의 집에서 제사를 지낸다. 그렇기 때문에 『시』「채빈(采蘋)」편에 대한 모서(毛序)에서는 대부의 아내가 선조(先祖)를 잘 받들었다고 하였고,[6] 그 시에서도 "이에 올리기를 종실(宗室)의 들창문 아래에서 하도다."[7]라고 한 것이다. 종자가 사가 되고, 서자(庶子)가 대부가 된 경우, 상생으로 종자의 집안에서 제사지내는 법칙은 오직 종자가 사인 경우에만 해당하는 것이 아니라, 종자가 서인(庶人)과 같이 미천한 신분이 되었을 경우에도, 또한 그렇게 하는 것이다.

鄭注 貴祿重宗也. 上牲, 大夫少牢. 介, 副也. 不言庶, 使若可以祭然.

번역 대부(大夫)의 예법에 따른 희생물을 사용하는 이유는 서자(庶子)가 받는 녹봉[祿]을 존귀하게 대하기 때문이고, 종자(宗子)의 집에서 제사를 지내는 이유는 종자를 중시하기 때문이다. '상생(上牲)'은 대부의 소뢰(少牢)이다. '개(介)'자는 버금간다는 뜻이다. 서자라고 부르지 않은 이유는 마치 그 때문에 제사를 지낼 수 있게 되었다는 것처럼 표현하기 위해서이다.

釋文 祝, 皇之六反, 舊之又反, 下同. 爲, 于僞反, 下注"爲有異居"·"爲無曰"同. 介音界, 副也, 下同.

번역 '祝'자의 황음(皇音)은 '之(지)'자와 '六(륙)'자의 반절음이고, 구음(舊音)은 '之(지)'자와 '又(우)'자의 반절음이며, 아래 문장에 나오는 '祝'자도 그 음이 이와 동일하다. '爲'자는 '于(우)'자와 '僞(위)'자의 반절음이며, 아래 문장에 대한 정현의 주에 나오는 "爲有異居"과 "爲無曰"에서의 '爲'자도 그 음이 이와 동일하다. '介'자의 음은 '界(계)'이니, '副'자의 뜻으로, 아래 문장에 나오는 '介'자도 이와 동일하다.

---

6) 『시』「소남(召南)·채빈(采蘋)」의 모서(毛序) : 采蘋, 大夫妻能循法度也, 能循法度, 則可以承先祖共祭祀矣.

7) 『시』「소남(召南)·채빈(采蘋)」 : 于以奠之, 宗室牖下. 誰其尸之, 有齊季女.

孔疏 ●"曾子"至"常事". ○正義曰: 此一節論宗子祭用大夫牲之事.

번역 ●經文: "曾子"~"常事". ○이 문장은 신분이 낮은 종자(宗子)가 제사에서 대부(大夫)의 제사 때나 쓰이는 희생물을 사용하는 경우에 대해서 논의하고 있다.

孔疏 ●"以上"至"之家". ○上牲, 謂大夫少牢也. 宗子是士, 合用特牲. 今庶子身爲大夫, 若祭祖禰, 當用少牢之牲, 就宗子之家而祭也. 以廟在宗子家故也.

번역 ●經文: "以上"~"之家". ○'상생(上牲)'은 대부(大夫)가 제사 때 사용하는 소뢰(少牢)를 뜻한다. 종자(宗子)가 사(士)의 신분이므로, 제사를 지낼 때 특생(特牲)을 사용함이 합당하다. 그런데 이곳 문장에서 언급하는 상황은 서자(庶子) 본인이 대부의 신분이 된 경우로, 만약 그의 집안에서 조녜(祖禰)에 제사를 지내게 된다면, 마땅히 소뢰의 희생물들을 사용하되, 종자의 집에 가서 제사를 지내야 한다. 그 이유는 종묘(宗廟)가 종자의 집안에 있기 때문이다.

孔疏 ◎注"貴祿"至"少牢". ○正義曰: 用大夫之牲, 是貴祿也. 宗廟在宗子之家, 是重宗也. 此宗子, 謂小宗也. 若大宗子爲士, 得有祖禰二廟也. 若庶子是宗子親弟, 則與宗子同祖禰, 得以上牲於宗子之家而祭祖禰也. 但庶子爲大夫, 得祭曾祖廟, 己是庶子, 不合自立曾祖之廟. 崔氏云, "當寄曾祖廟於宗子之家, 亦得以上牲, 宗子爲祭也. 若己是宗子從父庶子兄弟, 父之適子, 則於其家自立禰廟, 其祖及曾祖亦於宗子之家寄立之, 亦以上牲, 宗子爲祭. 若己是宗子從祖庶兄弟, 父之適子, 則立祖禰廟於己家, 則亦寄立曾祖之廟於宗子之家, 己亦供上牲, 宗子爲祭." 此大夫者, 謂諸侯大夫, 故少牢. 知此是諸侯大夫者, 以下文云, "宗子有罪, 居于他國", 言他國則是據諸侯也. 以文相連接, 故知此大夫是諸侯大夫也.

번역 ◎鄭注: "貴祿"~"少牢". ○대부(大夫)가 사용할 수 있는 희생물을 써서, 제사를 지내는 것은 서자(庶子)가 받는 녹봉을 존귀하게 대하기 때문이다. 종묘(宗廟)는 종자(宗子)의 집에 있으니, 종자의 집에 가서 제사를 지내는 것은 종자를 중시하기 때문이다. 이곳 문장에서 언급하고 있는 종자는 소종(小宗)을 뜻한다. 만약 대종(大宗)의 아들이 사(士)가 되었다면,[8] 조부(祖父)와 부친에 대한 2개의 묘(廟)만을 세울 수 있다. 만약 여기에서 말하는 대부인 서자가 종자의 친동생이라면, 종자와 마찬가지로 조부와 부친에 대해서만 섬길 수 있다. 따라서 상생(上牲)을 가지고 종자의 집에 가서, 조부와 부친에게만 제사를 지낼 수 있게 된다. 다만 서자가 대부가 된 경우에는 증조부(曾祖父)의 묘를 세워서, 제사를 지낼 수 있다. 그런데 대부 본인은 서자의 신분이므로, 자기 스스로 증조부의 묘를 세우는 것은 이치에 어긋난다. 최영은은 "마땅히 종자의 집에 증조부의 묘를 기탁하여 세우고, 또한 상생으로써 종자가 제사를 지낼 수 있게 된다. 만약 자신의 신분이 대부이지만, 종자의 종부(從父)[9]의 서자(庶子) 형제인 경우라면, 부친의 적장자(嫡長子)는 그의 집안에 녜묘(禰廟)를 스스로 세울 수가 있고, 그의 조부나 증조부의 묘에 대해서는 또한 종자의 집에 기탁하여 세워야 하며, 이러한 경우에도 또한 상생을 사용하여서, 종자가 제사를 지내게 된다."라고 했다. 그리고 이곳 문장에서 언급하고 있는 대부는 제후에게 소속된 대부들을 가리킨다. 그렇기 때문에 '상생'을 '소뢰(少牢)'라고 설명한 것이다. 여기에서 언급하고 있는 대부가 제후의 대부라는 사실을 알 수 있는 이유는 아래 문장에서, "종자에게 죄가 있어서, 타국(他國)에 기거한다."라고 말했는데, 이 문장에서 '타국'이라고 언급하였다면, 이 문장은 바로 제후를

---

8) 소종(小宗)과 대종(大宗)은 고대 종법제(宗法制)에 따른 구분이다. 적장자(嫡長子)의 한 계통만이 '대종'이 되고, 나머지 아들들은 '소종'이 된다. 예를 들어 천자의 적장자는 대종이 되고, 나머지 아들들은 소종이 된다. 만약 소종인 천자의 나머지 아들들이 제후가 되었다면, 본인의 나라에서는 대종이 되지만, 천자에 대해서는 역시 소종이 된다. 제후가 된 자의 적장자는 본인의 나라에서 대종이 되고, 나머지 아들들은 소종이 된다.

9) 종부(從父)는 부친의 형제들을 뜻하는 용어이다.

기준으로 설명한 내용에 해당한다. 이곳 문장과 아래 문장은 문맥이 서로 연속되기 때문에, 이곳 문장에서 언급하고 있는 대부부도 제후에게 소속된 대부임을 알 수 있는 것이다.

孔疏 ●"祝曰"至"常事". ○宗子祭時, 祝告神辭云孝子某, 孝子, 謂宗子也. 某是宗子之名. 介子某, 介子謂庶子, 爲大夫者. 介, 副也. 某是庶子名也. 薦其歲之常事, 告神止稱宗子. 其時庶子身在祭位, 必知庶子在者, 以經云, "祭於宗子之家", 是大夫就宗子家而祭也.

번역 ●經文: "祝曰"~"常事". ○종자(宗子)가 제사를 지낼 때에, 축관(祝官)은 신(神)에게 고(告)하며 말하길, '효자(孝子) 아무개'라고 했는데, 이때의 '효자'는 종자를 뜻한다. '아무개[某]'라는 것은 종자의 이름이다. '개자(介子) 아무개'라고 할 때의 '개자'는 서자(庶子)를 뜻하며, 대부(大夫)의 지위에 오른 자이다. '개(介)'자는 버금간다는 뜻이다. '아무개'는 서자의 이름이다. 본래의 예법(禮法)에 따르면, 매년 정규적으로 지내는 제사에는 신에게 고할 때, 단지 종자만을 호칭할 뿐이다. 그러나 여기에서 언급하는 상황에서는 서자 본인도 제사를 지내는 장소에 있게 되는데, 서자가 그 장소에 위치한다는 사실을 확실히 알 수 있는 이유는 경문에서 "종자의 집에서 제사를 지낸다."라고 했기 때문이니, 이 말은 곧 대부인 서자가 종자의 집에 가서, 제사를 지낸다는 뜻이다.

孔疏 ◎注"介副"至"祭然". ○正義曰: 上云"庶子爲大夫", 此亦當云爲庶子某. 今云'介子某'者, 庶子卑賤之稱, 介是副二之義, 介副則可祭, 故云, "使若可以祭然", 故稱介子.

번역 ◎鄭注: "介副"~"祭然". ○앞 문장에서 "서자(庶子)가 대부(大夫)가 되었다."라고 말했으니, 축문(祝文)에서도 또한 마땅히 "서자인 아무개를 대신한다[爲庶子某]."고 말해야 한다. 그런데 이곳 문장에서는 '개자(介

子)인 아무개'라고 부른다고 하였는데, 그 이유는 '서자'라는 말은 신분이 낮은 자를 호칭하는 말이며, '개(介)'자는 보좌하고 버금간다는 뜻이니, 개자가 보좌를 하게 되어, 상생(上牲)을 사용하며 제사를 지낼 수가 있게 된 것이다. 그렇기 때문에 정현이 "마치 그 때문에 제사를 지낼 수 있게 되었다는 것처럼 표현하기 위해서이다."라고 말한 것이고, 그러므로 '개자'라고 부른 것이다.

集解 愚謂: 此稱'孝子'·'介子', 據祭禰廟言之也. 若祭祖廟, 則曰'孝孫'·'介孫'.

번역 내가 생각하기에, 이 문장에서 '효자(孝子)'·'개자(介子)'라고 호칭하는 말들은 '부친의 사당[禰廟]'에서 제사지내는 일에 근거해서 말한 것이다. 만약 '조부의 사당[祖廟]'에서 제사를 지내는 경우라면, '효손(孝孫)'·'개손(介孫)'이라고 부르게 된다.

【240d】

若宗子有罪, 居於他國, 庶子爲大夫, 其祭也, 祝曰, 孝子某, 使介子某, 執其常事. 攝主, 不厭祭, 不旅, 不假, 不綏祭, 不配.

직역 만약 宗子가 有罪하여, 他國에 居하고, 庶子가 大夫가 되었다면, 그 祭함에는 祝이 曰, '孝子 某가 介子 아무개로 하여금 常事를 執하게 합니다.' 攝主는 不厭祭하고, 不旅하며, 不假하고, 不綏祭하며, 不配하니라.

의역 계속하여 공자가 가르쳐주기를, "만약 종자(宗子)가 죄를 지어, 타국(他國)에 거처를 하고, 적장자(嫡長子)가 아닌 서자(庶子) 중에서 대부(大夫)가 된 자가 있다면, 본래 서자는 제사를 모실 수 없지만, 이러한 경우에는 종자를 대신하여 제주(祭主)가 된다. 다만 제사를 지낼 때에는 축관(祝官)이 축문을 읽으며, '종자인 아무개가 개자(介子)인 아무개를 시켜서, 정기적인 제사를 주관하게 합니다.'라고 말한다. 그러나 정상적인 제례(祭禮)처럼 지낼 수 없으므로, 염제(厭祭)를 지내지 않고, 술잔을 돌리지 않으며, 하[假]를 하지 않고, 수제(綏祭)를 지내지 않으며, 배(配)를 하지 않는다."

集說 介子非當主祭者, 故謂之攝主, 其禮略於宗子者有五焉. 若以祭禮先後之次言之, 當云不配, 不綏祭, 不假, 不旅, 不厭祭. 今倒言之者, 舊說, 攝主非正, 故逆陳以見義. 亦或記者之誤與. 今依次釋之, 不配者, 祭禮初行尸未入之時, 祝告神曰, 孝孫某, 來日丁亥用薦歲事于皇祖伯某, 以某妃配某氏, 如姜氏子氏之類. 今攝主不敢備禮, 但言薦歲事于皇祖伯某, 不言以某妃配也. 不綏祭者, 綏字當從周禮作隋, 減毁之名也. 尸與主人俱有隋祭, 主人減黍稷牢肉而祭之於豆間, 尸則取菹及黍稷肺而祭於豆間, 所謂隋祭也. 今尸自隋祭, 主人是攝主, 故不隋祭也. 不假者, 假字當作嘏, 福慶之辭也. 尸十一飯訖, 主人酳尸, 尸酢主人畢, 命祝嘏于主人曰, 皇尸命工祝承致多福無疆于女孝孫, 來女孝孫, 使女受祿于天, 宜稼千田, 眉壽萬年, 勿替引之. 主人再拜稽首, 今亦以避正主, 故不嘏也. 不旅, 不旅酬也, 詳見前章. 不厭祭者, 厭是饜飫之義, 謂神之歆享也. 厭有陰有陽, 陰厭者, 迎尸之前, 祝酌奠訖, 爲主人釋辭於神, 勉其歆享. 此時在室奧陰靜之處, 故云陰厭也. 陽厭者, 尸謖之後, 佐食徹尸之薦俎, 設於西北隅, 得戶明白之處, 故曰陽厭. 制禮之意, 不知神之所在, 於彼乎, 於此乎, 皆庶幾其享之而厭飫也. 此言不厭祭, 不爲陽厭也, 以先後之次知之.

번역 개자(介子)는 마땅히 제사를 주관할 수 없는 자이다. 그렇기 때문에 이러한 경우에 있어서, 그를 섭주(攝主: 제주(祭主)를 대신하는 자)라고 부르는 것이며, 그 예법(禮法) 또한 종자(宗子)가 제사를 지내는 정상적인 예법에 비해서, 생략하는 것이 다섯 가지나 된다. 만약 제례(祭禮)의 절차에 따라서 선후(先後)의 순서대로 말을 한다면, 마땅히 "배(配)를 하지 않고, 수제(綏祭)를 지내지 않으며, 하[假]를 하지 않고, 여(旅)를 하지 않으며, 염제(厭祭)를 지내지 않는다."고 기록해야 한다. 그런데 지금 이곳 문장에서는 거꾸로 기록하고 있는데, 그 이유에 대하여 구설(舊說)에서는 "서자(庶子)가 섭주가 되어, 정식적인 경우가 아니기 때문에, 거꾸로 진술하여, 정상적이지 않다는 뜻을 드러낸 것이다."라고 풀이하였다. 또는 그것이 아니라면, 혹여 기록한 자의 실수일 것이다. 이제 본래의 순서에 의거해서 설명을 하자면, "배를 하지 않는다[不配]."는 말은 제례를 처음 시작하여, 시동이 아직 들어오지 않았을 때에, 축관(祝官)은 신(神)에게 고(告)하길, "효손(孝孫) 아무개는 돌아오는 정해일(丁亥日)을 기하여, '황조(皇祖)의 맏이이신 아무개[皇祖伯某]'께, 해마다 드리는 정규적인 제사를 올리며, '아무개의 배필[某妃]'을 통하여, '아무개 씨[某氏]'를 배향합니다."[10]라고 한다. 이때의 '아무개의 배필'이라는 말은 강씨(姜氏)니 자씨(子氏)니 하는 부류와 같은 것이다. 이곳 문장에서 설명하고 있는 상황에서는 섭주가 감히 정상적은 제례처럼 제대로 갖출 수 없으므로, 단지 "황조의 맏이인 아무개에게, 해마다 지내는 정규적인 제사를 올린다."고만 말하고, "아무개의 부인을 배향한다."고는 말하지 않는다. "수제를 지내지 않는다[不綏祭]."고 하였는데, 여기에서의 '수(綏)'자는 마땅히 『주례(周禮)』의 기록에 따라서, '수(隋)'자로 기록해야 하며,[11] 이 글자는 덜어낸다는 뜻이다. 시동과 제주(祭主)는 모두 수제(隋祭)의 의식을 지내는데, 제주는 기장[黍稷]과 희생물의 고기를 덜어서, 제기 사이에 그것들을 두고 제사를 지내며, 시동은 젓갈, 기장, 폐(肺) 등을 가져다가, 제기 사이에 그것들을 두고 제사를 지내니, 이것이 이른바 '수제'라고 하는 것이다. 이곳 문장에서 설명하고 있는 상황에서는 시동은 제 스스로 수제를 지내게 되지만, 제주의 역할은 섭주가 맡고 있기 때문에, 섭주는 수제를 지내지 않는 것이다. "하[假]를 하지 않는다[不假]."고 하였는데, '가(假)'자는 마땅히 '하(嘏)'자로 기록해야 하며, 이 글

---

10) 『의례』「소뢰궤식례(少牢饋食禮)」 : 祝祝曰, "孝孫某, 敢用柔毛·剛鬣·嘉薦·普淖, 用薦歲事于皇祖伯某, 以某妃配某氏. 尙饗!"

11) 『주례』「춘관(春官)·수조(守祧)」 : 旣祭則藏其隋與其服.

자는 축복을 받는다는 뜻이다. 시동이 11번 수저 뜨는 것을 다 끝내면, 제주는 시동에게 입가심하는 술을 따라주고, 시동이 입가심을 한 다음에, 다시 주인에게 술을 권하는데, 그 일까지 다 끝나면, 축관에게 명령을 하여, 제주에게 복을 내려주도록 해서, 축관이 "황시(皇尸)[12]가 나 축관[13]에게 명하여, 효손인 그대에게 많은 복을 영원토록 내리게 하였다. 그대 효손으로 하여금, 하늘로부터 녹봉[祿]을 받게 하고, 많은 농토를 경작하게 할 것이며, 장수하여 천년만년 향유하도록 할 것이니, 폐망하는 일 없이 잘 이끌어 가야 한다."[14]라고 말하게 된다. 그러면 제주는 재배(再拜)를 하며, 머리를 조아리게 된다. 그런데 이곳 문장에서 설명하고 있는 상황에서는 서자(庶子)인 섭주가 제주의 역할을 대신하고 있으므로, 본래의 제주에 대한 말들을 회피해야 한다. 그렇기 때문에 축복을 내려주는 말들을 하지 않는 것이다. "여(旅)를 하지 않는다[不旅]."는 말은 여수(旅酬)를 하지 않는다는 뜻이니, 자세한 내용은 앞장에 나온다.[15] "염제(厭祭)를 지내지 않는다[不厭祭]."고 하였는데, '염(厭)'자은 질리도록 실컷 먹는다는 뜻이니, 실컷 먹는다는 말은 신(神)이 흠향하는 것을 뜻한다. '염'에는 음염(陰厭)과 양염(陽厭)의 두 종류가 있다. 먼저 '음염'이라는 것은 시동을 맞이하기 이전에, 축관이 술잔을 따라서 바치고, 그 일이 끝나면, 제주를 위해서 신에게 축문을 읽으며, 신이 흠향을 하도록 권하게 된다. 이러한 일들을 시행하는 때, 신들은 묘실[室]의 아랫목인 음(陰)하고 고요한[靜]한 장소에 강림하게 되므로, 이러한 절차를 '음염'이라고 부른다. 다음으로 '양염'이라는 것은 시동이 일어나서 나간 이후에, 좌식(佐食)은 시동에게 바쳤던 조(俎: 제물을 담은 도마)를 치우고, 서북쪽 모퉁이에 다시 진설하여, 신들이 호(戶)의 밝은 빛이

---

12) 황시(皇尸)는 본래 군주의 시동에게 붙이는 경칭이다. 또한 일반적으로 시동을 높여 부르는 용어로도 사용되었다.

13) 공축(工祝)은 축관(祝官)을 지칭하는 말이다.

14) 『의례』「소뢰궤식례(少牢饋食禮)」: 卒命祝, 祝受以東, 北面于戶西, 以嘏于主人曰, "皇尸命工祝, 承致多福無疆于女孝孫. 來女孝孫, 使女受祿于天, 宜稼于田, 眉壽萬年, 勿替引之."

15) 『예기』「증자문」【229c】의 "曾子問曰 祭如之何, 則不行旅酬之事矣."에 대한 진호(陳澔)의 주를 뜻한다.

들어오는 장소를 차지하게 한다. 그렇기 때문에 '양염'이라고 부르는 것이다. 제례의 의의에 따라 살펴보자면, 신이 위치한 장소를 알 수 없으니, 저기에 있든, 아니면 여기에 있든[16] 상관없이, 이렇게 음염과 양염을 함으로써, 그들 모두가 제물들을 흠향하도록 하여, 실컷 향유하도록 만드는 것이다. 이곳 문장에서 "염제를 지내지 않는다."고 한 말은 '양염'만을 지내지 않는다는 뜻이니, 그 이유는 선후의 순서로 따져보면, 알 수 있게 된다.

大全 嚴陵方氏曰: 四時之祭, 禮之常也, 故曰常事. 用介子之牲而祭, 則言爲介子某. 薦, 言薦之於彼. 以介子攝爲祭主, 故言使介子某. 執, 言執之於此. 凡祭皆執而薦之, 言薦言執, 互相備爾.

번역 엄릉방씨가 말하길, '사계절마다 지내는 제사[四時之祭]'는 제례(祭禮) 중에서도 정규적인 것에 해당한다. 그렇기 때문에 '상사(常事)'라고 기록한 것이다. 개자(介子)의 등급에 맞는 희생물을 사용하여, 제사를 지내게 되면, "개자인 아무개를 대신한다[爲介子某]."고 말한다. '천(薦)'자는 "저 곳에 그 희생물들을 바친다[薦之於彼]."는 뜻이다. 개자가 섭행(攝行)을 하여 제주(祭主)가 되었기 때문에, "개자인 아무개를 시킨다[使介子某]."고 말한 것이다. '집(執)'자는 "이곳에서 그 일을 집정한다[執之於此]."는 뜻이다. 무릇 제사에서는 모두 집정도 하고, 바치기도 한다. 위의 두 문장에서는 각각 바친다고만 말하고, 집정한다고만 말하였다. 그 이유는 특별한 의미가 있는 것이 아니라, 상호 언급하지 않은 부분들을 다른 한쪽의 기록을 통해서, 알 수 있도록 기록한 문장일 뿐이다.

鄭注 此之謂宗子攝大夫. 皆辟正主. 厭, 厭飫神也. 厭有陰有陽, 迎尸之前, 祝酌奠, 奠之且饗, 是陰厭也. 尸謖之後, 徹薦俎敦, 設於西北隅, 是陽厭也. 此不厭者, 不陽厭也. 不旅, 不旅酬也. 假讀爲嘏. 不嘏, 不嘏主人也. 不綏祭, 謂

16) 『예기』「교특생(郊特牲)」【341a】: 不知神之所在, 於彼乎? 於此乎?

今主人也. 綏, 周禮作墮. 不配者, 祝辭不言“以某妃配某氏”.

번역 축문(祝文)의 내용은 “종자(宗子)가 대부(大夫)인 서자(庶子)를 섭주(攝主)로 삼았다[宗子攝大夫].”는 뜻이다. 염제(厭祭)나 배(配) 등을 하지 않는다는 제한들은 모두 정상적인 제주(祭主)에 비해 낮추는 규정들이다. ‘염(厭)’자는 신(神)을 배부르게 흠향시킨다는 뜻이다. 염에는 음염(陰厭)과 양염(陽厭)이 있으니, 시동을 맞이하기 이전에, 축관(祝官)이 술을 따라 바치는데, 그 술잔을 올려서, 또한 신들을 흠향하게 만드니, 이것이 바로 ‘음염’에 해당한다. 시동이 자리를 일어나, 묘실(廟室)을 나간 이후에, 시동에게 바쳤던 제기(祭器)들인 조(俎)와 돈(敦) 등을 거둬들여서, 서북쪽 모퉁이에 다시 진설을 하니, 이것이 바로 ‘양염’에 해당한다. 이곳 문장에서 “염을 하지 않는다[不厭].”는 말은 음염은 하되, 양염을 하지 않는다는 뜻이다. “여(旅)를 하지 않는다[不旅].”는 말은 여수(旅酬)를 하지 않는다는 뜻이다. ‘가(假)’자는 읽기를 ‘하(嘏)’자로 해야 한다. “하(嘏)를 하지 않는다[不嘏].”는 말은 제주에게 복을 내려주는 의식을 하지 않는다는 뜻이다. “수제(綏祭)를 하지 않는다[不綏祭].”고 하였는데, 이 말은 곧 이러한 상황에서는 종자 대신 제사를 주관하게 된 개자(介子)인 제주가 수제를 지내지 않는다는 뜻이다. ‘수(綏)’자를 『주례(周禮)』에서는 ‘타(墮: =隋)’자로 기록하고 있다. “배를 하지 않는다[不配].”는 말은 축관의 축문(祝文)에서 “아무개의 배필을 통해 아무개 씨를 배향합니다.”라고 말하지 않는 것이다.

그림 15-1 돈(敦)

▸ **출처:** 『삼례도집주(三禮圖集注)』 13권

釋文 其祭也, 本或此下有"如之何"三字, 非也. 厭, 本或作壓, 於豔反, 注下皆同. 綏, 注作墮, 同許垂反, 徐又況垂反, 注同. 辟音避, 下同. 飫, 於去反. 謖, 色六反, 起也. 敦音對, 又東論反. 嘏, 古唯反.

번역 경문 중 "其祭也"라는 기록에 대해서, 판본에 따라 간혹 "其祭也"라는 글자들 뒤에, "如之何"라는 세 글자를 첨가하는 기록들도 있는데, 이것은 잘못된 기록이다. '厭'자는 판본에 따라 혹은 '壓'자로도 기록하며, '於(어)'자와 '豔(염)'자의 반절음이고, 정현의 주와 아래 문장에 나오는 글자들도 모두 그 음이 이와 같다. '綏'자를 정현의 주에서는 '墮'자로 기록하는데, 모두 그 음이 '許(허)'자와 '垂(수)'자의 반절음이며, 서음(徐音)은 또한 '況(황)'자와 '垂(수)'자의 반절음이 되니, 정현의 주에 나오는 글자도 그 음이 이와 같다. '辟'자의 음은 '避(피)'이며, 아래 문장에 나오는 글자도 그 음이 같다. '飫'자는 '於(어)'자와 '去(거)'자의 반절음이다. '謖'자는 '色(색)'자와 '六(륙)'자의 반절음이며, '起'자의 뜻이다. '敦'자의 음은 '對(대)'이며, 또는 '東(동)'자와 '論(론)'자의 반절음이 된다. '嘏'자는 '古(고)'자와 '唯(유)'자의 반절음이다.

孔疏 ●"若宗"至"其辭". ○正義曰: 此一節以曾子前問宗子爲士, 庶子爲大夫, 孔子答畢, 更爲曾子廣陳宗子有罪出居他國·庶子爲大夫在家法. 其祭之禮, 按少牢饋食, 司宮筵于奧, 設饌畢, 祝酌奠于鉶南, 主人西面再拜稽首, 祝曰,"孝孫某, 敢用柔毛·剛鬣·嘉薦·普淖, 用薦歲事于皇祖伯某, 以某妃配某氏, 尙饗." 此所謂配也. 今攝主則不配. 少牢又云, 祝出迎尸, 尸入, 卽席坐, 而執祝前之觶, 而祝命尸挼, 尸取菹擩于醢, 祭于豆間, 及祭黍稷肺等, 是謂尸綏祭也. 尸飯十一飯訖, 主人洗爵酳尸, 尸酢主人, 主人拜受爵, 上佐食取黍稷肺授主人, 所謂綏祭也. 今攝主不綏祭. 少牢又云, 主人左執爵, 祝與二佐食取黍以授尸, 尸執以命祝, 祝受, 以東北面, 嘏于主人曰, "皇尸命工祝, 承致多福無疆于女孝孫", 所謂嘏也. 今攝主則不嘏也. 按特牲, 主人受嘏之後, 獻祝及佐食訖, 主婦獻尸及祝佐食訖, 乃賓長獻尸, 尸爵止未飮, 主人主婦交相致爵訖, 尸乃飮止爵以酢賓, 賓飮訖, 賓獻祝及佐食, 洗酌致于主人主婦訖, 主人獻賓, 賓酢主人, 主人又獻衆賓訖, 尊兩壺于阼階東, 西方亦如之, 主人酌西方之尊以酬賓, 主人尊爵于賓之薦北, 賓取爵東面奠于薦南, 所謂"布奠於賓"也. 今攝主, 主人奠於薦北, 賓取奠于薦南而不擧也. 主人獻長兄弟, 又獻衆兄弟訖, 長兄弟加爵於尸, 衆賓長又加爵於尸訖, 嗣子擧奠, 擧奠訖, 賓坐取薦南之爵, 酬長兄弟, 長兄弟酬衆賓, 衆賓酬衆兄弟, 所謂'旅酬'. 今攝主不旅酬也. 特牲云, "旅酬之後無算爵", 無算爵之後, 祝告旣成, 尸起, 主人降, 佐食徹尸薦俎, 設於西北隅, 所謂陽厭. 今攝主不爲此陽厭也.

번역 ●經文: "若宗"~"其辭". ○증자는 앞서서 종자(宗子)가 사(士)의 신분이고, 서자(庶子)가 대부(大夫)의 신분인 경우에 대해서 물어보았는데, 이 문장은 공자가 그 질문에 대한 대답을 끝내고서, 다시금 증자를 위하여, 종자가 죄를 지어서 국경을 벗어나 다른 나라에 거처하게 되었고, 서자가 대부의 신분이며 집에 머물러 있는 경우에, 제사를 지내는 예법(禮法)까지도 그 연장선에서 가르쳐준 말이다. 제사지내는 예법에 대해서, 『의례』「소뢰궤식례(少牢饋食禮)」편을 살펴보면, 사궁(司宮)이 아랫목에 대자리를 깔고, 성찬을 진설하며, 그 일이 다 끝나면, 축관(祝官)이 국그릇의 남쪽에 술잔을 따라 올리고, 주인이 서쪽을 향해 서서, 재배(再拜)를 하고 머리를 조아리면, 축관이 말하길, "효손(孝孫) 아무개가 감히 유모(柔毛)[17], 강렵(剛鬣)[18], 가천(嘉薦)[19], 보뇨(普淖)[20]를 사용하여, 이로써 황조(皇祖)의 만

---

17) 유모(柔毛)는 제사 때 희생물로 사용되는 양(羊)에 대한 별칭이다. 살찐 양의 경우 털이 가늘고 유약하기 때문에 이러한 명칭이 생겼다. 『예기』「곡례하(曲禮下)」편에는 "凡祭宗廟之禮, 牛曰一元大武, 豕曰剛鬣, 豚曰腯肥, 羊曰<u>柔毛</u>."라는 기록이 있고, 이에 대한 공영달(孔穎達)의 소(疏)에서는 "若羊肥, 則毛細而柔弱."이라고 풀이하였다.

18) 강렵(剛鬣)은 제사 때 희생물로 사용되는 돼지[豕]에 대한 별칭이다. 살찐 돼지의 경우 털이 치솟고 굳세기 때문에 이러한 명칭이 생겼다. 『예기』「곡례하(曲禮下)」편에는 "凡祭宗廟之禮, 牛曰一元大武, 豕曰<u>剛鬣</u>, 豚曰腯肥, 羊曰柔毛."라는 기록이 있고, 이에 대한 공영달(孔穎達)의 소(疏)에서는 "豕肥, 則毛鬣剛大也."라고 풀이하였다.

19) 가천(嘉薦)은 제사 때 사용되는 음식들을 가리키며, 특히 포나 젓갈, 채소

이이신 아무개께, 매해 지내게 되는 정규적인 제사를 지내게 되었습니다. 아무개의 배필을 통하여 아무개 씨를 함께 배향하니, 흠향하소서."라고 한다. 이것이 바로 이른바 '배(配)'라는 것이다. 이곳 문장에서 언급하는 상황은 제사를 섭주(攝主)가 대신 지내고 있으므로, '배'를 하지 않는 것이다. 「소뢰궤식례」편에서는 또한 축관이 나가서 시동을 맞이하고, 시동이 들어오면, 좌석으로 가서 앉게 되고, 축관 앞에 있는 술잔을 잡으면, 축관은 시동에게 수제(綏祭)를 지내도록 알리니, 시동은 채소 절임 등을 집어서 젓갈에 담그고, 제기(祭器) 사이에 그 음식들을 놓아두고서 제사를 지내며, 기장[黍稷]이나 포 등에 대해서도 차례대로 제사를 지내는데, 이것이 바로 '시동이 지내는 수제[尸綏祭]'라는 것이다. 그리고 그 이후에 시동이 11번 수저를 뜨게 되어, 수저 뜨는 일을 다 끝내면, 주인은 술잔을 씻어서, 시동에게 입가심하는 술을 따라주고, 시동이 다시 주인에게 술잔을 건네면, 주인은 절을 하고 술잔을 받으며, 상좌식(上佐食)이 기장이나 포 등을 집어서 주인에게 준다고 했으니, 이것을 이른바 '주인이 지내는 수제[綏祭]'라고 하는 것이다. 그런데 이곳 문장에서 언급하는 상황은 섭주가 대신 지내고 있으므로, 수제를 하지 않는 것이다. 「소뢰궤식례」편에서는 또한 주인이 좌측 손으로 술잔을 잡으면, 축관과 '두 명의 좌식(佐食)'[21]은 기장을 집어서 시동에게 주고, 시동은 그것을 잡고서, 축관에게 명령을 하니, 축관은

절임 류 등을 가리킨다. '가(嘉)'자는 바치는 음식이 좋은 품질임을 뜻한다. 『의례』「사관례(士冠禮)」에는 "甘醴惟厚, 嘉薦令芳."이라는 기록이 있고, 이에 대한 정현의 주에서는 "嘉, 善也. 善薦, 謂脯醢芳香也."라고 풀이하였다. 또한 『의례』「소뢰궤식례(少牢饋食禮)」에는 "孝孫某, 敢用柔毛·剛鬣·嘉薦·普淖, 用薦歲事于皇祖伯某."라는 기록이 있고, 이에 대한 정현의 주에서는 "嘉薦, 菹醢也."라고 풀이하였다.

20) 보뇨(普淖)는 기장[黍稷]을 가리킨다. '보(普)'자는 크다는 의미이고, '뇨(淖)'자는 조화롭다는 의미이다. 군주의 덕이 성대하고 조화롭게 펼쳐졌기 때문에, 기장이라는 생물이 생산된 것이므로, 이러한 호칭으로 부르게 된 것이다. 『의례』「사우례(士虞禮)」에는 "嘉薦普淖, 明齊溲酒."라는 기록이 있고, 이에 대한 정현의 주에서는 "普淖, 黍稷也. 普, 大也, 淖, 和也. 德能大和, 乃有黍稷, 故以爲號云."이라고 풀이하였다.

21) 두 명의 좌식(佐食)은 상좌식(上佐食)과 하좌식(下佐食)을 뜻한다.

그 명령을 받들어서, 동쪽으로 가서 북쪽을 향해 서며, 주인에게 복을 기원하길, "황시(皇尸)가 공축(工祝)인 저에게 명령하였으니, 내 명을 받들어서 효손에게 많은 복을 영원토록 내리게 하라."한다고 하였으니, 이것이 아른바 '하(嘏)'라는 것이다. 그런데 이곳 문장에서 언급하는 상황은 섭주가 대신 지내고 있으므로, '하'를 하지 않는 것이다. 『의례』「특생궤식례(特牲饋食禮)」편을 살펴보면, 주인이 축복을 내려주는 말을 받은 이후에, 축관과 좌식에게 술을 따라주고, 그 일이 다 끝나면, 주부(主婦)는 시동, 축관, 좌식에게 술을 따라주고, 그 일이 다 끝나면, 곧 빈객(賓客)들 중 우두머리가 시동에게 술을 따라 바친다. 시동이 술잔을 받아서 바로 마시지 않고 잠시 멈추고, 주인과 주부는 교대로 서로 잔을 따라주는데, 그 일이 다 끝나면, 시동은 그제야 술을 마시고, 술잔을 다시 멈추고서 빈객에게 술을 권하며, 빈객이 술 마시는 것을 다 끝내면, 빈객은 축관 및 좌식에게 술을 바치고, 술잔을 씻어서 주인 및 주부에게 술을 권하고, 그 일을 다 끝내면, 주인은 빈객에게 술을 따라 주고, 빈객은 주인에게 다시 술을 권하며, 주인은 또한 여러 빈객들에게 술을 따라준다. 그 일이 다 끝나면, 동쪽 계단의 동편에 술잔과 두 개의 술독을 가져다 두고, 서쪽 또한 이와 똑같이 하고서, 주인이 서쪽에 있는 술잔에 술을 따라서, 빈객들에게 술을 권하게 되는데, 주인은 빈객들에게 음식을 차려주는 곳 북쪽에 술잔을 따라 놓고, 빈객은 술잔을 가져다가 동쪽을 향해 서서, 음식이 차려진 곳 남쪽에 술잔을 놓는다고 하였으니, 이것이 이른바 "빈객에게 포전(布奠)한다."는 말이다. 그런데 이곳 문장에서 언급하는 상황은 섭주가 대신 지내고 있으므로, 섭주가 음식이 차려진 곳 북쪽에 술잔을 놓으면, 빈객이 술잔을 가져다가 음식이 차려진 곳 남쪽에 술잔을 놓아두기만 하고, 들지 않는 것이다. 주인이 장형제(長兄弟)들에게 술잔을 따라주고, 또 중형제(衆兄弟)들에게도 술잔 따라주는 일을 다 끝내면, 장형제는 시동에게 술잔을 건네고, 빈객들의 우두머리가 또한 시동에게 술잔을 건네는데, 그 일이 다 끝나면, 사자(嗣子)가 술잔을 들고, 술잔을 드는 일이 다 끝나면, 빈객들은 앉아서 음식의 남쪽에 놓아두었던 술잔을 가져다가 장형제들에게 술잔을 돌리고, 장형제들은 여러 빈객들에게 다시 술잔을 돌리며, 그런 뒤에 여러 빈객들이 중형제들에게 술잔을 건네게 되는데, 이것이 이른바 '여수(旅酬)'라는 것이다. 그런데 이곳 문장에서 언급하는 상황은 섭주가 대신 지내고 있으므로, 여수를 하지 않는 것이다. 「특생궤식례」편에서는 "여수를 한 이후에는 잔 돌린 수치를 셈하지 않는다."라고 하였으니, '잔 돌린 수치를 셈하지 않은[無算爵]' 이후에, 축관이 의식이 다 끝났다고 알리면, 시동이 일어서고, 주인은 내려가게 되며, 좌식은 시동에게 바쳤던 제물들을 거둬서, 서북쪽 모퉁이에 진설하니, 이것이 아른바 양염(陽厭)이라는 것이다. 그런데 이곳 문장에서 언급하는 상황은 섭주가 대신 지내고 있으므로, 이러한 양염을 하지 않는 것이다.

그림 15-2 형정(鉶鼎)과 작(爵)

▸ 출처: 『삼례도집주(三禮圖集注)』 13권

孔疏 ◎注"此之"至"大夫". ○正義曰: 喪服小記, "士不攝大夫, 士攝大夫, 唯宗子也."

번역 ◎鄭注: "此之"~"大夫". ○『예기』「상복소기(喪服小記)」편에서 "사(士)는 본래 대부(大夫)의 제사에서 섭주(攝主)가 될 수 없지만, 사가 대부의 제사에서 섭주가 되는 경우는 오직 종자(宗子)일 때 뿐이다."[22]라고 했다.

孔疏 ●"攝主不厭祭". ○正義曰: 此宗子有罪, 出在他國, 庶子旣爲攝主, 不敢備禮, 故於祭末不爲陽厭之祭也. 所以不爲陽厭者, 陽是神之厭飫, 今攝主謙退, 似若神未厭飫然也.

번역 ●經文: "攝主不厭祭". ○여기에서 말하는 상황은 종자(宗子)에게 죄가 있어서, 국경을 벗어나 타국에 머물러 있게 되어, 서자(庶子)가 섭주(攝主)의 역할을 맡게 된 상황이다. 따라서 섭주는 감히·정식적인 예법(禮法)대로 갖출 수가 없게 된다. 그렇기 때문에 제사 말미에, 양염(陽厭)하는 제사 의식을 시행하지 않는 것이다. 양염을 지내지 않는 이유는 양염은 신(神)이 배부르게 흠향하도록 하는 것이니, 지금 이 상황에서는 섭주가 스스로를 겸손하게 낮춰서, 마치 신이 배불리 흠향하지 못한 것처럼 보이게 만들기 때문이다.

孔疏 ●"不旅"者, 謂所將祭旅酬之時, 賓奠不擧, 不爲旅酬也. 旅酬是賓主交歡之始, 今攝主不敢當正主, 故不旅也.

번역 ●經文: "不旅". ○이 말은 곧 제사를 지내면서, 여수(旅酬)를 하려고 할 때에, 빈객(賓客)이 술잔만 받고, 잔을 들지 않아서, 여수를 하지 않는다는 뜻이다. 여수는 빈객과 주인이 기쁨을 나누는 의식의 시초가 되는데,

---

22) 『예기』「상복소기(喪服小記)」【420a】: 士不攝大夫. 士攝大夫唯宗子.

지금 이 상황은 섭주(攝主)가 대신 제사를 지내게 되어서, 감히 정식 제주(祭主)로 자처할 수 없는 것이다. 그렇기 때문에 여수를 하지 않는 것이다.

孔疏 ●"不嘏, 不綏祭"者, 嘏是主人受福, 綏是將欲受福, 先爲[23]綏祭. 今辟正主, 故不敢受嘏, 以其不嘏, 故不綏祭也.

번역 ●經文: "不嘏, 不綏祭". ○'하(嘏)'자는 주인이 축복을 받는다는 뜻이며, '수(綏)'자는 장차 축복을 받고자 하여, 먼저 수제(綏祭)를 지낸다는 뜻이다. 지금 이 상황에서는 정식 제주(祭主)에 대한 예법(禮法)보다 낮추기 때문에, 감히 축복의 말을 받을 수가 없으며, '하'를 하지 않기 때문에 또한 수제를 지내지 않는 것이다.

孔疏 ●"不配"者, 以祭初, 尸未入之時, 祝告神辭曰, "以某妃配某氏, 備告考妣." 今攝主不敢備禮, 略言皇祖而已. 此經所陳, 從祭末, 然後以次至祭初, 逆陳之. 必逆陳之者, 皇氏云, "以其攝主非正, 故逆陳以見義."

번역 ●經文: "不配". ○제사를 지내는 초반, 시동이 아직 들어오지 않은 시기에, 축관(祝官)이 신(神)에게 고(告)하는 축문(祝文)에서, "아무개의 배필을 통해 아무개 씨를 함께 배향하니, 고비(考妣)께 삼가 아뢰니다."라고 말하는데, 지금 이 상황은 섭주(攝主)가 대신 지내는 것이므로, 감히 정상적인 예법(禮法)처럼 격식을 다 갖출 수가 없다. 따라서 간략하게 황조(皇祖)에 대해서만 언급할 따름이다. 이곳 경문에서 진술한 내용은 제사의 말미에 시행하는 의식부터 기록되어 있고, 그런 뒤에 차례대로 제사 초기에 시행하는 의식까지 거슬러 올라가고 있으니, 순서가 거꾸로 진술되어 있다. 그 순서가 뒤바뀐 것인데도, 경문에서 이처럼 기술한 이유에 대해, 황간은

---

23) '위(爲)'자에 대하여. '위'자를 혜동(惠棟)의 『교송본(校宋本)』에서는 '수(受)'자로 기록하고 있는데, 완원(阮元)의 『교감기(校勘記)』에서는 "아래 문장들을 살펴보면, 이 구문을 인용하면서, '위'자로 기록하고 있다."라고 했다.

“섭주는 정식적인 제주(祭主)가 아니기 때문에, 거꾸로 진술함으로써, 정상적인 경우가 아니라는 뜻을 나타낸 것이다.”라고 했다.

孔疏 ◎注“皆辟”至“某氏”. ○正義曰: 以其無尸設饌, 欲神之歆饗而厭飫是也.

번역 ◎鄭注: “皆辟”～“某氏”. ○시동 없는 상태에서 성찬을 차려서, 신(神)이 그것을 흠향하여 배부르도록 한다는 말이다.

孔疏 ◎云“厭有陰有陽”, 謂一祭之中, 有此兩厭, 下文有陰厭有陽厭是也.

번역 ◎鄭注: “厭有陰有陽”. ○이 말은 곧 한 차례 제사를 지내는 가운데, 두 개의 염제(厭祭)가 있다는 뜻이니, 아래 문장에서 음염(陰厭)이라고 한 것과 양염(陽厭)이라고 한 것이 바로 이것을 가리킨다.

孔疏 ◎云“迎尸”至“陰厭”也. 約少牢特牲禮文. “祝酌奠”者, 謂祝酌奠於鉶南且饗者, 祝奠訖, 且復以辭饗告神也, 是室奧陰靜之處, 故云陰厭. 尸謖之後, 佐食徹尸之薦俎, 設於西北隅, 得戶明白之處, 故曰陽厭. 今攝主不厭, 謂不陽厭也. 所以然者, 厭是厭飫, 凡厭是神之歆饗.

번역 ◎鄭注: “迎尸”～“陰厭”. ○이 문장은 『의례』「소뢰궤식례(少牢饋食禮)」편과 「특생궤식례(特牲饋食禮)」편의 문장들을 약술한 것이다. 정현이 “축(祝)이 작전(酌奠)한다.”라고 하였는데, 이 말은 곧 축관(祝官)이 술잔을 따라서, 국그릇 남쪽에 차려놓고, 또한 흠향을 하도록 한다는 뜻이다. 그리고 축관이 술잔 올리는 일이 다 끝나면, 또한 다시금 축문(祝文)을 읽어서, 신(神)에게 흠향하도록 고(告)하게 되는데, 이러한 일련의 절차를 묘실의 아랫목에 해당하는 음(陰)하고 고요한[靜] 장소에서 시행한다. 그렇기 때문에 ‘음염(陰厭)’이라고 부르는 것이다. 시동이 일어나서 나간 이후에,

좌식(佐食)은 시동에게 바쳤던 음식들을 거둬다가, 다시금 서북쪽 모퉁이에 진설을 하여, 호(戶)를 통해 햇빛이 비춰지게 되는 양지바른 자리를 차지하게 한다. 그렇기 때문에 '양염(陽厭)'이라고 하는 것이다. 그런데 이곳 문장에서는 섭주(攝主)가 대신 지내게 되어, "염(厭)을 하지 않는다."고 하였는데, 이 말은 "양염을 지내지 않는다."는 뜻이다. 그러한 까닭은 '염'자의 본래 뜻은 배가 부르도록 만드는 것이니, 모든 염제(厭祭)는 신(神)이 흠향하도록 만드는 것이기 때문이다.

孔疏 ◎云"尸謖"至"陽厭也". 其上大夫當自賓尸, 故少牢禮無陽厭也. 下大夫不賓尸, 有陽厭也. 其天子諸侯, 明日乃爲繹祭, 亦有陽厭也. 故詩云, "相在爾室, 尙不愧于屋漏." 謂天子之禮. 天子旣爾, 諸侯亦然. 此謂下大夫攝也. 禮有陽厭, 以其攝主, 故闕陽厭. 若上大夫本無陽厭可闕, 知此不厭者不陽厭. 此皆逆陳, 於祭末者先言, 故知不陽厭也. 云'假讀爲嘏'至'主人也', 以古旁之嘏, 是福慶之辭. 少牢云, "嘏于主人", 嘏字古旁爲之. 祭禮, 唯主人受嘏, 故知不嘏, 不嘏主人也. 云"不綏祭, 謂今主人"者, 謂欲食之時, 先減黍稷牢肉, 而祭之於豆間, 故曰綏祭. 尸與主人俱有綏祭, 今攝主則不綏也. 所以然者, 凡將受福, 先爲綏祭. 今辟正主, 不敢受福, 故不綏也. 若綏, 少牢禮云, 祝出迎尸, 尸入卽席坐, 而祝命尸綏祭, 尸取菹及黍稷肺祭于豆間, 是謂之綏祭. 綏是減毁之名, 尸與主人俱有綏祭也. 云"今主人"者, 謂今攝主人也. 云"綏, 周禮作墮"者, 以綏是綏安之義, 墮是減毁之名, 故從於周禮墮爲正. 守祧云, "旣祭則藏其隋", 是也.

번역 ◎鄭注: "尸謖"~"陽厭也". ○상대부(上大夫) 이상의 계급은 빈시(賓尸)를 시행할 수 있다. 그렇기 때문에 『의례』「소뢰궤식례(少牢饋食禮)」편에는 양염(陽厭)에 대한 언급이 없는 것이다. 하대부(下大夫)부터는 빈시를 시행할 수 없어서, 대신 양염을 지내게 된다. 천자와 제후는 제사를 지낸 다음날, 곧 역제(繹祭)[24]를 지내게 되고, 또한 양염도 시행하게 된다. 그러

24) 역제(繹祭)는 일종의 제례 의식 중 하나이다. 정규 제사를 지낸 다음날 지

므로 『시(詩)』에서 "너의 실(室)에 있음을 살펴보니, 항상 옥루(屋漏)에 부끄럽지 않게 할지니."[25]라고 한 것이니, 이 말은 곧 천자에 대한 예법(禮法)을 가리키고 있다. 천자도 이미 이처럼 시행했으니, 제후 또한 마찬가지였을 것이다. 이곳 문장에서 언급하는 상황은 하대부의 신분을 가진 자가 섭주(攝主)를 지내는 경우에 해당한다. 따라서 해당 예법상에는 양염이 포함되어 있지만, 그가 정식 제주(祭主)가 아닌 섭주의 신분이기 때문에, 양염의 예법을 생략하는 것이다. 만약 상대부인 경우라면, 본래부터 양염이 없으므로, 생략할 수가 있으니, 이곳 문장에서 "염(厭)하지 않는다[不厭]."는 말은 곧 "양염을 지내지 않는다[不陽厭]."는 뜻임을 알 수 있다. 그리고 이곳 경문에 기술된 절차들은 모두 거꾸로 진술되어 있는데, 제사 말미에 시행하는 의식을 가장 먼저 언급하고 있기 때문에, 이것을 통해서도 "염하지 않는다."는 말이 곧 "양염을 지내지 않는다."는 뜻임을 알 수 있다.

孔疏 ◎云"假讀爲嘏"至"主人也", 以古旁之嘏, 是福慶之辭. 少牢云, "嘏于主人", 嘏字古旁爲之. 祭禮, 唯主人受嘏, 故知不嘏, 不嘏主人也. 云"不綏祭, 謂今主人"者, 謂欲食之時, 先減黍稷牢肉, 而祭之於豆間, 故曰綏祭. 尸與主人俱有綏祭, 今攝主則不綏也. 所以然者, 凡將受福, 先爲綏祭. 今辟正主, 不敢受福, 故不綏也. 若綏, 少牢禮云, 祝出迎尸, 尸入卽席坐, 而祝命尸綏祭, 尸取菹及黍稷肺祭于豆間, 是謂之綏祭. 綏是減毁之名, 尸與主人俱有綏祭也. 云"今主人"者, 謂今攝主人也. 云"綏, 周禮作墮"者, 以綏是綏安之義, 墮是減毁之名, 故從於周禮墮爲正. 守祧云, "旣祭則藏其隋", 是也.

번역 ◎鄭注: "假讀爲嘏"~"主人也". ○'고(古)'자를 구성요소로 삼는 '하(嘏)'자는 축복을 내려주는 말이다. 『의례』「소뢰궤식례(少牢饋食禮)」편에서 "주인에게 '하(嘏)'를 한다."라고 하였는데, 여기에서의 '하(嘏)'자도 '고(古)'자를 구성요소로 하여 기록되었다. 제례(祭禮)에서는 오직 주인만

내는 제사이다.

25) 『시』「대아(大雅)·억(抑)」: 相在爾室, 尚不愧于屋漏.

이 '하'를 받는다. 그렇기 때문에 "'하'를 하지 않는다[不嘏]."는 말은 "주인에게 '하'를 하지 않는다[不嘏主人]."는 뜻임을 알 수 있다. 정현이 "수제(綏祭)를 지내지 않는다는 말은 지금의 주인에게 해당한다."라고 하였는데, 이 말은 곧 음식을 먹고자 할 때에, 먼저 기장[黍稷]이나 소고기 등을 덜어서, 제기(祭器) 사이에 두고 제사를 지내게 된다. 그렇기 때문에 그 절차를 '수제'라고 부르는 것이다. 시동과 주인은 모두 수제를 지내게 되는데, 지금 이 상황은 섭주(攝主)가 대신 지내는 상황이므로, 수제를 지내지 않는 것이다. 그렇게 하는 이유는 무릇 축복을 받으려고 할 때에는 먼저 수제를 지내야 하기 때문이다. 지금 이 상황은 정식적인 제주(祭主)에 해당하는 예법(禮法)보다 낮추게 되어, 감히 섭주가 축복을 받을 수 없기 때문에, 수제를 지내지 않는 것이다. 만약 수제를 지낼 경우라면, 「소뢰궤식례」편에서는 축관(祝官)이 나가서 시동을 맞이하고, 시동이 들어와서 자리에 나아가 앉게 되면, 축관은 아뢰어 시동에게 수제를 하게 만든다. 그러면 시동은 채소 절임 및 기장, 포 등을 가져다가, 제기 사이에 두고 제사를 지내니, 이것을 수제라고 부르는 것이다. '수(綏)'자는 덜어낸다는 뜻이니, 시동과 주인이 모두 수제를 지내게 된다. 정현이 '[지금의 주인[今主人]'이라고 하였는데, 이 말은 현재의 상황에서 제사를 대신 주관하고 있는 섭주를 뜻한다. 정현이 "'수(綏)'자를 『주례』에서는 '타(墮: =隋)'자로 기록하고 있다."라고 하였는데, '수(綏)'자는 안정시킨다는 뜻이며, '타(墮)'자는 덜어낸다는 명칭이기 때문에, 『주례』에 기록된 '타'자에 따라서 글자를 수정한 것이다. 『주례』「수조(守祧)」편에서는 "이윽고 제사를 지내게 되면, 수(隋)를 장(藏)한다."[26] 라고 하였는데, 이 말이 바로 수제를 가리킨다.

孔疏 ◎云"不配者"至"某氏". 謂祝辭直言薦歲事於皇祖伯某, 不云以某妃配某氏. 某氏者, 其妃之姓也. 若云某妃, 姜氏·子氏之類也.

번역 ◎鄭注: "不配者"～"某氏". ○이 말은 곧 축관(祝官)의 축문(祝文)

26) 『주례』「춘관(春官)·수조(守祧)」: 既祭則藏其隋與其服.

에서 다만 "황조(皇祖)의 맏이인 아무개에게 매해 드리는 정규적인 제사를 올린다."고만 말하고, "아무개의 배필을 통하여, 아무개 씨를 배향한다."고는 말하지 않는다는 뜻이다. '아무개 씨[某氏]'라는 말은 죽은 여자 조상의 성씨를 뜻한다. '아무개의 부인[某妃]'에 대해 말하는 경우는 강씨(姜氏)나 자씨(子氏) 등으로 부르는 예와 같다.

訓纂 方氏苞曰 注但言"薦歲事於皇祖伯某", 不言"以某妃配", 非也. 五者皆攝主自損抑之義, 非所以施於神也. 按公羊傳, "大夫聞君之喪, 攝主而往." 此記'攝主', 正如公羊傳所云, 蓋暫攝也. 惟暫攝則使主婦與之同薦徹, 不可也, 主婦在而使攝主之妻代主婦, 不可也, 故使有司代之, 而不必夫婦以供祀事, 所謂'不配'也.

번역 방포[27]가 말하길, 정현의 주에서는 단지 "황조(皇祖)의 맏이인 아무개에게 해마다 드리는 정규적인 제사를 올린다."라고만 말하고, "아무개의 부인을 통해 배향한다."라고는 말하지 않는다고 설명하였는데, 이 말은 잘못된 주장이다. 이곳 경문에서 시행하지 않는다고 기록한 다섯 가지 의식은 모두 섭주(攝主)가 제 스스로를 낮춰서, 시행하지 않는다는 뜻이니, 신(神)에게까지 영향을 주는 것들이 아니다. 『공양전(公羊傳)』을 살펴보면, "대부(大夫)가 군주의 상(喪)을 접하게 되면, 섭주가 대신 시행하고, 대부는 군주의 상으로 가게 된다."[28]라고 했는데, 이곳 「증자문」편에서 '섭주'라고 기록한 말도 바로 『공양전』에서 말한 '섭주'와 같은 것이니, 아마도 섭주라는 자는 잠시 제주(祭主)의 역할을 대신하는 자일 것이다. 따라서 다만 섭주가 잠시 제주의 역할을 대신하게 된다면, 주부(主婦)로 하여금 섭주와 함께 음식물을 바치거나, '상을 치우는[撤床]' 일은 시행해서는 안 된다. 그리고 주부가 살아 있는데, 섭주의 처로 하여금 주부의 역할을 대신하게 하

---

27) 방포(方苞, A.D.1668 ~ A.D.1749) : 청대(淸代)의 학자이다. 자(字)는 영고(靈皐)이고, 호(號)는 망계(望溪)이다. 송대(宋代)의 학문과 고문(古文)을 추종하였다.

28) 『춘추공양전』「소공(昭公) 15년」 : 大夫聞君之喪, 攝主而往.

는 것도 시행해서는 안 된다. 그러므로 이러한 경우에는 유사(有司)로 하여금 주부의 역할을 대신하게 하니, 반드시 부부가 함께 제사를 지내야 할 필요는 없다. 이것이 이른바 "부부가 함께 제사를 지내지 않는다[不配]."는 뜻이다.

【241c】

布奠於賓, 賓奠而不擧, 不歸肉, 其辭[29]于賓曰, 宗兄·宗弟·宗子, 在他國, 使某辭.

직역 賓에게 奠을 布하면, 賓은 奠하되 不擧하며, 肉을 不歸하고, 그 賓에게 辭하여 曰, '宗兄·宗弟·宗子가 他國에 在하여, 某로 하여금 辭합니다.'

의역 계속하여 공자가 가르쳐주기를, "종자(宗子)가 타국(他國)에 있고, 개자(介子)가 섭주(攝主)가 되어 제사를 지내는 경우에는 섭주가 빈객(賓客)들에게 술을 따라주는 예법을 시행하면, 술잔을 받는 예법만 시행하되 술잔을 들지 않고, 섭주는 제사가 끝난 뒤에, 빈객들에게 나눠주게 되는 고기를 주지 않으며, 섭주는 빈객들에게 알리기를, '종형(宗兄), 종제(宗弟), 종자(宗子)가 모두 타국에 있어서, 아무개인 저로 하여금 인사를 드리게 하였습니다.'라고 말한다."

集說 主人酬賓之時, 賓在西廂東面, 主人布此奠爵於賓俎之北, 賓坐取此爵而奠於俎之南, 不擧之以酬兄弟, 此卽不旅之事. 若宗子主祭, 則凡助祭之

29) '사(辭)'자에 대하여. 『십삼경주소(十三經注疏)』 북경대 편집본에서는 "『민본(閩本)』·『감본(監本)』·『모본(毛本)』·『석경(石經)』·『악본(岳本)』·『가정본(嘉靖本)』 및 위씨(衛氏)의 『집설(集說)』, 『통전(通典)』에서도 모두 '사'자로 기록하고 있는데, 『경전석문(經典釋文)』에는 '기사(其詞)'라고 표기하고 있다."라고 했다.

賓, 各歸之以俎肉. 今攝主, 故不歸俎肉於賓也. 非但祭不備禮, 其將祭之初, 告賓之辭亦異. 曰宗兄·宗弟·宗子, 在他國, 不得親祭, 故使某執其常事, 使某告也, 故云使某辭. 宗兄·宗弟者, 於此攝主爲兄或爲弟也. 若尊卑不等, 或是祖父之列, 或是子孫之列, 則但謂之宗子矣.

번역 주인이 빈객(賓客)에게 술을 권하는 때에, 빈객들은 서쪽 벽에 위치하여, 동쪽을 향해있게 되니, 주인은 빈객 앞에 놓인 도마의 북쪽에다가 술잔을 따라서 놓아두게 되고, 빈객은 앉은 채로 이 술잔을 가져다가, 도마의 남쪽에다가 놓아두게 되는데, 그 술잔을 들어서 주인의 형제들에게 술을 권하지 않으니, 이것이 바로 "술잔을 돌리지 않는다[不旅]."는 경우이다. 만약 종자(宗子)가 제사를 주관하게 되면, 무릇 제사를 도와주는 빈객들은 각각 도마에 올렸던 희생물의 고기를 가지고, 자신의 집으로 되돌아가게 된다. 지금 이 문장에서 말하는 상황은 섭주(攝主)가 대신하고 있기 때문에, 빈객들에게 도마에 올렸던 고기를 나눠주지 않는 것이다. 이처럼 개자(介子)가 섭주가 되었을 경우에는 제사를 지낼 때, 단지 정상적인 예법(禮法)보다 낮추는 것뿐만이 아니라, 장차 제사를 지내려고 할 때에도, 빈객들에게 알리는[告] 말 또한 달라진다. 고(告)하는 말에서는 "종형(宗兄), 종제(宗弟), 종자가 타국(他國)에 있게 되어, 부득이하게 직접 제사를 지낼 수가 없습니다. 그래서 아무개인 저로 하여금 '해마다 지내게 되는 정규적인 제사[常事]'를 집정하게 하였고, 아무개인 저로 하여금 알리게 하였습니다."라고 말한다. 그래서 경문에서 "아무개로 하여금 알리게 하였다[使某辭]."라고 말한 것이다. 종형, 종제는 여기에서 말하는 섭주의 형 혹은 동생이 되는 자들이다. 만약 본래의 제주(祭主)와 섭주의 신분 등급이 다른 경우라면, 종주(宗主)가 어떤 경우에는 조부(祖父)의 항렬이 되고, 또 어떤 경우에는 자손(子孫)의 항렬이 되니, '종형' 또는 '종제'라고 부르지 않고, 단지 '종자'라고만 부르게 된다. 그래서 경문에서 종형·종제·종자를 모두 열거하고 있는 것이다.

鄭注 布奠, 謂主人酬賓, 奠觶於薦北. 賓奠, 謂取觶奠於薦南也. 此酬之始也. 奠之不擧, 止旅. 肉, 俎也. 諸[30]與祭者留之共燕. 辭猶告也. 宿賓之辭, 與宗子爲列, 則曰'宗兄'若'宗弟', 昭穆異者, 曰'宗子'而已. 其辭若云, "宗兄某在他國, 使某執其常事, 使某告."

번역 '포전(布奠)'은 주인이 빈객(賓客)에게 술잔을 권하며, 음식을 차려놓는 장소의 북쪽에다가 술잔을 놓아두는 것을 뜻한다. '빈전(賓奠)'은 빈객이 주인이 따라준 술잔을 가져다가, 음식이 차려진 장소의 남쪽에다가 놓아두는 것을 뜻한다. 이러한 행동은 술잔을 서로 권하는 예식의 초반부에 해당한다. 빈객이 술잔을 놓아두고 들지 않으므로, 술잔 권하는 의식을 멈추는 것이다. '육(肉)'은 도마에 올려둔 희생물이다. 본래의 예법(禮法)에 따르면, 고기를 싸서 빈객들이 집으로 돌아갈 때 함께 보낸다. 그런데 이러한 상황에서는 섭주(攝主)가 대신 제사를 지내게 되었으므로, 빈객들이 집으로 돌아갈 때 고기를 함께 보내지 않는다. 그러나 다방면에서 제사에 참여하였던 자들에 대하여 소홀히 대접할 수가 없기 때문에, 고기를 함께 보내지 않는 대신, 제사가 끝난 뒤에 그들을 남도록 만류하여, 함께 연회를 베풀었던 것이다. '사(辭)'자는 알린다는 뜻과 같다. 빈객을 초청하는 말이니, 섭주가 종자(宗子)와 같은 항렬이 되면, 빈객들에게 고(告)하는 말에서, 본래의 제주(祭主)를 종형(宗兄) 또는 종제(宗弟)라고 부르고, 소목(昭穆)의 항렬이 다른 경우라면, '종자'라고만 부를 따름이다. 그 알리는 말은 예를 들어, "종형인 아무개가 타국(他國)에 있어서, 아무개인 저로 하여금 대신 상사(常事)를 집정하게 하였고, 아무개인 저로 하여금 알리게 하였습니다."라고 한다.

---

30) '제(諸)'자에 대하여. '제'자는 본래 '위(謂)'자로 기록되어 있었는데, 완원(阮元)의 『교감기(校勘記)』에서는 "『고문(考文)』에서는 송(宋)나라 때의 판본과 『고본(古本)』·『족리본(足利本)』을 거론하며, '위'자를 '제'자로 기록하고 있다. 『경전석문(經典釋文)』에도 '제여(諸與)'라는 단어가 나오며, 『통전(通典)』에서도 또한 이 문장을 인용하며, '제여제자(諸與祭者)'라고 기록하고 있고, 『정의(正義)』에서도 '제'자로 기록하고 있다."라고 했다.

釋文 觶, 之豉反, 字林音支. 歸如字, 徐其位反. 與音預. 其詞, 如字, 告也, 下及注同. 昭穆, 常遙反, 下音木, 後放此.

번역 '觶'자는 '之(지)'자와 '豉(시)'자의 반절음이며, 『자림(字林)』에 나온 음은 '支(지)'이다. '歸'자는 글자대로 읽으며, 서음(徐音)은 '其(기)'자와 '位(위)'자의 반절음이 된다. '與'자의 음은 '預(예)'이다. '其詞'에서의 '詞'자는 글자대로 읽으며, '告'자의 뜻이고, 아래 문장 및 정현의 주에 나오는 글자도 그 음이 이와 같다. '昭穆'에서의 '昭'자는 '常(상)'자와 '遙(요)'자의 반절음이고, '穆'자의 음은 '木(목)'이며, 이후에 나오는 글자들도 그 음이 이와 같다.

孔疏 ●"布奠"至"不擧". ○謂主人酬賓之時, 賓在西廂東面, 主人布此奠爵於賓之北.

번역 ●經文: "布奠"~"不擧". ○이 문장의 내용은 제주(祭主)가 빈객(賓客)들에게 술잔을 돌리는 시기에, 빈객은 서쪽 벽에서 동쪽을 바라보고 있고, 제주는 빈객의 북쪽에 이 술잔들을 놓아두게 된다는 뜻이다.

孔疏 ●"賓奠而不擧"者, 賓坐取薦北之爵, 奠於薦南而不擧. 用以酬兄弟, 此則不旅酬之事. 而更別言者, 以上文總云祭祀是主人之事, 自此以下, 更別論賓禮有闕, 故重言之.

번역 ●經文: "賓奠而不擧". ○이 문장의 뜻은 빈객(賓客)은 앉은 상태에서, 음식이 차려진 장소의 북쪽에 놓아진 잔을 가져다가, 음식들의 남쪽에 놓아두기만 하고, 술잔을 들지 않는다는 의미이다. 본래의 예법(禮法)에 따르면, 이 술잔을 사용하여 제주(祭主)의 형제들에게 술잔을 돌리게 되는데, 이 상황에서는 여수(旅酬)의 의식을 시행하지 않기 때문에, 술잔을 들지 않는 것이다. 그런데 이곳 경문의 기록은 술잔을 놓아두는 행위와 술잔을 드는 행위를 재차 구별하여 기록하고 있다. 그 이유는 앞 문장에서는 제사를 시행할 때, 주인이 하는 일들에 대해서 총괄적으로 말한 것이고, 이 문장부터 그 이하의 기록들은 빈객을 대접하는 예법에서, 생략함이 있다는 사실을 별도로 논의하고 있는 내용들이기 때문에, 거듭 이 부분을 언급한 것이다.

孔疏 ◎注"布奠"至"止旅". ○正義曰: 此皆特牲禮文. 云"此酬之始也"者, 按特牲禮云, "賓奠之後, 主人獻衆兄弟內兄弟訖, 乃行旅酬", 故云, "此酬之始也". 云"奠之不擧, 止旅"者, 謂止旅酬之事而不爲也.

번역 ◎鄭注: "布奠"~"止旅". ○이 문장은 모두 『의례』「특생궤식례(特牲饋食禮)」의 기록들이다. 정현이 "이러한 행동은 술잔을 서로 권하는 예식의 초반부에 해당한다."라고 하였는데, 「특생궤식례」편에서는 "빈객(賓客)이 술잔을 놓아둔 이후에, 주인은 중형제(衆兄弟)와 내형제(內兄弟)들에게 술잔을 따라주고, 그 일이 다 끝나면, 곧 여수(旅酬)를 시행한다."라고 말했다. 그렇기 때문에 "이것은 여수의 시(始)이다."라고 말한 것이다. 정현이 "전(奠)을 하고 불거(不擧)함은 여수를 지(止)한다."라고 하였는데, 여수의 의식을 멈추고 시행하지 않는다는 뜻이다.

孔疏 ●"不歸肉"者, 歸, 饋也, 謂不歸俎肉於賓也.

번역 ●經文: "不歸肉". ○'귀(歸)'자는 음식을 보낸다는 뜻이니, 이 문장은 곧 빈객(賓客)들에게 제사상에 차려졌던 고기들을 들려 보내지 않는다는 뜻이다.

孔疏 ◎注"肉俎"至"共燕". ○正義曰: 賓客正祭, 諸助祭之賓客, 各使歸俎. 今攝主不敢饋俎肉於賓, 故注云, "諸與祭者留之共燕".

번역 ◎鄭注: "肉俎"~"共燕". ○빈객(賓客)들의 역할은 제사를 올바르게 시행하도록 만드는 것이니, 여러 방면으로 제사를 도왔던 빈객들에게는 각각 그들로 하여금 제사 때 차려냈던 고기를 가지고 되돌아가게 한다. 그런데 지금 이 상황은 섭주(攝主)가 대신 지내게 되어, 감히 정식 제주(祭主)처럼 빈객들에게 고기를 들려 보낼 수가 없다. 그렇기 때문에 정현의 주에서 "여러 방면에서 제사에 참여하였던 자들에 대하여, 제사가 끝난 뒤에 그들이 남도록 만류하여, 함께 연회를 베풀기만 했던 것이다."라고 말한 것이다.

孔疏 ●"其辭"至"某辭". ○正義曰: 非但祭不備禮, 其將祭之初, 辭告於賓, 與常禮亦別. 云宗兄・宗弟・宗子在他國, 不得親祭, 故使某執其常事, 使某告也, 故云"使某辭".

번역 ●經文: "其辭"~"某辭". ○이 문장은 제사를 지낼 때 단지 정상적인 예법(禮法)보다 낮추는 것뿐만 아니라, 장차 제사를 지내려고 할 때 빈객(賓客)들에게 알리는 말에서도 또한 일상적인 예법과 차이가 있다는 뜻이다. "종형(宗兄), 종제(宗弟), 종자(宗子)가 타국(他國)에 있다."고 말한 것은 그들이 직접 제사를 지낼 수 없다는 뜻이다. 그렇기 때문에 아무개로 하여금 그 상사(常事)를 집정하게 시킨 것이며, 아무개로 하여금 아뢰게 하였다고 한 것이다. 그래서 "아무개를 시켜서 알리게 하였습니다."라고 말한 것이다.

孔疏 ◎注"辭猶"至"之辭". ○正義曰: 云"宿賓之辭", 按特牲云, "乃宿尸." 注云, "宿讀爲肅. 肅, 進也. 進者, 使知祭日當來." 下云宿賓, 故云"宿賓之辭".

번역 ◎鄭注: "辭猶"~"之辭". ○정현이 '숙빈(宿賓)하는 말'이라고 하였는데, 『의례』「특생궤식례(特牲饋食禮)」편을 살펴보면, "곧 시(尸)를 숙(宿)한다."라고 하였고, 정현의 주에서는 "'숙(宿)'자는 읽기를 '숙(肅)'자로 한다. '숙(肅)'자는 '진(進)'자의 뜻이다. 즉 '나아가게 한다[進].'는 말은 그로 하여금 제사 당일에, 마땅히 찾아와야 한다는 사실을 알도록 하는 것이다." 라고 했다. 아래 문장에서 '숙빈'이라고 하였기 때문에, 정현이 "숙빈하는 말이다."라고 한 것이다.

孔疏 ◎云"與宗子爲列"至"而已". ○若同列者, 云宗兄若宗弟, 其昭穆異者, 宗子雖祖父及子孫之行, 但謂之宗子, 故云'而已'.

번역 ◎鄭注: "與宗子爲列"～"而已". ○만약 정식 제주(祭主)와 임시로 그 역할을 대신하게 되는 섭주(攝主)가 같은 항렬인 경우라면, 섭주는 제주를 '종형(宗兄)' 또는 '종제(宗弟)'라고 부르게 되고, 소목(昭穆)이 다른 경우라면, 종자(宗子)가 비록 조부(祖父) 또는 자손(子孫)의 항렬이 되더라도, 단지 그를 '종자'라고만 부를 뿐이다. 그렇기 때문에 정현의 주에서 "～할 뿐이다.[而已]"라고 기록한 것이다.

訓纂 王氏懋竑曰: 其云"宗弟"者, 或庶出而長也. 宗子乃其本稱以其傳重言之, 則曰宗子, 以其行輩言之, 則曰宗兄·宗弟, 蓋兼言之.

번역 왕무횡이 말하길, 경문에서 '종제(宗弟)'라고 부른 이유는 섭주(攝主)를 맡게 된 자가 혹여 '서자 출신[庶出]' 중에서도 연장자가 되기 때문일 것이다. '종자(宗子)'라는 말은 곧 본래의 호칭이니, 가계를 전승한다는 입장에서 말을 한다면, '종자'라고 불러야 하고, 같은 항렬들을 기준으로 말을 한다면, '종형(宗兄)'이나 '종제(宗弟)'라고 부르게 된다. 따라서 위 문장에서 세 가지 명칭을 함께 열거한 이유는 아마도 이러한 경우까지도 포함해서 언급했기 때문일 것이다.

集解 愚謂: 大夫祭, 有賓尸, 不賓尸二禮, 賓尸之禮文, 不賓尸之禮質. 厭祭與旅, 不賓尸之禮有之, 蓋攝主不但不行賓尸之禮, 卽不賓尸之禮亦有所不敢備也. 綏祭, 祭黍·稷·肺之名也. 周禮守祧作隋, 儀禮古文士虞禮亦作隋, 又作綏, 特牲禮三見皆作挼, 今文士虞·特牲並作綏. 鄭氏皆讀爲隋, 士虞註云, "下祭曰隋." 此篇孔疏云, "隋是減毁之名." 然凡祭皆下, 皆減毁, 不獨黍·稷·肺也. 疑此字正當作挼, 隋者音近而誤, 綏者形似而誤也. 挼, 挼抄也. 黍·稷·肺三物, 一并祭之, 恐其播散, 故以手挼抄, 令其搏聚. 特牲禮尸嘏主人, 佐食搏黍授尸. 挼祭, 亦搏黍之義也. 綏祭有二, 一是尸綏祭, 一是主人綏祭. 此不綏祭, 謂主人也. 其尸則綏祭, 自如常禮也. 布奠於賓, 賓奠而不擧, 卽上文不旅之事也. 蓋主人酬賓, 奠于薦北, 賓取奠于薦南, 至旅酬則擧之, 今不行旅酬, 故奠於薦南而不復擧也. 又按特牲禮嗣擧奠訖, "兄弟弟子酌于東方之尊, 阼階上擧觶于長兄弟, 如主人酬賓儀". 主人酬賓之觶, 賓所取以酬長兄弟者也, 弟子所擧之觶, 長兄弟所取以酬賓者也. 旣不旅酬, 則弟子擧觶之禮蓋亦不行矣. 若宗子死, 則其禮可以如正主, 稱名不言孝, 身沒而已. 亦當如下節所云與?

번역 내가 생각하기에, 대부(大夫)의 제사에서는 빈시(賓尸)를 하거나 빈시를 하지 않는 2가지 예법(禮法)이 있다. 그런데 빈시를 하는 예(禮)는 화려한 것이고, 빈시를 하지 않는 예는 질박한 것이다. 염제(厭祭)와 여수(旅酬)는 빈시를 하지 않는 예법에서 시행하는 절차이니, 아마도 이러한 경우에 섭주(攝主)는 단지 빈시의 예법을 시행하지 않을 뿐만이 아니라, 빈시를 하지 않았을 때에도, 또한 정상적인 경우에 비해 낮추는 점이 있었을 것이다. 수제(綏祭)는 기장[黍稷]이나 폐 등으로 제사 지내는 절차를 지칭한다. 『주례』「수조(守祧)」편에서는 '타(隋)'자로 기록하고 있으며, 고문(古文)으로 된 『의례』「사우례(士虞禮)」편에서도 또한 '타(隋)'자로 기록하거나, 또는 '수(綏)'자로도 기록하고 있고, 고문으로 된 『의례』「특생궤식례(特牲饋食禮)」편에서는 3개 문장에서 모두 '뇌(挼)'자로 기록하고 있으며, 금문(今文)으로 된 「사우례」편과 「특생궤식례」편에서는 모두 '수(綏)'자로 기록하고 있다. 정현은 이 기록들에 적힌 것을 모두 '타(隋)'자로 읽었고, 「사우례」편에 대한 주에서 "하제(下祭)를 '타(隋)'라고 부른다."라고 했으며, 「증자문」편에 대한 공영달(孔穎達)의 소(疏)에서는 "'타(隋)'자는 덜어낸다는 명칭이다."라고 했다. 그러나 무릇 제사에서는 모두 '하제'를 지내며, 모두 음식물을 덜어내는 절차를 진행하는 것이지, 유독 기장이나 포 등에만 국한되지 않는다. 따라서 이 글자는 아마도 '뇌(挼)'자로 바로잡아야 할 것이니, '타(隋)'자는 그 음이 서로 비슷하여 잘못 기록된 것이며, '수(綏)'자는 형태가 유사하여, 잘못 기록되었을 것이다. '뇌(挼)'자는 문지른다는 뜻이다. 서(黍), 직(稷), 폐(肺) 등 이 세 가지 음식들을 한꺼번에 제사지내는 것은 아마도 그것들이 여기저기 흩어져 있어서일 것이다. 그렇기 때문에 손으로 그것들을 모아서, 한 장소에 취합하는 것이다. 「특생궤식례」편에서는 시동이 주인에게 '하(嘏)'를 하면, 좌식(佐食)이 서(黍)를 뭉쳐서 시동에게 주게 된다. 그러므로 '뇌제(挼祭)'는 또한 "'서'를 뭉친다[摶黍]."는 뜻도 있는 것이다. '수제(綏祭: =挼祭)'에는 두 종류가 있는데, 하나는 시동의 수제이며, 다른 하나는 제주(祭主)의 수제이다. 여기에서 "수제를 지내지 않는다."는 말은 제주에 대한 경우를 뜻한다. 시동의 경우라면, 수제를 할 때에, 자연히 정상적인 예법대로 진행하게 된다. "빈객에게 포전(布奠)을 하였는데, 빈객이 전(奠)만 하고 들지 않는다."는 말은 곧 앞 문장에서 말한 "여수(旅酬)의 의식을 하지 않는다."는 뜻이다. 무릇 제주가 빈객들에게 술잔을 돌리게 되면, 음식이 차려진 곳의 북쪽에 술잔을 놓아두고, 빈객은 그것을 가져다가 음식의 남쪽에 놓아두게 된다. 그리고 여수를 할 때가 되면, 그 술잔을 들게 되는데, 지금 이 상황에서는 여수를 하지 않는 것이기 때문에, 음식의 남쪽에 술잔을 놓아두기만 하고, 다시금 들지 않게 되는 것이다. 또한 「특생궤식례」를 살펴보면, 사자(嗣子)가 술잔을 드는 일까지 다 끝내게 되면, "형제와 제자들이 동쪽의 존(尊)에서 술잔을 따르고, 동쪽 계단 위에서 장형제(長兄弟)에게 술잔을 들며, 마치 제주가 빈객들에게 술잔을 돌리는 의식처럼 한다."라고 했다. 제주가 빈객들에게 돌리는 술잔을 빈객들이 다시 가져다가 장형제들에게 술잔을 돌리는 것이고, 제자가 드는 술잔을 장형제가 다시 가져다가 빈객들에게 돌리게 된다. 그런데 이 상황에서는 이미 "여수를 하지 않는다."고 하였으니, 제자가 술잔을 드는 절차 또한 아마도 시행하지 않았을 것이다. 만약 종자(宗子)가 죽은 경우라면, 섭주가 대신 제사를 주관한다고 하더라도, 종자가 없는 상태이므로, 그 예법에서는 섭주를 정식적인 제주와 같이 대할 수 있다. 그러나 그 이름을 칭할 때에는 '효자(孝子)'라고 말하지 않으니, 종자 본인이 죽었기 때문이다. 그러므로 또한 마땅히 아래 문장에서 말한 절차와 같지 않겠는가?

集解 鄭氏以迎尸之前, 祝酌奠, 爲陰厭, 尸謖之後, 徹薦俎·敦, 設於西北隅, 爲陽厭. 陸氏·敖氏非之, 而以陰厭·陽厭專爲祭殤之名. 然此篇言"攝主不厭祭", 則祭末改設之名爲厭明矣. 又云"殤不祔祭, 何謂陰厭·陽厭", 則成人之祭有陰·陽二厭亦明矣. 蓋厭者, 無尸而以飮食飫神之名. 祭殤無尸, 故曰厭祭. 初之饗神, 尸未入, 祭末之改設, 尸旣謖, 故亦皆曰厭. 饗神在奧, 祭宗子之殤亦於奧, 以其在幽陰之所, 故皆曰陰厭. 改設在西北隅, 祭凡殤亦於西北隅, 以其在顯明之處, 故皆曰陽厭. 不妨異事而同名也.

번역 정현은 시동을 맞이하기 이전에, 축관(祝官)이 술잔을 바치는데, 그것을 '음염(陰厭)'이라고 여겼고, 시동이 일어나서 나간 이후에, 조(俎)와 돈(敦)에 담겨진 음식들을 거둬다가, 서북쪽 모퉁이에 다시 진설하는 것을 '양염(陽厭)'이라고 여겼다. 육씨와 오씨는 그것을 잘못되었다고 하고, 음염과 양염은 전적으로 요절한 자에 대한 제사 명칭이라고 여겼다. 그러나 「증자문」편에서는 "섭주(攝主)가 염제(厭祭)를 하지 않는다."라고 하였으니, 제사 말미에 음식들을 재차 진설하는 의식을 '염제'라고 불렀던 것이 확실하다. 또한 "요절한 자는 부제(祔祭)를 하지 않는데, 무엇을 음염과 양염이라고 부르겠는가?"라고 하였으니, 성인(成人)에 대한 제사에는 음염과 양염의 두 가지 염제가 있었음이 또한 분명하다. 아마도 '염(厭)'이라는 말은 시동이 없는 상태에서, 음식들로 신(神)을 배부르게 흠향시킨다는 명칭일 것이다. 요절한 자를 제사지낼 때에도, 시동이 없기 때문에, '염제'라고 부르는 것이다. 제사 초기에 신을 흠향시킬 때에는 시동이 아직 들어오지 않은 상태이고, 제사 말미에 다시 음식들을 진설할 때에도, 시동이 이미 자리를 일어나서 나간 상태이므로, 또한 이 두 의식을 모두 '염'이라고 부르는 것이다. 신을 흠향시키는 것은 아랫목에서 하고, 종자(宗子) 중에 요절한 자에 대한 제사도 또한 아랫목에서 지내게 된다. 그러므로 그 장소가 '그윽하고 어두운[幽陰]' 곳에 해당하기 때문에, 이 둘 모두를 '음염'이라고 부르는 것이다. 음식을 다시 진설하는 장소는 서북쪽 모퉁이가 되고, 요절한 자들에 대한 제사에서도 또한 서북쪽 모퉁이에서 지내게 된다. 따라서 그 장소가 '밝게 드러나는[顯明]' 곳에 해당하기 때문에, 이 둘 모두를 '양염'이라고 부르는 것이다. 서로 전혀 다른 일임에도, 이름이 같은 것일 뿐이다.

【241d~242a】

曾子問曰: 宗子去在他國, 庶子無爵而居者, 可以祭乎. 孔子曰: 祭哉. 請問, 其祭, 如之何. 孔子曰: 望墓而爲壇, 以時祭. 若宗子死, 告於墓而後, 祭於家. 宗子死, 稱名, 不言孝, 身沒而已. 子游之徒, 有庶子祭者, 以此, 若義也. 今之祭者, 不首其義, 故誣於祭也.

직역 曾子가 問曰, "宗子가 去하여 他國에 在하고, 庶子가 無爵하여 居한 경우, 祭를 할 수 있습니까?" 孔子가 曰, "祭한다." 請問, "그 祭는 어찌합니까?" 孔子가 曰, "墓를 望하여, 壇을 爲하고, 時祭로써 한다. 만약 宗子가 死커든, 墓에 告한 이후에, 家에서 祭한다. 宗子가 死하면, 名을 稱하고, 孝를 不言하니, 身이 沒하면 已하니라. 子游의 徒에 庶子가 祭함이 있었는데, 이로써 한 것이니, 義에 若함이니라. 今의 祭하는 자들은 그 義를 不首하니, 그러므로 祭에 誣한 것이니라."

의역 증자가 질문하기를, "만약 종자(宗子)가 국경을 벗어나 다른 나라에 거주하고 있고, 서자(庶子)가 관직이 없는 미천한 신분인 자이면서, 그 나라에 머물러 있는 경우에는 서자가 종자를 대신하여 제사를 지낼 수 있습니까?" 그러자 공자가 대답해주기를, "제사를 지낼 수 있다." 증자가 그 상세한 내용을 알고 싶어서 재차 질문하기를, "그렇다면 이러한 경우에, 서자가 지내는 제사는 어떻게 지내는 것입니까?" 공자가 다시 대답해주기를, "서자는 묘를 바라볼 수 있는 곳에 제단을 만들고, 계절마다 지내는 제사를 그곳에서 시행한다. 만약 종자가 다른 나라에 거주하고 있다가 이미 죽은 경우라면, 서자는 묘에서 종자가 죽었음을 아뢰고, 그런 이후에 본인의 집에서 제사를 지내게 된다. 이렇듯 종자가 죽은 경우라면, 서자는 본인의 집에서 제사를 지내면서,[31] 축문(祝文)에 자신의 이름을 대고, '효자(孝子) 아무개'라고 일컫지 않으니, 이렇게 축문을 짓는 방식은 서자 본인이 죽을 때까지 그대로 따르며, 서자가 죽은 이후에는 이러한 방식으로 축문을 짓지 않는다. 자유(子游)의 무리들 중에, 서자이면서 제사를 지낸 자가 있었는데, 바로 이러한 예법(禮法)에 따라서 한 것이니, 성인(聖人)이 제례(祭禮)를 제정한 뜻에 따른 것이다. 오늘날 서자이면서 제사를 지내는 자들은 성인이 제례를 제정한 뜻을 먼저 찾아보지도 않고 있으니, 그러므로 이러한 경우는 제사를 기만하는 것이니라."

集說 宗子無罪而去國, 則廟主隨行矣. 若有罪去國, 廟雖存, 庶子卑賤無爵, 不得於廟行祭禮, 但當祭之時, 卽望墓爲壇以祭也. 若宗子死, 則庶子告於墓而後祭於其家, 亦不敢稱孝子某, 但稱子某而已, 又非有爵者稱介子某之比也. 身沒而已者, 庶子身死, 其子則庶子之適子, 祭禰之時可稱孝也. 子游之門人有庶子祭者, 皆用此禮, 是順古義也. 今世俗庶子之祭者, 不能先求古人制禮之義, 而率意行之, 秖見其誣罔而已.

번역 종자(宗子)가 죄를 짓지 않은 상태에서, 다른 나라에 떠나 있다면, 종묘(宗廟)에 있는 신주(神主)들은 그를 따라가게 된다. 만약 종자에게 죄가 있어서, 다른 나라에 떠나 있는 경우라면, 종묘의 신주들이 종자를 따라가지 않게 된다. 그러나 비록 종묘에 신주들이 봉안되어 있더라도, 서자(庶

---

31) 경문의 '제어가(祭於家)'에 대한 해석은 크게 두 가지이다. 첫 번째는 '가(家)'자를 '종자(宗子)의 집'으로 해석하는 방법이며, 두 번째는 '서자(庶子)의 집'으로 해석하는 방법이다. 이와 관련된 내용은 공영달(孔穎達)의 소(疏)에 자세한 풀이가 나온다. 여기에서는 '서자의 집'으로 풀이하였다.

子)는 신분이 낮고 관직조차 없으므로, 종묘에서 제례(祭禮)를 시행할 수 없다. 다만 제사를 지내야 할 때가 되면, 곧 묘를 바라볼 수 있는 곳에 제단을 만들고서 제사를 지낸다. 만약 종자가 죽은 경우라면, 서자는 묘에 이 사실을 아뢰고, 그런 이후에 자신의 집에서 제사를 지내지만, 또한 감히 '효자(孝子) 아무개[孝子某]'라고 일컫지 못하고, 단지 '자식 아무개[子某]'라고만 일컫게 될 뿐이다. 또한 이것은 서자 중에서 관직을 가지고 있는 자가 '개자(介子) 아무개[介子某]'라고 일컫는 부류와 견줄 수 있는 것이 아니다. '신몰이이(身沒而已)'라는 말은 서자 본인이 죽게 되면, 그의 자식은 서자의 적장자이므로, 녜묘(禰廟)에 제사를 지낼 때에 '효자 아무개'라고 지칭할 수 있게 된다.[32] 자유(子游)의 문도들 중에, 서자이면서 제사를 지낸 자가 있는데, 모두들 이러한 예법(禮法)에 따라서 하였으니, 이것은 고인들이 제정한 제례(祭禮)의 뜻을 따른 것이다. 오늘날 세속에서 서자들이 제사를 지내는 경우에는 먼저 고인들이 예법을 제정한 뜻을 헤아려 볼 수 없어서, 제 뜻에 따라서 제사를 시행하니, 이것은 단지 그 기만됨을 나타낼 따름이다.

大全 嚴陵方氏曰: 庶殺於適, 賤殺於貴, 禮之常也. 庶子無爵, 則非適非貴, 故雖可以祭, 其禮又爲之殺焉.

번역 엄릉방씨가 말하길, 서자(庶子)는 적장자에 대해서 낮추고, 신분이 낮은 자는 신분이 높은 자에 대해서 낮추게 되니, 이것이 바로 예(禮)의 일상적인 도리이다. 그런데 지금 이 문장에서 말하는 경우는 서자이면서 관직도 없으니, 적장자도 아니며, 존귀한 자도 아니다. 따라서 비록 제사를 지낼 수 있다고 하더라도, 그 제사에서의 예법(禮法)도 더더욱 낮추게 되는 것이다.

---

32) 사(士)는 1개의 묘(廟)를 세울 수 있다. 따라서 서자(庶子)의 적장자(嫡長子)는 자신의 부친에 대한 녜묘(禰廟)만을 세울 수 있고, 자신의 부친에 대한 제사에서 '효자(孝子)'라고 칭할 수 있는 것이다.

鄭注 有子孫存, 不可以乏先祖之祀. 不祭于廟, 無爵者賤, 遠辟正主. 言祭於家, 容無廟也. 孝, 宗子之稱. 不敢與之同其辭, 但言子某薦其常事. 至子可以稱孝. 以, 用也, 用此禮祭也. 若, 順. 首, 本也. 誣, 猶妄也.

번역 종자(宗子)가 다른 나라에 떠나 있더라도, 본국에서는 제사를 지내게 된다. 그 이유는 자손이 남아 있는 경우에는 조상에 대한 제사를 그만둘 수 없기 때문이다. 위와 같은 경우에 종묘(宗廟)에서 제사를 지내지 않는 이유는 관직이 없는 자는 신분이 낮기 때문이다. 따라서 이러한 경우는 서자(庶子)가 대부(大夫)가 되어 개자(介子)의 신분으로 제사를 대신하며, 본래의 제주(祭主)보다 그 예법(禮法)을 낮추는 일과는 다른 경우이다. 경문에서 명확히 언급하지 않고, 단지 "집에서 제사를 지낸다[祭於家]."고 말한 이유는 종묘가 없는 경우까지도 포함하여 설명했기 때문이다. '효자(孝子)'는 종자의 호칭이다. 감히 종자와 대등하게 그 칭호를 쓸 수 없으니, 단지 '자식 아무개[子某]'라고만 말하며, 정규적인 제사를 지낼 따름이다. 그러나 서자의 자식이 제사를 모실 때에 이르러서는 '효자'라고 일컬을 수 있게 된다. '이(以)'자는 '용(用)'자의 뜻이니, 이러한 예법에 따라서 제사를 지낸다는 뜻이다. '약(若)'자는 "따른다[順]."는 뜻이다. '수(首)'자는 "근본하다[本]."는 뜻이다. '무(誣)'자는 "거짓되다[妄]."라는 뜻이다.

釋文 壇, 大丹反, 下注同; 注或作墠, 音善. 遠, 徐于萬反. 稱, 尺證反.

번역 '壇'자는 '大(대)'자와 '丹(단)'자의 반절음이며, 아래 문장에 대한 정현의 주에 나온 글자도 그 음이 이와 같고, 정현의 주에서는 간혹 '墠'자로 기록하기도 하니, 그 음은 '善(선)'이다. '遠'자의 서음(徐音)은 '于(우)'자와 '萬(만)'자의 반절음이다. '稱'자는 '尺(척)'자와 '證(증)'자의 반절음이다.

孔疏 ●"曾子"至"祭也". ○正義曰: 此一節論庶子代宗子祭之事, 各依文解之.

번역 ●經文: "曾子"~"祭也". ○이 문장은 서자(庶子)가 종자(宗子)를 대신하여, 제사를 지내는 일에 대해서 논의한 것이니, 각각의 문장에 따라서 해석하겠다.

孔疏 ●"曾子問"至"以祭乎". ○論[33]曾子以孔子上文云, 宗子有罪居在他國, 庶子爲大夫得在本國攝祭, 未知庶子無爵在國居者可祭以否, 故問之.

번역 ●經文: "曾子問"~"以祭乎". ○증자는 공자가 앞 문장에서, "종자(宗子)가 죄를 지어, 다른 나라에 거처하고 있을 경우, 서자(庶子)가 대부(大夫)가 되었다면, 본인의 나라에서 섭주(攝主)가 되어, 제사를 지낼 수 있다."고 했는데, 그렇다면 서자가 관직이 없는 미천한 신분이면서, 그 나라에 거처하고 있는 경우에도, 제사를 지낼 수 있는 것인지 또는 아닌지를 알 수 없었기 때문에 질문한 것이다.

孔疏 ●"孔子曰祭哉"者, 孔子旣許其祭, 以無正文得祭, 故云"祭哉". 哉者, 疑而量度之辭, 故注云, "有子孫存, 不可以乏先祖之祀".

번역 ●經文: "孔子曰祭哉". ○공자는 제사를 지낸다는 사실에 대해서 이미 승인을 하였지만, 정식적인 규범이 있어서, 그에 따라 제사를 지낼 수 있다는 말은 아니었다. 그렇기 때문에, "아마도 제사를 지낼 수 있을 것이다.[祭哉]"라고만 언급한 것이다. '재(哉)'라는 말은 의문스러우나 헤아려보면 그렇다는 말이다. 그렇기 때문에 정현의 주에서도 "자손이 남아 있는 경우에, 조상에 대한 제사를 그만 둘 수 없기 때문이다."라고 하여, 그 이유를 추측해본 것이다.

---

33) '논(論)'자에 대하여. 『십삼경주소(十三經注疏)』 북경대 출판본에서는 "『민본(閩本)』·『감본(監本)』·『모본(毛本)』에도 '논'자가 기록되어 있는데, 포당(浦鏜)은 '논'자가 연문으로 잘못 기록된 글자라고 주장한다."라고 하였다.

孔疏 ●"請問其祭如之何? 孔子曰, 望墓而爲壇, 以時祭"者, 宗子雖有廟在宗子之家, 庶子無爵, 不得就宗子之廟而祭, 惟可望近所祭者之墓而爲壇, 以四時致祭也.

번역 ●經文: "請問其祭如之何? 孔子曰, 望墓而爲壇, 以時祭". ○종자(宗子)에게 비록 종묘(宗廟)가 있다고 하더라도, 종자의 집에 위치하고 있다. 따라서 서자(庶子)가 관직이 없다면, 종자의 집에 있는 종묘에 가서, 제사를 지낼 수 없는 것이다. 이러한 경우에는 단지 제사를 받는 자의 무덤을 가까이에서 바라볼 수 있는 곳에 제단을 만들어서, 사계절마다 제사를 지낼 수 있을 뿐이다.

孔疏 ◎注"不祭"至"正主". ○正義曰: 所以不祭于宗子廟者, 以庶子無爵卑賤, 遠辟正主. 正主, 謂宗子也. 據鄭此言, 宗子去在他國, 謂有爵者. 若其無爵, 在家本自無廟, 何須云不祭廟辟正主也? 鄭必知是有爵者, 以經云宗子去在他國, 庶子無爵而居. 庶子云無爵, 明宗子是有爵. 此宗子去他國, 謂有罪者. 若其無罪, 則以廟從, 本國不得有廟. 故喪服小記注云, "宗子去國, 乃以廟從, 謂無罪也."

번역 ◎鄭注: "不祭"~"正主". ○서자(庶子)가 종자(宗子)의 집에 있는 종묘(宗廟)에서, 제사를 지낼 수 없는 이유는 서자가 관직이 없어서, 신분이 낮기 때문이니, 정식 제주(祭主)에 비해 낮추는 예법과는 상관이 없다. '정주(正主)'는 종자를 뜻한다. 정현의 이러한 설명에 따른다면, 종자가 국경을 벗어나 다른 나라에 머물러 있는 경우, 그 종자는 관직을 가지고 있는 자를 뜻한다. 만약 종자가 관직이 없다면, 그의 집안에도 애초에 종묘가 없게 되니, 어떻게 "묘(廟)에서 제사를 지내지 않는 것은 '정주'에 대해 낮추는 것이다."라고 할 수 있겠는가? 정현이 이 문장에서 말하는 종자가 관직이 있는 자임을 확실히 알 수 있었던 이유는 경문에서 "종자가 국경을 벗어나 다른 나라에 머물러 있고, 서자는 관직이 없이, 그 나라에 머물러 있다."고 말했기 때문이다. 서자에 대해 관직이 없다고 말하였으니, 이 말은 동시에 종자가 관직을 가지고 있었다는 사실을 나타낸다. 이 문장에서 "종자가 다른 나라에 떠나 있다."고 한 말은 종자가 죄를 지은 경우를 뜻한다. 만약 종자에게 죄가 없었다면, 종묘의 신주(神主)들은 종자를 뒤따라서 타국(他國)으로 가게 되니, 그의 본국(本國)에 있는 종묘에는 신주 자체가 있을 수가 없다. 그렇기 때문에 『예기』「상복소기(喪服小記)」편에 대한 정현의 주에서, "종자가 그 나라를 떠나는 경우, 곧 그의 묘에 있는 신주들이 뒤따르게 되는데, 이것은 그에게 죄가 없음을 뜻한다."라고 말한 것이다.

孔疏 ●"若宗"至"於家". ○孔子上爲曾子說宗子身在外, 此又說宗子身沒, 謂告於所祭之墓, 而后祭於庶子無爵者之家也.

번역 ●經文: "若宗"~"於家". ○공자는 앞서서 증자에게 종자(宗子) 본인이 다른 나라에 거처하는 경우를 설명해주었고, 이 문장에서는 또한 종자 본인이 죽은 경우에 대해서 설명한 것이니, 이 문장의 전체적인 뜻은 제사를 받는 대상의 묘에서, 그 사실을 아뢴 이후에, 관직이 없는 서자(庶子)의 집에서 제사를 지내게 된다는 뜻이다.

孔疏 ◎注"言祭於家, 容無廟也". ○正義曰: 從上以來, 雖據宗子有爵而言其廟在家. 今宗子旣死, 庶子無所可辟, 當云告於墓而后祭於宗子之家. 今直云祭於家, 是祭於庶子之家, 是容宗子之家無廟故也. 宗子所以無廟者, 宗子無爵, 不合立廟. 或云祭於家者, 是祭於宗子之家, 容庶子之家無廟也. 庶子所以無廟者, 一是庶子無爵不合立廟, 二是宗子無罪居他國以廟從, 本家不復有廟故也.

번역 ◎鄭注: "言祭於家, 容無廟也". ○앞에서부터 살펴보면, 종자(宗子)가 관직을 가지고 있다는 사실에 근거해서, 종자의 집에 종묘(宗廟)가 있다고 말한 것이다. 그러나 지금 이 상황은 종자가 이미 죽게 되어서, 서자(庶子)가 그 예법(禮法)을 견주어서, 낮출 수 있는 대상이 없게 된 것이다.

따라서 마땅히 묘에 아뢴 이후에, 종자의 집에서 제사를 지내야 한다고 말해야 한다. 그런데 지금 이 문장에서는 단지 "집에서 제사를 지낸다[祭於家]."고만 하였으니, 이 말은 서자의 집에서 제사를 지낸다는 뜻이다. 이처럼 기록한 이유는 종자의 집에 종묘가 없는 경우까지도 포함하여 설명했기 때문이다. 종자의 집에 종묘가 없는 이유는 종자가 관직이 없으면, 종묘를 세울 수가 없기 때문이다. 어떤 자들은 "집에서 제사를 지낸다."는 말은 종자의 집에서 제사를 지낸다는 뜻으로 풀이하고, 이 말은 서자의 집에 종묘가 없는 경우까지도 포함하는 설명이라고 하였다. 서자의 집에 종묘가 없는 경우는 첫 번째 서자가 관직이 없어서, 종묘를 세울 수 없기 때문이다. 두 번째는 종자가 죄를 짓지 않고, 다른 나라에 거처할 경우에, 종묘의 신주(神主)가 그를 뒤따라가기 때문에, 본가(本家)에 다시금 종묘를 세울 수 없기 때문이다.

孔疏 ●"宗子死, 稱名不言孝". ○宗子旣死, 庶子其祭之時告神, 但稱其名, 不得稱孝, 辟宗子也.

번역 ●經文: "宗子死, 稱名不言孝". ○종자(宗子)가 이미 죽은 경우라면, 서자(庶子)는 제사를 지낼 때, 신(神)에게 고(告)하며 단지 본인의 이름만을 칭하고, '효자(孝子)'라고 칭할 수 없다. 이렇게 하는 이유는 종자에 대한 예법(禮法)보다 낮추기 때문이다.

孔疏 ◎注"孝宗"至"常事". ○正義曰: 上文孝子某使介子某, 孝子是宗子之稱. 今直言名, 不言介. 若宗子在得言介子某, 今宗子旣死, 身又無爵, 復稱名不得稱介, 故但言, "子某薦其常事".

번역 ◎鄭注: "孝宗"~"常事". ○앞 문장에서 "효자(孝子) 아무개가 개자(介子) 아무개를 시켰다."라고 하였는데, 이때의 '효자'는 종자(宗子)를 일컫는다. 그런데 지금 이 문장에서는 '명(名)'이라고만 말하고, '개자'라고 말하지 않았다. 만약 종자가 살아 있는 경우라면, '개자 아무개'라고 말할 수 있다. 그러나 지금 이 상황은 종자가 이미 죽은 경우이며, 서자(庶子) 본인 또한 관직이 없기 때문에, 이름만을 칭할 수 있고, '개자'라고 칭할 수 없는 것이다. 그러므로 축문(祝文)에서 단지 "자식 아무개가 정규적인 제사를 올립니다."라고만 말하는 것이다.

孔疏 ●"身沒而已"者, 其不稱孝者, 惟己身終沒而已, 至其子則稱孝也.

번역 ●經文: "身沒而已". ○서자(庶子)가 '효자(孝子)'라고 칭할 수 없는 제한은 단지 서자 본인이 죽게 되면 끝나게 된다. 따라서 그의 자식이 제사를 지낼 때가 되면, 그의 자식은 '효자'라고 칭하게 된다.

孔疏 ◎注"至子可以稱孝". ○正義曰: 以庶子合稱孝者, 庶子身死, 其子則是庶子適子, 祭庶子之時, 可以稱孝.

번역 ◎鄭注: "至子可以稱孝". ○서자(庶子)의 집안이면서도 '효자(孝子)'라고 칭할 수 있게 되는 이유는 서자 본인이 죽고, 그의 자식이 제사를 지내게 되면, 그 자식은 서자의 적장자가 되므로, 서자에 대한 제사를 지낼 때에, '효자'라고 칭할 수 있게 되는 것이다.

孔疏 ●"子游之徒, 有庶子祭者, 以此". ○以其禮無正文, 故孔子引子游之徒黨有庶子祭者, 而用此禮而祭.

번역 ●經文: "子游之徒, 有庶子祭者, 以此". ○이러한 경우의 예법(禮法)에 대해서는 정식 기록이 없다. 따라서 공자는 이와 관련하여, 자유(子游)의 문도들 중에서 서자(庶子)가 제사를 지내게 된 경우에, 이러한 예법에 따라서 제사를 지냈다고 인용한 것이다.

孔疏 ●"若義也"者, 若, 順也, 謂順於古義, 故云"若義也".

번역 ●經文: "若義也". ○'약(若)'자는 따른다는 뜻이니, 고의(古義)에 따른다는 말이다. 그렇기 때문에 경문에서 "의(義)에 따른다."라고 말한 것이다.

孔疏 ●"今之祭者, 不首其義, 故誣於祭也". ◎注"首, 本也. 誣猶妄也[34]". ○正義曰: 謂今日世俗庶子祭者, 不尋本義之道理爲此祭, 故云誣於祭, 謂妄爲祭之法, 不依典禮.

번역 ●經文: "今之祭者, 不首其義, 故誣於祭也". ◎鄭注: "首, 本也. 誣猶妄也". ○이 문장은 오늘날 세간에서 서자(庶子)들이 제사를 지내는 경우에, 제례(祭禮)의 본의에 대한 의미를 찾아보지 않고, 이러한 제사를 지낸다는 뜻이다. 그렇기 때문에 "제사에 명령된 것이다[誣於祭]."라고 말했는데, 이 말은 망령되게 제례(祭禮)의 법도를 시행하여, '예법의 규정[典禮]'에 의거하지 않았다는 뜻이다.

訓纂 江氏永曰: 家者, 對墓言之, 祭於家, 卽是祭於廟, 非謂無廟也. 蓋宗子無罪, 去他國, 宜以廟從, 宗子死, 自有子祭之. 惟其有罪居他國, 廟猶在本國. 宗子雖有子, 不能歸而祭, 故庶子代祭. 若無廟, 則是庶人. 庶人以時薦於寢, 無牲無尸, 不成其爲祭, 夫子亦不必言之矣.

번역 강영이 말하길, '가(家)'라는 말은 '묘(墓)'에 대비시켜서 기록한 것이니, "'가(家)'에서 제사를 지낸다[祭於家]."는 말은 곧 "'묘(廟)'에서 제사를 지낸다[祭於廟]."는 뜻이지, '묘(廟)'가 없을 때 '가(家)'에서 제사를 지낸

---

34) '주수본야무유망야(注首本也誣猶妄也)'에 대하여. 『십삼경주소(十三經注疏)』 북경대 출판본에서는 "『민본(閩本)』·『감본(監本)』·『모본(毛本)』에도 동일하게 기록되어 있지만, 포당(浦鏜)은 이 여덟 글자가 연문(衍文)이라고 주장한다."라고 했다.

다는 경우를 뜻하는 말이 아니다. 무릇 종자(宗子)가 죄를 짓지 않은 상태에서, 다른 나라에 떠나 있는 경우라면, 마땅히 종묘(宗廟)의 신주(神主)들이 종자를 따라가게 되고, 종자가 죽게 된다면, 당연히 종자의 자식이 제사를 지내게 된다. 다만 종자가 죄를 지어서, 다른 나라에 머물러 있게 된다면, 묘(廟) 및 신주들이 여전히 본국(本國)에 남아 있게 된다. 종자에게 비록 자식이 있더라도, 그들이 본국으로 돌아와서 제사를 지낼 수 없다. 그렇기 때문에 서자(庶子)가 대신하여 제사를 지내게 된다. 만약 묘(廟)가 없는 경우라면, 이것은 서인(庶人)에게 해당하는 경우이다. 서인은 계절별 제사에서, 침(寢)에서 천(薦)제사만 할 뿐이며,[35] 희생물도 없고 시동도 없게 된다. 따라서 그들이 제사를 지낼 때에는 자연적으로 예법(禮法)대로 다 갖출 수가 없다. 그래서 공자 또한 이러한 경우는 언급할 필요가 없었던 것이다.

訓纂 江氏永曰: 此論正統之祭, 未論祭庶子. 庶子無爵, 薦而不祭, 亦不必言. 或是孫祭祖, 得稱孝孫與? 抑或庶子攝祭, 止於其身, 庶子之子爲庶人, 則當鬼其祖, 不復更祭與?

번역 강영이 말하길, 종자(宗子)가 죽은 경우에 대한 문장은 종가(宗家)에서 지내는 정규제사를 논의한 말이지, 서자(庶子)에 대한 제사를 논의한 말이 아니다. 서자는 관직이 없으면, 천(薦)제사만 지낼 뿐이지 제사를 지내지 않으니, 또한 언급할 필요조차 없게 된다. 혹여 손자가 조부에 대해 제사를 지내는 것이라면, '효손(孝孫)'이라고 칭할 수 있겠는가? 그것이 아니라면, 혹여 서자가 섭주(攝主)가 되어 제사를 대신 지내게 된다면, 그 본인 세대에 한정될 뿐이다. 또한 서자의 자식이 서인(庶人)의 신분이 된다면,

---

35) 『예기』「왕제(王制)」【159a】: 天子七廟, 三昭三穆, 與大祖之廟而七, 諸侯五廟, 二昭二穆, 與大祖之廟而五, 大夫三廟, 一昭一穆, 與大祖之廟而三, 士一廟, <u>庶人祭於寢</u>. / 『예기』「왕제(王制)」【162a】: 天子社稷, 皆太牢, 諸侯社稷, 皆少牢, 大夫士宗廟之祭, 有田則祭, 無田則薦. <u>庶人, 春薦韭, 夏薦麥, 秋薦黍, 冬薦稻</u>. 韭以卵, 麥以魚, 黍以豚, 稻以鴈.

그 조상들을 혼령으로 받아들여서, 다시금 제사를 지내지 못하는 것이 아니겠는가?

訓纂 王氏念孫云: 五字當作一句讀. 此若義, 猶言此義. 下文不首其義, 正謂子游之徒用此義, 而今之祭者不用此也. 此若二字連讀, 若亦此也, 古人自有複語耳.

번역 왕념손이 말하길, 경문의 '이차약의야(以此若義也)'라는 다섯 글자는 마땅히 하나의 구문으로 읽어야 한다. '차약의(此若義)'라는 말은 '이러한 뜻[此義]'이라고 말하는 것과 같다. 아래 문장에서 "그 뜻에 근본하지 않는다[不首其義]."고 하였으니, 이 말은 곧 자유(子游)의 문도들은 이러한 뜻에 따랐지만, 오늘날 제사를 지내는 자들은 이러한 뜻에 다르지 않았다는 뜻이다. '차약(此若)'이라는 두 글자는 붙여서 읽어야 하며, '약(若)'자 또한 '차(此)'자의 뜻으로, 옛 사람들이 중첩되게 두 글자로 표현한 것일 뿐이다.

集解 愚謂: 庶子無爵而居, 對上"庶子爲大夫"而言, 則無爵者, 兼謂士·庶人, 蓋凡言有爵者, 皆據爲大夫者也. 宗子尊, 故不問其爲大夫士, 而唯大夫乃敢攝其祭. 若士, 則不敢, 故望墓而爲壇, 以四時致祭, 所以遠辟正主. 周公告於三王, 爲三壇, 同墠, 雖事與此異, 而其爲壇之意, 則與此同也. 告於墓, 而后祭於家者, 士則祭於廟, 庶人則薦於寢也. 廟·寢在大門之內, 對墓在外而言, 故曰家. 稱名不言孝者, 宗子在, 庶子祭, 稱介子某, 宗子旣死, 無可副貳, 故但稱名, 而不得稱孝子同於宗子也. 身沒而已, 謂沒庶子之身也. 此庶子之所祭者, 其禰也. 庶子旣死, 其子卽庶子之適子, 祭此庶子固得稱孝子, 祭此庶子之禰亦得稱孝孫也. 蓋族人不可以無宗, 此子主祖·禰之祭, 則爲族人之所宗, 卽去國宗子之子, 亦當還宗此子矣. 若義, 謂順於古義.

번역 내가 생각해보니, "서자(庶子)가 관직이 없고, 그 나라에 머물러 있다[庶子無爵而居].”는 말은 앞 문장에서 ‘서자가 대부(大夫)가 된 경우[庶子爲大夫]’에 대비하여 말한 것이다. 따라서 “관직이 없다[無爵].”는 말은 사(士)와 서인(庶人)의 경우까지도 포함하여 가리키는 것이며, 무릇 “관직이 있다[有爵].”고 말하는 경우는 모두 대부가 된 경우에 기준을 둔 것이다. 종자(宗子)는 존귀한 존재이기 때문에, 그가 대부나 사인 경우를 묻지 않은 것이고, 단지 서자가 대부인 경우에만, 그 제사를 감히 대신할 수 있는 것이다. 만약 서자가 사인 경우라면, 감히 대부처럼 섭주(攝主)가 되어, 제사를 지낼 수 없다. 그렇기 때문에 묘(墓)를 바라보면서 제단을 만들고, 사계절마다 제사를 지내게 되니, 본래의 섭주가 정식 제주(祭主)에 대한 예법(禮法)보다 낮추는 경우와는 거리가 먼 것이다. 주공(周公)이 삼왕(三王)에게 고(告)하며, 3개의 제단을 만들고, 제단의 터를 똑같이 했던 것[36]은 비록 그 일이 이곳에서 말하는 경우와는 다른 것이지만, 제단을 만드는 의미에서 본다면, 이곳의 기록과 그 의미가 같다. “묘(墓)에 아뢴 이후에, 가(家)에서 제사를 지낸다[告於墓, 而后祭於家].”는 말은 서자가 사인 경우라면, 묘(廟)에서 제사를 지내지만, 서인인 경우라면, 침(寢)에서 천(薦)제사를 지내게 된다는 뜻이다. 묘(廟)와 침은 대문 안에 있으니, 묘(墓)가 대문 밖에 있는 사실에 대비해서 말한 것이다. 그렇기 때문에 ‘가(家)’라고 기록한 것이다. “‘명(名)’을 칭하고, ‘효자(孝子)’라고 부르지 않는다[稱名不言孝].”는 말은 종자가 살아 있고, 서자가 제사를 대신 지내게 되면, ‘개자(介子) 아무개’라고 칭하게 되는데, 종자가 이미 죽어서, 종자를 돕거나 보좌할 수가 없기 때문에, 단지 서자의 이름만을 칭할 뿐이며, 종자와 동등하게 ‘효자’라고 칭할 수 없다. ‘신몰이이(身沒而已)’라는 말은 서자 본인이 죽은 경우를 뜻한다. 이러한 경우에 서자가 제사지내는 대상은 서자의 부친이다. 서자가 죽게 된 경우에, 그의 자식이란 곧 서자의 적장자를 뜻한다. 따라서 서자를 제사지내게 되면, 서자의 아들은 적장자이기 때문에, 죽은 서자에 대해서 진실로 ‘효자’라고 칭할 수 있게 되며, 서자의 부친에 대한 제사에서도, 또

36) 『서』「주서(周書)·금등(金縢)」: 周公曰, 未可以戚我先王. 公乃自以爲功, 爲三壇同墠.

한 '효손(孝孫)'이라고 칭할 수 있게 된다. 무릇 족인(族人)들 사이에는 종자가 없을 수가 없다. 따라서 여기에서 말한 서자의 적장자가 조부와 부친의 제사를 주관하게 된다면, 족인들에게는 종자로 여겨지게 된다. 그러므로 나라를 떠나 있던 종자의 적장자가 종가(宗家)로 되돌아오더라도, 마땅히 서자의 적장자를 종자로 모셔야 하는 것이다. '약의(若義)'는 "고의(古義)에 따른다."는 뜻이다.

集解 徐氏師曾曰: 子游之徒以下, 非孔子語, 乃記者記之以爲證.

번역 서사증이 말하길, 경문의 '자유의 문도[子游之徒]' 이하의 말들은 공자의 말이 아니다. 『예기』를 기록한 자가 이 문장을 기록하여, 공자의 설명에 증거를 댄 것이다.

集解 愚謂: 宗子有罪去國, 乃上章之明文, 無罪去國, 以廟從, 則鄭氏之臆說也. 大夫士去國, 謂之亡, 曲禮記其禮曰, "踰竟, 爲壇位, 嚮國而哭." 又曰, "大夫去其國, 止之曰, '奈何去宗廟也?', 士曰, '奈何去墳墓也'", 自非有罪, 必無棄宗廟墳墓而越在他竟者, 故去國則不以廟從, 蓋不敢以有罪之人主宗廟之祭, 以辱其祖・禰也.

번역 내가 생각해보니, '종자(宗子)가 죄를 지어서, 나라를 떠나게 된 경우'는 곧 앞 문장에서 설명한 내용인데, '종자가 죄를 짓지 않은 상태에서, 나라를 떠나는 경우'에, 종묘(宗廟)의 신주(神主)가 뒤따르게 된다는 것은 정현의 억설이다. 대부(大夫)나 사(士)가 그 나라를 떠날 때에는 그것을 '망(亡)'이라고 부른다. 그리고 『예기』「곡례(曲禮)」편에서는 이러한 경우의 예법(禮法)을 기록하며, "국경을 벗어났다면, 제단을 만들고, 본국(本國)을 향하여 곡(哭)을 한다."[37]라고 했고, 또한 "대부가 그 나라를 버리고 떠나가면, 그를 멈춰 세우며, '어찌하여 종묘를 버리는 것인가?'라고 했고, 사가

37) 『예기』「곡례하(曲禮下)」【51c】: 大夫士去國, 踰竟, 爲壇位, 鄕國而哭.

떠나는 경우에는 '어찌하여 분묘(墳墓)를 버리는 것인가?'"[38]라고 했는데, 이 말들은 곧 종자 본인이 죄를 지은 경우가 아니라고 하더라도, 반드시 종묘와 분묘를 버리고 다른 나라의 국경으로 넘어가게 되는 경우가 없다는 뜻이다. 따라서 종자가 죄를 지어 나라를 떠나게 되는 경우에, 종묘의 신주가 따라가지 않는 이유는 아마도 감히 죄인의 신분으로 종묘의 제사를 주관하게 되어, 그의 조부와 부친을 욕보이게 할 수 없기 때문일 것이다.

---

38) 『예기』「곡례하(曲禮下)」【54a】: 國君去其國, 止之曰, "奈何去社稷也." 大夫, 曰"奈何去宗廟也." 士, 曰"奈何去墳墓也."

• 제16절 •

요절한 자에 대한 제례(祭禮) 문제 I

【242b】

曾子問曰: 祭必有尸乎, 若厭祭亦可乎. 孔子曰: 祭成喪者, 必有尸, 尸必以孫, 孫幼, 則使人抱之, 無孫, 則取於同姓, 可也. 祭殤, 必厭, 蓋弗成也. 祭成喪而無尸, 是殤之也.

직역 曾子가 問曰, "祭함에 必히 尸가 有합니까? 厭祭처럼 함이 또한 可합니까?" 孔子가 曰, "成喪을 祭하는 경우에는 必히 尸가 有하니, 尸는 必히 孫으로써 하고, 孫이 幼하면, 人으로 하여금 抱하며, 無孫이면, 同姓에서 取함이 可하다. 殤을 祭함에는 必히 厭으로써 하니, 무릇 弗成했기 때문이다. 成喪을 祭함에 尸가 無함은 그를 殤으로 함이니라."

의역 증자가 질문하기를, "제사를 지낼 때에는 반드시 시동을 두어야 하는 것입니까? 염제(厭祭)를 지내는 것처럼, 시동을 두지 않은 것 또한 괜찮은 것입니까?" 그러자 공자가 대답해주기를, "성인(成人)이 된 이후에 죽은 자에 대해서 제사를 지낼 경우에는 반드시 시동을 두어야 하니, 시동은 반드시 죽은 자의 손자로 해야 하고, 만약 손자가 너무 어린 경우라면, 다른 사람을 시켜서 시동을 안고 있게 하며, 만약 손자가 없는 경우라면, 동성(同姓)인 자들 중에서 손자 항렬의 사람을 데려다가, 시동으로 세우는 것이 옳다. 요절한 자를 제사지낼 때에는 반드시 염제로 지내게 되는데, 이렇게 하는 이유는 성인이 되지 못하였기 때문이다. 성인이 된 이후 죽은 자를 제사지낼 때, 시동을 세우지 않는 것은 죽은 자를 요절한 자처럼 대하는 것이다."

集說 曾子之意, 疑立尸而祭, 無益死者, 故問祭時必合有尸乎. 若厭祭亦可乎. 蓋祭初陰厭, 尸猶未入, 祭終而陽厭, 在尸旣起之後, 是厭祭無尸也. 孔子言成人威儀具備, 必有尸以象神之威儀, 所以祭成人之喪者, 必有尸也. 尸必以孫, 以昭穆之位同也. 取於同姓, 亦謂孫之等列也. 祭殤者不立尸而厭祭, 以其年幼少, 未能有成人之威儀, 不足可象, 故不立尸也. 若祭成人而無尸, 是以殤待之矣.

번역 증자의 질문 의도는 '시동을 세워서 제사지내는 일[立尸而祭]'은 죽은 자에게 무익한 일이라고 의문이 들었기 때문에, 제사를 지낼 때에 반드시 시동을 세워야만 합당한 것인지, 아니면 염제(厭祭)처럼 시동을 세우지 않고 제사를 지내도 괜찮은 것인지를 물어본 것이다. 무릇 제사를 지내는 초반부에는 음염(陰厭)을 지내게 되는데, 이때는 시동이 아직 묘실(廟室)로 들어오기 이전에 해당한다. 그리고 제사의 막바지에는 양염(陽厭)을 지내게 되는데, 이때는 시동이 자리에서 일어나, 묘실을 나간 이후가 된다. 따라서 염제에는 모두 시동이 없게 된다. 공자가 대답하길, 성인(成人)에 대해서는 예법(禮法)에 맞는 의식 절차들을 모두 갖추어야 하니, 반드시 시동을 두어서, 이로써 신(神)에 대한 위엄과 의식절차들을 형상화하니, 이것이 바로 성인이 된 이후에 죽은 자에 대해서 제사를 지낼 때에는 반드시 시동을 두게 되는 까닭이다. 시동을 반드시 손자로 하는 이유는 죽은 자와 손자의 소목(昭穆) 위치가 같기 때문이다. "동성(同姓)에서 뽑는다[取於同姓]."고 하였는데, 이 말은 또한 손자와 같은 항렬에서 데려온다는 뜻이다. 요절한 자에 대해 제사를 지내는 경우에는 시동을 세우지 않고, 염제를 지내게 되는데, 그것은 죽은 자의 나이가 어려서, 성인에 대한 의식 절차들을 갖출 수가 없고, 시동을 통하여 죽은 자를 형상화하기에 부족하기 때문에, 시동을 세우지 않는 것이다. 만약 성인에 대한 제사를 지내면서 시동을 세우지 않는다면, 이것은 요절한 자처럼 그를 대하는 것이다.

鄭注 言無益, 無用爲. 厭時無尸. 人以有子孫爲成人. 子不殤父, 義由此也.

厭飫而已, 不成其爲人. 與不成人同.

번역 증자가 시동을 반드시 세워야 하냐고 질문한 것은 시동을 세우는 일이 죽은 자에게 무익하므로, 시동을 세우지 않고 제사를 지내도 되는지를 물어본 것이다. 염제(厭祭)를 지낼 때에는 시동이 없게 된다. 사람이 자손을 두게 되면, 성인(成人)의 대우를 받는다. 부친이 어린 나이에 죽은 경우라도 아들이 있다면, 자식은 부친에 대해서, 요절한 자에 대한 제사처럼 지내지 않는데, 그 이유가 바로 여기에서 연유한 것이다. 요절한 자에 대한 제사에서는 염제를 지내서, 그의 혼령이 배가 부르도록 흠향만 하게 할 따름이니, 요절한 자는 사람으로서 시행해야 할 도리들을 이루지 못하였기 때문이다. 성인에 대한 제사에서, 시동을 세우지 않게 되면, 요절한 자를 대하는 경우와 같게 된다.

孔疏 ●"曾子"至"陽厭". ○正義曰: 此一節論祭有尸有陽厭陰厭之事, 各依文解之.

번역 ●經文: "曾子"~"陽厭". ○이 문장은 제사에 시동이 있는 경우와 양염(陽厭)과 음염(陰厭)을 지내는 경우에 대해서 논의하고 있으니, 각각의 문장에 따라서 해석하겠다.

孔疏 ●"祭必有尸乎", 曾子之意, 以祭神, 神本虛無, 無形無象, 何須以生人象之, 故云, "祭必有尸乎."

번역 ●經文: "祭必有尸乎". ○증자의 질문 의도는 신(神)에게 제사를 지낼 때, 신은 본래 허무(虛無)한 존재로, 형상이 없는데, 어찌하여 살아있는 사람으로서, 신을 형상화해야 하느냐는 뜻이다. 그렇기 때문에 "제사를 지낼 때, 반드시 시동이 있어야 합니까?"라고 말한 것이다.

孔疏 ◎注"言無益, 無用爲". ○正義曰: 祭是祭神, 不祭生人, 今祭生人, 無益死者, 故云"無益". 云"無用爲"者, 無用爲此尸. 一解云, "無用爲"者, 無用此之爲. 爲是助語.

번역 ◎鄭注: "言無益, 無用爲". ○제사는 신(神)에게 제사를 지내는 것이지, 살아있는 사람에게 제사를 지내는 것이 아닌데, 현재 시동을 두고 제사를 지내고 있으니, 이것은 살아있는 사람에게 제사를 지내는 것이므로, 죽은 자에게는 무익한 것이다. 그렇기 때문에 '무익(無益)'이라고 말한 것이다. '무용위(無用爲)'라고 한 말은 "이러한 시동을 쓰지 않는다."는 뜻이다. 다른 해석으로는 '무용위'이라는 말은 "이러한 행위를 하지 않는다."는 뜻이다. 이때 '위(爲)'자는 어조사가 된다.

孔疏 ●"若厭祭, 亦可乎". ○若如厭祭之時, 亦應可乎? 謂祭初, 尸未入之前, 祭末, 尸旣起之後, 並皆無尸, 直設饌食以厭飫鬼神. 如此之時, 其理亦可. 注云, "厭時無尸"

번역 ●經文: "若厭祭, 亦可乎". ○이 문장은 마치 염제(厭祭)를 지낼 때처럼 하는 것이 또한 응당 가능한 것이 아니겠느냐는 질문이다. 이 말을 다시 풀이하면, 제사 초반부에 시동이 아직 들어오기 이전과 제사 말미에 시동이 일어나서 나간 이후에는 두 경우 모두 시동이 없게 되고, 단지 음식들을 차려서 귀신들을 배부르게 흠향시키게 된다. 그러므로 이러한 경우처럼 제사를 지내는 것이 이치상 또한 가능한 것인지를 물어본 것이다. 그렇기 때문에 정현의 주에서는 "염제를 지낼 때에는 시동이 없다."라고 말한 것이다.

孔疏 ●"孔子曰, 祭成喪者必有尸". ○孔子答祭以成人之喪者, 必須有尸. 以成人之喪, 威儀具備, 必須有尸, 以象神之威儀也. "尸必以孫", 若其孫幼, 則使人抱之. 若無孫, 則取同姓昭穆孫行適者可也. 以其成人, 威儀旣備, 有爲人父之道, 不可無尸.

번역 ●經文: "孔子曰, 祭成喪者必有尸". ○공자가 대답하길, 성인(成人)에 대한 상(喪)으로 제사를 치를 경우에는 반드시 시동이 있어야 한다고 하였다. 성인의 상으로 치를 때에는 위엄과 의례 절차들을 모두 갖추게 되므로, 반드시 시동을 두게 되며, 이것을 통하여 신(神)에 대한 위엄과 의례 절차를 형상화하게 된다. 경문의 "尸必以孫"에 대하여. 만약 죽은 자의 손자가 너무 어린 경우라면, 사람을 시켜서, 손자를 안고 있게 한다. 만약 손자가 없는 경우라면, 동성(同姓)인 친척들 중에서, 소목(昭穆)으로 손자의 항렬에 해당하는 자들 중 적합한 자를 데려다가 시동으로 삼아도 괜찮다. 죽은 자가 이미 성인의 나이를 넘겼기 때문에, 위엄과 의례 절차를 갖추게 되며, 또한 부모로써의 도리를 시행하였기 때문에, 시동이 없을 수가 없다.

孔疏 ●"祭殤必厭, 蓋弗成也". ○年若幼, 在殤, 人道未備, 威儀簡略, 不足可象, 不須立尸, 故"祭殤必厭, 蓋弗成也"者, 蓋以不成人, 故不立尸也. 今祭成人喪, 但厭飫而已, 是將成人與殤同也.

번역 ●經文: "祭殤必厭, 蓋弗成也". ○죽은 자의 나이가 만약 어리다면, 요절한 경우에 해당하니, 자식을 낳아 후손을 보지 못하였으므로, 인도(人道)를 다 갖추지 못하여, 위엄과 의례 절차를 간략하게 하는 것이다. 또한 일찍 죽었기 때문에, 시동을 통하여 형상화하기에 충분하지 못하므로, 시동을 세울 수 없는 것이다. 그렇기 때문에 경문에서 "요절한 자를 제사지낼 때에는 반드시 염제(厭祭)로써 하니, 무릇 성인(成人)이 되지 못했기 때문이다."라고 말한 것인데, 이 말을 다시 풀이하면, 아마도 성인이 되지 못하였기 때문에, 시동을 세울 수 없다는 뜻일 것 같다. 지금 성인이 된 이후에 죽은 자를 제사지내면서, 단지 염제만 지내어, 혼령에게 흠향만 시킬 따름이라면, 이것은 성인을 요절한 자와 똑같이 대하는 것이다.

集解 厭祭, 謂無尸而以飮食飫神也. 成喪, 成人之喪也. 尸必以孫, 用所祭者之孫, 以其昭穆同也. 取於同姓者, 尸必適子無父者, 或近屬不可得, 則取於族屬之遠者, 但同姓之人, 在孫行而昭穆同者, 則得取以爲尸也. 然此謂祭祖·禰以下廟. 若天子諸侯祭遠祖, 則但取其廟之所出而昭穆同者以爲尸, 又不必皆孫行也. 祭殤必厭者, 原立尸之義, 本在用孫, 而殤未成人, 無爲人父之道, 己旣無孫, 亦不得取於同姓孫行者也.

번역 염제(厭祭)는 시동을 세우지 않은 상태에서, 음식들을 차려서 신(神)을 흠향시키는 것을 뜻한다. '성상(成喪)'은 성인(成人)에 대한 상(喪)을 뜻한다. "시동을 반드시 손자로 한다."는 말은 제사를 받는 자의 손자로 시동을 삼는다는 말이며, 이렇게 하는 이유는 죽은 자와 그의 손자가 소목(昭穆)이 같기 때문이다. "동성(同姓)에서 데려온다."는 말은 시동은 반드시 적자(適子)들 중에서도 부친이 없는 자로 삼는데, 간혹 가까운 친척 중에서, 이러한 시동의 조건에 맞는 자를 찾을 수 없다면, 먼 친척인 족인(族人)들 중에서 데려다 쓰게 된다. 다만 이러한 경우에는 성(姓)이 같은 사람이면서, 손자의 항렬에 속하여 죽은 자와 소목이 같은 자여야만, 데려다가 시동으로 삼을 수 있는 것이다. 그러나 이러한 말들은 조부와 부친 및 그 이하에 대한 제사에 해당할 따름이다. 만약 천자와 제후처럼 먼 조상에 대해 제사를 지내는 경우라면, 다만 '제사 드리게 된 해당 묘[其廟]'의 '조상에서 파생된 자손들[所出]' 중 소목이 같은 자를 데려다가 시동으로 삼을 뿐이며, 또한 반드시 모두 손자의 항렬로 하는 것도 아니다. 요절한 자를 제사지낼 때, 반드시 염제로 지내는 이유는 근본적으로 시동을 세운다는 뜻은 본래부터 손자를 세운다는데 있으니, 요절한 자는 아직 성인이 되지 못한 자이므로, 아비로서의 도리를 시행함이 없었으니, 본인에게 이미 손자가 없으므로, 또한 동성 중에서 손자 항렬에 맞는 자를 데려다가 세울 수도 없기 때문이다.

【242c】

孔子曰: 有陰厭, 有陽厭. 曾子問曰: 殤不祔祭, 何謂陰厭·陽厭. 孔子曰: 宗子爲殤而死, 庶子弗爲後也. 其吉祭, 特牲, 祭殤, 不擧, 無肵俎, 無玄酒, 不告利成, 是謂陰厭.

직역 孔子가 曰, "陰厭이 있고, 陽厭이 있느니라." 曾子가 問曰, "殤에는 祔祭를 하지 않는데, 어찌하여 陰厭과 陽厭을 謂합니까?" 孔子가 曰, "宗子가 爲殤하여 死하면, 庶子는 爲後가 될 수 없다. 그 吉祭에는 特牲하여, 殤을 祭하지만, 不擧하며, 肵俎가 無하고, 玄酒가 無하며, 利成을 告하지 않으니, 이것을 陰厭이라고 謂한다."

의역 공자가 다시 알려주기를, "염제(厭祭)에는 음염(陰厭)과 양염(陽厭) 두 종류가 있다." 증자가 다시 질문하기를, "요절한 자에 대해서는 부제(祔祭)도 지내지 않는데, 어찌하여 음염과 양염이 있다고 말할 수 있습니까?" 공자가 다시 대답해주기를, "종자(宗子)가 어린 나이에 죽게 된다면, 서자(庶子)는 후계자가 될 수 없다. 어린 나이에 요절한 종자에 대한 길제(吉祭)에서는 특생(特牲)을 사용하여, 요절한 자에 대한 제사를 지내지만, 희생물의 폐나 등골뼈 등을 시동에게 주지 않고, 시동에게 바치는 근조(肵俎)가 없으며, 현주(玄酒)가 없고, 축관(祝官)이 제주(祭主)에게 봉양하는 예(禮)가 다 이루어졌다고 고(告)하지도 않으니, 이것을 '음염'이라고 부르는 것이다."

集說 孔子言祭殤之禮, 有厭於幽陰者, 有厭於陽明者. 蓋適殤則陰厭於祭之始, 庶殤則陽厭於祭之終, 非兼之也. 曾子不悟其指, 乃問云祭殤之禮, 略而不備, 何以始末一祭之間有此兩厭也? 孔子言雖是宗子, 死在殤之年, 無爲人父之道, 庶子不得代爲之後, 其族人中有與之爲兄弟者代之, 而主其祭之之禮. 其卒哭成事以後爲吉祭, 祭殤本用特豚, 今亦從成人之禮用特牲者, 以其爲宗子故也. 祭有尸, 則佐食擧肺脊以授尸, 祭而食之. 今無尸, 故不擧肺脊也. 凡尸食之餘歸之肵俎. 肵, 敬也. 主人敬尸而設此俎, 今無肵俎, 以無尸故也. 玄酒, 水也. 太古無酒之時, 以水行禮, 後王祭則設之, 重古道也. 今祭殤禮略, 故無玄酒也. 不告利成者, 利, 猶養也, 謂共養之禮已成也. 常祭, 主人事尸禮畢, 出立戶外, 則祝東面告利成, 遂導尸以出, 今亦以無尸廢此禮. 是謂陰厭云者, 以其在祖廟之奧陰暗之處, 厭之也.

번역 공자가 말하길, 요절한 자에 대해 제사를 지내는 예법(禮法)에는 두 종류가 있으니, 그윽하고 음(陰)한 장소에서 지내는 염제(厭祭)가 있고, 양(陽)하고 밝은 장소에서 지내는 염제가 있다. 무릇 적장자가 요절한 경우라면, 제사를 지내는 초반부에 음염(陰厭)을 지내고, 서자(庶子)가 요절한 경우라면, 제사의 말미에 양염(陽厭)을 지내니, 두 가지를 한꺼번에 지낸다는 말이 아니다. 증자는 그 요지를 깨닫지 못하고, 마침내 재차 묻기를, 요절한 자에 대한 제례(祭禮)는 간소화하여 예법을 다 갖추지 않는데, 어찌하여 제사 초반부와 말미에 각각 염제를 지내서, 한 제사 속에 이러한 두 가지의 염제가 있을 수 있느냐고 물어본 것이다. 공자가 대답하길, 비록 종자(宗子)라고 하더라도, 죽었을 때가 요절에 해당하는 나이라면, 자식을 낳지 못하였으니, 아비로써의 도리를 시행함이 없는 것이며, 서자는 대신하여 그의 후계자가 될 수 없으니, 종자의 족인(族人) 중에서 그와 형제 항렬이 되는 자가 있다면, 그가 대신하게 되어, 종자에 대한 제사에서 그 예법을 주관하게 된다. 죽은 종자에 대해 졸곡(卒哭)을 하여, '일을 완수한[成事]' 이후라면, 그에 대한 제사는 흉사(凶事)에서 길사(吉事)로 넘어가게 되어 길제(吉祭)가 된다. 그런데 본래 요절한 자에 대한 제사에서는 한 마리의 돼지를 희생물로 사용하는 것이지만, 지금 이 문장에서는 또한 성인(成人)에 대한 예법에 따라서, 한 마리의 소를 사용한다고 하였다. 그 이유는 요절한 자가 종자이기 때문이다. 제사를 지낼 때, 시동을 두게 되면, 좌식(佐食)은 희생물의 폐와 등뼈를 집어서 시동에게 바치고, 그것으로 제사를 지내고서 먹게 된다. 그런데 지금 이곳 문장에서 언급하는 상황에는 시동이 없기 때문에, 폐나 등뼈를 집지 않는 것이다. 무릇 일반적인 제사에서는 시동이 그 음식들을 맛보고, 남은 것들은 근조(肵俎)에 올려두게 된다. '근(肵)'자는 공경한다는 뜻이다. 제주(祭主)가 시동을 공경하여, 이 도마를 설치하는 것인데, 지금 이곳 문장에서 "근조가 없다."고 한 이유는 시동을 두지 않기 때문이다. '현주(玄酒)'는 물이다. 먼 옛날 술이 없었던 시기에는 물로써 제례를 시행하였는데, 후세의 제왕(帝王)들이 제사를 지내면서, 당시에 술이 있었음에도 현주도 함께 진설하였다. 그 이유는 고대의 법도를 존중하였기 때문이다. 지금 이 문장에서 설명하는 상황은 요절한 자에 대한 제사이므로, 예법을 간소하게 치른다. 그렇기 때문에 현주를 두지 않는 것이다. "이성(利成)을 고(告)하지 않는다."고 하였는데, 여기에서 말하는 '이(利)'자는 공양한다는 뜻과 같으니, '이성(利成)'이라는 말은 "공양하는 예법이 이미 다 이루어졌다."는 뜻이다. 일상적인 제례에서는 제주가 시동을 섬기는 예(禮)가 다 끝나게 되어, 밖으로 나가서 호(戶) 밖에 서 있게 되면, 축관(祝官)이 동쪽을 바라보며, '이성'이라고 고(告)하고, 마침내 시동을 인도하여 밖으로 나서게 된다. 그런데 지금 이곳에서 설명하는 상황에서는 또한 시동이 없으므로, 이러한 예법을 폐지하는 것이다. "이것을 음염이라고 부른다."고 말한 이유는 이러한 제사 의식은 조묘(祖廟)의 아랫목인, 음(陰)하고 어두운 곳에서 시행하여, 요절한 자를 흠향시키기 때문이다.

大全 臨川吳氏曰: 陰者, 室之西南隅, 謂之奧, 正當牖下不受牖明, 屋之隱奧處也. 以其幽暗, 故曰陰. 陽者, 室之西北隅, 正與牖對受牖之明, 屋之漏光處也. 又爲室之白白光明也. 以其光明, 故曰陽. 厭者, 但使鬼神食之厭飫而已, 無尸以食其祭物也.

번역 임천오씨가 말하길, '음(陰)'이라는 말은 묘실(廟室)의 서남쪽 모퉁이를 뜻하는데, 그곳을 '오(奧)'라고도 부르는 이유는 이 위치가 바로 들창의 아래쪽으로, 들창으로 들어오는 빛을 받지 못하는 장소에 해당하니, '묘(廟)'라는 건물 중에서도 어둡고 깊숙한 장소이기 때문이다. 그리고 이 위치는 그윽하고 어둡기 때문에, '음'이라고 부르는 것이다. '양(陽)'이라는 말은 묘실의 서북쪽 모퉁이를 뜻하는데, 그곳은 바로 들창의 반대편이 되어, 들창으로 들어오는 빛을 받게 되니, 묘 건물 중에서도 햇볕이 들어와 밝은 장소에 해당하기 때문이다. 그리고 이 위치는 또한 묘실 중에서도 가장 밝은 곳이 된다. 따라서 그 장소가 밝은 곳에 해당하기 때문에, '양'이라고 부르는 것이다. '염(厭)'이라는 말은 단지 귀신으로 하여금 그 음식들을 먹고서 배가 부르게만 할 뿐이니, 시동 없이 그 제물(祭物)들을 흠향시키는 것이다.

鄭注 言祭殤之禮, 有於陰厭之者, 有於陽厭之者. 祔當爲備, 聲之誤也. 言殤乃不成人, 祭之不備禮, 而云陰厭陽厭乎? 此失孔子指也. 祭成人, 始設奠於奧, 迎尸於前, 謂之陰厭. 尸謖之後, 改饌於西北隅, 謂之陽厭. 殤則不備. 族人以其倫代之, 明不序昭穆立之廟, 其祭之就其祖而已. 代之者, 主其禮. 尊宗子從成人也. 凡殤則特豚, 自卒哭成事之後爲吉祭. 此其無尸, 及所降也. 其他如成人, 擧肺脊, 肵俎, 利成, 禮之施於尸者. 是宗子而殤祭之於奧之禮. 小宗爲殤, 其祭禮亦如之.

번역 공자가 음염(陰厭)과 양염(陽厭)이라고 하였는데, 이 제사들은 요절한 자에 대해 제사지내는 예법(禮法)을 말하니, 음(陰)한 장소에서 흠향시키는 경우가 있고, 양(陽)한 장소에서 흠향시키는 경우도 있는 것이다. '부(祔)'자는 마땅히 '비(備)'자가 되어야 하니, 소리가 비슷해서 생긴 오류이다. 증자의 질문은 요절한 자는 곧 성인(成人)이 아니므로, 제사를 지낼 때에 예법 또한 다 갖추지 않는데, 음염과 양염을 지낸다고 할 수 있느냐는 뜻이다. 그러나 증자의 질문은 공자가 대답해준 말의 본지를 놓친 것이다. 성인을 제사지낼 때에는 처음에 묘실(廟室)의 아랫목에 술잔을 진설하는데, 이 절차는 시동을 맞이하기 이전에 해당하며, 또한 이것을 '음염'이라고 부른다. 시동이 자리를 일어나 묘실을 나간 이후에는 서북쪽 모퉁이에 다시 음식들을 진설하는데, 이것을 '양염'이라고 부른다. 요절한 자에 대해서 제사를 지낼 경우라면, 예법을 다 갖추지 않는다. 종자(宗子)가 요절한 경우에는 족인(族人)들이 종자의 서열에 맞춰서, 그의 임무를 대신하게 되니, 이 말은 또한 요절한 종자에 대해서는 소목(昭穆)의 순서에 따라서, 그의 묘(廟)를 세우지 않으므로, 그에 대한 제사는 조묘(祖廟)에 가서 지낼 따름이라는 사실을 나타내고 있다. "그를 대신한다[代之]."는 말은 요절한 자들에 대한 제례(祭禮)를 주관한다는 뜻이다. 특생(特牲)을 사용하는 이유는 종자를 요절한 일반인들보다 높이게 되어, 성인에 대한 예법에 따르기 때문이다. 무릇 일반인중 요절한 자에 대한 제사라면, 한 마리의 돼지를 희생물로 사용하며, 졸곡(卒哭)하여 성사(成事)를 한 이후부터 지내는 제사는 길제(吉祭)가 된다. 이곳에서 설명하는 상황은 시동이 없기 때문이며, 정상적인 예법보다 낮추게 된다. 기타 나머지 절차들은 성인에 대한 예법에 따라서 지내는 것이며, 폐와 등뼈를 바치고, 근조(肵俎)를 설치하고, '이성(利成)'이라고 고(告)하는 절차들은 제례 중에서도 시동에게 시행하는 것들이다. '음염'이라고 말한 것은 종자가 요절하여, 조묘의 아랫목에서 그에 대해 제사지내는 예법을 뜻한다. 소종(小宗)인 자가 요절하게 되면, 그에 대한 제례도 또한 이와 같이 한다.

釋文 附, 依注音備, 本或作祔, 亦同. 奥, 於報反. 肵音其, 又忌依反, 敬也.

번역 '附'자는 정현의 주에 따르면, 그 음이 '備(비)'이며, 판본에 따라서는 또한 '祔'자도로 쓰는데, 그 음은 동일하다. '奥'자는 '於(어)'자와 '報(보)'자의 반절음이다. '肵'자의 음은 '其(기)'이며, 또는 '忌(기)'자와 '依(의)'자의 반절음으로, '敬'자의 뜻이다.

孔疏 ●"孔子曰有陰厭有陽厭". ○孔子答問已了, 更起別端辯祭殤之禮, 其處有異, 故記者又言"孔子曰". 其祭殤有於陰厭者, 謂適殤也. 有於陽厭者, 謂庶殤也.

번역 ●經文: "孔子曰有陰厭有陽厭". ○공자의 대답은 이미 끝났는데, 다시금 별도의 단락을 잡아서, 요절한 자를 제사지내는 예법(禮法)에 대하여 논의한 말이니, 이 문장에서 논의하는 내용은 앞의 논의와 다른 점이 있다. 그렇기 때문에 『예기』를 기록한 자가 또한 '공자왈(孔子曰)'이라고 기입한 것이다. 요절한 자에 대한 제사에 음염(陰厭)이 있다는 말은 적장자가 요절한 경우를 뜻한다. 양염(陽厭)이 있다는 말은 서자(庶子)가 요절한 경우를 뜻한다.

孔疏 ●"曾子"至"陽厭". ○正義曰: 曾子既聞孔子云, "有陰厭有陽厭", 不解孔子之旨, 謂言祭殤始末, 一宗之中, 有此兩厭, 故問云, 祭成人之時, 有此二厭. "殤不祔祭", 祔, 備也. 謂祭殤簡略, 何謂備有陰厭有陽厭也?

번역 ●經文: "曾子"~"陽厭". ○증자는 이미 공자가 "음염(陰厭)이 있고, 양염(陽厭)이 있다."라고 대답해준 말을 들었지만, 공자의 언지를 이해하지 못하였다. 그래서 증자는 공자가 음염과 양염이라고 대답해준 말의 뜻을 다음과 같이 이해하였다. 즉 음염과 양염은 각각 제사 초반부와 말미에 지내는 제사 절차이다. 그런데 공자가 이 두 염제(厭祭)가 있다고 하였으니, 요절한 자를 제사지낼 때, 한 차례의 제사를 시행하는 도중, 이러한 두 가지 염제가 있는 것이라고 여긴 것이다. 그렇기 때문에 재차 질문하길, 성인(成人)에 대한 제사를 지낼 때처럼, 이 두 가지 염제가 있느냐고 물어본 것이다. 경문에서 '상불부제(殤不祔祭)'라고 기록하였는데, 이 문장에서의 '부(祔)'자는 '비(備)'자의 뜻이다. 그러므로 이 말의 뜻은 "요절한 자에 대한 제사에서는 예법(禮法)을 간략하게 하는데, 어찌하여 음염이 있고, 양염도 있다고 할 수 있느냐?"라는 뜻이다.

孔疏 ◎注"祔當"至"不備". ○正義曰: 知"祔當爲備"者, 按喪服小記云, "殤與無後者從祖祔食", 今云, "殤不祔祭", 與小記文乖, 故知祔當爲備. 備·祔聲相近, 故云, "聲之誤也"

번역 ◎鄭注: "祔當"~"不備". ○정현이 "'부(祔)'자는 마땅히 '비(備)'자가 되어야한다."라고 하였는데, 이 말이 사실임을 알 수 있는 이유는 『예기』

「상복소기(喪服小記)」편을 살펴보면, "요절한 자와 후손이 없는 자에 대해서는 조묘(祖廟)에 제사지낼 때에, 함께 흠향하도록 한다."[1]라고 했기 때문이다. 따라서 이곳 문장에서 '부'자를 글자 그대로 풀이하여, "요절한 자에 대해서는 부제(祔祭)를 지내지 않는다."라고 한다면, 「상복소기」편의 내용과 문맥이 서로 어긋나게 된다. 그렇기 때문에 '부'자가 마땅히 '비'자가 되어야 함을 알 수 있다. '비'자와 '부'자는 소리가 서로 비슷하기 때문에, 정현이 "소리 때문에 생긴 잘못이다."라고 말한 것이다.

孔疏 ◎云"言殤"至"陰厭", 約特牲少牢禮文. 當設饌於西南奧, 尸未入之前也. 云, "尸謖之後, 改饌於西北隅, 謂之陽厭"者, 當祭末謖起也, 謂尸起之後也.

번역 ◎鄭注: "言殤"~"陰厭". ○이 문장은 『의례』「특생궤식례(特牲饋食禮)」편과 「소뢰궤식례(少牢饋食禮)」편의 문장들을 약술한 것이다. 음염(陰厭)에 해당하는 내용들은 묘실(廟室)의 서남쪽 아랫목에 성찬(盛饌)을 진설하는 절차에 해당하므로, 시동이 묘실로 들어오기 이전이 된다. 정현이 "시동이 일어나서 나간 이후에, 서북쪽 모퉁이에 다시 진설을 하니, 그것을 양염(陽厭)이라고 부른다."라고 하였는데, 이 절차는 제사 말미에 시동이 일어나서, 묘실을 나간 때에 해당하므로, 양염의 절차들은 시동이 일어나서 묘실을 나간 이후의 내용들을 뜻한다.

孔疏 ●"孔子"至"後也". ○正義曰: 孔子更爲辯云, 若宗子爲殤而死, 以其未成人, 庶子不得代爲之後.

번역 ●經文: "孔子"~"後也". ○공자가 다시금 구별하며 말하길, 만약 종자(宗子)가 어린 나이에 죽게 되었다면, 그가 아직 성인(成人)이 되지 못하였으므로, 서자(庶子)는 대신하여 그의 후계자가 될 수 없다.

---

1) 『예기』「상복소기(喪服小記)」【410a】: 殤與無後者從祖祔食.

孔疏 ◎注"族人"至"其禮". ○正義曰: 以經云庶子旣不爲後, 宗子理不可闕, 明族人以其倫代之. 倫謂輩也. 謂與宗子昭穆同者則代之. 凡宗子爲殤而死, 庶子旣不得爲後, 不以父服服之, 鄭注喪服云, "若與宗子期親者, 其長殤大功衰九月, 中殤大功衰七月, 下殤小功衰五月. 有大功之親者, 成人服之齊衰三月, 卒哭, 受以大功衰九月. 其長殤·中殤大功衰五月, 下殤小功衰三月. 有小功之親者, 成人服之齊衰三月, 卒哭, 受以小功衰五月. 其殤與絶屬者同. 有緦麻之親者, 成人及殤, 皆與絶屬者同." 故喪服記云, "宗子孤爲殤而死者, 大功衰, 小功衰, 皆三月", 據與宗子小功以下及無服者, 長中殤則大功, 下殤則小功. 又云, "親則月算如邦人", 則鄭注是也. 此是族人以其倫代之者, 各以本服服之.

번역 ◎鄭注: "族人"~"其禮". ○경문에서 "서자(庶子)는 이미 후계자가 될 수 없다."고 하였는데, 종자(宗子)의 자리는 이치상 비워둘 수가 없다. 따라서 "서자가 후계자가 될 수 없다."는 말은 곧 족인(族人)들 중에서 그 서열에 따라 종자의 자리를 대신하게 된다는 뜻을 나타낸다. '윤(倫)'자는 동년배[輩]라는 뜻한다. 따라서 이 말은 종자와 소목(昭穆)의 항렬이 같은 자라면, 그를 대신하게 된다는 뜻이다. 무릇 종자가 어린 나이에 죽게 된다면, 서자는 이미 그의 후계자가 될 수 없으므로, 죽은 부친에 대해서 입게 되는 상복(喪服)으로, 종자의 상(喪)을 치를 수가 없다. 그래서 『의례』「상복(喪服)」편에 대한 정현의 주에서, "종자와 마찬가지로 기년복(期年服)을 입게 되는 친족(親族)에 대해서는 장상(長殤)[2]에 대해서 대공복(大功服)으로 9개월 간 복상(服喪)하고, 중상(中殤)[3]에 대해서 대공복으로 7개월 간 복상하며, 하상(下殤)[4]에 대해서 소공복(小功服)으로 5개월 간 복상한다. 대공복을 입는 관계의 친족에 대해서는 죽은 자가 성인(成人)이라면, 그를

2) 장상(長殤)은 16~19세 사이에 요절한 자를 뜻한다. 『의례』「상복(喪服)」편에 "年十九至十六爲長殤."이라는 기록이 있다.

3) 중상(中殤)은 12~15세 사이에 요절한 자를 뜻한다. 『의례』「상복(喪服)」편에 "十五至十二爲中殤."이라는 기록이 있다.

4) 하상(下殤)은 8~11세 사이에 요절한 자를 뜻한다. 『의례』「상복(喪服)」편에 "十一至八歲爲下殤."이라는 기록이 있다.

위해 자최복(齊衰服)을 3개월 동안 입고, 졸곡(卒哭)을 하면 대공복으로 9개월 동안 복상한다. 죽은 자가 장상이거나 중상이라면, 대공복을 입고서 5개월 동안 복상을 하고, 하상인 경우라면, 소공복을 입고서 3개월 동안 복상을 한다. 소공복을 입는 관계의 친족에 대해서는 죽은 자가 성인이라면, 그를 위해 자최복을 3개월 동안 입고, 졸곡을 하면, 소공복으로 5개월 동안 복상을 한다. 죽은 자가 요절하였거나, 후손이 없는 경우에도 동일하다. 시마복(緦麻服)을 입는 관계의 친족에 대해서는 죽은 자가 성인이든 요절한 경우든 모두 후손이 없는 자에 대해 치르는 예법(禮法)과 동일하다."라고 했다. 그러므로 「상복」편의 기문(記文)에서는 "종자가 고아인데, 어린 나이에 요절한 경우에는 대공복으로 복상을 하거나, 소공복으로 복상을 하는 것을 모두 3개월 동안 한다."라고 한 것이다. 종자에 대한 경우와 마찬가지로 소공복을 입는 그 이하의 경우나 또는 무복(無服)인 경우에 근거해보면, 장상과 중상인 경우에는 대공복을 입고, 하상인 경우에는 소공복을 입는다. 또한 「상복」편의 기문에서 "친족에 대해서는 상복(喪服)을 입는 개월은 방인(邦人)들에 대한 것처럼 한다."라고 하였으니, 정현의 주에서 설명하는 내용들은 옳은 말이다. 이 문장은 족인들 중에서 그와 동년배인 자가 그를 대신하는 경우를 뜻하며, 각각 본인에 해당하는 상복을 입고서 복상하는 것이다.

孔疏 ◎云"明不序昭穆立之廟", 以宗子殤死, 無爲人父之道, 故不序昭穆, 不得與代之者爲父也. 云"代之者, 主其禮"者, 以宗子存時, 族人凡殤死者, 宗子主其祭祀. 今宗子殤死, 明代爲宗子者, 主其禮也. 此宗子是大宗, 族人但是宗子兄弟行, 無限親疏, 皆得代之.

번역 ◎鄭注: "明不序昭穆立之廟". ○종자(宗子)가 요절하여서, 부모로써의 도리를 시행함이 없었기 때문에, 소목(昭穆)의 질서를 따지지 않는 것이며, 그를 대신하는 자가 대신 부모노릇을 할 수도 없는 것이다. 정현의 주에서 "대신한다는 말은 그 제례(祭禮)를 주관한다는 뜻이다."라고 하였는데, 종자가 생존해 있을 시기에는 족인(族人)들 중 요절한 자들에 대한 모든 경우에, 종자가 그들의 제사를 주관하게 된다. 그런데 이곳에서 설명하는 상황은 종자가 요절하였으니, 대신하여 종자의 역할을 하게 된 자가 그들에 대한 제례를 주관하게 된다는 사실을 나타낸다. 여기에서 말하는 종자는 대종(大宗)을 가리키니, '족인'이라는 말은 단지 종자의 형제 항렬을 가리키며, 가깝고 소원한 관계의 제한이 없고, 모두가 그를 대신할 수 있는 것이다.

孔疏 ●"其吉祭特牲". ○正義曰: 其卒哭成事之後, 祭之以特牲.

번역 ●經文: "其吉祭特牲". ○졸곡(卒哭)을 하여 성사(成事)를 한 이후에는 제사를 지낼 때 특생(特牲)을 사용한다.

孔疏 ◎注"尊宗"至"吉祭". ○正義曰: 士祭成人特牲, 今宗子祭亦特牲, 故云"尊宗子", 從成人之禮也. 云"凡殤則特豚"者, 以凡殤降宗子之殤, 故用特豚. 云"自卒哭成事之後爲吉祭"者, 檀弓云, "卒哭曰成事, 是日也, 以吉祭易喪祭." 熊氏云, "殤與無後者, 唯祔與除服二祭則止. 此言吉祭者, 唯據附與除服也." 庾云, "吉祭, 通四時常祭." 若如庾言, 殤與無後者之祭, 不知何時休止, 未有聞焉. 經云, "吉祭特牲", 則喪祭之時, 以其未成人, 降用特豚也.

번역 ◎鄭注: "尊宗"~"吉祭". ○사(士)의 경우, 성인(成人)에 대해 제사를 지낼 때에는 특생(特牲)을 사용하는데, 이곳 문장에서도 종자(宗子)에 대한 제사를 지내면서, 또한 특생을 사용한다고 하였다. 그렇기 때문에 정현이 그 이유를 설명하며, "종자를 높인 것이다."라고 한 것이니, 그 이유는 성인의 예법(禮法)에 따르기 때문이다. 정현이 "모든 요절한 자에 대해서는 한 마리의 돼지를 사용한다."라고 하였는데, 요절한 자에 대한 모든 경우에는 종자가 요절한 경우보다 낮추기 때문에, 한 마리의 돼지를 희생물로 사용하는 것이다. 정현이 "졸곡(卒哭)을 하여 성사(成事)를 한 이후에는 길제

(吉祭)가 된다."라고 하였는데, 『예기』「단궁(檀弓)」편에서는 "졸곡제[卒哭]를 지내게 되면 '일을 완수하였다[成事].'라고 부르니, 이 날에는 길제(吉祭)의 예법에 따름으로써, 그동안 상제(喪祭)에 따라 시행했던 절차들을 바꾼다."[5]라고 했고, 웅안생은 "요절한 자와 후손이 없는 자의 경우, 오직 부제(祔祭)와 제복(除服)[6]할 때의 소상(小祥)과 대상(大祥)이라는 두 제사만 지내게 되면, 모두 끝낸다. 이 문장에서 '길제'라고 말한 것은 오직 부제와 제복할 때의 제사들을 가리킬 따름이다."라고 했으며, 유울지는 "길제는 사계절마다 통상적으로 지내는 제사를 두루 포괄한다."라고 했는데, 만약 유울지의 말과 같다면, 요절한 자와 후손이 없는 자에 대한 제사를 어느 시기에 끝내게 되는지를 알 수 없게 되니, 유울지의 주장처럼 시행하는 경우는 전혀 들어보지도 못했다. 경문에서 "길제에서 특생을 사용한다."라고 했으니, 상제를 지낼 때에는 그 사람이 요절하였기 때문에, 예법을 낮춰서 한 마리의 돼지를 희생물로 사용하는 것이다.

孔疏 ●"祭殤"至"利成". ○謂祭此殤時不擧肺, 以其無尸, 故不擧肺脊.

번역 ●經文: "祭殤"~"利成". ○이처럼 요절한 자를 제사지낼 때에는 "희생물의 폐(肺)를 바치지 않는다[不擧肺]."고 하였는데, 그들에 대한 제사에서는 시동이 없기 때문에, 폐와 등뼈를 바치지 않는 것이다.

孔疏 ●"無肵俎"者, 肵是尸之所食歸餘之俎, 以其無尸, 故無肵俎.

번역 ●經文: "無肵俎". ○'근(肵)'자는 시동이 받아먹는 음식 중에서 남

---

5) 『예기』「단궁하(檀弓下)」【116a~b】 : 卒哭, 曰成事. 是日也, 以吉祭易喪祭.

6) 제복(除服)은 소상(小祥)과 대상(大祥)을 지낼 때 입는 상복(喪服)을 뜻한다. 또는 상복을 벗는다는 뜻이다. 소상과 대상을 치르면서 상복의 수위가 낮아지게 되며, 대상까지 지내게 되면 실제적으로 복상(服喪) 기간이 끝나게 된다. 따라서 '제복'은 상복을 벗는다는 뜻이 되며, 소상과 대상을 지내면서 입게 되는 변화된 상복을 지칭하기도 하는 것이다.

은 것들을 내려놓는 도마를 뜻하니, 요절한 자에 대한 제사에서는 시동이 없기 때문에, '근조(肵俎)'가 없는 것이다.

孔疏 ●"無玄酒"者, 若祭成人則有玄酒, 重古之義. 今祭殤既略, 故無玄酒也. "不告利成"者, 謂祭畢, 今既無所可告, 故不告利成. 利猶養也. 不告供養之禮成也.

번역 ●經文: "無玄酒". ○만약 성인(成人)에 대한 제사를 지내는 경우라면, 현주(玄酒)를 두게 된다. 이처럼 현주를 설치하는 이유는 '고대의 예법[古禮]'을 존중하는 뜻에서 설치하는 것이다. 그러나 이곳 문장에서 언급하는 상황은 요절한 자를 제사지내면서, 예법을 간략히 하였기 때문에, 현주가 없게 된다. 경문의 "이성(利成)을 고(告)하지 않는다."라고 하였는데, "이성을 고한다."는 말은 제사가 다 끝났다는 뜻이다. 그런데 이러한 상황에서는 이미 예법을 간략하게 하여, 아뢸 수 있는 것이 없기 때문에, 이성을 고하지 않는 것이다. '이(利)'자는 '양(養)'자의 뜻과 같다. 그러므로 이 말은 공양하는 예(禮)가 다 이루어졌음을 아뢰지 않는다는 뜻이다.

孔疏 ◎注"此其"至"尸者". ○正義曰: 以經云, "不擧肺, 無肵俎, 不告利成", 此三事本主於尸, 今以無尸故不爲, 故云, "此其無尸"也. 玄酒之設, 本不爲尸所有, 祭殤略, 無玄酒, 是降也, 故云, "及所降也". 云"擧肺脊, 肵俎. 利成, 禮之施於尸"者, 按特牲少牢, "尸將食, 擧肺脊", 又云, "上佐食設肵俎, 初載心舌", 肵者, 敬也. 主人敬尸之俎. 又云, "無算爵, 祝東面告利成", 擧肺脊肵俎利成之禮, 並施於尸也.

번역 ◎鄭注: "此其"~"尸者". ○경문에서 "폐(肺)를 바치지 않고, 근조(肵俎)도 없고, 이성(利成)을 고(告)하지 않는다."라고 하였는데, 세 가지 절차들은 본래부터 시동을 위주로 하는 행위이니, 이곳 문장에서 언급하는 상황에는 시동이 없기 때문에, 이러한 절차들을 하지 않는 것이다. 그렇기 때문에 정현의 주에서 “시동이 없기 때문이다.”라고 말한 것이다. 현주(玄酒)를 진설하는 것은 본래 시동을 위해서 갖추는 것이 아니지만, 요절한 자를 제사지낼 때에는 예법(禮法)을 간소하게 하므로, 현주가 없는 것이니, 이것이 바로 정상적인 예법보다 낮춘 점이다. 그렇기 때문에 정현의 주에서 “예법보다 낮추기 때문이다.”라고 말한 것이다. 정현이 “폐와 등뼈를 바치고, 근조를 설치하고, 이성을 고하는 절차들은 제례(祭禮) 중에서도 시동에게 시행하는 것들이다.”라고 하였는데, 『의례』「특생궤식례(特牲饋食禮)」편과 「소뢰궤식례(少牢饋食禮)」편을 살펴보면, “시동이 시식을 하려고 하면, 폐와 등뼈를 들어서 바친다.”라고 했고, 또 “상좌식(上佐食)이 근조를 진설하고, 처음에는 그곳에 희생물의 심장과 혀를 올려둔다.”라고 했는데, ‘근(肵)’이라는 말은 공경한다는 뜻이다. 따라서 ‘근조’는 제주(祭主)가 시동을 공경하게 대하기 위해 설치한 도마이다. 또 “잔의 수를 셈함이 없고, 축관(祝官)이 동쪽을 바라보며 ‘이성’을 아뢴다.”라고 하였으니, 폐와 등뼈를 바치고, 근조를 설치하고, 이성을 아뢰는 예법은 모두 시동에게 시행하는 절차들이다.

孔疏 ●“是謂陰厭”. ○此宗子殤死, 祭於祖廟之奥, 陰闇之處, 是謂陰厭也.

번역 ●經文: “是謂陰厭”. ○여기에서 말하는 상황은 종자(宗子)가 요절하여, 조묘(祖廟)의 아랫목에서 제사를 지내는 것인데, 그 장소가 음(陰)하고 어두운 곳이므로, 이러한 의식을 음염(陰厭)이라고 부른다.

孔疏 ◎注“是宗”至“如之”. ○正義曰: 鄭既云小宗爲殤祭禮如大宗者, 以前經云宗子爲殤而死, 不顯大小, 故知凡宗子殤祭之禮皆然. 是以小宗爲殤, 祭禮亦如之. 必知此經指大宗者, 以何休公羊注云, “小宗無子則絶, 大宗無子則不絶, 重適之本.” 上文庶子不爲後, 謂大宗子在殤而死, 不得爲後. 若非殤則得爲後, 故知是大宗也. 凡宗子成人而死, 則得立子孫爲後. 若立兄弟爲後則不可, 故成十五年公羊傳譏仲嬰齊是公孫歸父之弟, 當云公孫嬰齊, 而云仲嬰齊者, 爲歸父之後, 譏其亂昭穆, 故云仲, 是也.

번역 ◎鄭注: "是宗"~"如之". ○정현은 이미 "소종(小宗)이 요절한 경우, 그에 대한 예법(禮法)은 대종(大宗)에 대한 예법처럼 한다."고 말하였는데, 앞의 경문에서 "종자(宗子)가 요절하였다."고만 말하여, 종자가 대종인지, 또는 소종인지를 구분하여 기록하지 않았기 때문에, 모든 종자에 대해서, 그가 요절하였을 때 제사지내는 예법이 모두 이러하였다는 사실을 알 수 있다. 그러므로 소종이 요절을 하였을 때에도, 그에 대한 제례(祭禮) 또한 이와 같게 된다. 그런데 이곳 경문의 내용이 대종에 대한 내용을 가리키고 있다는 사실을 분명히 알 수 있는 이유는 『공양전(公羊傳)』에 대한 하휴(何休)의 주에서, "소종에게 자식이 없으면, 대가 끊어지고, 대종에게 자식이 없으면, 대가 끊어지지 않는데, 그것은 적장자의 본원을 중시하기 때문이다."라고 하였기 때문이다. 앞 문장에서 "서자(庶子)는 후계자가 될 수 없다."고 하였으니, 이 말은 곧 대종의 아들이 어린 나이에 죽은 경우, 그의 후계자가 될 수 없다는 것을 뜻한다. 만약 요절이 아닌 경우라면, 후계자가 될 수 있다. 그렇기 때문에 여기에서 말하는 종자가 대종임을 알 수 있는 것이다. 무릇 종자가 성인(成人)이 된 이후에 죽었다면, 자손을 세워서 후계자로 삼을 수가 있다. 만약 형제를 세워서 후계자로 삼는 경우라면, 불가하다. 그렇기 때문에 성공(成公) 15년 기사에 대해, 『공양전』에서는 중영제(仲嬰齊)를 기롱하였던 것이다. 중영제는 공손귀보(公孫歸父)의 동생으로, 마땅히 '공손영제(公孫嬰齊)'라고 불러야 함에도, 『공양전』에서 '중영제'라고 기록하였다. 그 이유는 그가 공손귀보의 후계자가 되었기 때문이니, 『공양전』에서는 그가 소목(昭穆)의 질서를 어지럽힌 사실을 기롱한 것이다. 그렇기 때문에 '중(仲)'자를 붙여서 기록하였는데, 이것이 바로 위의 경우를 뜻한다.

訓纂 江氏永曰: 祔當讀如字. 曾子之意, 謂祭祖禰有陰厭陽厭, 殤當特祭, 不祔於祖禰之旁, 一厭祭而已, 何爲有陰厭陽厭乎.

번역 강영이 말하길, '부(祔)'자는 마땅히 글자 그대로 읽어야 한다. 증자의 질문 의도는 조녜(祖禰)에 제사를 지낼 때에는 음염(陰厭)과 양염(陽厭)을 하게 되고, 요절한 자에 대해서는 마땅히 한 마리의 희생물을 사용하여 제사를 지내며, 조녜의 신주(神主) 곁에 합사[祔]하지 않으니, 한 번의 염제(厭祭)만 하게 될 따름인데, 어찌 음염과 양염이 있을 수 있느냐는 뜻이다.

訓纂 盧注: 殤無爲人父之道, 宗族無子, 但主其喪, 不爲後也.

번역 노씨의 주에서 말하길, 요절한 자는 부모의 도리를 못한 것이니, 종족(宗族) 중에서 자식이 없는 사람이 단지 그의 상(喪)을 주관해줄 뿐이며, 후계자가 되지는 않는다.

集解 殤唯祔與除服二祭則止. 祔, 附也. 不祔祭, 言不得附於宗廟四時之祭也. 宗廟之祭有尸, 故其祭初, 尸未入而饗神, 曰陰厭, 祭末, 尸已謖而改設, 曰陽厭. 殤不祔祭, 而其祔與除服之祭, 初未嘗有尸, 則無所爲陰陽二厭之分, 故曾子疑而問之.

번역 요절한 자에 대해서는 오직 부제(祔祭)와 제복(除服)할 때의 소상(小祥)과 대상(大祥)의 두 제사를 지내게 되면, 그에 대한 상례(喪禮)를 끝낸다. 경문의 '부(祔)'자는 덧붙인다는 뜻이다. 그러므로 "부제를 지내지 않는다."는 말은 종묘(宗廟)에서 사계절마다 지내는 제사에서는 그의 신주(神主)를 종묘에 합사하여 제사를 지낼 수 없다는 뜻이다. 종묘에서 제사를 지낼 때에는 시동이 있게 된다. 그렇기 때문에 제사 초반부에, 시동이 아직 들어오지 않은 상태에서 신(神)을 흠향시키는 것을 '음염(陰厭)'이라고 부르며, 제사 말미에, 시동이 이미 자리를 일어나서 나가면, 다시 음식을 진설하며, 그것을 '양염(陽厭)'이라고 부른다. 요절한 자에 대해서는 종묘에 덧붙여서 제사를 지내지 않고, 그에 대한 부제와 제복할 때의 제사에서는 제사 초반부에 애초부터 시동이 있지 않으니, 음염과 양염의 두 가지 염제(厭祭)로 구분할 것도 없게 된다. 그렇기 때문에 증자가 의문이 들어서 질문을 한 것이다.

集解 愚謂: 宗子爲殤而死, 謂大宗子爲殤而死也. 喪服齊衰章"爲人後者", 傳曰, "爲人後者孰後? 後大宗也." 小宗無子則絶, 不得立後. 庶子弗爲後者, 殤無爲人父之道, 族人來後大宗, 與殤之父爲後, 而不與殤爲後也. 言此者, 明殤旣不得以族人爲後, 故不得以成人之禮祭之也. 吉祭, 謂祔祭也. 凡喪祭, 自卒哭以後謂之吉祭. 殤無卒哭之祭, 其祔祭準成人之喪, 則在卒哭之後也. 殤有祔與除服二祭, 祔祭於祖廟, 除服於寢. 下節言"祭於宗子之家", 則此唯據祔祭言之也. 成人卒哭成事, 祔用少牢, 殤用特牲, 降於成人也. 特牲禮尸將食, "佐食擧肺脊以授尸", "主人羞肵俎于腊北". 肵者, 敬也, 主人敬尸之俎. 祭殤無尸, 故不擧肺, 無肵俎. 祭設玄酒, 重古之義, 祭殤禮降, 故無玄酒. 又特牲禮無算爵之後, "主人出, 戶外西面, 祝東面告利成." 言孝子之利養成畢也. 今亦以無尸故, 不告利成也. 按士虞禮無尸, 祝祝卒不綏祭, 無泰羹湇·胾從獻. 祭殤無尸, 其禮亦當如之. 不言"無泰羹湇·胾從獻", 蓋文略耳. 鄭氏謂"他如成人", 亦爲未審也. 曰陰厭者, 以其祭之於奧, 其處幽陰也. 不言其祭之所者, 祭於奧乃禮之常, 不言可知也. 此節本主爲大宗子而言, 而小宗子爲殤而死, 其祭之之禮亦如此. 又庶子成人無後, 其祭與凡殤同. 若小宗子成人無後, 不得以族人爲後, 則亦當以殤禮祭之, 而與宗子之殤同也. 大宗子之殤, 族人來後者爲之祔, 小宗子之殤與無後者, 主其祖之祭者爲之祔. 蓋小宗雖不立後, 而廟祭不可無主, 如高祖之適死而無後, 則其庶昆弟之長者主高祖之祭矣. 推而下之, 莫不皆然. 旣主廟祭, 則收族之責移而屬之殤, 祔於祖, 則主是祖之祭者皆爲之祔也. 其除服之祭, 則親者主之, 殤與無後者皆然.

번역 내가 생각해보니, "종자(宗子)가 어린 나이에 죽게 되었다."는 말은 대종(大宗)의 아들이 어린 나이에 죽었다는 상황을 뜻한다. 『의례』「상복(喪服)」편의 '자최장(齊衰章)'에서는 '남의 후계자가 된 자[爲人後者]'라는 기록이 있는데, 전문(傳文)에서 말하길, "남의 후계자가 된 자는 누구의 후계자를 뜻하는가? 대종의 후계자가 된다는 말이다."라고 하였다. 소종(小宗)에게 자식이 없으면, 대가 끊어지며, 다른 사람을 세워서 후계자로 삼을 수가 없다. "서자(庶子)는 후계자가 될 수 없다."는 말은 요절한 자는 부모의 도리를 시행하지 못하여 자식이 없으므로, 족인(族人) 중의 한 명이 대종의 후계자가 되는데, 이때에는 요절한 자의 부모에 대한 후사(後嗣)가 되는 것이지, 요절한 자의 후사가 되는 것은 아니다. 따라서 "종자의 후계자가 될 수 없다."고 한 말은 요절한 자에 대해서 족인들을 그의 후계자로 삼을 수가 없다는 사실을 밝히는 것이다. 그렇기 때문에 그에 대해서 성인(成人)에 대한 예법(禮法)으로 제사를 지낼 수 없는 것이다. 길제(吉祭)는 부제(祔祭)를 뜻한다. 무릇 상제(喪祭)에서는 졸곡(卒哭)을 지낸 이후부터를 '길제'라고 부른다. 요절한 자에 대해서는 졸곡하는 제사가 없는데, 그에 대한 '부제'를 성인에 대한 상례(喪禮)에 준거해본다면, '부제'를 지내는 시기는 졸곡 이후에 놓이게 된다. 요절한 자에 대해서는 부제와 제복(除服)할 때의 두 제사만 지내게 되는데, '부제'는 조묘(祖廟)에서 시행하며, 제복할 때의 제사는 침(寢)에서 시행한다. 아래 구절에서 "종자의 집에서 제사를 지낸다."라고 말하였으니, 이곳 문장은 오직 '부제'에 기준을 두고 말을 한 것이다. 성인에 대한 상례에서, 졸곡을 하여 성사(成事)를 한 이후에는 '부제'를 지내며 소뢰(少牢)를 사용하는데, 요절한 자에 대해서는 특생(特牲)만을 사용하니, 성인에 대한 예법보다 낮추기 때문이다. 『의례』「특생궤식례(特牲饋食禮)」편에서는 시동이 시식을 하려고 할 때에, "좌식(佐食)이 희생물의 폐와 등뼈를 집어서, 시동에게 준다."라고 하였고, "주인은 포의 북쪽에 근조(肵俎)를 바친다."라고 하였다. '근(肵)'이라는 말은 공경한다는 뜻이니, '근조'는 주인이 시동을 공경하게 대하여 설치하는 도마이다. 요절한 자를 제사지낼 때에는 시동이 없기 때문에, 폐를 들어서 주지 않고, 근조도 없게 되는 것이다. 제사를 지낼 때, 현주(玄酒)를 진설하는 것은 '고대의 예법[古禮]'을 존중하는 뜻인데, 요절한 자를 제사지낼 때에는 예법을 낮추기 때문에, 현주가 없게 된다. 또한 「특생궤식례」편에서는 잔의 수를 셈하지 않고, 그 이후에는 "주인은 밖으로 나가서, 호(戶) 밖에 서서 서쪽을 향하고, 축관(祝官)은 동쪽을 향하여 이성(利成)을 아뢴다."라고 하였는데, "이성을 고(告)한다."는 말은 제주(祭主)인 효자(孝子)가 정성스럽게 봉양하는 일이 완전히 다 끝났음을 뜻한다. 그런데 이곳 문장에서 설명하는 상황에는 또한 시동이 없기 때문에, 이성을 고하지 않는 것이다. 『의례』「사우례(士虞禮)」편을 살펴보면, 시동이 없다면 축관이 축문(祝文)을 끝낸 다음에, 수제(綏祭: =隋祭)를 지내지 않으며, 술을 바친 이후에, 조미료를 첨가하지 않은 고기 육즙과 산적을 뒤따라 바치는 일이 없게 된다. 요절한 자를 제사지낼 때에는 시동이 없으니, 그 예법이 또한 마땅히 이와 같았을 것이다. 그런데 경문에서 "조미료를 첨가하지 않은 고기 육즙과 산적을 뒤따라 바치는 일이 없다."라고 언급하지 않은 이유는 특별한 뜻이 있는 것이 아니라, 아마도 문장을 생략해서 기록했기 때문일 것이다. 정현은 "기타 나머지 절차들은 성인에 대한 예법처럼 한다."라고 하였는데, 이 주장은 또한 정확하지 않은 말이다. "음염(陰厭)이라고 부른다."고 말한 이유는 그에 대한 제사를 아랫목에서 지내는데, 그 장소가 그윽하고 음(陰)한 곳이기 때문이다. 그런데 경문에서 제사를 지내는 장소에 대해서 언급하지 않은 이유는 아랫목에서 제사를 지내는 것이 곧 예(禮)의 일상적인 관례이므로, 언급하지 않아도 알 수 있기 때문이다. 이 구절은 본래부터 대종의 아들인 자에 기준을 두고 말한 것인데, 소종의 아들이 요절하더라도 그에 대해 제사지내는 예법은 또한 이와 같다. 또 서자 중에서 성인이 된 이후에 죽었으나, 후손이 없는 자에 대해서는 그에 대한 제사를 일반적으로 요절한 자에 대해 지내는 것과 동일하게 한다. 만약 소종의 아들이 성인이 된 이후에 죽었으나 후손이 없는 경우에, 족인들 중에서 후계자를 삼을 수 없다면, 또한 마땅히 요절한 자에 대한 예법으로 제사를 지내게 되어, 종자 중에서 요절한 자에 대한 예법과 동일하게 한다. 대종의 아들이 요절하면, 족인 중에서 후계자가 된 자가 그를 위해 '부제'를 지내는데, 소종의 아들 중에 요절한 자와 후손이 없는 상태에서 죽은 자의 경우에는 그의 조부(祖父)에 대한 제사를 주관하는 자가 그를 위해 '부제'를 지내게 된다. 무릇 소종이 비록 후계자를 세울 수 없다고 하더라도, 묘(廟)에 대한 제사에서는 제주(祭主)가 없을 수 없다. 예를 들어 고조부(高祖父)의 적장자가 죽었는데, 후손이 없는 경우라면, 그의 여러 곤제(昆弟)들 중에서 가장 연장자가 고조부에 대한 제사를 주관하게 된다. 이것을 토대로 추론해보면, 모두 이렇게 하지 않는 경우가 없었을 것이다. 그리고 종자를 대신하는 자가 종묘(宗廟)에 대한 제사를 주관하게 된다면, 족인들의 책무를 수렴하여, 요절한 종자의 지위를 잇게 되고, 요절한 종자에 대해 조묘(祖廟)에서 '부제'를 지내는 경우라면, 조묘에 대한 제사를 주관하게 된 자가 그의 '부제'를 지내게 된다. 또한 요절한 종자에 대해, 제복할 때의 제사를 지내는 경우라면, 친족(親族)이 제사를 주관하니, 종자가 아닌 자들 중 요절한 자와 후손이 없는 상태에서 죽은 자들에 대해서도 모두 이처럼 시행하게 된다.

集解 愚謂: 熊氏之說甚確. 小記云, "殤與無後者, 從祖祔食." 蓋殤與無後者旣祔於祖, 自後祭祖之時, 則欲其神依祖而食, 故曰從祖祔食, 實別無殤與無後者之祭也. 鄭氏解吉祭爲卒哭以後之祭, 是已. 而又以用特牲爲從成人, 是又以四時常祭言之, 則誤也. 殤雖有祔與除服二祭, 而此所言吉祭, 則唯據祔祭. 孔氏謂"兼據祔與除服"者, 亦非是. 又按殤與無後者, 喪禮不備, 則無卒哭之祭, 而虞以安神, 則其祭不可闕. 而孔子唯以吉祭爲言者, 蓋虞與除服皆祭於寢, 宗子凡殤, 其處不異, 而祔於祖廟, 則祭之異所. 故陰厭·陽厭之名, 唯祔祭有之, 而虞與除服則但有陰厭而無陽厭也.

번역 내가 생각해보니, 웅안생의 주장이 매우 확실하다. 『예기』「상복소기(喪服小記)」편에서 "요절한 자와 후손이 없는 자에 대해서는 조묘(祖廟)에 제사지낼 때에 함께 흠향하도록 한다."[7]라고 하였다. 아마도 요절한 자와 후손이 없는 자에 대해서는 이미 "조묘에서 부제(祔祭)를 지낸다."고 하였으니, 그 이후로는 조묘에 제사를 지내게 될 때, 함께 '부제'를 지냄으로써, 그의 신령(神靈)이 조묘에 의탁하여, 흠향하도록 하고자 한 것이다.

7) 『예기』「상복소기(喪服小記)」【410a】: 殤與無後者從祖祔食.

그렇기 때문에 "조묘에 제사를 지내면서, 함께 흠향하도록 한다."라고 말한 것이니, 실제로는 요절한 자와 후손이 없는 자에 대해서, 별도로 지내는 제사가 없는 것이다. 정현은 '길제(吉祭)'를 풀이하며, 졸곡(卒哭) 이후의 제사라고 하였는데, 이 말은 옳다. 그러나 또한 특생(特牲)을 사용하는 것은 성인(成人)의 예법(禮法)을 따르는 것이라고 여겼고, 이것을 또한 사계절마다 지내는 정규제사에 근거하여, 언급을 하였다면, 이러한 설명은 잘못된 말이다. 요절한 자에 대해서는 비록 부제와 제복(除服)할 때의 두 제사를 지내게 되지만, 이곳 문장에서 언급한 '길제'는 오직 '부제'만을 가리킬 뿐이다. 공영달(孔穎達)은 "부제와 제복할 때의 제사를 함께 가리킨다."라고 하였는데, 이 주장 또한 잘못된 말이다. 또한 요절한 자와 후손이 없는 자에 대한 예법을 살펴보면, 상례(喪禮)의 절차를 전부 갖추는 것이 아니니, 졸곡할 때의 제사도 없게 되는데, 우제(虞祭)를 지내서 신령을 안주시키게 된다면, '우제'는 생략할 수가 없게 된다. 그런데 공자는 단지 '길제'라고만 언급을 하였다. 그 이유는 아마도 우제와 제복할 때의 제사는 모두 침(寢)에서 제사를 지내기 때문일 것이며, 또한 종자(宗子) 중의 요절한 자에 대한 경우도, 제사 장소가 다르지 않지만, 조묘에 '부제'를 지내게 되면, 제사를 지내는 장소가 달라진다. 그렇기 때문에 음염(陰厭)과 양염(陽厭)이라는 명칭은 오직 '부제'를 지낼 때에만 있게 되는 것이며, 우제와 제복할 때의 제사인 경우라면, 음염만 있고, 양염은 없게 된다.

【243b】

凡殤與無後者, 祭於宗子之家, 當室之白, 尊于東房, 是謂陽厭.

직역 凡殤과 無後者는 宗子의 家에서 祭하되, 室의 白에 當하며, 東房에 尊하니, 이것을 陽厭이라고 謂한다.

의역 계속하여 공자가 알려주기를, "종자(宗子)를 제외한 나머지 요절한 자들과 후손이 없이 죽은 자들에 대해서는 종자의 집에서 제사를 지내되, 묘실(廟室)의 밝은 곳에 해당하는 장소에서 지내며, 동쪽 방에 술잔을 진설하니, 이것을 양염(陽厭)이라고 부른다."

集說 凡殤, 非宗子之殤也. 無後者, 謂庶子之無子孫者也. 此二者若是宗子大功內親, 則於宗子家祖廟祭之, 必當室中西北隅, 得戶之明白處, 其尊則設于東房, 是謂陽厭也.

번역 '범상(凡殤)'은 종자(宗子)가 아닌 자들 중에서 요절한 자들을 뜻한다. '후손이 없는 자[無後]'는 서자(庶子) 중에서 자손이 없이 죽은 자들을 뜻한다. 이 두 가지 경우에 해당하는 자들이 만약 종자가 대공복(大功服)을 입어야 하는 친속관계에 있는 동성(同姓)의 친척이라면, 종자의 집에 있는 조묘(祖廟)에서 그들에게 제사를 지내게 된다. 이러한 경우에는 반드시 묘실(廟室) 안의 서북쪽 모퉁이에 해당하는 곳에서 시행하여, 호(戶)에서 들어오는 밝은 빛을 받을 수 있는 장소로 정하고, 그 술잔 등을 차려내는 경우에는 동쪽 방에 진설을 하니, 이것을 '양염(陽厭)'이라고 부른다.

大全 程子曰: 無服之殤, 不祭. 下殤之祭, 終父母之身. 中殤之祭, 終兄弟之身. 長殤之祭, 終兄弟之子之身. 成人而無後者, 終兄弟之孫之身. 此皆以義起也.

번역 정자(程子)가 말하길, 7세 이하에 요절하여, '상복(喪服) 관계가 형성되지 않는[無服]' 관계가 된 자에 대해서는 제사를 지내지 않는다. 하상(下殤)에 대한 제사는 그의 부모가 죽을 때까지만 지낸다. 중상(中殤)에 대한 제사는 그의 형제들이 죽을 때까지만 지낸다. 장상(長殤)에 대한 제사는 그의 형제가 낳은 자식들이 죽을 때까지만 지낸다. 성인(成人)이 된 이후에 죽었으나, 후손이 없는 자에 대한 제사는 그의 형제의 손자가 죽을 때까지만 지낸다. 이러한 규정들은 모두 죽은 자에 대한 의리 때문에 시행하는 것이다.

大全 馬氏曰: 厭, 不成禮之祭也. 厭於陰者, 宗子之殤而無後者, 厭於陽者, 凡殤與無後者. 其異, 何也. 宗子尊矣, 則以特牲, 卽於陰者, 幽陰之義, 反諸幽, 求神之道也. 凡殤卑矣, 其祭也, 則就宗子之家, 當室之白, 則所謂堂事略矣. 宗子非不欲尊之也. 其所以不得爲成人者, 從祖祔祭而已. 於宗則明親疏, 於廟則明尊卑, 唯其辟所尊, 故雖宗子, 不得爲成人.

번역 마씨가 말하길, 염제(厭祭)는 예법(禮法)을 다 갖추지 않는 제사이다. 음(陰)한 곳에서 지내는 염제는 종자(宗子)의 신분인데도 요절하여 후손이 없는 자에게 지내는 제사이며, 양(陽)한 곳에서 지내는 염제는 종자를 제외한 나머지 자들 중에서 요절을 하였거나, 후손이 없는 자에게 지내는 제사이다. 그런데 그 차이점은 무엇인가? 종자는 존귀한 존재이므로, 특생(特牲)을 희생물로 사용하여, 음한 장소에 가서 지낸다. 그 이유는 그윽하고 음한 뜻에 따라서, 어두운 곳으로 되돌아가서 신(神)을 찾는 방법이기 때문이다. 종자를 제외한 나머지 요절한 자들은 신분이 낮으니, 그에 대한 제사를 지내게 되면, 종자의 집에 가서, 묘실(廟室) 안에서도 밝은 곳에서 시행한다. 이것은 이른바 일상적인 제사 때, 당상(堂上)에서 시행하는 절차들을 생략하는 것이다. 종자 중 요절한 자에 대해서, 존귀하게 대하지 않으려고 이처럼 하는 것은 아니다. 그러나 그가 성인(成人)이 되지 못하였기 때문에, 조묘(祖廟)의 제사 때 그를 함께 제사지낼 따름이다. 종자에 기준을 둔다면, 가깝고 소원한 관계가 명백해지고, 종묘(宗廟)에 기준을 둔다면, 존귀하고 낮은 차이가 명백해진다. 존귀하게 떠받드는 종묘의 조상신(祖上神)에 비해 단지 종자를 낮추는 것이기 때문에, 비록 종자의 신분이라고 하더라도, 그가 요절하여 후손이 없다면, 성인에 대한 예법으로 제사를 지낼 수 없는 것이다.

大全 嚴陵方氏曰: 陽尊而陰卑, 宗子之殤曰陰厭, 而凡殤曰陽厭者, 鬼神尙幽暗故也.

번역 엄릉방씨가 말하길, 일반적으로 양(陽)은 높고 음(陰)은 낮다. 그런데 종자(宗子) 중에 요절한 자에 대한 제사를 '음염(陰厭)'이라고 부르고, 종자 이외의 요절한 자에 대한 제사를 '양염(陽厭)'이라고 부른다. 그 이유는 귀신은 그윽하고 어두운 곳을 숭상하기 때문이다.

鄭注 凡殤, 謂庶子之適也. 或昆弟之子, 或從父昆弟. 無後者如有昆弟及諸父, 此則今死者皆宗子大功之內親共祖禰者. 言祭於宗子之家者, 爲有異居之道也. 無廟者, 爲墠祭之. 親者共其牲物, 宗子皆主其禮. 當室之白, 尊於東房, 異於宗子之爲殤. 當室之白, 謂西北隅得戶明者也. 明者曰陽, 凡祖廟在小宗之家, 小宗祭之亦然. 宗子之適, 亦爲凡殤. 過此以往, 則不祭也. 祭適者, 天子下祭五, 諸侯下祭三, 大夫下祭二, 士以下祭子而止.

번역 '범상(凡殤)'은 서자(庶子)의 적장자가 요절한 경우를 뜻한다. 예를 들어 곤제(昆弟)의 자식이 요절한 경우거나 혹은 종부(從父)의 곤제가 요절한 경우를 가리킨다. 그리고 '후손이 없는 자[無後]'이면서 종자(宗子)의 곤제이거나, 종자의 여러 숙부(叔父)들 중 후손이 없는 자의 경우에 해당한다. 그렇다고 한다면 이 문장에서 '이제 곧 죽은 자[今死者]'들은 모두 종자와 대공복(大功服)의 상복(喪服)을 입어야 하는 관계인 동성(同姓)의 친족들로, 조부(祖父) 및 부친이 같은 자들이다. "종자의 집에서 제사를 지낸다."고 한 말은 제사를 받는 자와 제사를 모시는 자 사이에, 거주하는 곳이 다르기 때문에 따르게 되는 도리가 있어서이다. '해당하는 묘(廟)가 없는 경우[無廟者]'에는 제단을 쌓아서 제사를 지낸다. 부모들은 그의 제사에 사용되는 희생물 등을 공급하고, 종자는 이러한 경우에 해당하는 모든 자들에 대해서, 그들에 대한 제례(祭禮)를 주관하게 된다. 그들에 대한 제사를 지낼 때, 묘실(廟室) 중에서도 밝은 곳에서 지내고, 동쪽 방에 술잔 등을 진설하는 이유는 종자 중 요절한 자에 대한 예법(禮法)과 다르게 하기 위해서이다. 묘실 중에서도 밝은 곳은 서북쪽 모퉁이로, 호(戶)로 들어오는 햇볕이 드는 장소를 뜻한다. 햇볕이 드는 곳을 '양(陽)'이라고 부르는 것이며, 무릇 조묘(祖廟)가 소종(小宗)의 집에 있다면, 소종이 제사를 주관하더라도 또한 이처럼 하는 것이다. 종자의 적장자가 요절한 경우에도, 또한 일반적으로 요절한 자에 대해 시행하는 것처럼 한다. 이러한 의식을 시행한 이후에는 제사를 지내지 않는다. 요절한 적장자를 제사지낼 경우에, 천자의 신분이라면 손아래의 혈족에 대해서 5대까지 제사를 지내며, 제후는 손아래로 3대까지 제사를 지내고, 대부(大夫)는 손아래로 2대까지 제사를 지내며, 사(士) 이하의 신분인 경우에는 손아래로 자식항렬까지만 제사지내고, 그에 대한 제사를 끝낸다.

釋文 適, 丁歷反, 下同. 如有昆弟, 一本作加有. 共其音恭.

번역 '適'자는 '丁(정)'자와 '歷(력)'자의 반절음이며, 아래 문장에 나오는 '適'자도 그 음이 이와 같다. "如有昆弟"에 대해, 다른 판본에서는 '有'자를 덧붙이기도 한다. '共其'에서의 '共'자는 그 음이 '恭(공)'이다.

孔疏 ●"凡殤"至"陽厭". ○正義曰: 凡殤, 謂非宗子之殤, 故云凡殤. 無後者, 謂庶子之身無子孫爲後. 此二者, 皆宗子大功內親, 祭於宗子之家祖廟之內, 不敢在成人之處, 故於當室之明白顯露之處, 爲之設尊於東房, 以其明是陽, 故爲陽厭也.

번역 ●經文: "凡殤"~"陽厭". ○'범상(凡殤)'은 종자(宗子)가 아닌 자들이 요절한 경우를 뜻하는 것이기 때문에, '범상'이라고 말한 것이다. '무후(無後)'에 해당하는 자들은 서자(庶子) 본인이 후계자로 삼을 수 있는 자손이 없는 경우를 뜻한다. 이 두 가지 경우에 해당하는 자들은 모두 종자와 대공복(大功服)을 입어야 하는 동성(同姓)의 친족들이니, 종자의 집에 있는 조묘(祖廟) 안에서 제사를 지내게 된다. 그러나 성인(成人)이 된 이후에 죽은 자를 제사지내는 장소에서, 감히 그들에 대한 제사를 지낼 수 없기 때문에, 묘실(廟室) 안에서도 밝게 드러나는 장소에서 지내며, 그를 위해 동쪽 방에 술잔 등을 진설하는 것인데, 밝은 곳은 양(陽)한 곳이기 때문에 '양염(陽厭)'이라고 한 것이다.

孔疏 ◎注"凡殤"至"而止". ○正義曰: 謂庶子之適子爲殤而死, 此"庶子之適"一句, 與下文爲總, 卽是昆弟之子·從父昆弟, 是也. 云"或昆弟之子"者, 謂宗子親昆弟所生之子是適, 其昆弟是庶子, 昆弟所生者是適, 故云"庶子之適". 云"或從父昆弟"者, 亦謂宗子之從父兄弟, 宗子之父身是適, 諸父是庶, 諸父所生之適子, 亦是庶子之適, 故云"或從父昆弟". 云"無後者如有昆弟及諸父"者, 如, 而也. 而有昆弟, 謂宗子之親·庶兄弟與宗子同祖, 今旣無後, 祭之當於宗子祖廟, 及諸父謂宗子諸父, 身並是庶子, 與宗子同曾祖, 祭之當於宗子曾祖之廟. 凡殤有二, 一昆弟之子, 祭之當於宗子父廟, 二是從父昆弟, 祭之當於宗子祖廟. 其無後者亦有二, 一是昆弟無後, 祭之當於宗子祖廟, 二是諸父無後, 祭之當於宗子曾祖之廟. 凡殤得祭者, 以其身是適故也. 無後者, 成人無後則祭, 若在殤而死則不祭, 以其身是庶故也. 按小記云, "庶子不祭殤與無後者, 殤與無後者, 從祖祔食." 注云, "不祭殤者, 父之庶. 不祭無後者, 祖之庶." 但此經據死者之身, 小記注據生者設祭之人, 宗子昆弟是庶, 不得自祭適子, 故云"父之庶". 宗子之諸父自是庶, 不得祭所生適子, 適子卽是宗子從父兄弟, 故云"父之庶". "不祭無後, 祖之庶"者, 宗子昆弟無後而死, 其餘兄弟應祭之, 以兄弟並是祖庶, 不合立廟, 故云"祖之庶". 宗子諸父無後, 其餘諸父親者亦應合祭之, 以諸父並是庶子, 不合立祖廟, 故云"祖之庶", 義與此不異也.

번역 ◎鄭注: "凡殤"~"而止". ○정현의 주에서 설명하는 내용은 서자(庶子)의 적장자가 어린 나이에 죽은 경우를 뜻하는데, 여기에서 '서자의 적장자'라고 한 구문은 그 아래의 문장까지 연결되니, 곧 곤제(昆弟)의 아들이나, 종부(從父)의 곤제가 요절한 경우를 뜻한다. 정현이 '혹은 곤제의 아들'이라고 하였는데, 이 말은 종자(宗子)의 친형제들인 곤제에게서 태어난 아들이 적장자라고 한다면, 그 곤제는 종자에 대해 서자가 되지만, 곤제에게서 태어난 아들 중에서는 적장자가 된다. 그렇기 때문에 '서자의 적장자'라고 말한 것이다. 정현이 '혹은 종부의 곤제'라고 하였는데, 이들은 또한 종자의 종부의 형제들을 뜻하니, 종자의 부친은 적장자이므로, 제부(諸父)들은 서자가 되고, 제부에게서 태어난 적장자들은 또한 서자 집안의 적장자가 된다. 그렇기 때문에 '혹은 종부의 곤제'라고 말한 것이다. 정현이 "무후자여유곤제급제부(無後者如有昆弟及諸父)"라고 한 말에서 '여(如)'자는 '그리고[而]'라는 뜻이다. 따라서 '이유곤제(而有昆弟)'라는 말은 종자의 친족과 서자의 형제들로, 종자와 함께 조부(祖父)가 같은 자들이니, 이곳 문장에서는 이미 후손이 없다고 하였으므로, 그들에 대한 제사는 마땅히 종자의 조묘(祖廟)에서 지내야 한다. 그리고 '급제부(及諸父)'는 종자의 제부들을 뜻하니, 그들 본인들은 모두 서자의 신분에 해당하고, 종자와 더불어서 증조부(曾祖父)가 같은 자들이니, 그들에 대한 제사는 마땅히 종자의 집에 위치한 증조묘(曾祖廟)에서 지내야 한다. '범상(凡殤)'에는 두 가지 경우가 있다. 첫 번째는 곤제의 자식이 요절한 경우로, 그들에 대한 제사는 마땅히 종자의 부묘(父廟: =禰廟)에서 지내야 하고, 두 번째는 종부의 곤제가 요절한 경우로, 그들에 대한 제사는 마땅히 종자의 조묘에서 지내야 한다. 후손이 없는 자에 대해서도 또한 두 가지 경우가 있으니, 첫 번째는 곤제가 후손이 없는 상태에서 죽은 경우로, 그들에 대한 제사는 마땅히 종자의 조묘에서 지내야 하고, 두 번째는 제부가 후손이 없는 상태에서 죽은 경우로, 그들에 대한 제사는 마땅히 종자의 증조묘에서 지내야 한다. '범상'에 해당하는 자들이 제사를 받을 수 있는 이유는 그들은 그들의 집안에서 적장자의 신분이 되기 때문이다. 후손이 없이 죽은 자들의 경우에는 성인(成人)이 된 이후에 죽었으나, 후손이 없는 경우라면, 제사를 지내야 하는 것이며, 만약 이러한 자들이 요절한 경우에 해당한다면, 제사를 지내지 않으니, 그들 본인들은 서자의 신분이기 때문이다. 『예기』「상복소기(喪服小記)」편을 살펴보면, "서자들은 요절한 자와 후손이 없는 자에 대해서 제사를 지내지 않으니, 요절한 자와 후손이 없는 자에 대해서는 조묘에 제사지낼 때, 함께 합사하여 흠향시킨다."[8]라고 하였고, 이 문장에 대한 정현의 주에서는 "요절한 자에 대해서 제사를 지내지 않는 경우는 부친의 서자들인 경우이다. 후손이 없는 자에 대해서 제사를 지내지 않는 경우는 조부의 서자들인 경우이다."라고 하였다. 이처럼 차이를 보이는 이유는 이곳 경문은 죽은 자의 신분을 기준으로 언급한 기록이고, 「상복소기」편에 대한 정현의 주는 제사를 지내는 자를 기준으로 언급한 기록이기 때문이다. 따라서 종자의 곤제들은 바로 「상복소기」편에서 언급한 서자에 해당하니, 본인이 직접 적장자에 대해 제사를 지낼 수가 없다. 그렇기 때문에 '부친의 서자'라고 말한 것이다. 종자의 제부들은 본인들이 서자의 신분에 해당하므로, 같은 항렬에 태어난 자들 중의 적장자에 대해서 제사를 지낼 수가 없으니, 여기에서 적장자라는 것은 곧 종자의 종부의 형제를 뜻한다. 그렇기 때문에 '부친의 서자'라고 말한 것이다. "후손이 없는 자에 대해서 제사를 지낼 수 없는 경우는 조부의 서자이다."라고 하였는데, 이러한 경우는 종자의 곤제가 후손이 없이 죽은 경우이며, 그 나머지 형제들에 대해서는 마땅히 제사를 지내게 되지만, 형제들이 모두 조부의 서자들에 해당하기 때문에, 묘(廟)에 신위(神位)를 세울 수는 없다. 그렇기 때문에 '조부의 서자'라고 말한 것이다. 종자의 제부들 중에서 후손이 없는 경우를 제외하고, 그 나머지 제부에 대해서는 친족들이 또한 그들에 대한 제사를 함께 합사하여 지낼 수 있지만, 제부들은 모두 서자의 신분에 해당하므로, 조묘에 그들의 신위를 세울 수는 없다. 그렇기 때문에 '조부의 서자'라고 말한 것이다. 따라서 「상복소기」편의 뜻은 이곳 경문의 뜻과 다르지 않다.

孔疏 ◎云"此則今死"至"其祖禰者", 從父兄弟是宗子大功親, 昆弟諸父是宗子期親, 諸父及從兄弟共祖者, 昆弟及昆弟之子共禰者, 鄭必限以大功內親共祖禰者, 以上文云吉祭特牲, 唯據士禮, 適士二廟, 有祖有禰, 下士祖禰共廟,

---

8) 『예기』「상복소기(喪服小記)」【410a】: 庶子不祭殤與無後者, 殤與無後者從祖祔食.

故鄭限以祖禰同者, 唯大功之內親也. 云"言祭於宗子之家者, 爲有異居之道也", 禮, 大功以上同居, 命士以上則父子異宮. 故云"有異居之道". 云"無廟者, 爲墠祭之"者, 士立二廟, 若祭諸父, 當宗子曾祖之廟, 宗子是士, 但有二廟, 無曾祖廟, 故云"無廟者, 爲墠祭之". 推此而言, 大夫立三廟無太祖者, 其祭諸父得於曾祖廟也. 其立太祖廟者, 其祭諸父當於曾祖廟. 曾祖無廟, 亦爲墠祭之. 云"親者共其牲物, 宗子皆主其禮", 大功雖有同財之義, 其經營祭事牲牢之屬, 親者主爲之. 又牲牢視親者之品命, 故云"親者共其牲物". 就宗子之家, 祭其祖禰, 故云"宗子皆主其禮". 云"當室之白, 尊於東房", 以宗子之殤, 祭於室奧, 今祭凡殤, 乃於西北隅. 又特牲云, "尊於戶東." 注云, "室戶東." 按上文宗子之殤, 但"不擧肺, 無肵俎, 無玄酒, 不告利成", 其餘皆與祭成人同, 則其尊亦設於室戶東. 今祭凡殤, 乃尊於東房, 故云"當室之白, 尊於東房, 異於宗子之殤也". 云"宗子之適, 亦爲凡殤"者, 以上經云宗子爲殤而死, 據宗子身殤, 不論宗子適子也. 此明宗子適子, 父雖是適, 其子殤死, 亦爲凡殤, 以其更無別文, 故知與凡殤同. 云"過此以往, 則不祭也"者, 此謂宗子身殤, 及宗子昆弟之子, 及從父昆弟, 幷宗子適子等, 唯此等殤死祭之, 過此以往, 皆不祭也. 云"祭適者, 天子下祭五"以下, 並祭法文. 彼注云, "祭適殤於廟之奧, 謂之陰厭." 是天子諸侯祭適殤於其廟奧. 彼注又云, "王子公子祭其適殤於其黨之廟, 大夫以下庶子祭其適殤於宗子之家, 皆當室之白, 謂之陽厭." 是王子以下及大夫等祭其適殤, 皆爲凡殤也. 彼注又云, "凡庶殤不祭, 以其身是庶. 若其成人無後則祭之."則上文無後昆弟及諸父是也.

번역 ◎鄭注: "此則今死"~"其祖禰者". ○종부(從父)의 형제들은 종자(宗子)와 대공복(大功服)을 입어야 하는 관계의 친족(親族)이며, 곤제(昆弟)와 제부(諸父)들은 종자와 기년복(期年服)을 입어야 하는 관계의 친족이고, 제부 및 종부의 형제들은 종자와 조부(祖父)가 같은 자들이며, 곤제와 곤제의 자식들은 종자와 부친이 같은 자들이다. 따라서 정현은 이 문장을 설명하면서, 종자와 대공복의 관계에 있는 동성(同姓)의 친족이며, 종자와 '조부와 부친[祖禰]'이 같은 자라고 한정을 지은 것이다. 그리고 앞 문장에서 "길제(吉祭)에서는 특생(特牲)을 사용한다."고 했는데, 다만 사(士)에 해당하는 예법(禮法)에 근거해보면, 적사(適士)[9]들은 두 개의 묘(廟)를 세우니, 조묘(祖廟)와 녜묘(禰廟)가 있게 되고, 하사(下士)들은 조부와 부친을 하나의 묘에 함께 세운다. 그렇기 때문에 정현이 조녜(祖禰)가 같은 자들로 한정을 지은 것이다. 따라서 정현의 주장은 종자와 조녜가 같은 경우에 해당한다고 하더라도, 또한 종자와 대공복을 입게 되는 동성의 친족들인 경우에 한정된다는 뜻이다. 정현이 "종자의 집에서 제사를 지낸다고 한 말은 제사를 받는 자와 제사를 모시는 자 사이에는 거주하는 곳이 다르기 때문에 따르게 되는 도리가 있어서이다."라고 하였는데, 예법에 따르면, 친속관계에서 대공복 이상의 상복(喪服)을 입는 자들은 거주지를 같이 하며, 명사(命士)[10] 이상인 경우라면, 부친과 자식이 거주하는 건물을 달리하게 된다. 그렇기 때문에 "거주하는 곳이 다르기 때문에 따르게 되는 도리가 있다."라고 말한 것이다. 정현이 "해당하는 묘(廟)가 없는 경우에는 제단을 쌓아서 제사를 지낸다."라고 하였는데, 사(士)는 두 개의 묘를 세우니, 만약 제부에 대해서 제사를 지내게 된다면, 마땅히 종자의 증조묘(曾祖廟)에서 지내야 하지만, 종자 본인이 사의 신분인 경우에는 단지 두 개의 묘만 있게 되므로, 증조부(曾祖父)의 묘가 없게 된다. 그렇기 때문에 "해당하는 묘가 없는 경우에는 제단을 쌓아서 제사를 지낸다."라고 말한 것이다. 이것을 토대로 유추해보면, 대부(大夫)는 3개의 묘를 세우니, 태조(太祖)의 묘가 없는 경우에만, 대부들은 제부에 대해서 증조부의 묘에서 제사를 지낼 수 있게 된다. 그런데 대부가 태조의 묘를 세운 경우라면, 대부들은 제부에 대해서 본래는 증조묘에서 제사를 지내야 한다. 그러나 증조묘가 없으므로, 이러한 경우에도 또한 제단을 쌓아서 제사를 지내게 된다. 정현이 "부모들은 그의

---

9) 적사(適士)는 상사(上士)를 말한다. 사(士)라는 계급은 3단계로 세분되는데, 상사, 중사(中士), 하사(下士)가 그것이다. 『예기』「제법(祭法)」편의 경문에는 "適士二廟, 一壇, 曰考廟, 曰王考廟, 享嘗乃止."라는 기록이 있다. 이에 대한 정현의 주에서는 "適士, 上士也."라고 풀이했다.

10) 명사(命士)는 사(士) 중에서도 작명(爵命)을 받은 자를 뜻한다. 『예기』「내칙(內則)」【348b】에는 "由命士以上, 父子皆異宮, 昧爽而朝, 慈以旨甘."이라는 용례가 나온다.

제사에 사용되는 희생물 등을 공급하고, 종자는 이러한 경우에 속한 모든 자들에 대해서, 그들에 대한 제례(祭禮)를 주관하게 된다."라고 하였는데, 대공복을 입는 관계에서는 비록 "재물을 함께 공유한다[同財]."는 의미도 포함되어 있지만, 제사에서 사용되는 희생물을 마련하는 일 등은 죽은 자의 부모가 위주가 되어 그 일들을 담당하게 된다. 또한 이러한 경우에 마련하는 희생물은 부모의 관직 등급에 맞춰서 한다. 그렇기 때문에 "부모들은 그의 제사에 사용되는 희생물 등을 공급한다."라고 말한 것이다. 종자의 집에 찾아가서, 조녜의 묘에서 제사를 지내기 때문에, "종자는 이러한 자들에 대해서, 그들에 대한 제례를 주관하게 된다."라고 말한 것이다. 정현이 "묘실(廟室) 중에서도 밝은 곳에서 지내고, 동쪽 방에 술잔 등을 진설한다."라고 하였는데, 종자가 요절한 경우에는 그에 대한 제사를 묘실의 아랫목에서 지내기 때문에, 이곳 문장에서 '범상(凡殤)'에 대해 제사를 지낼 때에는 곧 서북쪽 모퉁이에서 지내게 된다고 한 것이다. 또한 『의례』「특생궤식례(特牲饋食禮)」편에서는 "호(戶)의 동쪽에 술잔 등을 진설한다."라고 하였고, 이 문장에 대한 정현의 주에서는 "묘실의 호 동쪽이다."라고 하였다. 앞 문장의 '종자가 요절한 경우'에 대한 기술들을 살펴보면, 단지 "희생물의 폐를 바치지 않고, 근조(肵俎)가 없으며, 현주(玄酒)가 없고, 이성(利成)을 고(告)하지 않는다."라고 하였고, 그 나머지 예법들은 모두 성인(成人)에 대한 제례와 동일하게 치른다고 하였으니, 요절한 종자에 대해서도 술잔 등은 또한 묘실의 호 동쪽에 진설하게 된다. 그런데 이곳 문장에서는 '범상'에 대한 제사를 지내게 되면, 곧 동쪽 방에 술잔 등을 진설한다고 하였다. 그렇기 때문에 "묘실 중에서도 밝은 곳에서 지내고, 동쪽 방에 술잔 등을 진설하는 이유는 종자 중 요절한 자에 대한 예법과 다르게 하기 때문이다."라고 말한 것이다. 정현이 "종자의 적장자가 요절한 경우에도, 또한 일반적으로 요절한 자에 대해 시행하는 것처럼 한다."라고 하였는데, 앞의 경문에서 종자가 요절한 경우를 언급한 기록들은 종자 본인이 요절한 것에 기준을 둔 내용이지, 종자의 적장자에 대해서 논의한 내용이 아니다. 이곳 문장에서 종자의 적장자라고 명시하고 있는데, 그 이유는 부친이 비록 적장자라고 하더라도, 그의 자식이 요절하게 되면, 또한 '범상'의 경우가 되며, 이 경우에 대해서 경문에는 별도의 문장이 없기 때문에, '범상'인 경우와 동일하게 한다는 사실을 알 수 있다. 정현이 "이러한 의식을 시행한 이후에는 제사를 지내지 않는다."라고 하였는데, 이 말은 곧 종자 본인이 요절한 경우를 뜻하며, 종자의 곤제의 자식 및 종부의 곤제들은 모두 종자 및 종자의 적장자와 같은 항렬인데, 다만 이러한 항렬에 속한 자들 중에서, 요절한 자에 대해 제사를 지내게 된다면, 이러한 의식을 지낸 이후에는 모든 제사를 지내지 않게 되는 것이다. 정현이 "요절한 적장자를 제사지낼 경우에, 천자의 신분이라면 손아래의 혈족에 대해서 5대까지 제사를 지낸다."라고 하였는데, 이 말을 포함한 그 이하의 문장들은 모두 『예기』「제법(祭法)」편의 기록들이다. 「제법」편에 대한 정현의 주에서는 "적장자 중에서 요절한 자를 제사지낼 때에는 묘(廟)의 아랫목에서 하니, 그것을 '음염(陰厭)'이라고 부른다."라고 하였다. 이 말은 곧 천자와 제후가 적장자 중에서 요절한 자를 제사 지낼 때에, 묘의 아랫목에서 지낸다는 뜻이다. 또한 「제법」편에 대한 정현의 주에서는 "천자의 공자(公子)들은 그의 요절한 적장자에 대해서 그 당(黨)의 묘(廟)에서 제사를 지내고, 대부 이하의 서자(庶子)들은 그의 요절한 적장자에 대해서 종자의 집에서 제사를 지내는데, 이 둘 모두 묘실의 밝은 곳에서 지내게 되므로, 그것을 '양염(陽厭)'이라고 부른다."라고 하였다. 이 말은 곧 천자로부터 그 이하로 대부까지의 등급은 그들의 요절한 적장자를 제사지낼 때, 모두 위에서 말한 '범상'인 경우의 예법처럼 한다는 뜻이다. 「제법」편에 대한 정현의 주에서는 "모든 서자들 중에서 요절한 자에 대해서는 제사를 지내지 않으니, 그들 본인이 서자의 신분이기 때문이다. 만약 그들이 성인이 된 이후에 죽었으나 후손이 없는 경우라면, 제사를 지낸다."라고 하였으니, 이것은 바로 앞 문장에서 설명한 후손이 없는 곤제 및 제부들인 경우를 뜻한다.

訓纂 特牲饋食禮鄭注引少牢饋食禮曰 "'南面, 而饋之設.' 此所謂'當室之白', 陽厭也. 則尸未入之前爲陰厭矣." 賈疏, "鄭注'當室之白', 謂西北隅得戶之明者也. 凡言厭者, 謂無尸, 直厭飫神故."

번역 『의례』「특생궤식례(特牲饋食禮)」편에 대한 정현의 주에서는 『의례』「소뢰궤식례(少牢饋食禮)」편을 인용하여, "'남쪽을 바라보고서, 제수를 진설한다.'라고 한 말은 이곳에서 말하는 '실(室)의 밝은 곳에서 지낸다.'라는 뜻이니, 양염(陽厭)을 가리킨다. 그러므로 시동이 들어오기 이전에 지내는 것은 음염(陰厭)이 된다."라고 하였고, 가공언(賈公彦)의 소(疏)에서는 "정현의 주에 나온 '실(室)의 밝은 곳에서 지낸다.'라는 말은 서북쪽 모퉁이로, 호(戶)에서 들어오는 햇볕이 드는 장소를 뜻한다. 무릇 '염(厭)'이라고 말한 것은 시동이 없이 단지 음식만을 차려서, 신(神)을 배부르도록 흠향시키기 때문이다."라고 하였다.

集解 愚謂: 凡殤自宗子以外, 凡適庶之殤皆是也. 無後, 謂成人而無後者也. 註疏謂庶殤不祭, 以凡殤專爲適子之殤, 非也. 殤唯祔與除服二祭. 雜記云, "男子祔於王父則配, 女子祔於王母則不配." 女子未嫁, 亦未成人者也, 而祔, 何以庶子之未成人者不祔乎? 雜記云, "有父母之喪, 尙功衰, 而祔兄弟之殤, 則練冠祔." 可知兄弟之殤不限適·庶皆祔矣. 然則凡殤之內, 兼有宗子之親昆弟, 而不止於註疏之所言者矣. 祭於宗子之家者, 祔必於祖, 故於宗子之家就祖廟而祔之. 諸父無後者, 祭於曾祖之廟, 若曾祖無廟, 則於祖廟祭曾祖而祔之. 註謂"爲墠祭之", 亦非也. 室之白, 謂室之西北隅, 所謂屋漏也. 祭凡殤, 當室之白, 設席南面. 蓋堂上之位, 牖間南向者最尊, 西階上東面者次之, 室中之位, 西南隅東面者最尊, 西北隅南面者次之. 故士昏禮, "奠菜, 席舅于廟奧, 東面, 席姑于北方, 南面." 凡殤與庶子無後者, 皆降於宗子, 故祭之不於奧, 而於室之白也. 士虞禮, "尊于室中北墉下." 祔祭之設尊, 蓋與此同. 祭凡殤在西北隅, 故設尊闢之而在東房也. 曰陽厭者, 以屋漏乃日光漏入之所, 其處顯明也. 無後者之祭亦無尸者, 蓋旣無後, 則不得下敍昭穆, 而使孫行者爲之尸矣. 祭凡殤與無後者, 其異於宗子者, 唯其祭之之所, 則其所用之牲, 祭之之禮, 皆與宗子之殤同也.

번역 내가 생각하기에, 무릇 요절한 자에 대해서 제사를 지낼 경우, 종자(宗子) 이외의 모든 적장자(嫡長子)와 서자(庶子)들 중 요절한 자에 대해서는 모두 위에서 말한 것처럼 지낸다. "후손이 없다[無後]."는 말은 성인(成人)이 된 이후에 죽었으나, 후손이 없는 자를 뜻한다. 정현(鄭玄)의 주(注)와 공영달(孔穎達)의 소(疏)에서는 서자 중에서 요절한 자에 대해서는 제사를 지내지 않는다고 하며, '범상(凡殤)'을 전적으로 적장자 중에서 요절한 자로 여긴 것은 잘못된 주장이다. 요절한 자에 대해서는 다만 부제(祔祭)와 제복(除服)할 때의 소상(小祥)과 대상(大祥) 두 제사만 지낼 뿐이다. 『예기』「잡기(雜記)」편에서 말하길, "남자는 왕부(王父)[11]에게 합사되면, 왕모(王母)[12]까지도 배향하지만, 여자는 왕모에게 합사되면, 왕부는 배향하지 않는다."[13]라고 했다. 여자가 아직 시집을 가지 않았다면, 또한 아직 성인이 되지 못한 것인데도, 시집을 가지 않은 여자에게도 부제를 지낸다고 하였으니, 서자 중에서 요절한 자에 대해, 어찌 부제를 지내지 않겠는가? 「잡기」편에서 "부모의 상(喪)을 치르게 되어, 일찍이 공최(功衰)[14]를 입고 있는데, 형제 중 요절한 자에 대해 부제를 지낼 경우에는 연관(練冠)을 착용하고서 부제를 지낸다."[15]라고 하였으니, 형제 중에 요절한 자에 대해서는 적장자나 서자의 구분을 두지 않고, 모두 부제를 지냈다는 사실을 알 수 있다. 그러므로 '범상'의 범주 안에는 종자의 친척 형제들까지도 포함되는 것이지, 정현의 주나 공영달의 소에서 설명하는 범주에 국한되지 않는다. 종자의 집에서 제사를 지내는 이유는 부제는 반드시 조묘(祖廟)에

---

11) 왕부(王父)는 부친의 아버지, 즉 조부(祖父)를 지칭하는 말이다. 『이아(爾雅)』「석친(釋親)」에는 "父之考爲王父."라는 기록이 있다.

12) 왕모(王母)는 부친의 어머니, 즉 조모(祖母)를 지칭하는 말이다. 『이아(爾雅)』「석친(釋親)」에는 "父之妣爲王母."라는 기록이 있다.

13) 『예기』「잡기상(雜記上)」【495d】: 男子附於王父則配, 女子附於王母則不配.

14) 공최(功衰)는 상복(喪服)의 한 종류이다. 참최복(斬衰服)과 자최복(齊衰服)을 입고 치르는 상(喪)에서, 소상(小祥)을 지낸 이후에 착용하는 상복이다. 상복 재질의 거친 정도가 대공복(大功服)과 같기 때문에, '공최'라고 부르게 되었다.

15) 『예기』「잡기상(雜記上)」【496c】: 有父母之喪尙功衰, 而附兄弟之殤, 則練冠附.

서 지내기 때문에, 종자의 집에 있는 조묘에 가서 합사를 하는 것이다. 제부(諸父)들 중 후손이 없는 자는 증조부(曾祖父)의 묘(廟)에서 제사를 지내는데, 만약 증조부에 대한 묘가 없는 경우라면, 조묘에서 증조부를 제사지낼 때 함께 합사한다. 그러므로 정현의 주에서 "제단을 쌓아서 제사를 지낸다."라고 한 말은 또한 잘못된 주장이다. 실(室) 안에 밝은 곳은 실의 서북쪽 모퉁이를 뜻하니, 이른바 '옥루(屋漏)'[16]라는 곳이다. '범상'에 대해 제사를 지낼 때에는 묘실(廟室) 안에서도 밝은 장소에서 지내게 되니, 이곳에 자리를 설치하며 남면(南面)을 하게 만든다. 무릇 당상(堂上)에서의 위치는 들창 사이에서도 남향을 하게 되는 장소가 가장 높은 자리이며, 서쪽 계단 위에서는 동향을 하게 되는 장소가 그 다음으로 높고, 실(室) 안에서의 위치는 서남쪽 모퉁이에서 동향을 하게 되는 장소가 가장 높은 자리이며, 서북쪽 모퉁이에서 남향을 하게 되는 장소가 그 다음으로 높다. 그렇기 때문에 『의례』「사혼례(士昏禮)」편에서 "소채를 진설하는 전제사[奠祭]에서는 묘(廟)의 아랫목에 시아버지의 자리를 마련하며, 동쪽을 향하게 하고, 북쪽에 시어머니의 자리를 마련하며, 남쪽을 향하게 한다."라고 한 것이다. '범상'한 자들과 서자들 중에 후손이 없는 자에 대해서는 모두 종자에 대한 예법(禮法)보다 낮추게 된다. 그렇기 때문에 그들에 대한 제사를 아랫목에서 지내지 않는 것이며, 묘실의 밝은 곳에서 지내게 되는 것이다. 『의례』「사우례(士虞禮)」편에서 "실(室) 안의 북쪽 들창 아래에 술잔 등을 진설한다."라고 하였는데, 부제를 지낼 때 술잔을 진설하는 일은 아마도 「사우례」편에서 말한 절차와 동일할 것이다. '범상'한 자들에 대해 제사를 지낼 때,

---

16) 옥루(屋漏)는 실(室) 안에서도 서북쪽 모퉁이를 뜻한다. 이곳에 작은 휘장을 쳐두었으며, 신주(神主)를 안치하였다. 사람의 입장에서는 이 장소가 어두워 잘 보이지 않으므로 '옥루'라고 불렀다. '옥루'에서의 '옥(屋)'자는 작은 휘장을 뜻하며, '누(漏)'자는 은미하다는 뜻으로 어두운 곳을 뜻한다. 후대에는 이러한 뜻을 차용하여, 가옥 중에서도 깊숙한 곳에 위치하여 어두운 장소를 지칭하는 용어로도 사용하였다. 『시』「대아(大雅)·억(抑)」에는 "相在爾室, 尙不愧于屋漏."라는 기록이 있고, 이에 대한 모전(毛傳)에서는 "西北隅謂之屋漏."라고 풀이하였고, 정현의 전(箋)에서는 "屋, 小帳也, 漏, 隱也."라고 풀이하였다.

서북쪽 모퉁이에서 하기 때문에, 술잔을 진설할 때에는 장소가 중복되는 것을 피하여, 동쪽 방에서 하는 것이다. “양염(陽厭)이라고 부른다[曰陽厭].”는 말은 ‘옥루’라는 곳이 곧 햇볕이 들어오는 장소이기 때문에, 그 곳이 밝아서 ‘양(陽)’자를 붙여서 부르는 것이다. 후손이 없는 자에 대한 제사에서도 또한 시동이 없는 이유는 아마도 후손이 없으므로, 그의 아래로 소목(昭穆)의 서열을 따져서, 손자의 항렬이 되는 사람으로 하여금 그의 시동으로 삼을 수가 없어서일 것이다. ‘범상’한 자와 후손이 없는 자에 대한 제사가 종자 중에 요절한 자에 대한 제사와 다른 점은 단지 제사를 지내는 장소의 차이일 뿐이니, 제사에서 사용되는 희생물과 제사를 지내는 예법들은 모두 종자 중에 요절한 자에 대해 시행하는 것과 동일하다.

• 제17절 •

상례(喪禮)와 각종 돌발 상황에 대한 대처법 III

【243c~d】

曾子問曰: 葬引, 至于堩, 日有食之, 則有變乎, 且不乎. 孔子曰: 昔者, 吾從老聃, 助葬於巷黨, 及堩, 日有食之, 老聃曰, 丘, 止柩就道右, 止哭以聽變. 旣明反而後, 行, 曰, 禮也. 反葬而丘問之曰, 夫柩, 不可以反者也, 日有食之, 不知其已之遲數, 則豈如行哉. 老聃曰, 諸侯朝天子, 見日而行, 逮日而舍奠, 大夫使, 見日而行, 逮日而舍, 夫柩, 不蚤出, 不莫宿, 見星而行者, 唯罪人與奔父母之喪者乎. 日有食之, 安知其不見星也. 且君子行禮, 不以人之親痁患, 吾聞諸老聃云.

직역 曾子가 問曰, "葬引에 堩에 至하여, 日이 食之함이 有하면, 有變합니까? 아니면 不합니까?" 孔子가 曰, "昔者에, 내가 老聃을 從하여, 巷黨에서 葬을 助하였는데, 堩에 及하여, 日이 食之함이 有하자, 老聃이 曰, '丘야, 柩를 止하여 道右로 就하고, 哭을 止하여 變을 聽하라.' 이윽고 明反한 이후에 行하니, 曰, '禮이다.' 反葬하여, 丘가 그것을 問하여 曰, '무릇 柩는 反할 수가 없는 것이며, 日이 食之함이 有하면, 그것이 已하는 遲數를 不知하니, 어찌 行과 如하겠습니까?' 老聃이 曰, '諸侯가 天子를 朝함에는 見日하여 行하고, 逮日하여 舍奠하며, 大夫가 使함에는 見日하여 行하고, 逮日하여 舍하니, 무릇 柩도 蚤出하는 것이 아니며, 莫宿하는 것이 아니니, 見星하여 行하는 것은 오직 罪人과 父母의 喪에 奔하는 자들일 것이다. 日이 食之함이 有하면, 어찌 星을 不見함을 知할 것이며, 또한 君子가 禮를 行함에는 人의 親으로 患에 痁하게 하지 않는다.' 내가 老聃이 云함을 聞하였다."

의역 증자가 질문하기를, "장례(葬禮)를 치르기 위해, 영구(靈柩)를 빈궁에서 꺼내어 길을 떠남에, 도로에 도달하여 갑작스럽게 일식이 발생한다면, 일상적인 예법(禮法)에서 변경되는 사항이 있습니까? 아니면 변경하지 않고 그대로 시행하는 것입니까?" 그러자 공자가 대답해주기를, "옛적에 내가 노담(老聃)을 따라서 향리[1]에서 장례를 도운 적이 있었는데, 영구가 도로에 이르렀을 때에, 갑작스럽게 일식이 발생하였다. 그러자 노담이 내게 말하기를, '공구(孔丘)야, 영구를 멈춰 세워서, 길의 오른 쪽에 두고, 곡(哭)을 멈추고 일식이 바뀌는 것을 살펴라.'라고 했다. 해가 다시 정상적으로 되돌아온 이후에 길을 계속 가게 되니, 노담이 다시 말해주기를, '이것이 일식이 생겼을 때의 예법이다.'라고 하였다. 장지(葬地)에서 되돌아온 이후에, 나는 그 이유가 궁금하여 노담에게 묻기를, '무릇 영구는 한 번 길을 떠나면 되돌아올 수 없는 것이며, 일식이 발생한다면 그 현상이 끝나게 되는 것이 더딜지 아니면 빠를지도 알 수 없으니, 영구를 멈춰 세우는 것이 어찌 그대로 계속 길을 가는 것만 같겠습니까? 그러니 일식이 생기더라도 그냥 가는 것이 옳은 것이 아닙니까?'라고 하였다. 그러자 노담이 말하길, '제후가 천자를 찾아뵙기 위해 길을 나설 때에는 해가 뜬 것을 보고서 길을 떠나고, 해가 지는 것에 따라서 숙소로 들어가서, 함께 모셔왔던 신주(神主)에게 전제사[奠祭]를 올리는 것이며, 대부(大夫)가 사신으로 갈 때에는 해가 뜬 것을 보고서 길을 떠나고, 해가 지는 것에 따라서 숙소로 들어가는 것이니, 무릇 영구에 있어서도 해가 뜨기 전에 일찍 출발하는 것이 아니며, 날이 저문 뒤에 숙박하는 것이 아니니, 별이 뜬 것을 보고도 길을 계속 가는 경우는 오직 죄인인 경우와 부모의 상(喪)에 분상(奔喪)하는 자들 밖에 없을 것이다. 그런데 영구를 따라가는 중간에 일식이 발생한다면 날이 어두워지게 되는데, 어찌 별을 보게 되는 경우가 발생하지 않는다고 장담할 수 있겠는가? 그러므로 일식이 발생했을 때, 길을 계속 가게 된다면, 죄인이나 분상하는 경우에 해당하게 될 것이다. 또한 군자(君子)가 예(禮)를 시행할 때에는 남의 부모로 하여금 우환에 빠트리게 해서는 안 된다.'라고 했다. 나는 이러한 사실들을 노담에게서 들었다."

---

1) 경문의 항당(巷黨)을 일반적인 향리(鄕里)를 뜻하는 단어로 풀이하기도 하며, 노(魯)나라에 있었던 당(黨)의 지명(地名)으로 풀이하기도 한다.

集說 堩, 道也. 有變, 變常禮乎. 且不乎, 不變常禮乎. 柩北向而出, 道右, 則道之東也. 聽變, 聽日食之變動也. 明反, 日光復常也. 舍奠, 晚止舍而設奠於行主也. 安知其不見星, 謂日食旣而星見, 則昏暗中恐有姦慝也. 痁, 病也. 不以人之親痁患, 謂不可使人之親病於危亡之患也.

번역 '긍(堩)'자는 도로이다. '유변(有變)'이라는 말은 "일상적인 예법(禮法)에서 변하는 것이 있느냐?"는 뜻이다. '차불호(且不乎)'라는 말은 "일상적인 예법에서 변하지 않는 것이냐?"는 뜻이다. 영구(靈柩)는 북쪽을 향하여 길을 떠나니, 도로의 우측은 곧 도로의 동쪽이 된다. '청변(聽變)'은 일식이 '끝나기[變動]'를 기다린다[聽]는 뜻이다. '명반(明反)'은 해의 밝음이 일상적인 모습으로 되돌아온 것이다. '사전(舍奠)'은 저물녘에 길 가던 것을 멈춰서 숙소로 들며, 함께 따라오게 된 신주(神主)에게 전제사를 올리는 것이다. "어찌 별을 보지 못할 것을 알 수 있겠느냐?"는 말은 일식이 발생하면 별이 출현하게 되니, 어두운 가운데 혹여라도 간특한 일이 생기게 된다는 말을 뜻한다. '점(痁)'자는 병들게 한다는 뜻이다. "남의 부모로 하여금 우환에 빠트리지 않는다."는 말은 남의 부모로 하여금 위태롭고 망령된 우환에 빠트릴 수 없다는 뜻이다.

大全 張子曰: 豫備深思之道也, 苟無虞也, 蓋幸而免也, 不知道當如是. 若老子送葬日食, 而止於堩, 似過也. 然蓋有是理.

번역 장자가 말하길, 노자(老子)의 말은 미리 예상하여 대비하는 매우 심사숙고한 방법이다. 이 방법대로 시행한다면 진실로 우환거리가 없을 것이다. 그런데 다행스럽게도 잘못을 피할 수 있는 경우에도 그 대처 방법을 마땅히 노자의 말처럼 해야 하는지는 알 수 없다. 만약 노자처럼 장지(葬地)로 영구(靈柩)를 옮기다가 일식이 발생하여, 길 중간에서 멈춘다면, 너무 지나친 처사인 것 같다. 그러나 그 말에도 일리는 있다.

大全 嚴陵方氏曰: 夫柩不蚤出不暮宿者, 慮暗昧之中而有不測之患故也. 苟日食而行柩, 豈異夫蚤出暮宿者乎. 堩蓋恒行之塗也. 言恒行之塗防愼如此, 則非恒之塗可知也.

번역 엄릉방씨가 말하길, 무릇 영구(靈柩)를 옮길 때에는 해가 뜨기 전에 일찍 나가지 않고, 해가 저문 뒤에 숙박하지 않는다. 이처럼 시행하는 이유는 어두워진 때에 생각지도 못했던 우환이 생기게 될까봐 걱정스럽기 때문이다. 진실로 일식이 발생했는데도, 영구를 움직이는 것이 어찌 해가 뜨기도 전에 출발하고, 저문 뒤에 숙박하는 것과 다른 것이겠는가? '긍(堩)'은 아마도 항상 다니는 길일 것이다. 그런데 만약 노자의 말처럼, 항상 다니는 길에서 이와 같이 신중하게 방비를 해야 한다고 말한다면, 항상 다니는 길이 아닌 곳에서 어찌해야 하는지도 알 수 있다.

大全 馬氏曰: 老聃以止柩聽變爲愈於行也, 仲尼以爲禮, 何也. 夫以人之葬中道而日食, 皆在道也. 蓋止則安, 行則危, 其行也, 非必犯患也, 以人之情爲疑於疾患也. 患出於不測, 則其行不若止也. 然則其止, 非必安也. 就不得已, 則見星而行, 豈若止哉. 此仲尼所以疑於非禮, 而終亦以爲禮也.

번역 마씨가 말하길, 노담(老聃)은 영구(靈柩)를 멈춰서 일식이 변화될 때까지 기다리는 방법이 그냥 영구를 움직이는 방법보다 낫다고 하였는데, 중니(仲尼)는 그것을 예(禮)라고 여긴 것은 무슨 연유인가? 무릇 어떠한 사람에 대한 장례(葬禮)를 치르는데, 길을 가는 도중에 일식이 발생한다면, 이러한 경우 모두가 길가에 있게 된다. 아마도 멈추게 된다면 안전할 것이고, 그대로 길을 가게 되면 위험하게 될 것이다. 또한 그렇다고 그대로 길을 간다고 해서, 반드시 우환을 범하는 것은 아니다. 그런데도 멈춰서는 것은 사람의 정감상 우환에 빠지지 않을까를 염려해서이다. 우환은 헤아리지 못한 데에서 나타나게 되므로, 그대로 길을 가는 것은 멈추는 것만 못하다. 또한 그렇다고 해서 영구를 멈추는 것이 반드시 안전한 것은 아니다. 가령 부득이한 경우라면, 별을 보면서 길을 가게 되겠지만, 그렇다고 해서 어찌 멈추는 것만 같겠는가? 이것이 중니가 비례(非禮)라고 의심을 하면서도, 끝내는 또한 그것이 예법(禮法)이 된다고 여긴 이유이다.

鄭注 堩, 道也. 變謂異禮. 巷黨, 黨名也. 就道右者, 行相左也. 變, 日食也. 反, 復也. 已, 止也. 數讀爲速. 舍奠, 每將舍奠行主. 侵晨夜, 則近姦寇. 爲無日而慝作, 豫止也. 痁, 病也. 以人之父母行禮, 而恐懼其有患害, 不爲也.

번역 '긍(堩)'자는 도로이다. '유변호(有變乎)'라고 할 때의 '변(變)'자는 '예법(禮法)를 달리하는 것[異禮]'을 뜻한다. '항당(巷黨)'은 당(黨)의 지명이다. "도로의 우측으로 간다[就道右]."는 말은 영구(靈柩)를 운반할 때에, 운반하는 자들이 좌측 손으로 서로 맞잡는 것을 뜻한다. '청변(聽變)'이라고 할 때의 '변(變)'자는 일식을 뜻한다. '반(反)'자는 회복된다는 뜻이다. '이(已)'자는 그친다는 뜻이다. '수(數)'자는 읽기를 '속(速: 빠르다.)'자로 한다. '사전(舍奠)'은 매번 숙소로 들어가려 할 때에, 함께 따라나선 신주(神主)에게 전제사[奠祭]를 올리는 것이다. 해가 뜨기 전과 해가 저문 뒤에 영구를 움직여서, 새벽과 밤 시간대를 침범하게 된다면, 간사한 도적 무리들을 불러들이게 된다. 해가 없으면 사악한 것들이 발생하기 때문에, 미리 멈추는 것이다. '점(痁)'자는 병들게 한다는 뜻이다. 남의 부모에 대한 장례(葬禮)를 시행하므로, 그 도중에 우환이 생기게 될 것을 걱정하기 때문에, 하지 않는 것이다.

釋文 堩, 古鄧反. 且如字, 徐子餘反. 從, 才用反, 又如字. 旣明反, 絶句. 朝, 直遙反. 使, 色吏反, 下"君使"·"所使", 同. 蚤音早. 莫音暮. 近, 附近之近. 慝, 他得反, 惡也.

번역 '堩'자는 '古(고)'자와 '鄧(등)'자의 반절음이다. '且'자는 글자대로 읽으며, 서음(徐音)은 '子(자)'자와 '餘(여)'자의 반절음이 된다. '從'자는 '才(재)'자와 '用(용)'자의 반절음이며, 또는 글자대로 읽는다. "旣明反"에서 구문을 끊어서 해석한다. '朝'자는 '直(직)'자와 '遙(요)'자의 반절음이다. '使'자는 '色(색)'자와 '吏(리)'자의 반절음이며, 아래 문장에 나오는 '君使'·'所使'에서의 '使'자도 그 음이 이와 같다. '蚤'자의 음은 '早(조)'이다. '莫'자의 음은 '暮(모)'이다. '近'자는 '附近'이라고 할 때의 '近'자와 같다. '慝'자는 '他(타)'자와 '得(득)'자의 반절음이며, '惡'자의 뜻이다.

孔疏 ●"曾子"至"聃云". ○正義曰: 此一節論葬在道逢日食之事, 各依文解之.

번역 ●經文: "曾子"~"聃云". ○이 문장은 장례(葬禮)를 치르는 도중에, 길가에서 일식을 만났을 때의 대처법을 논의한 것이니, 각각의 문장에 따라서 해석하겠다.

孔疏 ●"曾子"至"不乎". 曾子以葬引至塗, 値日有食之, 則有變常禮而停住乎, 且不變常禮而遂行乎, 不審其事而問孔子也.

번역 ●經文: "曾子"~"不乎". ○증자는 장례(葬禮)를 치르기 위해 영구(靈柩)를 운반하여, 길가에 도달하게 되었는데, 일식을 만나게 된다면, 일상적인 예법(禮法)에 변화가 생겨서, 그 장소에 머무르게 되는지, 아니면 일상적인 예법을 변화시키지 않고, 그대로 길을 가게 되는지를 물어본 것인데, 그 사안에 대하여 자세히 살피지 않은 채, 공자에게 질문한 것이다.

孔疏 ●"孔子"至"禮也". ○孔子答以己從老聃助葬於巷黨, 遭日食之事, 老聃令止柩就道右, 止哭, 以聽日食變動. 旣待日食光明反迴, 而後引柩行. 老聃稱曰, 禮也.

번역 ●經文: "孔子"~"禮也". ○공자가 대답하길, 자신이 노담(老聃)을 따라서 항당(巷黨)에서 장례(葬禮)를 도운 적이 있었는데, 그때 일식을 만나게 되었으며, 노담이 영구(靈柩)를 멈춰서 길의 우측에 두게 했고, 곡(哭)을 멈춘 채 일식이 지나가기를 기다리게 했었다. 그리고 일식이 없어져서, 태양의 밝음이 다시 회복될 때까지 기다린 이후에, 영구를 끌고서 길을 가게 되었다. 노담이 이 일을 가리키며 예법(禮法)이라고 하였다고 대답했다.

孔疏 ◎注"巷黨"至"復也". ○正義曰: "就道右者, 行相左也"者, "就道右"者, 以道東爲右也. 按儀禮云, 吉事交相左, 凶事交相右. 此旣柩行而交相左者, 以其遭日食之變, 止哭停柩而不行凶禮, 故從吉禮行相左. 或可行相左者云, 此據北出, 停柩在道東北鄕, 對南鄕行人, 爲交相左.

번역 ◎鄭注: "巷黨"~"復也". ○정현이 "도로의 우측으로 간다는 것은 행(行)함에 상좌(相左)로 한다는 뜻이다."라고 하였는데, 이때의 "도로의 우측으로 간다."는 말은 도로의 동쪽을 우측으로 여긴 것이다. 『의례(儀禮)』를 살펴보면, 길사(吉事)에서는 서로 좌측 손으로 맞잡게 하였고, 흉사(凶事)에서는 서로 우측 손으로 맞잡게 하였다고 했다. 이 문장에서 말하는 상황은 영구를 운반하는 것인데도, 서로 좌측 손으로 맞잡는 이유는 도중에 일식이라는 변고를 만나서, 곡(哭)을 멈추고 영구(靈柩)를 정지시켜서, 흉례(凶禮)대로 시행할 수 없기 때문이다. 그러므로 길례(吉禮)에 따라서 움직이게 되어, 좌측 손으로 서로 맞잡게 하는 것이다. 혹자는 움직일 때에 좌측 손으로 서로 맞잡을 수 있는 이유에 대해서, 이 문장에서는 북쪽으로 출발하는 것에 기준을 두었으니, 영구를 멈추는 것은 도로의 동쪽에서 북쪽을 향하게 되어, 남쪽으로 지나가는 행인들과 대비하여, 서로 좌측 손으로 맞잡게 한 것이라고 한다.

孔疏 ●"反葬"至"行哉". ○丘反問老聃云, 夫柩務於速葬, 不可以迴反. 今日有食之, 令止柩就道右不行, 不知其日食休已之遲速. 旣不知其遲速, 設若遲晚, 遂至於夜莫, 則豈如行哉! 言豈如早行爲勝哉! 言當疾行以至於墓, 赴其吉辰也.

번역 ●經文: "反葬"~"行哉". ○공자가 노담(老聃)에게 반문하길, 무릇 영구(靈柩)에 대해서는 신속하게 장지(葬地)로 옮기는데 주안점을 두게 되므로, 한번 길을 떠났다면 되돌아 올 수 없는 것이다. 그런데 현재 일식이 발생하여 영구를 멈추고, 길의 우측에 정차하여 움직이지 않게 하였는데, 일식은 언제 끝나게 되는지를 알 수 없다. 그러므로 그것이 언제 끝날지 알 수 없는데, 만약 영구를 멈추게 한다면, 장례(葬禮)가 더뎌지게 되어, 영구를 운반하는 도중에 밤이 찾아올 수 있다. 따라서 이 방법이 어찌 그대로 길을 가는 것만 하겠냐고 물어본 것이니, "어찌 그대로 가는 것만 하겠느냐?"는 말은 "어찌 일찍 서둘러 가는 것이 더 좋은 것이 아니겠느냐?"는 뜻이며, 마땅히 신속하게 이동하여, 묘에 도착해야 한다는 뜻이니, 길(吉)한 시기에 서둘러야 한다는 말이다.

孔疏 ●"夫柩"至"痁患". ○唯罪人及奔父母之喪, 見星而行. 今若令柩見星而行, 便是輕薄人親, 與罪人同. 非但輕薄人親, 且君子行禮之時, 當尊人後己, 不可以人之親痁患. 痁, 病也, 病於危也, 言不可使人之親病於危亡之患也. 故注云, "以人之父母行禮, 而恐懼其有患害, 不爲也". 意者言若日食而務速葬, 以赴吉辰, 卽慮有患害, 而遂停柩, 待明反而行禮也.

번역 ●經文: "夫柩"~"痁患". ○오직 죄인(罪人)과 부모의 상(喪)에 분상(奔喪)하는 자만이 별을 보면서 길을 갈 수 있다. 지금 영구(靈柩)를 움직이면서, 만약 일식이 발생했는데도 그대로 움직인다면, 별을 보며 움직이는 행위에 해당하니, 이것은 바로 남의 부모를 가볍게 여기는 행동으로, 죄인과 같이 취급하는 것이다. 그리고 단지 남의 부모를 가볍게 여기는 것 뿐만 아니라, 또한 군자(君子)는 예(禮)를 시행할 때에는 마땅히 남을 높이고 자신을 낮추게 되니, 남의 부모를 우환에 빠져들게 해서는 안 되는 것이다. '점(痁)'자는 병들게 한다는 뜻이니, 우환에 빠트린다는 뜻이 된다. 따라서 이 문장은 남의 부모를 위태로운 상황에 빠져들게 할 수 없다는 뜻이다. 그렇기 때문에 정현의 주에서 "남의 부모에 대한 장례(葬禮)를 시행하므로,

그 도중에 우환이 생기게 될 것을 걱정하기 때문에 하지 않는 것이다."라고 말한 것이다. 이 말의 속뜻은 만약 일식이 생기더라도, 신속하게 장지(葬地)로 가는데 힘써서, 길(吉)한 때에 서둘러야 하지만, 곧 우환이 생기게 될 것을 염려하여, 마침내 영구를 머무르게 하고, 해가 다시 비출 때까지 기다린 다음에, 장례를 시행한다는 뜻이다.

訓纂 王氏念孫曰: 葬引至于堩, 本作"葬既引, 至于堩". 上文云, "君之喪既引", 又云, "父母之喪既引", 同一例. 若無既字, 則文義不完. 士喪禮記注引此正作, "葬既引, 至于堩."

번역 왕념손이 말하길, 경문의 "장인지우긍(葬引至于堩)"이라는 말은 본래 "장기인지우긍(葬既引, 至于堩)"이라고 기록해야 한다. 앞 문장에서 "군주의 상(喪)을 치르며, 이미 발인을 하였다[君之喪既引]."라고 하였고, 또한 "부모의 상(喪)을 치르며, 이미 발인을 하였다[父母之喪既引]."라고 기록한 것과 동일한 용례이다. 만약 '기(既)'자가 없다면, 문맥의 뜻이 완전해지지 못한다. 『의례』「사상례(士喪禮)」편에 대한 정현의 주에서도 이 문장을 인용하며, 바로 잡기를 "장례를 치르며 이미 발인을 하여, 길에 도달하였다[葬既引, 至于堩]."라고 하였다.

訓纂 王氏引之曰: 痁, 讀爲阽. 阽, 臨也, 近也. 漢書文帝紀"或阽於死亡", 服虔曰, "阽, 音反坫之坫." 孟康曰, "阽, 音屋檐之檐." 如淳曰, "近邊欲墮之意." 文選思玄賦, "阽焦原而跟趾." 李善引薛瓚漢書注曰, "臨危曰阽." 阽與痁通. 然則痁患者, 臨於患害也. 鄭訓痁爲病, 於義未確.

번역 왕인지가 말하길, '점(痁)'자는 읽기를 '점(阽)'자로 해야 한다. '점(阽)'자는 직면한다는 뜻으로, 가깝게 된다는 의미이다. 『한서(漢書)』「문제기(文帝紀)」편에서 "혹여 사망함에 직면하게 된다."[2]라는 말이 있는데, 복

---

2) 『한서(漢書)』「문제기(文帝紀)」: 方春和時, 草木群生之物皆有以自樂, 而吾百

건(服虔)은 "'점(阽)'자의 음은 '반점(反坫)'이라고 할 때의 '점(坫)'자와 같다."라고 하였고, 맹강(孟康)은 "'점(阽)'자의 음은 '옥첨(屋檐)'이라고 할 때의 '첨(檐)'자와 같다."라고 하였으며, 여순(如淳)은 "'점(阽)'자는 가장자리에 가까이 가서 떨어지고자 한다는 뜻이다."라고 했다. 『문선(文選)』 사현(思玄)의 부(賦)에는 "점초원이근지(阽焦原而跟趾)"라는 기록이 있는데, 이선(李善)은 『한서』에 대한 설찬(薛瓚)의 주를 인용하며, "위기에 직면한 것을 '점(阽)'이라고 부른다."라고 했다. '점(阽)'자와 '점(痁)'자는 통용이 된다. 그러므로 '점환(痁患)'이라는 말은 우환에 직면한다는 뜻이다. 정현이 '점(痁)'자를 '병(病)'자로 풀이한 것은 의미상 분명치 못하다.

集解 堩, 道也. 有變, 謂有異禮也. 巷黨, 黨名. 葬於北方, 柩嚮北行, 縱塗以西爲右, 道右, 道西也. 道路, 男子由右, 婦人由左, 車從中央, 柩行專道. 今止就道右, 以避婦人之所行也. 止哭者, 爲天災變也. 聽變, 謂待日食之變也. 明反, 謂明復也. 已, 止也. 數讀爲速. 舍奠, 至館舍而奠行主也. 柩不蚤出莫宿者, 懼其近姦寇也. 罪人見星而行者, 以夜葬也. 周禮司烜氏, "邦若屋誅, 則爲明竁焉", 賈疏云, "司烜氏主明火, 掌夜事." 掌爲明竁, 則罪人夜葬可知. 荀子禮論篇云, "刑餘罪人之喪, 不得晝行, 以昏殣". 奔喪禮曰, "父母之喪, 見星而行, 見星而舍." 痁, 病也. 不以人之親痁患, 謂不使其見星而行, 而病於姦寇之患也.

번역 '긍(堩)'자는 도로이다. '유변(有變)'은 예법(禮法)을 달리하는 점이 있다는 뜻이다. '항당(巷黨)'은 당(黨)의 지명이다. 일반적으로 북쪽 지역에서 장례(葬禮)를 치르므로, 영구(靈柩)는 북쪽을 향하여 길을 떠나게 되고, 길가를 따라 갈 때에는 서쪽 편이 오른쪽이 되므로, 도로의 우측은 도로의 서쪽이 된다. 도로에서 통행할 때에는 남자는 오른쪽 길을 통해서 지나가고, 부인들은 왼쪽 길을 통해서 지나가며, 수레는 가운데를 지나가게 되므로, 영구가 지나갈 때에는 도로를 모두 사용하게 된다. 이곳 문장에서는

姓鰥寡孤獨窮困之人或阽於死亡, 而莫之省憂.

“영구를 멈추고 도로의 우측 편에 둔다.”고 하였는데, 이처럼 시행하는 이유는 부인들이 지나가는 길을 피하기 위함이다. 곡(哭)을 멈추는 이유는 하늘에 재변(災變)이 일어났기 때문이다. ‘청변(聽變)’은 일식이라는 재변이 지나가길 기다린다는 뜻이다. ‘명반(明反)’은 햇빛이 돌아온다는 뜻이다. ‘이(已)’자는 그친다는 뜻이다. ‘수(數)’자는 읽기를 ‘속(速)’자로 해야 한다. ‘사전(舍奠)’은 숙소에 도착하여, 따라온 신주(神主)에게 전제사[奠祭]를 올리는 것이다. 영구를 운반할 때에는 해가 뜨기 전에 출발시키지 않고, 해가 저문 뒤에 숙박을 하지 않는다. 이처럼 하는 이유는 간사한 도적 무리들을 불러들일까 염려되기 때문이다. 죄인들이 별을 보고 영구를 운반하는 이유는 밤에 장례를 치르기 때문이다. 『주례(周禮)』의 사훤씨(司烜氏)는 “나라에서 만약 옥주(屋誅)[3]를 하게 된다면, 명취(明竁)[4]를 만든다.”[5]라고 하였고, 가공언(賈公彦)의 소(疏)에서는 “사훤씨는 명화(明火)[6]를 주재하였으므로, 야사(夜事)를 담당하였다.”라고 했는데, 그가 “명취 만드는 일을 담당한다.”고 하였으니, 죄인들은 밤에 장례를 치렀다는 사실을 알 수 있다. 『순자(荀子)』「예론(禮論)」편에서 “육형(肉刑)을 받은 죄인의 상(喪)은 대낮에 시행할 수 없으므로, 어두워지면 서둘러하는 것이다.”[7]라고 했다. 『예기』「분상(奔喪)」편에서는 “부모의 상을 치를 때에는 새벽에 별을 보며 움직이고, 저녁에 별을 보면 숙소로 들어간다.”[8]라고 했다. ‘점(痁)’자는 병들게 한다는 뜻이다. “남의 부모를 우환에 빠져들지 않게 한다.”는 말은 장례를 치르는 자들로 하여금 별을 보고도 계속 영구를 움직이게 해서, 간악한 도

---

3) 옥주(屋誅)는 고대 형벌 중 하나로, 삼족(三族)을 주살했던 형벌이다. 저자거리에서 죄인들을 죽이지 않고, 옥사(屋舍)에서 죽였기 때문에 ‘옥주’라고 부른다.

4) 명취(明竁)는 사형을 받은 자의 성명(姓名)과 죄목 등을 새겨 넣는 나무판이다. 죄인의 시신 위에 올려두고서 함께 매장하였다.

5) 『주례』「추관(秋官)·사훤씨(司烜氏)」: 軍旅, 修火禁. 邦若屋誅, 則爲明竁焉.

6) 명화(明火)는 고대에 점을 치거나 제사를 지낼 때에, 동으로 만든 거울을 돋보기처럼 이용하여, 햇빛을 모아서 붙인 불을 뜻한다.

7) 『순자』「예론(禮論)」: 刑餘罪人之喪, 不得合族黨, 獨屬妻子, 棺槨三寸, 衣衾三領, 不得飾棺, 不得晝行, 以昏殣.

8) 『예기』「분상(奔喪)」【652c】: 唯父母之喪見星而行, 見星而舍.

적의 무리를 만나게 되는 우환에 빠트리지 않게 한다는 뜻이다.

【244a~b】

曾子問曰: 爲君使而卒於舍, 禮曰, 公館復, 私館不復, 凡所使之國, 有司所授舍, 則公館已, 何謂私館, 不復也. 孔子曰: 善乎, 問之也. 自卿大夫士[9]之家曰私館, 公館與公所爲曰公館, 公館復, 此之謂也.

직역 曾子가 問曰, "君을 爲하여 使함에, 舍에서 卒한 경우, 禮에서는 曰, '公館에서는 復하고, 私館에서는 不復한다.'라고 하였는데, 무릇 所使한 國에서, 有司가 所授한 舍라면, 公館일 따름인데, 어찌하여 私館에서 不復한다고 합니까?" 孔子가 曰, "善乎라, 問之여. 卿으로부터 大夫와 士의 家를 私館이라고 부르고, 公館과 公所爲를 公館이라고 부르니, 公館에서 復함은 이것을 가리킨다."

의역 증자가 질문하기를, "군주의 명령을 받아서 다른 나라에 사신으로 가는 경우에, 그가 사신으로 찾아간 나라의 숙소에서 죽게 되었다면, 본래의 예법(禮法)에서는 '그가 죽은 장소가 공관(公館)이라면 초혼(招魂)을 하고, 사관(私館)인 경우에는 초혼을 하지 않는다.'[10]라고 하였습니다. 그런데 사신으로 찾아간 그 나라의 유사(有司)가 사신에게 지정해줘서 머물게 된 숙소라면, 당연히 공관일 따름인데, 어찌하여 사관에서는 초혼을 하지 않는다고 말하는 것입니까?" 그러자 공자가

9) '사(士)'에 대하여. '사'자는 본래 없던 글자인데, 완원(阮元)의 『교감기(校勘記)』에서는 "혜동(惠棟)의 『교송본(校宋本)』과 송(宋)나라 때의 『감본(監本)』 및 『민본(閩本)』·『감본(監本)』·『모본(毛本)』에는 모두 '부(夫)'자 뒤에 '사'자가 기록되어 있고, 『석경(石經)』과 위씨(衛氏)의 『집설(集說)』에도 마찬가지로 '사'자가 기록되어 있다. 공영달(孔穎達)의 소(疏)에도 '사'자가 기록되어 있는 것으로 보아, 마땅히 경문에도 '사'자가 기록되어야 한다."라고 했다.

10) 『예기』「잡기상(雜記上)」【502c】: 爲君使而死, 公館復, 私館不復.

대답해주기를, "아주 좋은 질문이구나. 경(卿)으로부터 대부(大夫)나 사(士)에 이르기까지, 그들의 집을 모두 '사관'이라고 부르고, 본래부터 지정된 '공관'과 임시방편으로 군주가 명령을 내려서, 빈객(賓客) 등을 머물게 한 곳을 모두 '공관'이라고 부르니,[11] 공관에서 초혼을 한다는 말은 바로 이것을 가리켜서 하는 말이다."

集說 復, 死而招魂復魄也. 公館, 公家所造之館也. 與, 及也. 公所爲, 謂公所命停客之處, 卽是卿大夫之館, 但有公命, 故謂之公館也. 一說公所爲, 謂君所作離宮別館也.

번역 '복(復)'자는 어느 사람이 죽게 되면, 초혼(招魂)[12]을 하여 혼백(魂魄)을 불러들이는 것이다. 공관(公館)은 공가(公家)[13]에서 만든 숙소이다. '여(與)'자는 '~과[及]'라는 뜻이다. '공소위(公所爲)'는 군주가 명령을 내려서, 빈객(賓客)을 머물게 한 장소를 뜻하니, 곧 경(卿)·대부(大夫)의 집인 사관(私館)에 해당하지만, 다만 군주의 명령이 있었기 때문에, 그곳을 '공관'이라고 부르는 것이다. 일설(一說)[14]에는 '공소위'를 군주가 본래의 궁실(宮室) 이외에, 사냥 등으로 궁실을 떠났을 때 잠시 머물기 위해 만든 이궁(離宮)인 별장[別館]을 뜻한다고 하였다.

大全 嚴陵方氏曰: 公館之禮, 宜隆, 故復. 私館之禮, 宜殺, 故不復也.

번역 엄릉방씨가 말하길, 공관(公館)에 대한 예법(禮法)은 마땅히 높여서 하는 것이기 때문에, 초혼(招魂)을 하게 된다. 사관(私館)에 대한 예법은 마땅히 낮춰서 하는 것이기 때문에, 초혼을 하지 않게 된다.

---

11) 『예기』「잡기상(雜記上)」【502c】: 公館者, 公宮與公所爲也.

12) 초혼(招魂)은 사람이 죽었을 때, 그의 혼백(魂魄)을 불러들이는 의식을 뜻한다. 지붕에 올라가서 죽은 자의 옷 등을 흔들기도 하였고, 마당에서 북쪽을 향해 이름을 부르며 시행하기도 하였다.

13) 공가(公家)는 제후의 공실(公室)을 뜻한다. 즉 군주의 집안이라는 뜻이다.

14) 일설(一說)은 『예기』「잡기하(雜記上)」【502c】의 "公館者, 公宮與公所爲也." 라는 기록에 대한 정현의 주를 뜻한다.

鄭注 復, 始死招魂. 善其問難明也. 公館, 若今縣官宮[15]也. 公所爲, 君所命使舍己者.

번역 '복(復)'자는 어떤 사람이 이제 막 죽었을 때, 초혼(招魂)을 한다는 뜻이다. 밝히기 어려운 문제를 질문한 것에 대해서 칭찬한 것이다. 공관(公館)은 마치 지금의 현(縣)마다 설치된 관궁(官宮)과 같은 것이다. '공소위(公所爲)'는 군주가 명령을 하여 자신을 머물게 한 곳이다.

釋文 爲君, 于僞反, 又如字.

번역 '爲君'에서의 '爲'자는 '于(우)'자와 '僞(위)'자의 반절음이며, 또는 글자대로 읽는다.

孔疏 ●"曾子"至"謂也". ○正義曰: 此一節論人臣死招魂復魄之事.

번역 ●經文: "曾子"~"謂也". ○이 문장은 신하가 죽었을 때, 초혼(招魂)을 하여 혼백(魂魄)을 불러들이는 일에 대해서 논의한 내용이다.

孔疏 ●"自卿大夫士之家曰私館". ○孔子又爲曾子釋私館公館之義. "私館"者, 謂非君命所使, 私相停舍, 謂之私館. "公館", 謂公家所造之館. "與公所爲"者, 與, 及也, 謂公之所使爲命停客之處, 亦謂之公館. 君所命停客之處, 卽是卿大夫之館也. 但有公命, 故謂之公館也. 注"公館若今縣官宮也", 鮑遺

---

15) '궁(宮)'자에 대하여. 『십삼경주소(十三經注疏)』 북경대 출판본에서는 "'궁'자를 '관(官)'자로 잘못 판각한 기록들이 많은데, 완원(阮元)의 『교감기(校勘記)』에도 '궁'자로 기록되어 있으며, 『민본(閩本)』, 혜동(惠棟)의 『교송본(校宋本)』, 『악본(岳本)』, 『가정본(嘉靖本)』 및 『고문(考文)』에서 인용하고 있는 『고본(古本)』 등에도 '궁'자로 기록하고 있다. 다만 『감본(監本)』과 『모본(毛本)』에는 '사(舍)'자로 기록하고 있으며, 위씨(衛氏)의 『집설(集說)』에도 역시 '사'자로 기록되어 있다."라고 하였다.

問曰, "注此云, '公所爲, 君所命使舍己者', 注雜記云, '公所爲, 若今離宮別館也', 是二說異何?" 張逸答曰, "公館, 若今停待者也, 離宮是也. 聘禮曰, '卿館於大夫, 大夫館於士.' 公命人使館客, 亦公所爲也."

번역 ●經文: "自卿大夫士之家曰私館". ○이 문장은 공자가 재차 증자를 위해서, 사관(私館)과 공관(公館)의 의미를 풀이해준 것이다. '사관'이라는 것은 군주가 명령을 내려서 머물게 한 곳이 아니며, 사적으로 머무는 숙소를 '사관'이라고 부른다. '공관'이라는 것은 공가(公家)에서 만든 숙소를 뜻한다. '여공소위(與公所爲)'라는 말에서 '여(與)'자는 '~과[及]'라는 뜻으로, 군주가 사신으로 찾아온 자에게 명령을 내려서 머물게 한 장소를 뜻하니, 이것 또한 '공관'이라고 부른다. 군주가 명령을 내려서 빈객(賓客)들을 머물게 하는 장소는 곧 경(卿)·대부(大夫)들의 사관에 해당한다. 다만 군주의 명령이 내려졌기 때문에, 그곳을 '사관'이라고 부르지 않고, '공관'이라고 부르는 것이다. 정현의 주에서 "공관은 마치 지금의 현(縣)마다 설치된 관궁(官宮)과 같은 것이다."라고 하였는데, 포유(鮑遺)[16]가 질문하기를, "정현이 이 문장에 대해 주를 달면서, '공소위(公所爲)는 군주가 명령을 하여 자신을 머물게 한 곳이다.'라고 하였는데, 『예기』「잡기(雜記)」편에 대해 주를 달면서는 '공소위(公所爲)는 마치 지금의 이궁(離宮)으로 만든 곳으로, 별장을 뜻한다.'고 하였다. 이 두 가지 학설이 차이가 나는 것은 어째서인가?" 그러자 장일(張逸)[17]이 대답하길, "공관(公館)은 마치 지금의 잠시 머물며 대기하는 곳과 같은 장소로, 이궁(離宮)이 바로 여기에 해당한다. 『의례』「빙례(聘禮)」편에서는 '경(卿)은 대부에게 숙소를 제공하고, 대부는 사(士)에게 숙소를 제공한다.'[18]라고 하였으니, 군주가 명령을 내려서 빈객에게 숙소를 제공하게 하였으므로, 이것 또한 '공소위(公所爲)'가 된다."라고 하였다.

---

16) 포유(鮑遺, ? ~ ?) : 포유는 정현(鄭玄)의 문도로 알려져 있지만, 자세한 이력은 전해지지 않는다.

17) 장일(張逸, ? ~ ?) : 장일은 정현(鄭玄)의 문도로 알려져 있지만, 자세한 이력은 전해지지 않는다.

18) 『의례』「빙례(聘禮)」 : 卿館於大夫, 大夫館於士, 士館於工商.

• 제18절 •

요절한 자에 대한 제례(祭禮) 문제 II

【244b】

曾子問曰: 下殤, 土周, 葬于園, 遂輿機而往, 塗邇故也, 今墓遠, 則其葬也, 如之何.

직역 曾子가 問曰, "下殤에는 土周하여, 園에서 葬하니, 결국에 機를 輿하여 往함은 塗가 邇하기 때문인데, 今에 墓가 遠하면, 그 葬함에는 어찌합니까?"

의역 증자가 질문하기를, "요절한 자 중에서 하상(下殤)한 자에 대해서는 토주(土周)의 방식을 따라서, 가까운 동산에서 장례(葬禮)를 치렀으니, 결국에 기(機)에 시신을 실어서 들어 올린 다음, 장지(葬地)로 가게 되는 것은 거리가 가깝기 때문일 것입니다. 그런데 오늘날에는 묘(墓)에 매장하는 것이 일반적인데, 묘와의 거리가 멀다면, 그에 대한 장례를 어떻게 해야 합니까?"

集說 八歲至十一爲下殤. 土周, 堲周也, 說見檀弓. 成人則葬於墓, 此葬于園圃之中. 輿, 猶抗也. 機者, 輿尸之具, 木爲之, 狀如牀而無脚, 以繩横直維繫之, 抗擧而往堲周之所, 棺斂而葬之, 塗近故也. 曾子言今世禮變, 皆棺斂下殤於家而葬之於墓, 則塗遠矣, 其葬也, 如之何. 問旣不用輿機, 則當用人擧棺以往乎, 爲當用車載棺而往乎. 然此謂大夫之下殤, 及士庶人之中下殤耳. 若大夫之適長殤中殤有遣車者, 亦不輿機而葬也.

번역 8세부터 11세 사이에 죽은 자를 하상(下殤)이라고 한다. 토주(土周)[1]는 직주(堲周)이니, 설명은 『예기』「단궁(檀弓)」편에 보인다.[2] 성인(成

人)이 된 이후 죽은 자에 대해서는 묘(墓)에서 장례(葬禮)를 치르는데, 하상인 경우에는 동산[園圃] 안에서 장례를 치른다. '여(輿)'자는 들어 올린다는 뜻이다. '기(機)'라는 것은 시신을 들어 올리는 도구이니, 나무로 그것을 만들었다. 모양은 침상과 비슷하지만, 기둥 다리가 없고, 새끼줄을 이용하여 가로 세로로 매어 묶고, 시신을 들어 올려서 직주하는 장소로 간다. 그곳에 도착하면 관에 시신을 넣어서 장례를 치르니, 이렇게 할 수 있는 이유는 동산과의 거리가 가깝기 때문이다. 증자가 질문하길, 오늘날에는 예법(禮法)이 변화하여, 모두들 그들의 집안에서 하상한 자의 시신을 관에 넣고, 묘에서 장례를 치르게 되었다. 그 이유는 장지(葬地)까지의 거리가 멀기 때문인데, 그렇다면 장례(葬禮)를 치를 때 어찌해야 하느냐고 물어본 것이다. 이 말은 곧 이미 현실에서는 '기'를 이용해 시신을 들어 올리는 방법을 사용하지 않고 있으니, 마땅히 사람을 써서 관을 들어서 가야 하는 것이 아니냐고 물어본 것이며, 또한 그것이 아니라면 마땅히 수레를 이용하여, 관을 싣고서 가야 하는 것이 아니냐고 물어본 것이다. 그러나 이렇게 하는 것은 대부(大夫) 중에서 하상한 자이거나, 사(士)나 서인(庶人)들 중에서 중상(中殤)이나 하상한 자의 경우에 해당할 뿐이다. 만약 대부의 적장자가 중상을 하게 된다면, 견거(遣車)[3]라는 것이 있게 되니, 또한 '기'를 이용해 시신을 들어 올리는 방법을 사용하지 않고도 장례를 치르게 된다.

---

1) 토주(土周)는 직주(堲周)라고도 부른다. 흙을 구워 벽돌을 만든 다음, 관을 넣게 되는 네 면을 벽돌로 쌓아서 장례(葬禮)를 치르는 것이다.

2) 『예기』「단궁상(檀弓上)」【72d】의 "有虞氏瓦棺, 夏后氏堲周, 殷人棺槨, 周人牆置翣."에 대한 진호(陳澔)의 주를 뜻한다.

3) 견거(遣車)는 장례(葬禮)를 치를 때 사용하는 수레이다. 본래 장례를 치르게 되면, 장지(葬地)에서 제사를 지내기 위해 희생물을 가져가게 된다. '견거'는 바로 희생물의 몸체를 싣고 가는 수레를 뜻한다. 이 문장에서는 견거를 이용하여 시신까지도 싣는다고 풀이하고 있다.

그림 18-1 견거(遣車)

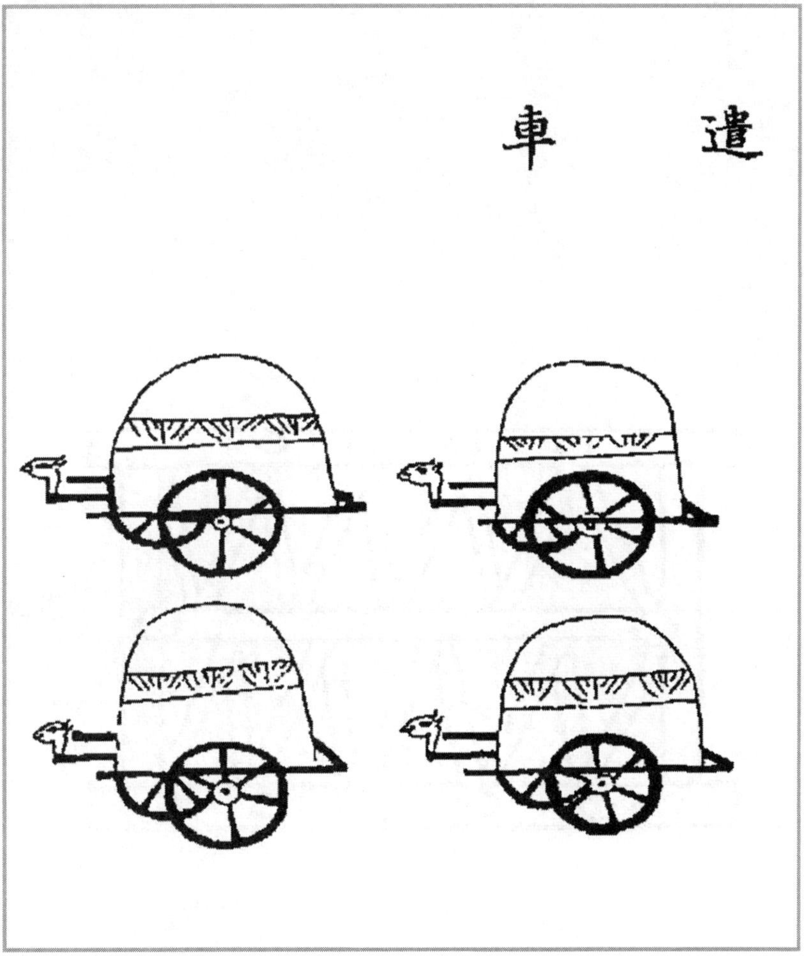

▸ **출처:** 『삼례도집주(三禮圖集注)』 18권

그림 18-2 이상(夷牀)

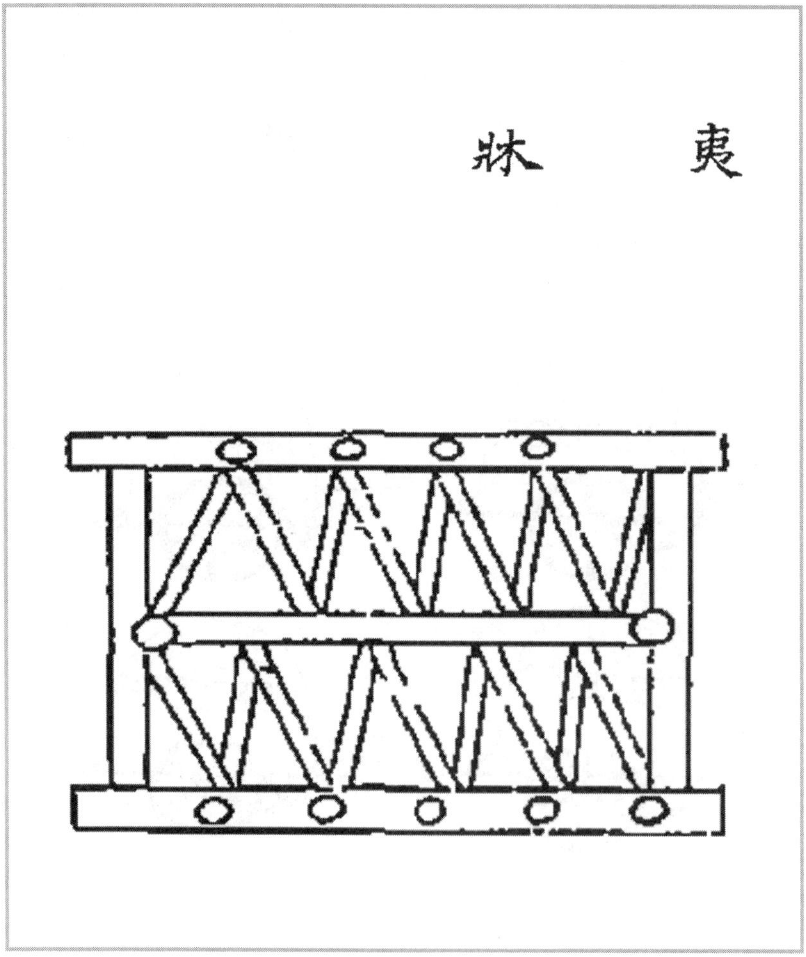

▸ 출처: 『삼례도집주(三禮圖集注)』 17권

鄭注 土周, 塱周也. 周人以夏后氏之塱周, 葬下殤於園中, 以其去成人遠, 不就墓也. 機, 輿尸之牀也. 以繩絙其中央, 又以繩從兩旁鉤之. 禮, 以機擧尸, 輿之以就園, 而斂葬焉, 塗近故耳. 輿機, 或爲餘機. 今人斂下殤於宮中, 而葬於墓, 與成人同. 墓塗乃遠, 其葬當輿其棺乎, 載之也. 問禮之變也.

번역 '토주(土周)'는 '직주(塱周)'이다. 주(周)나라 사람들은 하후씨(夏后氏) 때의 '직주'라는 방법을 사용해서, 동산 안에다가 하상(下殤)한 자에 대해 장례(葬禮)를 치렀다. 그 이유는 그의 요절한 나이가 성인(成人)이 되려면 아직 멀었기 때문에, 성인들처럼 묘(墓)에서 장례를 치를 수 없어서이다. '기(機)'는 시신을 운반하는 침상이다. 새끼줄로 그 중앙을 연결하고, 또한 새끼줄로 양쪽 측면에 고리를 만들어 묶는다. 예법에 따르면, '기'를 이용하여 시신을 들어 올린다. 그리고 시신을 운반하여 동산으로 이동하고, 그곳에서 관에 안치하여 장례를 치르게 되어 있다. 그런데 이렇게 할 수 있었던 것은 동산까지의 거리가 가깝기 때문이다. '여기(輿機)'는 '여기(餘機)'라고도 기록한다. 그런데 현재에는 궁(宮) 안에서 하상한 자의 시신을 관에 안치하고, 묘에서 장례를 치르게 되니, 성인에 대한 예법과 동일하게 된 것이다. 묘까지의 거리가 멀게 되므로, 그에 대한 장례를 치를 때에도 마땅히 그의 시신을 담은 관을 운반해야 하는 것인지, 아니면 그것을 수레에 싣고서 가야 하는 것인지를 물어본 것이니, 곧 예법의 변화에 대해서 물어본 것이다.

釋文 邇音爾, 近也. 即, 本又作塱, 子栗反, 下同. 絙, 本又作緪, 古鄧反, 一音古恒反. 鉤, 本又作拘, 古侯反. 斂, 力驗反, 下同.

번역 '邇'자의 음은 '爾(이)'이며, '近'자의 뜻이다. '即'자는 판본에 따라서 또한 '塱'자로도 기록하며, 그 음은 '子(자)'자와 '栗(률)'자의 반절음이고, 아래 문장에 나오는 글자도 그 음이 이와 같다. '絙'자는 판본에 따라서 또한 '緪'자로도 기록하며, '古(고)'자와 '鄧(등)'자의 반절음이고, 다른 음은 '古(고)'자와 '恒(항)'자의 반절음이 된다. '鉤'자는 판본에 따라서 또한 '拘'

자로도 기록하며, ‘古(고)’자와 ‘侯(후)’자의 반절음이 된다. ‘斂’자는 ‘力(력)’자와 ‘驗(험)’자의 반절음이며, 아래 문장에 나온 글자도 그 음이 이와 같다.

孔疏 ●“曾子”至“始也”. ○正義曰: 此一節論葬下殤之事.

번역 ●經文: “曾子”~“始也”. ○이 문장은 하상(下殤)한 자를 장례(葬禮)지내는 경우에 대해서 논의하고 있다.

孔疏 ●“曾子問曰下殤土周”. ○曾子旣見時所行與古禮異, 故擧事而問也. 下殤謂八歲至十一也. 土周, 檀弓所云, “夏后氏之堲周”, 是也. 周人用特葬下殤之喪, 故云, “下殤土周”也.

번역 ●經文: “曾子問曰下殤土周”. ○증자는 당시에 통행되던 방법이 이미 고대의 예법(禮法)과는 다르다는 점을 알고 있었기 때문에, 사례를 들어서 질문하였던 것이다. 하상(下殤)은 8세~11세 사이에 죽은 자를 뜻한다. 토주(土周)에 대하여 『예기』「단궁(檀弓)」편에서는 ‘하후씨(夏后氏) 때의 직주(堲周)’[4]라고 하였는데, 여기에서 말한 ‘직주’가 바로 ‘토주’를 가리킨다. 주(周)나라 사람들은 특별히 하상한 자를 장례(葬禮)지낼 때, 이러한 방법에 따랐기 때문에, “하상에는 토주한다.”라고 말한 것이다.

孔疏 ●“葬于園”者, 園, 圃也. 下殤去成人遠, 不可葬於成人之墓, 故用土周, 而葬於園中也.

번역 ●經文: “葬于園”. ○‘원(園)’은 동산이다. 하상(下殤)한 자는 성인(成人)으로 여기는 나이와는 차이가 많이 나기 때문에, 성인들을 매장하는 묘(墓)에서 장례(葬禮)를 치를 수 없다. 그렇기 때문에 ‘토주(土周)’라는 방

---

4) 『예기』「단궁상(檀弓上)」【72d】: 以夏后氏之堲周, 葬中殤下殤

법을 사용하여, 동산에서 장례를 치른 것이다.

孔疏 ●"遂輿機而往"者, 輿猶抗也. 機者以木爲之狀, 如牀無脚及𥲤簀也. 先用一繩直於中央, 係著兩頭之橋. 又別取一繩, 係一邊材, 橫鉤中央, 直繩報還鉤材, 往還取帀, 兩邊悉然. 而後以尸置於繩上, 抗擧以往園中, 臨斂時, 當堲周之上, 先縮除直繩, 則兩邊交鉤之繩, 悉各離解, 而尸從機中央零落, 入於堲周中, 故曰, "輿機而往"也.

번역 ●經文: "遂輿機而往". ○'여(輿)'자는 들어 올린다는 뜻이다. '기(機)'라는 것은 나무를 사용하여, 시신을 위한 침상을 만든 것으로, 마치 침상처럼 생겼지만, 다리 및 밑의 가로대와 앞의 가로대가 없다. 먼저 한 개의 새끼줄을 중앙으로 연결하고, 양쪽 기둥의 가로막대에 건다. 또 별도로 하나의 새끼줄을 가져다가 한쪽 면에 걸고, 횡으로 중앙에 걸며, 중앙의 직선으로 연결된 새끼줄과 걸친 뒤에, 다시 양쪽 가로막대에 건다. 이것을 반복하며 얼기설기 새끼줄을 연결하니, 양쪽 모두 이렇게 연결한다. 그런 이후에 시신을 그 위에 올려두고서, 나무틀을 들어올려서 동산으로 간다. 시신을 매장할 때가 되면, 직주(堲周)로 다져둔 곳 위에 올려놓고, 먼저 직선으로 연결된 새끼줄을 제거하면, 횡으로 연결된 양쪽의 새끼줄도 풀어지게 되어, 줄이 자연스럽게 분리가 된다. 그래서 시신이 중앙에서 밑으로 떨어지게 되어, 직주로 다져둔 곳으로 들어가게 된다. 그렇기 때문에 "기를 들어 올려서 동산으로 간다."라고 말한 것이다.

孔疏 ●"塗邇故也"者, 塗, 路也. 邇, 近也. 若成人墓遠, 則以棺衣棺於宮中. 此下殤葬於園, 是路去家甚近, 故先用機擧尸往園中, 而後棺斂, 故曰, "塗邇故也".

번역 ●經文: "塗邇故也". ○'도(塗)'자는 '길[路]'이다. '이(邇)'자는 가깝다는 뜻이다. 만약 성인(成人)에 대해 장례(葬禮)를 치르는 경우에 묘(墓)

가 멀리 있다면, 관의(棺衣)를 사용하여 궁중(宮中)에서 시신을 관(棺)에 안치한다. 이곳 문장에서 "하상(下殤)한 자들에 대해서 동산에서 장례를 치른다."고 하였는데, 장지(葬地)까지 가는 길이 집과 매우 가깝기 때문에, 우선 기(機)를 사용하여 시신을 들어 올려서 동산으로 간다. 그 이후에 관에 시신을 안치하게 된다. 그렇기 때문에 "길이 가깝기 때문이다."라고 말한 것이다.

孔疏 ◎注"土周"至"輿機". ○正義曰: 按檀弓云, "夏后氏之堲周, 葬中殤下殤", 故知土周是堲周也. 云, "周人以夏后氏之堲周, 葬下殤於園中"者, 檀弓云, "中殤下殤", 此直云葬, "下殤土周葬於園"者, 以經云"下殤", 故指下殤爲言. 檀弓所云, 據士及庶人也. 若諸侯長·中殤適者, 車三乘, 下殤車一乘, 旣有遣車, 卽不得堲周·輿機而葬也. 諸侯庶長殤·中殤, 車一乘, 則宗子亦不用堲周·輿機而葬, 其下殤則輿機. 其大夫之適長殤·中殤, 遣車一乘, 亦不輿機, 下殤無遣, 則輿機也. 然則王之適庶長·中·下殤皆有遣車, 並不輿機. 士及庶人適庶皆無遣車, 則中·下殤並皆輿機, 故熊氏云, "若無遣車, 中從下殤. 其長殤旣無遣車, 年又長大, 不可與下殤同, 蓋棺斂於宮中, 載棺而往之墓, 從成人也."

번역 ◎鄭注: "土周"~"輿機". ○『예기』「단궁(檀弓)」편을 살펴보면, "하후씨(夏后氏) 때의 '직주(堲周)'라는 방법을 이용하여, 중상(中殤)과 하상(下殤)을 장례(葬禮)지낸다."라고 하였다. 그렇기 때문에 '토주(土周)'가 '직주'임을 알 수 있는 것이다. 정현이 "주(周)나라 사람들은 하후씨 때의 '직주'라는 방법을 사용해서, 동산 안에다가 하상한 자에 대해 장례를 치렀다."라고 하였는데, 「단궁」편에서는 '중상과 하상'이라고 언급하며, 단지 장례를 치른다고만 하였지, 다른 언급은 없었다. 그런데도 정현이 "동산 안에다가 하상한 자에 대해 장례를 치렀다."라고 언급한 것은 경문에서 '하상'이라고 기록하였기 때문에, 하상에 기준을 두고 말을 한 것이다. 「단궁」편에서 말한 내용은 사(士)와 서인(庶人)의 경우에 기준을 둔 기록들이다. 만약 제후의 적장자(嫡長子)들 중에서 장상(長殤)하거나 중상한 경우라면, 3대의 수레를 사용하고, 하상인 경우에는 1대의 수레를 사용하니, 이러한 경우에는 이미 견거(遣車)라는 수레가 포함되어 있다. 따라서 '직주'나 '기(機)로 시신을 들어 올리는 일[輿機]'을 하여 장례를 치를 수 없게 된다. 제후의 서자(庶子)들 중에서 장상하거나 중상한 경우라고 하더라도, 1대의 수레를 쓰게 된다면, 종자(宗子)들 또한 '직주'나 '여기(輿機)'를 사용하여 장례를 치르지 않는다. 다만 그들 중 하상인 경우에만, '여기'를 하여 장례를 치르게 된다. 그리고 대부(大夫)의 적장자들 중에서 장상하거나 중상한 경우라면, 견거로 사용되는 1대의 수레가 있게 되니, 또한 '여기'라는 방법을 사용하지 않는다. 하상인 경우에는 견거가 없으므로, '여기'를 하게 된다. 그러므로 천자의 적장자나 서자인 경우에는 장상·중상·하상인 경우에 상관없이, 모든 경우에 견거가 있게 되므로, '여기'를 하지 않는다. 사와 서인인 경우에는 적장자·서자인 경우에 상관없이, 모두 견거가 없게 되므로, 중상하거나 하상인 경우에도 모두 '여기'를 하게 된다. 그렇기 때문에 웅안생은 "만약 견거가 없는 경우라면, 중상은 하상의 경우를 따른다. 장상한 자에 대해서도 견거라는 것을 사용할 수 없지만, 나이가 요절한 자들 중에서도 많은 편에 속하므로, 하상한 자들에 대한 예법(禮法)과 동일하게 할 수 없으니, 아마도 궁중(宮中)에서 시신을 관(棺)에 안치하고, 관을 싣고서 묘로 갔던 것이다. 이처럼 하는 것은 성인(成人)에 대한 예법처럼 따르는 것이다."라고 한 것이다.

孔疏 ●"今墓遠, 則其葬也如之何". ○今謂曾子見時世禮變, 皆棺斂下殤於宮中, 而葬之於墓, 與成人同隆. 今旣遠, 不復用輿機, 於尸爲當用人抗擧棺而往墓? 爲當用車載棺而往墓邪? 問其葬儀, 故云, "如之何".

번역 ●經文: "今墓遠, 則其葬也如之何". ○'금(今)'자 이하의 말들은 증자가 당시 세간에서 사용하는 예법(禮法)의 변화를 살펴보니, 모두들 궁중(宮中)에서 하상(下殤)한 자의 시신을 관(棺)에 안치하고, 묘(墓)에서 장례

(葬禮)를 치르고 있었다. 따라서 이것은 성인(成人)에 대한 예법처럼, 하상한 자에 대해서도 동일하게 예법을 높여서 시행하고 있다는 뜻이다. 현재는 장지(葬地)로 사용하는 묘까지의 거리가 멀어지게 되어서, 재차 옛날에 따르던 예법대로 '여기(輿機)'하는 방법을 사용할 수 없으니, 시신을 관에 안치하고, 마땅히 사람들을 써서, 그 관을 들어 올려서 묘에 가야 하는 것인지, 아니면 마땅히 수레를 사용하여 관을 수레에 싣고서, 묘까지 가야하느냐는 것이지를 질문한 것으로, 이 말은 곧 증자는 장례에서의 의식 절차를 물어본 것이다. 그렇기 때문에 "어찌합니까?"라고 한 것이다.

【244c~d】

孔子曰: 吾聞諸老聃曰, 昔者, 史佚, 有子而死, 下殤也. 墓遠, 召公謂之曰, 何以不棺斂於宮中. 史佚曰, 吾敢乎哉. 召公言於周公, 周公曰, 豈不可. 史佚行之. 下殤用棺衣棺, 自史佚, 始也.

직역 孔子가 曰, "吾가 老聃에게서 聞하기를, 曰, '昔者에 史佚이 子가 有하나 死한데, 下殤이다. 墓가 遠하니, 召公이 之에게 謂하여, 曰, 어찌 宮中에서 棺斂하지 않는가. 史佚이 曰, 吾가 敢하리오. 召公이 周公에게 言하니, 周公이 曰, 어찌 不可리오. 史佚이 行之라.' 下殤에 棺衣를 用하여 棺함은 史佚로부터 始니라.

의역 증자의 질문에 공자가 대답해주기를, "나는 이 문제와 관련하여 이전에 노담(老聃)이 해준 말을 들은 적이 있었다. 그가 말하길, '옛적에 사일(史佚)이라는 신하에게 아들이 있었으나 일찍 죽었는데, 요절한 경우에서도 하상(下殤)에 해당하였다. 그런데 묘(墓)가 멀리 떨어져 있어서, 곤란해 하고 있었다. 소공(召公)이 그에게 말하길, 어찌하여 궁중(宮中)에서 아들의 시신을 관(棺)에 넣지 않는가라고 하였다. 그러자 사일이 말하기를, 옛날의 법도가 정해져 있는데, 제가 어찌 감히 그것을 어기고, 아들의 시신을 관에 넣을 수가 있겠냐고 하였다. 소공이 이 문제를 주공(周公)에게 물어보았는데, 주공이 말하길, 어찌 하지 못하겠냐고 하였다. 소공이 사일에게 주공의 대답을 들려주자, 사일이 그 말대로 시행하였다.'라고 했다. 그러므로 하상한 자에 대해서, 관과 시신을 감싸는 의복 등을 사용하여, 관에 안치했던 일은 사일로부터 시작된 것이다."

集說 史佚, 周初良史也. 墓遠, 不葬於園也. 言於周公, 言, 猶問也. 周公曰豈不可者, 謂何爲不可也. 召公述周公之言告佚, 佚於是用棺衣而棺斂於宮中, 是此禮之變, 始於史佚也. 舊註以豈爲句者, 非.

번역 사일(史佚)은 주(周)나라 초기에 생존했던 어진 사관(史官)이다. "묘(墓)가 멀리 있다[墓遠]."는 말은 그 당시에 이미 가까운 동산에서 장례(葬禮)를 지내지 않았다는 뜻이다. "언어주공(言於周公)"이라는 말에서 '언(言)'자는 물어본다는 뜻이다. "주공왈기불가(周公曰豈不可)"라는 말에서, '기불가(豈不可)'는 "어찌하여 할 수 없겠느냐?"라는 뜻이다. 소공(召公)은 주공(周公)이 했던 말을 조술하여 사일에게 알려주었는데, 사일은 그제야 관(棺)과 의복 등을 사용하여, 궁중(宮中)에서 아들의 시신을 관에 안치하였으니, 이것이 바로 "이러한 예법(禮法)의 변화가 사일에게서 시작되었다."는 뜻이다. 옛 주석에서 '기(豈)'자에서 구문을 끊어서, '기불가(豈不可)'를 "무슨 말인가? 불가하다[豈, 不可]."라고 풀이했는데, 이 방법은 잘못된 해석이다.

그림 18-3 주(周)나라 문왕(文王)

▸ **출처:** 『삼재도회(三才圖會)』「인물(人物)」 1권

그림 18-4 주(周)나라 무왕(武王)

▸ **출처:** 『삼재도회(三才圖會)』「인물(人物)」 1권

그림 18-5 주(周)나라 성왕(成王)

▸ **출처:** 『삼재도회(三才圖會)』「인물(人物)」 1권

그림 18-6 주공(周公)

▸ **출처:**『삼재도회(三才圖會)』「인물(人物)」 4권

그림 18-7 주(周)나라 소공(召公)

▸ **출처:** 『삼재도회(三才圖會)』「인물(人物)」 4권

大全 臨川吳氏曰: 周人葬下殤之禮, 不用棺, 但以衣斂尸而置之尸牀, 不用車載, 衆手舁之以往. 曾子問, 去墓園塗近者, 可如此, 若去墓之塗遠, 則舁尸以往, 而不用棺不用車, 似若不可, 故問當如之何. 孔子遂引老聃所言史佚之事以答. 蓋史佚曾葬下殤之子, 而其墓遠, 方疑於舁尸之不可, 而召公勸以棺斂於宮中, 則如成人而載以喪車, 不舁機也. 史佚以前未有此禮, 故有所不敢. 於是召公爲史佚問之周公. 周公曰, 豈不可. 蓋禮有從權而以義起者, 墓近則舁機, 墓遠則棺斂而車載以往, 雖前時禮所未有, 然亦無害於義也. 史佚依周公所言行之, 自是以後, 葬下殤者, 若墓遠則用棺也. 棺衣者, 謂斂以衣, 又斂於棺也. 下殤用棺而衣之棺之者, 蓋自史佚始. 前此則衣而已, 不棺之也.

번역 임천오씨가 말하길, 주(周)나라 사람들이 하상(下殤)한 자를 장례(葬禮) 치렀던 예법(禮法)에서는 관(棺)을 사용하지 않았으며, 단지 의복 등으로 시신을 감싸서, 시신을 올려두는 침상에 놓아두었다. 그리고 수레를 사용하여 실어가지 않았고, 대신 여러 사람들이 손으로 직접 침상을 들어 올려서 장지(葬地)로 갔다. 증자가 질문한 내용은 묘자리로 사용되는 동산까지의 거리가 가까운 경우라면, 이처럼 하는 것이 가능하다. 하지만 만약 묘까지의 거리가 먼 경우라면, 시신을 직접 침상에 올려서 들고 가며, 관(棺)도 사용하지 않고, 수레도 사용하지 않는다면, 불가능할 것 같다고 여겼다. 따라서 오늘날에는 마땅히 어떻게 해야 하는지를 물어본 것이다. 공자는 노담(老聃)이 말해준 사일(史佚)의 일화를 인용하여 대답을 해주었다. 무릇 사일은 일찍이 하상한 아들에 대해서 장례를 치르게 되었는데, 그 묘자리가 먼 곳에 있어서, 시신을 들고 가는 방법이 불가능하지 않을까 의문이 들었다. 소공(召公)은 궁중(宮中)에서 관에 시신을 안치하는 방법을 권해주었는데, 이 방법은 마치 성인(成人)에 대한 장례처럼, 상여에 싣고 가는 것으로, 기(機)를 사용하여 시신을 들어 올리는 방법이 아니었다. 사일은 이전에 이러한 예법이 없었기 때문에, 감히 자기 마음대로 할 수 없다고 여겼다. 이때에 소공은 사일을 위하여 주공(周公)에게 물어보았다. 주공이 말하길, "어찌 하지 못하겠느냐[豈不可]?"고 하였다. 무릇 예법에는 권도(權道)에 따라서 그 본래의 의의를 진작시키는 경우도 있는 것이다. 따라서 묘가 가깝다면 '기'를 사용하여 들고 가는 것이 옳겠지만, 묘가 멀다면 '관'에 안치하여 수레에 싣고서 가는 방법이 비록 이전 시대의 예법에 그러한 경우가 없었다고 하더라도, 또한 의미상으로도 해가 되지 않는 것이다. 사일은 주공이 말해준 것에 따라서 그대로 시행하였고, 이후로부터는 하상한 자를 장례지낼 경우, 만약 묘가 먼 곳에 있다면 관을 사용하게 된 것이다. '관의(棺衣)'라는 말은 의복 등으로 시신을 감싸고, 또한 관에 안치하는 것을 뜻한다. 하상한 자에 대해서 관을 사용하고, 의복으로 감싸서 관에 안치하는 방법은 무릇 사일로부터 시작된 것이다. 사일 이전에는 의복만 사용하여 시신을 감쌌을 뿐이지, 관에 안치하지는 않았다.

大全 山陰陸氏曰: 下殤, 雖不棺斂於宮中, 卽塗遠而欲拘墓近之制, 是膠也, 故召公權之, 周公與之.

번역 산음육씨가 말하길, 하상(下殤)한 자에 대해서, 비록 궁중(宮中)에서 시신을 관(棺)에 안치하지 않는다고 하더라도, 장지(葬地)까지 가는 길이 먼 경우인데도, 묘가 가까웠을 때 적용되는 제도만을 지키려고 하는 것은 잘못된 행동이다. 그렇기 때문에 소공(召公)이 권도(權道)를 발휘한 것이며, 주공(周公)도 거기에 동조한 것이다.

그림 18-8 후대의 상여

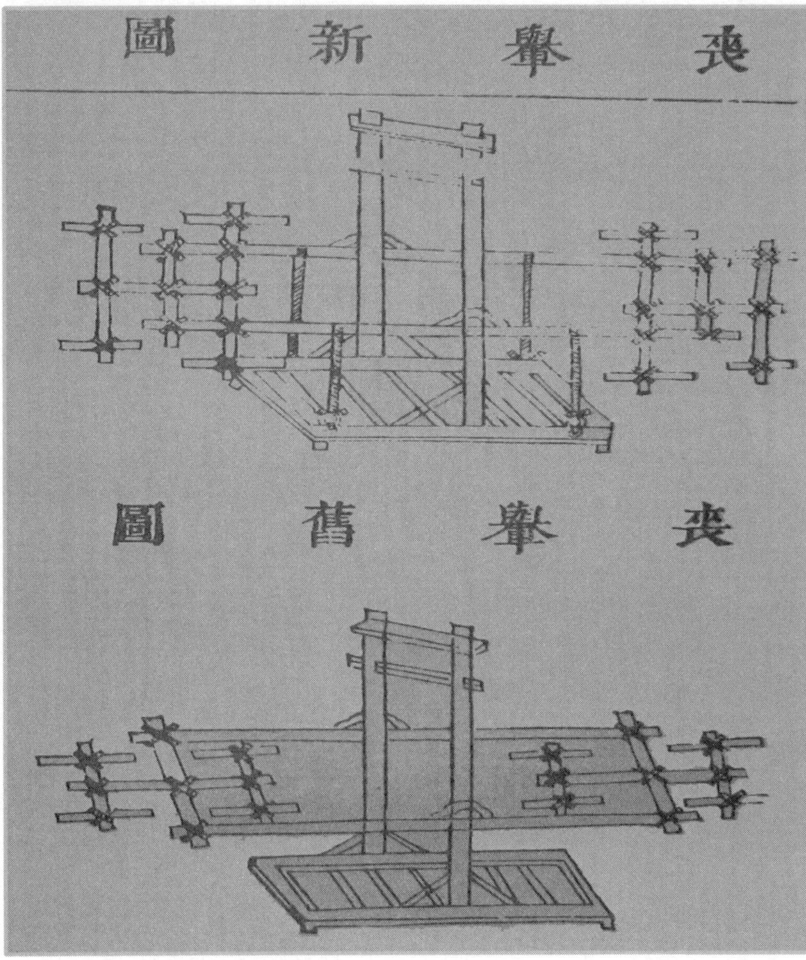

▸ **출처:** 『삼재도회(三才圖會)』「의제(儀制)」 7권

그림 18-9 후대의 묘가 멀 때 사용하는 상여

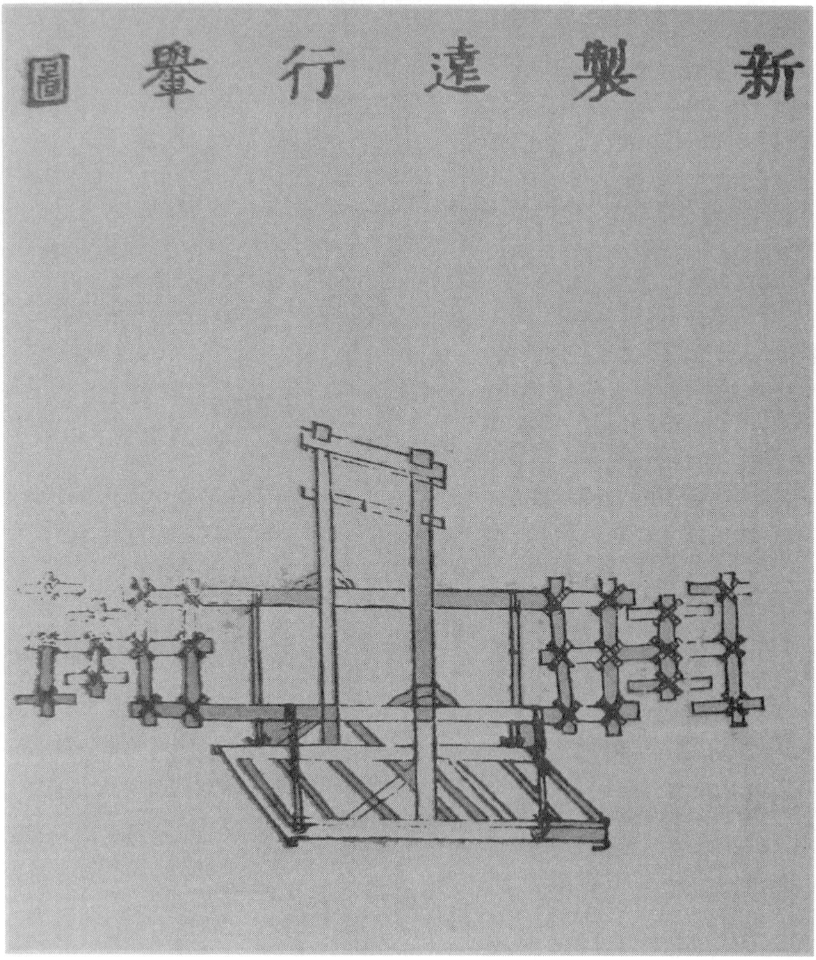

▸ **출처:** 『삼재도회(三才圖會)』「의제(儀制)」 7권

鄭注 蓋欲葬墓如長殤, 從成人也. 長殤有送葬車者, 則棺載之矣. 史佚, 成王時賢史也. 賢猶有所不知. 欲其斂於宮中, 如成人也. 斂於宮中, 則葬當載之. 畏知禮也. 爲史佚問. 言是豈, 於禮不可, 不許也. 失指以爲許也. 遂用召公之言. 棺, 謂斂於棺.

번역 아마도 묘에서 장례(葬禮)를 치르고자 하여, 장상(長殤)인 경우처럼 한 것이니, 성인(成人)에 대한 예법(禮法)대로 따르는 행위이다. 장상한 자에 대해서는 장지(葬地)로 싣고 가는 수레가 있게 되니, 관(棺)에 안치하여 수레에 싣게 된다. 사일(史佚)은 주(周)나라 성왕(成王) 때의 현명한 사관(史官)이다. 현명한데도 모르는 점이 있었던 것이다. 궁중(宮中)에서 시신을 안치하고자 하는 것은 성인에 대한 예법처럼 하는 것이다. 궁중에서 안치를 한다면, 장례를 치를 때에도 마땅히 수레에 실어야 한다. 사일이 처음에 소공(召公)의 말을 듣고, 감히 할 수 없다고 말한 이유는 예법에 대해 아는 자들이 자신의 행동이 잘못되었다고 지적할까 염려해서이다. 소공이 주공(周公)에게 말했다는 기록은 사일을 위해서 질문했다는 뜻이다. 주공의 대답은 "이것이 어찌된 말인가, 예법에 따르면 그렇게 해서는 안 된다."라는 뜻으로, 소공의 말에 동조하지 않은 것이다. 그러나 사일은 그 말을 허락한다는 뜻으로 잘못 알아들었다. 그래서 마침내 소공의 말에 따라서 장례를 치르게 되었다. '관(棺)'자는 관에 시신을 안치한다는 뜻이다.

釋文 佚音逸. 長, 丁丈反, 下同. 則棺, 古患反, 下文"棺斂"·"衣棺", 注"棺謂", 皆同. 召, 本又作邵, 同, 上照反, 下同. 爲, 于僞反, 下"爲辟"·下文"有爲"並同. "周公曰豈"絶句, "言是豈"絶句, "於禮不可"絶句.

번역 '佚'자의 음은 '逸(일)'이다. '長'자는 '丁(정)'자와 '丈(장)'자의 반절음이며, 아래 나오는 글자도 그 음이 이와 같다. '則棺'에서의 '棺'자는 '古(고)'자와 '患(환)'자의 반절음이며, 아래 문장에 나오는 '棺斂'과 '衣棺'에서의 '棺'자, 정현의 주에 나오는 '棺謂'에서의 '棺'자도 모두 그 음이 이와 같다. '召'자는 판본에 따라 또한 '邵'자로도 기록하며, 그 음은 모두 '上(상)'자와 '照(조)'자의 반절음이고, 아래 문장에 나온 글자도 그 음이 이와 같다. '爲'자는 '于(우)'자와 '僞(위)'자의 반절음이며, 아래에 나오는 '爲辟'에서의 '爲'자와 아래 문장에 나오는 '有爲'에서의 '爲'자도 모두 그 음이 같다. "周公曰豈"에서 구문을 끊고, "言是豈"에서 구문을 끊으며, "於禮不可"에서 구문을 끊는다.

孔疏 ●"昔者史佚有子而死, 下殤也, 墓遠". ○此擧失禮所由之人. 史佚, 周初良史, 武王·周公·成王時臣也. 有子下殤而死. "墓遠"者, 史佚欲不葬於園而載尸往墓, 及棺而葬之, 其墓稍遠, 猶豫未定.

번역 ●經文: "昔者史佚有子而死, 下殤也, 墓遠". ○이 문장은 '잘못된 예법[失禮]'이 생겨나게 된 원인 제공자를 거론한 내용이다. 사일(史佚)은 주(周)나라 초기의 어진 사관(史官)으로, 무왕(武王)·주공(周公)·성왕(成王) 때의 신하였다. 아들이 있었으나, 하상(下殤)에 해당하는 나이에 요절한 것이다. 경문의 "墓遠"에 대하여. 사일은 동산에서 장례(葬禮)를 치르지 않고, 시신을 싣고서 묘까지 가려고 했다. 그런데 관(棺)에 아들의 시신을 안치해서 장례를 치르고자 할 때, 그 묘까지의 거리가 조금 멀어서, 어찌해야 할지 몰라서, 아직 결정하지 못했던 것이다.

孔疏 ◎注"史佚, 武王時賢史也". ○正義曰: 史佚, 文王武王時臣, 故國語稱訪於辛尹, 尙書稱逸祝冊是也. 但下殤之喪, 非成人之要, 故史佚猶有不知.

번역 ◎鄭注: "史佚, 武王時賢史也". ○사일(史佚)은 문왕(文王)과 무왕(武王) 때의 신하이다. 그러므로 『국어(國語)』에서 "신갑(辛甲)과 윤일(尹佚)에게 문의하였다."고 했을 때의 '윤일(尹佚)'이라는 자[5]와 『상서(尙書)』에서 "일(逸)이 축문(祝文)을 책에 기록하였다."고 했을 때의 '일(逸)'이라는 자[6]가 바로 여기에서 말하는 '사일'을 가리킨다. 사일은 이처럼 현명한

---

5) 『국어』「진어사(晉語四)」: 諏於蔡·原而訪於辛·尹.

자였다. 그러나 하상(下殤)한 자에 대한 상례(喪禮)는 성인(成人)에 대한 예법(禮法)처럼 중요한 사항이 아니었기 때문에, 사일이라고 하더라도 몰랐던 점이 있었던 것이다.

孔疏 ●"召公謂"至"宮中". ○召公名奭, 見史佚欲依下殤禮, 而不棺斂於宮中, 而欲車載往墓, 猶豫未定, 故勸之, 令棺斂於宮中, 如成人也.

번역 ●經文: "召公謂"~"宮中". ○소공(召公)은 이름이 석(奭)이다. 그는 사일(史佚)이 하상(下殤)한 자에 대한 예법(禮法)에 따르고자 하여, 궁중(宮中)에서 시신을 관(棺)에 안치하지 않고, 수레에 싣고서 묘(墓)까지 가려고 하였지만, 어찌해야 할지 확정하지 못하고 있는 것을 보았기 때문에, 그에게 권유하여, 궁중에서 시신을 관에 안치시켜, 마치 성인(成人)에 대한 예법처럼 하라고 했던 것이다.

孔疏 ●"史佚曰吾敢乎哉"者, 言吾雖欲如此, 猶不敢, 恐達禮者所譏. 注"畏知禮也"者, 是畏周公也. 不欲直指.

번역 ●經文: "史佚曰吾敢乎哉". ○이 말은 사일(史佚) 본인이 비록 소공(召公)의 말처럼 시행하고자 하지만, 감히 할 수 없다는 뜻으로, 예법(禮法)에 능통했던 자가 자기를 나무라는 것을 걱정했기 때문이다. 정현의 주에서 "예법에 대해 아는 자들을 걱정해서이다."라고 한 말은 바로 주공(周公)이 어떻게 생각할까 걱정하였다는 뜻이다. 그런데 사일이 주공을 언급하지 않은 이유는 주공을 직접적으로 가리키고 싶지 않아서이다.

孔疏 ●"召公言於周公"者, 言猶問也. 史佚既畏周公, 故召公爲諮問於周公, 述其事狀, 以決之者. "周公曰豈, 不可"者, 周公聞召公之問, 故答云豈. 豈

---

6) 『서』「주서(周書)·낙고(洛誥)」: 王命作冊逸祝冊, 惟告周公其後.

者怪拒之辭, 先怪拒之, 又云"不可". 不可是不許之辭.

번역 ●經文: "召公言於周公". ○'언(言)'자는 물어본다는 뜻이다. 사일(史佚)은 주공(周公)이 나무라게 될까 걱정하고 있었다. 그래서 소공(召公)이 그를 위해 주공에게 자문을 구하며, 그 정황을 설명해서, 결단을 내리고자 한 것이다. 그런데 경문에서 "주공왈개불가(周公曰豈, 不可)"라고 하였으니, 주공은 소공이 자문을 구한 내용을 듣고서, 그것이 예법(禮法)에 맞지 않는다는 것을 알고 있었다. 그렇기 때문에 주공이 대답하며, "이것이 어찌된 말인가[豈]?"라고 한 것이다. '기(豈)'라는 말은 기괴한 일을 꺼릴 때 쓰는 말이다. 주공은 먼저 기괴하니 꺼려진다고 언급하고, 또 다시 "예법에 따르면 그렇게 해서는 안 된다[不可]."라고 하였다. '불가(不可)'는 승낙하지 않는다는 말이다.

孔疏 ●"史佚行之"者, 召公述"周公曰豈, 不可"之辭, 以語史佚, 史佚不達其指, 猶言周公豈不可, 是許之辭, 故行棺衣宮中之禮也.

번역 ●經文: "史佚行之". ○소공(召公)은 "주공왈개불가(周公曰豈, 不可)"라는 말을 나름대로 해석하여, 사일(史佚)에게 알려주었는데, 사일은 그 요지를 깨닫지 못하고, 오히려 주공이 한 말을 "주공이 말하길, 어찌 불가하겠는가[周公豈不可]?"라고 이해하였다. 이 말은 곧 승낙을 뜻하는 말이었기 때문에, 사일이 관의(棺衣)를 써서, 궁중(宮中)에서 시신을 안치하는 예법(禮法)을 시행했던 것이다.

孔疏 ●"下殤用棺衣棺, 自史佚始也". ○更據失禮所由也. 然此云棺衣棺於宮中, 自史佚爲始, 明昔非惟宮中不棺, 亦不衣也. 而不言於宮中者, 略從可知也.

번역 ●經文: "下殤用棺衣棺, 自史佚始也". ○이 문장은 재차 실례(失

禮)가 발생하게 된 원인을 지적한 것이다. 그러므로 이 문장의 뜻은 관의(棺衣)를 써서 궁중(宮中)에서 시신을 관(棺)에 안치하는 행위는 사일(史佚)로부터 시작된 잘못이라는 뜻이다. 또한 이 말은 곧 옛적에는 궁중에서 시신을 관에 안치하지 않았을 뿐만 아니라, 또한 시신에 대해서도 의복 등을 사용하여 감싸지 않았다는 것을 뜻한다. 그런데 경문에서는 "궁중에서 시행한다."는 말을 언급하지 않고 있다. 그 이유는 특별한 뜻이 있는 것이 아니라, 단순히 문장을 생략했을 뿐이다. 이러한 사실은 앞의 기록들을 통해서 알 수 있다.

集解 愚謂: 輿, 舁也. 周人以有虞氏之瓦棺葬無服之殤, 以夏后氏之堲周葬中殤·下殤, 蓋中·下之殤, 皆先斂於瓦棺, 下棺於堲周中以葬. 但中殤葬於墓, 棺於家, 而車載以往, 下殤葬於園, 則輿尸就園, 斂於棺而遂葬焉, 以其塗邇故也. 後世下殤葬於墓, 而塗遠, 則輿尸不便, 故曾子問之. 棺斂於宮中, 用瓦棺斂之於家也. 豈不可, 言是豈不可乎? 權乎禮之宜而許之也. 衣棺, 謂用衣衣之, 又用棺斂之也. 前此下殤在家衣之而已, 其棺之則在園, 至此, 在家衣之, 遂置於棺而棺斂之, 故曰用棺衣棺. 自史佚始, 此禮之所由變也.

번역 내가 생각하기에, '여(輿)'자는 들어 올린다는 뜻이다. 주(周)나라 사람들은 유우씨(有虞氏) 때 사용하던 옹이로 된 관(棺)을 이용하여, '아직 상복(喪服) 관계가 형성되지 않은[無服]' 요절한 자에 대해서 장례(葬禮)를 치렀고, 하후씨(夏后氏) 때 사용하던 직주(堲周)를 이용하여, 중상(中殤)과 하상(下殤)한 자에 대해서 장례를 치렀다. 따라서 주나라 때에는 아마도 중상과 하상한 경우에는 우선적으로 옹이로 된 관에 시신을 안치하고, '직주'한 곳에 하관을 하여, 장례를 치렀을 것이다. 다만 중상한 자에 대해서는 묘에서 장례를 치렀으므로, 집안에서 시신을 관에 안치했고, 수레에 싣고서 장지(葬地)까지 가게 되었는데, 하상한 자에 대해서는 동산에서 장례를 치렀으므로, 시신을 들어 올려서 동산까지 갔던 것이며, 그곳에서 관에 시신을 안치하여, 마침내 장례를 치렀던 것이다. 이렇게 했던 이유는 거리가 가깝기 때문이다. 후세에는 하상한 자에 대해서도 묘에서 장례를 치렀으므로, 길이 멀어졌기 때문에, 시신을 들어 올리는 방법들이 불편하게 되었다. 그렇기 때문에 증자가 이러한 점에 대해서 질문을 한 것이다. "궁중(宮中)에서 시신을 관에 안치한다."는 말은 옹이로 된 관을 사용하여, 집안에서 시신을 안치한다는 뜻이다. '기불가(豈不可)'라는 말은 "어찌 불가하겠느냐?"라는 뜻이니, 이 말은 곧 예법(禮法)의 합당함에 헤아려보고서, 그 일을 허락한 뜻이다. '의관(衣棺)'은 의복을 사용하여, 시신에게 옷을 입히고, 또한 관을 사용하여 시신을 안치하는 일을 뜻한다. 이전시기에는 하상한 자에 대해서는 집에서 의복만 입혔을 따름이며, 관에 시신을 안치하는 절차는 장지인 동산에서 시행했다. 그런데 이 시기에 이르러서는 집에서 의복도 입히고, 마침내 관에 대한 절차까지도 시행하여, 집에서 시신을 관에 안치하게 된 것이다. 그렇기 때문에 "관과 의관을 사용하였다."고 말한 것이다. "사일(史佚)로부터 시작되었다."는 것은 예법이 변화된 유래를 말한 것이지, 정현(鄭玄)이나 공영달(孔穎達)처럼 잘못되었다고 지적하는 말이 아니다.

集解 孔疏謂"舉機往園, 臨斂時, 當塱周之上, 先縮除直繩, 則兩邊之繩悉解, 而尸從機中央落入塱周中". 如其說, 則下殤竟以尸葬而無棺, 反不如無服之殤矣. 疑尸字乃棺字之誤. 蓋旣斂於棺, 置棺於機上, 而除繩以下之也.

번역 공영달(孔穎達)의 소(疏)에서는 "기(機)를 들어 올려서 동산까지 가고, 시신을 안치시킬 때에는 직주(塱周)한 곳에 나아가, 먼저 직선으로 연결한 새끼줄을 제거하게 되면, 양쪽 변에 묶여 있던 새끼줄이 모두 풀려지게 되어, 시신이 '기'의 중앙 부위에서 '직주'한 속으로 떨어져서 들어가게 된다."라고 하였다. 만약 공영달의 설명과 같다면, 하상(下殤)한 자에 대해서는 결국에 시신 그 자체로 장례(葬禮)를 치르는 것이며, 관(棺)이 없게 되니, 도리어 요절한 자들 중 무복(無服) 관계인 자에게 시행하는 예법(禮法)보다 못하게 된다. 따라서 이곳 기록에서의 '시(尸)'자는 아마도 '관(棺)'자의 오자인 듯하다. 무릇 관에 시신을 안치하였다면, '기' 위에 관이 놓이게 되므로, 새끼줄을 제거해서 관을 무덤 안으로 떨어트렸을 것이다.

• 제19절 •

시동과 상례(喪禮)의 문제

【245a】

曾子問曰: 卿大夫將爲尸於公, 受宿矣, 而有齊衰內喪, 則如之何. 孔子曰: 出舍於公館, 以待事, 禮也.

직역 曾子가 問曰, "卿・大夫가 장차 公에게 尸가 되어, 受宿한데, 齊衰인 內喪이 有하면, 어찌합니까?" 孔子가 曰, "出하여 公館에 舍하며, 待事함이 禮이다."

의역 증자가 질문하기를, "경(卿)과 대부(大夫)가 장차 제후가 지내는 제사에서 시동의 임무를 맡게 되어, 군주의 명령을 받아 집안에 머물며 재계를 하고 있는데, 갑작스럽게 자최복(齊衰服)을 입어야 하는 내상(內喪)이 발생하게 된다면, 어떻게 해야 합니까?" 그러자 공자가 대답해주기를, "집을 나와서 공관(公館)에 머물며, 군주의 제사가 다 끝나기를 기다렸다가, 그 이후에 집으로 돌아가서 상(喪)을 치르는 것이 올바른 예법(禮法)이다."

集說 受宿, 受君命而宿齊戒也. 齊衰內喪, 大門內齊衰服之喪也. 待事, 待祭事畢, 然後歸哭也.

번역 '수숙(受宿)'은 군주의 명령을 받아서, 집에 머물며 재계를 한다는 뜻이다. '자최내상(齊衰內喪)'은 집안에서 치르는 상(喪) 중에서도 자최복(齊衰服)을 입는 상을 뜻한다. '대사(待事)'는 제사가 다 끝나기를 기다렸다가, 그런 연후에 집에 돌아가서 곡(哭)을 한다는 뜻이다.

鄭注 吉凶不可以同處.

번역 집을 나와서 공관(公館)에 머무는 이유는 길례(吉禮)인 국가제례(國家祭祀)와 흉례(凶禮)인 개인의 상사(喪事)를 같은 장소에서 치를 수 없기 때문이다.

孔疏 ●"曾子"至"前驅". ○正義曰: 此一節論卿大夫與君爲尸之事.

번역 ●經文: "曾子"~"前驅". ○이 문장은 경(卿)·대부(大夫)가 군주의 시동으로 참여하게 된 일을 논의한 내용이다.

孔疏 ●"曾子"至"之何". ○曾子言卿大夫或爲尸而已, 受宿齊戒, 而門內有齊衰之喪, 其禮如何, 故云, "則如之何".

번역 ●經文: "曾子"~"之何". ○증자는 경(卿)·대부(大夫)가 혹여 시동이 된 경우에 대해서만 언급했을 따름이다. 따라서 이 문장은 그들이 명령을 받아서 집에 머물며 재계를 하고 있는데, 집안에서 자최복(齊衰服)을 입어야 하는 상(喪)이 발생한다면, 그 예법(禮法)은 어떻게 되는 것이냐고 증자가 질문한 내용이다. 그렇기 때문에 "어찌합니까?"라고 말한 것이다.

孔疏 ●"孔子曰出舍於公館以待事, 禮也"者, 此答曾子云, 且舍公館, 待事畢, 然後歸哭也. 所以出於公館者, 以祭是吉, 吉凶不可同處也.

번역 ●經文: "孔子曰出舍於公館以待事, 禮也". ○이 문장은 공자가 증자에게 대답해준 내용으로, 공자가 대답하길, 또한 공관(公館)에 머물며, 일이 다 끝날 때까지 기다린다. 그리고 제사가 다 끝난 연후에야 집에 돌아가서 곡(哭)을 한다는 뜻이다. 집을 나와서 공관에 머물게 되는 이유는 제사는 길례(吉禮)에 해당하니, 길례와 흉례(凶禮)를 같은 곳에서 치를 수 없기 때문이다.

【245b】

孔子曰: 尸弁冕而出, 卿大夫士皆下之, 尸必式. 必有前驅.

직역 孔子가 曰, "尸가 弁冕하고 出하면, 卿·大夫·士는 모두 下하며, 尸는 必히 式한다. 必히 前驅가 有한다."

의역 공자가 증자에게 계속하여 알려주기를, "시동으로 선택된 자가 변관(弁冠)이나 면관(冕冠) 같은 예모(禮帽)를 쓰고 길을 나서게 되었는데, 경(卿)·대부(大夫)·사(士)가 만약 시동을 보게 된다면, 모두 수레에서 내려서 예의를 표하며, 시동은 자신의 수레에 있는 가로대를 잡고서 답례를 표한다.[1] 그리고 이처럼 시동이 된 자가 길을 나설 때에는 반드시 시동의 수레 앞에서 행인(行人)들이 길을 피해주도록 알리는 사람이 따라가게 된다."

集說 尸服死者之上服. 今爲君尸而弁冕者, 弁, 士之爵弁也, 以君之先世或有爲大夫士者, 故尸亦當弁或冕也. 出而卿大夫士遇之則下車, 尸式以答之. 必有前驅者, 尸出則先驅, 辟開行人也.

번역 시동은 죽은 자가 생전에 착용했던 제복(祭服) 중에서도 상등의 복장을 착용한다.[2] 지금 이 문장에서는 군주의 시동이 된 자가 변면(弁冕)을 착용한다고 하였는데, '변(弁)'은 사(士)가 착용하는 작변(爵弁)이므로, 군주의 선대에 혹여 대부(大夫)나 사의 신분이었던 자가 있었기 때문이다. 그래서 시동 또한 마땅히 변이나 면을 착용하는 것이다. 시동이 길을 나서게 되었는데, 경(卿)·대부·사가 그와 마주치게 된다면 수레에서 내리며,

---

1) 이 문장에서 '식(式)'자은 수레에 있는 가로대를 가리키며, 시동은 이 가로대를 잡고서 머리를 숙여 답례를 한다는 뜻이다. 이것과 관련된 문장으로 『예기』「곡례하(曲禮上)」【35a】에 "爲君尸者, 大夫士見之, 則下之, 君知所以爲尸者, 則自下之. 尸必式, 乘必以几. 齊者不樂不弔."라는 기록에 있다.

2) 『의례』「사우례(士虞禮)」: 尸服卒者之上服.

시동은 식(式)을 잡고서 답례를 한다. '필유전구(必有前驅)'라는 말은 시동이 길을 나서게 되면, 수행하는 자가 시동보다 앞서서 말을 몰며, 행인(行人)들을 피하게 하여, 길을 터주게 된다는 뜻이다.

그림 19-1 수레의 식(式)

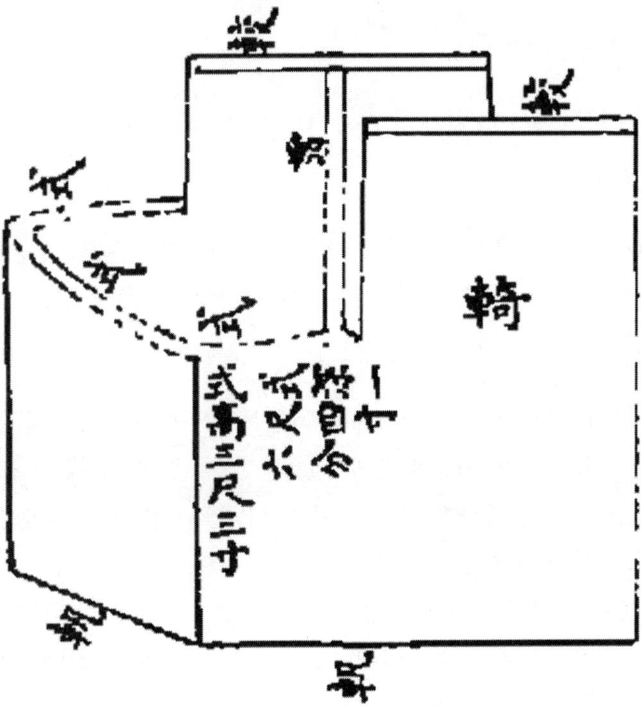

▸ **출처:**『향당도고(鄕黨圖考)』1권

鄭注 爲君尸或弁者, 先祖或有爲大夫·士者. 見而下車. 小俛禮之. 爲辟道.

번역 군주의 시동이 된 자가 간혹 변(弁)을 쓰는 이유는 군주의 선조 중에서 혹여 대부(大夫)나 사(士)의 신분이었던 자가 있었기 때문이다. 시동을 보게 되면, 수레에서 내리게 된다. 시동은 조금 머리를 숙여서 예(禮)를 표한다. 시동 앞에 전구(前驅)를 두는 이유는 길을 트기 위함이다.

釋文 辟, 婢亦反.

번역 '辟'자는 '婢(비)'자와 '亦(역)'자의 반절음이다.

孔疏 ●"孔子曰尸弁冕[3]而出", 此孔子因曾子上問爲尸之事, 遂爲曾子廣說事尸之法, 故此直言, "孔子曰", 無曾子問辭. 此篇之內, 時有如此, 皇氏以爲無曾子問者, 後寫脫漏, 非也.

번역 ●經文: "孔子曰尸弁冕而出". ○이 문장은 공자가 앞서서 증자가 질문한 내용인, '시동이 되었을 때의 일[爲尸之事]'에 연유하여, 마침내 증자를 위해, '시동으로 종사할 때의 법도[事尸之法]'까지도 확장하여 설명해 준 것이다. 그렇기 때문에 이 문장에서는 직접적으로 '공자왈(孔子曰)'이라고 말한 것이며, 증자가 물어보았다는 말이 없는 것이다. 이 「증자문」편 안에는 간혹 이와 같은 용례들이 있다. 그런데 이 문제에 대해서, 황간은 '증자문(曾子問)'이라는 말이 없는 이유를 후대의 기록자가 누락시킨 것이라고 여겼는데, 이것은 잘못된 설명이다.

---

3) '변면(弁冕)'에 대하여. '변면'에서의 '변(弁)'자는 본래 없던 글자인데, 완원(阮元)의 『교감기(校勘記)』에서는 "포당(浦鏜)은 '면(冕)'자 위에 '변'자를 더하여 교정하였다."라고 했다. 『십삼경주소(十三經注疏)』 북경대 출판본에서도 "앞의 경문에서도 또한 '변'자가 기록되어 있다."라고 했다.

孔疏 ◎注"爲君"至"士者". ○正義曰: 按士虞禮云, "尸服卒者之上服", 以君之先祖有爲士者, 當著爵弁以助君祭, 故子孫祭之, 尸得服爵弁者. 若以助君祭服言之, 大夫著冕. 此云大夫者, 因士連言大夫耳. 按儀禮特牲, "尸服玄端", 少牢又云, "尸服朝服", 尸皆服在家自祭之服, 不服爵弁及冕者, 大夫·士卑屈於人君, 故尸服父祖自祭之上服, 人君禮伸, 故尸服助祭之上服也.

번역 ◎鄭注: "爲君"~"士者". ○『의례』「사우례(士虞禮)」편을 살펴보면, "시동은 죽은 자의 상복(上服)을 착용한다."라고 하였는데, 군주의 선조 중에 사(士)의 신분이었던 자가 있었다면, 마땅히 작변(爵弁)을 쓰고서, 군주의 제사를 도와야하는 것이다. 그렇기 때문에 자손 세대에서 그에 대한 제사를 지낼 때에, 시동이 작변을 착용하는 상황이 있을 수 있었던 것이다. 만약 군주의 제사를 돕는 자의 제복(祭服)을 기준으로 말한다면, 대부(大夫)는 면(冕)을 착용하게 된다. 여기에서 대부를 언급한 것은 사와 연관하여 대부를 언급했을 따름이다. 『의례』「특생궤식례(特牲饋食禮)」편을 살펴보면, "시동은 현단복(玄端服)을 착용한다."라고 했고, 『의례』「소뢰궤식례(少牢饋食禮)」편에서는 "시동은 조복(朝服)을 착용한다."라고 했으니, 이 때의 시동들은 모두 그 집안에서 제사를 지낼 때의 제복을 착용하고, 작변 및 면 등을 착용하지 않는다. 그 이유는 대부나 사는 군주에 비해서 예법(禮法)을 낮추기 때문이다. 그래서 시동은 부친이나 조부(祖父)가 제사를 주관하여 지낼 때 입게 되는 상등의 예복(禮服)을 착용하는 것이며, 군주는 그 해당하는 예법을 모두 사용할 수 있기 때문에, 시동은 제사를 돕는 자들이 입는 상등의 예복을 입는 것이다.

孔疏 ●"卿·大夫·士皆下之"者, 謂尸或出於道路, 其卿·大夫乘車, 見尸則下車也. "尸必式"者, 而尸當馮式小俛以敬之. "必有前驅"者, 謂尸出行, 則有前驅辟道之人也.

번역 ●經文: "卿·大夫·士皆下之". ○이 문장은 시동이 혹여 도로로 나오게 되었는데, 그 나라의 경(卿)과 대부(大夫)들이 수레를 타고 가다가 시동을 보게 되면, 수레에서 내려온다는 뜻이다. 경문의 "尸必式"에 대하여. 경과 대부들이 수레에서 내려오면, 시동은 풍식(馮式)[4]을 잡고서, 조금 머리를 숙여서 경의를 표한다. 경문의 "必有前驅"에 대하여. 이 말은 곧 시동이 도로로 나오게 되면, 앞서 말을 몰며, 길을 트이게 하는 사람이 있게 된다는 뜻이다.

集解 宿, 謂祭前宿尸也. 鄭氏特牲禮註云, "宿當爲肅, 進也." 進之者, 使知祭日當來. 人君祭前三日卜尸, 旣卜吉, 乃宿之, 旣受宿, 則祭日已迫, 不可復改卜, 故雖有齊衰內喪, 而不可已也. 齊衰內喪, 同門齊衰之喪也. 出宿於公館以待事, 吉凶不可同處也. 尸服卒者之上服, 君之祖父或爲士, 則尸服爵弁, 爲大夫·諸侯, 則尸服冕. 下之, 敬尸也. 尸必式, 答之也. 人君出, 則有前驅辟道, 左傳"公子歂犬·華仲前驅", 是也. 尸尊, 與君同, 故必有前驅. 餘說見曲禮.

번역 '숙(宿)'자는 제사일 이전에 시동을 맞아들인다는 뜻이다. 『의례』「특생궤식례(特牲饋食禮)」편에 대한 정현의 주에서 "'숙(宿)'자는 마땅히 '숙(肅)'자가 되어야 하니, 오도록 한다는 뜻이다."라고 했고, "오도록 한다[進之]."는 말은 그로 하여금 제사를 지내는 날을 숙지하게 하여서, 찾아오게끔 한다는 뜻이다. 군주는 제사 3일 전에, 어떤 사람을 시동으로 삼아도 되는지의 여부를 점치게 된다. 점친 결과가 길(吉)하다고 나온 자를 시동으로 삼으면, 곧 그에게 알려서 찾아오게끔 한다. 이미 오라는 명령을 받았다면, 제사일이 촉박해진 상황에 해당하므로, 시동에게 사정이 생겼다고 해서, 다시금 점을 칠 수가 없는 것이다. 그렇기 때문에 비록 시동에게 자최복(齊衰服)을 입어야 하는 내상(內喪)이 발생했더라도, 그 사람을 시동으로 삼지 않을 수가 없다. '자최내상(齊衰內喪)'은 같은 집안에서 발생한 상(喪) 중에서, 시동으로 임명된 자가 자최복을 입어야 하는 상이다. 집에서 나와서, 공관(公館)으로 가서 군주의 제사를 기다리는 이유는 길례(吉禮)와 흉

---

4) 풍식(馮式)은 풍식(馮軾)이라고도 한다. 수레에 탔을 때 잡게 되는 수레 위쪽 전면에 놓여 있는 가로대를 뜻한다.

례(凶禮)를 같은 곳에서 치를 수 없기 때문이다. 시동은 죽은 자가 생전에 입었던 예복(禮服) 중에서도 가장 상등의 예복을 착용하니, 군주의 조부(祖父)가 혹여 사(士)의 신분이었다면, 시동은 작변(爵弁)을 착용하며, 대부(大夫)나 제후였다면, 시동은 면(冕)을 착용한다. 수레에서 내리는 이유는 시동을 공경하기 때문이다. 시동이 반드시 식(式)을 잡아야 하는 이유는 답례(答禮)를 표하기 위해서이다. 군주가 길을 나서게 되면, 앞서 말을 몰며 길을 트는 자가 있으니, 『좌전(左傳)』에 "공자(公子) 천견(歂犬)과 화중(華仲)이 전구(前驅)를 하였다."[5]라는 기록이 바로 이러한 사례에 해당한다. 시동의 존귀함은 군주에 대한 존귀함과 같다. 그렇기 때문에 반드시 전구가 있게 되는 것이다. 나머지 설명은 『예기』「곡례(曲禮)」편에 나온다.

---

5) 『춘추좌씨전』「희공(僖公) 28년」 : 公子歂犬·華仲前驅.

• 제20절 •

전쟁과 상례(喪禮)의 문제

【245b~c】

子夏問曰: 三年之喪, 卒哭, 金革之事, 無辟也者, 禮與, 初有司與. 孔子曰: 夏后氏, 三年之喪, 旣殯而致事, 殷人, 旣葬而致事, 記曰, 君子, 不奪人之親, 亦不可奪親也, 此之謂乎.

직역 子夏가 問曰, "三年의 喪에 卒哭하고, 金革의 事에 無辟함이 禮입니까? 初에 有司합니까?" 孔子가 曰, "夏后氏는 三年의 喪에 旣殯하고서 致事하였고, 殷人은 旣葬하고서 致事하였으니, 記에 曰, '君子는 人의 親을 不奪하며, 또한 奪親함도 不可하다.' 이것을 이름일 것이다."

의역 자하(子夏)가 질문하기를, "부모에 대한 삼년상(三年喪)을 치르는데 졸곡(卒哭)을 하고서, 전쟁 등의 일이 발생하였다면, 피하지 않고 군주의 명령에 따라서 전쟁에 임하는 것이 예법(禮法)입니까? 그것이 아니라면, 애초에 군주가 유사(有司)를 파견하여 그에게 다급한 상황을 말해주며, 전쟁에 임하도록 재촉하게 되어서, 오늘날처럼 전쟁에 참여하게 된 사례가 생긴 것입니까?" 그러자 공자가 대답해주기를, "하후씨(夏后氏) 때에는 부모에 대한 삼년상을 치르게 되면, 빈소를 차리고 나서 관직에서 물러났었고, 은(殷)나라 때에는 장례(葬禮)를 치르고 나서 관직에서 물러났었다. 옛말에 '군자(君子)는 남의 부모에 대한 효심(孝心)을 빼앗지 않으며, 또한 그러한 마음을 빼앗을 수도 없는 것이다.'라고 했으니, 바로 이것을 뜻함일 것이다."

集說 無辟, 謂君使則行, 無敢辭辟也. 此禮當然歟? 抑當初有司逼遣之歟? 夏之禮, 親喪旣殯, 卽致還其事於君. 殷禮則葬後乃致其事. 君子, 指人君也. 臣遭父母之喪, 而君許其致事, 是不奪人喪親之心也. 雖君有命, 而不忍違離喪次, 是不可奪其喪親之孝也.

번역 '무벽(無辟)'은 군주가 명령하면 곧바로 시행하여, 감히 사양하여 피하는 일이 없는 것을 뜻한다. 이처럼 하는 것이 예법(禮法)상 당연한 것인가? 그것이 아니라면, 마땅히 애초부터 유사(有司)가 와서 재촉하게 되어, 이러한 예법이 생겼는가? 이것이 바로 자하(子夏)가 질문한 내용이다. 하(夏)나라 때의 예법에서는 부모의 상(喪)에서 빈소를 차리게 되면, 곧바로 군주에게 자신이 맡았던 임무를 되돌려준다. 은(殷)나라의 예법에서는 장례(葬禮)를 지낸 이후에, 곧바로 그 임무를 되돌려준다. '군자(君子)'는 군주를 가리킨다. 신하가 부모의 상을 당하게 되면, 군주는 신하가 관직에서 물러나는 것을 허락하니, 이것이 바로 "부모를 잃은 자식의 마음을 빼앗지 않는다[不奪人喪親之心]."는 뜻이다. 비록 군주의 명령이 있더라도, 부모를 잃은 신하는 차마 상을 치르는 장소를 떠날 수가 없는 것이니, 이것이 바로 "그가 부모의 상을 치르는 효심(孝心)을 빼앗을 수도 없다[不可奪其喪親之孝]."는 뜻이다.

大全 嚴陵方氏曰: 致事, 與大夫七十而致事之致事, 同義. 彼以老而不勝事, 此以喪而不勝事, 故皆致之於君也. 凡事皆然, 又況金革之事, 可以無辟乎.

번역 엄릉방씨가 말하길, 이 문장에서 말하는 '치사(致事)'는 "대부(大夫)가 70세가 되면, 관직에서 물러난다."고 할 때의 '치사(致事)'[1]와 같은 뜻이다. 대부의 경우에 70세가 되어 관직에서 물러나는 이유는 나이가 들어서 임무를 감당할 수 없어서 이곳 문장에서의 상황은 부모의 상(喪) 때문

1) 『예기』「곡례상(曲禮上)」【13a】: 大夫七十而致事. 若不得謝, 則必賜之几杖, 行役以婦人.

에, 임무를 감당할 수 없어서 관직에서 물러나는 것이다. 그렇기 때문에 이 둘 모두의 경우에는 군주에게 그 관직을 되돌려주는 것이다. 일상적인 일들에서도 모두 이러한데, 하물며 전쟁의 일이라고 하더라도, 사양함이 없을 수가 있겠는가?

鄭注 疑有司初使之然. 致事, 還其職位於君. 周卒哭而致事. 二者, 恕也, 孝也.

번역 경문의 '초유사여(初有司與)'라는 말은 "아마도 유사(有司)가 애초에 그로 하여금 그렇게 시켰던 일이 있었던 것이냐?"라는 뜻이다. '치사(致事)'는 그의 직위를 군주에게 되돌려준다는 뜻이다. 주(周)나라 때에는 졸곡(卒哭)을 하고서, 관직에서 물러났다. '기(記)'에서 말하는 두 가지는 군주에게 해당하는 서(恕)와 신하에게 해당하는 효(孝)를 나타낸다.

釋文 辟音避, 下同. 與音餘, 下皆同.

번역 '辟'자의 음은 '避(피)'이며, 아래 문장에 나오는 글자도 그 음이 이와 같다. '與'자의 음은 '餘(여)'이며, 아래 문장에 나오는 글자들도 모두 그 음이 이와 같다.

孔疏 ●"子夏"至"知也". ○正義曰: 此一節論君不奪孝子情之事, 各依文解之.

번역 ●經文: "子夏"~"知也". ○이 문장은 군주가 효자(孝子)의 효심[情]을 빼앗을 수 없다는 일을 논의한 내용으로, 각각의 문장에 따라서 해석하겠다.

孔疏 ●"子夏問曰三年之喪"至"初有司與"者, 子夏以人遭父母三年之喪, 卒哭之後, 國有金革戰伐之事, 君使則行, 無敢辭辟, 爲是禮當然與? 爲當初時有司强逼遣之與?

번역 ●經文: "子夏問曰三年之喪"~"初有司與". ○자하(子夏)가 질문한 내용은 신하가 부모의 삼년상(三年喪)을 당하게 되었고, 졸곡(卒哭)을 치른 이후에, 국가에 전쟁이나 정벌을 해야 할 일이 발생한 상황이다. 이러한 때에 군주가 명령을 내리면, 곧바로 참가해야 하며, 감히 사양하여 피하는 일이 없는 것이 예법(禮法)상 당연한 것인가? 아니면 마땅히 애초부터 유사(有司)가 강제로 재촉을 했던 것인가를 물어본 것이다.

孔疏 ◎注"致事"至"致事". ○正義曰: 皇氏云, "夏后氏尙質, 孝子喪親恍惚, 君事不敢久留, 故旣殯致事還君. 殷人漸文, 思親彌深, 故旣葬畢始致事還君. 周人極文, 悲哀至甚, 故卒哭而致事." 知周卒哭致事者, 以喪之大事有三, 殯也, 葬也, 卒哭也. 夏旣殯, 殷旣葬, 後代漸遠. 以此推之, 故知周卒哭也.

번역 ◎鄭注: "致事"~"致事". ○황간은 "하후씨(夏后氏) 때에는 질박함을 숭상하였다. 그런데 사람의 자식된 자는 부모의 상(喪)을 치르며 정신을 빼앗겨 혼미하게 되는데, 군주가 시킨 일을 신속하게 처리하지 않고, 감히 오래도록 방치할 수 없기 때문에, 빈소를 차리고 나면, 곧바로 관직을 사양하여 군주에게 되돌려주었던 것이다. 은(殷)나라 사람들은 점차 문식을 꾸미게 되었다. 그래서 부모를 생각하는 마음이 오래도록 깊어졌기 때문에, 장례(葬禮)를 끝내게 되면, 비로소 관직을 사양하여 군주에게 되돌려주었던 것이다. 주(周)나라 사람들은 지극히 문식을 꾸미게 되었다. 그래서 비통해하고 애달픈 마음이 지극히 깊어졌기 때문에, 졸곡(卒哭)을 지내고서야 관직에서 물러났던 것이다."라고 했다. 주나라 때에는 졸곡을 한 이후에 관직에서 물러났다는 사실을 알 수 있는 이유는 상에서는 큰 일이 3가지가 있는데, 빈궁(殯宮)을 차리는 것과 장례를 치르는 것과 졸곡을 지내는 것이다. 하(夏)나라 때에는 빈소를 차린 뒤에 관직에서 물러났고, 은나라 때에는 장례를 끝낸 뒤에 관직에서 물러났다고 하였으니, 후대로 내려갈수록 조금씩 그 기간이 길어졌다. 따라서 이러한 사실을 토대로 추론해보면, 주나라 때에는 졸곡을 한 이후에 관직에서 물러났음을 알 수 있다.

孔疏 ●"記曰"至"謂乎". ○解人臣喪親, 在上君子許之致事. 君子謂人君也. 人臣有親之喪, 在上君子許其致事, 是不奪人喪親之心, 此謂恕也, 以己情恕彼也, 據君許於下也. 亦不可奪親者, 謂人臣遭親之喪, 若不致事, 是自奪思親之心也, 故遭喪須致事, 是不奪情以求利祿, 此謂孝也, 此據孝子之身也. 言孝子居喪, 不可以不致事, 人君不可以不許. 舊記先有此文, 故孔子引之, 故云, "此之謂乎".

번역 ●經文: "記曰"~"謂乎". ○이 문장은 신하된 자가 부모의 상(喪) 중에 있으면, 신하의 군주가 된 자는 그가 관직에서 물러나는 것을 허락해 주어야 한다는 내용을 풀이한 말이다. '군자(君子)'는 군주를 뜻한다. 신하가 부모의 상을 당하게 되면, 군주는 그가 관직에서 물러나는 것을 허락하니, 이것이 바로 "부모상을 치르는 자식의 마음을 빼앗지 않는다."는 뜻이다. 또한 이것을 '서(恕)'라고도 부르니, 자신의 감정을 기준으로 남까지도 헤아려본다는 말로, 군주가 신하에 대해서 허락을 해야 한다는 사실을 나타내고 있다. 또한 "부모에 대한 마음을 잃어버려서도 안 된다."[2]는 말은 신하가 부모의 상을 당하게 되었는데, 만약 관직에서 물러나지 않는다면, 이것은 바로 제 스스로 부모를 생각하는 마음을 잃어버리는 것이다. 그렇기 때문에 상을 당하게 되면, 관직에서 물러나야 하는 것이다. 따라서 이것은 정감을 잃어버리고서, 이익과 녹봉을 추구하지 않는다는 뜻으로, '효(孝)'라고도 부르니, 이 말은 효자 본인에 대해서 지적하는 내용이다. 그러므로 이 문장은 자식은 상중(喪中)에 있으면서, 관직에서 물러나지 않을 수 없고, 군주는 그 일을 허락하지 않을 수 없다는 것을 뜻한다. 옛날 기록

2) 이처럼 경문을 해석하는 것은 공영달(孔穎達)의 경문 해석이 진호(陳澔)와 다르기 때문이다.

중에는 이전부터 이러한 문장들이 있었기 때문에, 공자가 이 말을 인용한 것이다. 그러므로 "이것을 뜻함일 것이다[此之謂乎]."라고 말한 것이다.

孔疏 ◎注"二者恕也孝也"者, "恕也", 解不奪人之親, 己旣思親, 以己方人, 何可奪人之親? 是君恕[3]也. "孝也", 解亦不可奪親, 是孝子思親, 今不致事, 不能念親, 今旣致事, 是不奪思親之情, 是其孝也.

번역 ◎鄭注: "二者恕也孝也". ○"서(恕)이다."라는 말은 남의 부모에 대한 마음을 빼앗을 수 없다는 것을 풀이한 말이니, 군주 본인에게도 부모를 생각하는 마음이 있으므로, 자신을 기준으로 남을 헤아려보면, 어찌 남의 부모에 대한 마음을 빼앗을 수 있겠는가? 이것이 바로 군주의 '서'이다. "효(孝)이다."라는 말은 또한 부모에 대한 마음을 잃어버려서는 안 된다는 것을 풀이한 말이니, 자식은 항상 부모를 생각하고 있는데, 이러한 상황에 처해서도 관직에서 물러나지 않는다면, 부모에 대한 마음을 항상 떠올릴 수가 없게 된다. 따라서 부모상을 당하여서, 관직에서 물러나는 것은 바로 부모에 대한 애정을 잃어버리지 않는다는 것으로, 이것이 바로 자식의 '효'이다.

【245d】

子夏曰: 金革之事, 無辟也者, 非與. 孔子曰: 吾聞諸老聃曰, 昔者, 魯公伯禽, 有爲爲之也, 今以三年之喪, 從其利者, 吾弗知也.

직역 子夏가 問曰, "金革의 事에 無辟함이 非입니까?" 孔子가 曰, "吾가 老聃에

3) '서(恕)'자에 대하여. '서'자 앞에는 본래 '충(忠)'자가 기록되어 있었는데, 완원(阮元)의 『교감기(校勘記)』에서는 "'충'자는 연문이다."라고 하였다.

게 듣기로는 '昔者에 魯公 伯禽이 有爲하여 爲之하였다.' 今에 三年의 喪에 그 利를 從함은 吾는 弗知하다."

의역 자하가 질문하기를, "부모의 상(喪)을 치르고 있는 도중에 전쟁 등의 일이 발생한 경우, 피하지 않고 군주의 명령에 따라서 전쟁에 임하는 것은 잘못된 일입니까?" 그러자 공자가 대답해주기를, "내가 노담(老聃)에게서 듣기로는 '옛적에 노(魯)나라 군주 백금(伯禽)은 부득이한 일이 발생하게 되어, 그렇게 하였다.'라고 했다. 그러나 오늘날 부모의 삼년상(三年喪)을 치르면서, 자신의 이익을 쫓아서 전쟁에 참가하는 것이 예법(禮法)에 맞는지는 내가 잘 모르겠다."

集說 魯公卒哭而從金革之事, 以徐戎之難, 東郊不開, 不得已而征之, 是有爲爲之也. 今人居三年之喪, 而用兵以逐攻取之利者, 吾不知其爲何禮也. 蓋甚非之之辭. 一說利爲例, 言無故而以三年之喪, 從伯禽之例以用兵者, 甚非也.

번역 노(魯)나라 군주는 졸곡(卒哭)을 끝내고서 전쟁에 참가하였는데, 그 이유는 동이(東夷) 중 하나인 서융(徐戎)의 난리가 발생하여, 동쪽 교외가 차단되어 부득이하게 정벌을 한 것이니, 이것이 바로 "시행할만한 일이 생겨서 그렇게 시행하였다[有爲爲之]."는 뜻이다. 공자의 대답은 오늘날 어떤 사람이 삼년상(三年喪)을 치르면서, 군대를 동원하여 상대방을 공격해서, 이득을 추구하는 행위에 대해, 공자 자신은 그것이 어떤 예(禮)가 될 수 있는지 모르겠다는 뜻이다. 이 말은 곧 아마도 매우 잘못되었다고 지적하는 말인 것 같다. 일설(一說)에는 '이(利)'자를 '예(例)'자로 여겨서, "아무런 이유도 없는데, 삼년상에 임한 상태에서, 백금(伯禽)이 했던 용례에 따라서 전쟁에 참가한다는 것은 매우 잘못된 것임을 뜻한다."고 풀이한다.

大全 臨川吳氏曰: 武王崩之年, 武庚叛周, 徐戎應之. 周公東征, 定殷亂, 遣伯禽之國鎭遏東方, 元年征徐戎. 蓋此時王室危急, 伯禽雖有私喪, 不敢辭辟也.

번역 임천오씨가 말하길, 무왕(武王)이 죽은 해에, 은(殷)나라의 후예인 무경(武庚)이 주(周)나라를 배반하였는데, 서융(徐戎)이 그 난리에 가담하였다. 주공(周公)은 동쪽으로 정벌하여, 은나라의 난리를 평정하고, '백금(伯禽)의 나라[노(魯)나라]'로 하여금 동쪽 지역을 진압하도록 하였으며, 성왕(成王) 원년에는 서융(徐戎)을 정벌하였다. 아마도 이러한 시기에는 왕실이 위급한 상황이었기 때문에, 백금이 비록 사적인 상(喪)에 처해 있었더라도, 감히 사양하여 명령을 피할 수 없었던 것이다.

鄭注 疑禮當有然. 伯禽, 周公子, 封於魯. 有徐戎作難, 喪卒哭而征之, 急王事也. 征之, 作費誓. 時多攻取之兵, 言非禮也.

번역 자하(子夏)는 예법(禮法)상 마땅히 이러한 경우가 있을 것이라는 의문이 들어서 질문을 한 것이다. 백금(伯禽)은 주공(周公)의 아들로, 노(魯)나라에 봉해졌다. 서융(徐戎)이 난리를 일으키게 되자, 백금은 상(喪)에 처해 있었음에도 졸곡(卒哭)을 끝내고서, 정벌을 하였던 것이니, 주왕실(周王室)의 일이 급박하였기 때문이다. 정벌을 하고서 『상서(尙書)』의 「비서(費誓)」편을 지었다. 공자 당시에는 대부분 자신의 이득을 위해 남의 나라를 공격하여, 이득을 탈취하던 전쟁이었으므로, 공자가 비례(非禮)라고 말한 것이다.

釋文 難, 乃旦反. 費音秘.

번역 '難'자는 '乃(내)'자와 '旦(단)'자의 반절음이다. '費'자의 음은 '秘(비)'이다.

孔疏 ●"子夏曰金革之事, 無辟也者, 非與", 孔子旣前答周人卒哭而致事,則無從金革之理. 子夏旣見周代行金革無辟之事, 謂其禮當然, 故問孔子云, 金革之事, 無辟也者, 豈非禮也與? 疑其於禮當然. 又意謂見魯君居喪有金革之事, 豈是禮也與? 疑其非禮也, 故問之.

번역 ●經文: "子夏曰金革之事, 無辟也者, 非與". ○공자는 이미 앞에서 "주(周)나라 사람들은 졸곡(卒哭)을 하고서 관직에서 물러났다."고 대답하였으니, 상중(喪中)에는 전쟁에 참가하는 도리가 없다는 뜻이다. 자하(子夏)는 주나라 때에 전쟁이 발생하면, 사양하지 않고 전쟁에 참가하였던 사례들을 보고서, 예법(禮法)상 당연한 것이라고 생각하였다. 그래서 공자에게 질문하기를, 전쟁 등의 일에서 피하지 않는 것이 어찌 비례(非禮)가 되냐고 하였으니, 이 말은 곧 전쟁에 참여하는 것이 예법상 당연한 것이 아닌지 의문이 든 것이다. 그것이 아니라면, 자하의 질문 의도는 노(魯)나라 군주가 상중(喪中)에 처해서도, 전쟁에 참여한 일이 있었다는 것을 보고서, 어찌 이것이 예법에 맞느냐는 뜻이니, 그 행동이 비례가 됨을 의문시한 것이다. 그렇기 때문에 물어본 것이다.

孔疏 ●"孔子曰, 吾聞諸老聃曰, 昔者魯公伯禽有爲爲之也"者, 孔子對云, 金革之事無辟也者, 當亦有之. 吾聞諸老聃曰, 昔者魯君伯禽卒哭而從金革, 時有徐戎作亂, 東郊不開, 故征之. 有爲, 爲之也.

번역 ●經文: "孔子曰, 吾聞諸老聃曰, 昔者魯公伯禽有爲爲之也". ○공자가 대답하길, 전쟁 등의 사안이 발생했을 때, 피하지 않는 경우 또한 당연히 있다. 내가 노담(老聃)에게서 들었는데, 옛적에 노(魯)나라 군주인 백금(伯禽)이 졸곡(卒哭)을 끝내고서 전쟁에 참가했다고 하였다. 백금이 전쟁에 참여했던 이유는 당시에 서융(徐戎)이 난리를 일으켜서 동쪽 교외가 차단되었기 때문에, 정벌한 것이다. 따라서 백금은 그렇게 행동할 만한 일이 발생하여, 그렇게 행동했던 것이다.

孔疏 ◎注"伯禽"至"費誓". ○正義曰: 言伯禽, 周公之子, 封於魯. 按史記魯世家文云, "徐戎作難", 尙書序又云, "卒哭而征之, 急王事也", 以此上經云, "卒哭, 金革之事無辟", 此云, "魯公伯禽有爲爲之", 故知征之. 然周公致政之後, 成王卽位之時, 周公猶在, 則此云伯禽卒哭者, 爲母喪也.

번역 ◎鄭注: "伯禽"~"費誓". ○백금(伯禽)은 주공(周公)의 아들이고, 노(魯)나라에 봉해졌다고 하였다. 『사기(史記)』「노세가(魯世家)」의 문장을 살펴보면, "서융(徐戎)이 난리를 일으켰다."[4]라고 하였고, 『상서(尙書)』의 서(序)에서도 또한 "졸곡(卒哭)을 끝내고 정벌을 한 것은 왕실(王室)의 일이 급박했기 때문이다."라고 하였으며, 앞의 경문에서는 "졸곡을 한 뒤에는 전쟁 등의 사안에 사양함이 없다."라고 하였고, 이곳 경문에서는 "노나라 군주인 백금에게, 그렇게 행동할 만한 일이 발생하여, 그렇게 행동했다."라고 하였으니, 실제로 백금이 서융을 정벌했다는 사실을 알 수 있다. 그러나 서융이 일으킨 난리는 주공이 정사를 돌본 이후의 시기에 해당하며, 성왕(成王)이 즉위한 때에도 주공이 아직 생존해 있었으므로, 이곳 경문에서 "백금이 졸곡을 지냈다."는 말은 모친에 대한 상(喪)을 치렀다는 뜻이 된다.

孔疏 ●"今以三年之喪"至"弗知也". ○今以三年之喪, 卒哭而從金革之事, 更無所爲, 蓋直貪從於利, 攻取於人者. 吾不知也, 言不知, 是不得此禮也.

번역 ●經文: "今以三年之喪"~"弗知也". ○오늘날 삼년상(三年喪)을 치르는 과정에서, 졸곡(卒哭)을 끝내고서 전쟁에 참가하는 행위에는 정당한 이유로 삼을 만한 것들이 없다. 아마도 단지 탐욕으로 인해, 이해득실을 따라서 남을 공격해서 빼앗는 경우일 것이다. "나는 모르겠다[吾不知也]."고 한 말에서, "모르겠다[不知]."는 말은 이러한 행동은 예법(禮法)에 맞을 수가 없다는 뜻이다.

---

4) 『사기』「노주공세가(魯周公世家)」: 伯禽卽位之後, 有管·蔡等反也, 淮夷·徐戎亦並興反.

集解 應氏鏞曰: 曾子以篤愨醇至之資, 而爲潛心守約之學. 其於身也, 反觀內省, 而益加以傳習講貫之功, 其於禮也, 躬行實踐, 而又不廢乎旁搜博考之力. 知天下之義理無盡, 而事物亦日新而無窮, 有非意料所可及者, 或講明不素而猝然遇之, 則應之難以中其肯綮, 故歷擧喪祭吉凶雜出不齊之事, 而問於聖人. 夫子隨事剖析而決其疑, 遂使千百載下, 遇變事而知其權者, 亦如處經事而不失其宜焉. 此皆其問答講明之功也. 其後眞積力久, 夫子語以一貫, 隨聲響答, 略無留難, 其見益高矣.

번역 응용이 말하길, 증자(曾子)는 독실하고 성실하며 순일하고 지극한 자질로써, 마음에 침잠하여 요약됨을 지키는 학문을 시행하였다. 그 자신에 대해서는 돌이켜 고찰하고, 내적으로 성찰해서, 전해 받은 것을 익히고, 강학하는 공력을 더해 갔으며, 예(禮)에 대해서는 몸소 실천하고, 또한 널리 찾고 두루 고찰하는 노력도 그만두지 않았다. 그러나 천하의 의리(義理)는 끝이 없고, 사물(事物)이란 것도 또한 날마다 새로워져, 무궁무진하다는 사실을 알아서, 무릇 사람의 예상으로 헤아려볼 수 없는 것들과 혹여 강학하여 분명히 한다고 했던 것이 정성스럽지 못하여, 돌연히 어떤 일들을 접하게 된다면, 응대함이 반드시 그 중요한 관건에 합당하지 못하게 된다. 그렇기 때문에 상례(喪禮), 제례(祭禮), 길례(吉禮), 흉례(凶禮) 중에서 어지럽게 섞여 나오는 석연치 못한 일들을 두루 열거하여, 공자에게 물어본 것이다. 공자는 구체적인 일에 따라 변별하고 해석하여, 그 의문점들을 해결해 주었으니, 마침내 천백여년이 흘러, 변화된 일들을 접한다고 하더라도, 그 권도(權道)를 알 수 있는 자라면, 또한 일들에 대해 요약적으로 대처하는 듯하면서도, 그 경도(經道)를 잃지 않게 될 것이다. 이것이 모두 증자와 공자가 문답을 통해 강학하여 분명히 한 공적이다. 증자는 젊은 시절 이러한 문답을 통해 공부했으며, 그 이후에는 진실됨을 쌓고, 노력을 오랫동안 해서, 공자가 일관(一貫)으로 말을 하니, 그 말에 따라서 곧바로 응답을 함에 머뭇거리거나 곤란해 함이 조금도 없었으니, 그 견해가 더욱 높아진 것이다.

禮記 曾子問篇 人名 및 用語 辭典

ㄱ

◎ **가공언(賈公彥, ? ~ ?)** : 당대(唐代)의 유학자이다. 정현(鄭玄)을 존숭하였다. 예학(禮學)에 조예가 깊었다. 『주례소(周禮疏)』, 『의례소(儀禮疏)』 등의 저서를 남겼으며, 이 저서들은 『십삼경주소(十三經注疏)』에 포함되었다.

◎ **가규(賈逵, A.D.30 ~ A.D.101)** : 후한(後漢) 때의 경학자이다. 자(字)는 경백(景伯)이다. 『춘추좌씨전해고(春秋左氏傳解詁)』를 지었지만, 현재 일실되어 존재하지 않는다. 청대(淸代) 마국한(馬國翰)의 『옥함산방집일서(玉函山房輯佚書)』와 황석(黃奭)의 『한학당총서(漢學堂叢書)』에 일집본(佚輯本)이 남아 있다.

◎ **가천(嘉薦)** : '가천'은 제사 때 사용되는 음식들을 가리키며, 특히 포나 젓갈, 채소 절임 류 등을 가리킨다. '가(嘉)'자는 바치는 음식이 좋은 품질임을 뜻한다. 『의례』「사관례(士冠禮)」에는 "甘醴惟厚, 嘉薦令芳."이라는 기록이 있고, 이에 대한 정현의 주에서는 "嘉, 善也. 善薦, 謂脯醢芳香也."라고 풀이하였다. 또한 『의례』「소뢰궤식례(少牢饋食禮)」에는 "孝孫某, 敢用柔毛·剛鬣·嘉薦·普淖, 用薦歲事于皇祖伯某."라는 기록이 있고, 이에 대한 정현의 주에서는 "嘉薦, 菹醢也."라고 풀이하였다.

◎ **강렵(剛鬣)** : '강렵'은 제사 때 희생물로 사용되는 돼지[豕]에 대한 별

칭이다. 살찐 돼지의 경우 털이 치솟고 굳세기 때문에 이러한 명칭이 생겼다. 『예기』「곡례하(曲禮下)」편에는 "凡祭宗廟之禮, 牛曰一元大武, 豕曰剛鬣, 豚曰腯肥, 羊曰柔毛."라는 기록이 있고, 이에 대한 공영달(孔穎達)의 소(疏)에서는 "豕肥, 則毛鬣剛大也."라고 풀이하였다.

◎ 강영(江永, A.D.1681 ~ A.D.1762) : 청대(淸代)의 경학자이다. 자(字)는 신수(愼修)이다. 『십삼경주소(十三經注疏)』에 대한 연구를 했으며, 특히 삼례(三禮)에 대해 해박했다.

◎ 개원례(開元禮) : '개원례'는 당(唐)나라 현종(玄宗)이 제정한 관복제도(冠服制度)를 뜻한다.

◎ 견거(遣車) : '견거'는 장례(葬禮)를 치를 때 사용되는 수레이다. 장례 때에는 장지(葬地)에서 제사를 지내기 위해 희생물을 가져가게 된다. '견거'는 바로 희생물의 몸체를 싣고 가는 수레를 뜻한다.

◎ 견전(遣奠) : '견전'은 장차 장례(葬禮)를 지내고자 할 때, 올리는 전제사[奠祭]를 뜻한다.

◎ 계빈(啓殯) : 장례(葬禮) 절차 중 하나이다. 장례를 치르기 위하여, 빈소에 임시로 가매장했던 영구를 꺼내는 절차를 뜻한다.

◎ 고경(孤卿) : '고경'은 소사(少師), 소부(少傅), 소보(少保)를 가리킨다. 『주례』「천관(天官)·장차(掌次)」에는 "孤卿有邦事, 則張幕設案."이라는 기록이 있는데, 이에 대한 정현의 주에서는 "王之孤三人, 副三公論道者."라고 풀이했다. 즉 천자의 '고경'은 세 사람으로, 삼공(三公)을 도와서 국가정책을 논의하는 자들이다. 또한 『한서(漢書)』「백관공경표상(百官公卿表上)」에는 "太師·太傅·太保, 是爲三公, 蓋參天子, 坐而議政, 無不總統, 故不以一職爲官名. 又立三少爲之副, 少師·少傅·少保, 是爲孤卿. 與六卿爲九焉."이라는 기록이 있다. 즉 삼공은 태사(太師), 태부(太傅), 태보(太保)를 말하며, 이들을 돕는 부관은 소사, 소부, 소보로, 이들을 '고경'이라고 한다.

◎ 공가(公家) : '공가'는 제후의 공실(公室)을 뜻한다. 즉 군주의 집안이라는 뜻이다.

◎ 공녜(公禰) : '공녜'는 수레에서 실려서, 군주를 따라다니게 되는 신주(神主)를 뜻한다. 또한 그 수레를 지칭하기도 한다.

◎ 공최(功衰) : '공최'는 상복(喪服)의 한 종류이다. 참최복(斬衰服)과 자최복(齊衰服)을 입고 치르는 상(喪)에서, 소상(小祥)을 지낸 이후에

착용하는 상복이다. 상복 재질의 거친 정도가 대공복(大功服)과 같기 때문에, '공최'라고 부르게 되었다.

◎ **공축(工祝)** : '공축'은 축관(祝官)을 지칭하는 말이다.

◎ **곽숙운(郭叔雲)** : =곽자종(郭子從)

◎ **곽자종(郭子從, ? ~ ?)** : =곽숙운(郭叔雲). 송(宋)나라 때의 학자이다. 자(字)는 자종(子從)이며, 송나라 조주(潮州) 게양(揭陽) 출신이다. 주자(朱子)의 제자이다. 『예경의(禮經疑)』, 『종례종의(宗禮宗義)』, 『주자몽곡종법(朱子蒙谷宗法)』 등의 저서가 있다.

◎ **관례(灌禮)** : '관례'는 제례(祭禮) 의식 중 하나이다. 술을 땅에 부어서 신(神)을 강림시키는 것이다. 『논어』「팔일(八佾)」에는 "禘, 自既灌而往者, 吾不欲觀之矣."라는 기록이 있고, 이 기록에 대한 하안(何晏)의 『집해(集解)』에서는 공안국(孔安國)의 주장을 인용하여, "灌者, 酌鬱鬯灌於太祖以降神也."라고 풀이하였다.

◎ **관향(祼享)** : '관향'은 종묘(宗廟)의 제례 절차 중 하나이다. 땅에 향기로운 술을 뿌려 신(神)을 강림시키는 의식을 뜻한다.

◎ **구장(九章)** : '구장'은 천자의 의복에 수 놓았던 9가지의 문양을 말한다. 『주례』「춘관(春官)·사복(司服)」에는 "享先王則袞冕"이란 기록이 있는데, 이에 대한 정현의 주에서는 "冕服九章, 登龍於山, 登火於宗彝, 尊其神明也. 九章, 初一曰龍, 次二曰山, 次三曰華蟲, 次四曰火, 次五曰宗彝, 皆畫以爲繢, 次六曰藻, 次七曰粉米, 次八曰黼, 次九曰黻, 皆希以爲繡, 則袞之衣五章, 裳四章, 凡九也."이라고 풀이했다. 즉 '구장'은 용(龍), 산(山), 화충(華蟲), 화(火), 종이(宗彝)라는 상의에 수 놓는 5가지 문양과 조(藻), 분미(粉米), 보(黼), 불(黻)이라는 하의에 수 놓는 4가지 문양이다.

◎ **국빈(國賓)** : '국빈'은 그 나라에 조빙(朝聘)으로 찾아온 다른 나라의 제후 및 고(孤), 경(卿), 대부(大夫)들을 뜻한다.

◎ **국의(鞠衣)** : '국의'는 황색으로 만든 옷이다. 본래 '천자의 부인[王后]'이 입던 '여섯 가지 의복[六服]' 중 하나를 가리키나, 구빈(九嬪) 및 세부(世婦)나 어처(御妻)들 또한 이 옷을 입었고, 경(卿)의 부인에게는 가장 격식을 갖춘 예복(禮服)이 된다. 그 색깔은 누런색을 내는데, 뽕나무 잎이 처음 소생할 때의 색깔과 같다. 『주례』「천관(天官)·내사복(內司服)」에는 "掌王后之六服. 褘衣, 揄狄, 闕狄, 鞠衣, 展

衣, 綠衣."라는 기록이 있으며, 이에 대한 정현의 주에서는 "鄭司農云, 鞠衣, 黃衣也. 鞠衣, 黃桑服也. 色如鞠塵, 象桑葉始生."이라고 풀이하였다.

◎ **궤숙(饋孰)** : '궤숙'은 제례(祭禮) 의식 중 하나이다. 제사를 시행할 때에는 희생물을 잡아서 생고기를 바치고, 이후에 다시 익힌 고기를 바치는데, '궤숙'은 바로 익힌 음식을 바치는 절차를 뜻한다.

◎ **궤전(饋奠)** : '궤전'은 상중(喪中)에 시행하는 전제사[奠祭]를 가리킨다.

◎ **궤향(饋饗)** : '궤향'은 술과 음식으로 빈객(賓客)들을 대접하는 의식이다.

◎ **귀첩(貴妾)** : '귀첩'은 처(妻)가 시집을 오면서 함께 데려왔던 일가붙이가 되는 여자와 자식의 첩(妾) 등을 지칭하는 말이다.

◎ **금화응씨(金華應氏, ? ~ ?)** : =응용(應鏞)·응씨(應氏). 이름은 용(鏞)이다. 자(字)는 자화(子和)이다. 『예기찬의(禮記纂義)』를 지었다.

◎ **기공(寄公)** : '기공'은 자신의 나라를 잃고, 다른 나라에 위탁해서 지내는 제후를 뜻한다. 후대에는 지위를 잃고 떠돌아다니게 된 사람들을 지칭하는 용어로도 사용했다.

ㄴ

◎ **나흠순(羅欽順, A.D.1465 ~ A.D.1547)** : =나정암(羅整庵). 명대(明代)의 유학자이다. 자(字)는 윤승(允升)이고, 호(號)는 정암(整庵)이다.

◎ **납형(納亨)** : '납형'은 제사를 지낼 때 희생물을 바치는 것을 뜻한다. 희생물을 도축하게 되면, 먼저 생고기를 바치는데, 일종의 조리장인 형인(亨人)에게도 고기를 공급하여 조리를 시킨다. 따라서 제사에 바친다는 뜻의 '납(納)'자와 형인을 뜻하는 '형(亨)'자를 붙여서, 희생물을 바치는 의식을 '납형'이라고 부르게 된 것이다. 『주례』「천관(天官)·대재(大宰)」에는 "及納亨, 贊王牲事."라는 기록이 있고, 이 기록에 대한 정현의 주에서는 "納亨, 納牲."이라고 풀이하였으며, 가공언(賈公彦)의 소(疏)에서는 "及殺訖, 納與亨人, 故言納亨."이라고 풀이하였다.

◎ **내신(內神)** : '내신'은 외신(外神)과 상대되는 말이다. 종묘(宗廟) 등에서 지내는 제사 대상을 '내신'이라고 부른다. 『예기』「곡례하(曲禮下)」

편에 대한 손희단(孫希旦)의 『집해(集解)』에서는 오징(吳澄)의 주장을 인용하여, "宗廟所祭者, 一家之神, 內神也, 故曰內事. 郊·社·山川之屬, 天下一國之神, 皆外神也, 故曰外事."라고 설명하였다. 즉 종묘에서 제사를 지내는 대상은 한 집안의 신(神)으로 '내신'이라고 부르며, 그 제사들을 내사(內事)라고 부른다. 또 교(郊), 사(社) 및 산천(山川) 등에 지내는 제사는 그 대상이 천하 및 한 국가의 신들이기 때문에, 그들을 '외신'이라고 부르며, 그 제사를 외사(外事)라고 부른다.

◎ **노식(盧植, A.D.159? ~ A.D.192)** : =노씨(盧氏). 후한(後漢) 때의 유학자이다. 자(字)는 자간(子幹)이다. 어려서 마융(馬融)을 스승으로 섬겼다. 영제(靈帝)의 건녕(建寧) 연간(A.D.168 ~ A.D.172)에 박사(博士)가 되었다. 채옹(蔡邕) 등과 함께 동관(東觀)에서 오경(五經)을 교정했다. 후에 동탁(董卓)이 소제(少帝)를 폐위시키자, 은거하며 『상서장구(尙書章句)』, 『삼례해고(三禮解詁)』를 저술했지만, 남아 있지 않다.

◎ **노씨(盧氏)** : =노식(盧植)

ㄷ

◎ **단옥재(段玉裁, A.D.1735 ~ A.D.1815)** : 청대(淸代)의 학자이다. 자(字)는 약응(若膺)이고, 호(號)는 무당(懋堂)이다. 저서로는 『설문해자주(說文解字注)』, 『육서음균표(六書音均表)』, 『고문상서찬이(古文尙書撰異)』 등이 있다.

◎ **단의(褖衣)** : '단의'는 흑색의 천으로 상의와 하의를 만들고, 붉은색으로 가장자리에 단을 댄 옷이다. 『의례』「사상례(士喪禮)」에는 '단의'가 기록되어 있는데, 이에 대한 정현의 주에서는 "黑衣裳赤緣謂之褖."이라고 풀이했다.

◎ **담제(禫祭)** : '담제'는 상복(喪服)을 벗을 때 지내는 제사이다.

◎ **당실(當室)** : '당실'은 부친을 대신하여, 가사(家事)일을 돌본다는 뜻이다. 고대에는 대부분 장자(長子)가 이 일을 담당해서, 적장자(嫡長子)를 가리키기는 용어로도 사용하였다.

◎ 대구(大裘) : '대구'는 천자가 제천(祭天)의식을 시행할 때 입었던 복장이다. 『주례』「천관(天官)·사구(司裘)」에는 "司裘掌爲大裘, 以共王祀天之服."이라는 기록이 있다. 즉 사구(司裘)는 '대구' 만드는 일을 담당하여, 천자가 하늘에 제사를 지낼 때 입는 의복으로 제공한다. 또한 이 기록에 대해 정현의 주에서는 정사농(鄭司農)의 주장을 인용하여, "大裘, 黑羔裘, 服以祀天, 示質."이라고 풀이했다. 즉 '대구'라는 의복은 검은 양의 가죽으로 만든 옷이며, 이것을 입고 하늘에 제사를 지내는 것은 질박함을 보이기 위함이다.

◎ 대렴(大斂) : '대렴'은 상례(喪禮) 절차 중 하나이다. 소렴(小斂)을 끝낸 뒤에, 시신을 관에 안치하는 절차이다.

◎ 대사(代謝) : '대사'는 신구(新舊)가 교체된다는 뜻이다. 『회남자(淮南子)』「숙진훈(俶眞訓)」에는 "二者代謝舛馳."라는 기록이 있는데, 이에 대한 고유(高誘)의 주에서는 "代, 更也, 謝, 次也."라고 풀이하였다. 즉 '대(代)'자는 교체된다는 뜻이며, '사(謝)'는 자리 또는 차례라는 뜻이다.

◎ 대상(大祥) : '대상'은 부모의 상(喪)에서, 부모가 죽은 지 만 2년 만에 탈상을 하며 지내는 제사이다.

◎ 대제(大祭) : '대제'는 큰 제사로써, 천지(天地)에 대한 제사 및 체협(禘祫) 등을 일컫는다. 『주례』「천관(天官)·주정(酒正)」에 "凡祭祀, 以法共五齊三酒, 以實八尊. 大祭三貳, 中祭再貳, 小祭壹貳, 皆有酌數."라는 기록이 있다. 이에 대한 정현의 주에서는 "大祭, 天地. 中祭, 宗廟. 小祭, 五祀."라고 풀이하여, '대제'는 천지에 대한 제사를 뜻한다고 설명한다. 그리고 『주례』「춘관(春官)·천부(天府)」에는 "凡國之玉鎭大寶器藏焉, 若有大祭大喪, 則出而陳之, 旣事藏之."라는 기록이 있다. 이에 대한 정현의 주에서는 "禘祫及大喪陳之, 以華國也."라고 풀이하여, '大祭'를 '체협'으로 설명한다. 그리고 '체(禘)'제사와 '대제'의 직접적 관계에 대해서는 『이아(爾雅)』「석천(釋天)」에 "禘, 大祭也."라고 풀이하고, 이에 대한 곽박(郭璞)의 주에서는 "五年一大祭."라고 풀이하여, '대제'로써의 '체'제사는 5년마다 지내는 제사로 설명한다.

◎ 대종(大宗) : '대종'은 소종(小宗)과 상대되는 말이다. 소종과 '대종'은 고대 종법제(宗法制)에 따른 구분이다. 적장자(嫡長子)의 한 계통만이 '대종'이 되고, 나머지 아들들은 소종이 된다. 예를 들어 천자의

적장자는 '대종'이 되고, 나머지 아들들은 소종이 된다. 만약 소종인 천자의 나머지 아들들이 제후가 되었다면, 본인의 나라에서는 '대종'이 되지만, 천자에 대해서는 역시 소종이 된다. 제후가 된 자의 적장자는 본인의 나라에서 '대종'이 되고, 나머지 아들들은 소종이 된다.

◎ **대축(大祝)** : '대축'은 제사와 관련된 관직이다. 『예기』「곡례하(曲禮下)」에는 "天子建天官, 先六大, 曰大宰, 大宗, 大史, 大祝, 大士, 大卜, 典司六典."이라고 하여, 대재(大宰)와 함께 천관(天官)에 소속된 관리로 기술되어 있다. 한편 『주례』「춘관종백(春官宗伯)」에는 "大祝, 下大夫二人, 上士四人, 小祝, 中士八人, 下士十有六人, 府二人, 史四人, 胥四人, 徒四十人."이라고 하여, '대축'은 하대부(下大夫) 2명이 담당하고, 그 직속 휘하에는 상사(上士) 4명이 배속되어 있으며, '대축'을 돕는 소축(小祝) 관직에는 중사(中士) 4명이 담당하고, 그 휘하에는 하사(下士) 16명, 부(府) 2명, 사(史) 4명, 서(胥) 4명, 도(徒) 40명이 배속되어 있다고 기록되어 있다. 또 『주례』「춘관(春官)·대축(大祝)」에는 "掌六祝之辭, 以事鬼神示, 祈福祥求永貞."이라고 하여, '대축'은 여섯 가지 축문에 관한 일을 담당하여, 이것으로써 귀신을 섬겨 복을 기원하는 일을 했다고 기록되어 있다.

◎ **동뢰(同牢)** : '동뢰'는 고대의 혼례(婚禮) 때 시행된 의식 중 하나이다. 부부가 함께 음식을 먹는 의식이다.

◎ **두예(杜預, A.D.222 ~ A.D.284)** : 서진(西晉) 때의 유학자이다. 자(字)는 원개(元凱)이다. 『춘추경전집해(春秋經典集解)』를 저술하였는데, 이 책은 현존하는 『춘추(春秋)』의 주석서 중 가장 오래된 것이며, 『십삼경주소(十三經注疏)』의 『춘추좌씨전정의(春秋左氏傳正義)』에도 채택되어 수록되었다.

ㅁ

◎ **마씨(馬氏, ? ~ ?)** : =마희맹(馬晞孟). 자(字)는 언순(彦醇)이다. 『예기해(禮記解)』를 찬술했다.

◎ **망제(望祭)** : '망제'는 제사지내는 대상에 직접 찾아가서 지내는 제사가 아니라, 산 등에 올라서, 멀리 바라보며 지내는 제사이다. 『서』「우

서(虞書)·순전(舜典)」에는 "望于山川, 徧于群神."이라는 용례가 있다.

◎ 면(免) : '면'은 면포(免布)나 면복(免服)과 같은 뜻이다.

◎ 면복(免服) : '면복'은 상복(喪服)의 한 종류이다. 면(免)과 최질(衰絰)을 하는 것이며, 친상(親喪)을 처음 당했을 때 착용하는 복장이다.

◎ 면포(免布) : '면포'는 상(喪)을 당한 사람이 관(冠)을 벗고 흰 천 등으로 '머리를 묶는 것[括髮]'을 뜻한다.

◎ 명사(命士) : '명사'는 사(士) 중에서도 작명(爵命)을 받은 자를 뜻한다. 『예기』「내칙(內則)」에는 "由命士以上, 父子皆異宮, 昧爽而朝, 慈以旨甘."이라는 용례가 나온다.

◎ 명취(明竁) : '명취'는 사형을 받은 자의 성명(姓名)과 죄목 등을 새겨 넣는 나무판이다. 죄인의 시신 위에 올려두고서 함께 매장하였다.

◎ 명화(明火) : '명화'는 고대에 점을 치거나 제사를 지낼 때에, 동으로 만든 거울을 돋보기처럼 이용하여, 햇빛을 모아서 붙인 불을 뜻한다.

◎ 목록(目錄) : 『목록(目錄)』은 정현이 찬술했다고 전해지는 『삼례목록(三禮目錄)』을 가리킨다. 『십삼경주소(十三經注疏)』에서 인용되고 있지만, 이 책은 『수서(隋書)』가 편찬될 당시에 이미 일실되어 존재하지 않았다. 『수서』「경적지(經籍志)」에는 "三禮目錄一卷, 鄭玄撰, 梁有陶弘景注一卷, 亡."이라는 기록이 있다.

ㅂ

◎ 반마(反馬) : '반마'는 춘추전국시대(春秋戰國時代) 때, 대부(大夫) 이상의 집안에서 딸을 시집보내며 수레에 태워 보냈던 예법(禮法)을 뜻한다. 남편 집안에서는 3개월 동안 시집온 여자를 관찰하여, 가족들과 화목하게 지내서, 며느리로 삼을 수 있다고 판단되면, 수레는 놔두고 말만 되돌려 보내게 된 일에서 유래한 용어이다.

◎ 발제(軷祭) : '발제'는 조도(祖道) 또는 조제(祖祭)와 같은 의미로, 외부로 출타하게 되었을 때, 도로의 신(神)에게 지내는 제사이다.

◎ 방성부(方性夫) : =엄릉방씨(嚴陵方氏)

◎ 방포(方苞, A.D.1668 ~ A.D.1749) : 청대(淸代)의 학자이다. 자(字)는 영고(靈皐)이고, 호(號)는 망계(望溪)이다. 송대(宋代)의 학문과 고문

(古文)을 추종하였다.

◎ **범녕(范甯, A.D.339 ~ A.D.401)** : 동진(東晉) 때의 학자이다. 자(字)는 무자(武子)이다. 정현(鄭玄)의 영향력을 많이 받았으며, 『춘추곡량전집해(春秋穀梁傳集解)』 등을 지었다.

◎ **벽고(疈辜)** : '벽고'는 희생물을 해체하여 신(神)에게 바치는 것이다. 『주례』「춘관(春官)·대종백(大宗伯)」에는 "疈以辜祭四方百物."이라는 기록이 있고, 이에 대한 정현의 주에서는 "疈, 疈牲胸也."라고 풀이했다.

◎ **변제(變除)** : '변제'는 상복(喪服)을 바꾸거나 제거하는 경우를 뜻한다. 소상(小祥)을 지내고 나서 상복의 단계를 낮추고, 대상(大祥)을 지낸 뒤에 상복을 벗는 것을 '변제'라고 부른다.

◎ **별록(別錄)** : 『별록(別錄)』은 후한(後漢) 때 유향(劉向)이 찬(撰)했다고 전해지는 책이다. 현재는 일실되어 존재하지 않으며, 『한서(漢書)』「예문지(藝文志)」를 통해서 대략적인 내용만을 추측해볼 수 있다.

◎ **보뇨(普淖)** : '보뇨'는 기장[黍稷]을 가리킨다. '보(普)'자는 크다는 의미이고, '뇨(淖)'자는 조화롭다는 의미이다. 군주의 덕이 성대하고 조화롭게 펼쳐졌기 때문에, 기장이라는 생물이 생산된 것이므로, 이러한 호칭으로 부르게 된 것이다. 『의례』「사우례(士虞禮)」에는 "嘉薦普淖, 明齊溲酒."라는 기록이 있고, 이에 대한 정현의 주에서는 "普淖, 黍稷也. 普, 大也, 淖, 和也. 德能大和, 乃有黍稷, 故以爲號云."이라고 풀이하였다.

◎ **복건(服虔, ? ~ ?)** : 후한대(後漢代)의 유학자이다. 자(字)는 자신(子愼)이다. 초명은 중(重)이었으며, 기(祇)라고도 불렀다. 후에 이름을 건(虔)으로 고쳤다. 『춘추좌씨전(春秋左氏傳)』에 주석을 남겼지만, 산일되어 전해지지 않는다. 현재는 『좌전가복주집술(左傳賈服注輯述)』로 일집본이 편찬되었다.

◎ **부인(夫人)** : '부인'은 제후의 부인을 뜻한다. 『예기』「곡례하(曲禮下)」에는 "公侯有夫人, 有世婦, 有妻, 有妾."이라는 기록이 있다. 즉 공작과 후작은 정부인인 부인(夫人)을 두고, 그 외에 세부(世婦), 처(妻), 첩(妾)을 둔다. 또한 『논어』「계씨(季氏)」에는 "邦君之妻, 君稱之曰夫人. 夫人自稱曰小童."이라는 기록이 있다. 즉 군주의 처를 군주가 직접 부를 때에는 부인(夫人)이라고 부르며, 부인(夫人)이 자신을 지칭

할 때에는 소동(小童)이라고 부른다.

◎ 부제(祔祭) : '부제'는 졸곡(卒哭)을 지낸 다음, 죽은 자의 신주를 조상의 신주가 있는 곳에 합사하며 지내는 제사이다.

◎ 분상(奔喪) : '분상'은 타지에 있다가 상(喪)에 대한 소식을 듣고, 급히 되돌아오는 예법(禮法)을 말한다.

◎ 비(椑) : '비'는 '친신(親身)하는 관'을 뜻한다. '친신하는 관'이라는 말은 시신을 직접 안치하는 관을 뜻한다. '비' 겉면에는 '속(屬)', '대관(大棺)' 등의 관들이 포개져서, 겹겹으로 시신을 보호하게 된다.

◎ 빈시(賓尸) : '빈시'는 두 가지 뜻이 있다. 첫 번째는 제사를 지낸 다음날 다시 지내는 제사를 뜻한다. 두 번째는 제사를 지낸 다음 날 시행하는 일종의 잔치이다. 제사 때 시동의 역할을 했던 자의 노고를 위로하기 위해 시행한다.

ㅅ

◎ 사망(四望) : '사망'은 천자가 사방(四方)의 산천(山川)에게 망(望)제사를 지내는 것이다. 제사의 대상은 산천 중의 큰 것들로, 오악(五嶽)이나 사독(四瀆)과 같은 것이다. 『주례』「춘관(春官)·대종백(大宗伯)」에는 "國有大故, 則旅上帝及四望."이라는 기록이 있고, 이에 대한 가공언(賈公彦)의 소(疏)에서는 "言四望者, 不可一往就祭, 當四向望而爲壇遙祭之, 故云四望也."라고 풀이했다. 그리고 손이양(孫詒讓)의 『정의(正義)』에서는 "陳壽祺云, 山川之祭, 周禮四望, 魯禮三望. 其餘諸侯祀竟內山川, 蓋無定數, 山川之大者, 莫如五嶽四瀆."이라고 풀이했다.

◎ 산음육씨(山陰陸氏, A.D.1042 ~ A.D.1102) : =육전(陸佃). 북송(北宋) 때의 유학자이다. 자(字)는 농사(農師)이며, 호(號)는 도산(陶山)이다. 어려서 집안이 매우 가난했다고 전해지며, 왕안석(王安石)에게 수학하였으나 왕안석의 신법에 대해서는 반대하였다. 저서로는 『비아(埤雅)』, 『춘추후전(春秋後傳)』, 『도산집(陶山集)』 등이 있다.

◎ 삼가(三加) : '삼가'는 관례(冠禮)를 시행할 때, 처음에 치포관(緇布冠)을 주고, 그 다음에 피변(皮弁)을 주며, 마지막으로 작변(爵弁)을 주기 때문에, '삼가'라고 부른다.

◎ 삼례목록(三禮目錄) : =『목록(目錄)』

◎ 삼망(三望) : '삼망'은 제사의 명칭이다. 망(望)은 일종의 제사 형식이다. 제사 대상이 여러 산천(山川)들일 경우, 그 중 가장 크고 높은 대상이 있는 지역에 가서, 나머지 여러 산천들을 두루 바라보며 지내는 제사이다. '삼(三)'자를 붙여 부른 것은 제후의 입장에서 '망' 제사를 지내는 대상이 3가지이기 때문이다. 참고로 천자에게는 사망(四望)의 제사가 있다.

◎ 상경(上卿) : '상경'은 주(周)나라 제도에서, 경(卿) 중에서 가장 높은 자들을 뜻한다. 주나라 제도에서 천자 및 제후들은 모두 경을 두었으며, 상·중·하 세 등급으로 구분하였다.

◎ 상신(上神) : '상신'은 천상(天上)에 있는 신(神), 즉 천신(天神)을 뜻한다. 『공자가어(孔子家語)』「문례(問禮)」편에는 "陳其犧牲, 備其鼎俎. …… 以降上神與其先祖."라는 기록이 있고, 이에 대한 왕숙(王肅)의 주에서는 "上神, 天神."이라고 풀이하였다.

◎ 상전(喪奠) : '상전'은 상례(喪禮)를 시행하는 도중 아직 장례(葬禮)를 치르지 않은 상태에서, 음식물들을 진설하는 것을 뜻한다.

◎ 상제(喪祭) : '상제'는 장례(葬禮)를 치른 이후에 지내는 제사들을 지칭하는 말이다.

◎ 서사증(徐師曾, ? ~ ?) : 명대(明代)의 학자이다. 자(字)는 백로(伯魯)이고, 호(號)는 노암(魯菴)이다.

◎ 석양왕씨(石梁王氏, ? ~ ?) : 자세한 이력이 남아 있지 않다.

◎ 섭미도(葉味道, ? ~ ?) : 송(宋)나라 때의 학자이다. 주자(朱子)의 제자이다. 『사서설(四書說)』, 『대학강의(大學講義)』 등의 저서가 있다.

◎ 성복(成服) : '성복'은 상례(喪禮)에서 대렴(大斂) 이후, 죽은 자와의 관계에 따라, 각각 규정에 맞는 상복(喪服)을 갖춰 입는다는 뜻이다.

◎ 소관(素冠) : '소관'은 상사(喪事)나 흉사(凶事)의 일을 접했을 때 쓰게 되는 흰 색 관(冠)이다.

◎ 소군(小君) : '소군'은 주대(周代)에 제후의 부인을 지칭하던 용어이다. 『춘추』「희공(僖公) 2년」에는 "夏五月辛巳, 葬我小君哀姜."이라는 용례가 있다.

◎ 소궤(素几) : '소궤'는 상례(喪禮) 때 사용하는 것으로, 흰 흙을 발라서 만든 작은 안석이다. 『주례』「춘관(春官)·사궤연(司几筵)」에는

"凡喪事, 設葦席, 右素几."라는 기록이 있다. 즉 무릇 상사(喪事)에는 갈대로 엮은 자리를 설치하고, 오른쪽에는 '소궤'를 둔다.

◎ 소렴(小斂) : '소렴'은 상례(喪禮) 절차 중 하나이다. 죽은 자의 시신을 목욕시키고, 의복을 착용시키며, 그 위에 이불 등으로 감싸는 절차를 뜻한다.

◎ 소뢰(少牢) : '소뢰'는 제사에서 양(羊)과 돼지[豕] 두 가지 희생물을 사용하는 것을 뜻한다. 『춘추좌씨전』「양공(襄公) 22년」에는 "祭以特羊, 殷以少牢."라는 기록이 있는데, 이에 대한 두예(杜預)의 주에서는 "四時祀以一羊, 三年盛祭以羊豕. 殷, 盛也."라고 풀이하였다.

◎ 소상(小祥) : '소상'은 부모의 상(喪)에서, 부모가 죽은 지 만 1년 만에 지내는 제사이다. 이 제사가 끝나면, 자식은 3년상을 지낼 때의 복장과 생활방식을 조금씩 덜어내게 된다.

◎ 소종(小宗) : '소종'과 대종(大宗)은 고대 종법제(宗法制)에 따른 구분이다. 적장자(嫡長子)의 한 계통만이 대종이 되고, 나머지 아들들은 '소종'이 된다. 예를 들어 천자의 적장자는 대종이 되고, 나머지 아들들은 '소종'이 된다. 만약 '소종'인 천자의 나머지 아들들이 제후가 되었다면, 본인의 나라에서는 대종이 되지만, 천자에 대해서는 역시 '소종'이 된다. 제후가 된 자의 적장자는 본인의 나라에서 대종이 되고, 나머지 아들들은 '소종'이 된다.

◎ 소최(疏衰) : '소최'는 자최복(齊衰服)이다.

◎ 속대(束帶) : '속대'는 사전적으로 관을 쓰고 띠를 찬다는 의미이다. 일반적으로는 예복(禮服)을 갖춰 입는다는 의미로 사용된다.

◎ 식분(食分) : '식분'은 천문학 용어이다. 해나 달에 일식이나 월식이 발생했을 때, 가려지는 과정을 뜻한다.

ㅇ

◎ 악실(堊室) : '악실'은 상중(喪中)에 임시로 거처하던 가옥으로, 네 벽면에 흰색의 회칠을 하였다.

◎ 양헌풍씨(亮軒馮氏, ? ~ ?) : =풍씨(馮氏). 자세한 행적이 남아 있지 않다.

◎ 엄릉방씨(嚴陵方氏, ? ~ ?) : =방각(方慤)·방씨(方氏)·방성부(方性夫).

송대(宋代)의 유학자이다. 이름은 각(殼)이다. 자(字)는 성부(性夫)이다. 『예기집해(禮記集解)』를 지었고, 『예기집설대전(禮記集說大全)』에는 그의 주장이 많이 인용되고 있다.

◎ **여수(旅酬)** : '여수'는 제사가 끝난 후에, 제사에 참가했던 친족 및 빈객(賓客)들이 술잔을 들어 술을 마시고, 서로 공경의 예(禮)를 표하며, 잔을 권하는 의례(儀禮)이다.

◎ **역제(繹祭)** : '역제'는 일종의 제례 의식 중 하나이다. 정규 제사를 지낸 다음날 지내는 제사이다.

◎ **연관(練冠)** : '연관'은 상(喪) 중에 착용하는 관(冠)이다. 부모의 상 중에서 1주기에 지내는 제사 때 착용을 하였다.

◎ **연상(練祥)** : '연상'은 소상(小祥)과 대상(大祥)을 뜻한다.

◎ **연제(練祭)** : '연제'는 소상(小祥)과 같은 뜻이다.

◎ **오유청(吳幼淸)** : =오징(吳澄)

◎ **오징(吳澄, A.D.1249 ~ A.D.1333)** : =임천오씨(臨川吳氏)·오유청(吳幼淸). 송원대(宋元代)의 유학자이다. 이름은 징(澄)이다. 자(字)는 유청(幼淸)이다. 저서로 『예기해(禮記解)』가 있다.

◎ **옥루(屋漏)** : '옥루'는 실(室) 안에서도 서북쪽 모퉁이를 뜻한다. 이곳에 작은 휘장을 쳐두었으며, 신주(神主)를 안치하였다. 사람의 입장에서는 이 장소가 어두워 잘 보이지 않으므로 '옥루'라고 불렀다. '옥루'에서의 '옥(屋)'자는 작은 휘장을 뜻하며, '누(漏)'자는 은미하다는 뜻으로 어두운 곳을 뜻한다. 후대에는 이러한 뜻을 차용하여, 가옥 중에서도 깊숙한 곳에 위치하여 어두운 장소를 지칭하는 용어로도 사용하였다. 『시』「대아(大雅)·억(抑)」에는 "相在爾室, 尙不愧于屋漏."라는 기록이 있고, 이에 대한 모전(毛傳)에서는 "西北隅謂之屋漏."라고 풀이하였고, 정현의 전(箋)에서는 "屋, 小帳也, 漏, 隱也."라고 풀이하였다.

◎ **옥주(屋誅)** : '옥주'는 고대 형벌 중 하나로, 삼족(三族)을 주살했던 형벌이다. 저자거리에서 죄인들을 죽이지 않고, 옥사(屋舍)에서 죽였기 때문에 '옥주'라고 부른다.

◎ **왕모(王母)** : '왕모'는 부친의 어머니, 즉 조모(祖母)를 지칭하는 말이다. 『이아(爾雅)』「석친(釋親)」에는 "父之妣爲王母."라는 기록이 있다.

◎ **왕부(王父)** : '왕부'는 부친의 아버지, 즉 조부(祖父)를 지칭하는 말이

다. 『이아(爾雅)』「석친(釋親)」에는 “父之考爲王父.”라는 기록이 있다.

◎ 왕무횡(王懋竑, A.D.1668 ~ A.D.1741) : 청대(淸代)의 경학자이다. 자(字)는 여중(予中)·여중(與中)이며, 호(號)는 백전(白田)이다.

◎ 왕숙(王肅, A.D.195 ~ A.D.256) : 위진남북조(魏晉南北朝) 때의 위(魏)나라 경학자이다. 자(字)는 자옹(子雍)이다. 『상서(尙書)』, 『시경(詩經)』, 『좌전(左傳)』, 『논어(論語)』 및 삼례(三禮)에 대한 주석을 남겼다.

◎ 왕인지(王引之, A.D.1766 ~ A.D.1834) : 청대(淸代)의 훈고학자이다. 자(字)는 백신(伯申)이고, 호(號)는 만경(曼卿)이며, 시호(諡號)는 문간(文簡)이다. 왕념손(王念孫)의 아들이다. 대진(戴震), 단옥재(段玉裁), 부친과 함께 대단이왕(戴段二王)이라고 일컬어졌다. 『경전석사(經傳釋詞)』 『경의술문(經義述聞)』 등의 저술이 있다.

◎ 외신(外神) : ‘외신’은 내신(內神)과 상대되는 말이다. 교(郊)나 사(社) 등에서 지내는 제사 대상을 ‘외신’이라고 부른다. 『예기』「곡례하(曲禮下)」편에 대한 손희단(孫希旦)의 『집해(集解)』에서는 오징(吳澄)의 주장을 인용하여, “宗廟所祭者, 一家之神, 內神也, 故曰內事. 郊·社·山川之屬, 天下一國之神, 皆外神也, 故曰外事.”라고 설명하였다. 즉 종묘(宗廟)에서 제사를 지내는 대상은 한 집안의 신(神)으로 ‘내신’이라고 부르며, 그 제사들을 내사(內事)라고 부른다. 또 교, 사 및 산천(山川) 등에 지내는 제사는 그 대상이 천하 및 한 국가의 신들이기 때문에, 그들을 ‘외신’이라고 부르며, 그 제사를 외사(外事)라고 부른다.

◎ 우부(虞祔) : ‘우부’는 우제(虞祭)와 부제(祔祭)를 뜻한다. 부제(祔祭)는 졸곡(卒哭)을 지낸 다음, 죽은 자의 신주(神主)를 조상의 신주가 있는 곳에 합사하며 지내는 제사이다.

◎ 우제(虞祭) : ‘우제’는 장례(葬禮)를 치르고 난 뒤에 지내는 제사를 뜻한다.

◎ 웅씨(熊氏) : =웅안생(熊安生)

◎ 웅안생(熊安生, ? ~ A.D.578) : =웅씨(熊氏). 북조(北朝) 때의 경학자이다. 자(字)는 식지(植之)이다. 『주례(周禮)』, 『예기(禮記)』, 『효경(孝經)』 등 많은 전적에 의소(義疏)를 남겼지만, 모두 산일되어 남아 있지 않다. 현재 마국한(馬國翰)의 『옥함산방집일서(玉函山房輯佚書)』에 『예기웅씨의소(禮記熊氏義疏)』 4권이 남아 있다.

◎ **월불(越紼)** : '월불'은 상여줄을 뛰어넘는다는 뜻이다. 장례(葬禮)를 치르기 이전에는 상여로 사용되는 순거(輴車)에 항상 상여줄인 불(紼)을 매달아둔다. 상중(喪中)에는 항상 집안에 머물러 있지만, 천지(天地) 및 사직(社稷) 등에게 제사를 지낼 때에는 집밖으로 나가야 한다. 이때에 바로 상여줄을 뛰어넘어서 가게 되는데, 이것을 '월불'이라고 부른다.

◎ **위문(闈門)** : '위문'은 궁실(宮室)이나 종묘(宗廟)의 측면에 있는 작은 문을 뜻한다.

◎ **유모(柔毛)** : '유모'는 제사 때 희생물로 사용되는 양(羊)에 대한 별칭이다. 살찐 양의 경우 털이 가늘고 유약하기 때문에 이러한 명칭이 생겼다. 『예기』「곡례하(曲禮下)」편에는 "凡祭宗廟之禮, 牛曰一元大武, 豕曰剛鬣, 豚曰腯肥, 羊曰柔毛."라는 기록이 있고, 이에 대한 공영달(孔穎達)의 소(疏)에서는 "若羊肥, 則毛細而柔弱."이라고 풀이하였다.

◎ **유씨(庾氏)** : =유울지(庾蔚之)

◎ **유울지(庾蔚之, ? ~ ?)** : =유씨(庾氏). 남조(南朝) 때 송(宋)나라 학자이다. 저서로는 『예기약해(禮記略解)』, 『예론초(禮論鈔)』, 『상복(喪服)』, 『상복세요(喪服世要)』, 『상복요기주(喪服要記注)』 등을 남겼다.

◎ **육덕명(陸德明, A.D.550 ~ A.D.630)** : =육원랑(陸元朗). 당대(唐代)의 경학자이다. 자(字)는 덕명(德明)이다. 훈고학에 뛰어났으며, 『경전석문(經典釋文)』 등을 남겼다.

◎ **육복(六服)** : '육복'은 천자나 제후의 여섯 종류 복장을 가리키니, 대구(大裘), 곤의(袞衣), 별의(鷩衣), 취의(毳衣), 희의(希衣), 현의(玄衣)이다. 『주례(周禮)』「춘관(春官)·사복(司服)」에는 "祀昊天上帝, 則服大裘而冕, 祀五帝亦如之. 享先王則袞冕. 享先公, 饗射則鷩冕. 祀四望山川則毳冕. 祭社稷五祀則希冕. 祭群小祀則玄冕."이라는 기록이 있다. 즉 호천상제(昊天上帝) 및 오제(五帝)에게 제사지낼 때에는 대구를 입고 면(冕)을 쓰며, 선왕(先王)에게 제사지낼 때에는 곤면(袞冕)을 착용하고, 선공(先公)에 대한 제사 및 향사례(饗射禮)를 시행할 때에는 별면(鷩冕)을 착용하며, 산천(山川) 등에 제사지낼 때에는 취면(毳冕)을 착용하고, 사직(社稷) 등에 제사지낼 때에는 희면(希冕)을 착용하며, 기타 여러 제사에는 현면(玄冕)을 착용한다.

◎ **육원랑(陸元朗)** : =육덕명(陸德明)

◎ 은전(殷奠) : '은전'은 성대하게 지내는 전제사[奠祭]를 뜻한다. 『의례』「사상례(士喪禮)」에는 "月半不殷奠."이라는 기록이 있다. 즉 사(士)의 경우에는 매월 보름에는 은전을 지내지 않는다는 뜻인데, 이 기록에 대한 정현의 주에서는 "殷, 盛也. 士月半不復如朔盛奠, 下尊者."라고 풀이했다. 즉 '은(殷)'은 성대하다는 뜻이고, 사의 경우에는 보름마다 초하루처럼 융성한 전제사를 지내지 못한다. 그 이유는 자신보다 신분이 높은 대부(大夫)에 대한 예법보다 낮추기 때문이다.

◎ 응씨(應氏) : =금화응씨(金華應氏)

◎ 응용(應鏞) : =금화응씨(金華應氏)

◎ 이침(貍沈) : 이침(貍沈)은 희생물이나 옥(玉), 폐물(幣物) 등을 산림(山林)과 천택(川澤)에 매장하거나 수장하여, 신(神)에게 바치는 것이다. 이(貍)자를 매(埋)자로 쓰기도 한다. 『주례』「춘관(春官)·대종백(大宗伯)」에는 "以貍沈祭山林川澤."이라는 기록이 있고, 이에 대한 정현의 주에서는 "祭山林曰埋, 川澤曰沈."이라고 풀이하였으며, 가공언(賈公彦)의 소(疏)에서는 "以其山林無水故埋之, 川澤有水故沈之."라고 풀이하였다.

◎ 임천오씨(臨川吳氏) : =오징(吳澄)

ㅈ

◎ 자모(慈母) : '자모'는 모친을 뜻하기도 하지만, 고대에 자신을 양육시켜준 서모(庶母)를 뜻하기도 한다.

◎ 장상(長殤) : '장상'은 16~19세 사이에 요절한 자를 뜻한다. 『의례』「상복(喪服)」편에 "年十九至十六爲長殤."이라는 기록이 있다.

◎ 장일(張逸, ? ~ ?) : 장일은 정현(鄭玄)의 문도로 알려져 있지만, 자세한 이력은 전해지지 않는다.

◎ 장자(張子, A.D.1020 ~ A.D.1077) : =장재(張載)·장횡거(張橫渠). 북송(北宋) 때의 유학자이다. 북송오자(北宋五子) 중 한 사람으로 칭해진다. 자(字)는 자후(子厚)이다. 횡거진(橫渠鎭) 출신으로, 이곳에서 장기간 강학을 했기 때문에 횡거선생(橫渠先生)으로 일컬어지기도 한다.

◎ 저최(苴衰) : '저최'는 대마(大麻)의 포(布)로 제작한 상복(喪服)을 뜻

한다.

◎ 적사(適士) : '적사'는 상사(上士)를 말한다. 사(士)라는 계급은 3단계로 세분되는데, 상사, 중사(中士), 하사(下士)가 그것이다. 『예기』「제법(祭法)」편의 경문에는 "適士二廟, 一壇, 曰考廟, 曰王考廟, 享嘗乃止."라는 기록이 있다. 이에 대한 정현의 주에서는 "適士, 上士也."라고 풀이했다.

◎ 전의(展衣) : '전의'는 흰색 비단으로 만든 옷이다. 본래 왕후(王后)가 입던 육복(六服)의 하나를 가리키나, 대부(大夫)의 부인에게는 가장 격식을 갖춘 예복(禮服)이 된다. 일설에는 흰색이 아닌 붉은색 비단으로 만든 옷이라고도 한다. 『주례』「천관(天官)·내사복(內司服)」편에는 '전의'가 기록되어 있는데, 이에 대한 정현의 주에서는 "鄭司農云, 展衣, 白衣也."라고 풀이했다.

◎ 정관(正棺) : '정관'은 죽은 자의 시신에 대해 소렴(小斂)을 한 이후 당상(堂上)으로 옮기는 것을 뜻한다.

◎ 정현(鄭玄, A.D.127 ~ A.D.200) : 한대(漢代)의 유학자이다. 자(字)는 강성(康成)이다. 『주역(周易)』, 『상서(尚書)』, 『모시(毛詩)』, 『주례(周禮)』, 『의례(儀禮)』, 『예기(禮記)』, 『논어(論語)』, 『효경(孝經)』 등에 주석을 하였다.

◎ 정회(正會) : '정회'는 제왕이 매해 정월(正月) 초하루에 군신(群臣)들과 시행하는 조례(朝禮)를 뜻한다.

◎ 제복(除服) : '제복'은 소상(小祥)과 대상(大祥)을 지낼 때 입는 상복(喪服)을 뜻한다. 또는 상복을 벗는다는 뜻이다. 소상과 대상을 치르면서 상복의 수위가 낮아지게 되며, 대상까지 지내게 되면 실제적으로 복상(服喪) 기간이 끝나게 된다. 따라서 '제복'은 상복을 벗는다는 뜻이 되며, 소상과 대상을 지내면서 입게 되는 변화된 상복을 지칭하기도 하는 것이다.

◎ 조계(阼階) : '조계'는 동쪽 계단을 뜻한다. 주인이 사용하는 계단이다.

◎ 조도(祖道) : '조도'는 조제(祖祭)와 같은 의미이다. 외부로 출타하게 되었을 때, 도로의 신(神)에게 지내는 제사이다. 잔치가 병행되기도 했다. 『사기(史記)』「골계열전(滑稽列傳)」에 "故所以同官待詔者, 等比祖道於都門外."라는 용례가 있다.

◎ 조량주(趙良澍, ? ~ ?) : 청대(淸代)의 학자이다. 저서 『독예기(讀禮記)』

가 있다.

◎ 조묘(朝廟) : '조묘'는 종묘(宗廟)에 전제(奠祭)를 지낸다는 뜻이다. 『춘추』「문공(文公) 6년」 경문(經文)에는 "閏月不告月, 猶朝于廟."라는 기록이 있고, 이에 대한 두예(杜預)의 주에서는 "諸侯每月必告朔聽政, 因朝宗廟."라고 풀이했다. 즉 제후들은 매월 반드시 고삭(告朔)을 하며 정사(政事)를 돌보게 되는데, 이것에 연유하여 종묘에서 전제사를 지낸다.

◎ 조묘(祧廟) : =천묘(遷廟)

◎ 조상(趙商, ? ~ ?) : 조상(趙商)은 정현(鄭玄)의 제자이다. 자(字)는 자성(子聲)이다. 하내(河內) 지역 출신이다.

◎ 조전(祖奠) : '조전'은 발인 하루 전에 올리는 전제(奠祭)를 가리킨다.

◎ 조제(祖祭) : '조제'는 도로의 신(神)에게 지내는 제사의 명칭이자, 그 제사를 지낸다는 뜻이기도 하다.

◎ 조천(朝踐) : '조천'은 제례(祭禮) 의식 중 하나이다. 희생물의 피와 기름 등을 바치고, 단술을 따르게 되면, 비로소 제사를 본격적으로 시행하게 된다. 제주(祭主)의 부인이 되는 주부(主婦)는 이때 제사 때 진설해두는 제기(祭器)인 두변(豆籩) 등을 바치게 된다. 『주례』「춘관(春官)·사존이(司尊彝)」에는 "其朝踐用兩獻尊."이라는 기록이 있고, 이 기록에 대한 정현의 주에서는 "朝踐, 謂薦血腥, 酌醴, 始行祭事, 后於是薦朝事之豆籩."이라고 풀이하였다.

◎ 종부(從父) : '종부'는 부친의 형제들을 뜻하는 용어이다.

◎ 좌식(佐食) : '좌식'은 제사를 지낼 때, 시동의 옆에서 시동이 제사 음식을 흠향할 수 있도록 시중을 드는 사람이다.

◎ 주하사(柱下史) : '주하사'는 주(周)나라와 진(秦)나라 때 설치되었던 관직이름이다. 한(漢)나라 이후에는 어사(御史)라고 불렀다. 도서를 보관하던 장서실의 관리이다. 또한 『사기(史記)』에는 노자(老子)가 '주하사'를 지냈으며, 공자가 주나라에 갔을 때, 노자를 만나보고 예(禮)를 물었다는 기록이 있다. 이것에 연유하여 '주하사' 또는 '주하(柱下)'가 노자를 가리키는 명칭으로도 사용되었다.

◎ 중복(重服) : '중복'은 복상(服喪) 중에 상(喪)이 겹치는 일 등이 발생하여, 본래의 상복(喪服) 위에 다른 상복을 겹쳐 입는 일을 뜻한다.

◎ 중복(重服) : '중복'은 상복(喪服)의 단계를 뜻하는 용어 중 하나이다.

대공복(大功服) 이상이 되는 상복을 ‘중복’이라고 부른다.

◎ **중상(重喪)** : ‘중상’은 상(喪)을 거듭 당했다는 뜻이다. 즉 부친이나 모친에 대한 상을 치르는 도중 탈상(脫喪)을 하기 전에, 재차 생존해 계시던 나머지 부모의 상을 당한 경우를 ‘중상’이라고 부른다. 부모뿐만 아니라, 가족 구성원 중에서 상 기간 중에 다른 사람이 죽게 된다면, 이러한 경우 또한 ‘중상’이라고 부른다. 한편 부모의 상 자체는 중대한 일이기 때문에, 부모의 상을 ‘중상’이라고도 부른다.

◎ **중상(中殤)** : ‘중상’은 12~15세 사이에 요절한 자를 뜻한다. 『의례』「상복(喪服)」편에 “十五至十二爲中殤.”이라는 기록이 있다.

◎ **지자(支子)** : ‘지자’는 적장자(嫡長子)를 제외한 나머지 아들들을 말한다.

◎ **직주(堲周)** : =토주(土周)

◎ **질(絰)** : ‘질’은 질대(絰帶)를 뜻한다. 마(麻)로 제작한 일종의 끈으로, 머리에 쓰는 수질(首絰)과 허리에 차는 요질(腰絰)이 있다.

ㅊ

◎ **천묘(遷廟)** : ‘천묘’는 대수(代數)가 다한 신주(神主)를 모시는 묘(廟)를 뜻한다. 예를 들어 천자의 경우, 7개의 묘를 설치하는데, 가운데의 묘에는 시조(始祖) 혹은 태조(太祖)의 신주를 모신다. 이곳의 신주는 다른 곳으로 옮기지 않기 때문에 ‘불천위(不遷位)’에 해당한다. 그리고 좌우에 각각 3개의 묘가 있어서, 소목(昭穆)의 순서에 따라 6대(代)의 신주를 모신다. 현재의 천자가 죽게 되어, 그의 신주를 묘에 모실 때에는 소목의 순서에 따라 가장 끝 부분에 있는 묘에 신주가 들어가게 된다. 만약 소(昭) 계열의 가장 끝 묘에 새로운 신주가 들어서게 되면, 밀려나게 된 신주는 바로 위의 ‘소’ 계열 묘로 들어가게 되고, 최종적으로 밀려나서 더 이상 갈 곳이 없는 신주는 ‘천묘’로 들어가게 된다. 또한 ‘천묘’는 위에서 서술한 신구(新舊)의 신주가 옮겨지게 되는 의식 자체를 지칭하기도 한다.

◎ **천신(薦新)** : ‘천신’은 각 계절별로 생산된 신선한 음식물들을 바치는 제사를 가리킨다. 초하루와 보름마다 성대하게 지내는 전제사[奠祭]를 가리키기도 한다. 『의례』「기석례(旣夕禮)」에는 “朔月, 若薦新, 則

不饋于下室."이란 기록이 있고, 『예기』「단궁하(檀弓上)」【102a】에는 "有薦新, 如朔奠."이란 기록이 있다.

◎ 청기(請期) : '청기'는 혼례 절차 중 하나이다. 남자 집안에서 여자 집안에 예물을 보낸 뒤에, 혼인하기에 좋은 길일(吉日)을 점치게 된다. 길(吉)한 날을 잡게 되면, 여자 집안에 통보를 하며 가부(可否)를 묻게 되는데, 이 절차가 바로 '청기'이다.

◎ 체협(禘祫) : '체협'은 고대에 제왕(帝王)이 시조(始祖)에게 지냈던 제사를 뜻하니, 일종의 성대한 제사의례를 가리킨다. 간혹 '체협'을 구분하여 각각에 의미를 부여하기도 하며, 혹은 '체협'을 합쳐서 같은 의미로 사용하기도 한다. 이 문자에 대해서 장병린(章炳麟)은 『국고논형(國故論衡)』「명해고하(明解故下)」에서 "禘祫之言, 訩訩爭論旣二千年. 若以禘祫同爲殷祭, 祫名大事, 禘名有事, 是爲禘小於祫, 何大祭之云? 故知周之廟祭有大嘗·大烝, 有秋嘗·冬烝. 禘祫者大嘗·大烝之異語."라고 주장한다. 즉 '체협'이라는 말에 대해서 의견들이 분분한데, 만약 '체협'을 모두 은(殷)나라 때의 제사라고 말하며, '협(祫)'은 '중대한 사안[大事]'이 발생했을 때 지내는 제사를 뜻하고, '체(禘)'는 유사시에 지내게 되는 제사를 뜻한다고 한다면, '체'는 '협'보다 규모가 작은 것인데, 어떻게 대제(大祭)라고 말할 수 있겠는가? 그렇기 때문에 '체협'은 주(周)나라 때의 제사이다. 주나라 때 종묘(宗廟)에서 지내는 제사에는 대상(大嘗), 대증(大烝)이라는 용어가 있었고, 또 추상(秋嘗: 가을에 지내는 상(嘗)제사), 동증(冬烝: 겨울에 지내는 증(烝)제사)이라는 용어가 있었으니, '체협'은 대제(大祭)를 뜻하는 용어로, 대상이나 대증을 다르게 부른 명칭이다. 또한 『후한서(後漢書)』「장제기(章帝紀)」에는 "其四時禘祫於光武之堂."이라는 기록이 있는데, 이에 대한 이현(李賢)의 주에서는 『속한서(續漢書)』를 인용하여, "五年再殷祭. 三年一祫, 五年一禘."라고 풀이한다. 즉 5년마다 2번의 성대한 제사를 지내게 되는데, 3년에 1번 '협'제사를 지내고, 5년에 1번 '체'제사를 지낸다.

◎ 초혼(招魂) : '초혼'은 사람이 죽었을 때, 그의 혼백(魂魄)을 불러들이는 의식을 뜻한다. 지붕에 올라가서 죽은 자의 옷 등을 흔들기도 하였고, 마당에서 북쪽을 향해 이름을 부르며 시행하기도 하였다.

◎ 최씨(崔氏) : =최영은(崔靈恩)

◎ **최영은(崔靈恩, ? ~ ?)** : =최씨(崔氏). 남북조(南北朝) 때의 학자이다. 『모시(毛詩)』, 『주례(周禮)』 등에 주석을 달았고, 『삼례의종(三禮義宗)』, 『좌씨경전의(左氏經傳義)』 등을 지었다.

◎ **추최(麤衰)** : '추최'는 상복(喪服) 중에서 가장 수위가 높은 상복을 뜻한다. 가장 거친 마(麻)로 제단을 하여 만든다.

◎ **춘추삼전(春秋三傳)** : '춘추삼전'은 『춘추』 경문(經文)에 대한 세 가지 주석서를 가리킨다. 『춘추좌씨전(春秋左氏傳)』, 『춘추공양전(春秋公羊傳)』, 『춘추곡량전(春秋穀梁傳)』을 뜻한다.

◎ **출조(出祖)** : '출조'는 외부로 출타하게 되었을 때, 도로의 신(神)에게 제사를 지낸다는 뜻이다. 『시(詩)』「대아(大雅)·한혁(韓奕)」에는 "韓侯出祖, 出宿于屠."라는 기록이 있는데, 이에 대한 공영달(孔穎達)의 소(疏)에서는 "言韓侯出京師之門, 爲祖道之祭."라고 풀이했다. 즉 한후(韓侯)가 수도의 문을 빠져나감에, 도로의 신에게 제사를 지냈음을 뜻한다.

◎ **친영(親迎)** : '친영'은 혼례(婚禮)에서 시행하는 여섯 가지 예식(禮式) 중 하나이다. 사위될 자가 여자 집에 가서 혼례를 치르고, 자신의 집으로 데려오는 예식을 뜻한다.

ㅌ

◎ **토주(土周)** : '토주'는 직주(堲周)라고도 부른다. 흙을 구워 벽돌을 만든 다음, 관을 넣을 네 면을 벽돌로 쌓아서 장례(葬禮)를 치르는 것이다.

◎ **특생(特牲)** : '특생'은 한 종류의 가축을 희생물로 사용한다는 뜻이다. '특(特)'자는 동일 종류의 희생물을 한 마리 사용한다는 뜻이며, 특히 소를 사용할 때 사용하는 용어이기도 하다. 『춘추좌씨전』「양공(襄公) 9년」에는 "祈以幣更, 賓以特牲."이라는 기록이 있고, 이에 대한 양백준(楊伯峻)의 주에서는 "款待貴賓, 只用一種牲畜. 一牲曰特."이라고 풀이했다. 그런데 어떠한 가축을 사용했는가에 대해서는 주석들마다 차이가 있다. 『국어(國語)』「초어하(楚語下)」에는 "大夫擧以特牲, 祀以少牢."라는 기록이 있고, 이에 대한 위소(韋昭)의 주에서는

"特牲, 豕也."라고 풀이했다. 또한 『예기』「교특생(郊特牲)」편에 대한 육덕명(陸德明)의 제해(題解)에서는 "郊者, 祭天之名, 用一牛, 故曰特牲."이라고 풀이했다. 즉 '특생'으로 사용되는 가축은 '시(豕: 돼지)'도 될 수 있으며, 소도 될 수 있다.

ㅍ

◎ **포유(鮑遺, ? ~ ?)** : 포유는 정현(鄭玄)의 문도로 알려져 있지만, 자세한 이력은 전해지지 않는다.

◎ **풍식(馮式)** : '풍식'은 풍식(馮軾)이라고도 한다. 수레에 탔을 때 잡게 되는 수레 위쪽 전면에 놓여 있는 가로대를 뜻한다.

◎ **풍식(馮軾)** : =풍식(馮式)

◎ **풍씨(馮氏)** : =양헌풍씨(亮軒馮氏)

ㅎ

◎ **하상(下殤)** : '하상'은 8~11세 사이에 요절한 자를 뜻한다. 『의례』「상복(喪服)」편에 "十一至八歲爲下殤."이라는 기록이 있다.

◎ **하순(賀循, A.D.260 ~ A.D.319)** : 위진시대(魏晉時代) 때의 학자이다. 자(字)는 언선(彦先)이다.

◎ **합근(合巹)** : '합근'은 혼례(婚禮)의 의식 중 하나이다. 부부가 합환주(合歡酒)를 마시는 의식이다.

◎ **혈제(血祭)** : '혈제'는 희생물의 피를 받아서 신(神)에게 바치는 것이다. 『주례』「춘관(春官)·대종백(大宗伯)」에는 "以血祭祭社稷五祀五嶽."이라는 기록이 있고, 이에 대한 정현의 주에서는 "陰祀自血起, 貴氣臭也."라고 풀이하였으며, 가공언(賈公彦)의 소(疏)에서는 "先薦血以歆神."이라고 풀이하였다.

◎ **협제(祫祭)** : '협제'는 협(祫)이라고도 부른다. 신주(神主)들을 태조(太祖)의 묘(廟)에 모두 모셔놓고 지내는 제사이다. 『춘추공양전』「문공

(文公) 2년」에 "八月, 丁卯, 大事于大廟, 躋僖公, 大事者何. 大祫也. 大祫者何. 合祭也, 其合祭奈何. 毁廟之主, 陳于大祖."라는 기록이 있다.

◎ 황간(皇侃) : =황씨(皇氏)

◎ 황시(皇尸) : '황시'는 본래 군주의 시동에게 붙이는 경칭이다. 또한 일반적으로 시동을 높여 부르는 용어로도 사용되었다.

◎ 황씨(皇氏, A.D.488 ~ A.D.545) : =황간(皇侃). 남조(南朝) 때 양(梁)나라의 경학자이다. 『주례(周禮)』, 『의례(儀禮)』, 『예기(禮記)』 등에 해박하여, 『상복문구의소(喪服文句義疏)』, 『예기의소(禮記義疏)』, 『예기강소(禮記講疏)』 등을 지었지만, 현재는 전해지지 않는다. 그 일부가 마국한(馬國翰)의 『옥함산방집일서(玉函山房輯佚書)』에 수록되어 있다.

번역 참고문헌

- 『禮記』, 서울 : 保景文化社, 초판 1984 (5판 1995) / 저본으로 삼은 책이다.
- 『禮記正義』 1~4(전4권, 『十三經注疏 整理本』 12~15), 北京 : 北京大學出版社, 초판 2000 / 저본으로 삼은 책이다.
- 朱彬 撰, 『禮記訓纂』 上·下(전2권), 北京 : 中華書局, 초판 1996 (2쇄 1998) / 저본으로 삼은 책이다.
- 孫希旦 撰, 『禮記集解』 上·中·下(전3권), 北京 : 中華書局, 초판 1989 (4쇄 2007) / 저본으로 삼은 책이다.
- 服部宇之吉 評點, 『禮記』, 東京 : 富山房, 초판 1913 (증보판 1984) / 정현(鄭玄) 주(注) 번역에 대해 참고했던 서적이다.
- 竹內照夫 著, 『禮記』 上·中·下(전3권), 東京 : 明治書院, 초판 1975 (3판 1979) / 경문(經文)에 대한 이해에 참고했던 서적이다.
- 市原亨吉 외 2명 著, 『禮記』 上·中·下(전3권), 東京 : 集英社, 초판 1976 (3쇄 1982) / 경문(經文)에 대한 이해에 참고했던 서적이다.
- 陳澔 注, 『禮記集說』, 北京 : 中國書店, 초판 1994 / 『집설(集說)』에 대한 번역에 참고했던 서적이다.
- 王文錦 譯解, 『禮記譯解』 上·下(전2권), 北京 : 中華書局, 초판 2001 (4쇄 2007) / 경문(經文) 및 주석 번역에 참고했던 서적이다.
- 錢玄·錢興奇 編著, 『三禮辭典』, 南京 : 江蘇古籍出版社, 초판 1998 / 용어 및 기물(器物) 등에 대해 참고했던 서적이다.
- 張撝之 外 主編, 『中國歷代人名大辭典』 上·下권(전2권), 上海 : 上海古籍出版社, 초판 1999 / 인명에 대해 참고했던 서적이다.
- 呂宗力 主編, 『中國歷代官制大辭典』, 北京 : 北京出版社, 초판 1994 (2쇄 1995) / 관직명에 대해 참고했던 서적이다.
- 中國歷史大辭典編纂委員會 編纂, 『中國歷史大辭典』 上·下(전2권), 上海 : 上海辭書出版社, 초판 2000 / 용어 및 인명에 대해 참고했던 서적이다.

- 羅竹風 主編,『漢語大詞典』1~12(전12권), 上海 : 漢語大詞典出版社, 초판 1988 (4쇄 1995) / 용어에 대해 참고했던 서적이다.
- 王思義 編集,『三才圖會』上 · 中 · 下(전3권), 上海 : 上海古籍出版社, 초판 1988 (4쇄 2005) / 기물(器物) 등에 대해 참고했던 서적이다.
- 聶崇義 撰,『三禮圖集注』(四庫全書 129책) / 기물(器物) 등에 대해 참고했던 서적이다.
- 劉績 撰,『三禮圖』(四庫全書 129책) / 기물(器物) 등에 대해 참고했던 서적이다.

역자 **정병섭(鄭秉燮)**

- 1979년 출생
- 2002년 성균관대학교 유교철학과 졸업
- 2004년 성균관대학교 대학원 유학과 석사 졸업
- 2010년 성균관대학교 대학원 유학과 박사 수료
- 역서『譯註 禮記集說大全 - 王制, 附 鄭玄注』(학고방, 2009)
- 역서『譯註 禮記集說大全 - 月令, 附 鄭玄注』(학고방, 2010)
- 역서(공역)『효경주소』(문사철, 2011)

譯註

禮記集說大全 曾子問

編　陳澔(元)

附　正義·訓纂·集解

초판 인쇄　2011년 12월 05일
초판 발행　2011년 12월 20일

역　　자 | 정병섭
펴 낸 이 | 하운근
펴 낸 곳 | 學古房

주　　소 | 서울시 은평구 대조동 213-5 우편번호 122-843
전　　화 | (02)353-9907　편집부(02)353-9908
팩　　스 | (02)386-8308
전자우편 | hakgobang@chol.com
등록번호 | 제311-1994-000001호

ISBN　978-89-6071-231-7　93150

값 : 40,000원

※ 파본은 교환해 드립니다.